本书系浙江省文化研究工程项目成果

浙江文化研究工程成果文库

XINYE GUCUNLUO YANJIU

新叶古村落研究

叶志衡 著

浙江大学出版社
ZHEJIANG UNIVERSITY PRESS

图书在版编目（CIP）数据

新叶古村落研究 / 叶志衡著 . —杭州：浙江大学
出版社，2016.12
ISBN 978-7-308-16361-3

Ⅰ . ①新… Ⅱ . ①叶… Ⅲ . ①村落—研究—建德
Ⅳ . ① K925.53

中国版本图书馆 CIP 数据核字（2016）第 257968 号

新叶古村落研究

叶志衡　著

责任编辑	叶　抒
责任校对	王荣鑫
封面设计	刘依群
出版发行	浙江大学出版社
	（杭州市天目山 148 号邮政编码 310007）
	（网址：http//www.zjupress.com）
排　　版	杭州金旭广告有限公司
印　　刷	浙江省邮电印刷股份有限公司
开　　本	787mm×1092mm　1/16
印　　张	39.25
插　　页	6
字　　数	859 千
版 印 次	2016 年 12 月第 1 版　2016 年 12 月第 1 次印刷
书　　号	ISBN 978-7-308-16361-3
定　　价	146.00 元

新叶古村落研究

乙未初冬

谢辰生题

时年九十之四

2015年，94岁高龄的中国文物学会名誉会长、文物鉴定和保护专家谢辰生先生为本书题签

作者简介：

　　叶志衡，1962 年生于浙江省建德市新叶村。1985 年山东大学中文系本科毕业。1989 年华东师范大学中文系古代文学硕士班结业。2002 年浙江大学古籍研究所博士毕业。

　　现为杭州师范大学人文学院教授，中国古代文学教研室主任，古代文学专业及语文学科教学专业硕士生导师。兼任中国屈原学会常务理事、国家及教育部社科基金通讯评委、浙江省高评委、《光明日报》"文学遗产"栏目专家评委、浙江师范大学江南文化研究所特聘研究员、建德市古村落保护特聘顾问。平时主要从事中国古代文学与文化的教学与研究。近年来，主持承担过"战国学术文化编年研究""周季两汉文学嬗变研究""区域文化研究""古村落文化研究""民俗文化研究"等国家级和省市级科研课题。出版了《中国古代文学专题史》《唐宋词三百首评注》《中国古代文学作品选》《战国学术文化编年》《庄子评注》等著作。在《文学评论》《文学遗产》《社会科学战线》《浙江大学学报》等刊物上发表论文40 余篇。2008 年获得杭州市第十六届哲学社会科学优秀成果一等奖，2009 年获得浙江省第十五届哲学社会科学优秀成果一等奖。

2009 年新叶文化研讨会专家及领导合影（后排左六为本书作者）

新叶村全景图

文昌阁抟云塔冬景　　新叶南唐塍西南角

彩色插页除特别说明外，均由郑致明摄影

送往

可以觀

新叶"三月三"祭祀大典

水泛德柳绿桃红春色

新叶三月三有序堂里看大戏

左为新叶书法家叶顺富

新叶"三月三"迎神

到新叶旅游的游客合影

新叶"大木"工匠

新叶木雕艺人叶立忠、泥塑艺人叶顺忠
和陈志华教授在一起

挤在南唐塍观看新叶"三月三"迎神的村民及游客

荣寿堂进士第内景

文昌阁抟云塔夏景（叶桂昌摄影）

新叶总祠西山祠堂（万萃堂）正厅

双美堂内景

浙江文化研究工程指导委员会

浙江文化研究工程成果文库总序

有人将文化比作一条来自老祖宗而又流向未来的河，这是说文化的传统，通过纵向传承和横向传递，生生不息地影响和引领着人们的生存与发展；有人说文化是人类的思想、智慧、信仰、情感和生活的载体、方式和方法，这是将文化作为人们代代相传的生活方式的整体。我们说，文化为群体生活提供规范、方式与环境，文化通过传承为社会进步发挥基础作用，文化会促进或制约经济乃至整个社会的发展。文化的力量，已经深深熔铸在民族的生命力、创造力和凝聚力之中。

在人类文化演化的进程中，各种文化都在其内部生成众多的元素、层次与类型，由此决定了文化的多样性与复杂性。

中国文化的博大精深，来源于其内部生成的多姿多彩；中国文化的历久弥新，取决于其变迁过程中各种元素、层次、类型在内容和结构上通过碰撞、解构、融合而产生的革故鼎新的强大动力。

中国土地广袤、疆域辽阔，不同区域间因自然环境、经济环境、社会环境等诸多方面的差异，建构了不同的区域文化。区域文化如同百川归海，共同汇聚成中国文化的大传统，这种大传统如同春风化雨，渗透于各种区域文化之中。在这个过程中，区域文化如同清溪山泉潺潺不息，在中国文化的共同价值取向下，以自己的独特个性支撑着、引领着本地经济社会的发展。

从区域文化入手，对一地文化的历史与现状展开全面、系统、扎实、有序的研究，一方面可以藉此梳理和弘扬当地的历史传统和文化资源，繁荣和丰富当代的先进文化建设活动，规划和指导未来的文化发展蓝图，增强文化软实力，为全面建设小康社会、加快推进社会主义现代化提供思想保证、精神动力、智力支持和舆论力量；另一方面，这也是深入了解中国文化、研究中国文化、发展中国文化、创新中国文化的重要途径之一。如今，区域文化研究日益受到各地重视，成为我国文化研究走向深入的一个重要标志。我们今天实施浙江文化研究工程，其目的和意义也在于此。

千百年来，浙江人民积淀和传承了一个底蕴深厚的文化传统。这种文化传统的独特性，正在于它令人惊叹的富于创造力的智慧和力量。

浙江文化中富于创造力的基因，早早地出现在其历史的源头。在浙江新石器时代最为著名的跨湖桥、河姆渡、马家浜和良渚的考古文化中，浙江先民们都以不同凡响的作为，在中华民族的文明之源留下了创造和进步的印记。

浙江人民在与时俱进的历史轨迹上一路走来，秉承富于创造力的文化传统，这深深地融汇在一代代浙江人民的血液中，体现在浙江人民的行为上，也在浙江历史上众多杰出人物身上得到充分展示。从大禹的因势利导、敬业治水，到勾践的卧薪尝胆、励精图治；从钱氏的保境安民、纳土归宋，到胡则的为官一任、造福一方；从岳飞、于谦的精忠报国、清白一生，到方孝孺、张苍水的刚正不阿、以身殉国；从沈括的博学多识、精研深究，到竺可桢的科学救国、求是一生；无论是陈亮、叶适的经世致用，还是黄宗羲的工商皆本；无论是王充、王阳明的批判、自觉，还是龚自珍、蔡元培的开明、开放，等等，都展示了浙江深厚的文化底蕴，凝聚了浙江人民求真务实的创造精神。

代代相传的文化创造的作为和精神，从观念、态度、行为方式和价值取向上，孕育、形成和发展了渊源有自的浙江地域文化传统和与时俱进的浙江文化精神，她滋育着浙江的生命力、催生着浙江的凝聚力、激发着浙江的创造力、培植着浙江的竞争力，激励着浙江人民永不自满、永不停息，在各个不同的历史时期不断地超越自我、创业奋进。

悠久深厚、意韵丰富的浙江文化传统，是历史赐予我们的宝贵财富，也是我们开拓未来的丰富资源和不竭动力。党的十六大以来推进浙江新发展的实践，使我们越来越深刻地认识到，与国家实施改革开放大政方针相伴随的浙江经济社会持续快速健康发展的深层原因，就在于浙江深厚的文化底蕴和文化传统与当今时代精神的有机结合，就在于发展先进生产力与发展先进文化的有机结合。今后一个时期浙江能否在全面建设小康社会、加快社会主义现代化建设进程中继续走在前列，很大程度上取决于我们对文化力量的深刻认识、对发展先进文化的高度自觉和对加快建设文化大省的工作力度。我们应该看到，文化的力量最终可以转化为物质的力量，文化的软实力最终可以转化为经济的硬实力。文化要素是综合竞争力的核心要素，文化资源是经济社会发展的重要资源，文化素质是领导者和劳动者的首要素质。因此，研究浙江文化的历史与现状，增强文化软实力，为浙江的现代化建设服务，是浙江人民的共同事业，也是浙江各级党委、政府的重要使命和责任。

2005 年 7 月召开的中共浙江省委十一届八次全会，作出《关于加快建设文化大省的决定》，提出要从增强先进文化凝聚力、解放和发展生产力、增强社会公共服务能力入手，大力实施文明素质工程、文化精品工程、文化研究工程、文化保护工程、文化产业促进工程、文化阵地工程、文化传播工程、文化人才工程等"八项工程"，实施科教兴国和人才强国战略，加快建设教育、科技、卫生、体育等"四个强省"。作为文化建设"八项工程"之一的文化研究工程，其任务就是系统研究浙江文化的历史成就和当代发展，深入挖掘浙江文化底蕴、研究浙江现象、总结浙江经验、指导浙江未来的发展。

浙江文化研究工程将重点研究"今、古、人、文"四个方面，即围绕浙江当代发展问题研究、浙江历史文化专题研究、浙江名人研究、浙江历史文献整理四大板块，开展系统研究，出版系列丛书。在研究内容上，深入挖掘浙江文化底蕴，系统梳理和分析浙江历史文化的内部结构、变化规律和地域特色，坚持和发展浙江精神；研究浙江文化与其他地域文化的异同，厘清浙江文化在中国文化中的地位和相互影响的关系；围绕浙江生动的当代实践，深入解读浙江现象，总结浙江经验，指导浙江发展。在研究力量上，通过课题组织、出版资助、重点研究基地建设、加强省内外大院名校合作、整合各地各部门力量等途径，形成上下联动、学界互动的整体合力。在成果运用上，注重研究成果的学术价值和应用价值，充分发挥其认识世界、传承文明、创新理论、咨政育人、服务社会的重要作用。

我们希望通过实施浙江文化研究工程，努力用浙江历史教育浙江人民、用浙江文化熏陶浙江人民、用浙江精神鼓舞浙江人民、用浙江经验引领浙江人民，进一步激发浙江人民的无穷智慧和伟大创造能力，推动浙江实现又快又好发展。

今天，我们踏着来自历史的河流，受着一方百姓的期许，理应负起使命，至诚奉献，让我们的文化绵延不绝，让我们的创造生生不息。

2006 年 5 月 30 日于杭州

目　录

绪　　论

中国不知有几个"新叶村"，据笔者所知，仅浙江省就有三个：杭州地区建德市大慈岩镇的新叶村、衢州地区江山市坛石镇的新叶村，以及绍兴地区上虞市章镇的新叶村。本书所研究的"新叶古村落"特指建德市大慈岩镇新叶行政村的新叶和三石田两个自然村。这个新叶村[①]位于浙江省建德市的东南部。东与兰溪市黄店镇的前方村小榔头自然村、桐山后金村及上塘村接壤，西与大慈岩镇的上吴方村为邻，南至兰溪市黄店镇铁炉头村，北至建德市新安江镇更楼街道的洪宅村及兰溪市黄店镇源心村。村子主体枕靠玉华山，依连道峰山。距330国道线和国家级风景名胜区大慈

建德市民政局联合浙江煤炭测绘研究院2013年10月绘制《建德市行政区划图》　审图号：浙 S（2013）240号

新叶村及周边村庄位置图

① 本书中所指的新叶村（原名白下叶，1951年7月改名为新叶村）或新叶古村是指新叶和三石田（村址距新叶自然村约1华里，由玉华叶氏一支外迁繁衍成村）两个自然村，与新叶行政村是两个概念。新叶行政村除了新叶与三石田两个自然村外，还包括诸坞、花园里、余坞山、里陈桥4个自然村。新叶行政村以及周边的上吴方、汪山、李村、下汪畈、下叶（姓叶）、赤菇坪（也姓叶）、白山后、岳家，以及兰溪县的铁炉头、童家坞、何家、后庄垄、上塘、殿口、芝堰、前方、小榔头、上王、厦王、樟坞里、桐山后金等自然村，在方圆15公里左右的大片区域内，形成为一片古村落群，语言及风俗习惯基本相同。

新叶自然村全景图

岩"江南悬空寺"景点约 8 公里，离兰溪市诸葛八卦村约 10 公里。

至迟在南北朝时期，新叶村这块土地上就已经有许多姓氏的住户存在，只是人口数量不多。据《玉华叶氏宗谱》载，玉华叶氏进入新叶这块土地[①]，或者说新叶村建村是在南宋宁宗嘉定元年（1208），至今已有 800 多年的历史。当时，玉华叶氏始祖叶坤从寿昌湖岑畈（今属浙江建德市更楼街道）入赘兰溪玉华山下的夏姓娘舅家，其后，夏姓和附近的其他十余个姓氏居民因种种原因陆续迁走。留下来的叶坤后人恢复姓叶，其后裔历经宋、元、明、清、民国、当代 800 多年的漫长岁月，繁衍 30 代，终发展成如今有 3000 多人口的叶姓大村落。目前的新叶村全村 95％以上的男性皆叶姓，因而被媒体称为中国最大的叶姓聚居地。

从地形地貌上看，新叶村地处金衢盆地北部边缘，板块构造属晚元古代太平洋板块俯冲带。周边山岭隶属浙西的千里岗和龙门山系，仙霞岭支脉。村子建在一片大约5 平方公里的开阔地上，周围群山环抱，丘陵蜿蜒，是一个典型的封闭式空间。

长期以来，新叶村由于群山环抱，交通不便，信息闭塞，外面的"风"很难吹进村。王朝更迭、政治变幻对村里的影响似乎并不明显。新叶村几乎成了一个与世隔绝的"世外桃源"。玉华叶氏村民们自给自足，怡然自乐。在远离尘嚣的山坳里，在那片并不富饶的土地上，顽强地维系着本家族血脉的传承，进行着传统文化的接力。直到 20 世纪 80 年代，新叶村仍保留大量元、明、清时期的古建筑，老人们穿着民国时

---

① 按《玉华叶氏宗谱》中的称呼和新叶村民的习惯，本书中一般称新叶村的叶姓人为"玉华叶氏"。近5公里范围内还有下叶、赤菇坪两个村子村民也多姓叶；10公里范围内，还有下沈叶（属兰溪永昌街道）、上叶（大多由新叶村迁出繁衍而成）、里叶村村民也多姓叶。30公里内寿昌周围还有厚堂、八乐坞、石泉、葛岭、叶北坑、湖岑畈（新叶村玉华叶氏的源出地）村民大多姓叶。

期的旧褂子，七八岁的孩童光着屁股在村里油光发亮的石子路上随意乱跑，朗朗的笑声洒落一地，水清木秀，蛙鸣虫唱，鸡鸭绕舍。看见外人进村，村民先是好奇而胆怯，继而热情而爽朗，待若上宾，将家中最好的东西拿出来招待。村民村风淳朴得就像古代文人笔下的桃花源。清华大学建筑学院等单位

新叶村地形图（右上方低洼处为新叶村）

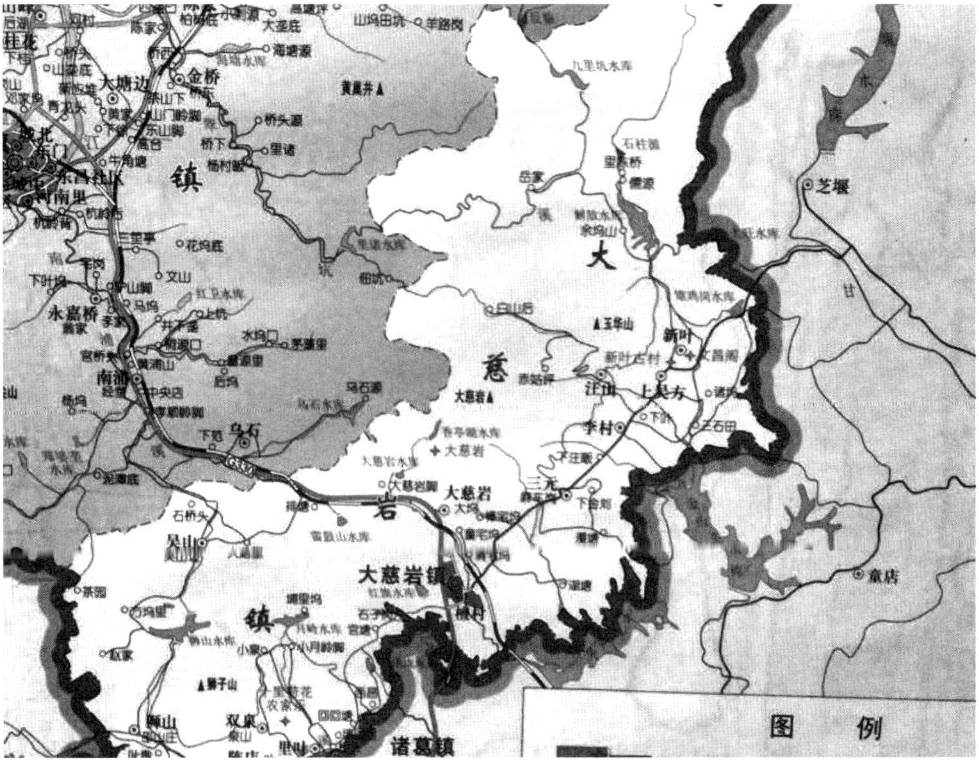

的专家、教授对新叶村进行了实地考察和理论阐述，少数古建筑爱好者开始到新叶村参观。人们称新叶村为："一个遗世独立的旧梦""真正的世外桃源""江南乡村民居中的奇葩""明清古建筑的露天博物馆""中国东南农耕文化的活标本"……古老而神秘的新叶村被人们口耳相传，引得一批批驴友（旅游爱好者）前往探胜猎奇，使新叶村

建德市民政局联合浙江煤炭测绘研究院2013年10月绘制《建德市行政区划图》　审图号：浙S（2013）240号

新叶村交通图

新叶村明清古建筑鸟瞰图

的名声逐渐扩大。

　　2000年2月，浙江省人民政府将新叶村列为"浙江省历史文化保护区"。2009年，新叶昆曲（被称为"草昆"）入选浙江省第三批非物质文化遗产名录，同年入选浙江省"非遗"十大新发现。2012年，新叶古村入选浙江省文化厅、省旅游局公布第二批浙江省非物质文化遗产旅游景区（民俗文化旅游村）名单。2010年7月，新叶村被中华人民共和国住房和城乡建设部、国家文物局评为"中国历史文化名村"。2013年3月，"新叶村乡土建筑"列入国务院公布的"全国重点文物保护单位"。2013年9月30日，国家文物局下发专门文件，在全国范围内选取了河北鸡鸣驿村、山西湘峪村、浙江新叶村、安徽呈坎村、贵州地扪村和陕西党家村共6处具有代表性的古村落，开展古村落保护利用综合试点工作。投入巨款用于开展古村落保护工作。为此，浙江省文化厅、杭州市文广新局、建德市文广新局专门成立了相对应的"非遗办"及有关工作领导小组专

新叶村核心区域南塘及周围建筑

门负责实施此项工作。2014 年 5 月 24 日至 26 日，湖南卫视在新叶村拍摄《爸爸去哪儿》第二季的第三、四集内容。并于 7 月份在湖南卫视播放。2014 年 7 月 1 日，浙江省历史文化村落保护利用工作现场会暨全省促进农民增收工作会议，在建德召开。下午，副省长王辉忠及会议代表到新叶村考察。建德新叶古村落群，作为全省考察学习的样板。2014 年 10 月 22 日至 29 日，中央电视台 4 频道（中文国际频道）百集大型纪录片《走遍中国，记住乡愁》节目组走进新叶古村，拍摄纪录片《记住乡愁——浙江建德新叶村》。至此，新叶村的名声越来越大，关注新叶古村的人也越来越多。

不过，迄今为止，大多数人关注的都是新叶村 200 多幢保存完好的明清古建筑群。这自然是有道理的。不过，笔者认为新叶村的价值远不止于此。

新叶村是笔者的故乡，本人在新叶村长到 19 岁，考上大学后才从新叶村走进大城市。在体悟了乡村文化和城市文明两种不同性质的文化、阅历了多种文化类型之后，我深深地觉得，新叶村的价值远不止在建筑一面，新叶村的文化内涵非常值得大家来关注和挖掘。在中国大地上，有千千万万个自然村落，新叶村这么一个看似平凡的村落，却在当今到处充斥着文化快餐和电子垃圾的文明社会中固执地捍卫着自己的文化传统，几近虔诚地守护着这个拥有 3000 多人口大宗族的精神图腾，以坚不可摧的家族制度维系着对传统文化的尊重，这无疑是中国农村宗族制度和民俗文化的一个活标本。如果你置身新叶村，踏在光可鉴人的青石板路上，徜徉在狭窄、潮湿的小巷中，矗立在庄严、肃穆的宗祠里，凝视着高大、斑驳的封火马头墙，沉浸在那穿越 800 多年历史的昵侬吴语中，你就会深深地感觉到新叶村的层层魅力。

新叶村也是中国农村家族传承史研究的一处活标本。村里保存有 20 多卷完整的村谱。其中有不少不见于正史或其他文献的史料，可供研究挖掘。经过"文化大革命"，像新叶村如此鸿篇巨幅又保存得这般完整的村谱实不多见。作为浙江古代乡村村谱的样品进行研究，对多角度研究浙江地方文化很有意义。还有大量散存于村民手中的文物资料都很有研究价值。

在 2009 年"第二届中国乡土建筑文化抢救与保护暨建德新叶

嵌入新叶村边玉泉寺墙壁内的玉泉寺募田碑

古村研讨会"上，笔者曾将新叶村的价值归纳成三个"罕见"、三个"典型"：新叶古村早在宋末元初就以一村之力建造了一个书院——重乐书院，全国罕见；一个村子，在明代只有1000多人的情况下，建起一座七层宝塔，全国罕见；新叶"三月三"庙会仪俗保存至今，在汉族地区十分罕见。新叶古村是中国古代农村"耕可致富，读可荣身"的"耕读传家"理念具体实践的典型；是中国古代农村血缘宗族管理模式的典型；是中国东南部明清乡土建筑的典型。

总概地说，笔者以为新叶村的现实价值主要体现在以下三个方面。

一、崇尚读书，村办书院，古代农民重学的典范

新叶村人崇尚读书求学，坚信"耕可富家，读可荣身"的传统思想。据《玉华叶氏宗谱》载，宋末元初，玉华叶氏三世祖叶克诚在玉华峰东北侧建玉华叶氏书院，名"重乐精舍"，延请当时在邻村桐山后金隐居不仕的著名理学家金履祥主持讲学。其间，有金华学者许谦、浦江学者柳贯追随其左右，其后各地慕名前来求学的学者数十人。后来，又有兰溪学者吴道师、章进之、章懋及章品父子、章赟、董遵、徐袍、徐用检等许多道学名士先后聚集于此，研习经史文学，一时传为佳话。再后来，部分学者竟长期定居于此地，其后人遂繁衍成今日的儒源村（今隶属于新叶行政村）。

明清以来，玉华叶氏族人在村中建成抟云塔、文昌阁、官学堂（居敬轩）等教学用建筑，开设西山祠堂私塾、道峰书院、梅月斋、华山小学、儒源小学、新叶小学、新叶初中等学所，代代相承，为国家培养了不少人才。历史上因学识拔萃而闻名的如：元代玉华叶氏四世祖叶震（1277—1350，字雷甫，行茂二，号云庵居士），经过在兰溪瀫东书院等地的系统学习，博通经史，学问等身，荣登元代皇庆壬子年（1312）乡荐。被朝廷授任江西福安县尹（从七品）。几年后因其政绩卓越又被朝廷擢升为刑部河南清吏司郎中(从五品)。叶震在河南任职期间政绩更为突出、众口一词。天历元年(1328)正月，元文宗皇帝特颁发圣旨褒奖：敕命晋升他为中宪大夫，兼任河南肃政廉访司副使。其妻金氏也同时受到诰封。叶克诚和叶震父子两代，四受诰封，可谓荣宠备至。叶伯章，元末明初时被授任婺睦要冲总管。据载明太祖朱元璋率兵经过新叶村，叶伯章召集族中兵勇在鼓楼擂鼓捍卫村庄，后随朱元璋出征，战功卓著受到封赏。叶希龙，明万历十二年（1584）诏配竹岗郡君，受诰封为朝列大夫、宗人府仪宾。叶可让，清康熙十三年（1674）任把总时，因征海盗有功，升盘石卫都司，后为金华府镇兵都督。清康熙三十年(1691)，荣寿派叶元锡中康熙辛未科进士，后历任湖广德安府应城（蒲阳）县宰、河南开封府阳武县县尹等职。玉华叶氏自南宋入迁居于此，至清末，计有进士1人，举人1人，秀才和庠生100多人；因读书而为郡马1人，府总兵2人，县令1人，县丞3人。民国以后，新叶村好学之风不减，"一罐霉干菜，跋涉百余里"，奔走寿昌、

新安江、严州（梅城）、婺州、兰溪等地求学。从 20 世纪初至今 100 多年间，村中共有大学毕业生 170 多人。其中留学欧美获博士、硕士、学士学位者 3 人，目前在美国读硕士者 2 人，留学日本获法学学士学位者 2 人，在国内高校获得博士和硕士学位者 11 人。在高校和其他科研机构拥有高级职称者 9 人。这对于一个偏僻乡村来讲是很不容易的，这跟新叶村民一贯的尊师重教传统有密切关系。

二、建筑文化：明清建筑的露天博物馆

新叶村以江南罕见的明清古建筑群著名，据《玉华叶氏宗谱》载，玉华叶氏祖先是经过精心勘测后才选择定居在玉华山下的，村落总体布局由宋末元初著名理学大师金履祥设计确定。整个村庄依山而建，因势利导。玉华山泉水缭绕全村，村内现有总祠堂 1 所，总厅 1 所。分祠堂（厅）10 余所，皆为砖木结构。村中总祠堂名"西山祠堂"，又称"万萃堂"。总厅为元代始建，名"有序堂"，明万历后又称"国戚第"，这是因为叶氏子孙中有人被招为郡马（新叶村另保留有郡马府第）才成为皇亲国戚。据载，明代万历年间，因皇太后病重，朝廷贴皇

新叶村古建筑之南塘塍一角：有序堂和永锡堂侧面

新叶村口的文昌阁和抟云塔

榜招天下名医，新叶村土郎中叶遇春揭皇榜，进京治愈了皇太后痼疾，皇室感恩，遂将京山王孙女许配给叶遇春次子叶希龙，诏封京山王孙女为竹岗郡君，叶希龙受诰封为朝列大夫、宗人府仪宾。并传圣旨到新叶，封匾为"国戚第"，至今招郡马的圣旨原文仍保存在《玉华叶氏宗谱》中。分祠堂各有其名，如公堂式的崇仁堂、进士门第荣寿堂、五代书香旋庆堂等等。10多处厅堂多为明代建筑，均建筑精巧，保存完好。各分支住宅均以祠堂为中心环绕而建，使整个村庄形成若干群落，各群落之间又以众多街巷和弄堂相连，配以高耸的马头墙，显得深邃幽远。各住宅每间房屋的开门、转角、朝向、高矮的布置和天井内青石条板、石柱、牛腿的雕刻，既考虑各自风水、阳基等因素，与他处一般建筑物不同，又巧妙地统一于每个具体建筑群落中，形成错综复杂、内涵丰富的建筑结构群落，若陌生人乍入村内，犹如进入迷宫而难辨东西南北。村内每所祠堂门前都设有一口池塘。总厅有序堂前面是一个半月形池塘——南塘。池塘中恰好倒映着对面的道峰山，据说是因为村落设计者认为北面的道峰山为新叶村的风水山，此山呈正三角形，在五行中属火，半月形南塘将道峰山倒映水中，正含有"以水克火"之意。同时，倒映的道峰山很像一个笔架，南塘正像古代科场前面的泮池，这里面也寄寓了叶氏族人希望子孙科举登达的美好愿望。新叶村各房派的祠堂除逢节腊祭祖、节日演戏外，平时作为族人婚丧嫁娶、打木工、做竹活的公共活动场所和劳作场所。

新叶村村口的抟云塔和文昌阁是村里的标志性建筑。抟云塔建于明隆庆元年（1567）二月三日，落成于万历二年（1574）八月六日，塔高约40米左右，周长13.8米，塔身为六面七层砖塔，每层之间又有六层棱牙作腰檐，第一层的东南、西南和北面各有一拱形门，第二层的东北、西北和南面各有一拱形小窗，塔内各层有楼，以木板铺面，架木梯上下。整座塔结构紧凑，古朴典雅。据《叶氏宗谱》记载，造塔的目的是"补巽方之不足"以培植文风。塔名取自《庄子·逍遥游》"鹏之徙于南冥也，水击三千里，抟扶摇而上者九万里"句，取名"抟云塔"，是希冀子孙后代多取功名，鹏程万里。塔旁还有一座建筑精致的文昌阁，供奉文昌老爷（文曲星）。塔、阁组合，交相辉映，寓意"文运昌盛""扶摇直上"。1985年，抟云塔和文昌阁建筑群被建德县人民政府列为重点文物保护单位。现在是国家级重点文物保护对象。

清华大学建筑学院教授陈志华先生称新叶村的建筑"有规划，建筑质量好，村落发育程度相当高，建筑类型多，而且基本上完整地保留下来了""是我国东南地区最有代表性的明清建筑群"（陈志华《中国乡土建筑研究丛书》）。2000年2月，浙江省人民政府将整个新叶村的明清古建筑群列为"浙江省历史文化保护区"。2013年成为"全国重点文物保护单位"。

三、庙会文化：中国古代乡村农民娱乐文化的活标本

新叶村民有自己的传统节日。自元代玉华叶氏三世祖东谷公至今，每年农历三月初三以村北玉泉寺为中心举办各种祭祀仪式和娱乐活动。每逢十年中的第一年，称为大年。大年三月三，除了按例要举行每年一次的迎神、祭神仪式外，还要举行隆重的祭祖大典。农历三月初三这一天，新叶村民会把杀好的全猪、全羊，分别放在一个特制的大架子上，猪和羊的头上插状元花，嘴里各含一只大红橘子，把猪和羊尾巴上留着的毛扎成一条小辫子，然后全身披上红布，放在祠堂总厅上，再把玉泉寺的关公等三尊神像（新叶村民称为"老爷"）抬来，接受全猪全羊的供奉。家家户户拿出双刀肉、五谷饭、瓜果之类，堆成各种形状，供奉神灵。村里的艺人们则用树根、田泥制成各种千姿百态的飞禽走兽以供奉神灵。

拜祭时，铜、铁、锡铸之銮架一字排开，配以各种彩旗，宛如迎宾的仪仗队，各种管弦、板乐器齐鸣，声势浩大壮观。庙会期间，本村昆剧团和邀请来的外地民间艺术团会在总祠堂和分祠堂大会演。特别值得一提的是新叶村的昆剧是在传统昆剧基础上经民间艺人自己改编而成，被学术界称为"草昆"，是真正适合农村百姓观赏的通俗易懂的地方艺术，是非常珍贵的民间非物质文化遗产（已被列入浙江省级非物质文化遗产名录）。村民们抬着三尊神像，经过田野，进入村子，游街走巷，最后安置在总厅有序堂或当年承办房派所属的序堂，称为"接老爷"。神像所到之处，家家户户要燃香放焰火、鸣鞭炮，以示虔诚。

20世纪80年代以来，"三月三"传统庙会增加了新的内容，除传统仪式外，放电影、放录像、物资交流、科技咨询和医疗养生服务也成为庙会的重要内容，规模越办越大。方圆数百里之内数万名农民都会前来赶集和交易。更有许多游客、摄友赶来观光览胜。古老的乡村庙会集市形式正在阵痛中逐步向现代贸易交流会、旅游节蜕变转型，这种蜕变是祸是福尚待历史的检验，更需理论界的探讨引导。

新叶村距离兰溪市诸葛八卦村仅8公里，当初是随着诸葛村的出名，才陆续有外人探访寻幽至临近的新叶村。诸葛村的出名开始于1989年清华大学土木建筑专业的陈志华、楼庆西、李秋香等先生对该村的探访考察。其实，1989年，陈志华教授一行最先是由新叶村在建德县旅游局工作的叶桐窑专门带到新叶村来考察新叶村的古建筑群落的，在考察完新叶村后，顺便考察了临近的诸葛村。这两个村子都引起了清华大学教授们的兴趣，并持续关注着。后来，由于多种原因，诸葛村名声越来越大，而新叶村在很长时间内未能得到更多人的关注。1999年7月，重庆出版社出版了《中国乡土建筑丛书：新叶村》一书，2003年1月，河北教育出版社出版《中国古村落丛书：新叶村》，这两本书在重点介绍新叶村保存完好的明清古建筑的同时，也稍稍涉及了一些新叶村的历史文化传统，使新叶村受到了一些人的关注。经过清华大学的陈志华、楼庆西、

李秋香等专家对新叶村价值的高度评价和多年来的不断呼吁，终使新叶村被列为浙江省历史文化保护区。近年来，越来越多的人开始关注、涉足新叶村，其中不乏各级领导、中外专家学者。例如：1991 年 11 月 15 日，浙江省人大常委会主任陈安羽到新叶村考察，对古村的保护作了批示："我们到建德新叶考察，发现这里有很多古建筑，

新叶村三月三祭祖场景之一

新叶村三月三祭祖场景之二

保护基本完整，要学日本保留一二处这样的古村落，发展旅游，经济效益、社会效益必然很好。"2000年4月10日，浙江省委副书记、省政协主席刘枫来到新叶村视察并题词"新叶古村、美不胜收"。2006年10月17日下午，全国政协副主席王文元到新叶村视察，并题词："千年古村、万象更新"，建德市委书记陈春雷陪同视察。其间，国内外宣传媒体也陆续开始关注新叶村。中央电视台多个频道和浙江、上海、江苏、湖南、福建、江西等省级电视台，杭州、绍兴、金华和无锡、镇江等市级电视台，香港凤凰卫视、台湾东视，还有日本电视台、韩国电视台、新加坡国家电视台等多家境外电视媒体，以及《人民日报》《光明日报》《工人日报》《法制日报》《浙江日报》《钱江晚报》《杭州日报》《都市快报》等报纸都报道和介绍过新叶古民居。英国、德国、法国、美国、瑞典、丹麦、日本、韩国等国专家学者都曾到新叶村考察拍

新叶村三月三整装待发的迎神仪仗队

新叶村草昆班子主要成员

新叶村三月三迎神场景之一

新叶村三月三迎神场景之二

摄各种民俗资料。更有大量的大专院校师生以及各界人士不断前来考察、观光、旅游、写生。外人称新叶村为："中国最大的叶姓聚居地""一个遗世独立的旧梦""真正的世外桃源""江南乡村民居中的奇葩""明清古建筑的露天博物馆""中国东南农耕文化的活标本"……

2009 年 9 月，由杭州市人民政府、中国战略与管理研究会、中国文物学会联合举办，由建德市人民政府承办的"2009 第二届中国乡土建筑文化抢救与保护暨建德·新叶古村研讨会"在建德县城新安江隆重召开，几十位来自全国各大科研研究机构的专家学者参加会议。会议期间，专家们考察了新叶古村。许多专家对新叶古村保存完好的明清古建筑群以及丰富的古文化资源表示惊讶和叹服，认为是"全国罕见"。同年，"新叶昆曲"被纳入浙江省第三批"非物质文化遗产"名录。2010 年 4 月，建德市人民政府利用新叶村"三月三"传统节日，在新叶村举办了"新叶古村农耕文化节"。2010 年，新叶村被国家城乡发展与建设部、文化部、国家文物局共同定为"中国历史文化名村"，拨专款加以保护。2012 年，新叶村"三月三"被纳入浙江省第四批"非物质文化遗产"名录。2013 年 9 月，新叶村被国家文物局作为选取具有代表性的古村落，重点保护推广，此后，新叶村的名声越来越大，关注新叶古村的人越来越多。

的确，新叶村不仅仅是中国古建筑学的奇葩，同时也是中国古代农民重学的典范，乡村农民娱乐形式的活标本和中国农村家族传承的活标本。新叶村对中国古代建筑学、

2009'第二届中国乡土建筑文化抢救与保护暨建德·新叶古村研讨会
与会专家代表合影（后排左四为本书作者）

文化学、民俗学、民间工艺学、民间文学等方面的研究都具有活化石的意义。遗憾的是至今为止，人们比较熟悉的有关新叶村研究的书籍还是清华大学建筑学院的陈志华教授等人 20 多年前写的两部有关新叶乡土建筑的书。后来网络上有不少相关新叶村文化的资料出现，大多是去新叶采访的媒体记者写的新闻稿件，零散表面，缺乏系统性和深入性。也有一些是去古村旅游探胜的游客们留下的一时即兴之语，由于缺乏论证，而缺乏可信度，有些甚至是以讹传讹。后来，终于看到了一部有关新叶村义化研究的专著，是由安旭先生写的《宗族政治的理想标本：新叶村》（浙江大学出版社 2012 年 4 月出版）。安旭先生很用心，为写这部书，他和他的团队成员多次去新叶村实地调研考察，对许多问题进行了思考。作为玉华叶氏族人我对安旭先生及其课题组成员的努力心怀敬意和感激。但是，大概由于安旭先生作为北方人，在临时实地采访新叶村民的过程中，听不懂有些当地方音，和不理解新叶当地某些方言词汇的特定含义而造成了不少的错误，以至于该书中一些重要的人名、地名、物品名和一些时间节点搞错的地方很多。还有安旭先生作为一个长期生活在北方文化环境中的人，可能缺少对江南一带文化的切身感受，更没有对新叶古村的有些民风民俗进行浸润式体验的机会，因而对新叶村的一些乡风民俗、历史事件的文化内涵只能做一些一厢情愿的推测而得出一些不太如人意的结论。

因此，仍可以说至今尚无人对新叶古村这个国家级的文化名村的历史文化进行比较准确的、有说服力的介绍、剖析和研究。鉴于此，作为从新叶古村走出来的玉华叶氏后裔，平时也正好在高校专门从事中国古代文化的教学和研究工作的本人，深感有责任、有义务来完成此项工作。笔者发宏愿要尽力写出一部内容丰富、资料可靠、观点有说服力的有关新叶研究的书。因此，组织了课题组，于 2006 年申请并获批了浙江省文化工程中有关浙江古代历史文化研究的专门课题。为了做好此项工作，本人多次专门回到老家新叶村做实地调研和考察，反复拜阅《玉华叶氏宗谱》，采访熟悉新叶村历史掌故的乡老，实地考察有关名胜、建筑、遗址等。重温乡音、往事，掌握了大量的一手资料。其间，关注到新叶村老年协会的一些退休教师和返乡养老的干部们，曾通力合作，已经进行过新叶村传统文化的普查工作，完成了资料性的《古村新叶》一书，本人受邀为此书作序，拜读了全书。为了充分掌握更多的相关文献资料，也为了争取国内外同行专家的指导，本人还带着本课题，两次赴叶氏故里——河南叶县考察，拜访了"世界叶氏联谊会"副会长兼秘书长叶天才先生，叙宗人之谊。并与"世界叶氏联谊会"建立了联系，及时获取有关信息。参观考察了叶县的叶公陵园、叶公墓等，寻根访祖，获取资料。并到过国内其他著名的古村镇，如湖南凤凰古镇、安徽宏村和西递村、福建永定和南靖土楼考察，以及到本省的兰溪诸葛八卦村、武义俞源村、温州楠溪江村落群考察，获取大量参考性资料。还参与了 2009 年 9 月由杭州市人民政府、中国战略与管理研究会、中国文物学会联合举办，由建德市人民政府承办的"2009 第二届中国乡土建筑文化抢救与保护暨建德·新叶古村研讨会"，在会上作了主题发言，概括了新叶村的文化价值，得到专家和媒体的认可。与国内一批古村落研究的专家进行了观点交流。多次与瑞典的乡土文化研究专家史雯①教授联系交流，开阔国际视野。

本人曾想努力沉潜，不为追求速度、进度而敷衍塞责；要利用本村人写本村事的各种优势，尽力纠正当下有关新叶村的网络文字和书籍资料中的一些错误，而这些错误大多是因为其作者不是新叶村人，不可能有较长时间浸润在新叶村，多方调查取材论证，还有在临时的实地采访新叶村民过程中，由于听不懂有些当地方音，不理解当地某些方言词汇的特定含义而造成的错误。故而笔者有的放矢，为避免同样错误，多方采访，广泛收集资料，汇各方之力，积十余年之功，写成了这本《新叶古村落研究》，利用一些原始的相对纯正的资料和最平实的语言，介绍新叶村的历史沿革、风俗民情、地方掌故、当地工艺，民间文学等特色文化。但由于岁月刮蚀，沧桑变故，加上新叶村历史文化的深邃幽沉，许多问题，即便是我这个新叶村人也无法理清。但不管怎样，

---

① 史雯是其中文名。史雯颇通汉语，为了研究中国东南部的农耕文化，多次来中国，两次在新叶村过年，都住在经营农家乐的我姐姐家，本人回乡过年与其有过多次交谈。后来，史雯来浙江大学讲学，也与本人联系交流过。

新叶村这个看似普通却极具人文价值的江南古村落，总有一股神秘的不可抗力，使人乐此不疲、使人欣然前往。相信随着研究者和关注者的增多，古老新叶村的现代魅力将会被越来越多的人所认识。但愿我的这本书可以作为一座导引桥梁和一个迎门侍者，对于帮助那些关心中国古村落文化的人们，特别是对于那些关心和热爱新叶古村文化的人们了解新叶村与研究新叶村会有所裨益。

叶志衡
2009 年 12 月初稿
2013 年 7 月修改稿
2015 年 12 月三稿

第一章　叶姓寻源

一、"叶"与"葉"

叶姓之"叶"，原应写作繁体"葉"字，读作"shè"。许慎《说文解字》："葉，艹木之叶也。从艹，枼声。"宋人徐铉奉旨整理《说文解字》，在"叶，从艹，枼声"后面加注"与涉切"[①]。"枼"字，今读"yè"声，可见，大致在东汉时期，至迟在北宋初，"葉"已读作"yè"声。这可从另一位宋人邓名世所著《古今姓氏书辨证》中得到旁证："葉，失涉切，今音枝叶之叶，盖摄、葉音变也。"[②]而简体"叶"字也原有其字，一般读作"xié"声，音和意与"协"相同，常见"叶声""叶韵"等词语。也可读"yè"声，则与"页"同意，如"册叶""书叶"。因此，"叶"与"葉"原本是两个没有关系的单字。1956 年 1 月 28 日，由国务院公布的《汉字简化方案》第一批字库中规定将"葉"简写成"叶"，1964 年 5 月，中国语言文字工作委员会正式颁布实施《汉字简化方案》，从此，除了港澳台等地继续使用繁体汉字的地区"葉"姓仍写作"葉"之外，在中国大陆地区，葉姓之"葉"就通行写作简体的"叶"了。以下本书中所涉及葉姓之"葉"也都写作简体的"叶"字。

二、"姓"与"氏"

关于叶姓的由来，是个比较复杂的问题。据近年人口普查资料显示，在我国境内，除汉族外，满族、彝族、德昂族、蒙古族、土家族、锡伯族、回族、苗族等民族均有叶姓，只是人口数量不多。这里只讨论汉族叶姓。学界普遍认为：汉族叶姓当始于春秋时期的叶公。现存这方面的传世文献资料最早的是汉代应劭《风俗通义·姓氏篇》："沈尹戍生诸梁，字子高，食采于叶，因氏焉。"唐林宝《元和姓纂》也载："《风俗通》：楚沈尹戍，生诸梁，字子高，食采于叶，因氏焉。《吴志》有都尉叶雄。"可作印证。南宋郑樵《通志·氏族略》记载比较详细，认为"叶氏，旧音摄，后世与木叶之叶同音。《风

---

① 许慎：《说文解字》，中华书局，1963 年 12 月版，第 22 页。
② 邓名世：《古今姓氏书辨证》，王力平校点，江西人民出版社，2006 年 6 月版。

俗通》：楚沈尹戌生诸梁，食采于叶，因氏焉。《吴志》有都尉叶雄。唐有叶法善。宋朝为著姓。望出下邳、南阳"①。大致意思是：叶姓是因楚国的沈尹戌之子沈诸梁被封在叶邑，其后裔以邑名为氏而产生的。因此，叶姓原来是由沈姓派生出来的"氏"。至宋代，叶氏已繁衍成著名大姓（宋人编的《百家姓》中，叶姓列257位），郡望在下邳、南阳。

应该说明的是，在汉以前，"氏"与"姓"是有严格区别的。许慎《说文解字》卷二四"女部"载："姓，人所生也，从女、生，生亦声。"班固《白虎通德论》卷九曰："姓者，生也，人禀天气所以生者也。"《左传·隐公八年》云："天子建德，因生以赐姓。"这都说出了"姓"的本义是"生"。因此人们普遍认为，姓最初是代表有共同血缘、血统、血族关系的种族称号，简称族号。作为族号，它不是个别人或个别家庭的，而是整个氏族部落的称号。据文献记载，我们的祖先最初使用姓的目的是为了"别婚姻""明世系""别种族"。它产生的时间大约在原始社会的氏族公社时期。

姓是怎么来的？人们推测，姓的由来与原始人类的图腾崇拜有关系。在原始蒙昧时代，各部落、氏族都有各自的图腾崇拜物，比如说麦穗、熊、蛇等都曾经是我们祖先崇拜的图腾，这种图腾崇拜物成了本部落的标志。后来便成了这个部落全体成员的代号，即"姓"。此时，一个父系家长制的家族，都是同一个祖先的子孙，自然也都有一个姓，如神农氏家族姓姜，轩辕氏姓姬，少皞氏姓嬴，陶唐氏姓伊祁，有虞氏姓妫，夏后氏姓姒，殷家族姓子，周家族姓姬，等等。当时存在着成千上万的家族，每一个家族都应当有自己的姓。不过因为当时没有记载，加上许多家族还没来得及登上历史舞台引起人们关注便在历史上消失了，所以，到西周春秋时，人们能够确切知道的姓已经为数不多了。

后人根据《春秋》整理出来的"古姓"有：妫（今河北涿鹿有妫水），姒（夏王族姓），子（商王族姓），姬，（周王族姓），风、嬴（秦姓），己、任、吉、芊、曹、祁、妘、姜、董、偃、归、曼、芈（楚姓），隗（原北方少数民族姓），漆，允等二十几个姓。这些姓中近半数带女字旁。所以，人们推测，姓的产生可能在母系氏族社会。章太炎先生及其他学者又从甲骨文、金文、《春秋》《山海经》《说文解字》等较古的文献中整理出几十个古姓（约59个，章太炎得52个，其他人又从金文中寻得7个），这样加上原有的也不过八十几个。可以想见，这只是远古时期实际存在的姓中的一部分，原有的姓肯定不止这些，其他的已不得而知。但有一点是可以肯定的，就是那时候的姓绝对没有我们今天讲的"姓"多。我们这里可以罗列几个从古至今具有代表性的关于姓氏的数字：

（1）北宋以后的封建社会，长期作为儿童识字读物的《百家姓》（北宋钱塘无名氏编），共收入504个姓氏（其中单姓444个，复姓60个。叶姓排第257位。（开头曰：赵钱孙李，周吴郑王，冯陈褚卫，蒋沈韩杨……）

---

① 郑樵：《通志·二十略》，中华书局，1995年11月版，第92页。

（2）宋代郑樵《通志·姓氏略》中统计古代姓氏共有1745个。

（3）明代翰林院编修吴沈等人据当时户部所藏户籍编成《皇明千家姓》，收姓氏1968个。（开头曰：朱奉天运，富有万方，圣神文武，道合陶唐……）

（4）清人张澍《姓氏寻源》（岳麓书社1992年出版）、《姓氏辨误》中说古姓氏有5129个。

（5）中华人民共和国成立后，大陆学者阎福卿等曾编辑出版过《中国姓氏汇编》共收姓氏5730个。其中单姓3470个，双字姓2085个，三字姓163个，四字五字姓12个。台湾省也出版过《中华姓符》共收姓氏6363个，但里面有异体字重复收入的情况。

（6）据中国语言文字改革工作委员会汉字处1984年的抽样调查及有关专家的估计，直到今天还在使用的姓氏在3000个以上。

（7）气象出版社2001年1月出版的王大良编《当代百家姓》据1992年全国人口普查数据认为：目前，我国常用的姓约400个，按当时人口数算，前100个姓是：李王张刘陈杨赵黄周吴，徐孙胡朱高林何郭马罗，梁宋郑谢韩唐冯于董萧，程曹袁邓许傅沈曾彭吕，苏卢蒋蔡贾丁魏薛叶阎，余潘杜戴夏钟汪田任姜，范方石姚谭廖周熊金陆，郝孔白崔康王丘秦江史，顾侯郎孟龙万段雷钱汤，尹黎易常武乔贺赖龚文。叶姓排在第49位，在大陆有600多万人口。目前姓氏中前100个姓占全国总人口的87％以上。其中李王张刘陈5姓就有3亿多人口。李姓8700万、王姓8000万、张姓800万、刘姓6000万、陈姓5000万。全国各城市的大姓情况也不一样，如上海，前10名的姓是：张王陈李徐朱周吴刘沈。

以上这些数字跟我们前面说的所谓远古即有的纯正的"姓"相去太远了。那么另外那些也被称作姓的字又是怎么回事呢？那些字就是后代姓的主要组成部分——"氏"。

简单地讲，"氏"就是"姓"的分支。由于人口的繁衍，原来的部落又分出若干新的部落，这些部落为了表示自己的特异性，以同旧家族和别的新家族相区别，就为自己的子部落单独起一个本部落共享的代号，这便是"氏"。例如从夏家族的姒姓分离出来有扈氏、杞氏、缯氏；从殷商家族子姓分离出来的有殷氏、来氏、宋氏等等。当然也有些小部落没这样做，而仍然沿用老部落的姓。有的部落一边沿用旧姓，一边有自己的"氏"。这些小部落后来又分出更多的小部落，它们又为自己确定氏，这样氏便越来越多，"氏"的数量甚至于远远超过原来姓的数量规模。

从时间上来讲，这已是父系氏族社会的事情了，氏自然带上了这个时代的烙印。《通鉴·外纪》说："姓者统其祖考之所自出，氏者别其子孙之所自分。"就很能说明两者的关系。所以，"氏"就是姓的分支。"姓"是不变的，"氏"是可变的。顾炎武也说："氏一传而可变，姓千万年而不变。"（《日知录》）秦汉之前，姓和氏在不同场合使用，哪些人有姓，哪些人用氏都有严格规定。汉代以后，姓氏逐渐不加区分，姓氏合一，统称为"姓"。最明显的标志是《史记》。根据现有姓氏文献、推究它们的来源或者说最初确定它为姓氏的缘由，大致有以下几个方面：

（1）前面提到过，带女字旁的姓氏。如：姒、姬、姜、妫、嬴等，这是母系氏族社会女性崇拜的反映。有些直接就是女族长的名号称号。

（2）以动植物或其他自然物为姓氏。如：马、牛、羊、猪、蛇、龙、柳、梅、李、桃、花、谷、麦、桑、麻、粟、山、水、林、木、风、云、河、江、金、石、钢、铁、玉等，这其中很大一部分是部落的图腾。

（3）以封国、采邑或职官、爵位为姓。如：齐、楚、燕、韩、赵、魏、秦、鲁、蔡、郑、陈、宋、阮；叶、薛；司徒、司马、司空、乐正、宰、上官、太史、少正；王、侯、公孙、伯、子等，由于古代封爵职官名目繁多，故此类姓很多。

（4）以出生地、居住地或职业为姓。如：姚（虞舜生姚墟）、东方（伏羲住处）、西门、东门（鲁庄公子遂后代封住地）、东郭、南郭、百里、欧阳（越王勾践，被封在乌程欧阳亭）、陶、巫、卜、医等。

（5）以祖先族号、谥号为姓。如：唐、虞、夏、商、周、殷，文、武、昭、穆、康、庄、宣、平、成等。

（6）其他（在姓中还有几种突变的情况，略加介绍）：

A. 皇帝赐姓。如刘邦赐项伯姓刘。李煜赐奚廷圭（墨务官）姓李。

B. 为避灾难而改姓。如伍子胥在吴被杀后，子孙逃到齐国，改姓王孙；陈厉公子陈完，在陈内乱后逃到齐国做了大夫，改姓田。

C. 为避皇帝或圣人之讳而改姓。如荀改孙，庄改严，丘改邱等。

D. 嫌原姓复杂、字多而改姓。如司马简姓司或马或冯，欧阳简姓欧等。

E. 少数民族主动从汉姓。如北魏孝文帝汉化改革，规定鲜卑族人改用汉姓陆、穆、贺、于等，皇族带头，由原来的姓拓跋改为姓元（第一之意）。

F. 另外，拓跋、单于、宇文、长孙、呼延、尉迟、耶律、完颜、爱新觉罗等都是少数民族姓的汉语译音。有些少数民族姓在译成汉语后，嫌字太长就简化，如爱新觉罗，改姓罗、金。

从以上情况可以看出，同姓并不一定是一家。今天在公共社交场合的"贵姓""尊姓""按姓氏笔画为序"中的姓，实际上包括了古姓、氏这两方面的内容。

另外，讲古代姓氏还有几点值得注意：

（1）战国前，贵族才有氏，贵族男子在一般场合喜欢称氏（但在祭祖时一定要称姓），女子才称姓。因为"姓所以别婚姻"，"氏所以别贵贱"，"贵者有氏，贱者有名无氏"（《通志·氏族略序》）。顾炎武在《日知录》中说："考之于《传》，二百五十五年之间，有男子而称姓者乎？无有也。"

那么男子称什么呢。①贵者称氏；②贱者则以职业概括之。如奕秋、庖丁、匠石、医和、优孟，有学者认为这些职业名后来才成了姓。当时是通称。

（2）氏同姓不同者，婚姻可通；姓同氏不同者，婚姻不可通。古人认为，"礼不娶同姓"，"父母同姓，其出不蕃"（《左传·僖公二十三年》），"同姓不婚，恶不殖也"（《国语·晋语》）。有人认为这里面隐含了朴素的优生学因素。

春秋时，鲁昭公娶吴女为夫人，两人都姬姓，乃改夫人姓孟，称吴孟子，就是为了合"礼"而免被人讥笑。

（3）因为"姓"起着"别婚姻"的作用，贵族男子又不称姓，故女子称姓特别重要，为了给待嫁或已嫁的同姓女子加以区别，就形成了对女子的特殊称呼，如在姓的前后加前缀、后缀。

A. 常用排行为前缀：孟（伯）、仲、叔、季。如孟姜、伯姬、叔隗、季隗，

B. 以夫家的采邑、谥号为前缀：如晋姬、武姜、文嬴。

C. 直接加氏、女、母、姬、媪、妪等字作后缀，如张氏、商女、孟母、吴姬、赵媪等。

综上所述，"叶"原来属于"氏"，是由"沈"姓（沈原来也是氏，见下文）派生而来，汉代以后姓氏合一，"叶"也被当作"姓"了。既然叶姓是由沈姓派生而来，寻根溯源，就要涉及沈姓由来的问题，只有继续考察清楚沈姓的源头，才能摸清叶姓的上源。关于沈姓的起源，《风俗通义》《潜夫论》《吕氏春秋注》《春秋左传集解》《元和姓纂》《通志·氏族略》《新唐书》《广韵》《姓氏考源》《姓谱》《中国姓氏寻源》等文献都有记载和讨论，但众说纷纭，有些甚至互相矛盾。今人刘翔南、徐玉清的《叶姓考》在考源叶氏时对沈姓来源分析得详而有据，值得采信。综合有关文献资料，可以确定，"沈"姓原来也是"氏"，沈氏之源大致有三：

（一）出自古沈国（地在山西汾川）

沈氏源出嬴姓，系以国为氏。据《左传·昭公元年》："昔金天氏有裔子昧，为玄冥师，生允格、台骀。台骀能业其官，宣汾、洮、障大泽，以处大原。帝用嘉之，封诸汾川。沈、姒、蓐、黄，实守其祀。今晋主汾而灭之矣。"由此可知，沈国是一个很古老的国家，与蓐、黄、姒等皆为少昊（金天氏）之后，地在今山西汾河流域。其国为晋所灭，沈国宗族后裔以国为氏，形成最早的沈姓。少昊之后为嬴姓，因此这支沈姓源出嬴姓。但后世有些学者认为此沈出自姒姓，这是误读《左传》之文所至。如南宋郑樵《通志·氏族略》就将沈列入周异姓国的"姒姓"，这是将金天氏之后的沈国与后来在淮河流域活动的姬姓沈国相混，并误读上引《左传》之文所至。对此，刘翔南、徐玉清所撰《叶姓考》一文转引近人徐少华在《周代南土历史地理与文化》一书中言："其一，沈、姒、蓐、黄乃四国之名，杜预有明确的注解，不能读为'沈姒、蓐黄'；其二，昭公元年之'沈'，《传》文明言为金天氏之后的汾川者，为晋所灭，不但与淮域沈国族系、地域不同，且亦姒姓之国，郑樵此说纯属附会，不能成立。"[①]

---

① 叶县人民政府编：《叶氏溯源》，中州古籍出版社，2000年10月版，第23页。

清人张澍《姓氏寻源》认为："沈，直深切，为台骀、实沈之后，在汾川，与平舆之沈为文王第十子聃食采平舆音审者不同。"山西汾川的沈国之后与河南平舆的沈国之裔不属同支，应另为一姓。

（二）河南平舆之沈出自姬姓

河南平舆之沈也是以国为氏。史载周代有姬姓沈国，位列子爵，又称"沈子国"。据《世本·氏族篇》云："沈，姬姓。"但此话语焉不详。周时姬姓封国甚多，有为文王子孙，有为武王子孙，还有周公子孙的封国，姬姓沈氏究竟属于哪一支脉？据《元和姓纂》记载："周文王第十子聃食采于沈，因氏焉。今汝南平舆沈亭，即沈子国也。"唐兰先生据《沈子也簋铭》的记载，在《西周青铜器铭文分代史征》一文中指出："《广韵》《邵思纂姓解》《唐书·宰相世系表》等并说：'周文王第十子聃季食采于沈。'实际是六朝谱系学家误以为聃、耽同字而加以附会的。聃季的聃，从冉，应读如南，现沈非一字。……现在见到这件铜器，才知道沈国是周公之后。但在《左传》里，周公之后除了鲁之外，受封的只有凡、蒋、邢、茅、胙、祭六国，沈国可能是蒋国分封出去的。"按此说法，位于今河南平舆县一带的古沈国实为周公之后，但是否为蒋侯的分支尚待证实。依笔者推测，平舆之沈本系东夷的一支，为嬴姓，该国可能于周初为周所灭，并将其地分封给同姓支庶。当时在淮域还有同属东夷集团的江、黄诸嬴姓小国，均在其附近，绝非偶然。春秋时的沈国地域在今平舆、沈丘一带，故城位于古汝阳县东北、今平舆县境内的洪河流域。在今平舆县城北二公里的射桥乡古城村有沈城遗址，其平面略呈长方形，南北长 1500 米，东西宽 1350 米，总面积 2 平方公里。春秋时期的沈国是一个小国，位于蔡、陈、宋、郑诸大国肘腋之下，在隙缝中求生存，国小势微，倍受欺凌。在晋、齐、楚、吴争霸过程中，沈依附于楚国，因而多次受到中原诸侯之师的讨伐，战祸连绵，深受其害。沈国亡于鲁定公四年（前 506），其亡国原因在《左传·定公四年》有载"沈人不会于召陵，晋人使蔡伐之。夏，蔡灭沈""蔡公孙师灭沈，以沈子嘉归，杀之"。当时晋定公以盟主身份，召集诸侯在召陵（今郾城东）盟会，共商伐楚之计，沈国不来参加，从而招致灭国之祸。由于蔡国是受晋国指使灭沈，所以，《新唐书·宰相世系表》直言沈"为晋所灭"。今平舆县沈国故城内，还保留着押龙沟、绑龙桩和斩龙台等遗址。沈子嘉之后，逃奔楚国，为不忘亡国之恨，以故国"沈"字为氏，形成沈姓。此为姬姓之沈。

（三）沈姓另一支出自芈姓

沈姓另一支为楚国王族之后，系以邑为氏。楚，周代芈姓国。关于楚国的由来，屈原在《离骚》中追述楚人的先祖时曾说："帝高阳之苗裔兮，朕皇考曰伯庸。"高阳氏乃上古帝王颛顼之号，伯庸为祝融氏后裔，屈原谓楚人是颛顼和祝融的后裔。据司马迁《史记·楚世家》载：楚之先祖出自帝颛顼高阳氏。颛顼曾孙重黎在帝喾高辛氏时任火正，因功受封为祝融。后帝喾又以重黎的弟弟吴回接任火正，为祝融。吴回有子陆终，陆终有六子，第六子季连，芈姓，是楚人嫡系祖先。季连之世，楚人已经形成酋邦王国，居于楚丘。芈姓楚人早期的活动地域大体上在今河南省滑县、濮阳及山东曹县一带。楚人曾经居于荆木丛林之中，因而又称为"荆"或"荆楚"。季连部落从居楚丘时起，就不再称芈姓部落，而改称"楚"或"荆楚"了。楚人先居楚丘，后迁有熊，再徙于鄢，又经叶（今河南叶县）进入方城，最后到达丹淅之会处，以中原南部边陲的丹阳为居地，并在此建都立国。

《通志·氏族略》载："楚有沈邑，楚庄王之子公子贞封于沈鹿，故为沈氏。其地在今颍州沈邱。"此说有小误。实际上，沈邑原属蔡国，公元前531年和公元前447年，楚国曾两度灭蔡国并最终将蔡吞并，沈国故地至此方为楚国所有。楚灵王于公元前531年灭蔡后，曾迁沈等六小国于楚之荆山内地，两年后，楚平王夺得王位，又将这六小国放回淮域故地复国。楚公子贞所封之地即沈国故地，在今河南平舆，与颍州沈邱无任何关系。沈邱即沈丘，春秋时名寝丘，属楚国，故地在今淮滨、临泉一带。张耀征《春秋沈国故城位置考辨》一文指出："安徽省临泉县境的所谓春秋沈国故城，实为春秋楚国寝丘，地近胡国。东汉名'固始'。隋代于弋阳郡蓼（城）置固始，该故城废。时陆路交通工具不便，漕运发达，继于颍水之滨的军事重镇丘头（武丘）置沈州与沈丘县，原固始县的主要区域分别改属颍州的汝阴县和沈丘县。寝丘故城改属汝阴县所辖。"

自楚公子贞受封沈邑任邑尹之后，其子孙便以邑为氏，形成沈氏。后来人们将沈（姓氏）和尹（官职）合称为沈尹。在《左传》中曾频繁出现"沈尹"二字，如，鲁宣公十二年（楚庄王十七年，前597），沈尹将中军，此后还有沈尹寿、沈尹封、沈尹朱等人。鲁定公四年（楚昭王十年，前506）楚左司马沈尹戌（姓沈名戌，世袭为沈尹）在与吴国军队作战时战死，楚昭王为表彰其功，乃封沈尹戌之子沈诸梁为叶邑尹，食采于叶（今河南叶县南）。《史记·楚世家·集解》云："楚邑大夫皆称公"，所以沈诸梁被称为"叶公"。叶公后来助楚王平定楚国内乱，终老于叶，他的子孙以他的封邑为

叶氏始祖叶公沈诸梁画像

氏，形成后来的叶姓。

至于《新唐书·宰相世系表》所说的"叶姓出自姬姓，沈诸梁为姬姓之后"的说法，实为误解。据该书云："沈氏出自姬姓。周文王第十子聃叔季，字子揖，食采于沈，汝南平舆沈亭即其地也，春秋鲁成公八年（应为鲁定公六年）为晋所灭。

河南叶县叶公陵园的叶公塑像

沈子生逞，字循之，奔楚，遂为沈氏。生嘉，嘉字惟良，二子：尹丙、尹戊（疑为戌）。尹戊字仲达，奔楚隐于零山，为楚左司马。生诸梁，诸梁字子高，亦为左司马，食采于叶，号叶公。"一些叶姓家谱即据此认为叶姓出自姬姓，并将聃季列为叶姓第一世始祖，奉尹戊为第四十五世祖。事实上，聃季为聃姓始祖，其后还有冉姓。另据《左传》载，鲁昭公二十三年（前519），沈子逞追随楚师伐吴，于鸡父（今河南固始县东）成为吴人的俘虏，断无奔楚之理。蔡灭沈时（前506），是沈子逞的儿子沈子嘉在位，沈亡国后奔楚的应为沈子嘉之后，此时方有可能"遂为沈氏"。因此，宋人郑樵在其《通志》中曾对《新唐书》的说法进行了批驳，认为"此皆野书之言，无足取也"。

综合以上文献资料可知，叶公沈诸梁为沈邑尹（尹为官职称呼）沈戊之子，本姓芈，为芈姓沈氏，芈姓为楚王族之姓。芈姓楚王族为帝喾时代火正祝融之弟祝同氏后裔，祝融、祝同兄弟为古帝颛顼高阳氏之后，又据司马迁《史记·五帝本纪》，颛顼高阳氏乃轩辕黄帝之孙。因此，叶姓的根本在楚地叶邑，汉族叶姓的最始祖一直可以追溯到中华民族的总始祖轩辕黄帝，时间是在距今5000多年前的上古时期。只是在楚昭王封沈尹戊之子沈诸梁为叶邑尹、食采于叶（前506）之后才有叶公和后来的叶氏。汉人叶姓的始祖是叶公沈诸梁。

三、叶公沈诸梁

叶公，原姓沈，名诸梁，字子高，楚沈尹戌（沈邑尹沈戌，尹是官职名称，人们习惯称为沈尹戌）之子，因食采于叶，人称叶公。叶公的生卒年月难以确考，大约生于公元前 550 年，卒于公元前 470 年，与孔子（前 551—前 479）是同时代人。并非叶公沈诸梁的所有后人都姓了叶。其中部分后人继续姓沈；一部分则姓"诸梁"；只有一部分叶公沈诸梁的后裔改姓叶。这部分后裔之所以用叶公采邑为氏，不沿用沈氏，主要是因为他们觉得叶公的卓越功绩足以让他们自豪，他们用叶氏区别于其他沈氏，以彰显他们的荣耀，这符合春秋战国时贵者喜欢称氏的习惯。叶公算得上是春秋时期的名人，叶公事迹见诸古代文献者不少，现将其中比较早的（汉以前，去古未远）20余则文献列于下：

1.《论语·述而》

叶公问孔子于子路，子路不对。子曰："女奚不曰：'其为人也，发愤忘食，乐以忘忧，不知老之将至'云尔。"

2.《论语·子路》

叶公问政。子曰："近者悦，远者来。"子夏为莒父宰，问政。子曰："无欲速，无见小利。欲速，则不达；见小利，则大事不成。"叶公语孔子曰："吾党有直躬者，其父攘羊，而子证之。"孔子曰："吾党之直者异于是：父为子隐，子为父隐，直在其中矣。"

3.《左传·定公五年》

叶公诸梁之弟后臧，从其母于吴，不待而归，叶公终不正视。

4.《左传·哀公四年》

夏，楚人既克夷虎，乃谋北方。左司马眅、申公寿余、叶公诸梁致蔡于负函，致方城之外于缯关。曰："吴将泝江入郢，将奔命焉。"为一昔之期，袭梁及霍。

5.《左传·哀公十六年》

楚太子建之遇谗也，自城父奔宋，又辟华氏之乱于郑，郑人甚善之。又适晋，与晋人谋袭郑，乃求复焉。郑人复之如初。晋人使谍于子木，请行而期焉。子木暴虐于其私邑，邑人诉之。郑人省之，得晋谍焉，遂杀子木。其子曰胜，在吴，子西欲召之。叶公曰："吾闻胜也，诈而乱，无乃害乎？"子西曰："吾闻胜也信而勇，不为不利。舍诸边竟，使卫藩焉。"叶公曰："周仁之谓信，率义之谓勇。吾闻胜也好复言，而求死士，殆有私乎？复言，非信也；期死，非勇也。子必悔之。"弗从，召之，使处吴竟，为白公。

请伐郑，子西曰："楚未节也。不然，吾不忘也。"他日，又请，许之，未起师。晋人伐郑，楚救之，与之盟。胜怒，曰："郑人在此，仇不远矣。"胜自厉剑，子期之子平见之，曰："王孙何自厉也？"曰："胜以直闻，不告汝，庸为直乎？将以杀尔父。"平以告子西。子西曰："胜如卵，余翼而长之。楚国，第我死，令尹、司马，非胜而谁？"胜闻之，曰："令尹之狂也！得死，乃非我。"子西不悛。胜谓石乞曰："王与二卿士，皆五百人当之，则可矣。"乞曰："不可得也。"曰："市南有熊宜僚者，若得之，可以当五百人矣。"乃从白公而见之。与之言说，告之故，辞。承之以剑，不动。胜曰："不为利谄，不为威惕，不泄人言以求媚者，去之。"

吴人伐慎，白公败之。请以战备献，许之，遂作乱。秋七月，杀子西、子期于朝，而劫惠王。子西以袂掩面而死。子期曰："昔者吾以力事君，不可以弗终。"抉豫章以杀人而后死。石乞曰："焚库、弑王。不然，不济。"白公曰："不可。弑王，不祥；焚库，无聚，将何以守矣？"乞曰："有楚国而治其民，以敬事神，可以得祥，且有聚矣，何患？"弗从。

叶公在蔡，方城之外皆曰："可以入矣。"子高曰："吾闻之，以险徼幸者，其求无餍，偏重必离。"闻其杀齐管修也，而后入。白公欲以子闾为王，子闾不可，遂劫以兵。子闾曰："王孙若安靖楚国，匡正王室，而后庇焉，启之愿也，敢不听从？若将专利以倾王室，不顾楚国，有死不能。"遂杀之，而以王如高府。石乞尹门，围公阳穴宫，负王以如昭夫人之宫。叶公亦至，及北门，或遇之，曰："君胡不胄？国人望君如望慈父母焉，盗贼之矢若伤君，是绝民望也，若之何不胄？"乃胄而进。又遇一人，曰："君胡胄？国人望君如望岁焉，日日以几，若见君面，是得艾也。民知不死，其亦夫有奋心，犹将旌君，以徇于国；而又掩面以绝民望，不亦甚乎！"乃免胄而进。遇箴尹固帅其属，将与白公。子高曰："微二子者，楚不国矣。弃德从贼，其可保乎？"乃从叶公。使与国人以攻白公，白公奔山而缢。其徒微之，生拘石乞而问白公之死焉。对曰："余知其死所，而长者使余勿言。"曰："不言将烹。"乞曰："此事克则为卿，不克则烹，固其所也，何害？"乃烹石乞。王孙燕奔颍黄氏。沈诸梁兼二事，国宁，乃使宁为令尹，使宽为司马，而老于叶。

6.《左传·哀公十七年》

楚白公之乱，陈人恃其聚而侵楚。楚既宁，将取陈麦。楚子问帅于大师子谷与叶公诸梁，子谷曰："右领差车与左史老，皆相令尹、司马以伐陈，其可使也。"子高曰："率贼，民慢之，惧不用命焉。"子谷曰："观丁父，鄀俘也，武王以为军帅，是以克州、蓼，服随、唐，大启群蛮。彭仲爽，申俘也，文王以为令尹，实县申、息，朝陈、蔡，封畛于汝。唯其任也，何贱之有？"子高曰："天命不谄，令尹有憾于陈，天若亡之，其必令尹之子是与，君盍舍焉？臣惧右领与左史有二俘之贱，而无其令德也。"王卜之，武城尹吉，使帅师取陈麦。

王与叶公枚卜子良，以为令尹。沈尹朱曰："吉，过于其志。"叶公曰："王子而相国，过将何为！"他日，改卜子国而使为令尹。

7.《左传·哀公十九年》

秋，楚沈诸梁伐东夷，三夷男女及楚师盟于敖。

8.《国语·楚语下》

子西使人召王孙胜，沈诸梁闻之，见子西曰："闻子召王孙胜，信乎？"曰："然。"子高曰："将焉用之？"曰："吾闻之，胜直而刚，欲置之境。"子高曰："不可。其为人也，展而不信，爱而不仁，诈而不智，毅而不勇，直而不衷，周而不淑。复言而不谋身，展也；爱而不谋长，不仁也；以谋盖人，诈也；强忍犯义，毅也；直而不顾，不衷也；周言弃德，不淑也。是六德者，皆有其华而不实者也，将焉用之。彼其父为戮于楚，其心又狷而不洁。若其狷也，不忘旧怨，而不以洁悛德，思报怨而已。则其爱也足以得人，其展也足以复之，其诈也足以谋之，其直也足以帅之，其周也足以盖之，其不洁也足以行之，而加之以不仁，奉之以不义，蔑不克矣。夫造胜之怨者，皆不在矣。若来而无宠，速其怒也。若其宠之，毅贪无厌，既能得入，而耀之以大利，不仁以长之，思旧怨以修其心，苟国有衅，必不居矣。非子职之，其谁乎？彼将思旧怨而欲大宠，动而得人，怨而有术，若果用之，害可待也。余爱子与司马，故不敢不言。"

子西曰："德其忘怨乎！余善之，夫乃其宁。"子高曰："不然。吾闻之，唯仁者可好也，可恶也，可高也，可下也。好之不偪，恶之不怨，高之不骄，下之不惧。不仁者则不然。人好之则偪，恶之则怨，高之则骄，下之则惧。骄有欲焉，惧有恶焉，欲恶怨偪，所以生诈谋也。子将若何？若召而下之，将戚而惧；为之上者，将怒而怨。诈谋之心，无所靖矣。有一不义，犹败国家，今壹五六，而必欲用之，不亦难乎？吾闻国家将败，必用奸人，而嗜其疾味，其子之谓乎？夫谁无疾眚！能者早除之。旧怨灭宗，国之疾眚也，为之关钥藩篱而远备闲之，犹恐其至也，是之为日惕。若召而近之，死无日矣。人有言曰：'狼子野心，怨贼之人也。'其又何善乎？若子不我信，盍求若敖氏与子干、子皙之族而近之？安用胜也，其能几何？昔齐驺马繻以胡公入于具水，邴歜、阎职戕懿公于囿竹，晋长鱼矫杀三郤于榭，鲁圉人荦杀子般于次，夫是谁之故也，非唯旧怨乎？是皆子之所闻也。人求多闻善败，以监戒也。今子闻而弃之，犹蒙耳也。吾语子何益，吾知逃也已。"

子西笑曰："子之尚胜也。"不从，遂使为白公。子高以疾闲居于蔡。及白公之乱，子西、子期死。叶公闻之，曰："吾怨其弃吾言，而德其治楚国，楚国之能平均以复先王之业者，夫子也。以小怨置大德，吾不义也，将入杀之。"帅方城之外以入，杀白公而定王室，葬二子之族。

9.《墨子·耕柱》

叶公子高问政于仲尼曰："善为政者，若之何？"仲尼对曰："善为政者，远者近之，而旧者新之。"子墨子闻之，曰："叶公子高未得其问也，仲尼亦未得其所以对也。叶公子高岂不知善为政者之远者近之，而旧者新之哉？问所以为之若之何也。

不以人之所不智告人，以所智告之，故叶公子高未得其问也，仲尼亦未得其所以对也。"

10.《庄子·人间世》

叶公子高将使于齐，问于仲尼曰："王使诸梁也甚重，齐之待使者，盖将甚敬而不急，匹夫犹未可动也，而况诸侯乎，吾甚栗之。子尝语诸梁也，曰：'凡事若小若大，寡不道以欢成。事若不成，则必有人道之患；事若成，则必有阴阳之患；若成若不成，而后无患者，唯有德者能之。'吾食也，执粗而不臧，爨无欲清之人。今吾朝受命而夕饮冰，我其内热与，吾未至乎事之情，而既有阴阳之患矣。事若不成，必有人道之患，是两也。为人臣者，不足以任之，子其有以语我来。"仲尼曰："天下有大戒二：其一命也，其一义也。子之爱亲，命也，不可解于心。臣之事君，义也，无适而非君也。无所逃于天地之间，是为之大戒。是以夫事其亲者，不择地而安之，孝之至也；夫事其君者，不择事而安之，忠之盛也。自事其心者，哀乐不易施乎前，知其不可奈何而安之若命，德之至也。为人臣子者，固有所不得已，行事之情而忘其身，何暇至于悦生而恶死！夫子其行可矣。丘请复以所闻：凡交近则相靡以信，远则必忠之以言。言必或传之，夫传两喜两怒之言，天下之难者也。夫两喜必多溢美之言，两怒必多溢恶之言，凡溢之类妄，妄则其信之也莫，莫则传诸殃。故法言曰：'传其常情，无传其溢言，则几乎全。'且以巧斗力者，始乎阳，常卒乎阴。泰至则多奇巧，以礼饮酒者，始乎治，常卒乎乱。泰至则多奇乐，凡事亦然。始乎谅，常卒乎鄙。其作始也简，其将毕也必巨。言者风波也，行者实丧也。夫风波易以动，实丧易以危。故忿设无由，巧言偏辞，兽死不择音，气息弗然。于是并生心厉，克核太至，则必有不肖之心应之，而不知其然也。苟为不知其然也，孰知其所终。故法言曰：'无迁令，无劝成，过度益也。'迁令劝成殆事，美成在久，恶成不及改，可不慎与！且夫乘物以游心，托不得已以养中，至矣。何作为报也，莫若为致命，此其难者。"

11.《荀子·非相》

叶公子高，微小短瘠，行若将不胜其衣。然白公之乱也，令尹子西、司马子期皆死焉。叶公子高入据楚，诛白公，定楚国如反手尔，仁义功名著于后世。

12.《韩非子·难三》

叶公子高问政于仲尼，仲尼曰："政在悦近而来远。"哀公问政于仲尼，仲尼曰："政在选贤。"齐景公问政于仲尼，仲尼曰："政在节财"。三公出，子贡问曰："三公问夫子政一也，夫子对之不同，何也？"仲尼曰："叶都大而国小，民有背心，故曰'政在悦近而来远'。鲁哀公有大臣三人，外障距诸侯四邻之士，内比周公而以愚其君，使宗庙不扫除，社稷不血食者，必是三臣也，故曰'政在选贤'。齐景公筑雍，为路寝，一朝而以三百乘之家赐者三，故曰'政在节财'。"或曰：仲尼之对，亡国之言也。恐民有倍心而说之"悦近而来远"，则是教民怀惠。惠之为政，无功者受赏，而有罪者免，此法之所以败也。法败而政乱，政乱而民叛，以乱政治叛民，未见其可行也。且民有倍心者，君上之明有所不及也。不绍叶公之明，而使之"悦近而来远"，是舍吾势之所能禁，而使与下行惠以争民，非能持势者也。夫尧之贤，六王之冠也，舜一从而咸包，而尧无天下矣。有人无术以禁下，恃为舜而不失其民，不亦无述乎？明君见小奸于微，故民无大谋；行小诛于细，故民无大乱。此谓图难于其所易也，为大于其所细也。今有功者必赏，赏者不德君，力之所致也；有罪者必诛，诛者不怨上，罪之所生也。民知诛赏之皆起于身也，故疾功利于业，而不受赐于君。"太上，下知有之"，此言太上之下民无说也，安取怀惠之民？上君之民无利害，说以"悦近来远"，亦可舍已！哀公有臣，外障距，内比周以愚其君，而说之以"选贤"，此非功伐之论也。选其心之所谓贤者也。使哀公知三子外障距，内比周也，则三子不一日立矣。哀公不知选贤，选其心之所谓贤，故三子得任事。燕子哙贤子之而非孙卿，故身死为僇；夫差智太宰嚭而愚子胥，故灭於越。鲁君不必知贤，而说以"选贤"，是使哀公有夫差、燕哙之患也。明君不举臣，臣相进也；不自贤，功自徇也。论之于任，试之于事，课之于功，故群臣公正而无私，不隐贤，不进不肖，然则人主奚劳于选贤？景公以百乘之家赐，而说以"节财"，是使景公无术以享厚禄，而独俭于上，未免于贫也。有君以千里养其口腹，则虽桀、纣不侈焉。齐国方三千里，而桓公以其半自养，是侈于桀、纣也，然而能为五霸冠者，知侈俭之地也。为君不能禁下而自禁者，谓之劫；不能饰下而自饰者，谓之乱；不能节下而自节者，谓之贫。明君使人无私，以诈而食者禁；力尽于事，归利于上者必闻，闻者必赏；污秽为私者必知，知者必诛。然故忠臣尽忠于公，民士竭力于家，百官精克于上，侈倍景公，非国之患也。然则说之以"节财"，非其急者也。夫对三公一言而三公可以无患，"知下"之谓也。知下明则禁于微，禁于微则奸无积，奸无积则无比周，无比周则公私分，公私分则朋党散，朋党散则无外障距、内比周之患。知下明则见精沐，见精沐则诛赏明，诛赏明则国不贫。故曰：一对而三公无患，"知下"之谓也。

13.《战国策·楚策》

威王问于莫敖子华曰："自从先君文王，以至不谷之身，亦有不为爵劝，不为禄勉，以忧社稷者乎？"莫敖子华对曰："如章，不足以知之矣。"王曰："不于大夫，无所闻之？"莫敖子华对曰："君王将何问者也？彼有廉其爵，贫其身，以忧社稷者；有崇其爵，丰其禄，以忧社稷者；有断脰决腹，壹瞑而万世不视，不知所益，以忧社稷者；亦有不为爵劝，不为禄勉，以忧社稷者。"王曰："大夫此言，将何谓也？"莫敖子华对曰："昔令尹子文，缁帛之衣以朝，鹿裘以处；未明而立于朝，日晦而归食；朝不谋夕，无一月之积。故彼廉其爵，贫其身以忧社稷者，令尹子文是也。昔者，叶公子高身获于表薄，而财于柱国；定白公元祸，宁楚国之事；恢先君以掩方城之外，四封不侵，名不挫于诸侯。当此之时也，天下莫敢以兵南向；叶公子高食田六百畛。故彼崇其爵，丰其禄，以忧社稷者，叶公子高是也。昔者，吴与楚战于柏举，两御之间，夫卒交。莫敖大心抚其御之手，顾而大息曰：'嗟乎！子乎，楚国亡之月至矣！吾将深入吴军，若扑一人，若摔一人，以与大心者也，社稷其庶几乎！'故断脰决腹，壹瞑而万世不视，不知所益，以忧社稷者，莫敖大心是也。昔吴与楚战于柏举，三战入郢，寡君身出，大夫悉属，百姓离散。棼冒勃苏曰：'吾被坚执锐，赴强敌而死，此犹一卒也，不若奔诸侯'。于是赢粮潜行，上峥山，逾深溪，蹠穿膝暴，七日而薄秦王之朝。雀立不转，昼吟宵哭，七日不得告，水浆无入口，闻而殚闷，旄不知人。秦王闻而走之，冠带不相及，左奉其首，右濡其口，勃苏乃苏。秦王身问之：'子孰谁也？'棼冒勃苏对曰：'臣非异，楚使新造蛩棼冒勃苏。吴与楚人战于柏举，三战入郢，寡君身出，大夫悉属，百姓离散。使下臣来告亡，且求救。'秦王顾令之起：'寡人闻之，万乘之君，得罪一士，社稷其危，今此之谓也'。遂出革车千乘，卒万人，属之子满与子虎，下塞以东，与吴人战于浊水而大败之，亦闻于遂浦。故劳其身，悉其思，以忧社稷者，棼冒勃苏是也。吴与楚战于柏举，三战入郢，君王身出，大夫悉属，百姓离散。蒙谷给斗于宫唐之上，舍斗奔郢，曰：'若有孤，楚国社稷其庶几乎！'遂入大宫，负离次大典，以浮于江，逃于云梦之中。昭王反郢，五官失法，百姓昏乱，蒙谷献典，五官得法而百姓大治，比蒙谷之功，多与存国相若。封之执王圭，田六百畛。蒙谷怒曰：'谷非入臣，社稷之臣。苟社稷血食，余岂患无君乎？'遂自弃于磨山之中，至今无冒。故不为爵劝，不为禄勉，以忧社稷者，蒙谷是也。"

14.《吕氏春秋·似顺论第五》

白公胜得荆国，不能以其府库分人。七日，石乞曰："患至矣，不能分人则焚之，毋令人以害我。"白公又不能。九日，叶公入，乃发太府之货予众，出高库之兵以赋民，因攻之。十有九日而白公死。

15.《礼记·缁衣》

叶公之顾命曰：毋以小谋败大作；毋以嬖御人疾庄后；毋以嬖御士疾庄士、大夫、卿士。

16.《淮南子·道应训》

白公胜得荆国，不能以府库分人。七日，石乞入曰："不义得之，又不能布施，患必至矣。不能予人，不若焚之，毋令人害我。"白公弗听也。九日，叶公入，乃发大府之货以予众，出高库之兵以赋民，因而攻之，十有九日而禽白公。夫国非其有也，而欲有之，可谓至贪也；不能为人，又无以自力，可谓至愚矣。譬白公之嗇也，何以异于枭之爱其子也。故老子曰："持而盈之，不如其已。揣而锐之，不可长保也。"

17.《史记》

《史记·孔子世家》：明年，孔子自蔡如叶。叶公问政，孔子曰："政在来远附迩。"他日，叶公问孔子于子路，子路不对。孔子闻之，曰："由，尔何不对曰：'其为人也，学道不倦，诲人不厌，发愤忘食，乐以忘忧，不知老之将至'云尔。"

《史记·伍子胥列传》：伍子胥初所与俱亡故楚太子建之子胜者，在于吴。吴王夫差之时，楚惠王欲召胜归楚。叶公谏曰："胜好勇而阴求死士，殆有私乎！"惠王不听。遂召胜，使居楚之边邑鄢，号曰白公。白公归楚三年而吴诛子胥。

18.《风俗通义·正失·叶令祠》

叶公子高，姓沈名诸梁。古者令曰公。忠于社稷，惠恤万民，方城之外，莫不欣戴。白公胜作乱，杀子西、子期，劫惠王以兵。叶公自叶而入，至于北门，或遇之曰："君胡不胄？国人望君如望慈父母焉。盗贼之矢若伤君，是绝民望也，若之何不胄？"乃胄而进。又遇一人曰："何为胄？国人望君如望岁焉，日日以几，若见君面，是得艾也。人知不死，其亦无有奋心，犹将旌君以徇于国，而又掩面以绝民望，不亦甚乎？"乃免胄击进之，与国人攻，白公奔山而逝，生烹石乞，迎反惠王，整肃官司，退而老于叶。及其终也，叶人追思而立祠。功施于民，以劳定国，兼兹二事，因祠典之所先也。

19.《孔子集语·卷十三》

孔子困于陈蔡之间，居环堵之内，席三经之席，七日不食，藜羹不糁，弟子皆有饥色。孔子读《诗》《书》，治礼乐不休。子路进谏曰："凡为善者天报以福，为不善者天报以祸。今先生积德行，为养久矣，意者尚有遗行乎？奚居隐也。"孔子曰："由，来！汝不知，吾语汝。子以夫智者为无不知乎？则王子比干，何为剖心而死？子以谏者为必听邪？伍子胥何为抉目于吴东门？子以廉者为必用邪？伯夷叔齐何为饿死首阳之下？子以忠者为必用邪？鲍庄何为而肉枯？荆公子高终身不显。鲍焦抱木而立枯，介子推登山焚死。古圣人君子博学深谋，不遇时者众矣，岂独丘哉？贤不肖者，才也；为不为者，人也；遇不遇者，时也；死生者，命也；有其才不过其时，虽才不用，苟遇其时，何难之有？故舜耕历山而陶于河畔，立为天子，则其遇尧也；傅说负壤土、释版筑而立佐天子，则其遇武丁也；伊尹，有莘氏之媵臣也，负鼎俎调五味而佐天子，则其遇成汤也；吕望行年五十卖食于棘津；行年七十屠牛朝歌，行年九十为天子师，则其遇文王也；管夷吾束缚胶目居槛车中，起为仲父，则其遇桓公也；百里奚自卖取五羊皮而为卿大夫，则其遇秦穆公也；沈尹名闻天下，以为令尹，而让孙叔敖，则其遇楚庄王也；伍子胥前多功，后戮死，非其智益衰也，前遇阖庐，后遇夫差也。夫骥厄盐车，非无骥状也，夫世莫知也。使骥得王良、造父，骥其无千里之足乎？芝兰生于深林，非为无人而不芳。故学者非为通也，为穷而不困也。"

20.《新序·杂事一》

秦欲伐楚，使使者往观楚之宝器，楚王闻之，召令尹子西而问焉，曰："秦欲观楚之宝器，吾和氏之璧、随侯之珠，可以示诸？"令尹子西对曰："不知也。"召昭奚恤而问焉，昭奚恤对曰："此欲观吾国得失而图之，不在宝器，在贤臣，珠玉玩好之物，非宝重者。"王遂使昭奚恤应之。昭奚恤发精兵三百人，陈于西门之内。为东面之坛一，为南面之坛四，为西面之坛一。秦使者至，昭奚恤曰："君，客也，请就

据《史记》、《论语》等典籍记载：鲁哀公六年（公元前489年），孔子率弟子到叶邑拜访叶公。《论语·述而》有明确记载：叶公问孔子于子路，子路不对。子曰：汝奚不曰，其为人也，发愤忘食，乐以忘忧，不知老之将至云尔。另据《论语·子路》记载：叶公语孔子曰：吾党有直躬者，其父攘羊，而子证之。孔子曰：吾党之直者异于是，父为子隐，子为父隐，直在其中矣。

叶公与孔子论政图采自"新叶古村网"

河南叶县叶公陵园的论政殿

上位东面。"令尹子西南面,太宗子敖次之,叶公子高次之,司马子反次之。昭奚恤自居西面之坛,称曰:"客欲观楚国之宝器,楚国之所宝者贤臣也。理百姓,实仓廪,使民各得其所,令尹子西在此。奉圭璧,使诸侯,解忿悁之难。交两国之欢,使无兵革之忧,太宗子敖在此。守封疆,谨境界,不侵邻国,邻国亦不见侵,叶公子高在此。理师旅,整兵戎,以当强敌,提枹鼓以动百万之众,所使皆趋汤火,蹈白刃,也万死不顾一生之难,司马子反在此。怀霸王之余议,摄治乱之遗风,昭奚恤在此。唯大国之所观。"秦使者慔然无以对,昭奚恤遂揖而去。秦使者反,言于秦君曰:"楚多贤臣,未可谋也。"遂不伐楚。《诗》云:"济济多士,文王以宁。"斯之谓也。

21.《新序·杂事四》

叶公诸梁问乐王鲋曰:"晋大夫赵文子为人何若?"对曰:"好学而受规谏。"叶公曰:"疑未尽之矣。"对曰:"好学,智也。受规谏,仁也。江出汶山,其源若瓮口,至楚国,其广十里,无他故,其下流多也。人而好学受规谏,宜哉其立也。《诗》曰:'其惟哲人,告之话言,顺德之行。'此之谓也。"

22.《新序·杂事五》

子张见鲁哀公,七日而哀公不礼,托仆夫而去曰:"臣闻君好士,故不远千里之外,犯霜露,冒尘垢,百舍重趼,不敢休息以见君,七日而君不礼,君之好士也,有似叶公子高之好龙也,叶公子高好龙,钩以写龙,凿以写龙,屋室雕文以写龙,于是夫龙闻而下之,窥头于牖,拖尾于堂,叶公见之,弃而还走,失其魂魄,五色无主,是叶公非好龙也,好夫似龙而非龙者也。今臣闻君好士,不远千里之外以见君,七日不礼,君非好士也,好夫似士而非士者也。《诗》曰:'中心藏之,何日忘之。'敢托而去。"

23.《新序·义勇八》

白公胜既杀令尹、司马,欲立王子闾以为王。王子闾不肯,劫之以刃,王子闾曰:"王孙辅相楚国,匡正王室,而后自庇焉,闾之愿也。今子假威以暴王室,杀伐以乱国家,吾虽死不子从也。"白公胜曰:"楚国之重,天下无有。天以与子,子何不受也?"王子闾曰:"吾闻辞天下者,非轻其利也,以明其德也;不为诸侯者,非恶其位也,以洁其行也。今吾见国而忘主,不仁也;劫白刃而失义,不勇也。子虽告我以利,威我以兵,吾不为也。"白公强之,不可,遂杀之。叶公高率众诛白公,而反惠王于国。

24.《说苑·政理》

子贡曰:"叶公问政于夫子,夫子曰:'政在附近来远',鲁哀公问政于夫子,夫子曰:'政在于谕臣'。齐景公问政于夫子,夫子曰:'政在于节用'。三君问政于夫子,夫子应之不同,然则政有异乎?"孔子曰:"夫荆之地广而都狭,民有离志焉,故曰在于附近而来远。哀公有臣三人,内比周公以惑其君,外障诸侯宾客以蔽其明，故曰政在谕臣。齐景公奢于台榭，淫于苑囿，五官之乐不解，一旦而赐人百乘之家者三，故曰政在于节用，此三者政也，《诗》不云乎：'乱离斯瘼，爰其适归'，此伤离散以为乱者也，'匪其止共，惟王之邛'，此伤奸臣蔽主以为乱者也，'相乱蔑资，鲁莫惠我师'，此伤奢侈不节以为乱者也，察此三者之所欲，政其同乎哉！"

25.《汉书·古今人表》

班固在表中把古今名人列为上中下三等，三等又各分上中下，共九等。叶公子高被列在上等下的"智人"一栏[①]，为九等中的第三等，仅次于由古帝王圣人组成的"上上圣人""上中仁人"二档，与叶公同列的有同时代的范蠡、百里奚、介子推、宫子奇等名人，以及孔子学生曾参、有若、子路、子夏、子游、子贡、公西华等，还有稍后的西门豹、赵良、乐毅、廉颇等。足见班固对叶公评价之高。

综观以上文献可知，叶公沈诸梁一生事迹中最重要、影响最大的事有三件：治理叶邑，其间与孔子论政；平定白公胜之乱，助楚惠王复位；叶公好龙。兹将此三事再述之：

（一）治叶邑，叶公与孔子论政

楚平王五年（前 524），叶公被封于叶邑[②]。叶邑属楚国北部边防重镇。据《叶县志》载，叶公主持治理叶邑（其地今属河南省）达 49 年，其间，叶公广纳人才，推行富国强兵之策，在筑城固边、开疆拓土的同时，发动民众开挖东、西二陂，蓄方城山之水以灌农田，叶地百姓深受其利，世代感恩戴德。《水经注·汝水》载："澧水又东与叶西陂水会。县南有方城山，山有涌泉北流，蓄之以为陂。故塘方二里，陂水散流又东经叶城南，而东北注澧水。澧水又东注叶陂，陂东西十里，南北七里，二陂，并诸梁之所竭也。"其事《叶县志》也有记载："东西二陂，方城山有涌泉东流，蓄之以为陂，为二里，即西陂也。陂水散流，经叶县东南而北注澧水，澧水又东注叶陂，即东陂也。东陂最大，东西十里，南北七里，引水以溉民田。二陂并叶公诸梁所作，今遗址尚存，名水城。"叶公在叶邑治水比李冰修都江堰要早 200 多年。至今，叶公修筑的东陂、西陂遗址保存尚好，见证了叶公治水的历史。

楚昭王二十七年（前 489），孔子在周游数国均碰壁后，听说叶公在叶邑广招人才，而且政绩显赫，便特意由蔡至叶，拜访叶公。叶公与孔子讨论交流治国方略。孔子说："近者悦，远者来。"意为安抚近处的百姓，招徕远方的百姓。叶公向孔子提出了一个现实问题。他对孔子说："吾党有直躬者，其父攘羊而子证之。"孔子却说："吾党之直

---

① 班固：《汉书·古今人表》，中华书局1962年6月版，第933页。此段文字为笔者概述。

② 叶邑址在今河南省平顶山市叶县。但叶邑在古代长期属于南阳郡，故叶氏后人喜欢称自己为南阳郡人。

者异于是。父为子隐，子为父隐，直在其中矣。"可见，叶公不仅与孔子讨论了治国方略，而且还同他讨论了伦理道德的标准问题。孔子主张当亲人犯罪时应"为亲者隐"，而叶公主张应"大义灭亲"（此属法家理论）。这就是历史上著名的"叶公与孔子论政"。孔子与叶公话不投机，很快便离开了叶邑。这也为后代儒生对叶公不满，进而以"叶公好龙"编排调侃叶公埋下根由。

（二）平定白公胜之乱助楚惠王复位

楚惠王十年（前479），王族白公胜发动政变，与石乞袭杀令尹子西、司马子期于朝堂，劫持楚惠王，楚国顿时处于风雨飘摇之中。这时，正在老家新蔡休养的叶公听说后，立即率方城之外的边防兵赶往楚都平叛，沿途受到楚国百姓的拥戴和支持，"国人望君如望父母焉。"叛军很快土崩瓦解。首领白公胜自缢，石乞被俘后被烹，楚国得以转危为安。叶公因功被擢升为楚令尹兼司马，集军政大权于一身。但叶公很快将政权交与另外的大臣，自己则功成身退，回到叶邑，终老一生。

（三）叶公好龙

其事在现存文献中最早见于西汉刘向的《新序·杂事五》：

子张见鲁哀公，七日而哀公不礼，托仆夫而去曰："臣闻君好士，故不远千里之外，犯霜露，冒尘垢，百舍重趼，不敢休息以见君，七日而君不礼，君之好士也，有似叶

叶公文化研讨会现场

公子高之好龙也，叶公子高好龙，钩以写龙，凿以写龙，屋室雕文以写龙，于是夫龙闻而下之，窥头于牖，拖尾于堂，叶公见之，弃而还走，失其魂魄，五色无主，是叶公非好龙也，好夫似龙而非龙者也。今臣闻君好士，不远千里之外以见君，七日不礼，君非好士也，好夫似士而非士者也。《诗》曰："中心藏之，何日忘之。"敢托而去。

后人对此典故引用频繁。叶公之所以能从历史书走向民间，成为著名人物，多半是因为《叶公好龙》这则寓言。但同时也因为这则寓言将叶公刻画成一个言行不一、好做表面文章的人，使得叶公成了一个虚伪的华而不实的"反面典型"，从而掩盖了叶公在历史上的真实面目，以致世人对叶公人品颇有微词。甚至叶氏的后人也很忌讳谈及这件事情。

其实这只是后代儒生曲解历史造成后人误读的一个事例。产生这则寓言的原因背景很简单：当年，孔子周游列国来到叶邑时，与叶公政见不合，而且叶公也未能礼遇孔子。故而在西汉"罢黜百家，独尊儒术"的背景下，有儒生因此诋毁叶公。儒生们认为，既然叶公爱惜人才（叶公好龙），那为什么当真正的人才孔子和他的众学生（真龙）来到叶邑时，叶公又不礼遇和重用呢？这不是只喜欢假的龙，不喜欢真的龙吗？于是便有了"叶公好龙"的讽刺性寓言。汉儒对于历史歪曲和篡改的事例很多，其中对我国上古神话的曲解和改造，对秦始皇嬴政焚书坑儒的曲解误导都是很著名的事例，这些也逐渐为学界所澄清。而对焚书坑儒的曲解和夸张就是由西汉末刘向《新序》一书最终完成的，这与汉儒曲解和诽谤叶公异曲同工。

还有人认为：当年叶公为了开发叶县东、西二陂灌溉农田，曾在自己工作室的墙壁上画了整墙的施工水系图。一天，一位来访客人把墙壁上的水系图，当成了群龙起舞图，就毫不隐讳地说，人言叶公好龙，我看叶公并非真的好龙。其事经韩相申不害渲染，以讹传讹影响进一步扩大。其实，叶公好龙之事在正史中并没有记载，世上也根本没有龙这种动物。刘向的《说苑》《新序》只是当时的一些民间杂说、趣事汇编，属于文学创作。作为文学寓言本来就是虚构的，大可不必当真。但作为历史人物的叶公，则是"忠于社稷，惠恤万民，方城之外，莫不欣戴"（《风俗通义·正失·叶令祠》）的忠臣。因而，东汉班固在《汉书·古今人表》中将叶公人品列于"上等"。在讲究历史唯物主义的今天，我们拨开迷雾，还真实面貌予叶公，是有必要的。

四、河南叶县叶公陵园

在河南叶县有规模宏大的叶公陵园供叶氏后人及崇敬叶公者徜徉瞻仰。

叶公陵园外围远观全景

学界认为，今河南省平顶山市的叶县基本就是当年叶公沈诸梁所治的叶邑。叶县地处中原要冲，历史悠久。叶县古为豫州地，周代为应侯国，曾作为许国国都，春秋时为蔡国所吞并，楚灭蔡后为楚国所有，称叶邑。楚平王时封给叶公沈诸梁。战国时秦昭王时期始置南阳郡。治所在宛县（今河南南阳）。位置相当于现在河南熊耳山以南叶县、内乡之间和湖北大洪山以北应山、郧县间，包括原叶邑。秦以后，置叶县，清以前大部分时间隶属南阳郡。所以，当今世界各地源出汉族叶姓的子孙都将"南阳郡"作为自己的根基郡望。

《汉书》颜师古注引《皇览》曰："县西北去城三里，有叶公诸梁冢，又曰叶君丘，近县祠之。"当地百姓称其为"叶坟"。由于年代久远，在很长时间里，叶公墓及陵园几成了一片荒芜之地。1982年，叶氏后裔在河南叶县人民政府的支持下，重新培土立碑，修成高3米，方40米的"叶公墓"，并重新整修叶公陵园。现在的叶公陵园坐落在叶县旧县西北约1.5公里处。距叶县县城约15公里，距平顶山市区30余公里。陵园共占地40多亩，主要包括叶公墓、大门及围墙、论政殿、祾恩殿、东西厢房、碑廊、碑亭、祭坛、神道、飨堂、停车场等建筑，是叶公后裔缅怀祭拜先祖的场所，也是对人民群众进行传统教育的地方。是河南省级重点文物保护单位。

叶公陵园边上有一条从伏牛山脉发源、冲奔而下的河流——澧河，流至此地形成了一个气势磅礴的半环形河道，从地图上看，澧河全线在此转弯较大，叶公墓就位于环状河道所抱的岗地之上，此岗古名立树岗，奔流的河水几乎环抱了墓地的大半周，

叶公陵园正门

而在墓地的东南方还有一条来自伏牛山的河流，自西南往东北流至墓地东与澧河交汇而合抱墓地。抬头远望，南是大别山、伏牛山，西方与北方均是伏牛山脉，山环水抱，气势非凡。墓地虽不在山区，但群岭起伏，百岗争峰的景观给人的印象就如进入了龙腾虎跃之地。叶公陵园方圆数十里是大片的参天树林，可谓

叶公陵园内叶公之墓

是藏风敛水，山清水秀。真是风水和风景绝佳之地。

　　叶公陵园是一项投资巨大、影响深远，深受全世界叶公后裔关注的工程。叶县文化局在1999年接管陵园后，先后数十次请河南省古建筑研究所、南阳古建筑研究所、湖北大冶古建公司及河南省内的一些民间堪舆大师进行了考察、论证，测绘成图后又将图纸交给世界叶氏联谊总会有关宗长审阅，无异议后，才组织施工。自1985年以来，叶县政府为纪念叶公，先后斥资400余万元，三次重修、扩修叶公陵园。叶公陵园现

在占地面积 42 亩（包括陵园前道路、停车场），陵园坐落为南北走向，长 200 米，宽 120 米。包括围墙全部建筑均按古代陵寝制度规划修建。其中参考了北京明清帝王陵、河南巩县宋陵、卫辉市林姓太始祖比干墓、河南郏县三苏坟（苏轼与父洵弟辙）、南阳医圣祠、张衡墓等建筑格局，根据叶公墓的地理环境而设计施工。其主要特点是：三进院落歇山式

本书作者（右）与叶公陵园管理处负责人合影

琉璃瓦薨宫殿式建筑。其主体建筑安排在与叶公陵寝（墓）一条中轴线上，从水平上设计院内呈"V"形，即前后高，中间低。大门（一进）高于（论政殿）二门，二门低于墓前大殿（祾恩殿），虽然大殿高大雄伟，但地坪低于叶公陵寝（墓）。整个园内格局主要取聚风水之意。就墓制而言始祖陵寝东西长 25 米，大殿东西长 22 米，宽于大殿。这是根据陵园大小，因地势建筑布局而定的。叶公陵园囿于面积和地势，因古代已成定制，故无法象。一些新修的陵园有右朔性，经多次组织专家论证，目前的布

叶公陵园内的碑廊

叶公陵园内景

叶公陵园内的兴祖亭

叶公陵园内的祾恩殿

局是最佳选择。陵园内各类建筑均围绕始祖之朝、寝而建。

按古制：坟茔为"下宫"，即指墓与寝（后合二为一），为墓主休息、娱乐之地、灵魂居住之所；大殿为"上宫"是墓主办公、议事、接受朝拜之地。按民俗，墓为"阴宅"，大殿（或宗庙）为"阳宅"。《吕氏春秋·季春纪》高诱注云："前曰庙,后曰寝。《诗》云'寝庙奕奕'，言相连也。"《周礼·夏官·隶仆》郑玄注称："《诗》云'寝庙绎绎，相连貌也，前曰庙，后曰寝。庙中安放祖先神主，定期祭祀。'"古代帝王建筑陵园，讲究"事死如事生"的礼制。陵园建筑要按照活着的帝王所居住之宫廷规格来设计建筑，即前"朝"后"寝"。朝（古通庙，简写为庙）是君主举行朝议处理政务的朝廷所在。后寝是君主、后妃饮食起居之所。因此,君主之陵园建筑亦为前朝后寝。朝即陵园享殿，是接受子孙祭拜之地。根据礼书记载，按照"古不墓祭"之礼仪，地位低贱者，不能到朝（庙、享殿）祭拜，只能到墓前设坛（坛也为平地）拜祭。

《礼记·曾子问》曰："宗子（嫡传者）去在他国，庶子无爵而居者，可以祭乎？"孔子曰："望墓而为坛为时祭（郑玄注：不祭于庙，无爵者贱，远避正主）。"正是基于上述古制和礼仪，在叶公陵园墓前建筑高大宏伟之大殿（即朝。拟称殿）殿中金塑叶公像，左右金塑各地之开基祖如大经公、正简公等像为陪祭，为今后世界各地叶氏回祖地祭拜之场所。而以后墓前不再设置祭坛。以避古礼谓墓前祭拜为低贱者之忌。

据《中国古代建筑史》所载："唐宋的献殿就造在陵墓之前"。明清时代陵园建筑主体为祾恩殿和明楼宝顶，宝顶就是陵墓。"祾恩殿相当于唐宋的献殿。"唐代称献殿为"上宫"，是举行隆重的朝拜献祭典礼的殿堂；陵（墓）为"下宫"，是供墓主灵魂居住、休息的地方。据史书记载：早在春秋时期，远在西北荒蛮之地的秦国已经实行的"陵傍立庙"制度，就是从中原诸国"采择"来的。而叶公所供职的楚国早已把先王墓集中造在一起，称夷陵；同时也把先王庙造在了夷陵附近。秦将白起攻克楚郢都的时候，曾焚烧楚国先王墓夷陵。《战国策校注》说："焚其庙，即所谓烧夷陵先王之墓也。"因此《研究》指出："可知楚的先王庙必然和先王的陵墓相近。"由此可见，庙堂和陵墓相近之建筑形式正合古之风水之制。

叶公陵园的建筑参照古制，但并不照搬古制。因为古制等级过于森严。按古制规定，叶公墓地也不能称为陵园。因陵园是帝王的陵寝所在。古代帝王将相的墓地大小有严格的尺寸规定，就连栽什么树，栽几株也都是有制度的。叶公陵园按照"古为今用"的原则，既遵照古制又不拘泥于古制。取其意：陵园者，以陵为主的园林建筑。叶县政府为纪念叶县历史上的伟大人物叶公，二十多年来，斥资400余万元。三次重修、扩修叶公陵园，并申报为省级文物保护单位。全国各地以及侨居海外的叶公后裔，纷纷回到祖地叶县寻根谒祖，慷慨解囊，捐资修陵。如今，叶公陵园已成为世界上几千万叶公后裔缅怀谒拜叶公的最佳之处。

五、世界叶氏联谊总会

　　战国后期，由于战乱频繁和楚国的衰落，已在河南叶邑传承了数百年的叶公后裔开始有部分族民由中原地区向叶邑的北、东、西三个方向迁移，最后在河北河间、江苏下邳、陕西雍州及四川等地定居发展。但多数族民仍留居河南叶邑一带，这部分族民在秦汉年间成了后世著名的"南阳叶氏"的祖先。东汉末的战乱，又使得部分"南阳叶氏"外迁避难，这次主要是向西边大山深处的四川和尚未开发的江南迁徙。这其中包括后来被尊为南迁之祖的叶望也是在此时迁离中原的。西晋末的"八王之乱"导致匈奴、鲜卑、羯、氐、羌等少数民族进入中原，进而导致中原汉族纷纷南迁。这时，原来迁移到河北河间、陕西雍州、江苏下邳一带的叶氏也随之南迁，其中部分回到祖地河南，融入了"南阳叶氏"群体，部分族人继续南迁。这次迁移中，陕西雍州叶氏大多迁入四川，河间叶氏和下邳叶氏大多向南方迁移。而秦汉间形成的"南阳叶氏"则有更多的族人向南方迁移，形成了叶氏第一个南迁潮。叶氏的第二个南迁潮出现在唐宋年间，浙江、江西、福建、广东等江南省份的叶氏多为唐宋间迁入。这在后面一章介绍叶望南迁内容时还会谈及。大致在明清时期，已经定居福建、广东等沿海地区多年的叶氏族人为了追寻世界工业文明的足迹和寻求更多发展机会，开始离开大陆，向台湾、海南岛和海外各地播迁，从而使得叶氏子孙遍及世界五大洲。目前，叶公后裔达670多万人，分布于世界上40多个国家和地区。

　　2000年10月6日，代表世界各地叶公后裔的三百多位宗长在河南叶县召开了首届世界叶氏联谊大会，世界叶氏联谊总会（简称"世叶总会"）由此诞生。会议期间，举行了祭祖仪式，制定并通过了世界叶氏联谊总会章程，选举产生了第一届"世叶总会"职员，叶伯球被推选为首任世界叶氏联谊总会会长。会议还讨论了叶公陵园续建和叶公祠选址及修复方案等事宜。

　　2001年，世界叶氏联谊总会有限公司在香港特别行政区注册成功。秘书处设在河南省叶县政府大楼内，副会长叶天才兼任秘书长，长年办公。开始创办叶氏研究的

世界叶氏联谊会第一次代表大会开幕式现场（2000年10月6日河南叶县）

有关叶公研究和叶氏研究的刊物

本书作者叶志衡受邀参加世界叶氏联谊总会代表大会

世界叶氏联谊会副会长兼秘书长叶天才先生

刊物。

2004年10月12日，来自美国、英国、马来西亚、印度尼西亚、新加坡等10多个国家，中国大陆以及香港、台湾等地的叶氏后裔代表500多人，组成31个代表团共聚世界叶氏华人的祖地——河南叶县，举行世界叶氏联谊总会第二届代表大会。会议期间，举行了叶公塑像开光大典、拜谒叶公陵园以及经济贸易洽谈会、交流会、旅游观光等多项活动，还讨论了筹备编辑中华叶氏总谱事宜。与此同时，叶县还专门开通了"叶氏网"。

2009年5月15日至18日，在河南省平顶山市和叶县召开世界叶氏联谊总会第三次代表大会。会议期间，举行了祭祖仪式；审议了世界叶氏联谊总会章程修订草案，决定监修《世界叶氏总谱》；选举产生了第三届"世叶总会"职员，叶肇夫被推选为总会长。会议进一步讨论了叶公陵园续建和叶公祠选址修复及方案等事宜。

目前，世界叶氏联谊总会已成为全世界叶姓族人联系的纽带，收集、保存和研究叶公文献资料与研究叶公文化、叶氏文化的中心。

本书作者与叶氏联谊会副会长
兼秘书长叶天才（左）合影

　10月6日上午，世界葉氏聯誼會正式開幕，來自馬來西亞、菲律賓、新加坡、印度尼西亞、香港、台灣、廣
東省、福建省、浙江省、海南省、貴州省、安徽省、四川省、甘肅省、廣西壯族自治區、江西省、湖北省、陝西
省等22個代表團共323位葉公後裔代表，同中國僑聯顧問黃軍軍、文化工作部部長林佑輝、副部長郭敏燕、河
南省政協副主席、省委統戰部部長郭圖三、河南省外僑辦副主任任保葉、國外處處長宋亞奇、副處長王俊山、河
文化工作部部長陳衛平，河南省外僑辦副主任任保葉、國外處處長宋亞奇、副處長王俊山、河南省政協副委、平
州天等教授許超、平頂山市委副書記侯玉德、人大主任王壽梅、政協主席趙玉亭、副市長利道、政協副主
河南省僑聯名譽主席林雪梅、主席余恒、副主席張亞洲、秘書長林整、

世界叶氏联谊会第一次代表大会全体代表合影

043

附：世界叶氏联谊总会章程

（世界叶氏联谊会第一次代表大会通过，世界叶氏联谊总会第二届代表大会筹备会议修订）

第一章　总　则

第一条　本会定名为世界叶氏联谊总会（简称世叶总会）。

第二条　宗旨：本会拥护国家法令，遵守政府各项法规。为构建全世界叶氏社团组织联系网络；联络全球叶氏宗亲感情，奉祀始祖，弘扬祖德、敦亲睦族，互助互惠；为全球叶氏社团、叶姓族人的沟通与交流提供机遇与条件而成立。

第二章　任　务

第三条　本会主要任务：

1.促进世界和平，推动人类进步；服务社会，为国家富强作出贡献。

2.动员全球叶姓族人筹集资金修建叶公陵园，修复叶公祠；支持各地叶公文化研究（修谱）和叶氏宗祠的修复。

3.组织举办每年一次清明节祭祖典礼和每年九月初九的会庆。

4.为叶姓法人企业提供经贸信息咨询，协助企业发展。

5.不断扩大和完善全球叶氏社团和叶姓族人的联系网络；联络情感、沟通信息。奖助优秀学子，创办以联谊、交流、叶公文化研究（修谱）为目的的《世界叶氏联谊会会刊》。

第三章　会　员

第四条　本会会员分为如下两种：

1.会员单位：即代表一地或一叶氏社团组织者（一地或一个叶氏社团可出席多个代表）。

2.会员代表：被推举为第一届世界叶氏联谊总会代表者。因故未能参加第一届会议，但对叶公文化研究（修谱）造诣较深，或对叶公文化建设、叶公陵园建设，各地叶氏宗族事业有较大贡献者，各地代表提名，经大会通过，亦可成为本会缺席代表，并可被推选为大会职员。

3.参加代表大会，承认本章程的海内外合法的叶氏社团（宗亲会、联谊会、宗祠、叶公文化研究修谱单位等）和叶氏宗亲为本总会会员单位和会员代表。会员代表即代表一个区域叶姓人士（乡、村）的参会者。

第五条　会员权利与义务：

1.本会会员（会员代表、会员单位）有表决权、选举权和被选举权。每一个代表为一票。

2.本会会员应遵守本会章程，执行大会一切决议，按期缴纳会费之义务。

第四章　组织机构与职权

第六条　本会设置：特聘顾问、永远荣誉顾问、永远荣誉总会长、荣誉总会长、名誉总会长，以上职位为总会荣誉职务；顾问团、理事会、监事会为总会领导机构；秘书处、公关联谊委员会、叶公文化研究委员会（含修谱、建陵）、经济促进委员会为总会办事机构。"一处、三委"的组成人员由上述三个领导机构的成员和委员代表分别或交叉担任。顾问团设首席顾问一人，顾问若干人；理事会设总会长一人、常务副总会长若干人、副总会长若干人，秘书长一人、副秘书长若干人，理事若干人；监事会设监事长一人，副监事长若干人，监事若干人。

第七条　代表大会职权：

1.本会以代表大会为最高权力机构。

2.通过和修改本会章程。

3.由各地会员单位或会员代表提名，代表大会主席团协商确认推荐名单，代表大会选聘：特聘顾问、永远荣誉顾问、永远荣誉总会长、荣誉总会长、名誉总会长；大会闭幕期间，按照捐资铭彰办法确认永远荣誉总会长、荣誉总会长、名誉总会长。

4.由各地会员单位或会员代表提名，代表大会主席团协商确认推荐名单，代表大会推选：首席顾问、总会长、监事长；顾问、常务副总会长、副总会长、理事；副监事长、监事。

5.由总会长提名：代表大会选聘秘书长、副秘书长；"三委"主委、副主委。

6.听取、审议本会工作报告、工作规划和财务报告。

7.讨论通过本会重大议案。

第八条　大会闭会期间理事会履行大会职权。

第九条　理事会职权与义务：

1.决定办事机构设置与职权。

2.根据代表大会决议，决定和实施本会各项决议。

3.筹集管理本会经费。

4.筹备召开下届代表大会，决定大会召开时间与地点；向大会提出工作报告和建议。

第十条　总会长、常务副总会长、副总会长、秘书长职责：

1.会长主持理事会，理事会闭会期间，会长主持日常工作，协调各副会长之间工作关系，支持各地、各社团工作规划。会长因故不能到职视事期间，由副会长代理，代理期间定期及时向会长报告工作情况。

2.常务副会长协助会长主持日常工作。执行副会长、副会长协助会长制定工作规划，完成大会交办的任务。受理事会或会长委托参加，参与各地、各社团会议和工作规划。

3.秘书长为会长的助手，兼任总会办事处主任，主持办事处日常事务，管理本会文件、资料。根据理事会决议，起草、制定各类文件，收发本会与各地函电，协助会刊编辑与发行。副秘书长协助秘书长工作。

第十一条 监事长职责：

1.领导、组织监事会，监督本会一切工作之开展。

2.监察本会职员执行决议。

3.弹劾渎职，违犯国家法律的职员。

4.监督审查本会财务。

5.其他认为需要监察事宜。

第十二条 特聘顾问、永远荣誉顾问、永远荣誉总会长、荣誉总会长、名誉总会长指导本会开展工作；首席顾问为本会的主要决策指导人，首席顾问领导顾问团。本会会员入会自愿、退会自由。本会职员原则上为义务职。

第五章 会 议

第十三条 代表（会员单位、会员代表）大会每三年召开一次。2000年10月5日至8日（农历九月初八至十一），由叶县政府筹备召开的世界叶氏联谊会即为本会的第一届会员大会。

第十四条 公元2000年10月6日为本会诞生日。

第十五条 下一届会员大会的筹备与召开、时间、地点由会长会议研究决定。大会经费按例由与会代表缴纳，召开地襄助（含所有会议）。

第十六条 下届代表大会召开的时间不得提前或超过上届任期的6个月。下达会议通知时间国内须提前1个月，国外须提前2个月，以书面（传真）形式通知，同时载明议程。

第十七条 理事会每年召开一次，时间、地点、议程由总会长会议决定（总会长会议可采取函、电话会议形式）。会员亦可通过本会秘书处向总会长申请，经总会长会议同意，在申请人所在地召开。理事会成员因故不能与会时，应书面委托当地理事全权代理出席。理事会议亦同时报告特聘顾问、永远荣誉顾问、永远荣誉总会长、荣誉总会长、名誉会长、顾问自愿参加。首席顾问和监事长应到会指导。

第十八条 召开理事会议须由半数以上理事参加，会议之决议须由与会半数以上人数同意生效。

第十九条 理事会临时会议的召开，会长认为必要或经理事十名以上请求，经会长会议商定召开。

第二十条 总会长认为必要召开总会长会议，或一名副总会长提请总会长同意即可召开总会长会议。总会长会议决定重大事项须经到会三分之二以上总会长表决通过后有效。

第六章　经费与管理

第二十一条　本会经费来源：

1.会员单位、会员代表按年度缴纳会费（标准另定）。

2.会员捐款。

3.各地叶氏社团和叶姓人士赞助。

4.其他收入。

第二十二条　经费管理：

1.本会聘任正、副财务，出纳本会经费。总会长为本会财务最高决策人。或由总会长授权秘书处限额以内的财务支出。本会财务管理办法按《捐资铭彰与财务管理办法》执行。

2.本会会计年度为每年1月1日至12月31日。

3.本会每年编造预决算报告，经监事会审查，提交理事会通过，总会长批准。

第七章　附　则

第二十三条　本章程未规定事项，按各国、各地政府法律法规执行。本章程解释权为本会理事会。

第二十四条　本会办事细则和各项工作实施方案由理事讨论通过。

第二十五条　本会总部设中国香港，秘书处设中国河南叶县。

第二章　玉华叶氏的历史渊源

上文已经说到，由于新叶村叶姓定居于玉华山下，故而族人自称玉华叶氏。

这里先介绍一下玉华山："玉华"二字意思是玉中的精华，最精美的玉石。用此意的文献较早的如《楚辞·刘向〈九叹·远逝〉》云："杖玉华与朱旗兮，垂明月之玄珠。"王逸注："言己修善弥固，手乃杖执美玉之华，带明月之珠。"后来逐渐引申为才德俊秀，子孙杰出之意。如《世说新语》中将谢家子孙很有出息比喻成"芝兰玉树"。再如隋代卢思道《辽阳山寺愿文》："六宫眷属，诸王昆弟，皆智慧庄严，玉华松茂。"宋代张孝祥《丑奴儿·张仲钦生日》词："伯鸾德耀贤夫妇，见说宜家。见说宜家，庭砌森森长玉华。"都是以"玉华"比喻秀出的子弟。所以，"玉华"是一个极雅致的词语，因而，常常被用作地名、人名。从古至今，全国各地被称作玉华园、玉华苑、玉华宫、玉华府、玉华庭、玉华庄、玉华村、玉华轩、玉华院之类名称的地方无法尽数。即便是叫"玉华山"的地方，在全国也有多处。其中最著名的是江西丰城玉华山和陕西铜川玉华山，这两处都是著名的风景旅游景点，比新叶村边的玉华山要出名得多。至于新叶村边的玉华山之名始于何时，已无法考证。有说始于南北朝，目前未找到文献记录支撑。但从宋末元初时，玉华叶氏三世祖东谷公叶克诚主持第一次编修《玉华叶氏宗谱》，称本族为"玉华叶氏"看，玉华山名至迟在宋代已有，或应该更早。关于新叶村边玉华山之名的由来，现存文献及玉华山下当地人有多种说法。较可信的文献如明正德年间刊刻的《兰溪县志》载："昔有隐居者，自号玉华山人。玉华山因此雄镇寿昌县东南，兰溪县之西北而传其威名。"明代兰溪南阳诗人赵佑卿（曾任韶州乳源知县、雷州同知等职）写有《玉华樵隐》诗云："玉华峰顶是君扉，峭壁藤萝客到稀。自有黄精销白发，不将野服换朱衣。身随麋鹿仙家远，路入烟霞鸟道微。欸乃声中云满壑，烂柯一局已忘返。"说的也是玉华山曾是白发隐士樵隐之地一事。1986 年出版的《建德县志》"第二章山脉河流"载："自大慈岩东北走 2.7 公里称玉华山（652 米）。"并转引民国《寿昌县志》文曰："一名白山岩。悬岩峭壁，晶莹有光，故谓'玉华山'。"有人认为，玉华山又叫白山岩是因为白姓原住民所定，也有人认为是其山南有一大片玉白色的陡峻石壁而得名。笔者更倾向于后者。这片陡峻石壁在现在的汪山村后，在新叶村往上看得很清楚，因而在新叶村，玉华山反而多被称作白山岩。明代曹学佺撰《大明一统名胜志》（又名《天下名胜志》《海内名胜志》，简称《名胜志》）就直接称玉华山为"白石山"。并介绍说："县（按：指兰溪县）西四十里，其石如玉，又名玉华峰。左四五里有大石，高数百丈。飞泉直下。溜石成沟。又左四五里，有石柱，高百丈，周十余丈（衡按：应该指石柱源里的大石柱）。"明万历年间刻《兰溪县志》载："（玉华）山腰有洞阴，不可登。洞中云起，其日必雨。"因此，玉华叶氏（新叶人）历来将玉华山（白山岩）当作本族、本村的祖山、母亲山。以前，新叶人出远门，有"三天见不着白山岩就要哭"的玩笑说法，可见新叶人对白山岩的依恋和崇敬。围绕着玉华山、白山岩、崖壁、山腰石洞等，更是留下过许许多多神秘的传说故事。这些在后面的"新叶民间传说"一章中会有所介绍。这里先接着追述玉华叶氏的历史渊源。

　　上一章已说明叶氏源于河南叶县，因此，要说清楚玉华叶氏的历史沿革情况，就要先分析中原叶姓南迁的情况。综合现有文献可知，在唐以前，叶姓族人发展缓慢，见于史籍文献的叶姓名人很少。臧励禾《中国人名大辞典》中收录的唐代以前叶姓名人仅有叶子韶一人。《古今图书集成·氏族典》收录的唐代以前叶姓名人也只有西汉淮南王刘安所遇群仙"八公"之一的叶万椿，三国时吴人叶雄，晋人叶谭、叶子韶四人，其中，叶万椿是其"自号"，并非一定是叶氏族人；叶雄是蛮夷叶调国叶氏后裔，不一定是汉人。叶谭、叶子韶二人事迹已无法考证。由于发展缓慢，唐以前，叶氏族人事迹见诸正史记载的极少，更不用说叶氏早期迁徙的具体情况了，因此，关于叶氏由发祥地南阳叶邑向外地迁徙的情况，也就只能从现存的一些叶氏谱牒资料中窥知端倪。有人推测，秦灭楚后，作为楚国贵族叶公的后人，部分族人逃离了故地叶邑，这是叶氏向外迁徙的开始。至东汉末，叶望就世居青州，然后从青州（今山东境内）往南，在扬州过长江，至江苏丹阳之句容，成为叶氏南迁始祖。

一、叶氏南迁的关键人物——叶望

　　迁徙移民是全世界普遍存在的一种人口现象和社会现象。在中国历史上，移民的主要趋势是由北向南，特别是中原汉民向南方各地迁徙。引起中原汉民南迁的主客观原因有很多，但最主要的原因有两个：其一是躲避兵祸。自春秋战国以后，中原地带成了群雄逐鹿之地，特别秦汉以后，中原腹地更是战乱频繁，秦末楚汉相争、东汉末黄巾起义、西晋末的永嘉之乱导致五胡乱华、唐代安史之乱、唐末黄巢起义、北宋末靖康之难导致整个中原被金人控制、宋元交替时的争夺、明末农民起义及清兵入关……都引起了一次次的流民潮、移民潮。这在正史典籍中都有记载。如《隋书·食货志》记载："晋自中原丧乱，元帝寓居江左，百姓之自拔南奔者，并谓之侨人，皆取旧壤之名，侨立郡县，往往散居，无有土著。"又《宋书·卷三十五·志第二十五》云："自夷狄乱华，司、冀、雍、凉、青、并、兖、豫、幽、平诸州一时沦没，遗民南渡，并

叶氏宗谱里的叶望公画像

侨置牧司，非旧土也。"[1] 其二是因为灾荒和失地导致的难民迁徙。由于生产力水平的低下，我国历史上抗击水、旱、蝗、螟等自然灾害的能力有限，加上有些朝代政府沉重的赋税徭役。因此，每逢灾荒，哀鸿遍地，大批逃荒灾民背井离乡、流离失所，境况凄惨；更加上历代官僚贵族、豪强地主、富商大贾往往依仗政治特权和经济优势，大量兼并土地，致使大批小农失地、破产，被迫流徙异乡，另图生计。而江南长期被视为蛮夷之地，天高皇帝远，统治者鞭长莫及，中央核心权力的影响力稍弱，加上当地气候湿润，耕地辽阔，就成了众多中原移民理想的"避难所"。特别是长江三角洲、珠江三角洲地带：水网密布，土地肥沃，可渔农并举，非常适宜谋生，对饱受战乱贫困之苦的中原汉民来说，无异是世外桃源，因而成为南迁汉民集聚的最佳区域。我国著名的客家文化区域便是在这种背景下形成的。叶氏族人南迁的原因、背景与上述情况是相一致的。根据现有文献可知，叶氏明显南迁的脚步应当开始于东汉。

在众多的叶氏宗谱中，都提到一个叶氏南迁的关键人物——叶望。目前，大多数叶氏文化研究者依据各地宗谱，也基本认为叶望是叶姓族人南迁的始迁祖。而南迁开始时间是东汉末期。如清代光绪六年（1880）的南阳堂《叶氏族谱》，以及大多修于清代或民国时期的宗谱，如福建屏南《东峰叶氏宗谱》、安徽歙县《新州叶氏家乘》、安徽《休宁陪郭叶氏世谱》、广东《梅州叶氏族谱》、浙江松阳《卯峰广远叶氏宗谱》《兰溪上叶宗谱》《建德李家西园宗谱》以及本人家乡浙江建德新叶的《玉华叶氏宗谱》均视叶望为叶氏南迁之始祖。但叶望的事迹未见正史记载，只能依据各地叶氏宗谱的记载来描述：叶望，字世贤，汉末时或曾为光禄大夫、雁门太守，汉灵帝时弃官归隐，人称"楼舟先生"。汉献帝建安二年（197）由青州渡江而南下，侨居丹阳之句容（今江苏句容），成为叶氏南迁之始祖。

叶氏南迁始祖叶望公的世系数，一直都是我们叶氏族人关注的问题，从目前笔者所见的叶氏宗谱对于叶氏源流的记载来看，大体可以分为两类版本：一类版本将叶望

---

① 梁·沈约撰：《宋书》卷三十五，第5册，中华书局，1997年版，第267页。

公列为二十二世祖,另一类版本将叶望公列为五十三世祖。现在就说说这两个版本:(1)将叶望公列为二十二世祖的版本,多出自叶望公南迁初期落脚之地,江苏、安徽、浙江等地的宗谱,如浙江松阳县各地各支的古代叶氏宗谱,尤其是《卯峰》《玉岩》《塘岸》等叶氏宗谱,有很高的历史价值。而2007年底发现的清道光十一年修的浙江松阳《卯峰广远叶氏宗谱》,其质量是古今叶氏宗谱中的佼佼者,可以称得上是叶氏谱的瑰宝,此谱记载望公为诸梁公二十二世孙。笔者认为比较可信。(2)认为叶望公为五十三世祖的,多出自四川、广东、台湾等后迁之地区。其谱中所定的叶望公为五十三世祖大多是依据号称西汉董仲舒编撰的《叶氏世爵赋》、东汉蔡邕的《叶氏谱源流序》。但这两篇文字现经专家多方辨析论证,确认都是伪托之作。

西汉董仲舒编撰的《叶氏世爵赋》,据说写于西汉建元二年,就是公元前139年,《叶氏世爵赋》记载了从诸梁公到望公五十三代的官爵,原文如下:

叶世赐姓,始自沈诸梁。为楚大夫,世居南阳。生重与才,邑令永昌。凝为继起,俊明益章。询盼至玩,周令声扬。勇为济美,章继台郎。迨至诩为颍川太守,轨以孝廉流香。佑为长沙太守,子惠雁门有光。此皆卓卓可述,名列青缃。暨元训为青州骠骑,至进长发其祥。进及殷以司马奏绩,传宣为太守黄堂。兴后为北平太守,定均统绪绵长。崇公为骠骑将军,敷公世泽无疆。敷生慕以骠骑显汉,慕生奇为汉尉匡勘。芜钟林公世善,让以功列戎行。侃为南台御使,古公君显俊良。霖敦君举颁继,世实知县彰彰。谦为卫殿将军,合生晖振疆场。粲后超为太尉,伯敦以将军无双。兴宗生奉主簿,康为汉将庙廊。纂至迥为东汉太尉,祎为令尹冠裳。若夫嘉为长慎太守,元为武陵甘棠。仲居雁门太守,颖官云梦难忘。至望为光禄大夫,徙居丹阳。代有科甲,名传邦县。可怜丘墓,祭祀多湮。略记前后源流,以俟后人继续考详。

1998年所修广东《梅州叶氏族谱》第一册第80页和2000年版雁洋《叶氏宗谱》的第44页,都有署名董仲舒(公元前104年已逝世)写的《叶氏世爵赋》,记载叶氏的世次到公元143年出生(2000年版雁洋《叶氏宗谱》第175页)的"五十三"世叶望,而此时董仲舒去世已有247年。西汉武帝时的董仲舒何以能记录东汉末的事情,这是这篇赋最大的漏洞。有人解释董仲舒编撰的《叶氏世爵赋》原只记到第30代"古公君",后面的二十三代传承为后人补记。那么,我们来篁一下最简单的各代传承相隔的时间。叶公诸梁大约出生于公元前550年(河南平顶山学者认为,诸梁公于公元前524年封叶),以叶公诸梁成年婚娶并生育时间为20岁左右,则为公元前520年左右,西汉董仲舒生卒年是公元前179—前104年。据载,董仲舒编撰《叶氏世爵赋》的时间西汉建元二年(前139)左右,那么从叶公诸梁成年至公元前139年共381年,如果其间叶氏传了30代,平均12.7岁一代人,几乎是不可能的。如果以《左传》第一次记载叶公活动时间公元前505年为上限,至公元前139年,共历366年,传30代,平均 12.2 岁一代，更加不可能了。据载，叶望公于建安二年（197）南迁，那是他当了光禄大夫以后，那时应该有 50 多岁了。有谱记载，望公生于东汉顺帝汉安癸未年（即汉安帝二年，143），望公成年婚娶并生育时间又要往后 20 年左右，如果按这个时间计算，也就是在公元 163 年左右。那么叶公诸梁成年到望公成年为 683 年，以五十三代算，平均为 13.89 岁为一代，这也是基本不可能的。如果以二十二代算，则平均为 31 岁左右一代，如果考虑到有几代传承首胎即为男性，有几代则前几胎是女性，三、四胎以后才为男性，那么，这个平均年龄是比较符合一般正常情况的繁衍时间的。董仲舒编撰的《叶氏世爵赋》自诸梁公以下二十九代的叶氏祖先中，皆有官爵，没有一个白身（无官职），这本身也不太可能。上面已说过，唐以前，叶姓族人发展缓慢，见于史籍文献的叶姓名人很少。在 300 多年的战国动乱里，秦灭楚，作为楚国旧贵族的叶氏人物地位是逐步走下坡路的。《徽州蓝田叶氏支谱》记载"叶公后，世采复绝，秦灭楚，子孙益微"是符合历史真实的。《叶氏世爵赋》记载的三十代以上祖先，个个官名赫赫，除诸梁公正史及其他可靠的秦汉文献有记载外，其余都不见正史，也不见载于著名的文献，只出自部分叶氏谱牒。那些说望公为五十三世祖的谱，其根源都在这里。《叶氏世爵赋》绝对不是出自董仲舒，可能是古代我叶氏裔孙中的某些文人，为了"光宗耀祖"，不顾史实而编造的假东西。假托董仲舒赋、蔡邕作序，无非是希望增加知名度和可信度。这也是现存宗谱文献的通例和通病，学界早已有明辨。故而，说望公为五十三世祖之说不可信。

世界叶氏联谊总会正在编纂《世界叶氏总谱》和《中华叶氏通谱》，在目前还没有最新的谱系资料的情况下，我觉得暂时可以把望公的世数定为二十二代世祖，还族人一个相对真实、准确、可信的望公世数是可行的。

叶望迁江苏句容之后，族裔不断向外发展，分别迁到了安徽、浙江、福建、江西、广东等地。又据浙江松阳《卯峰广远叶氏宗谱》载，由于东汉末持续战乱，叶望迁江苏句容后，停留了几年又继续南迁。经山阴（绍兴）、吴宁（东阳）、乌伤（义乌至金华一带），翻过括苍山，进入松阳境内。笔者认为，在古代交通极为不便的情况下，叶望公一生不太可能从山东青州一直最后迁徙到浙江松阳。这条漫长的迁徙路线应该是由几代人完成的。但由于缺乏文献佐证，只能存疑备考。

虽然众多的叶氏宗谱都将叶望公定为叶氏南迁之祖，但江南的叶氏并非全是叶望公的后裔。在叶望稍后的时间里，肯定有其他的叶氏族人也向南方迁徙。现综合参照各种史料及各地叶氏宗谱资料判断，在叶望之后，叶姓族人的大举南迁主要在两个时期：

其一是西晋永嘉年间，贾南风乱政，引起八王争权混战（史称"永嘉之乱""八王之乱"），北方少数民族匈奴、鲜卑、羯、氐、羌先后进入中原参与混战。永嘉五年（311），匈奴人刘渊乘机起兵反晋，其族弟刘曜攻入洛阳，西晋灭亡。晋室遗族仓皇南逃，最后在建康（今南京）重建政权，史称东晋。在永嘉之乱中，中原士族纷纷南奔，并有大量百姓逃难过江，总计有近百万人之多，在这次南迁浪潮中，中原叶姓族人有不少移居到了苏南、皖南、浙北等地。

其二是在唐宋年间。在唐代有两次汉人大迁徙。第一次在唐初。唐高宗总章二年（669），福建泉漳之间有蛮獠啸乱，朝廷派陈政为朝议大夫、岭南行军总参，率府兵3600名，战将123名入闽征讨（史称58姓入闽）。其中有众多叶姓士卒，战后，部分将士在福建各地定居繁衍。第二次在唐宋之交时期。唐末年间，天下大乱，光州固始人王潮、王审知兄弟率众起义，举兵南下，中原地区的叶姓兵众跟随二王南下，在福建转战8年，王氏兄弟在福建建立"八闽王国"，叶氏将士也在福建各地定居开族。宋朝又是中原叶姓南迁的一个高潮。北宋靖康元年（1126），金兵大举南侵，战祸遍及整个黄河中下游地区，给中原造成惨重破坏："几千里无复鸡犬，井皆积尸，莫可饮；佛寺俱空，塑像尽破胸背，以取心腹中物；殡无完柩，大逵已蔽于蓬蒿；菽粟梨枣，亦无人采刈"（宋代庄绰《鸡肋篇》卷上，收在《历代史料笔记丛刊》中华书局1983年出版）。《金史》卷四十六，志第二十七所载可作参证："民多流亡，土多旷闲，遗黎惴惴，何求不获"。靖康二年，北宋灭亡。五月，康王赵构逃至临安（今杭州）建立南宋政权。靖康之难后，直至南宋灭亡，宋金对峙，战乱不断，大批北方族民为避战乱，被迫不断向南迁徙，持续近一个半世纪，其中不乏中原叶姓族人。本书所写的新叶村"玉华叶氏"便是在南宋宁宗嘉定年间（1208—1224）建村的。

由于年代久远，记载叶姓族人在上述几次大的移民过程中迁徙情况的史料文献并不是很多。一些叶姓族谱的记载，从一个侧面反映出这一时期叶姓迁徙到了江苏、安徽、浙江、福建、江西等地的情况。如安徽《休宁陪郭叶氏世谱》称其始迁祖叶尚或，南唐时自湖州苕溪迁休宁陪郭。《叶氏族谱》记载，后唐清泰年间（934—936）叶一琅任朝奉大夫，随官迁至江西赣州府信奉县。叶一琅之孙延庆再迁至福建兴化府仙游县。江苏吴县《纪革叶氏支谱》称：始迁祖叶寿三，宋室建炎年间南渡，自汴京迁东洞庭纪革。根据族谱记载，唐宋南迁的叶姓族人中，主要来自河南，少数是迁至江苏、安徽的叶氏再次迁居到了浙江、江西、福建、广东、四川等地。福建仙游《古濑叶氏族谱》载："始祖叶湛，世居雍州，五季之乱，举族流徙莫定；至宋，卜居光州固始，若祖有叶炎会者，随宋南渡，卜家仙游之古濑。"《佛岭叶氏谱序》称："吾稽叶氏，居雍州，徙居光州固始县。"《思实公重修族谱序》也说："吾祖河南人也。"《明元公谱序》谓："吾宗自光州入闽。"浙江淳安《叶氏宗谱》记载：一世祖为叶焘，先世为河南人，因官迁居歙之黄墩。历五世曰豪，不满王安石新法，避地遂安承凤，后名叶村。四川成都《蓉城叶氏宗族全谱》记载："是族先世汴梁人，有大经者，南宋末官闽，时兵戈四起，南北道梗，遂流寓梅州程乡县。"

总的来说，从春秋末开始，经过1500多年的发展繁衍，到两宋时期，叶姓已繁衍成为当时的大姓望族。当时，大宋共有人口5800多万，叶姓人口约34万，在所有姓氏中排第53位。宋代郑樵《通志·氏族略》说"叶氏，宋朝为著姓"，《宋史》中有传的叶姓人物有 12 人,这些名人的籍贯全部为江南。其中浙江籍 8 人,福建籍 3 人,江苏籍 1 人。《中国人名大辞典》收录的宋代叶姓人物有 47 人。这 47 位宋代叶姓人物中,除两名籍贯不详,1 名为河南人外,其余 44 人也全是江南人,其中浙江籍 20 人,福建籍 19 人,仅两省就占八成以上,其余为安徽、江苏、江西等省人,由此可见此时的叶姓已鼎盛于江南了。

明清时期叶姓已遍布全国各地,成为我国的大姓之一。见于史载的各地叶姓名人较以往大大增加。从这些名人的居住区域分布来看,明清时期叶姓族人已经繁衍到了大江南北,但仍以浙江、江苏、广东、福建等地为多。《中国人名大辞典》中收录明清叶姓 117 位名人,在有明确籍贯的 100 人中,浙江 45 人、江苏 19 人、上海 16 人、安徽 7 人、广东 6 人、福建 6 人、湖北 6 人、江西 3 人、河南和山东各 1 人。这说明此时叶姓发展的中心仍然在今浙江、江苏、上海、广东、福建、安徽等东部沿海一带。清代及民国以后,广东、福建一带的叶氏族人发展迅速,后来居上,逐渐成为重要的叶氏居住区。据 2011 年人口普查资料,如今,中国大陆共有叶姓人口 600 多万,人口数量排在第 42 位。广东、浙江、福建三省的叶姓人口最多,约占所有叶姓人口的 48%。河南、江苏、上海、江西、四川、安徽、湖南、湖北、广西、河北和海南也是叶氏的重要分布地。

我国宝岛台湾也是叶氏重要居住地。明末清初之际,浙江、福建、广东一带的叶姓族人为避战乱,渡海入台,经过三四百年的繁衍,已在台湾发展成为庞大的家族。据台湾文献委员会的调查统计,叶氏为台湾的二十大姓之一,约有 30 余万人。1953—1954 年间,台湾省文献委员会对台北、基隆、台中、台南、高雄五市,阳明山特别区,及台北、宜兰、新竹、苗栗、台中、南投、彰化、台南、屏东、花莲、澎湖十一县所作的调查表明,除桃园、云林、台东、高雄四县外,全岛 828804 户居民中,有叶氏 19013 户。约占总户数的 2.3%,居全岛 737 个姓氏的第二十位。如今,台湾有自己的叶氏联谊会,非常活跃,多次派代表去河南叶县联络交流。

另外,叶氏族人还侨居海外 40 多个国家。据《高丽史节要》等史书记载,宋至和二年(1055)有叶德宠等人前往高丽从事贸易活动,并有叶氏族人在高丽定居下来,如叶盛(生卒年不详)通晓音律,去高丽经商后定居高丽,并将宋音乐传至高丽。叶氏族人大批移居海外是在明清之际。如福建南安民国二十二年(1933)所修《社坛叶氏族谱》中就载有族人 138 名前往东南亚的吉隆坡、槟榔屿、吕宋(今菲律宾)等地谋生。到目前为止,除大陆和台湾地区以外,我叶氏在海外的主要定居国有:新加坡、马来西亚、印度尼西亚、菲律宾、泰国、越南、缅甸、日本、美国、法国、英国、德国、澳大利亚、新西兰、巴西、智利、埃及、南非等。叶氏足迹遍布各大洲。

顺便再说说浙江叶氏的迁徙情况。宋以前就定居浙江的叶氏大多直接由中原祖地河南或江苏、安徽等地迁来,宋元以后,浙江叶姓的迁徙则大多是在本省境内进行,只有少数是从外省迁入。如:

余姚的叶姓就是南宋大臣叶梦得的后裔由湖州迁入的。《余姚梅川叶氏宗谱》说：叶梦得孙叶簣，理宗端平间（1234—1236）自湖州迁余姚熨斗山。

《叶氏再续谱》称：叶簣孙叶文达，元代又从熨斗山迁邑之梅川三山，为梅川始迁祖。叶簣孙叶文远，迁邑之东门，十五世孙叶伯兴又迁邑至通德乡西旺隶，是为迁西旺始祖。

《叶氏续修宗谱》云：梦得十六世孙叶永初，由余姚叶家埭迁邑之奉山，永初孙叶渊铠，由叶家埭再迁邵家渡。

松江叶氏是在元朝由杭州迁入的，松江《叶氏家谱》称：始迁祖叶廷玉，元自杭州丰乐桥迁松江，先筑室钟贾山阳，后又迁居籽城西门内丰乐桥。

淳安叶姓为南宋大臣叶义问的后裔，由寿昌迁入。《南阳叶氏宗谱》称：南宋大臣叶义问玄孙叶椿，始自寿昌迁淳安梓桐；十三世传至叶继善，元明之际因商自梓桐崇疢再迁遂邑（浙江遂安县，现已淹在千岛湖底）七俅溪西桃源，为迁遂一世祖。

金华叶姓是在明初由松阳迁入的。松阳《双溪叶氏宗谱》称：始迁祖叶显，明初携子叶彦由松阳迁婺州金华县西之菱塘。以业盐为生，家益饶裕，至曾孙叶仕瑛，复由菱塘徙附廓双溪。东阳象山叶氏是从松阳迁入的。

《象山叶氏重修宗谱》称：始祖叶质，先世括苍松阳人，南宋时自松阳芝田都铺迁来东阳茜畴里。传九世至叶雅，元末再迁本邑象山大坞，是为始迁祖。

东阳龙溪叶姓是淳安县迁入的。《龙溪叶氏重修宗谱》记载：始祖叶恩，北宋初自睦州清溪迁义乌永宁乡。五世孙叶桐，再迁广口叶堂。十一世叶由幸，南宋后期复迁十三都演溪。十九世叶良玉，明中叶又自演溪迁东阳斯孝乡鹤岩龙溪玉印塘，是为本始迁之祖。

浦江叶氏是在明朝从金华迁入的。《浦阳叶氏宗谱》称：先祖叶辞，由临海迁金华永康柳山；越五世有叶必秀、叶必香、叶必和三兄弟，于明万历间（1573—1619）自永康再迁浦阳人峰山下，是为始迁祖。

镇海叶氏是在明朝由慈溪迁入的。《镇海东管乡沈郎桥叶氏宗谱》称：始迁祖叶茂春、叶茂二，约于明朝中后期由慈溪石步迁来镇海东管乡沈郎桥。

龙游叶姓《西山叶氏宗谱》：始祖叶玖，南宋时自新安迁龙游八石，清顺治间（1644—1661）始迁祖善贵再迁邑之鑳北湖都山里。

但也有少数叶姓是从外省迁来的，如余姚叶姓就有一支是北宋大臣叶祖洽的后裔，是由福建迁入浙江奉化，再入余姚的。叶祖洽，字敦礼，邵武（今属福建）人，熙宁进士。历任职方、兵部员外郎、礼部郎中、左司郎中、起居郎、中书舍人、给事中等职。《余姚孝义虹桥叶氏宗谱》称：叶祖洽之子叶广，因官迁浙江明州奉化县剡源乡。叶广曾孙叶爽之，入赘余姚孝义乡虹桥周氏，遂家虹桥。爽之玄孙叶纯，元末明初人，生四子，长幼无考，次子守义支分西宅。三子守礼亦生四子，长子曰礼一，其后居邑之东门；次子祥二，居田屋；三子齐三，居西虹桥；四子曰亨四，居东虹桥。

浙江的叶姓也有向省外发展的，如吴兴乌程的叶姓就迁徙到了安徽、江苏等地，《圻里叶氏宗谱》说，叶清臣生二子，长子叶均徙苏州，次子叶坦迁常州广化门下塘。镇江《润东严庄叶氏重修族谱》称梦得十数传至叶子良，明末由徽州迁扬州。子良子槟，复由扬州再迁润州城东之西严庄。我族《玉华叶氏宗谱》称叶希龙在明万历年间受封宗人府仪宾，其后人定居河南开封陈留。浙江松阳《卯峰广远叶氏宗谱》及《玉华叶氏宗谱》都说叶望五世孙硕，迁往睦州之遂安，硕之孙续迁新安歙县。硕之曾孙寄迁定海，俊迁江右。当然，人口的迁移是复杂的，有时是双向的。要理清这个问题，绝非只言片语能完成，这不是本书的任务内容，这里不再展开。

二、新叶村叶氏（玉华叶氏）始祖——叶坤

新叶村姓（玉华叶氏）族人是在南宋时期开始建村定居的。始祖为叶坤。

《玉华叶氏宗谱》卷首有一篇《玉华叶氏宗属考证》，概述了玉华叶氏的由来："叶氏源流，据处州（今浙江丽水）梦得公论次，则周以前无可考证者。至春秋时，惟沈诸梁易姓为叶暨受封事始见诸史传。至汉有讳尤（当为'逌'，逌尤同音互假）者为太尉，尤以后七世有讳望者，以汉建安二年渡江居丹阳。望生（当为孙字）成允，成允生二子：长曰琚，次曰璒。璒生四子：长曰硕，次曰游，次曰俭，次曰原。硕生二子：曰旷、曰豫。豫生二子：长曰绩，次曰续。自琚、璒而下，各以其族散居四方：凡居湖州之乌程者，承绩之后也；居睦之寿昌者，承硕之后也；居建之建安者，承游之后也；居衢之西安

玉华叶氏始祖叶坤公画像

者，承愿之后也；居歙之新安者，承续之后也；而处之族，实出于俭。据湖州梦鼎公论次，则曰：'自尤以至于俭则得于睦州之谱，自俭至元尚则得于有道及歙州之碑。歙州今徽州也，不识有道果何谓耶？自九世祖而下则得于家谱。'又曰：'由望推而上至尤才七世，此皆得而考者。'吾族新市谱则断自唐左仆射讳矴者始，非不知湖、处、建、衢、歙诸叶皆其同宗也，欲自为新市别耳！予玉华谱则断自千五十一府君始，亦非不知睦寿诸叶皆其同宗也，欲自为玉华别耳！"此文未署名，当是修谱时主事者所撰。其中的"千五十一府君"即叶坤。其实，在宋末元初，著名理学家金履祥（字吉父，人称仁山先生）为玉华叶氏第一次修家谱所作的序文中就说："吾兰玉华叶氏其先寿

昌湖岑，湖岑谱所载，有讳矼者，仕唐为左仆射。矼之后讳彦璠焉，始自睦迁寿昌之湖岑……彦璠翁以后凡十世有讳坤者与铜关同析与湖岑之新市，赘兰之玉华。仅三阅世，坵陇阡陌存乎寿者犹十八九焉，信斯言也，则湖岑之谱旧贯犹可仍也。叶子敬之乃欲申而缉之得以兰与寿异封，寿既为大宗，则兰当为别祖。培养灌溉之下，业有亢其宗者出焉。则湖岑之谱又将由玉华而益有光。"①。叶子敬，名克诚，字子敬，号东谷居士，是叶坤之孙（叶坤次子光隆之子），生活在元朝初期。克诚公自幼读书，有抱负。又率领家人耕作致富，因出钱粮赈济灾民而被"辟任婺州路判官"，是当时著名乡绅。旧《兰溪县志》有传。他与邻村金履祥（金履祥所在村名桐山后金，距新叶村仅3华里）亦师亦友，一起研讨儒学。延请金履祥主讲叶氏书院"重乐精舍"，并为《玉华叶氏宗谱》作序（其事另章有述），所述内容应当可信。

　　所以，寿昌湖岑是玉华叶氏的直接上源。据有关文献及宗谱记载，五代后梁太祖开平三年（909），叶彦璠在睦州为官，卒后，其妻子带着儿子叶承超及族人来到寿昌湖岑定居。湖岑原址大约在今更楼火车站附近，因村子在一个小湖畔，村东边又有一座岑山，故名湖岑。湖岑之地四周是田，地势低洼，极易遭受水灾。因此，湖岑叶氏壮大后，族人相继外迁，其中的一支就迁到厚堂（今名后塘）。直到后来，湖岑原址已无人居住。现在的湖岑畈也应该是叶氏迁居地之一，与古湖岑不是同一个概念，也不在同一个地方。只是离老湖岑原址最近，湖岑后人（包括玉华叶氏）就将今天的湖岑畈当作祖地。

　　至于叶坤怎么会从寿昌湖岑来到新叶繁衍子孙的，现存的1938年版和2002年最新版《玉华叶氏宗谱》中只有简单记载："（叶坤公）居寿昌湖岑，宋宁宗嘉定年间（1208—1224），迁玉华，赘夏氏。"新叶村中传说，叶坤与表妹结婚后，生了儿子，又回到了湖岑。去世后安葬在湖岑。他的两个儿子：光赞、光隆曾经救过一个远道而来的风水先生，后来，这位风水先生为了报答光赞、光隆，就在两兄弟为父亲叶坤迁葬到新叶时，选了好风水，并施了法术，使得附近其他

湖岑叶氏宗谱里的叶坤公画像

---

① 雍正辛亥年刻本《仁山先生金文安公文集》卷一，台北·新文丰出版公司1984年版《丛书集成新编》第六十四册《仁山集五卷》卷一均收录了《玉华叶氏谱序》。

十八姓的人纷纷迁走，只留下叶姓人丁兴旺（参阅"放牛小孩"与风水先生的传说）。是光赞、光隆两兄弟最后将叶坤公遗骨真正迁到新叶村，使叶坤这位湖岑人真正成为玉华叶氏的始祖。

新叶村还有一种说法把"放牛小孩"说成是叶坤本人，说叶坤七八岁到娘舅夏家就是来放牛的，后来叶坤结识了邻村的风水先生，合计着将自己生父迁葬到玉华山，得到了风水先生的帮助云云。这种说法不被新叶村的大多数人认可，更遭到寿昌湖岑叶氏后人的否定。《寿昌湖岑叶氏宗谱》中有明确记载："叶坤赘夏氏，迁兰邑玉华。""何公四世孙叶坤迁兰溪玉华。"何公是叶坤高祖（上溯四代），为承超公五世孙。而且，新叶村附近根本找不到叶坤父母的坟墓。叶坤父轰的坟茔现在还赫然立在寿昌湖岑村边的一块菜园地中，我乡新叶村代表年年正月都要去那里上坟祭拜。因此，可以肯定，根本不存在叶坤迁葬父母遗骨一事。叶坤就是玉华叶氏始迁之祖，"放牛小孩"应该是叶坤之子：光赞、光隆两兄弟。

2010年5月叶坤墓被建德市人民政府定为文物保护单位

在寿昌湖岑畈菜园中叶坤生父叶轰的坟墓

那么，寿昌湖岑叶氏又是从何时开始，从哪里来的呢？只有理清这个问题，才算将玉华叶氏的渊源真正理清。为此，笔者反复多次仔细阅读《玉华叶氏宗谱》卷首所录历次修谱留下的序文，发现了更多资料。笔者又从《寿昌湖岑叶氏宗谱》里查找到更多信息。又参阅了建德李家《西园叶氏宗谱》、建德《新塘叶氏宗谱》、兰溪《上叶宗谱》、安徽歙县《新州叶氏家乘》、浙江松阳《卯峰广远叶氏宗谱》等宗谱，翻检了《浙江通志》《建德县志》《寿昌县志》《兰溪县志》《金华府志》《严州府志》等地方志，终于理清了寿昌湖岑叶氏的来源。

叶姓南迁始祖望公大约在建安二年（197）由南阳

玉华叶氏家祠中悬挂供奉的祖宗像（左一为玉华叶氏始祖叶坤，左二为居杭始祖唐左仆射叶硼，左三为叶氏总始祖叶公沈诸梁，左四为迁寿昌湖岑始祖叶承超）

郡迁丹阳之句容（今江苏镇江地区，长江以南），传到第四代叶琚、叶璲，开始与浙江发生关系。传说琚为钱塘令，居杭州。璲迁湖州乌程。但笔者所见仅有我《玉华叶氏宗谱》记载此事，不敢确信。至第五代（叶氏总第二十六代）硕公（生卒不祥，大致在东晋时期）为睦州刺史，居睦州之遂安（民国至上世纪50年代尚有遂安县，县城在今千岛湖底）。此事见载于多家宗谱，故浙地叶氏族人一般认叶硕公为叶氏入浙之始。硕公后人或迁往安徽新安、江右各地，或迁往浙江各地。总括说："硕生二子：曰旷、曰豫。豫生二子：长曰绩，次曰续。自琚、璲而下，各以其族散居四方：凡居湖州之乌程者，承绩之后也；居睦之寿昌者，承硕之后也，居建之建安者，承游之后也，居衢之西安者，承愿之后也；居歙之新安者，承续之后也；而处（处州即今丽水）之族，实出于俭。"（见《玉华叶氏宗谱》卷首）至望公后第十九代（叶氏总第四十世），硕公后人有一个叫叶硼（时在晚唐时期）的，任尚书左仆射，居杭之西山下。其子叶彦瑶在五代后梁开平年间（907—910），由杭之西山下迁至睦之城关，彦瑶子承超迁至寿昌湖岑。

查寿昌《湖岑叶氏宗谱》得知：彦瑶有子九人，承超为其第六子。承超有子二人：

养、就；养有二子：文通、文广，长子文通有独子敞，敞生五子：端之、竦之、允忠、诜、永琚（分居五处）。长房端之生二子：彦、何。何生二子：世能、世仁。世仁生邦杰，邦杰生轰，轰生坤，共十世。2002年新修《玉华叶氏宗谱》卷首录有多篇史上历次修谱时所请当时名人所写的序，其中有玉华叶氏首次修谱时所请当时理学名人金履祥作的《玉华叶氏谱序》说："吾兰玉华叶氏其先寿昌湖岑，湖岑谱所载，有讳矾者，仕唐为左仆射。矾之后讳彦璠焉，始自睦迁寿昌之湖岑……彦璠翁以后凡十世有讳坤者与铜关同析于湖岑之新市，赘兰之玉华。"新叶村退休教师叶瑞荣据《玉华叶氏谱序》《湖岑叶氏宗谱》《西园叶氏宗谱》，综合多家宗谱所载，排出"彦璠翁以后凡十世"至叶坤公的传承情况如下：

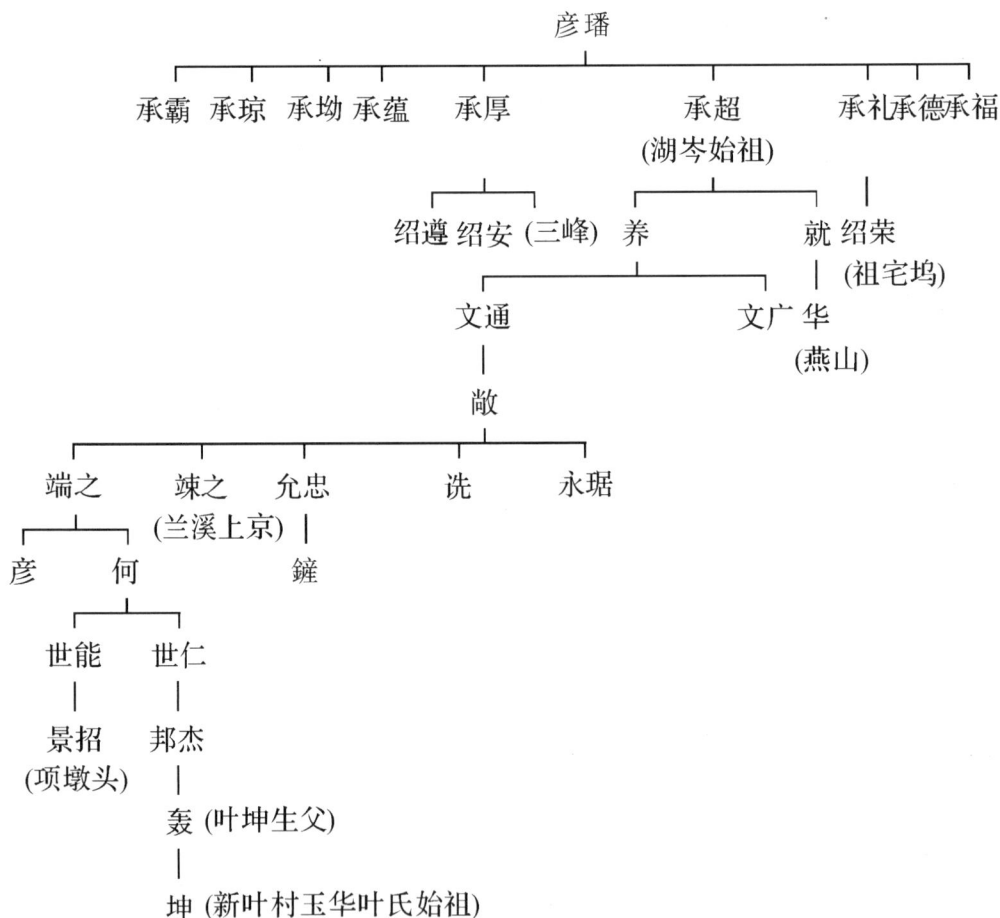

今据安徽歙县《新州叶氏家乘》、浙江松阳《卯峰广远叶氏宗谱》、兰溪《上叶宗谱》、建德李家《西园叶氏宗谱》，以及吾乡2002年第十一次重修《玉华叶氏宗谱》，可确立：自叶氏始祖诸梁公，传至江南叶氏始祖叶望公段为第二十二代，至叶氏入浙始祖硕公

为第二十六世。至第四十一世彦璠公，由杭之西山下迁睦之城关。时在五代后梁开平年间（907—910）；至第四十二世承超公始迁至寿昌州湖岑，时在五代后唐明宗天成年间（926—930）；至我玉华叶氏始祖叶坤公为诸梁公第五十一世。从诸梁公至坤公，传承世系简列于下①：

第一世：叶公（沈诸梁，食采叶邑）

第二世：尹重（字伯任，袭封南阳），才（袭沈氏）

第三世：昌（凝）

第四世：登（询）

第五世：德遵（盼）

第六世：甂（孟敬）为楚相，迁沛县

第七世：券、庸（勇）

第八世：章（常）

第九世：康（诩），迁景阳

第十世：参（明、衡），迁颍川

第十一世：奉，迁西京

第十二世：绍林（承）

第十三世：仰（纂）

第十四世：斌

第十五世：尤（逌）（汉太尉）

第十六世：祎（汉大中大夫）

第十七世：嘉（为长乐太守，迁益州）

第十八世：光、愿

第十九世：宗

第二十世：仲

第二十一世：颖

第二十二世：望，建安二年迁丹阳之句容（叶姓南迁始祖）

第二十三世：遂

第二十四世：成胤（允）

第二十五世：琚、璲（琚传为钱塘令，居杭州。璲迁湖州乌程）

第二十六世：硕、俭、游、愿（硕为睦州刺史，居睦州之遂安，为睦州叶氏之祖）

---

① 此表是笔者参照多方资料排成，特别是对望公谱系曾反复推算斟酌。而对其中第四十一世彦璠公以下谱系参照了一清公所撰《玉华叶氏重辑谱系序》（卷首第23页，目录中题作《万历甲戌重辑谱系序》）中叙述的裔承情况。

第二十七世：旷、豫（豫迁广德）

第二十八世：绩、续（续迁歙州新安）

第二十九世：寄、俊（寄迁定海，俊迁江右）

第三十世：德招

第三十一世：暹、环（暹迁鄞县）

第三十二世：克俊

第三十三世：永

第三十四世：宏

第三十五世：宠

第三十六世：择

第三十七世：陵

第三十八世：泰

第三十九世：迥

第四十世：矾（时在晚唐，曾任左仆射。居杭之西山下）

第四十一世：彦瑜、彦瑗、彦璠（时在五代后梁开平年间，彦璠由杭之西山下迁睦之城闉）

第四十二世：承超（始迁至寿昌州湖岑，为湖岑叶氏之祖）

第四十三世：养、就

第四十四世：文通

第四十五世：敞

第四十六世：端

第四十七世：何

第四十八世：世仁

第四十九世：邦杰

第五十世：轰

第五十一世：坤（玉华叶氏始祖）

综上可知，玉华叶氏渊源有自：始祖坤公为叶氏总始祖诸梁公第五十一世胤裔；为睦州始祖硕公①第二十六世苗裔，为居杭始祖矾公第十二世后人。为彦璠公之后，自寿昌湖岑叶氏始祖承超公开始计算的第十世子孙。

《玉华叶氏宗谱》载，叶坤公排行千五一（"千"是湖岑的行辈字），约生于南宋宁宗庆元年间（1200—1202），于南宋宁宗嘉定元年（1208）七八岁时进入兰邑玉华

---

① 新叶村民说，以前在三石田村边曾有"硕公祠"，盖其由也。新叶古村保护机构仍选址在三石田自然村边上重建了"硕公祠"。硕公为睦州叶氏始祖。今皖南、浙西一带叶氏皆其后裔。

2015年建成的睦州叶氏始祖"硕公祠"位于三石田村口

山下夏家放牛。成年后入赘夏家，坤公去世初葬寿昌湖岑祖地，其子光赞、光隆两兄弟迁父亲遗骨至玉华山下郭门（今新叶村牛台孔樟树下）与母夏氏合葬，恢复叶姓，时在南宋理宗宝祐年间（1253—1259）①。此后，叶姓子孙在玉华山下繁衍生息。玉华叶氏自坤公入兰邑玉华山下夏家始，至今已历800余年，传至第30代。坤公以后的玉华叶氏的传承状况见下章"玉华叶氏的发展沿革"。

---

　　① 　光赞、光隆两兄弟迁父亲遗骨至玉华山下郭门与母夏氏合葬时间在《玉华叶氏宗谱》中无明确记载。从叶坤于南宋宁宗嘉定元年（1208）七八岁时进入兰邑玉华山下夏家开始算，成年后赘夏家当在公元1218年左右（其时坤公十七八岁），生两个儿子光赞、光隆，至少3年，就到了公元1221年，光赞、光隆兄弟十几岁开始放牛，当在公元1231年以后，放牛的几年中遇道士，并与道士在夏家住几年，到了公元1235年左右，道士离开夏家，又在20年后回来，光赞、光隆兄弟与之议定迁葬父亲遗骨，则在公元1255年左右。时值南宋理宗宝祐年间（1253—1259）。

第三章　玉华叶氏的发展沿革（上）：
近代以前

　　玉华叶氏自叶坤公于南宋宁宗嘉定元年（1208）进入兰邑（今兰溪县）玉华山下，繁衍后代。在此后的玉华叶氏发展史上，详细的情况已无法考知。经笔者10余年孜孜砣砣，坚持不懈，多方收集资料，终于理出了头绪。现将其中几个重要的发展阶段，特别是对我玉华叶氏发展有重要作用的人物分别加以介绍。本章及后面的四、五两章本是合在一章的内容，由于合起来有10多万字，篇幅实在太大，与其他各章在篇幅上实在不协调，故析为三章介绍，标目也更清晰一些。本章介绍从始祖叶坤公开始至五世祖景福公共五代的历史。

一、筚路蓝缕，艰苦创业的奠基时期

　　从第一世叶坤公至第五世叶景福（叶震长子），时间从南宋末（坤公1208年至玉华）到元末明初（景福公1367年去世），跨整个元朝。这一时期是我玉华叶氏筚路蓝缕，艰苦创业的奠基时期。在本时期，三世祖东谷公（叶克诚）及其子（四世祖叶震）父子是关键人物。他们所做的事为玉华叶氏的长久发展奠定了很好的基础。

　　叶坤公育有两子：光赞、光隆。长子叶光赞生有两个儿子：克谐、克宽。叶克诚是叶坤次子叶光隆的独子。当年的"放牛小孩"——光赞、光隆两兄弟各自成家立业后，分家过日子。按照我国传统宗法制

新叶总厅有序堂悬挂的东谷公（叶克诚）夫妇画像

的嫡长继承制，长房光赞父子住在祖屋，称为里宅①，光隆父子住外围房子，称外宅。后来，长房光赞的里宅派逐渐衰微，大约在明代中叶，其中一支迁往外地（今兰溪县厚仁镇上叶村），留在村中的一支人口越来越少。反而光隆父子的外宅这支越来越兴旺，成了玉华叶氏的正脉，特别是光隆之子叶克诚（东谷公）及其子叶震可以说是新叶村的真正奠基人。叶克诚的两个堂兄弟克谐、克宽均无儿子继承父业。叶克诚将自己的一个儿子叶艮过继给克谐继承里宅派香火，所以，从根本上说，玉华叶氏第四代以后全是东谷公叶克诚的血脉。民国二十六年（1937）第十次重修《玉华叶氏宗谱序》云："迨于今日，里宅子孙不过十余人，外宅子孙约以千计，盛衰之不可逆料也如此。"现今新叶村的叶氏全部是东谷公的子孙，新叶村的村落布局也是在叶克诚时期规划确定的。

据2001年第十一次重修《玉华叶氏宗谱》记载："叶克诚，字敬之，行季六，号东谷居士。宋淳祐庚戌年（宋理宗淳祐十年，1250）九月十一日生，元至治癸亥年（元英宗至治三年，1323）七月二十日终。"叶克诚是当时著名乡贤名流，《兰邑县志》有传。

如上一章所述，自从神秘的云游道士教"放牛小孩"——光赞、光隆两兄弟识字读书，便在玉华叶氏的血液中种下了崇知好学的因子。光隆之子叶克诚幼即聪颖好学，家人带他四处拜师求学，打下了很好的学问功底。长嗜濂洛之道（理学），以《春秋》之学应乡荐②不偶，遂绝意科第，筑室于道峰之北，与归隐乡里的著名理学家金履祥（仁山先生）③相契甚久，亦师亦友。并扩充书室，延请仁山先生来书室为子弟讲学，仁山先生为其书室题赠匾曰"重乐精舍"（后称"重乐书院"），金华许谦、浦江柳贯等著名学者追随仁山先生而来，聚讲于"重乐精舍"，一时间，临近州县的好学之士纷至沓来，"重乐精舍"

---

① 里宅旧址在今上宅厅"雍睦堂"一带，离牛台孔叶坤墓比较近。

② 元初废除科举，选官仍用荐举制，"乡荐"是指县级层面的推荐选拔，一般由县级主管教育的官员组织对各地的备选人员进行德、才两方面的审查考核和面试。

③ 金履祥（1232—1303），字吉父，号次农，自号桐阳叔子，宋末元初著名理学家、文学家。祖籍浙江兰溪纯孝乡桐山后金村（兰溪纯孝乡今在黄店镇一带，桐山后金村今属芝堰镇，距离新叶村约3华里）人。据《元史·金履祥传》载：金履祥自幼好学，凡天文、地形、礼乐、田乘、兵谋、阴阳、律历之书，无不精研。初受学于宋代名儒王柏，后受学于朱熹二传弟子何基，理学造诣益深。少即有经世志，及壮，宗濂、洛之学，穷究义理。宋恭帝德祐初年（1275），朝廷以迪功郎、史馆编校等职召任，坚辞不受。寻应严州知州聘，主讲钓台书院。时值南宋末期，时局动荡，遂绝意仕进。但始终未忘忧国。元兵围攻襄樊，金履祥献策朝廷，建议以重兵由海道直趋燕蓟，且备叙海舶所经地形，历历可据以行，然未被采纳。后任教于严陵（今浙江省桐庐县）"钓台书院"。宋亡入元，坚志不仕，专意著述。晚年筑室隐居家乡仁山下，一度讲学于金华丽泽书院，兰邑重乐书院、仁山书院，以淑后进，许谦、柳贯皆出其门，为浙东金华学派中坚，与何基、王柏、许谦并称"婺州四贤""北山四先生"。元至正年间被赐谥"文安公"，1724年，清雍正帝钦定为"大儒"，配祀孔庙。今桐山后金村有金履祥墓。保存完好。祠已毁。后学尊称为仁山先生。元大德七年（1303）卒，元至正年间诰谥"文安"。著有《通鉴前编》《大学章句疏义》《尚书表注》《论语集注考证》《孟子集注考证》《仁山文集》等。所编《濂洛风雅》是影响巨大的理学诗集。

逐渐扩充成"重乐书院",名声越来越大,一度与同县的仁山书院和瀫东书院[①]齐名。"重乐书院"的师徒研习儒学、吟诗唱和,不以功名为务,声名远播,慕名而来者络绎不绝。后来,部分学者定居在此,其子孙繁衍成后来的儒源村[②]。叶克诚仿效王羲之三月三日兰亭雅集之风,也于每年三月三在重乐书院一带结社交友,吟诗赏景,这便是新叶"三月三"的最初由来。

"耕读传家"是玉华叶氏代代相传的家风遗训。东谷公读书的同时,非常重视农业劳动。他带领子孙族人精耕细作,勤劳生产。当时,玉华叶氏只有50余人,但经过三代人的努力,玉华叶氏已成为当地著名富户。《玉华叶氏宗谱》记载:叶克诚平素为人乐善好施,宋末元初,政局动荡,人祸加上天灾,无衣无食的灾民很多,东谷公慷慨出谷二千石以赈济灾民,朝廷为表彰他的义举,加上东谷公的学问和

新叶双美堂正门清代留下的"耕读传家"门楣

---

① 仁山书院在金履祥老家兰溪县桐山后金村,因其地有一座"仁山"而得名,由金履祥在宋末元初退隐回乡时创办,金履祥晚年由弟子们所赠的号"仁山先生"也因此而来。仁山书院遗址在桐山后金村仁山脚下的大祠堂一带。一说仁山书院在兰溪县城,可能是误解。今兰溪市区云山街道天福山有金文安公祠遗址,此祠为明正德十年(1515)金华知府赵豫主持修建,当时在祠中设书院,就取名仁山书院,与宋末元初金履祥在老家桐山后金村仁山下创办的仁山书院并不是一回事。瀫东书院在兰溪县城瀫水(兰溪别称)东侧,由宋代著名理学家、兰溪人叶诞创办。据《兰溪县志》载:叶诞,字必大,宋乾道间进士,师从大儒吕祖谦,"瀫东书院"院名即为吕祖谦所题,吕祖谦、朱熹都曾在此讲学。叶诞曾任吴县令。叶克诚年轻时曾到瀫东书院访学拜师。后又送其子叶震在此系统学习。清雍正朝所修《浙江通志》第三册第八六一页,"卷二十八:学校第四,书院附"有关于仁山书院、瀫东书院、重乐书院的介绍内容。

② 重乐书院和儒源村原址已被淹没在解放水库下,现今距新叶5华里左右的余坞山自然村和石柱坞口的里陈桥自然村有部分儒源村的后人,但大部分人在修解放水库时已搬离他乡。余坞山自然村和里陈桥自然村在1949年建国后一度合称儒源村。现在余坞山自然村和里陈桥两个自然村都属于新叶行政村管辖。

诰封叶震父叶克诚圣旨图片
（录自《玉华叶氏宗谱》）

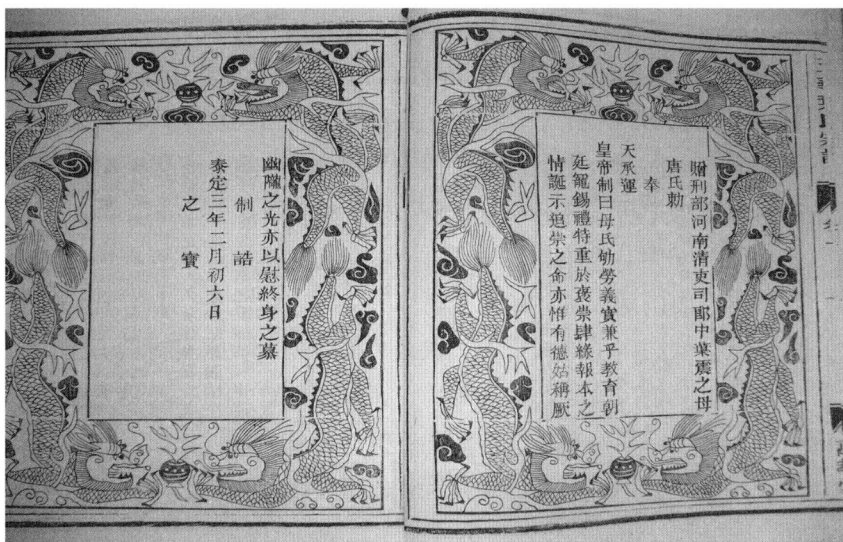

诰封叶震母唐氏圣旨图片（录自《玉华叶氏宗谱》）

名声，被辟任婺州路判官①，东谷公辞不就②。东谷公卒后第三年，即元泰定帝泰定三年（1326），朝廷特颁圣旨，追赠诰封叶克诚为：奉政大夫，刑部河南清史司郎中，叶克诚妻唐氏同时受到诰封褒奖。

《玉华叶氏宗谱》载，东谷公叶克诚著有《格致录》《春秋发微》等，今佚。其事

---

① 判官，通常是正职官长助手或僚属，相当于今天的"某某长助理"。隋朝使君府始置判官一职。唐制，特派担任临时职务的大臣可自选中级官员奏请充任判官，以资佐理。中唐睿宗以后，节度、观察、防御、团练等使皆有判官辅助处理事务，亦由本使选充，非正官而为僚佐。五代州府亦置判官，权位渐重。宋代于各州府沿置，常常选派京官充任，称"签书判官厅公事"，简称"签判"；宋朝各路经略、宣抚、转运使和中央的三司、群牧也设判官。宋代还设有"通判"一职，是州府副职（苏轼曾任杭州通判，相当于副知府），与"判官"不同。元代各路总管府、散府及州皆设有判官。婺州路相当于金华府。路判官为从七品。

② 叶克诚辞元朝官职不就，与他跟金履祥相契有关，也体现了当时大宋遗民的普遍心态和气节。

迹被载入《兰邑县志》。在当时名声很大，在玉华叶氏家族史上，更是举足轻重的关键人物。

总结东谷公叶克诚对玉华叶氏发展的贡献，至少有以下六个方面：

（一）确定外宅派的居住位置，实质上是确定了整个新叶村的总体村落布局

叶克诚幼时便与父亲一道聆听过神秘道士的风水说。及长，通百家理论，嗜濂洛之学，尤擅堪舆之术。与他亦师亦友的理学家金履祥（仁山先生）更是一位通晓奇门八卦、堪舆相术的大师。叶克诚邀请仁山先生与他一起为外宅派的长久居住地选址。金履祥全力帮他。东谷公和金履祥经多方堪舆推敲、卜算，最后选定距老宅半里远的地方，即现在道峰山下的前山岗（按：当时应该还没有前山岗之名，前山岗的取名应该是村子中心区转移到有序堂周围之后的事情。郡马府第后面有后山岗和小后山之名便是明证）脚至长埠头一带营造新宅。确定以道峰山为朝向，以玉华山为侧山。而倚靠前山岗，面朝道峰山（北面），起初人口较少，主要住在前山岗脚下，面对着一条由玉华山常年流下山泉水的小溪，今上道院边上原有许多小池塘和一条溪坑，应当是当年遗痕。估计住在前山岗脚的村民常在溪中洗涤，故有长埠头之名（埠，原指停船的码头，也指靠近水的地方）。再前面是一口池塘，因在住宅南面，所以叫南塘。南塘以南是叶氏总厅有序堂，周围是大片开阔地，可作为将来人口繁衍，新建住宅，村落规模扩大之用。这样，有效利用了群山之间一块最大的平地，大致有方圆5平方公里的空间。整个村子基本上是依山而建，层层屏障，藏风敛气，溪流、池塘密布，宜耕宜住。这样形成新宅住宅（阳基）总体坐南朝北的特殊村落布局。这一布局的妙处后面章节中还会涉及。金履祥认为，这样的设计安排，占尽天然风水，运用了我国古代哲学中"天人合一"的理念，足以使玉华叶氏"千年无难，千丁出入"。

前面已经说过，里宅派住的老屋在今上宅厅（雍睦堂）周围，上宅、上道院一带，距离始祖叶坤墓最近。外宅派的住地则在外围的道峰山下、前山岗脚。族谱中多处以"筑室道峰下"，"道峰山下筑幽居"来说东谷公。前几年，村民在前山岗脚建砖瓦窑，取土制砖时，发掘出许多碎瓷器，经鉴定为宋元时期物品。这应该就是宋末元初的东谷公外宅派住地的遗址。南塘应在住地南面，故有南塘之名。明中叶以后，直至清代、民国年间，随着玉华叶氏人口的迅速增加[①]，子孙们纷纷在南塘以南、有序堂周围更加低平的开阔地上建造住宅。明清以后至民国年间，长埠头一带的老屋逐渐废弃，整个村子的住地中心移至南塘之南。渐渐形成现在整个新叶村坐南朝北的独特态势，"南塘"反而在村子北面（按：今有序堂右后方的旋庆堂一带曾有"新屋"之名，荣寿堂进士

---

① 明代中期以后，有数十种杂粮植物如马铃薯、玉米、蕃薯等由菲律宾和南洋各国陆续传到中国大陆，有效缓解了长期困扰中国人的吃饭问题，从此，人口迅速增长，至明末清初，开始突破1亿人口，而历史上，人口从来没过亿。新叶村人口的迅速增长时间及原因与其他地方是一致的。

第附近更有"下新屋"之名，也说明这些建筑与东谷公时期元初老建筑的不同，是后来建造的。对照《玉华叶氏宗谱》里的村落图和绕村双溪图也都是将前山岗脚包括在村落图中的），但仍保留了南塘的原名。这便是东谷公与金履祥当年的长远布局。只是前山岗脚的老屋没有了，与东谷公当年的构想有点不一样。

2008 年开始，为了保护新叶村的明清古建筑群，在上级有关部门的关心支持下，重新选定在前山岗右侧营造新村。新村建在前山岗和翁坞岗、鼓楼岗之间，源自玉华山和道经堂的一条古溪从新村侧面流过，与下新屋、塔下民居连成一片。加上从 20 世纪 80 年代开始村民陆续在前山岗左侧建造的房屋群，已经与上道院、上宅完全相连。这样，前山岗两侧又有了住户，且与以有序堂为中心的整个村子连成一片。真正实现了东谷公与金履祥当年"天人合一"的意愿蓝图。而新叶村早已"千丁出入"，800 多年来，每逢大灾难如水灾之类，也总比邻村损失小，基本无大碍，"千年无难"基本上能实现。

（二）建筑玉华叶氏总厅"有序堂"

上文已经介绍，三世祖东谷公邀请理学家金仁山先生一起为叶氏选择新住地，设计新布局。当时东谷公约 41 岁，时在元代至元庚寅年（1290）。仁山先生经过实地堪舆占卜，按实际地理位置和五行九宫的理论，选定现在的有序堂位置为整个村子的中心点，并决定在此营建外宅派总厅（族人议事厅，后来成为整个玉华叶氏的总厅）一座，名"有序堂"。何为"有序"？据玉华叶氏第十一世子孙叶一清（白崖山人）解释说："'有序堂'者，曷言乎'序'，天所秩者是也。既曰天秩似无假于人为，兹曰'有序'，是合族老幼，远近而群聚于斯。父则欲其慈于上，子则欲其孝于下，伯叔则欲其尊并乎父，诸侄则欲其顺同乎子，兄则欲其先于友，弟则欲其后而恭，夫则欲其倡于外，妇则欲其随于内，然后为有序而无忝于斯堂，亦作堂者之志也。"故"有序"基本是"人伦有序"之意。

由于当时人口少，力量有限，所以，最初的"有序堂"应该是比较简陋的，远没有今天看到的"有序堂"气派。住宅房子也不多。但后来，新叶村人选基造房基本在"有序堂"的东、西、南三面，围绕"有序堂"而建，因此，现在的新叶村以有序堂和南塘为中心的总体布局完全是

新叶村有序堂中厅照片

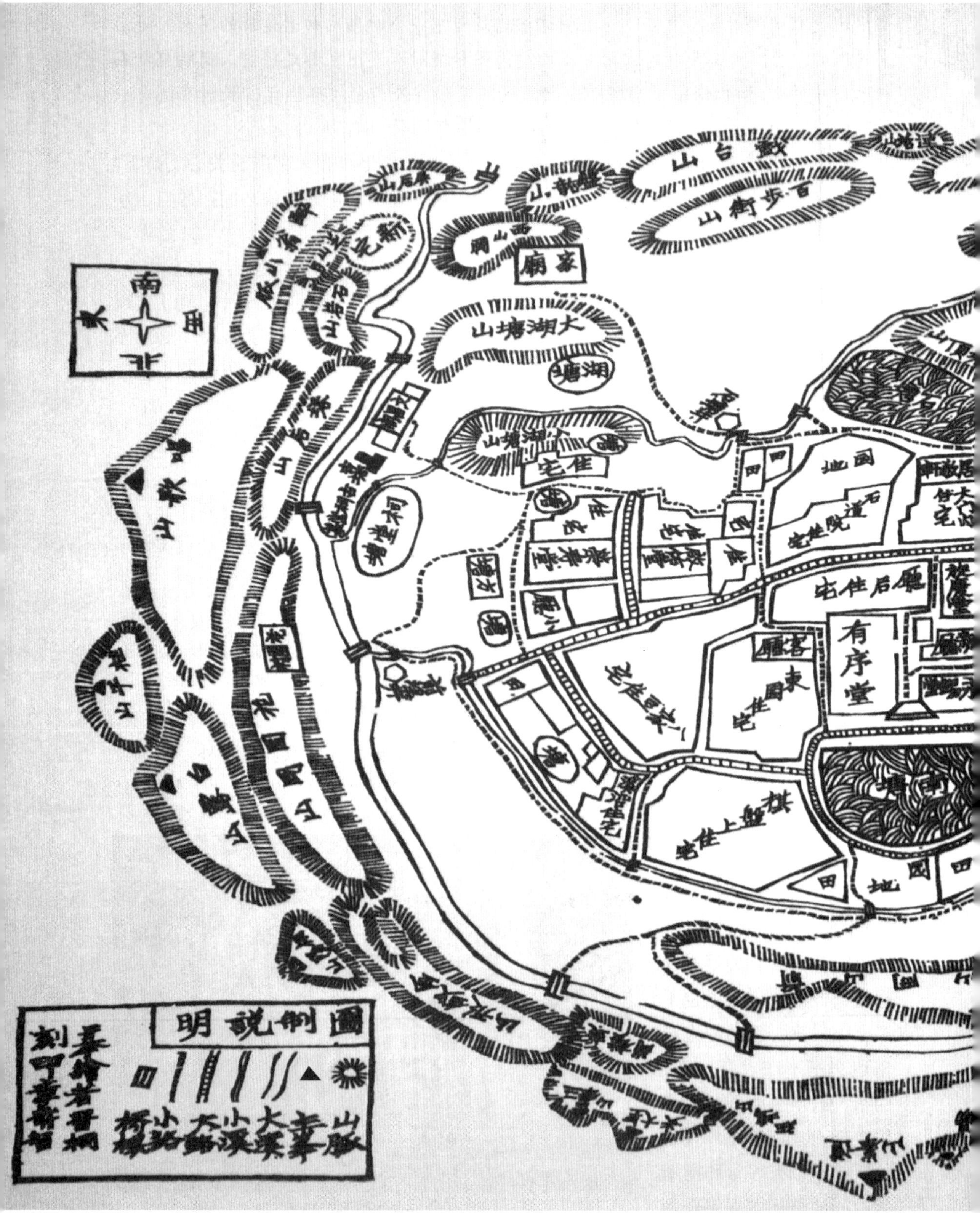
數台山
百步街山
家廟
大湖塘山
有序堂
圖例說明

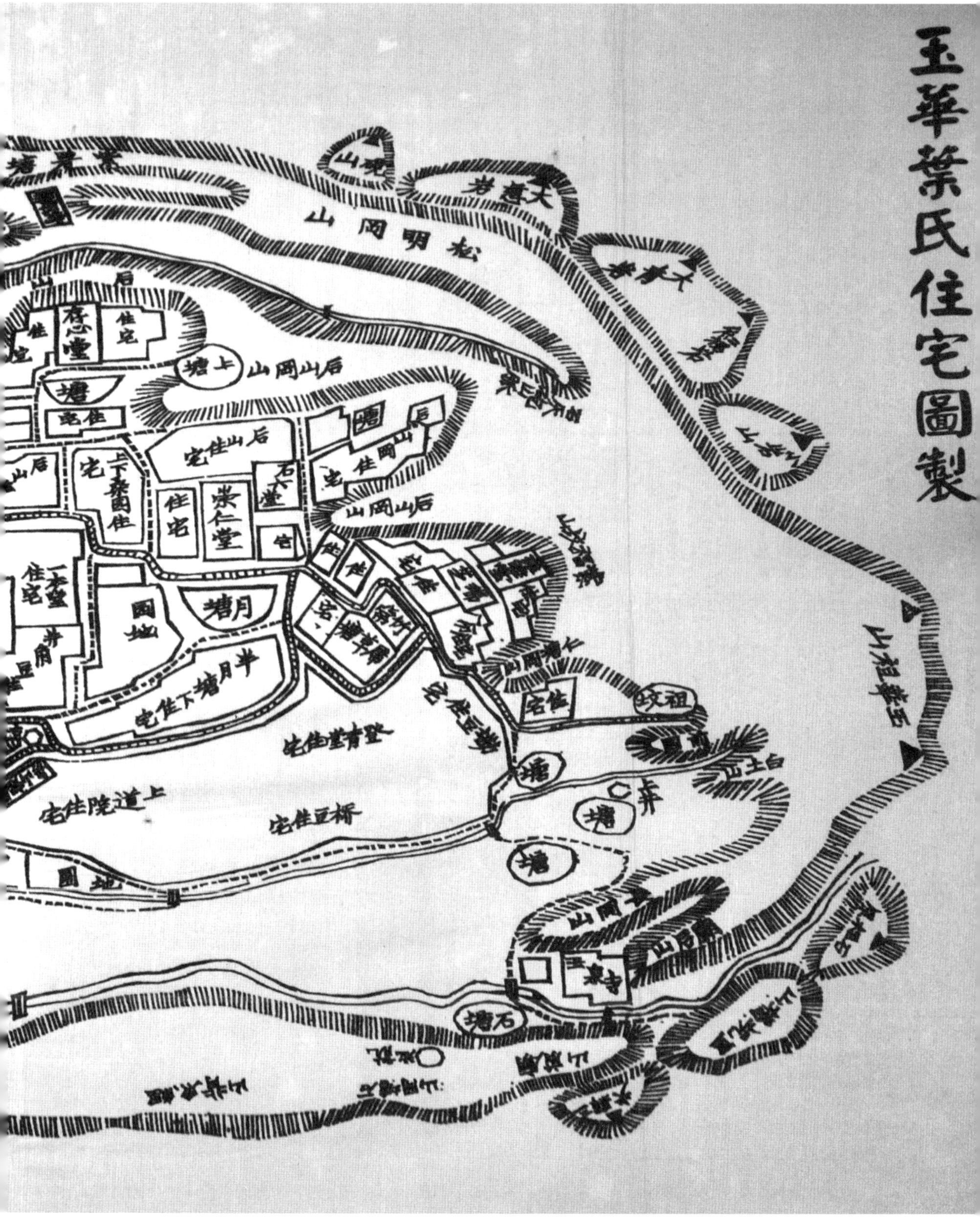

新叶村居住位置总图（采自《玉华叶氏宗谱》，图中是上南下北）

有序堂右侧门台及南塘部分图（叶弢画于2009年）

由三世祖东谷公和大儒金履祥一起规划完成的。

族人的住房就造在有序堂三面八条通路之间。但规定有序堂大厅不得在朝南塘一面的正中开门，而是在其右侧另建门台一座，作为主出入通道。门台直对道峰山主峰，道峰山形似文房笔架，主峰瘦削笔挺，很像一支毛笔，而前面的南塘正好像一口盛墨的砚池，道峰山倒影在南塘水里，形成了"龙池浴砚"的奇观，可以保佑族人的文运。

（三）建造玉华叶氏总祠堂——"西山祠堂"

三世祖东谷公与仁山先生规划安排好外宅派总厅和住地布局后，很快组织族人在村外西山岗一头建造玉华叶氏总祠堂——"西山祠堂"。由于建在西山岗，故村民习惯

新叶村宗祠"西山祠堂"之中堂正厅"万萃堂"全景

称为"西山祠堂"。东谷公当时所建规模不大。至第十三世祖易庵公[①]一度将宗祠改迁至拎云塔下，取名"万萃堂"。设两庑，建中亭，左省牲，右涤器，是当时村中规模可观之建筑，足安先灵以庇后人。由于此后玉华叶氏发展并不好，风水堪舆家又言旧基"西山祠堂"远胜新基。因此，于乾隆年间，族人

---

① 易庵公名叶芳，原名日升，字明初，号迁斋。行裕三百廿三，崇智荣寿派。邑庠生，通《周易》。善经营，家道殷实。万历丙申（1596）生，崇祯己卯（1639）终，倡议族人迁宗祠至塔下。

又将宗祠回迁至东谷公所定西山原址，重建"西山祠堂"，中堂仍保留"万萃堂"之名。后来，"西山祠堂"几经倾颓、翻修、恢复和扩建，也曾几次移作他用。可谓历经沧桑。据村里老年人介绍，"西山祠堂"在20世纪50年代还有东谷公塑像，东谷公塑像眉秀准隆，霁月光风。至于此塑像何时所建，已无证可查。故而，新叶村民称东谷公为"祠堂太公"。1955年7月7日，一场特大飓风袭击新叶一带，西山祠堂除中庭外其余建筑全部倒坍。东谷公塑像也被毁。此后几十年，东谷公像一直没有重塑。

现今所见蔚为壮观之"西山祠堂"（即"万萃堂"），基础框架为清代早期建筑，20世纪六七十年代一度用作新叶小学教室和教师宿舍。笔者于20世纪70年代就是在此上的小学。2002年，建德县政府拨款全面修葺，才有现在所见的面貌。祠堂后进神龛中的东谷公塑像是2003年木雕重建，恢复原型。从此，玉华叶氏族人得以在此祭祀祖宗，缅怀先人，究其源头，此总祠乃是三世祖东谷公草创初建。

（四）开挖双溪，兴修水利

水是人类生存的命脉，大凡稍有规模的城镇、村落都依水而建。兰溪、建德一带的村庄多建在丘陵山区，加上南方多雨，年降水量大。如何合理利用常年不断的山泉、溪水，对村民生产、生活和村落发展至关重要。

新营建的玉华叶氏外宅位于玉华山和道峰山脚，西以玉华山为依仗，北以道峰山为屏，东南是田野。为了便于耕作和生活，东谷公与仁山先生在营建村落的同时，规划了绕村双溪，人工开挖了两条沟渠，将住宅缠绕。双溪经历700多年，虽经玉华叶氏后人

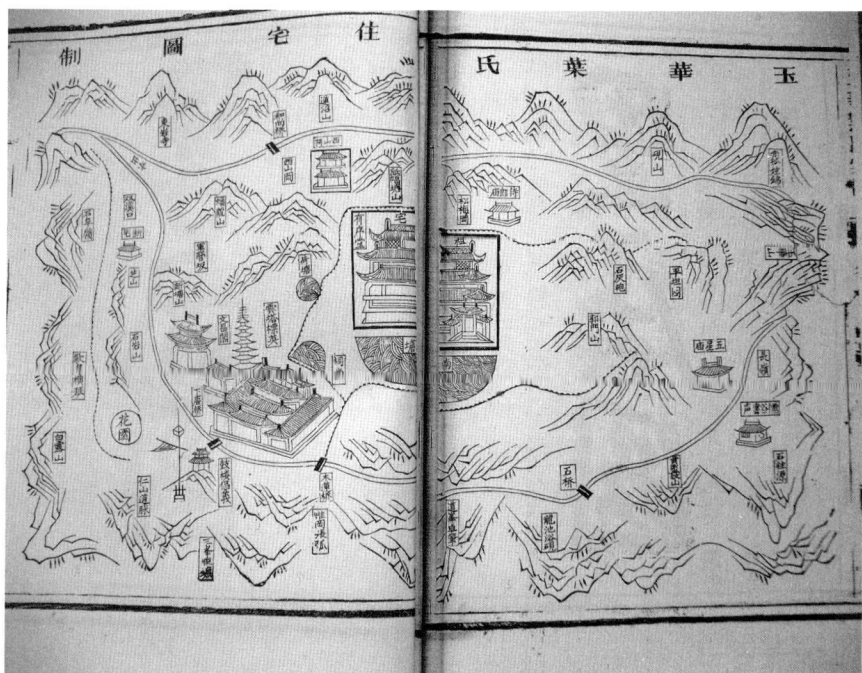

新叶村绕村双溪及村中池塘、水流图（采自《玉华叶氏宗谱》）

不断疏浚、整修，但基本位置没有变。现在所见的村内双溪：南边一条从石灰包顶的玉华山脚开始，经上吴山、小后山、布袋畈边、石塘下、下新屋流至塔下。北边一条从玉华山北侧的白山塘（白山为玉华山别称）口开始，经玉泉寺（五圣殿）、杨梅园、道峰山脚的翁坞岗、乾山岗北侧、高山塘边、鼓楼岗脚至塔下与另一条沟渠汇合流向三石田自然村外的东风水库。

　　两条溪水之所以要稍稍绕走远路，穿山傍田而过，主要是为了有利于灌溉粮田，改良土壤，以利农业生产。其总体走向蜿蜒，绕村而流，将村庄团团绕了一圈，形成了护村河态势，这就为村子划定了一个界限——溪外即为村外，溪内方为村内。彰显玉华叶氏的尊严、权威及统治地位。旧时有村规，异姓人只有铁匠可在溪以内村中居住，其他人包括郎中，卖货的，一律不准在村内盖房居住。溪内，是村民的生活居住的空间。所有田地，都分布在圈外、村外。两条主溪水傍村而过的同时，又设计有几条支流连接村中水塘。支流在街巷中盘曲，从家家户户门前流过，连接着幢幢民居细胞。小溪流水就像血脉一样，纵横交错，遍布整个村庄，走在寂静的小巷里，都能听到潺潺的流水声，正是这两条沟渠，既有效缓解了周围山岭遇暴雨时形成的山洪，又保障了干旱时村民的生活用水和村外粮田灌溉，山光水景交相辉映，为村庄营造了一个绝佳的生存小环境，有力地保障了玉华叶氏的可持续发展。

（五）兴建"重乐书院"，传"重学"家风

　　前面已经说过，玉华叶氏三世祖东谷公叶克诚自幼倾心读书，所学未获显用，靠耕种致富。他四处拜师求学，结交名儒，绝意科第，筑书室于道峰之北，供子弟们读书之用。后来请到了归隐乡里的著名理学家金履祥，来书室为子弟讲学，仁山先生为其书室题赠匾曰"重乐精舍"，金华许谦、浦江柳贯等著名学者追随仁山先生而来，聚讲于"重乐精舍"，一时间，临近州县的好学之士纷纷赶来，"重乐精舍"逐渐扩充成"重乐书院"，且书院名声越来越大，一度与同县的仁山书院和瀫东书院齐名。

位于兰溪市桐山后金村的金履祥墓及碑

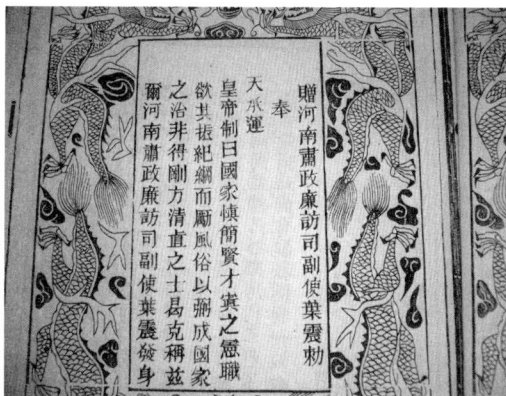

诰封叶震圣旨图片（录自《玉华叶氏宗谱》）

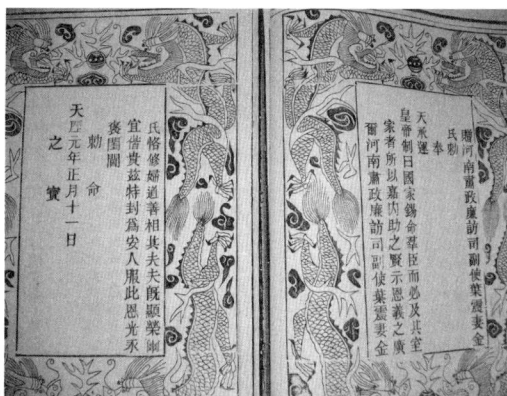

诰封叶震妻金氏圣旨图片（录自《玉华叶氏宗谱》）

石坳里玉华叶氏三世祖克诚公
（东谷太公）及其子叶震之墓

仁山书院在金履祥老家兰溪县桐山后金村，因其地有一座"仁山"而得名，由金履祥在宋末元初退隐回乡时创办，金履祥晚年由弟子们所赠的号"仁山先生"也因此而来。仁山书院遗址在桐山后金村仁山脚下的大祠堂一带。

一说仁山书院在兰溪县城，可能是误解。今兰溪市区云山街道天福山有金文安公祠遗址，此祠为明正德十年（1515）金华知府赵瀛主持修建，当时在祠中设书院，就取名仁山书院，与宋末元初金履祥在老家桐山后金村仁山下创办的仁山书院并不是一回事。瀫东书院在兰溪县城瀫水（兰溪别称）东侧，由宋代著名理学家，兰溪人叶诞创办。据《兰溪县志》载：叶诞，字必大，宋乾道间进士，师从大儒吕祖谦，"瀫东书院"院名即为吕祖谦所题。吕祖谦、朱熹都曾在此讲学。叶诞曾任吴县令。叶克诚年轻时曾到瀫东书院访学拜师。后又送其子叶震在此系统学习。清雍正年间所修《浙江通志》第三册第861页，"卷二十八：学校第四，书院附"有关于仁山书院、瀫东书院、重乐书院的简单介绍内容。

"重乐书院"的师徒研习儒学、吟诗唱和，不以功名为务，声名远播，慕名而来者络绎不绝。后来，部分学者定居在此，其子孙繁衍成现在的儒源村。叶克诚仿效王義之三月三日兰亭雅集之风，也于每年三月三日在重乐书院一带结社交友，吟诗赏景，这便是新叶"三月三"的最初由来。为玉华叶氏族人留下了重学的遗训。

诚如前文所述，当时的玉华叶氏家族人丁不过 50 余口，从始祖叶坤传到东谷公才是第三代。再勤劳富裕也算不上豪门大族。这种情况下，能兴办一家书院，其精神令人称奇惊叹。2009 年 9 月由杭州市人民政府、中国战略与管理研究会、中国文物学会联合举办，由建德市人民政府承办的"2009 第二届中国乡土建筑文化抢救与保护暨建德·新叶古村研讨会"上，许多专家对玉华叶氏以一村之力兴办书院表示惊讶，并认为是"全国罕见"。

值得一提的是东谷公叶克诚的重学之举很快结出了硕果。其子叶震（1277—1350，字雷甫，行茂二，号云庵居士），经过在瀫东书院等地的系统学习，博通经史，学问等身，荣登元代皇庆壬子年（1312）乡荐。被朝廷授任江西福安县尹（从七品）。几年后，因其政绩卓越，又被朝廷擢升为刑部河南清吏司郎中（从五品）。叶震在河南任职期间政绩更为突出、众口一词。天历元年（1328）正月，元文宗皇帝特颁发圣旨褒奖：敕命晋升他为中宪大夫，兼任河南肃政廉访司副使。中宪大夫为元朝文职官员，魏晋以来，对御史一职又称作"宪"，后世的按察史亦称为"宪"（按："中宪"为国家级巡抚或按察御史，官从正四品。相当今天的中纪委委员和中央派往各地的督察员、巡视组成员。兼任河南肃政廉访司副使，相当于河南省纪委副书记。），肃政廉访司正使留驻京城，副使按时分巡辖区内的民政、财政、百官奸邪违纪事件，或劝课农桑。叶震被诰封为中宪大夫，又任河南肃政廉访司副使，其妻金氏也同时受到诰封。叶克诚和叶震父子两代，四受诰封，可谓荣宠备至。

正是叶克诚父子开创的重学家风，缔造哺育了新叶村勤耕尚读的历史文脉，并代代相继。

（六）第一次修《玉华叶氏宗谱》

"宗谱"是指专门记录家庭、家族内部有着共同血缘关系的人员事迹及相关情况

1937年第十次重修的《玉华叶氏宗谱》

的文献、簿籍，文献学中通称为谱牒。战国以前称为世系、世本、系本、牒记等，魏晋至隋唐称为族谱、家谱、姓谱、族姓谱、氏族谱、血脉谱等，宋以后则通称为族谱、宗谱、家谱、家乘等。这些不同名称的众多的谱牒，不同时期包含着不同的内容，而且有着不同的形式，但它们的性质基本上是一样的，都是记载家族内部事务及本家族血缘传承

挂在总厅有序堂上的元泰定帝金字匾

崇仁堂正门上方挂着"东谷遗芳"匾

情况的文献、簿籍。

　　据 2001 年第十一次重修《玉华叶氏宗谱》记载，在 1299 年左右，叶克诚、叶震父子共同主持第一次编修《玉华叶氏宗谱》，并肯人偏金履祥为宗谱写了序。当时叶克诚 50 岁左右，叶震 30 岁左右。玉华叶氏总共才 50 余人。这次修谱的目的，一是与寿昌湖岑叶氏联宗，二是为了给玉华叶氏后人垂范，除了将一些房屋建筑、田产、山林等家业加以记录，晓谕后人外，更是将一些族规、家训、原则问题以及文章雅事，以文字形式记入家谱，保证从家族制度层面对玉华叶氏加以垂训框范。如果说前五项工作是从物质层面为玉华叶氏发展打下基础的话，那么，修谱立训则是从精神层面为玉华叶氏发展定下了规矩。

应该说明的是，在本时期内，在叶克诚规划建设玉华叶氏的各项重要工程的后期，其子叶震也参与了部分建设，并且在叶克诚去世后，是叶震最后做完了父亲剩余的工作。当然，是叶克诚生前已完成大部分规划建设工程，叶震是继续和完善父亲的工作。因此，也可以说，是叶克诚、叶震父子共同完成了新叶村的第一次重大规划和建设，为新叶村的玉华叶氏长久发展打下了坚实的基础。

同时，因为本时期基本伴随整个元朝相始终，元朝统治者废除科举，对文化的不重视，以及汉族文人的大宋遗民情结，都在玉华叶氏早期代表人物身上有所表现，加上大宋隐士金履祥的影响，以至于，像三世祖叶克诚虽然饱读诗书、满腹经纶也无心于功名，乡荐被举，授官也辞不赴命。而三世祖叶克诚是玉华叶氏发展史上的关键人物，"东谷遗芳"之匾至今挂在有序堂门台顶上和崇仁堂正门上方。这种性格做派自然会对后世新叶人留下影响。这大概也是玉华叶氏虽然重读好学，却在历代科举中斩获不多的原因吧。

玉华叶氏五世祖叶景福（字景和，行福三。1311—1367）是四世祖叶震长子，他虽然也饱读诗书，一身文才，但处在元朝科举废除，"九儒十丐"，汉族文人地位极低的时期，他既没有像有些汉族文人一样通过投靠蒙古族权贵去获得一官半职，也没有像关汉卿一样牢骚满腹，混迹妓场，诗曲遣愁。而是效仿其祖父东谷公，醉心田园，精耕细作，完全把自己当一个"粗人"。但同时又诗礼传家，让子孙耕读之余，仍然要读书识字。习礼重德，他还经营一些山货草药生意。因此，挣下了很大的家业，为他儿子辈创业打下了基础。

二、继往开来、分房立派时期

从第六世（五世祖叶景福之子："九思公"熙十五公叶仙璘）至第十三世（朝列大夫、宗人府仪宾、郡马叶希龙），时间从元末到明代中后期的万历年间，共历八世200余年，这一时期，是我玉华叶氏逐渐发展壮大时期。本时期，玉华叶氏枝繁叶茂，多次分厅（分房立派），多次修谱，两次受诰封。其间，在《玉华叶氏宗谱》中记录较详，为玉华叶氏发展作出过重大贡献或留下深远影响的人主要有："九思公"叶仙璘，礼七公叶伯章，"崇八老虎"叶永盈，友松公叶天祥，白崖山人叶一清，乡村名医叶遇春及郡马叶希龙父子等。下面分别简述之。

（一）"九思公"叶仙璘

景福公传到其子叶仙璘（字子致，行熙十五，玉华叶氏第六代。1353—1407）手上，已有一副很殷实的家当。仙璘公也是知书达理之人，一如乃父，生当乱世，干脆不问国事。闲居在家，专事农耕，加上仙璘公也极善经营，农商并举，所以，在他中年时期，已成了方圆几百里都很有名的富家大户。

据《玉华叶氏宗谱》记载，仙璇公平时为人极和善，一生积善修德，不肯踩死一只蚂蚁。到夏天时，有些池塘的水干涸了，鱼虾面临死亡，仙璇公见了总要想尽办法，将面临干死的鱼虾转移到有水的池塘中。平时，不准家里人随便捕杀飞鸟、走兽，伤害无辜生命。因此，当时人们都称仙璇公为"佛爷"，意为有菩萨心肠的男人。

仙璇公不仅对动物行善修德，对人更是体恤关照，不管对本族还是外族人都乐善好施。据《玉华叶氏宗谱》载，仙璇公祖上传下来田产很多，他将田地租给外姓佃农耕种，农户上门交租时，仙璇公就用"无尾秤"①和"无边斗"②来收租，以减轻佃农的负担，如果哪个本家或乡邻家里遇上灾难，他都会出米出钱，全力帮助其脱困。乡邻佃农们受其恩惠，都感恩颂德，有口皆碑。仙璇公不仅成为玉华叶氏的族长，也成了寿南地区十里八乡的"一代乡贤"。族人和乡邻们有事都喜欢找他处理解决，地方官员也很尊敬他。仙璇公为了让自己处事公平公正，不辜负族人和乡邻的希望，就自号"九思居士"，时时以《论语·季氏》篇中记载的孔子说的"君子有九思"内容来告诫自己。

《论语·季氏》篇中记载的孔子说的原话是这样的：

孔子曰："君子有九思：视思明，听思聪，色思温，貌思恭，言思忠，事思敬，疑思问，忿思难，见得思义。"

根据前人对《论语》的注释，将这段话翻译成现代白话就是：

孔子说，"君子有九件需要用心思虑的事：看，要考虑看明白没有；听，要考虑听清楚没有；待人的脸色，要考虑到是否温和；神态，要考虑到是否恭敬；说话，要考虑是否诚实；做事，要考虑是否谨慎；有疑问，要考虑是否要求教；要发怒时，要想想会引起的后果灾难；见到可以取得的利益时，要想想是否合乎义。"

仙璇公自己还专门对"君子有九思"内容作了详细解释，他认为：

1. 君子"视思明"，就是要分得清是非，辨得明真假，要把人和事看得通透。可往往人就是看不清是非曲直，或者是不敢或者不想看清真假虚实。要么放弃了自我的标准，换得一时安稳，却遭受良心的煎熬，痛苦一生。当然，如果是看不清人和事，但是看清了自己，愿意与世无争，逍遥自在，这样的君子，还是不错的，至少能守住自己内心的那块天地。

2. 君子"听思聪"，就是不要听风则雨，要多听多想，要听得聪明。人多嘴杂，

---

① 指剥去秤杆尾部的铜皮以减轻秤权重量，这样秤钩上的谷子自然就重一些了。

② 去掉斗最上面的边框，容体积就小很多，这样收的谷子就少了。

每个人的标准不同，思维方式不同，同一个事物在不同人那里千差万别，有的真实有的夸张，光是听人说，安能辨它真伪？君子要多听，要善于听不同的声音，还要听得聪明，要听得出什么对，什么对自己有利。首先要做一个好的倾听者，才能做一个好的语者。

3. 君子"色思温"，就是要求君子是应该有平和的心态，温润的言语。谦谦君子，自古就有。君子更要心怀宽广，有容乃大；要处变不惊，潇洒自如。有时候太激烈和明显的表情能瞬间转变周围的气氛，引起不必要的麻烦，君子应该有比常人更大的气量，比常人更稳定的情绪。

4. 君子"貌思恭"，就是要真诚待人，无论贵贱；懂得尊敬，也懂得谦卑，就像是玉一块，不如炭火那么炽热，不如冰水那么寒冷，温温的，让人觉得舒服。只有尊敬别人，才能得到别人的尊敬，那些目空无人，总是高高在上的人，不懂得自己什么时候应该谦虚和恭敬的人，不会有好结果的。

5. 君子"言思忠"，就是要学会说话，懂得说话，什么时候该说话，什么时候该说什么话。要言行一致，说出的话要掷地有声，常言道君子一言，驷马难追。自己的话要对自己的心忠诚，自己的话要对自己的行为忠诚。只可惜，有的人阳奉阴违，心口不一，让人感到厌恶。

6. 君子"事思敬"，就是要懂得敬业，每一份事业都需要全心全意，都要全情投入。没有随随便便就能做好的事情，只有仔细思考，周密准备，态度认真，才能有可能把事情做好。

7. 君子"疑思问"，就是要好奇，要有疑问，要多问。只有能不断发现问题，不断思考问题，才能不断解决问题，才能不断进步。学会提问，需要时间的积累和实践的经验，才能知道什么地方有问题，要有提问的好奇心，才能在别人没有发现的地方发现问题，人之所以为人，除了会使用工具以外，还会思考。人类在思考中进化了。

8. 君子"忿思难"，要求君子要克制自己的情绪，要学会三思而后行，学会忍让。当然，这些都是在自己的最大限度以内的，不能因为需要做君子就让那些小人们得寸进尺。首先是要忍让，其次才是反击。退一步海阔天空，有时候一时的忍耐，可以换来今后长久的平稳。

9. 君子"见德思义"，就是要求在利益面前，要知道自己坚守的道义。有的人见利忘义，看见既得好处，便忘记了自己还是人，可以牺牲别人的一切甚至生命。君子爱财要取之有道，切不能把道义放两旁，把利字摆中间。

仙璇公不仅用"君子有九思"内容来告诫自己，并且用它来教育子弟，要求家人。

因此，族人就根据他"九思居士"的自号尊称他为"九思公"①。平时，碰到什么事都喜欢找"九思公"解决。从此以后，后代执掌玉华叶氏族中大权，处理日常事务的人也都被称为"九思公"，而不叫"族长"。这成了玉华叶氏对一族之长独具特色的称号，也成了玉华叶氏对一族之长的品德要求和诠释。以后的历代"九思公"②也都能遵循仙璣公的初衷，以君子之风来励己，以"君子有九思"内容来处事。仙璣公是玉华叶氏历史上的第一代"九思公"，也是"九思公"这一称号的首创人。

"九思公"晚年，看到自己的几个儿子都已成家立业。"尝于阄分外，拨腴田一百六十五亩零，以充祀役之费。"（见《玉华叶氏宗谱》）就是将自己的家当分成几份，让几个儿子抓阄各得一份。特别拨出一份良田165亩有余用来作为族中公共祭祀的开支费用。也就是为本家族设立了"公共财产"。有了这份不动产，每年光靠收取租谷就可以维持家族祭祀、宗庙、厅堂的维修等费用。就像今天的某种基金会，先存入银行多少固定资金，以后每年取利息作为当年的开支资金。仙璣公定下规矩，以后这笔公产就由"九思公"管理，"九思公"由族人推举，可以是一人担任，也可以二三人组成管理小组共同管理。仙璣公还在他有生之年发起和创立了"祀会"和"九思会"制度。

"祀会"要做两件事：第一件事是每年的农历六月初一，由"九思公"带领族中首事人（各房派负责人叫"头首"）率领族人代表登上玉华山主峰祭拜山神龙王。参加的人要在前一天晚上先在"五神庙"（玉泉寺）旁的"五谷寺"（也叫"神农庙"），沐浴净身、吃素住宿一宿。第二天一早，挑上菜、饭、祭品登上玉华山主峰祭拜，为本家族祈求风调雨顺、五谷丰登，人口平安。第二件事是在立秋这天，村中首事及斯文（知识分子）老人共同聚集在家祠"西山祠堂"，共同评估这一年收成的好坏，确定收租的高低。是按常规收租，还是减免收取。还有哪些人家有困难需要动用公产进行救助等等。为族人谋恩泽。

"九思会"就是由"九思公"召集族人聚会。要求族人本家（每家一人代表）在每年正月初一这天都要到西山祠堂聚会，互相拜年问好。同时，大家一起敲锣打鼓、燃放鞭炮，隆重地给祖宗像上香拜牛。以此来倡导弘扬"敬祖睦亲""互信互爱"的良好风气。祭祖完毕后，每人分发一双馒头（俗称"见人头，分馒头"，由公产开支），凡60岁以上老人加一倍，分两双。读书人和考取功名的族人又根据学历情况逐次翻

---

① 陈志华、楼庆西、李秋香《新叶村》一书第15页对"九思公"的注释认为，玉华叶氏把族长称为"九思公"是因为南宋大理学家陆九渊的家族金溪陆氏是一个声望很高的大家族，陆九渊根据他家的经验写了《居家·正本》《居家·制用》二文，后来成了大家族组织的典范。这个家族的家长是长兄陆九渊，所以玉华叶氏把族长叫"九思公"。这恐怕是一种误解。玉华叶氏的"九思公"来源与陆九渊的家族无关，完全是本于《论语·季氏》篇"君子有九思"内容而来。

② 玉华叶氏后来的"九思公"既可以是一人担任，也可以是几人共同出任，共同执掌族中事务。

倍分发馒头。以示对读书的重视。这一做法传到今天，新叶人年前的廿九或除夕，以及正月初一都会到西山祠堂上香谢年，到祖宗坟上给祖宗上坟挂纸，年年如此，雷打不动。此风后来也被邻村所仿效。仙璈公的创举、公心和远见有效地保证了玉华叶氏公权的维护和运行，从而保障本家族健康、有序地发展。同时，也使得东谷公创下的"敬睦""重学""耕读传家"之风得以继承和弘扬。所以，第一代"九思公"仙璈公可以说是玉华叶氏精神文化的又一位重要开创者和传承者。

（二）礼七公叶伯章

现在的新叶村边鼓楼岗（叶弢摄影）

新叶村口的鼓楼（按家谱中绘图于2012年重建）（叶弢摄影）

玉华叶氏第六代上还有一位被称为"礼七公"的名人，值得一记。他曾经在元末乱世率族人自卫击匪，并在朱元璋领兵经过本村时，占据要地，在鼓楼岗擂鼓壮威，保卫乡里。后被朱元璋招募封官。体现了玉华叶氏勇武血性的一面。

据《玉华叶氏宗谱》载：礼七公名叶旗，又名叶祯，字伯章，属里宅派后人。因排行礼七，后人尊称其"礼七公"[1]。"礼七公"身材高大，相貌威严，胆识过人，且练得一身好武功，素怀大志。生当元末乱世，目睹统治者横行霸道，鱼肉乡民的现实，看在眼里，记在心

---

[1] 玉华叶氏的行辈字谱第六个字有两种说法，外宅派第六个字是"熙"字，而里宅派有一部分人用"熙"字的，也有一部分人用"礼"字的。伯章公用的就是"礼"字，因本家兄弟中排第七，故称"礼七公"。

礼七公叶伯章画像（采自宗谱）

头，恨之入骨。几次欲率领乡丁，自奋靖难，奈何势孤力单，时艰厄塞，终未敢鲁莽行事。后闻朱元璋兵起淮甸，几欲奋勇从之，奈其时家父适才病故，家母又卧床病危。骤然离去，难逃不孝之名，只得暂搁大志，等待时机。

据载：朱元璋兵进徽州，逼近浙江。时有姓孙名炎者，知浙江青田刘伯温先生大名。屡屡进言，望朱元璋邀刘伯温共成大业。朱元璋采纳其言。决定率兵由徽州入婺州（今金华），再往处州（今丽水）迎刘伯温。遂兵出徽江（今新安江）之后，取道长岭，九里坑，越毛栖岭，过石柱源口，直指我庄。伯章翁其时并不知道是朱元璋的人马，也不知道大军的用心。仍以为是哪方的乱军要来侵扰本庄。立刻召集乡众百余人，据险架设屏障，竖旗为号，大书"守御乡井"四个大

字，播鼓振旅，坚备以待。太祖朱元璋遥见而壮之，知是乡井自卫之师，乃亲书以手札，派人前来招募，亲书手札曰："汝来，当与我共成大事。若负，固必招后悔。"伯章翁得此札，知道是曾经仰慕的朱元璋义军，大喜曰："云龙风虎，此其时矣"。即执所竖之旗归之。

太祖与之语，欢如平生知己。以伯章翁所居吾庄之地，实乃徽、婺、淳、睦之要

冲，军事险隘也，当即授伯章翁为"婺睦要冲总管"之职，令其仍摄本庄及附近乡丁镇守此地，以为接应。当日，太祖为得伯章公而欣喜，遂命大军安营西山岗之下，不进村扰民，伯章公带领村民犒劳三军。玉华叶氏后人遂将朱元璋义军安营之地称为"军营畈"，伯章翁架鼓竖旗之地曰"鼓楼岗"，岗下一桥名"鼓楼桥"，以作纪念。数月后，朱元璋迎来刘伯温，又率大军特意转道过新叶村，与伯章翁在五圣庙内欢聚。此次大军就驻扎在五圣庙外。朱元璋和刘伯温就露宿在五圣庙外的两

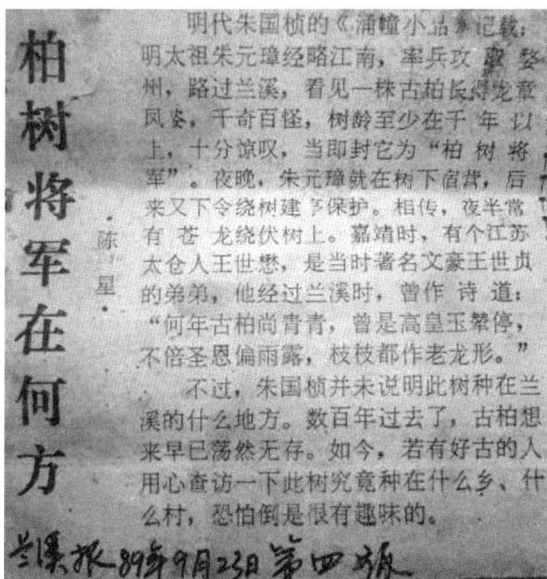

明代朱国桢的《涌幢小品》记载，明太祖朱元璋经略江南，率兵攻取婺州，路过兰溪，看见一株古柏长得龙章凤姿，千奇百怪，树龄至少在千年以上，十分惊叹，当即封它为"柏树将军"。夜晚，朱元璋就在树下宿营，后来又下令绕树建亭保护。相传，夜半常有苍龙绕伏树上。嘉靖时，有个江苏太仓人王世懋，是当时著名文豪王世贞的弟弟，他经过兰溪时，曾作诗道："何年古柏尚青青，曾是高皇玉辇停，不倍圣恩偏雨露，枝枝都作老龙形。"

不过，朱国桢并未说明此树种在兰溪的什么地方。数百年过去了，古柏想来早已荡然无存。如今，若有好古的人用心查访一下此树究竟种在什么乡、什么村，恐怕倒是很有趣味的。

兰溪报89年9月23日第四版

《兰溪报》1989年9月23日第4版介绍新叶玉泉寺前柏树

颗参天宋柏下面。据说那天夜间，突降大雨，这棵郁郁葱葱的老柏树竟然完全为朱元璋挡住了雨水，使他不至于被淋湿。第二天，因为老柏树护驾有功，朱元璋金口玉言，欣然封此树为"柏树将军"。诏命碑原来就在五圣庙内，"文化大革命"期间，被红卫兵捣毁。当时，乡人因有伯章翁义举而感到门庭光耀，也因伯章翁而保得一方之安宁，莫不感恩而尸祝之。如今五圣庙内，进门右侧尚有伯章翁之塑像，供人祀拜，永世流芳。

（三）分房立派

到玉华叶氏第八代，首先值得记录的大事是玉华叶氏分房立派，修建各房派祠堂。之所以要分房立派，一方面是因政府法律要求而逐渐形成的民间习惯，一方面是为了传承"九思公"仙璘公到晚年让几个儿子"阄分财产"，各自创业取得成功的经验和先例。仙璘公之子宗伉（第七代，仙璘公长子，字叔大，排行兴二十，1391—1451）、宗佮（第七代，仙璘公次子，排行兴二十一，1397—1434）以后几代人将这种分房派的传统发展到极致。宗伉、宗佮都在他们生前要求并指导儿子们（第八代，崇字行）分房立派，自建厅堂，谋求发展。而此时的玉华叶氏，仅外宅派就已经发展成 110 余户，600 多人口的规模了，完全具备分房立派的条件。因此，就在第八代上经历了玉华叶氏历史上最大规模，也是对后代影响最大的一次分支、分派和建厅建堂过程。

据《玉华叶氏宗谱·崇仁堂记》载："八世祖崇字行并克恢宏，接踵建厅，各聚其族属，凡十有一焉。"按理是分出十一个支派，建造了十一个厅堂。但现存《玉华叶氏宗谱》中并查不出"八世祖崇字行"时期全部十一个房派及其所建厅堂的情况，只能查到其中的八个房派及所建造的厅堂名。其中仙璘公长子宗伉公有六子，分出六个房派，建了六个厅堂；仙璘公次子宗佮公有二子，分出二个房派，建了二个厅堂。兹分别列于下：

仙璘公长子宗伉公（兴字行）有六子，所分房派，所建厅堂依次为：

1. 长子永盈（名崇衍，排行崇八。1409—1485。建崇仁堂，为崇仁派始祖）
2. 次子永鼎（名崇浩，排行崇十二。1413—1485。建崇义堂，为崇义派始祖）
3. 三子永乃（名崇利，排行崇二十。1428—1508。建崇礼堂，为崇礼派始祖）
4. 四子永芝（名崇馨，排行崇二十一。1430—1493。建崇智堂，为崇智派始祖）
5. 五子永苞（名崇信，排行崇二十三。1434—1500。建崇信堂，为崇信派始祖）
6. 六子永芽（名崇荣，排行崇二十八。1428—1508。建崇行堂，为崇行派始祖）

仙璘公次子宗佮公有二子，所分房派，所建厅堂为：

7. 长子叶永春的尊德堂
8. 次子叶永年的崇德堂

宗佽公下面分出的六个房派和厅堂名称分别用"仁、义、礼、智、信、行"命名，前面冠以排行的"崇"字；宗佲公下面分出的二个房派和厅堂名称都有一个"德"字，前面分别是"尊、崇"二字，这充分表明玉华叶氏子孙尊崇儒家"五常"伦理，践行儒家道德理念的意愿和决心。其事详见 2002 年修《玉华叶氏宗谱》第五卷。

从玉华叶氏"分家"的实际效果来看，最终导致了本来同属于一家族的不同房派之间发展的不平衡，后来有些房派发达致富了，有些沦落变穷了，有些甚至相传几代之后消亡了。但这并未影响整个玉华叶氏的发展。某几个支派的外迁或消亡，其留下的地产被归并到强大的房派，使他们发展得更快。因为，在以不动产的土地、房屋为主要财富标志的中国古代，在一个区域内，其房屋和土地量是有限的，因而，物竞天择式的竞争和淘汰也是必然的和正常的。

以上所述的玉华叶氏八个房派中，只有崇仁、崇义、崇智、崇德四个房派发展较好。另外四个房派传了几代后或迁往外地，或自然消亡。

具体讲，宗佽公三子永乃的崇礼派延续到第十七世，排行文的时候，大致 1808 年前后（清代中期）终结，无后裔。五子永苞的崇信派延续到十五世，排行丰的时候，大致 1700 年前后（清代前期）终结，在玉华无后裔。六子永芽的崇行派延续到第十世，排行遏的时候，大致 1560 年前后（明朝后期）终结，在玉华无后裔。

宗佲公下面分出的这二个房派后来的发展情况也同样不均衡，在《玉华叶氏宗谱》中，只有次子叶永年的崇德派一支发展较好，第十代遏字辈的叶良觐（字时异，行遏三三，1471—1550）建有中正堂。中正堂早已不存，原址在总厅"有序堂"之后。叶良觐之子叶一清（白崖山人）是玉华叶氏历史上留下文学作品最多的二人之一，后面将作介绍。其他情况未有详载，无法继续考察。

这八个房派中其余的三个房派崇仁、崇义、崇智三房是崇佽公后代，发展比较好，比较富足，人口众多，所建厅堂也比较豪华宽大。崇仁、崇义、崇智三房到第九代尚字辈又根据儿子数量不同，各自分出若干个小分房派。

崇仁派下面又分出三个小房派，分别以"松、竹、梅"来命名，他们是：

叶太琳①的松份

叶太璋②的竹份

叶太芋③的梅份

---

①　太琳公字廷珍，行尚八，崇仁松派始祖。明代宣德甲寅（1434）生，成化乙未（1475）终。娶樟林徐氏，原葬军营畈。

②　太璋公字廷辉，号友竹。行尚廿四，崇仁竹派始祖。明代正统丙寅（1446）生，明代正德庚辰（1520）终，穴葬伏虎形。

③　太芋公的详细事迹谱中未见。

崇义派下面又分出二个小房派，分别以"旋庆、积庆"来命名，他们是：

叶太琅①（字廷珪，行尚六，1433—1488）储蓄饶裕，建旋庆堂
叶太理②（字廷荣，行尚廿二，1445—1525）勤劳致富，建积庆堂

崇智派下面又分出六个小房派，分别以"礼、乐、射、御、书、数"来命名，他们是：

叶智寰的礼份（后迁居三石田③，重建崇智堂）

叶智宽的乐份（居新叶，其子叶天祥建存心堂）

叶智宪的射份（后迁居三石田）

叶智宏的御份（居新叶）

叶智实的书份（后迁居三石田）

叶智安的数份（居新叶）

这样，崇仁、崇义、崇智三房派到第九代尚字辈刚好出分十一个小分房派（崇仁三个、崇义二个、崇智六个）。所以，我怀疑《玉华叶氏宗谱·崇仁堂记》中说的："八世祖崇字行并克恢宏，接踵建厅，各聚其族属，凡十有一焉。"的"十一个分支"可能是指第九代"尚字辈"的事情，而非第八代"崇"字行的事，可能是因为第九代"尚字辈"分房立派是在他们的父亲第八代"崇"字行手上主持进行完成的，所以就记在第八代"崇"字行上。实际上"接踵建厅，各聚其族属，凡十有一焉。"应该是第九代"尚字辈"的事情。

大致与此同时，还有雍睦派的叶惟玘④（字志琦，行尚二十，1444—1503）持家有道，重建余庆堂。

再后来，崇仁派长房太璘公的松份后面第十代暹字辈又分出"文、行、忠、信、琴、棋、书、画"八个更小的房派。崇智派的乐份叶智宽之子叶天祥建存心堂。叶惟玘的余庆堂下面又分出"宫、商、角、征、羽"五房，兹不赘述。

---

① 有关崇义旋庆派始祖尚六公及后人隆十四公士敏，在新叶有十八箩白银修旋庆堂等传说。

② 太理公为崇义积庆派始祖。

③ 关于三石田村名的由来，叶姓人中有个传说，据说此地有一块能产三石稻谷的田，故称三石田。有一年冬天下大雪，玉华叶氏崇智派的始祖叶永芝路过这里，见田里没有冰雪，认为是块好阳基，就将六个儿子中的三个儿子：叶智宪、叶智寰、叶智实兄弟迁居此地，后发展为村庄，就叫三石田。

④ 一说惟玘公所建是雍睦堂，以奉余庆派宗祠，而余庆派（后来的雍睦派）为茂五公叶如璋所创。

还有两个只知其名,谱中已失载何人何时所建的:顺德堂①、绍庆堂,无法述其详情。至此,玉华叶氏连续三、四代的频繁分房立派基本告一段落。此后没有再进行较明显的分房派工作。

这里,再说一说"分房立派"的社会背景。

分房立派又称为"分家""析产""异财""析户""析籍""别籍"等,上文已说到过,主要是因政府法律要求而逐渐形成的民间习惯。根据现有文献记载,早在原始部落时期,中国早期家庭为处理家庭财产的代际传递关系就逐渐形成了以血缘"宗法制"为主要特色的权力传承和家产分割制度。"宗法制"至西周趋于完善。战国时期受到很大冲击而逐渐变异,但这种以血缘关系为主要纽带的"宗法制"一直未消亡,至今尚有残余。家族企业是其重要代表。

战国时期,秦国任用商鞅实行变法,颁布"分异令"而使"分家"成为一种国家法令制度。因为,大部分朝代都按户纳税,所以,政府法令要求民间"分家"的目的其实是为了增加国家税收。据《晋书·刑法志》载,"分异令"在曹魏时期一度曾被废除,即"除异子之科,使父子无异财也"。至隋朝,文帝杨坚(581—600)时,为了整顿户籍并核实人户,又再次强调"大功以下,兼令析籍"。至唐代,《唐律疏议·户婚》规定:"若祖父母、父母令别籍,徒二年"。疏议:"但云别籍,不云令其异财,令异财者,明其无罪"。意思是,祖父母、父母在世时,子孙不能擅自"别籍"和"异财"。"别籍"是指把户口独立出来,"异财"就是"析产"或分家产。但是,征得祖父母、父母同意而"异财"("别籍"仍不准),国家是允许的。这说明,家庭财产的析分在唐代已得到国家默许。自唐至1931年《民国民法典》出台,分家制一直是中国家产代际传承的主要制度之一。即便1949年中华人民共和国成立后的前30年,未进行计划生育。一个家庭兄弟很多,兄弟们成年了,就请娘舅"坐上位头",主持并见证兄弟分家,还是很普遍的事情。只是近30多年来,实行计划生育,一个家庭基本只有一个儿子,就不需要分家了。

对"分家"进行研究是民国以后的事情。社会学家对中国社会的分家习惯多有讨论。20世纪90年代以来,社会学、经济学和历史学者继续利用地方志、习惯调查报告、实地调查等材料,对其进行了研究,取得了一些成就。笔者以为,若对新叶的玉华叶氏历史上的频繁分家有关问题加以深入细致研究,是很有意义的。只是限于篇幅,此问题只能留待以后再说。

这一时期,对玉华叶氏后续发展影响较大的还有"崇八太公"叶永盈、友松公叶天祥,白崖山人叶一清,乡村名医叶遇春及郡马叶希龙父子。他们的影响虽然总体不及玉华叶氏奠基时期的三世祖东谷太公,但都各有所创辟,属于一时名人,对玉华叶

① 据《玉华叶氏宗谱》,宗伯公下面分出的二个房派和厅堂名称都有一个"德"字的规律,很可能"顺德堂"也是宗伯公下分出的又一个房派的名称;而"绍庆堂"与崇义派下面分出的房派"旋庆堂、积庆堂"命名规律相同,故而有可能也是崇义派下面分出的房派。

氏的发展有重要作用。兹简述之。

（四）"崇八太公"叶永盈。

叶永盈（1409—1485），是九思公叶仙璥（第六代）的长房长孙。据《玉华叶氏宗谱》载，叶永盈，字崇衍，崇字辈排行第八，故后人尊称他为"崇八公"。崇八公略通文墨。性情豪侠刚烈，不畏强权，疾恶如仇。在族中和乡邻间有极高的威望，人人敬畏，人称"崇八老虎"。因之，兰溪县尹特聘他为兰北都图二十里范围之马步（相当于协管员，主要负责征税工作）。崇八公对本家族的最大贡献是建造了崇仁堂，为玉华叶氏崇仁堂派的始祖。

清光绪元年（1875），玉华叶氏十三世裔孙，崇仁堂派裔孙叶文梓所撰《玉华叶氏宗谱·崇仁堂记》载："予太祖崇八公，乃副使公五世孙［笔者按：这里的"副使公"当指三世祖东谷太公叶克诚。东谷太公生前曾被元朝当局辟任婺州路判官，卒后三年的元泰定帝泰定三年（1326）又被朝廷特颁圣旨，追赠诰封为：奉政大夫，刑部河南清史司郎中。因为，判官一职，通常是正职官长助手或僚属，相当于今天的"某某长助理"。隋朝使君府始置判官一职。唐制，特派担任临时职务的大臣可自选中级官员奏请充任判官，以资佐理。中唐睿宗以后，节度、观察、防御、团练等使皆有判官辅助处理事务，亦由本使选充，非正官而为僚佐。五代州府亦置判官，权位渐重。宋代

崇仁堂上的崇八公画像及公堂式摆设

于各州府沿置，常常选派京官充任，称"签书判官厅公事"，简称"签判"；宋朝各路经略、宣抚、转运使和中央的三司、群牧也设判官。宋代设有"通判"一职，是州府副职，苏轼就曾任杭州通判，相当于副知府，故人们也将"判官"称为"副使"。从三世到八世，刚好五代。而非在元朝天历元年（1328）正月，由元文宗皇帝颁发圣旨，敕命晋升为中宪大夫，兼任河南肃政廉访司副使的叶震。叶震公本身为"茂"字行，是玉华叶氏第四代，到第八代崇字行只有四代，不符"五世孙"之说。并且，玉华叶氏后人习惯提三世祖东谷太公，很少提叶震公]，实为兴二十祖（宗侃公）之元子（长子），循木主（古人称继承香火，主持宗庙祭祀的人为木主）归长之例，于前明宣德年间，建斯厅于道院山之峡，额其堂曰'崇仁'，亦所以敦厥本以明仁孝之义也。于时，祖武并绳不且，为难兄而难弟耶？《诗》云：'相其阴阳，观其流泉。'《孟子》曰：'为巨室则必使工师、求大木。'《诗》又曰：'经之营之，吾祖取乎而已。'特不知几费精神，屡迁寒暑而后成斯大业。始可迪维前人，光登其堂，栋宇巍然。入其室厨竈，依然庶几哉？"

《玉华叶氏宗谱》中记有许多则关于崇八太公的轶事传说。最著名的有两则，兹录于下，以作为崇八太公事迹的补充。

借鞋惩富

崇八公在担任都图马步期间，每年秋收后便开始征收钱粮（主要是农业税）。家中备下茶水粗饭，草鞋斗笠，以招待远路前来交粮交款的农夫。对于那些老弱病残不能出门的农户的钱粮，他不辞劳苦，上门收取。对无力交清钱粮的农户，为应付官府的交粮期限，他经常为之代交，待该农户有能力时归还，从不收取利息。而对于那些家中有能力交清钱粮而故意拖延，企图抵赖的，崇八公都不厌其烦，不辞辛苦，三番五次一再催促，并不放过一分一厘。

据传，邻村有一富户，故意习难崇八公。崇八公曾八次上门，该富户都避而不露面，直至超期限月余。当知道崇八公为他交粮事多次遭兰溪县尹的训斥后，才在某天故意换上一身客衣，长袍马褂，头戴方巾，脚穿崭新马靴，摇摇摆摆前来交款。一进崇八公家，上首一坐，开口便说：今日老夫前来交钱粮，不知你家饭菜有否准备好。崇八公知道这富户来者不善，想借此显摆富有，耍其威风。于是不慌不忙地说：你老爷前来交钱粮，我必热情款待。不过，我看你脚上这双鞋实在做得坚实美观，想我征粮收钱少不了上门催讨，鞋子踏破不知多少，今日有意借你脚上一只鞋子，让我家中内人模仿也做一双，以便今后出门不至穿破鞋。说完，不管富户愿意不愿意，即命家人从他脚上脱下一只新鞋来。该富户见崇八公势头来得大，那敢再耍威风。交好钱粮，正想拖着剩下的一只鞋从小路逃回家去。那知崇八公早已计划，一直不肯放他，叫他吃过便饭菜再走。饭后，故意选择一条来往人多的热闹大路行走，拉住他的一只手，直送到一里之遥，让这富户丢尽了丑。自此以后，这富户再也不敢在崇八公面前老三老四，任意习难了。

迁葬后的崇八太公与其他太公合穴在三石田村后山上

虎女不嫁犬子

崇八公有个女儿生得如花似玉，十分漂亮。有一手女工绝技，绣花、制鞋、织布、裁衣，样样精通，并随父学得一些文墨，里里外外处事都很能干，名声颇大。做媒的人来往不断，把个崇八公家的石门槛都快磨平了。当时兰溪女埠有一姓包的官宦，在京做得二品侍郎官。闻得玉华山下崇八公家有一能干美女，一心要娶为儿媳妇。就差遣一名家奴，持着他的名帖，来到崇八公家里求亲。该奴才仗着主人是侍郎官，不把崇八公放在眼里。以为一个农夫之女，只要吩咐一声，谅他还敢不肯不成。这家奴走上门来，帖子一递，便说：我家老爷看得上你，决定要你的女儿做媳妇，赶快准备准备，好让我们早些前来迎娶。

崇八公听了这奴才的风头大话，见了这奴才的一副不可一世威风劲，心下早有怒气。心想，你这侍郎官要我的女儿做媳妇，不但不亲自来求亲，反而叫个恶奴在我面前胡言乱语，作威作福。便板着脸对这奴才说：虎女不嫁犬子，我们女儿不能给你的主人做儿媳妇。吩咐家人送客，自己即转回书房，不再露面。

该奴才本想仗着老爷侍郎官的身份炫耀一下，不料却落了个老爷作犬，少爷为犬子的回报，心中十分恼怒，可是当面又不便发作，只好怒气冲冲地回去禀报老爷。将崇八公把主人比作犬，少爷比作犬子的话，添油加醋，摇头晃脑地说了一遍。这还了得，侍郎官气得火冒三丈，七窍生烟。就带了一班衙役兵丁，浩浩荡荡前来玉华山下兴师问罪。

那侍郎官来到新叶，没有立即进入崇八公家里，而是直闯进崇仁堂。看见崇仁堂飞梁画栋，雄伟威严，再细心观看，立即发现，该祠堂竟是一座违规的公堂式建筑。心想这崇八胆大包天，竟敢私设公堂，图谋不轨。有这一罪例，你崇八死期到了。立即回家写了案状，上报到浙江都督衙门，要求派员惩办崇八公。

崇八公早已看透了侍郎官的用意，立即吩咐族人连夜敲碎了祠堂地面上按公堂式铺设的地面砖块，拆毁了后进管束族人的关押房。十多天之后，浙江都督衙门前来调查，未能证实祠堂为公堂式建筑，因查无证据，此案只好不了了之。

那侍郎官看看这一计不能成功，更是恼羞成怒，再次带了衙役兵丁前来新叶，幸亏崇八公早早得到消息，知道包侍郎一定不肯善罢甘休，就让家中一个身材相貌有点像崇八公的下人（长工）穿上崇八公的衣服，坐在堂前应对。那侍郎官的人马气势汹汹闯进崇八公家正堂，看到"崇八公"端坐堂前，二话不说，就把"崇八公"绑走，吊在村外一株大枫树上，包侍郎命令衙役兵丁轮流射箭，每一箭都从"崇八公"身侧飞过，不得射中。他知道一旦射死崇八公，就得罪整个叶姓村民了，也无法向官府交待。所以，除了射箭，就是侮辱责骂，一直闹了几个时辰之后，吊在树上的"崇八公"由于突然受到这样的惊吓，加上几个时辰未喝水、进食，晕厥过去。侍郎官见此情况才罢手撤兵回去。崇八公和族人赶紧将下人救回家，可怜这个下人由于惊吓过度，加上当时医疗水平差，竟然没能再醒过来。崇八公非常难过，以主人的规格安葬了这个下人，又安顿好下人的家人。崇八公遭此劫难，竟无处申诉，想想自己一生要强，竟然受此侮辱，越想越气，不久，也病倒了，经多方延医调治也不见起色，终究是心病难治，半年后含恨而终。临终前立下遗嘱：（1）包侍郎狗官仗势欺人，族人共愤；（2）代崇八公受死的下人要世世享受全族人祭祀，逢年过节，每次祭祀都要先祭此下人，再祭崇八公；（3）我玉华叶氏后裔永远不得与女埠包姓人通婚。有违此条者逐出家族。

（五）友松公叶天祥

叶天祥，字君瑞，号友松。是崇智堂乐份石坡翁叶智宽（第九代尚字辈）之子，属玉华叶氏第十代暹字辈。排行暹六二。明成化丁未年（1487）生，嘉靖辛酉年（1561）终，葬万罗山。

天祥公生前最重要的事情有四件：其一是担任玉华叶氏族长"九思公"，执掌玉华叶氏祠堂账目等事务近四十年，能力强，为人公正。其二是为村中修缮多处公共建筑，建造存心堂（后来改称郡马府）。其三是建造抟云塔，为玉华叶氏培植文风。其四是与白崖山人叶一清一起主持第三次重修《玉华叶氏

友松公叶天祥画像

宗谱》。

《玉华叶氏宗谱》中载有两篇"越渠郑国宾撰"的《友松翁传》《贺友松叶翁、安人刘氏齐寿七十序》，对叶天祥一生主要事迹作了记载（见附录三）。

（六）白崖山人叶一清

白崖公叶一清画像（采自宗谱）

叶一清，字惟虔，行蕃（第十一代）八六，号白崖山人。属崇德派，明武宗朱厚照正德丁卯（1507）生，明神宗朱翊钧万历癸未（1583）卒。白崖翁幼习儒学，稍长，求学外地，曾就读于明代理学大师王阳明门下，治易经，成硕儒。始游寿昌，补邑庠禀生。后改入兰溪籍，应列入北监，复应大工，例授鸿胪寺序班。初葬芝山，后迁葬于诸坞边上的石岩山上。白崖翁以学问赢得族人尊敬。虽属于人口较少的崇德派，仍被玉华叶氏族人选为"九思公"，继友松翁叶天祥之后执掌玉华叶氏事务。还与叶天祥一起完成建造抟云塔和主持第三次重修《玉华叶氏宗谱》两件大事。白崖翁为修谱还亲自到安徽与徽州叶氏联宗，并带去玉华叶氏的泥水工匠为徽州当地叶氏建造祠堂，这些泥水匠从徽州学到了两层楼天井式的住宅形制，回来后用于玉华叶氏的住宅建造，这就是新叶古村的老房子基本呈徽派风格的原因。白崖翁还带领族人重建和修缮了祖庙西山祠堂和总厅有序堂。

白崖翁的朋友，当时的兰溪县学教谕鲁时化有《别白崖翁》诗曰：

驰慕余三载，相逢气味深。
诗能追杜句，义复感田荆。
泉石闲中趣，簪袍足底尘。
正思随杖履，别遽恨难禁。

此诗从人品、学问、旨趣三方面赞美了白崖翁，表达了与白崖翁老友之间的惜别之情。

有关白崖翁的生平事迹，《玉华叶氏宗谱》中载有一篇较长较完整的《白崖山人自传》，（见附录三），有助于了解白崖翁的为人。

白崖翁还是玉华叶氏历史上留下文学作品最多的二人之一（另一人是玉峰翁叶元锡）。其"玉华十咏"组诗详细描写了"玉华十景"，具有很高的文学成就，另写有许多散文作品和有关玉华叶氏先人的传记。

一说我《玉华叶氏宗谱》中的行辈字："千元季茂，福熙兴崇。尚遑蕃衍，裕泰丰隆。文明昌盛，刚毅肃雍。昭穆惇典，慈孝良恭。谨厚醇美，道德庞鸿。"①也是白崖翁所定，只是在谱中找不到明

2006年白崖公遗骸迁至石岩上并立碑铭记

确记载。我询问了村中几位老人，也无结果。笔者认为，可录此聊备一说。此行辈谱首字"千"应是承袭寿昌湖岑谱的行辈，其后，我玉华叶氏宗谱的行辈，是不断累加上去的，始定者为谁已不得而知，白崖翁可能是累加者之一。

（七）叶遇春、叶希龙父子

叶遇春，字应元，号风华。崇智派乐份。玉华叶氏第十二代衍字辈。明嘉靖庚寅（1530）生，万历己未年（1619）卒。读书拔为郡庠生，治《易经》，通术数医道。明嘉靖甲子（1564）应推广事例，授郑州府审理副职，隆庆戊辰（1568），改授河南唐府中护卫，万历丙子（1576），升河南周府审理正职。娶上金刘氏，生希虁、希龙；侧室汴省刘氏无出；继娶张氏，生希点。因为官，长年住汴梁之郊河南陈留县曲兴集北庄。

叶希龙字思化，号小峰。叶遇春次子，玉华叶氏第十三代裕字辈。排行裕百二九。明嘉靖癸亥（1563）生，万历乙巳（1605）

郡马叶希龙画像（采自宗谱）

---

① 引文标点为笔者所加。

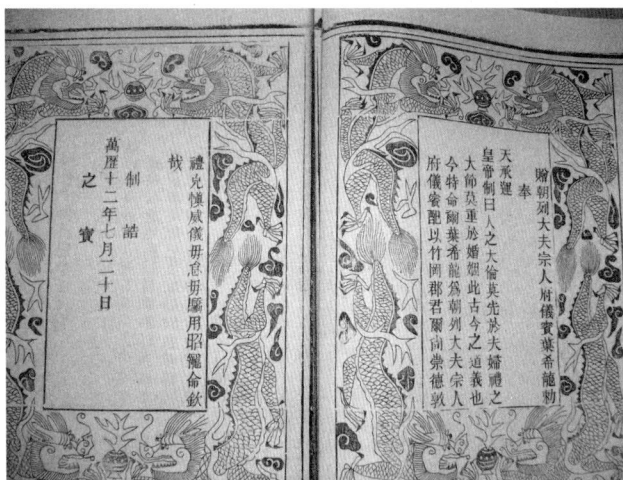

诰封叶希龙圣旨图片（录自《玉华叶氏宗谱》）

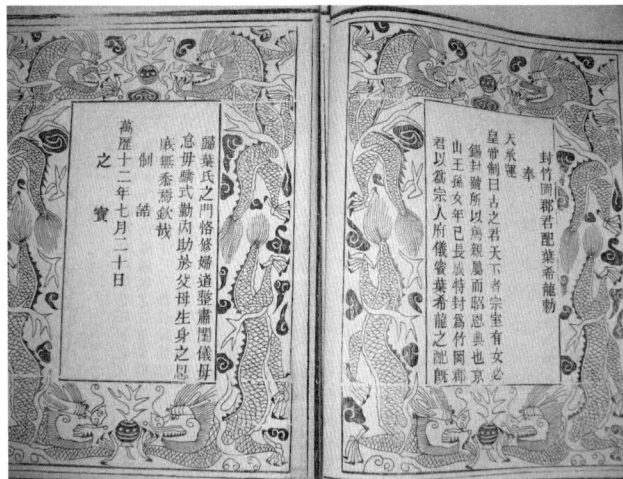

诰封叶希龙妻竹冈郡君圣旨图片（录自《玉华叶氏宗谱》）

终。诰封朝列大夫，宗人府仪宾，尚河南周藩京山王孙女，为郡马，诰封竹冈郡君。葬汴梁句容集。

据《玉华叶氏宗谱》记载，明神宗万历帝之母皇太后患病，久治未愈。京城太医束手无策，万历帝急如星火，发皇榜招天下名医。精通术数医道的叶遇春①揭皇榜进京，妙手医好了太后的疾病。万历帝龙颜大悦，召见神医叶遇春，欲结姻亲。见遇春年老，遂问及遇春子息及婚配状况。得知其次子叶希龙尚未婚配。当即赐婚，将皇侄京山王之孙女许配给叶希龙，命京山王招叶希龙为郡马，诰赠叶希龙为朝列大夫，宗人府仪宾，诰封京山王孙女为竹冈郡君。并赐采邑于河南开封陈留。两封诏书文字见录于玉华叶氏宗谱，这也是玉华叶氏总厅有序堂称为"国戚第"的由来。"国戚第"匾额至今悬挂在有序堂侧门台之上。

诰封叶希龙为朝列大夫宗人府仪宾的圣旨如下：

赠朝列大夫宗人府仪宾叶希龙

　　敕

　　奉天承运，皇帝制曰：人之大伦莫先于夫妇，礼之大节莫重于婚姻，此古今之道义也，今特命尔叶希龙为朝列大夫、宗人府仪宾，配以竹冈郡君，尔尚崇德敦礼，克慎威仪，毋怠毋骄用昭宠命钦哉。

––––––––––––––––––

① 玉华叶氏世居山里，颇识用山间草药治病之道。叶遇春秉承祖传医道，成年后，又曾经在婺州医馆做事，广泛吸收了馆中名医的医术。终于成就了他的精湛医术。

制诰

万历十二年七月二十日之宝

封竹冈郡君配叶希龙

　　敕

　　奉天承运，皇帝制曰：古之君天下者，宗室有女必赐封号，所以笃亲属而昭恩典也。京山王孙女年已长成，特封为竹冈郡君，以为宗人府仪宾叶希龙之配。既归叶氏之门，恪修妇道整肃闺仪，毋怠毋骄式勤内助于父母。生身之恩庶无忝焉钦哉

　　制诰

　　万历十二年七月二十日之宝

　　2007 年 7 月 3 日，新叶村退休教师叶瑞荣（玉华叶氏义分旋庆堂派，行敦八）只身前往河南开封曲兴镇（距离开封 30 公里左右）寻访叶遇春、叶希龙后人。先拜访了曲兴镇镇政府人员，得知曲兴镇的叶家村是本镇唯一的叶姓村落。叶瑞荣来到叶家村，受到村长等人的热情接待。据叶家村老人介绍，其先祖名叶叮当，从南方迁来，在此地购置了 800 余亩土地，定居下来，已有 400 多年历史。现在整个叶家村有 70 余户，300 多人。由于没有村谱，所以无法知道更多情况。据我《玉华叶氏宗谱》记载，叶希龙受封后定居其管所开封陈留，卒后也葬于陈留县句容集。希龙公有一子名叶有声，为守墓居住在句容集。当地人说曲兴镇历史上曾叫句容集（非江苏镇江的句容市），叶叮当与叶有声二名意义相同，可能是因避讳而叫法不同。当时，能一下子购置 800 亩土地的绝非一般人家。而身为郡马府第的叶有声有这个实力。叶有声生活期间（明神宗万历末期到明思宗崇祯年间）距今正好 400 多年。所以，河南开封曲兴镇的叶家村很可能就是叶希龙后人繁衍而成的村落。录此备考。

三、分化渐变的第三阶段

　　本阶段大致从玉华叶氏第十四世泰字辈至第二十世盛字辈，时间从明代中后期到清代中叶。是我玉华叶氏随着人口逐渐增多，各房各户之间渐变分化，贫富差距逐渐拉开的时期。

　　历史学家一般将明代中后期当作是中国封建社会逐渐走向衰微的代表性时期，这种衰微一发不可收，到有清一代，并未因为表面的"康乾盛世"而有所改观。考察中国历代王朝，似乎有一种周期性的政治、经济危机。几个主要王朝（汉、唐、宋、明、清）一般都需要用上百来年的时间来恢复社会经济，当遭到战乱破坏的经济得到恢复时，土地兼并、小农破产的状况会严重发生，同时伴随的是政治极度的腐败。明清两代的

政治危机照例不误地来临了。与以往不同的是，此时的南方经济在唐宋发展的基础上经过恢复，再一次迅猛地高涨。腐败的王朝政治像一头欲壑难填的猛兽扑向了它。明朝万历年间，曾有过张居正主持的旨在增加国库收入、减轻民众负担的税制改革，即"一条鞭法"。那是中唐两税法的继续，内容是把田赋、力役及其他名目繁多的赋税合成一条，统一按田亩数量征收；同时还简化了征收手续。一条鞭法在清朝进而变为"摊丁入亩"——"丁"指丁银，即人头税，摊丁入亩即以康熙五十年（1711）的人丁银额为准，将丁银摊到各家所占的地亩中去征收赋税，实际是取消了人头税，这一定程度上减轻了穷人无田产者的负担。雍正年间，招致贵族豪强大地主的强烈不满，因而编排出许多有关雍正帝的负面传闻，甚至对雍正帝的帝位继承权都提出了质疑。这是另一个话题，此处不展开。再说因为康熙五十年以后出生的人口不纳税，一定程度刺激了人口的增长，尤其是农村人口。赋税制改革对农村经济的发展是有好处的，明清特别是清朝中期以后的社会发展，是受惠于康熙、雍正年间的税制改制的；新叶村也是在这一时期人口得到快速增长。但不论是一条鞭法还是摊丁入亩，都不过是两税法的延续，其立意不过是在国家税源日趋枯竭情况下增加朝廷收入；其政治观念的内涵仍不脱重农主义范畴。而南方经济发展的高涨之势，迫切需要的是更高明的国家政策来保护它，但习惯于小农思维的明清王朝根本做不到。对于明后期南方的经济发展，现代学者常用"资本主义萌芽"来指谓它。的确，江南不少地方在传统的农业经济之外，还发育出不少工商城镇，徽商、晋商、浙商等蔚然成群，钱庄、票号到处可见。在生产领域，东家出设备原料，雇员出劳力的生产方式也出现了。新叶村也出现了一些不靠种田为生的人，如行医经商的叶遇春一家就是代表。

虽然有些人将本时期在中国南方出现的这种情况称之为"资本主义萌芽"，但绝不能天真地以为它们可以自然发展为中国的资本主义，它们的生存环境实在太差。最后发展的情况是资本经济不仅没有继续发展，而是逐渐萎缩了。农耕形式和农耕经济仍然是本时期江南农村的主要经济模式。各类身份的地主乡绅藉由赋役优免特权的无限制扩张，势力日渐膨胀，他们接受投献、诡寄而拥有大量田产却能免除徭役负担。从农业经营的角度看，租佃关系中的地主身份日益明显。即便在僻处山乡一隅的新叶村（玉华叶氏）也不例外，雇佣关系中的在乡地主、富农成为乡村权力格局的重要内容。其共同特点是人身依附关系的逐渐松懈，以契约维系的主佃关系、雇佣关系日渐流行。而作为直接生产者的自耕农和佃户，其经济自主性得到了加强，它体现在富农、中农层的出现，租佃制下劳动投入的增加，小农多种经营模式的自主选择，使得一些江南乡村在中原大农庄逐渐萎缩的局面下仍然顽强地发展，新叶村便是顽强发展中的一个村落。并且可以说，本时期算得上是新叶村历史上比较辉煌的时期：人口迅速增加，村落规模空前扩大。现今新叶古村的大片明清古建筑基本是这一时期留下的。在乾隆朝又一次受到皇命诰封，这也是新叶村人最后一次受诰封。本时期还出现了第一个进士，玉华叶氏数百年的耕读梦终于有了第一个成果。

具体地讲，新叶村上一阶段的频繁"分房派""分家"，最终导致了本来同属于一家的不同房派之间发展的不平衡，勤劳和能干的房派和人家发达致富了，有些由于天灾人祸或自身的原因沦落变穷了，有些甚至相传几代之后消亡了。村中的房产、土地渐渐向一些大地主家庭集中。但这并未影响整个玉华叶氏的发展，某几个支派的外迁或消亡，其留下的地产被归并到强大的房派，使他们发展得更快。因为，在以不动产的土地、房屋为主要财富标志的中国古代，在一个区域内，其房屋和土地量是有限的，因而，物竞天择式的竞争和淘汰也是必然和正常的。好在新叶村的宗族观念特别强大，哪怕是那些发达的大地主也是如此，他们反而可以凭借自己强大的经济实力更多地为本家族和村里的公共事业谋划出力。一个明显的特征是，这一时期的新叶村各个房派逐渐走向分化。其中崇仁派发展较快，至清代中叶，崇仁派人口已经占整个玉华叶氏的近一半，这种态势一直延续至今。但不管哪个房派的地主达人，他们在自身发展的同时，对玉华叶氏家族的公共事业和整体发展，都很尽心尽力。其间，也有几位值得一说的人物，他们虽没有东谷公和"九思公"叶仙璇那样对新叶村的发展起到决定性作用，但也为新叶村的历史增加了重重一笔。特别是崇智派的叶元锡高中康熙壬子科乡荐，及第辛未科进士，授文林郎，是玉华叶氏历史上唯一的科举进士。其子叶士策以"岁贡生"入国子监待选，俗称"岁进士"，成为玉华叶氏历史上为数不多的"监生"。元锡公一门的科举荣耀，实乃我玉华叶氏"读可荣身"之典范。还有廷梓公以自身的成就，使父母受朝廷诰封，这是玉华叶氏历史上最后一次得到圣旨诰封的荣耀。在此，特效太史公司马迁纪传体古法，录几位重要人物的主要事迹，以昭玉华叶氏此时段之历史：

（一）新叶村唯一考中的进士：叶元锡（玉峰公）

叶元锡，字子祚，号玉峰，行丰二百廿九。崇智荣寿派。生于清顺治丁亥（1647）五月初一日，卒于清康熙丁亥（1707）九月初五日，享年 61 岁。

玉峰公少即聪慧，以机敏闻乡里，弱冠，以六艺拔冠邑庠，登康熙壬子（1672）科乡荐，及第辛未（1691）科进士 [①]，授文林郎。历任湖广德安府应城县，河南开封府

---

① 进士之称，源于《周礼·王制》，上古选拔人才，由乡、里逐级推举，有修士、选士、俊士、造士等名称，最后一级是进士。起始就是一个美称。不过后来两汉以"察举"、魏晋南北朝以"九品中正制"选拔人才，最主要的科目是"孝廉"和"秀才"。隋朝开始主要以考试选人，隋文帝始设进士科。此后，自唐迄清，中国以科举取士，选拔人材，组成文官集团。在长达1300多年中，进士科一直是最重要的科目，考中进士也就成为攀登上最高一级科举考试的佼佼者。以明清两代而言，全国最高的考试称"会试"，每三年在北京举行一次（清代中后期常加"恩科"），应试者必须是各省乡试考中的举人。会试一般录取300人左右，中式者称"贡士"，再经"殿试"，由皇帝亲自决定等次（分三甲，赐予进士及第、进士出身、同进士出身）和名次（某甲某名），才成为"进士"。不难看出，考中进士是何等的不易。而一旦考中，立即释褐入仕，起始最低也是七品知县。政权系统中重要的中高级官员，基本上由进士出身者担任。

进士叶元锡公画像（采自宗谱）

阳武县县尹。玉峰公律己甚严，尝曰："做官固当做有用之官，尤当做不朽之官，盖有用之官不过办事于目前，而不朽之官尤能广祝于百世。夫做官为地方广祝，有能历世久远者，则入人之深，感人之初"。因而，公为官十余载。清廉惠爱，政绩卓然，二邑士民至今尸祝。为公塑像，四时祭拜。

玉峰公是玉华叶氏历史上唯一科举中进士的读书人，他将自己备考成功的经验写成组诗（详见"新叶村古诗选辑"一章），用来教育和勉励玉华叶氏子孙，希望后代在科举上能多有收获。这些诗除了对玉华叶氏是一笔文化财富外，对于文化学者与了解旧时代文人应对科举的过程有一定的历史认识价值。

悬挂在荣寿堂的叶元锡高中清康熙壬子乡试举人的"捷报"匾（由当时的兰溪县长书写）

元锡公之子叶士策，字又舒，行隆百七四，号耐庵。康熙辛亥（1671）生，乾隆乙丑（1745）卒。治《易经》，博览群书，尤精律例，随父玉峰公历应城、阳武二邑，凡疑案冤狱多所平反焉。以"岁贡生"入国子监待选，俗称"岁进士"[1]，可惜最后未能及第，但也是我玉华叶氏历史上为数不多的"监生"。元锡公一门的科举荣耀，实乃我玉华叶氏"读可荣身"之典范。元锡公将他的中举经历和学习心得写成诗文，勉励玉华叶氏后人。在《玉华叶氏宗谱》收录了许多篇元锡公的文字，是玉华叶氏历史上留下诗文作品最多的二人之一。

（二）思庵公叶廷梓

叶廷梓，字楚材，号思庵（1689—1767），排行隆二六五，属于崇智永锡派。廷梓公自幼受严父时晃公[2]教育，勤奋好学，学识渊博，治《诗经》，为郡庠生。公为儒雅彬彬之君子。满腹经纶，可是在科举道路上却不顺利，终未能登龙虎榜。雍正甲辰（1724），学宪何氏恩科拔贡，乾隆戊寅（1758），钦赐台州府天台县学教谕，乾隆己卯（1759），兼署天台、临海两学教谕。乾隆二十六年辛巳（1761），因思庵公之政绩，其父母得到朝廷圣旨诰封，也是荣耀备至。

思庵公是著名才子。乾隆甲申（1764），思庵公75岁，清明节回家祭祖，适值三月三庙会前夕，总厅总祠和十余新厅都贴上对联，其内容皆以赞颂协天大帝为主，上联一字都以"天"开头，下联第一字都以"地"为首字，上塘村一些识文者前来观看刚贴上的新联，可能发现有些对联有点不妥，传谣讥笑，要在三月三到白下叶观联看丑，讽刺："白下叶村年年呼天喊地，太没才华，没文人了。"白下叶首事人闻后，立时商议处置之法。思庵公闻之，气愤之下，

思庵公
叶廷梓

思庵公叶廷梓画像（采自宗谱）

---

　　① "岁进士"是对于"岁贡（生）"的一种雅化的别称，不是真正的进士。属于明清时代的"岁贡（生）"，是"贡生"的一类。"岁贡"之名，源于明初"各学（各地的府、州、县学）岁贡一人"之制。后来因州、县学大小不同而所贡人数有了差别，但"岁贡"之名已经定型。明清科举时期，按期选拔各地府、州、县学的"生员"（俗称秀才），贡入中央国子监（俗称"出贡"），称"贡生"。清朝的贡生分为岁贡、恩贡、副贡、拔贡、优贡五类，合称"五贡"。其中以"岁贡"（岁贡生）最多。"岁进士"作为一个雅称，经常出现在"私家性"的族谱和碑文里，一般不能用于正式的文书或计入正史。

　　② 叶时晃，字子昭，号质庵。行丰三百十二，崇智永锡派。康熙壬寅（1662）生，雍正癸丑（1733）卒。治《易经》，为邑庠生。雍正己酉（1729），兰溪邑主胡引荐大宾，乾隆戊寅（1758），学宪窦某赐匾"学优望重"。乾隆二十六年，因教子有方，在儿子叶廷梓任天台儒学教谕时，乾隆帝钦赐诰命，敕赠"修职郎"名誉职衔。与妻子陈氏同受诰封。又为玉华叶氏赢得两块圣旨匾，也是玉华叶氏得到的最后两块圣旨匾。使新叶的圣旨扁总数达到了八块之多。

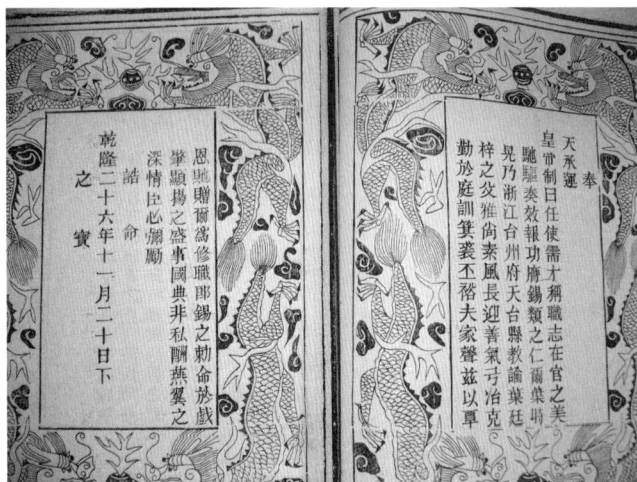

乾隆诰封叶廷梓之父叶时晃圣旨图片
（录自《玉华叶氏宗谱》）

乾隆诰封叶廷梓之母陈氏圣旨图片
（录自《玉华叶氏宗谱》）

仅用了一夜之功夫，将所有对联全部重写，次日一早换上新联。第二天，上塘人笑着前来一看，并未发现差错，十分诧异，心里大赞白下叶有文才的大有人在。方圆几十里的游客得知此事，也大为钦佩。兹举一例：

原来的对联：

天锡纯喜五律三台辉映云蒸霞蔚

地钟淑气千祥百福瑞征桃红柳绿

思庵公重写对联：

俨承东谷贻模理学渊源观道峰而仰止有自

时届采兰淑景羽觞曲水迓神麻而嵩祝无疆

乾隆三十四年己丑（1769）思庵公年已八旬，任满致归，士绅攀辕相送，赠送有"冰壶映水木铎振风"之句，可谓是对思庵公一生最好的评价。

（三）菉溪公叶逢新

菉溪公，讳逢新，字作铭，号菉溪，排行盛六，崇义旋庆派。清代乾隆三年戊午（1738）生，清嘉庆八年癸亥（1803）终，享年66岁。由邑庠生登虎榜，选升文学所，有《菉溪遗稿》。

菉溪公少年时就机智、聪明、敏捷，好学不止，年20余得中秀才，声名远播，受到当年钱塘鹭埠黄夫子九叙公的器重。九叙公游学到兰溪，被菉溪聪明好学的精神所感动，便将菉溪带在身边掌教。菉溪到了杭州后，苦志力学，鞭心呕血，不辍寒暑，一时同学之士莫不爱敬。经过九叙公的精心培养，31岁的菉溪登戊子科副榜（1768）。虽然中了副贡，仍是砥砺琢磨，研经炼史，深受九叙公和同学们的敬佩。后来，菉溪再试落第，被九叙公称为是大才之难。有同学写信叫他夤缘为官，他以"概仕途之混淆"为由谢绝，执意隐居，以讲学传道为务。后来，其弟逢霖跟在菉溪身边，菉溪以兄道兼师道待之，既爱且严，教育弟弟必须以敦本行崇，实学是务，而文艺次之，而且要秉性谦和，持身宁静。后来，逢霖弟终为恩贡。菉溪公讲学三十余年，弟子不下数百。

菉溪公常年在外时，做人很有道德，以理服人。有人上门说事，他坚持勿激勿随原则，某方有错必恳切指教，有义举必奖成之。与人无谴言，持家以严为主，家中的事肃若朝廷，教训子孙各安其业，勿事浮华，谨慎居家。

菉溪公居村里时，处事秉公无私，常常解囊救难，为人谋殚思竭虑。例如乾隆己卯（1759），家族宗祠重修，由于原定公产较少，此举罄尽公产全部积累，而后公产仅存空名，遇事无钱粮可用。嘉庆七年（1802），菉溪公倡议捐输恢复旧有额租十二石，复增置民田数十亩，合计额租百有余石。之后宗祠祀产年年有盈，我玉华叶氏成为兰溪巨族。有人评说，若是叶氏祠堂没钱，除非钱塘江干涸，说明白下叶祠堂的富有，这与菉溪公的贡献是分不开的。

乾隆乙巳岁（1785），玉华叶氏重修宗谱时，菉溪公增《行谱》一册，避免纷繁重叠。此法延至今日，也是菉溪的重大贡献。菉溪公著解有《易经·菉溪遗稿》，在清朝时期的《兰溪县志》上有记载，可惜年久以后，无人翻抄，至民国时失传。

菉溪公画像（采自宗谱）

（四）叶宝森（登青公）与"惠周桑梓"匾的传说

叶宝森，学名叶登青，字汉阶，号见峰。行昌二百廿五，崇仁松派。乾隆丙午（1786）生，咸丰七年丁巳（1857）卒。为郡庠生。

登青公为人急公好义，平时常常助危济困，村民有口皆碑。兹举一例。清道光乙未（1835）年秋，旱魃如火，民困不堪。登青公屡次前往公堂，恳求官员垂青

悬挂在崇仁堂的"惠周桑梓"匾

恩赐，能开仓赈济灾黎，终蒙恬恬，邑主姜公感其诚恳恤民，特奖旌"惠周桑梓"之匾。此匾至今悬挂在新叶村崇仁堂上。玉华叶氏后人提起这块匾，都能详述那段故事。清道光十五年，也就是 1835 年的秋天，天下大旱。田里的庄稼就像被火烧过的一样，颗粒无收。老百姓眼看着河里干了，井里枯了，即将到手的粮食没有了。稍富的人家，把本就不多的存粮藏了起来，防止遭抢。大多数的人家都是家无隔夜粮。俗话说：人是铁，饭是钢，一天不吃饿得慌。何况还不知那天才会有粮食呢。大人还算好熬点，小孩那就难熬了，饿得哇哇直哭，哭得大人都无泪可流。其状真是惨不忍睹。老百姓是喊天天不应，哭地地不灵。当官的老爷们，却只顾自己抽大烟，就是没有时间管老百姓的死与活。

这时，新叶村有个人忍不住了。他，名叫叶登青，是个读书人。由于性格耿直，脾气倔强，不愿巴结当官的，考了大半辈子，只考了个秀才（郡庠生）的功名。那年，他 50 岁。见当官的对老百姓的疾苦不闻不问，气得直跺脚，大骂：旱魃如晦，民困不堪，居官不顾，你再不顾，叫你吃苦。于是，只身来到兰溪县衙，要求见官，请求赈灾。县太爷多日避而不见。叶登青就干脆带了布毯，在县衙大堂上铺开布毯，睡在大堂上。声称县官老爷再不问百姓疾苦，我就饿死在县衙大堂上，叫你县官也当不成。

那个时候，秀才算是个有功名的人，真要饿死在县衙大堂上，朝廷是要办你县官的罪的。于是，县官老爷只好叫手下人好好款待叶登青，劝他早点回家，不要给县官老爷添麻烦。叶登青对摆在自己面前的好酒好菜，看都不看一眼。到了第三天，县官老爷没了办法，只得亲自出面，携带了赈灾物品，跟随叶登青来到受灾严重的地方去察看灾情，并进行救济。后来，县官老爷虽然一定程度地解除了老百姓的灾情。可老百姓心里一点也不领县官老爷的情。叶登青的举动倒是被人们传得沸沸扬扬。想想秀才叶登青，一介书生，年已五十，无职无权，却能为民疾苦不惜下跪，匍匐公庭，绝食抗争，真是个义士！

本时期（泰字辈到盛字辈），玉华叶氏还有一些有所作为的人物，在《玉华叶氏宗谱·人物》中皆有或详或简的记载。族人叶瑞荣根据宗谱原载先人事迹，整理罗列出了一个简表，笔者以为也有意义，特效班孟坚作《汉书》列《古今人表》之例，将简表转录于此，冀先人之事迹不埋没也。

姓名	字	号	派系	行号	生卒年·	注：
可文	允成	继桥	旋庆	丰二十	1604—1679	学名"荣英"建由义堂匾"熙代嘉宾"隐居"引翼"楼
奕	森如		永锡	泰一九五	1606—卒缺	邑庠生
应台	可三		崇仁	泰二〇五	1607—1651	竹分　邑庠生
有文	焕宇	华山	永锡	泰二五七	1613—1676	硕德素著葬马目丹凤含书

姓名	字	号	派系	行号	生卒年	注：
溥原	普侯	易庵	荣寿	泰三〇四	1620—1706	邑庠生元锡父
可英	绍闻	钟华	崇仁	丰九四	1623—1689	竹分年老乃为公办事
尚忠	尽臣		荣寿	泰三四七	1627—卒缺	邑庠生
夔	唐侯	有虞	崇德	丰一三四	1630—1673	邑庠生
渭	起生	挺凡	崇仁	丰一四六	1633—1699	竹分
传薪	衣闻	牧庵	崇仁	丰一五四	1634—1667	竹分邑庠生
可敬	圣千	仞上	崇仁	丰一五九	1635—1673	竹分邑庠生
尚愿	鲁人		荣寿	泰三七四	1635—1682	邑庠生
士敏	亦鲁	朴庵	旋庆	隆十四	1636—1705	可文子州司马
可让	宾虞	渔涯	崇仁	丰一六八	1637—1715	松分金镇总兵都督府佥事磐石伟都司构石麓堂
棋	右闻	华麓	崇仁	丰二二〇	1646—1700	竹分邑庠生
时晟	子宣	敬齐	永锡	丰二二八	1648—1705	郡庠生葬伏虎形虎爪穴
元锡	子祚	玉峰	荣寿	丰二二九	1647—1707	进士授文林郎葬大西塘东
士燮	兼两	柱源	崇仁	隆八十	1656—1737	松分保存宗谱有功
时晃	子昭	质庵	永锡	丰三一二	1662—1733	邑庠生廷梓父
幹	柱廷	素园	旋庆	文八	1663—1705	邑庠生士敏子
士轩	飞云	朴辕	崇仁	隆一六八	1671—1751	松分邑庠生
楹	仲皋	爽园	旋庆	文二十	1671—1706	邑庠生士敏子
士筹	又良	瑞山	荣寿	隆一七三	1671—1748	邑庠生
士策	又舒	耐庵	荣寿	隆一七四	1671—1745	岁进士元锡长子
士筠	又青	瑞峰	荣寿	隆一九六	1676—1743	邑庠生
士荃	全吉	建亭	永锡	隆二〇八	1678—1723	邑庠生
廷桂	天培	敬亭	永锡	隆二三六	1683—1731	邑庠生
士篆	又初		荣寿	隆二二四	1684—1758	邑庠生
其蔼	景仁	翠岩	旋庆	明五	1685—1756	国学生
士求	文英	建山	荣寿	隆二二五	1686—1743	太学生
廷梓	楚材	思庵	永锡	隆二六五	1689—1769	郡庠禀生台州府天台县学教谕
士笈	召吉	道峰	崇智	隆二六〇	1687—1735	元房国学生
其荃	景丹	秀峰	旋庆	明七	1689—1741	邑庠生开药房
维洪	旬臣		崇智	文七二	1690—1748	邑庠生葬毛溪口
其一	是中	砚田	旋庆	明十一	1693—1748	岁陪贡生赠匾《儒林模楷》

姓名	字	号	派系	行号	生卒年	注:
士典	秉如	三祝	永锡	隆二九〇	1693—1778	赠匾《月旦推崇》
其藻	龙章	素齐	旋庆	明二六	1703—1764	寄学生有"非理不言非法不踏非义不取非善不交"之品行
廷梅	国柱	厚溪	永锡	隆三四三	1730—1764	邑庠生善于绘画
万选	文瑞	翠峰	荣寿	文二四六	1705—1783	邑庠生
维濡	且侯	直庵	崇智	文一九七	1710—1735	元房邑庠生
祖扶	汉臣	治庵	崇仁	文一七三	1707—1788	松分邑庠生匾《望隆梓里》齿德兼优
维泰	迎宇	岱峰	荣寿	文二六五	1721—1784	郡庠生元锡孙子有楹联创作现有保存
得甲	觐颜	又庵	旋庆	昌十七	1722—1791	邑庠生
得康	用年	掘庵	旋庆	昌二十	1724—1797	邑庠生
柏	远芳		崇仁	明一三六	1735—1784	松分　八品职衔匾《节比贞筠》
逢新	作铭	篆溪	旋庆	盛六	1738—1803	由邑庠生登虎榜选升文学所有篆溪遗稿已经失传
得卓	企颜	五峰	旋庆	昌四三	1743—1793	邑庠生
成仁	载元	掘夫	崇仁	昌七四	1755—1821	松分国学生
逢霖	作沽	益庵	旋庆	盛五一	1763—1812	由邑补廪匾《恩贡》
旆	君旗		崇仁	昌一〇七	1766—1834	松分国学生
万桐	琴则	幸亭	旋庆	刚十五	1768—1827	邑庠生
旋	君祥		崇仁	昌一二八	1771—1807	松分国学生
本粹	养潜	潈源	旋庆	盛七	1775—1798	郡庠生武秀才
旗	君杨	云岩	崇仁	昌一五八	1775—1833	松分国学生
鹤盛	茂松	梅亭	崇仁	昌一九五	1782—1807	松分方氏匾《霜劲冰坚》
继芳	宣苏		崇仁	盛八七	1783—1862	松分儿为贡生诰封文林郎
宝森	汉阶	见峰	崇仁	昌二二五	1786—1857	松分郡庠生为民求赈赠匾《惠周桑梓》
得辉	凤苞	吾岗	荣寿	昌二七八	1792—1861	国学生
缤	集英	阴兰	崇仁	盛一一一	1793—卒缺	松分国学生
绪	赞周		崇仁	盛一二八	1797—卒缺	松分国学生
绣	滙源	秋琴	崇仁	盛一三六	1799—1848	松分郡庠生
梧	碧含		崇仁	盛一五一	1802—1847	松分国学生
芳荃	尚元	兹园	崇仁	盛二二六	1814—1875	竹分乡贡

　　从此表可以看出几个问题：其一，能被玉华叶氏宗谱列为"人物"的，多为读书人，且出现了第一个进士，此为玉华叶氏"重学"家风的体现。其二，虽然本时期玉华叶氏进学人数众多，但没有一个像东谷公叶克诚和九思公叶仙璈那样在思想上、精神上对我玉华叶氏产生决定性和深远影响的人物，甚至没有出现像礼七公叶伯章和崇八公叶永盈那样富有血性和虎性的人物。这应该是跟自明代开始，至清初达到极致"文字狱"政策有关，文人尤其是清代的汉族文人在高压政策下，不敢乱说乱动。国家的命运和时代文化的背景在我玉华叶氏的历史发展中也能很好地体现出来。第三，其中人物一大半属于"崇仁派"，彰显出"崇仁派"在本时期的人口数量和家族影响，可以看出各房派发展的不均衡，而这种不均衡一直持续到当今。所以说本时期是我玉华叶氏的分化变革时期。

第四章 玉华叶氏的发展沿革（中）：晚清至民国

玉华叶氏从第二十一世刚字辈至第二十五世昭字辈，时间从清代中后期直至新中国成立的 1949 年，从晚清，跨整个民国时期。随着中国沦为殖民地和半殖民地社会，国运衰微，民族危亡，有志之士奋力救亡图存。玉华叶氏子孙也同整个国家民族一道经历了浴血、浴火，凤凰涅槃的艰难阶段。

1840 年前的清代，是中国历史上漫长的封建社会的晚期。在此期间，继续着晚明的发展态势，中国社会的内部结构发生了缓慢而又重大的变化，随着自耕农的普遍发展，庶族地主力量迅速增长。八旗功臣逐渐将最初圈地强占、养草放牧的大片粮田或租给佃农耕种，或转卖给有钱的汉族地主、商人。政府也鼓励原有屯田向私有和民田转化，地权占有形式逐渐发生变更。随着租佃关系上自由租佃的出现，永佃制、押租制的发展，雇佣关系上封建性雇工向自由雇工的过渡，封建依附关系发生松懈，加上雍正朝的税制改革等一系列政策，当时的农业经营环境得到一定的改善，从而使得广大农村的农耕经济得到有效发展。如上一章所说，新叶村就是在这个时期迎来了玉华叶氏家族发展史上比较辉煌的时期。然而，这种封闭情况下的发展和辉煌只能是暂时的短暂的。

因为这个时期正是整个世界格局发生剧变的重大时期。欧亚大陆的西端，新兴的资本主义呼唤来工业革命，瓦特发明的双向运动蒸汽机，使欧洲人获得一盏"阿拉丁神灯"。产业革命催化出国际分工，资本以其魔力无穷的巨掌将全世界卷入商品流通的大潮之中，宗法农业社会的中国也在劫难逃，工业先进的西方是决不肯放过如此巨大的一个商品倾销地、投资场所和原料产地的。中西方的冲突已呈不可避免之势。当西方世界努力学习先进文化，并在政治经济各方面迅速崛起的时候，中国王朝政治仍然沿着既定轨道，向着越来越不利于经济发展和民族振兴的方向沉重地滚动着。清代前中期的相对安定，包括所谓的"康乾盛世"，其实是暴风雨来临前的平静，西方列强以及率先向西方学习而强大起来的东邻日本都已经睁大眼睛看着中国，只是在寻找时机。1840 年爆发的鸦片战争，最终以血与火的方式把古老中国推入了一个蜕变与新生并存的新的历史阶段。

在这个中华民族受尽屈辱的时期，中国涌现出了无数的仁人志士，他们试图以各种方式拯救危难中的国家民族。国运即家运。新叶村虽然地理偏僻，但仍然是与国家民族同呼吸共命运的。在各种救亡图存的行动中，我玉华叶氏子孙切身参加的主要有三种方式：其一是响应"师夷之长以制夷"的呼声，出国留学，回报祖国；其二是投身革命，革命救国；其三是兴办现代学校，培养新式有用人才。也留下了一些可歌可泣的事迹值得一书，兹分述于下。

一、"师夷之长以制夷"：叶金、叶桐留学日本

面对列强的坚船利炮，从清中叶开始，自清廷高层到民间百姓，都痛感中国处于亘古未有的变局之中，终于悟出必须"师夷之长以制夷"的道理，决心学习西方和日本，变法自强。因此，在民间很快形成了留学热，很快就有了一大批走出国门，睁开眼睛看世界的文人。一大批接受了西方先进文化的中国知识分子更是从文化层面反思祖国落后挨打的深层原因，进而提出"中体西学论"的理论思考。例如，陈独秀在1916年发表的《吾人最后之觉悟》的著名论文中，曾将明清以来中外文化第二次大交汇、大碰撞的历程分为七个阶段。我们从中可以看出"西学东渐"和国人学习西方文化的大致轨迹，也可以看到中国由传统封闭艰难走向近现代的曲折历程。这七个阶段是：

第一期在有明之中叶，西教西器初入中国，知之者乃极少数之人，亦复惊为"河汉"，信之者为徐光启一人而已。

第二期在清之初世，火器历法，见纳于清帝，朝野旧儒，群起非之，是为中国新旧相争之始。

第三期是在清之中世。鸦片战争以还，西洋武力，震惊中土，情见势绌，互市局成，曾、李当国，相继提倡西洋制械练兵之术，于是洋务、西学之名词发现于朝野。当时所争者，在朝则为铁路非铁路问题，在野则为地圆地动、地非圆不动问题……

第四期在清之末季。甲午之役，军破国削，举国上中社会，大梦初觉，稍有知识者，多承认富强之策，虽圣人所不废。康、梁诸人，乘时进以变法之说，耸动国人，守旧党泥之，遂有戊戌之变。沉梦复酣，暗云满布，守旧之见，趋于极端，遂积成庚子之役。虽国几不国，而旧势力顿大凭恃，新思想渐拓领土，遂由行政制度问题一折而入政治根本问题。

第五期在民国初元。甲午以还，新旧之所争论，康、梁之所提倡，皆不越行政制度良否问题之范围，而于政治根本问题去之尚远。当世所说为新奇者，其实至为肤浅；顽固党当国，并此肤浅者而亦抑之，遂激动一部分优秀国民渐生政治根本问题之觉悟，进而为民主共和、君主立宪之讨论。辛亥之役，共和告成，昔日仇视新政之君臣，欲求高坐庙堂从容变法而不可得矣。

第六期则令兹之战役也。三年以来，吾人于共和国体之下，备受专制政治之痛苦。自经此次之实验，国中贤者，宝爱共和之心，因此勃发；厌弃专制之心，因以明确。

……然自今以往，共和国体果能巩固无虞乎？立宪政治果能施行无阻乎？以予观之，此等政治根本解决问题，犹待吾人最后之觉悟。此谓之第七期民国宪法实行时代。

陈独秀通过梳理近代中西文化交汇的脉络，进而明确提出：中国要走出"落后挨打"的局面，走向与世界接轨的现代文化，光有"火器历法""声、光、化、电"之类的物质文化变革以及"行政制度是否良好问题"的制度文化变革是不够的，中国文化必须进行价值观念层面——精神文化体系的最深层次的变革，这才是中国文化的出路，这才是"吾人之最后觉悟"。中国传统社会在外力冲击下向现代社会变迁，对应于文化由表及里的器物、制度、精神三层面，洋务运动、戊戌变法和五四运动构成变迁的三大阶段。许多人尝试了实业救国、变法救国之后，更多人是从长计议，决心变革文化，全面学习西方的先进理念，从工程技术，到法律制度，到精神道德，决心"师夷之长以制夷"。因而，从晚清开始，至1919年五四新文化运动前后，出现了一大批具有新观念、新知识、新技术的新青年，成了建设祖国的栋梁之材。

我玉华叶氏的叶晋金、叶晋桐留学日本就是在晚清到五四新文化运动之际。虽然从这里也可看出偏僻山村的新叶在接受新事物方面要比山外面的闹市慢许多时间，但毕竟还是跟上时代的节拍了。说实话，作为一个当时仅有1000余人口，主要以种田务农为业的偏僻山村，能送子女出国留学是多么不容易的事！这不仅仅是财力的问题，更是观念的问题！

据《玉华叶氏宗谱》记载，叶晋金、叶晋桐是堂兄弟。他们的爷爷名叶珪初（字企尧，谥号蒉阶）[①]，崇仁松分，排行刚百八九。道光丁亥年农历十月（阳历1827年11月）出生，光绪辛丑年农历七月（阳历1901年8月）卒。其家庭本是村中普通的庄稼人，全靠勤劳耕作成为村中富户，兄弟几人进官学堂读书，成为国学生，并列举贡生或邑庠生[②]，

---

① 叶珪初太公与笔者的太祖父（往上第五代）叶玉初是亲兄弟，据《玉华叶氏宗谱》记载，他们兄弟共六人，珪初太公排行第四，玉初太公排行第五。

② 贡生制度始于元大德八年（1304），它源于宋代以前的贡士制度，即由基层府、州、县学，从未中举的生员中按规定名额挑选一些优秀者贡献给皇帝。《礼记》中有"诸侯岁献贡士于天子"之说。贡生被送入京师国子监学习深造，肄业后由吏部派任知县、县丞、教谕等官职，因而入国子监的贡生又称监生，贡生也能被吏部直接选官。这种制度，扩大了由进士、举人晋升仕途的范围，增大了朝廷选拔人才的范围。明、清两代沿用了这一制度，而且把它更加完善、详尽。明代有岁贡、选贡、恩贡和细贡；清代有恩贡、拔贡、副贡、岁贡、优贡和例贡。"邑庠生"也称"庠生"，为明清科举制度中府、州、县学生员的别称。庠、序都是古代学校的别称。明清时期州县学叫"邑庠"，经过县州级考试，这级考试叫"童试"，考中者称为秀才。所以秀才也可叫"邑庠生"，或叫"茂才"。秀才向官署呈文时自称庠生、生员等。

是村中著名的书香文化家庭。珪初公是国学生，列举贡生，并诰封儒林郎。但国运多舛，没有使他最终步入封建科举的仕途。他从青年时期开始外出闯天下。做过政府机构文员、中药铺药剂师①、代写状书和代人诉讼的师爷等职业。其青壮年时期，正值鸦片战争（1840）和太平天国起义（1851—1864）时期。当时，珪初公在金华、衢州一带做事。他对外面的形势有所了解。知道当时国情是内忧外患纷至沓来，四方云扰幅裂，中国一步步沦为"殖民地半殖民地"的社会的现实。因此，就送三个儿子叶佳喜（叶蔚文）、叶荣春（即叶诰文）、叶文荣（叶焕文）先后进入国内新式学堂读书，为新式学堂国学生②。1937年修成的《玉华叶氏宗谱》中有一篇珪初公的画像赞语曰："于惟我公，禀性厚敦。克勤克俭，家道

叶诰文所受"龙章宠锡"匾至今挂在崇仁堂

蒸蒸。丕振前烈，贻燕后昆。子孙蕃衍，俊秀迭兴。令闻不已，里党咸称。高山仰止，千载式凭。"因此，可以说，叶晋金、叶晋桐兄弟能出国留学，成为俊秀之才，跟他们的爷爷珪初公的远见卓识有直接关系。当然，也跟他们各自的父亲叶佳喜、叶荣春这两兄弟的全力培养有关。

据玉华叶氏家谱记载，珪初公长子叶佳喜是叶晋金的父亲。佳喜公册名叶蔚文，字望旦，行毅百九一，崇仁松派。咸丰甲寅（1854）生，民国丙子（1936）终。佳喜公幼承父教，旋进官学堂，由国学生列举贡生。1937年修成的《玉华叶氏宗谱》中有佳喜公的画像赞语曰："猗欤望公，既敦且纯。仁义为本，孝友为根。承先启后，子孙绳绳。生平好施，积善而闻。里以佛称。及其笃爱，弟兄自髫。龄至皓首，未尝疾言。遽色尤为人所难能。"（卷十一，第20页）

珪初公次子叶荣春是叶晋桐的父亲，荣春公册名叶诰文，字望尊，同治丙寅（1866）年出生，行毅二百五八，属崇仁松派。荣春公以国学生被推举直隶州同，受封儒林郎，

---

① 据村中老人口述，太平天国起义使我村也遭受重创，村民对太平天国起义军并无好印象，村中流传着许多有关太平天国军人在村中乱杀人和奸淫妇女的传说，和村民奋起反抗并协助官军捕杀太平天国军人的故事。可参考后面的"新叶村的民间故事"一章。据村中老人叶昭镶介绍，太平天国起义失败后，金华、兰溪一带暴发瘟疫，死尸遍野，惨不忍睹。当时，珪初公正好在金华一家药铺做事。得知家乡闹瘟病，他非常着急，带了很多治疗瘟疫的中药赶回家乡，不仅治好了同村的病人，还为方圆几十里的邻村病人治疗，在经济上有较好收益的同时，也为他赢得了极高的威望。

② 国学生至少有两种解释：其一指的是明清时期国子监的学生；其二指的是清末及民国初期进入新式学堂学习的学生。

光绪三十二年（1906），府学官员授匾"龙章宠锡"。此匾至今挂在崇仁堂。龙章：比喻叶诰文写的文章文采华丽优美，犹如龙的花文般高贵。宠锡：意思是能受到皇帝的宠爱并恩赐。足见荣春公的文章才华为时人认可，得到当地官员的高度评价。

其实，佳喜公和荣春公虽然都很有才华，也试图走读书为官、仕途经济之路，但由于生逢鸦片战争之后的晚清乱世，二人也如乃父珪初公最后雄心难遂，只好寄希望于儿孙。这说明叶晋金、叶晋桐堂兄弟两个当年去东洋日本留学是被寄予了两代人的深情厚望。

珪初公的三子，叶蔚文、叶诰文的三弟叶焕文（谱名叶文荣）也是新叶村很有见识的文化人。文荣公字望选，行毅三百四三，崇仁松派，光绪己卯年（1879）生，光绪戊申年（1908）终。文荣公也为业儒，由国学生改授直隶州同。由于文荣公去世太早，所以未能像他的两位哥哥一样亲自送自己的儿子出国留学，但他的孙子叶海标在读中学时就参加了革命，并且带自己的弟妹一起参加革命工作，成了新叶著名的红色家庭，这在后面会进一步介绍。到他的曾孙叶建农更是成为新中国成立后新叶籍的第一个美国留学生。叶建农，行昭二百三四，崇仁松派，民国丁亥年（1947）生，在新叶村祠堂读过两年小学，后到父亲叶海标工作地上海读书，留学美国刘易斯维尔大学，获化学博士学位。回国后在大学任教，终成为著名化学家，华东师范大学终身教授，博士生导师。曾任华东师范大学副校长，全国政协委员，农工民主党上海市委副主委、上海政协常委，上海市政府参事。

图为叶建农（前右）2013年5月从上海市市长韩正手上接过"上海市政府参事"聘书

因此，我玉华叶氏珪初公这一脉后裔出国留学是有传统的。下面接着介绍叶晋金、叶晋桐堂兄弟两个当年去东洋日本留学，取得"法学士"学位的情况。

叶晋金家用名叶肃茗，学校注册名叶晋金，字治材，一作子材，号梦得，行肃百六六，崇仁松派，光绪辛巳年（1881）生，1955年卒。叶晋金留学日本时所用名为叶金。

叶晋桐家用名叶肃芦，学校注册名叶晋桐，字叔藩，号青躬道人。族谱排行肃百九九，属崇仁松派，光绪丁亥年（1887）生，卒年族谱未载[①]。叶晋桐留学日本时所用名为叶桐。

据最近两版的《玉华叶氏宗谱》记载和老人叙述，是堂兄叶晋金先去日本留学，大约隔一年后，堂弟叶晋桐才去日本同一所学校留学。但在笔者采访叶晋桐之孙叶同丰时，同丰一再强调家谱记载有误，是他爷爷叶晋桐先去日本留学，叶晋金后去的。采访村中其他老人，特别是参与编修2002版家谱的老人回忆介绍，叶晋金、叶晋桐堂兄弟两个当年去东洋日本留学之事在老谱（1936年版的《玉华叶氏宗谱》）上有记载，不会有误。2002版家谱中的文字是凤新老师［是叶蔚文、叶诰文的三弟叶焕文（叶文荣）之孙，已去世］把关的，凤新老师严州师范毕业，有学识，做事严谨，应该不会错。姑且将族谱记载及同丰兄的说法都录此备考。

记载叶金生平的小册子首页

《玉华叶氏宗谱》记载叶晋金事迹说："浙江初级师范毕业，留学日本国，同文书院毕业，考升日本法政大学法律系毕业，得法学士学位。"记载叶晋桐事迹说他为"日本东京法政大学法律系法学士"。我仔细查阅过有关资料，发现《玉华叶氏宗谱》中所载叶晋金、叶晋桐求学过的学校名称都过于简略。而对于在各校求学的具体时间，家谱中更是没有提及，叶金、叶桐的后人以及村里的老人都说不出详情。现经笔者多方求证、终于在村中一户人家发现了一册有关叶金生平的小册子的残本，小册子上未注明具体印制时间。从内容看，应该是在叶金留日回国后，叶金家人为彰显其荣耀而自行印制，并分发给族人及亲友的[②]。就像有些家族常常将族中名人的作品集自行印制分赠亲友的情况一样。

综合各方资料，加上笔者查阅有关书籍，对叶金、叶桐当年留学日本法政大学的情况进行疏正和补充说明于下：

---

① 据叶晋桐之孙叶同丰说，其爷爷57岁去世，则叶晋桐当在1943年或1944年去世。新叶村1937年第1次重修宗谱（1939年完成），叶晋桐是主持人之一。说明叶晋桐去世时间肯定在1938年以后。

② 就在本书即将付梓之时，本房崇仁堂派同学好友、南京农业大学教授叫锡君给我提供了有关叶金生平事迹小册子的完整本。小册子共26页，封面没有书名，首页右上方为"叶金"两个大字，算是题款和书名。前17页每页分上下两部分，上半页先介绍叶金的历代直系祖先和简单履历职衔，至其父母为止，接着介绍叶金历年在各地求学的"受业师、问业师、受知师"名讳及职衔（从名字可以看出，其中有不少是日本人，应该是叶金在日本求学时期的老师）。后9页都通页书写不分隔。内容是日文诉状和审判书。两页中缝有"日本法政大学毕业卷一、卷二……字样。据锡君说，此小册子是他父亲8岁在当时村中大地主叶金家放牛时，叶金家人给的。这说明我原来推测此书是叶金家人为彰显其荣耀而自行印制，并分发给族人及亲友的判断是正确的。根据锡君父亲的年龄可以推测出，此书应该是20世纪30年代后期印制的。

（一）叶晋金就读的"浙江初级师范"

《玉华叶氏宗谱》记载叶晋金事迹说："浙江初级师范毕业"，记载叶金生平的小册子说叶金"光绪三十二年杭垣师范学校毕业"。"光绪三十二年"是1907年，"杭垣"就是"杭城"是当时浙江的省城。据考证，浙江全省最早开办的师范学校就是位于杭城，始于1907年的"浙江官立两级师范学堂"（优级师范和初级师范两级），简称"浙江两级师范学堂"。就是后来的"浙江省立第一师范学校"，是杭州师范学校和杭州师范大学的前身。浙江两级师范学堂是中国建立最早的六大著名师范之一，其他几所是：武昌高等师范学校、北京高等师范学校、广东高等师范学校、成都高等师范学校、南京高等师范学校。浙江两级师范学堂于1907年冬首期招生661人，其中优级选科223名。学生在全省各县招收，凡年龄在18—40岁的廪、贡、监生均可报考，报考者以万计。1908年4月15日开学，校舍落成于省城杭州的贡院旧址，占地136亩，有二层教学楼7幢，可容纳千人，另有附属小学及风雨操场等建筑物，为当时全省规模最大的新式学堂。学堂设优级师范选科、初级师范简易科和体操专修科，其中优级选科培养中学堂和初级师范学堂师资，属于高等教育。优级选科分史地、数学、理化、博物四科。学制预科1年，本科2年。因学堂兼有优、初两级师范，所以定名为浙江官立两级师范学堂。1909年正月，接办浙江高等学堂附属两等小学堂。学校风气颇为活跃，师资力量也较为充实。由于是师范学校，学生中年龄差距很大，小的只有十五六岁，大的有二十七八岁，最多的是二十岁上下。著名人士沈钧儒，教育家经亨颐等先后担任过校长，李叔同、夏丏尊、马叙伦、鲁迅等都在这里任过教。潘天寿、丰子恺、钱学森、徐匡迪、黄晓棠、周兰荪等一大批名人都曾在此就读。因此，浙江两级师范学堂成了浙江省传播新思想、新文化的中心。

叶晋金1881年出生，1907年时27岁，符合浙江两级师范学堂于1907年首期招的年龄要求（18—40岁）。因此，叶晋金读的应该是其中的初级师范简易科，全称应该是："浙江官立两级师范学堂初级师范

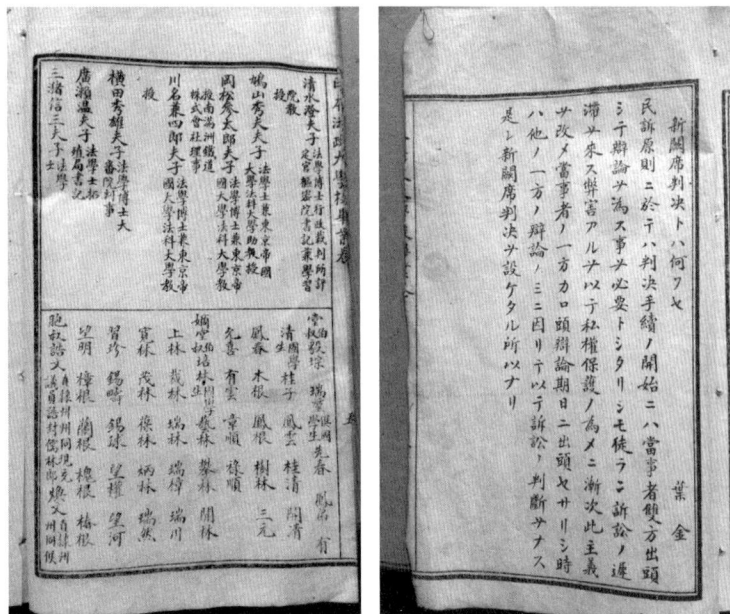

记载叶金生平的小册子分格页与通页样式

简易科"，简称"浙江初级师范"。只是记载叶金生平的小册子上将"光绪三十二年"（1907）的入学时间说成是毕业时间了。印制小册子时离叶金就读浙江两级师范学堂的时间已过几十年，家人对入学时间印象深刻而写错是有可能的。但也有可能叶金在浙江两级师范学堂只是参加了一个不到一年速成班、短期班的学习结业（民间统称毕业），即前往日本留学了，这样时间上就能对上。

浙江两级师范学堂的首任校长沈钧儒（中国法学界泰斗，曾任最高人民法院院长）是晚清名儒，著名的"七君子"之一。更重要的是沈钧儒曾于1904年在日本和法法律学校法政大学（就是后来的日本法政大学）清国留学生法政速成科学习。沈钧儒平时应该跟他的学生谈起过他在日本和法法律

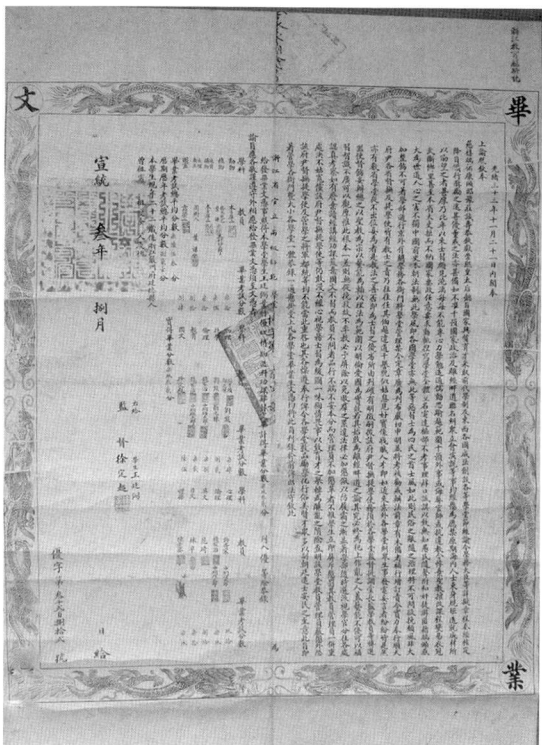

浙江官立两级师范学堂毕业文凭
（图片来源建德档案馆）

学校法政大学的经历，谈到过法律的重要性。我想，这应该就是叶晋金这个来自偏僻山村的学子后来会出国留学，并选择去日本法政大学研习法律的缘由。要不然，叶晋金及其家人无其他途径得知日本法政大学的信息。大致在叶晋金去日本法政大学一年后，其堂弟叶晋桐跟着也来到日本法政大学留学。

（二）关于"同文书院"

《玉华叶氏宗谱》记载叶晋金事迹说："浙江初级师范毕业，留学日本国，同文书院毕业，考升日本法政大学法律系毕业，得法学士学位。"记载叶金生平的小册子说叶金"光绪三十二年，杭垣师范学校毕业，同年留学日本。宣统元年，东京同文书院毕业"。好像说叶晋金到日本后先就读"同文书院"，然后"考升日本法政大学法律系"。但根据有关资料记载，在日本国内并没有叫"同文书院"的高等学府。倒是在中国有好几个地方都有过名叫"同文书院"的学校，如明代在海南琼山以及晚清时期到民国年间的九江、厦门、南京和上海都有过叫"同文书院"的学校。先来逐个考察一下。

明代同文书院位于海南琼山。于明成化九年（1473）由副使涂棐创建于府治西。取"文教大同"之意，因"文同则治同"，进而"天下一家，华夷一统"，故名。

九江同文书院，位于江西九江。清同治六年（1867）美国传教士尔利陶理、吴恪

矩等经清政府同意创建于城外土桥，命名为"埠阆小学"。后来随着学校规模的扩大，学校选择城内南门口某棠湖畔为新校址，并取《中庸》"普天之下，车同轨，书同文"之意，定名为"同文书院"，为江西省第一所教会学校。

厦门同文书院成立于 1898 年，是由旅菲华侨叶清池等 6 位厦门名流发起兴办的。学校当时使用英文教材，英语、现代科学和传统国学并重，充分体现厦门兼容中西的文化传统。同文书院还曾于 1918 年增设大学部，比陈嘉庚先生创办厦门大学还要早三年。

南京"同文书院"于 1900 年 5 月由日本人开办，得到中国官员的支持，在中国和日本同时招收学生，院长是日本人根津一。后因义和团事起，1901 年 8 月书院迁至上海，更名"东亚同文书院"。

上海的"同文书院"叫"东亚同文书院"，是 1901 年由南京"同文书院"迁来。院址在上海高昌庙桂墅里，首任院长根津一。学生从日本各府县招考，每府县两名，学生享受公费待遇，修业 3 年，主要教授汉语，以及中国历史、政治、经济等课程。1917 年，"东亚同文书院"校舍迁至徐家汇虹桥路。1937 年 11 月，日本侵华战争爆发，虹桥路校舍被国人烧毁。1938 年 4 月 17 日，东亚同文书院侵占上海交大校舍，摘下"交通大学"校牌，改挂"东亚同文书院"布招。1939 年，东亚同文书院由专科学校升格大学，命名为"东亚同文书院大学"。日本投降之后东亚同文书院大学为中国所接管，在历经近半个世纪之后才落下了历史帷幕。随后，曾担任过该大学最后一任校长的本间喜一（后任日本最高法院事务总长）决心重建新的大学。1946 年 5 月，原东亚同文书院大学的众多教职员、学生集结一起，于同年 11 月 15 日诞生了日本中部地区唯一的旧制法文科大学——爱知大学，位于日本中部的爱知县，并发展至今。"东亚同文书院"办学的一大特色，是组织历届学生对中国进行的长达四十余年实地调查。在 1901—1945 年间，东亚同文书院的学生五千余人先后参与调查，旅行线路 700 余条，遍及除西藏以外的中国所有省区，内容涉及地理、工业、商业、社会、经济、政治等多方面。其成果除了作为毕业论文的调查报告书，还有各旅行小组的纪行《大旅行志》中精选出来的数篇文章组成。内容富于感性、引人入胜。从异国人的视角展示了近代中国的社会场景。日本军国主义者从东亚同文书院培养了大量的所谓"中国通"，通过大旅行等各种手段对中国进行全面的立体式调查，实际上是为日本政府的侵略活动作了前期准备。在侵华战争中，东亚同文书院的不少学员充当日本随军翻译、间谍等，为日本军方搜集和提供情报，直接参与侵华活动。因此，虽然东亚同文书院曾经对中日文化交流发挥过一定的作用，但是我们决不应该由此忽视其作为日本侵华帮凶的性质。

从时间上分析，海南琼山同文书院时在明代，不用考虑。九江、厦门以及南京的"同文书院"都在 1900 年之前，叶晋金不可能参加。而上海的"东亚同文书院"只招收日本人，叶晋金更不可能参加。所以，我怀疑叶氏家谱中有关叶晋金"日本同文书院"，应该是一所相当于临时培训学员的学校，可能叶金初到日本，先进入一所过渡性的培训学校补习日语，就像现在有些中国学生去外国留学，先要进一个预科班补习该国语言的情况一样。结业后再考升该国的高等学府。这样能说通。而进入日本东京同文书院的时间应该是在光绪三十四年（1908）或宣统元年（1909），也即在杭州的浙江两级师范学堂读书一到两年，于 1908 年或 1909 年毕业 [①] 后才去日本"同文书院"。另外，我还怀疑叶氏家谱中会不会是将同样位于日本东京的"宏文学院"误记成了"同文书院"？因为，二者名称颇相似。宏文学院是日本最早专门接受中国公派留学生的学校，初创于 1896 年，1902 年 1 月正式成立，也接受自费留学生。至 1909 年 7 月，因中国留学生退潮而关闭。伴随着中国近代第一次留学热潮，宏文学院成为中国近代留学日本热潮中创办较早、接收留学生人数最多、影响最大的一个中国留学生特设教育机关。近现代史上不少名人在宏文学院读过书，如陈天华、黄兴、胡汉民、杨昌济、张澜、鲁迅、陈寅恪、李四光等人都在此校留学过。宏文学院的存在时间与当时背景与叶晋金初入日本时间相符，但资料不足，不敢断言，录此备考。

（三）关于日本法政大学

《玉华叶氏宗谱》记载叶晋金事迹，说他"日本法政大学法律系毕业，得法学士学位"。记载叶晋桐事迹说他为"日本东京法政大学法律系法学士"。其实，他们两人留学的学校应该叫"法政大学"，本部位于日本东京的都心千代田区，是一所私立大学。《玉华叶氏宗谱》上说的"日本法政大学"或"日本东京法政大学"都是针对国人介绍外国大学时特意加上国名和所在地名所致。

法政大学前身是东京法学社，于 1880 年建立。东京法学社内设讲法局和代言局，具有法律私塾性质。其讲法局于 1881 年独立出来，成立东京法学校，1889 年，又和创建于 1886 年的东京佛学校合并，改名为和佛法律学校，以研究法国法律著称。1903 年，学校得到官方同意，升为大学，更名为"法政大学"，由曾在法国获得博士学位的日本近代著名法学家梅谦次郎担任总理（校长）。此时的法政大学内设大学部、专门部和高等研究所，另有大学预科，成为日本当时著名的九大法律学校之一。

中日甲午战争之后的日本所展现出的风貌和力量使之日益成为中国人艳羡和仿效的对象，加之种种"事半功倍"的便利条件，游学日本之风勃然而兴。1902 年后，赴日研习法政者迅速增多。1903 年，日本公爵近卫笃磨和东亚同文会副会长长冈护美子爵与清留学生总监汪大燮商议，拟于东京为中国游历官绅专设法政学院。学校章程刚草拟完成汪大燮已卸任，近卫笃磨旋又身故，事遂中止 [②]。1904 年 3 月，在宏文学院学习师范的范源濂鉴于国内法政人才极端匮乏，而日本正规法政教育又时长难待，因此

---

① 叶金就读的是"浙江官立两级师范学堂初级师范简易科"，简称"浙江初级师范"。

② 见《出使日本的清大臣杨枢请仿效日本设法政速成科折》，载陈学恂、田正平编《中国近代教育史资料汇编——留学教育》，上海教育出版社，2007年版，第380页。

和东京法学院留学生曹汝霖面求梅谦次郎，请于法政大学内为有志法学的清国留学生特设速成科，以期快速造就人才[①]。两人的请求得到了梅氏的热情支持，后者随即向出使日本的清朝大臣杨枢提出此议。杨大为赞同，并"向长冈护美取得前所拟学章作为稿本，而与梅谦次郎酌中改定"[②]。同年4月26日，梅谦次郎向日本文部省正式提出设置速成科的申请，四日后即得到认可批复。5月7日，法政速成科第一班正式开学，当期入学者达94人。此后，莘莘学子联翩来学，使法政大学迅速成为留日生的重要去处。据《清国留学生会馆第五次报告》载："法政大学开设法政速成科，五月始开学，十月间复开第二班，入学者计已二百余人，后之来者正未有艾。"法政速成科先后共招收5班学生，此外还于1906年招有补习科一班。其学生来源较为复杂，年龄也参差不齐，大多是清国内已有功名的秀才、举人甚至进士，第一班的夏同龢和第五班政治部的骆成骧还分别是光绪戊戌科、甲午科状元。其中入补习科的杨兆麟和商衍鎏则分别是癸卯科和甲辰科的探花。日本近代的法政教育并非仅含法律一门，还涉及政治、经济两科，法政速成科即依此进行课程设置和教学。1906年清政府曾将进士馆95名在学进士送入法政大学，入补习科37人，入速成科第五班58人。1906年，梅谦次郎访问中国，在和张之洞与袁世凯会谈之后，接纳清政府的要求，决定终止法政大学的速成教育，而改设三年制的普通科。1908年，法政速成科第五班学生毕业，这也是速成科最后一届学生。至此上述各班共毕业学生1215人次。日本法政大学速成科存世时间不长，然毕业学生不少且其中不乏中国法学开创时期的风云人物，如陶希圣、沈钧儒等。对中国近代社会有着多方面的影响。

中国近代的法政教育从模仿日本到全面学习欧美，既是中国法学发展的需要，同样也是中国近代社会思潮嬗变的结果。类似于法政速成科的留日生在中国近代的法政教育中是承上启下的一代，虽然因其自身知识的不足和视野的局限，他们还无力推动中国近代法政教育向更高层次发展，但他们的种种实践仍有其意义所在，正是他们筚路蓝缕的努力奠定了中国近代法政教育的雏形，使法学成为影响近代中国变迁最为重要的学科之一[③]。

叶金、叶桐留学日本法政大学的时间与日本法政大学为清国留学生特办法政速成科的时间（1904—1908）大致相当。我曾一度怀疑叶金、叶桐就读的是日本法政大学为清国留学生特办法政速成科。但从叶金、叶桐都获得了"法学士"学位的情况看，他们读的肯定不是速成班。而是当时三年制的普通科（相当于现在的本科）。还有一条线索，或者说一件实物可以帮助确定叶金、叶桐当年留学日本的具体时间。那就是

---

① 详见曹汝霖《曹汝霖一生之回忆》，中国大百科全书出版社，2009年版，第25—27页。

② 见《出使日本的清大臣杨枢请仿效日本设法政速成科折》，载陈学恂、田正平编《中国近代教育史资料汇编——留学教育》，上海教育出版社，2007年版，第380页。

③ 法政大学史资料委员会编：《法政大学史资料集：第11集》，台湾商务印书馆，1979年版，第148页。

如今挂在新叶崇仁堂正厅的一块牌匾。此匾为白底黑字"法学士"三个大字，右边竖排一行小字是"驻日本国全权大使汪燮为"，左边竖排一行小字是"日本东京法政大学法学士叶金、叶桐立"。

挂在新叶崇仁堂正厅的"法学士"牌匾

可以看出两行小字是一句话，说明"法学士"匾是"驻日本国全权大使汪燮为日本东京法政大学法学士叶金、叶桐立"。

这样的牌匾和文字并不一定就是"驻日本国全权大使汪燮"所立，很可能就是玉华叶氏族人自己所立而挂在"驻日本国全权大使汪燮"名下，以增加荣耀。但其内容还是可以作为线索以确定叶金、叶桐留学日本的时间。那就是看看从晚清到民国初期有没有一个叫"汪燮"的驻日本大使，并查查他具体担任驻日本大使的时间就可以了。

笔者查阅了大量的有关晚清至民国初期中国与日本互派使节的档案资料，重点查阅了河北人民出版社2007年出版徐友春主编的《民国人物大辞典》（增订版）以及中华书局1995年出版的刘寿林编《民国职官年表》，都没有查到有名叫"汪燮"的驻日本公使或大使，但查到了一个叫"汪大燮"[①]的人，是晚清至中华民国初期著名外交家、政治活动家，曾任北京政府外务总长等要职，并曾担任临时国务总理。在当时的中国政界同孙宝琦、钱能训合称"三老"。他曾三次出任中国驻日本使节。第一次是在1902年11月，汪大燮出任清朝日本留学生监督。但1903年他就回国任外务部左参议了。此时的日本法政大学还叫"和法法律学校"，1903年才改称"财团法人和法法律

---

① 汪大燮，清咸丰九年（1859）生，民国十八年（1929）卒，原名尧俞，字伯唐，一字伯棠，祖籍安徽省黟县宏村（现宏村中景区有故居振绮堂），生于浙江省杭州府钱塘县。清朝光绪十五年（1889），汪大燮中举人后，屡试不第，便纳赀为内阁中书，保升翰林院侍读及户部郎中、总理各国事务衙门章京。光绪二十八年（1902）十一月，出任清朝日本留学生监督。光绪二十九年（1903），任外务部左参议。光绪三十一年（1905）七月，担任出使英国大臣（驻英国公使）。宣统二年（1910），担任驻日本公使。中华民国成立后的民国二年（1913）九月，汪大燮就任熊希龄内阁教育总长。他还加入了进步党。1914年3月，出任平政院院长。1914年5月，任参政院副院长。民国五年（1916）六月，任段祺瑞内阁交通总长，翌月辞任。民国六年（1917）二月，担任赴日本特使，翌月获得大正天皇派政府代表授予勋章。民国七年（1918）十二月，任大总统徐世昌手下的外交委员会委员长。1919年五四运动兴起，汪大燮、王宠惠、林长民向京师警察厅总监呈请保释被捕的学生。民国九年（1920）十月，汪大燮出任中国红十字会会长。1921年8月，汪大燮、钱能训、熊希龄、孙宝琦等人发起成立华盛顿会议中国后援会，汪大燮任理事。1922年，汪大燮任外交部华盛顿会议善后委员会副会长。其后，继续从事外交及红十字事业等。晚年，在北京创办平民大学，自任董事长兼校长。民国十八年（1929），汪大燮病逝。享年71岁。

学校法政大学",此后才有"法政大学"的校名。何况,上文已论证过,1907年前后,叶金才在浙江官立两级师范学堂读书,之后才留学日本。所以,1902年的时间肯定与叶金、叶桐留学日本的时间不符。第二次是在1910年,汪大燮担任驻日本公使,但第二年(1911)清朝就被中华民国取代。此后,中华民国驻日本国的历任大使都有详细档案资料可查,明确可信。查《民国人物大辞典》(增订版)以及《民国职官年表》,日本国最初并未马上承认新生政权中华民国,直到1913年10月才正式承认中华民国,此前的1911年10月至1913年10月两年间,中华民国有两人担任过驻日本的外交代表或代办使事。汪大燮在1912年1月1日至1913年8月16日间被改任中华民国驻日本的外交代表。马廷亮在1913年8月17日至1913年10月14日期间任中华民国驻日本代办使事。1913年10月,日本承认中华民国,此后两国互派全权公使或成全权大使,直到1972年,日本与中华人民共和国建交,"中华民国"与日本断交,其"大使馆"闭馆止,共有30多位中华民国驻日大使,其间也有人一人多次出任中华民国驻日大使。而汪大燮再也没有担任过中华民国驻日大使。因为汪大燮1913年8月从日本回国不久,就于9月份出任熊希龄内阁的教育总长。1914年3月,又出任平政院院长。1914年5月,任参政院副院长。此后直到1929年去世,都没再担任过中华民国驻日大使。

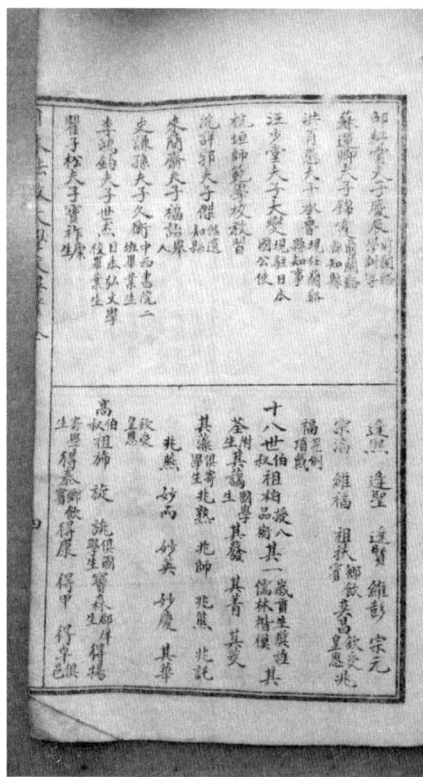

上方右起第四行有"汪少堂夫子大燮,现驻日本国公使"文字

根据中国古代的避讳法则,在写到讳主姓名的时候可用空字、缺笔或添笔的方法。因此,新叶村崇仁堂"法学士"牌匾上的"汪燮"应该是"汪大燮"。并且,上文提到过的有关叶金生平的小册子中"受知师"下也有"汪大燮"的名字和职衔可以佐证。

左图左起第二行有"李鸿钧夫子世杰日本弘文学校毕业生"文字,可作为叶金初去日本的学校可能是"宏文书院"的佐证。这样的话,根据汪大燮出任日本使节的时间,可知叶金、叶桐留学日本的时间大致在1910—1913年间。这正好与上文说的叶金于1907年或1908年从杭州的浙江两级师范学堂毕业,随后进入日本东京专收中国留学生补习日语的"同文书院"(或"宏文学院")学习日语,大约一年左右后考入法政大学学习的时间相吻合。也就是叶金、叶桐刚进入日本东京法政大学是在1908年或1909年,汪大燮还是大清国的驻日本公使,等到叶金、叶桐从日本法政大学毕业时是1911或1912

年（三年制普通科，相当于现在的本科），汪大燮已是中华民国驻日本的外交代表，只是当时还没称为驻日大使什么的。至于牌匾上之所以称为"中华民国驻日本国全权大使"，可能是叶氏族人立此牌匾时已在1920年以后，当时中华民国派驻日本的外交代表都叫全权大使或全权公使，叶氏族人只是延用时称而已。倒是有关叶金生平的小册子中用晚清时的职衔称汪大燮为"驻日本国公使"，更为贴切。

上文已经论述过，叶金在日本法政大学法律系修读的应该是

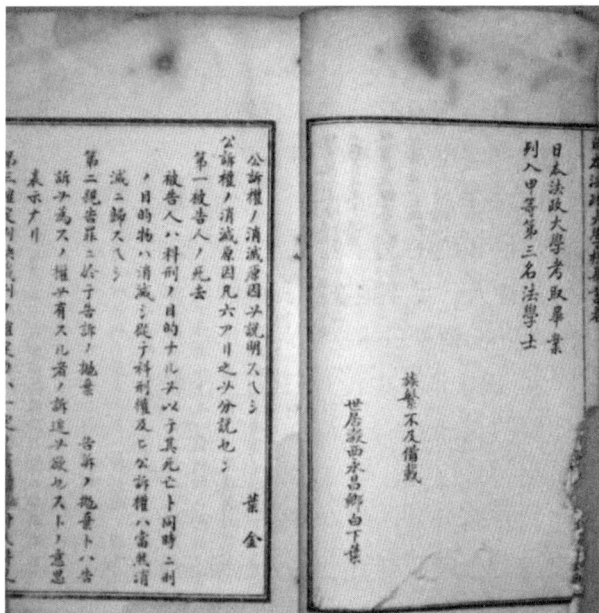

左页为叶金（叶肃茗）律师的日文公诉书

三年制的普通科（相当于现在的本科），所以毕业后取得了法学士学位。《玉华叶氏宗谱》记载叶金事迹说："蒙司法部合准，给予凭证，有充当律师资格。"说明叶金不仅取得了法学士学位，而且考取了律师资格证，具有从事律师职业的资格。有关叶金生平的小册子中收录了不少叶金的诉状和审判书，可佐证叶金的执业律师生涯。

右边书页中的公诉书为日文，说明叶金所接的此件官司是在日本国，或者是在国内的一件涉外官司。真的是学了本领可以力争国际公道了。《玉华叶氏宗谱》中有关叶金留学日本及回国后从事律师职业的事迹记载太少，就像叶金生平小册子书页中说的"族繁不及备载"，这大概就是叶金家人印制这本小册子的理由。可惜这本小册子除了收录一些叶金律师办案的诉状和审判书外，也没能更详细地对叶金回国后从事律师职业和其他事迹进行记载，所以无法继续考索。

相比之下，倒是叶桐回国后的事迹在《玉华叶氏宗谱》中记载得稍多一些（这与叶桐参与修谱有关）。据说，叶桐家里也印过一本像叶金那样的介绍生平事迹的小册子，可惜已不传。今据《玉华叶氏宗谱》载，叶桐在日本法政大学法律系毕业，取得了法学士学位，回国以后，曾先后担任浙江绍兴地方审判厅推事，浙江九省宪法会议制宪议员，浙江省长公署谘议，浙江实业厅谘议，苏常清乡督办公署谘议，宁波警察厅秘书兼卫生科科长，国民革命军新编第十四师兼第七军南京司令部少校参谋，泰顺县县政府第一科科长，代理泰顺县长，福建第二区行政督察专员，福建第二区行政公署秘书等职（《玉华叶氏宗谱》卷十一第22页）。可以看出，叶桐回国后，凡九任职事，除一次军职外，其余十次都是地方行政官职，且多与司法有关。地域跨苏、浙、闽三省，职级最高的应该是代理泰顺县长，也可以说是学以致用了。

据村中老人介绍，叶桐回国后，曾经作为他那个大家庭的管事人，但他一点架子都没有，常常与村中穷人打成一片，也常常接济穷人和主持公道。1937年，玉华叶氏第十次重修宗谱时，他和他的父亲叶诰文同时被推举为主持人，足见他在村民中的威望。但有关叶桐留学日本之前的求学经历，《玉华叶氏宗谱》中没有记载，叶桐家人印制的记载叶桐个人生平事迹的小册子失传。因此，更多事迹也就无从查考。叶桐后人还保存有一个椭圆形铜盘，铜盘底面刻有一首署名郭辂的人送给叶桐的七言律诗，称叶桐为"仁弟"，对叶桐的才华进行了褒赞，对叶桐前程寄予厚望。只是不知郭辂何许人也？此诗作于何时，此盘上文字何人所刻。现将原诗也附于此，或稍稍有助于了解叶桐生平。

挂在西山祠堂的叶桐画像

郭辂赠叶桐诗

揭晓遥知笑语哗，蓬山此去路非赊。
文章彩绚机中锦，姓字香生榜上花。
岂少明珠遗海市，凭将良玉贡天家。
殷勤寄语平原客，勉植清修蔚国华。

对于叶金、叶桐留学日本学习法律给新叶这个小村子带来的影响，有两件事值得一提。第一件：据村中老人说，1941年，日本侵略军的一支部队从永昌方向来到新叶村边，叶金、叶桐的家人将一幅日本法政大学的老师送给叶金、叶桐的字挂到新叶与上吴方之间的村口松门岗延，结果，一个日军指挥官认出这幅字是日本著名学者的字，就命令部队不要进入新叶村，而是绕过新叶村走了，从而使新叶村逃过一劫，避免了像邻村一样被烧杀抢掠的危险。也有人说是日军已进入村子，在崇仁堂看到叶金、叶桐挂出的一幅日本法政大学老师的字，就下令日军退出了村子。第二件：此后的新叶村人似乎特别重视学习与公、检、法有关的专业，尤其是崇仁派后人中有不少学习法律，走上公检法部门工作岗位的。比如：

叶英册，名晋铭，字佩茵，号仲勋，行肃三百九，崇仁松派。光绪丁未年（1907）生，1953年终。叶英册是上海法政学院法律系毕业，曾任民国时期福建省第三区行政督察专员公署第三科科员，浙江省会公安局顾问，兰溪县法院律师。（见《玉华叶氏宗谱》卷十一，第24页）

叶凤朝，考名正修，字秀山，号枫桥，行雍百三五，崇仁松派，光绪甲辰（1904）生，1951年终。

郭铭赠叶桐诗契文铜盘底面

浙江省立第八中学毕业，曾任泰顺县政府第一科科员，东阳县政府公安局事务员，浦江县公安局督察员等职务。（卷十五，第42页）

叶凤良，册名正华，行雍百四八，崇仁松派，光绪丁未（1907）生。永昌区立时高等中学毕业，曾任兰溪县警察局办事员。（卷十五，第28页）

叶峦（叶桐第三子），字永前，号小藩，别号韵秋，行雍二百八一，崇仁松派，民国甲子（1924）生，1992年终，民国时南京中央警官大学毕业，曾任上海宝山路警察局科员。（卷十五，第44页）

叶颂旗（叶峦长子，叶桐孙子），崇仁松派，行昭三百六二，1961年生，大学毕业，现为上海市水上公安局副局长。（卷十五，第44页）

叶树锋，崇仁竹派，行昭四百，1964年生，南京公安专科学校毕业，曾任杭州市公安局档案处科员、杭州市拱墅区米市巷派出所所长、杭州市公安局拱墅分局出入境管理科科长等职务。（卷十五，第81页）

叶惠民，字藻芳，行肃三百八九，崇智永锡派，民国丙辰（1916）生，民国丙子（1936年）终。杭县穆兴中学毕业，曾任永昌公安局事务员，金华县政府土地科办事员等职。（卷十三，第24页）

叶立强，行昭四百三九，1967年生，浙江省公安警察学校毕业，曾任杭州市乔司监狱警察、建德市公安局交警等职务。（卷十七，第49页）

从上个世纪初，叶金、叶桐在当时"师夷之长以制夷"的背景下，去日本法政大学留学，学习法律，至今已过去100多年，但至今仍然为新叶村民所津津乐道。他们给新叶村留下的影响是隐性的、长远的。他们的经历也正好印证了新叶村在近现代求索、图变的艰难历程，这也是整个近现代中国的小缩影。因此，在全国，众多的叶金、叶桐式的求索者的历程是值得我们后人记取的。

二、玉华叶氏革命救国的行动

当外国列强虎视眈眈，中华民族受尽屈辱、面临分裂甚至亡国的危急时刻，无数的民族英烈尝试各种方式，拯救危难中的国家民族。其中有一部分觉悟者更是看到了一般方式的不可行，不惜抛头颅、洒热血，毅然决然走上武装斗争的革命道路。辛亥革命和中国共产党的成立，给许多有志之士带来了希望。新叶村也有不少人投身到这股救亡图存的革命洪流中，他们的经历给新叶历史增添了可歌可泣的篇章。其中，共产党员叶锦松、叶真修烈士参加的寿南暴动、永昌起义，以及共产党员叶海标等人参加的金萧支队抗敌斗争最为出名，可作为我玉华叶氏子孙投身革命，奋力救国的代表。

（一）叶锦松、叶真修烈士等人参加的寿南暴动、永昌起义

据《玉华叶氏宗谱》记载，叶锦松，又名叶景松、叶志明、叶子明，行肃二百廿二，崇仁松派，光绪癸巳（1893）生。青年时经营药业，1927年参加中国共产党，1928年，中共浙西特委指派，锦松公为兰西寿南地区农民起义领导人之一，起义失败后，因叛徒告密，叶真修等十余人被捕，叶真修很快被杀害。锦松公逃亡在外，其药店被砸烂，其老母被捕，锦松母亲以纵子串共罪判刑二年。锦松公化名叶志明，流亡江西，1933年，得见红十军领导方志敏，锦松被委任为特种情报员兼财政处筹款干事，被派回衢州一带搞地下工作。1939年，调任中共兰溪县游埠区委书记员，住在游埠潦溪桥，仍以经商为掩护做革命工作。1949年夏，兰溪解放后，被任命为中共游埠区委书记兼区长，不久，被当地特务土匪头子章立华杀害于龙游圣山殿。后来由中央人民政府民政部追认为革命烈士，锦松烈士之墓位于红岩坪的神塘湾。赞曰："公本布衣，革命至上。顿时受挫，举家倾荡。辗转地下，背井离乡。坚贞不渝，胜利在望。才欢欣于理新政，却遭阴谋而身亡。人民悲愤，公名永扬。"（《玉华叶氏宗谱》卷十一，第31页）

叶真修，又名叶正修、叶振肖、叶贞修，字孔德，行毅四百二十，崇智荣寿派，光绪乙未（1895）生。1928年，随其父参加寿南地区农民暴动和永昌起义，因叛徒出卖被俘，坚贞不屈，1928年8月14日，被枪杀于新叶村的南塘塍。新中国成立后，1953年，当时的

叶真修烈士墓位于新叶村口"狮象呈祥"牌坊附近

寿昌县人民政府上报中央人民政府民政部，被追认为革命烈士。烈士墓就在新叶村口抟云塔往进士第的路边。赞曰："一介农民，追随革命。恨统治之霸道，拯庶民于贫困。封建体制，飘摇欲倾。秋收起义，造反将成。恨贼叛变，壮烈牺牲。追认烈士，遐迩驰名。志碑立墓，永祭亡灵。"（《玉华叶氏宗谱》卷十三，第99页）

叶真修参加革命，可以说是完全受其父亲的引导。所以有必要介绍一下叶真修的父亲玉茗公。据《玉华叶氏宗谱》记载，叶真修父亲名叶梦松，又名叶中华，字玉茗，号光灼，行刚四百五一，崇智荣寿派，同治甲子（1864）生，民国丙子（1936）终。为邑庠生，黉门秀才，知书达理。玉茗公善书法，精刑法家言。1928年春，时年65岁的玉铭公，愤于时局，忧国忧民，毅然加入了中国共产党，后又介绍自己的两个儿子叶真芳（又写作叶正芳）、叶真修加入共产党。并带领他们参加了寿南暴动和永昌起义。起义失败后一度遁走他乡，继续寻找革命时机，后来回到家乡。1936年去世。赞曰："公生平清介刚健，见识高远，义利分明，是非真辨，家世贫而无忧，身屡空而独善，破法老之虚空，信圣贤之易简，声名丕振，夫士林践履，仰钦于乡贯。"（《玉华叶氏宗谱》卷十三，第99页）

在笔者探访两位烈士的更多事迹时，新叶村尚健在的80多岁的叶昭镰老人向我介绍说：新叶村很早就有人在杭城、金华、衢州等地投身革命。这些人大部分是在外地读书和经商的新叶人。他们回来后，又发展了一些村民加入革命队伍。1921年中国共产党成立后，新叶村大致有20多人加入了中国共产党，没有入党但参加革命活动的人就更多了。1925年春，中共党员唐宪受中共上海市委派遣，从绍兴来到浙江省第九中小学部（就是后来的严州中学和小学部）任教，开展地下活动。1926年底，已发展党员童祖恺、严汝清等10余人。1927年，蒋介石发动"四·一二"反革命政变后，中国共产党的活动逐渐从城市转移到农村。寿昌一带党组织的活动也就是从1927年下半年开始的。1927年12月，成立了寿昌农民协会，同时，寿昌县最早的党支部——湖塘支部成立，支部书记胡国桢。1928年，新叶村就有21名共产党员（《兰溪县志》有记载）。

1928年4月，中共浙江省委候补委员严汝清调任兰溪浙西特委任代理书记，同年7月，在著名的风景区大慈岩召开中共浙西特委、兰溪县委联席会议，决定和部署了浙西兰溪秋收暴动。严汝清主持会议，并担任暴动总指挥兼军事指导。浙西特委团委书记裘古怀组织1000余人，分设三个大队，李汝宾（新叶邻村李村人）为寿昌区委常委兼暴动第三大队大队长。第三大队下面又分三个中队，第一中队长是徐森友（李村人），第二中队长是胡如昌（湖塘人），第三中队长是金大妹（兰溪瑞溪乡金山头人）。新叶的起义人员编在第一中队第一小队，叶锦松和叶真修父子都在里面，共有100多人（称白下叶农民军），起义军于8月13日晚冒雨进攻永昌，与国民党守军交战四五个小时，敌人不知起义军虚实，有些害怕，正准备撤退。这时，因农民军中有人点燃了一些稻草堆，火光冲天，敌人看清了我方人数，武器很差。起义军是临时组织起来，没经过正规训练，纪律有些乱，加上火药受潮，土枪失灵，国民党守军和从兰溪赶到的增援部队很快开始反扑。起义军总指挥只好命令农民军撤出阵地，然后分散隐蔽到各自的家乡，等待时机，再次起义。

这次暴动后，国民党政府立即派出浙江省政府代理主席、省驻军司令蒋伯诚亲自坐镇兰溪，兵分五路围剿已经分散了的起义人员。导致一批共产党的干部被捕，后来又有一批批参加起义和支援过起义的农民群众被捕，总数有几百人。当时，新叶村的叶真修、叶肃钊、叶益谦和叶锦松的母亲等10多人被捕。

叶真修是清末秀才叶玉茗的次子，那时叶玉茗已65岁，这位熟读经史，写得一手好字的文人，有机会读到了《共产党宣言》，认识到只有共产党才能救中国，他主动去李村支部加入共产党，并介绍两个儿子叶真芳、叶真修入党，加入革命行列。叶玉茗在村中威望高，号召力大，新叶这支队伍发展得很快，也比较整齐勇敢。暴动失败后，遭遇省防军大肆搜捕，叶玉茗和长子叶真芳匿居到邓宅桥亭，办私塾执教。后数年，时局变迁，日寇入侵，叶玉茗父子才回村隐居，叶玉茗于1936年去世，叶真芳于1949年新叶解放后，还担任过村里首任农会主任，于1952年逝世。新叶另一些参加过起义的人都只好逃往外地，有些人逃到上海外国租界一些英国人开的公司里做工。有些人后来就定居在上海了。现在上海的很多新叶籍人就是那个时候过去的。

再说当时新叶村里被捕的10多人，除几人释放外，叶肃钊被判无期徒刑，叶真修终因宁死不屈，英勇就义，解放后被追认为革命烈士。叶锦松的母亲投入监狱，叶锦松自己化名叶子明，一直逃亡在外，从事地下工作。到1949年，解放军打过长江，浙江解放后，叶锦松才回到老家，出任兰溪县游埠区人民政府书记兼区长，不幸于同年七月在游埠圣山庙被国民党土匪暗杀。后来，叶锦松弟弟将叶锦松尸体运回新叶安葬。后来，叶锦松也被追认为革命烈士。新叶的这两位烈士其实家境都不算差，为了救中国，毅然参加革命，献出了自己的生命，他们是新叶的英雄，值得我们子孙后人敬仰。

这段叙述已经比较详细了。有关20世纪20年代后期发生在建德县和兰溪县境内的寿南暴动、永昌起义的有关历史，在《兰溪县志》《寿昌县志》《建德县志》《浙江通志》《金华府志》《严州府志》等地方志文献中都有所记载。历史会记住英雄的名字的。

（二）新叶村民的抗日斗争

日军前后两次到过新叶村。据村中老人说，第一次是中华民国三十年（1941）下半年，日军一支小分队由寿昌、排塘，经大坞里、麻车岗、李村、上吴方，来到新叶村（当时称白下叶村）边，看到村口挂着一幅日本法政大学一位教授的题字和一块日本东京法政大学"法学士"的匾，翻译官跟日本军官说了什么后，日军并未进村，而是直接从西山祠堂后，经三石田往兰溪方向去了。虽然当时村里百姓早已逃难到山里了，但鬼子没进村，避免了村子受到毁坏。新叶村民一直认为，这都是因为新叶村有两个日本留学生叶金、叶桐，才让日本兵绕道走的。其实不对，根据有关资料表明，1941 年开始，日军以杭州为大本营，正在谋划浙赣战役，派出了多支小分队四处探路侦察。路过新叶的这支小分队可能就是其中的一支。他们的目标是侦察兰溪县城周边的情况，所以不太会像有些日军扫荡部队一样，一路烧杀抢掠。他们一般不会主动惹起战事。所以直接从新叶村边绕过去而没进村。并不是日军因为新叶村有日本留学生的什么东西，要知道，战时的日军是无所顾忌的。所以，当日军在次年第二次进入新叶村时，新叶村就遭大难了。

根据《兰溪县志》《寿昌县志》《金华府志》《衢州府志》等文献记载，以及新叶族裔、建德叶氏文化研究会会长叶运昌写的《寿昌地区抗日战争纪实》一文中有关新叶内容的描述和新叶老人的回忆，综合介绍于下。

中华民国三十一年（1942）春，日本侵略军发动浙赣战役，开展春季攻势。兵分三路，一路沿浙赣铁路攻金华，一路出桐庐建德攻寿昌，一路以日军十五师团为主力沿钱塘江攻兰溪。这一路人马沿新安江经马目（今马目乡）翻寿岭。农历 4 月 13 日（1942 年 5 月 27 日），日军先头部队日本长官部奋勇二中队（日军一个中队大致相当于中国军队一个整编连的人数）170 多人急速行军，在抵达寿昌南部的白下叶村即新叶村鼓楼桥时（当时属兰溪县管辖），突然遭到兰溪守军国民革命军第 63 师一部的阻击。鼓楼桥一带历来是个险隘之地，元末时期，白下叶的叶柏章就曾经在此擂鼓阻击朱元璋的部队，引起朱元璋的警觉，称此地是"婺睦要冲"，即连接睦州与婺州的关键地。后叶柏章被朱元璋招抚，并委任为婺睦要冲总管。据笔者叔父，87 岁的叶汝昭老人介绍，当时在白下叶村里驻扎了国民党一个团的兵力，团长听说在鼓楼桥头的两个哨兵被日军打死了，就自己骑上马很快逃跑了。但驻扎在新叶（当时叫白下叶）鼓楼桥附近下新屋一带的国民党兵 100 多人已经跟日军交上了火，日本兵好像是一支骑兵，来得很快，国军是一些连、排长在指挥抵抗，部分国军也同团长一起，混在村民中逃到玉华山上了。当时，国军在白下叶村民的配合指点下（当时配合国军作战的白下叶村民和临近村子百姓有一百多人），沿鼓楼岗、翁坞岗一线扼守通往芝堰、殿口的要道。日军到来时，国军的两挺机枪、三门迫击炮、近百条枪同时开火，打得日本鬼子鬼哭狼嚎，当场击毙日军 2 人。同时共产党领导的抗日武装，浙东游击纵队金萧支队北大队的一个小队（当时有一中队正在邓家乡一带活动）也闻讯赶来增援，在上吴方与白下叶之间的松梅岗沿一带从后面袭击日军。被阻在白下叶村塔下"军营畈"的日军受到中国军队的两面痛击，日军一开始没有防备，有点惊慌失措，但很快就组织反扑，架起小钢炮，朝着国军阵地和白下叶村狂轰滥炸。白下叶村村民叶凤鸣家住房三间被完全炸毁，多处民居不同程度被炸塌炸坏 ①。国军因为担心日军要进行报复性反扑，可能会毁掉整个白下

---

① 直到20世纪70年代，新叶村民在翻塘泥时，还发现日军炮弹的碎片。而在"军营畈"到鼓楼岗一带不时有村民在挖田泥时发现铜炮子（子弹壳）。

叶村庄，商量准备先退到离村子远一点的地方再阻击日军。而此时的白下叶村民，老幼妇孺基本已转移至石柱源、茶培岭后等深山里。少数留守村庄和支持部队的青壮年们一再表示"国之不存，家将何在"，鼓励部队不用顾虑村子，不要失去战机，奋勇杀敌，消灭倭寇。这时，突然刮起狂风，随即大雨倾盆。日军面对中国军民的顽强阻击和风雨交加的气候，觉得如延缓战时，将受更大损失。因此边打边退，用马驮着被击毙的日军尸体，狼狈地向三石田方向撤走，并朝永昌、诸葛方向而去。

此战打了近半个时辰（一个小时），以中国军民胜利而结束战斗。日本防卫厅战史研究室对此战的记载中说，国军63师阻击顽强，新四军游击队活动神出鬼没。日军不敢恋战，只好绕道继续奔袭兰溪县城。

这股日军是攻打兰溪的先锋队（所以骑马），在随军汉奸向导的带领下，本想穿过白下叶要道，从殿口方向抄近路偷袭兰溪城。结果，在白下叶的鼓楼桥一带遭遇我军民强烈阻击，迫使日军绕道，为兰溪县城里的国民政府作撤退准备赢得了更多的时间。此战中，国军第63师有两名战士阵亡（后来就安葬在新叶村的白山连塘岗上）；白下叶村民叶茂林（时年六十多岁）正在放牛，躲避不及，被日军开枪杀害；有一兰溪人（白下叶村叶培英家亲戚）来到白下叶碰上日军，逃避不及，被日军开枪杀害。

日军从白下叶无法通过，就绕道永昌，于第二天，1942年5月28日，与其他部队合围兰溪县城，并最终占领兰溪县城。兰溪城沦陷前夕，兰溪县政府先迁到双牌村办公（今诸葛镇双牌村）。那天是农历四月十四，诸葛村民正在大公堂祭祀诸葛亮，来自四面八方的很多人集中到这里，县政府在老百姓的掩护下得以暂时安定下来。但日军很快得到消息，继续追杀国民政府官员和军队。县政府主要成员决定搬出双牌村，寻找新的办公点。农历五月中旬，兰溪县长徐志道决定将县政府迁到有高山庇护，民风强悍、群众基础好，曾经配合国军打败过这支日军的白下叶一带，最后经过地形勘察分析，决定县政府办公点设在玉华山上汪山村的汪新权家（白下叶和汪山当时都属兰溪管辖）；警察大队长马忠烈率全体县警察大队迁驻白下叶村办公；县特务大队长（侦察队）蒋觉迁驻在上吴方村办公。

直至1945年8月，日本鬼子宣布无条件投降，兰溪县政府及各部门才返回兰溪县城。前后历时4年中，由于县政府在汪山的关系，新叶一带的寿南地区就成了日本鬼子报复和扫荡的主要目标，这一带发生的大小战斗有十多次。其中对我新叶村影响最大，使新叶村损失最严重的一次是在1942年7月13日。那天，驻兰溪日军出动一个中队近200人的兵力，在一架轰炸机的配合下，从铁炉头、三石田一带过来，准备扫荡白下叶、上吴方和汪山，想要一举摧毁位于汪山的兰溪县政府。当时驻扎在白下叶的警察大队和驻上吴方村的县特务大队立即抢占了赤姑坪高地准备打击日军，全力保护县政府。结果，日军飞机飞过白下叶，飞至上吴方，就发现玉华山太陡，飞机根本无法靠近位于玉华山半山腰上的汪山村，只好从李村方向绕了个圈飞走了。有一个炸弹扔在李村，造成李村的多间房屋被毁。失去飞机配合的日军地面部队也不敢贸然攻打汪山县政府。就全体进入白下叶村，进行了残暴的、毫无人性的烧杀奸淫，犯下了一起又一起的罪行：在白下叶棋盘上一户村民家，有一名未及转移，躲在家中的妇女惨遭日军强奸（此妇女在 20 世纪 80 年代去世），日军捕杀了村民家中的鸡鸭 400 余只，抓走耕牛两头。砸毁和烧毁村民家具无数，白下叶村受害农户达 80 余户。就在日军准备烧毁新叶昆剧团戏装、戏具时，遭到了留在村中未及逃走的昆剧演员叶志奎爷爷的强烈阻拦，毫无人性的日军将其活活打死。白下叶村村民叶友昆被抓，虽然未被当场杀害，却被鬼子在其脚上涂了一些毒粉（可能是一种细菌），使之溃烂了十多年，直至解放初期痛苦地烂死。

兰溪县政府驻扎汪山的四年多时间，新叶村民和周边的整个寿南地区的人民群众在县政府和共产党游击队的组织下，奋起抗战，村中有几个胆大机智的村民直接充当国军侦察员和向导，积极配合国军打击日寇。全体村民与全中国人民一样，进行了艰苦卓绝的反扫荡、反报复斗争。据民国《兰溪县志》《寿昌县志》《金华府志》《衢州府志》等文献记载，寿南地区的人民配合武装部队共挖战壕 20 余华里。破毁日军公路（寿昌至兰溪公路，今为 330 国道）20 多公里。修建御敌炮台三座，平时坚壁清野。在九里坑、石柱源等深山里搭建草棚 200 余间，用以存放粮食和牲畜，以防日军抢劫，杜绝日军粮源。新叶村民用自己的勇敢，甚至生命和鲜血保卫了乡土，捍卫了国家。与全国人民一起迎来了抗日战争的最后胜利。

（三）叶海标老人与浙东游击纵队金萧支队

新叶村民还有一次较著名的革命行动是在 20 世纪 40 年代后期，参加浙东游击纵队金萧支队（简称"金萧支队"）的活动。金萧支队成立于抗日战争转折时期，全称是"新四军浙东游击纵队金萧线人民抗日自卫支队"（抗日战争时期）和"浙东人民解放军金萧游击支队"（1948 年以后）。据有关资料记载：民国 32 年（1943）12 月 7 日，中共浙东区党委为牵制日军兵力，发展抗日武装，派杨思一、蔡群帆率新四军浙东游击纵队三支队六中队 130 余人，进入诸暨、义乌地区，会合诸暨"小三八部队"、金（华）义（乌）浦（江）八大队、诸（暨）义（乌）东（阳）"建荣部队"等武装力量，于12 月 21 日在诸暨黄家店（今萃溪乡）成立金（华）萧（山）线人民抗日自卫支队（简称"金萧支队"）。次年 1 月 7 日，正式定名为"新四军浙东游击纵队金萧线人民抗日自卫支队"。支队长蔡群帆，政委杨思一，政治处主任钟发宗。下设 2 个大队，1 个直属机炮中队，成立时约有 800 多人枪。其活动区域包括诸暨、绍兴、萧山、嵊西、富阳、建德、桐庐等 15 个县。金萧支队成立不久，其主力即赴四明山参加反顽作战。后来不断发展壮大，人数最多时过万人。中间编制也有所调整，抗战胜利后，金萧支队于1945 年 9 月下旬奉命北撤。

1945 年 2 月初，新四军军部决定在浙西天目山区成立以粟裕为司令、谭震林为政委(未到职)的苏浙军区，浙东游击纵队隶属苏浙军区领导，被编为第二纵队。与此同时，

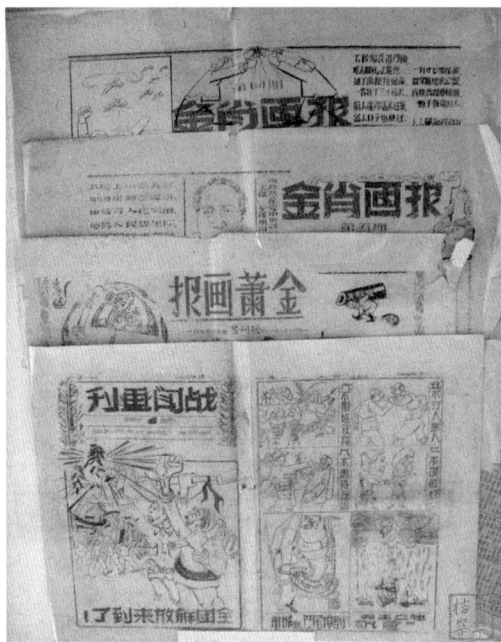

当年的金萧支队宣传品《金萧画报》

浙东区党委根据形势变化的需要，决定将金萧支队两个大队充实到浙东游击纵队，并抽调八大队、坚勇大队和诸北自卫大队各1个中队200多人枪，建立新的金萧支队，巩固和扩大路西抗日根据地。支队长彭林，政委杨思一。中共金萧地委和新组建的金萧支队，根据浙东区党委的指示，西进浙赣路西，恢复和建立地方党组织与地方武装，先后在诸暨、浦江、萧山、富阳、桐庐5县边区建立路西工委和金萧支队路西办事处，组建了诸暨、萧富两个大队及路西武工队。支队和各地方武装不断出击，拔除了一批日伪据点。5月19日及7月31日，金萧支队两次接应苏浙军区第四纵队第十、第十一支队数千人南渡富春江，进入路西和金义浦兰抗日根据地，配合新四军主力向日伪军进攻，使金萧敌后抗日根据地迅速扩大，地方武装迅速发展。8月抗日战争胜利前夕，金萧支队在诸（暨）北、诸（暨）义（乌）东（阳）、金（华）义（乌）浦（江）兰（溪）和路西等地区，向日伪军发动全面的军事攻势，先后拔除多处日伪军据点，解放了金萧广大地区。抗日战争胜利后，金萧支队和金萧地区党政军人员大部分奉命于9月下旬北撤，留下少数人坚持斗争。

1948年9月15日，浙东人民解放军金萧游击支队，以原会稽山人民抗暴游击司令部等游击队为基础，在诸暨马剑乡石门（今诸暨平阳乡）成立。支队长蒋明达，政委张凡，下辖七个大队。支队贯彻执行浙东临委关于"扩大金萧地区，向浙西发展，打通与皖南联系"和为迎接人民解放军渡江南下作准备的战略方针，以诸暨、浦江、桐庐、富阳4县毗邻地区为作战中心，以桐庐县新合乡为后勤基地，广泛开展斗争。从1948年10月至1949年3月，部队7次外线出击，驰骋浙西18个县境，纵横12000平方公里，战役100余次，歼敌3000余人，取得会师皖南、开拓严衢、策反湖州、直逼杭城的辉煌战绩，

中国人民解放军百万雄师横渡长江后，金萧支队又密切配合南下大军，依靠自己的力量，解放了杭州和金华地区的部分县城。1949年4月底至5月初，金萧支队解放了分水、新登、临安、萧山、桐庐、浦江6座县城；配合大军接管了吴兴、富阳、建德、寿昌、兰溪、金华、义乌7座县城；策动了国民党湖州专员公署专员率部投诚。5月22日，金萧支队奉命撤销建制进行整编，光荣地完成了历史使命。

总之，金萧支队开展抗日游击斗争，开展国统区敌后游击战争，为中国人民的解

放事业作出了不可磨灭的贡献①。

新叶村在 20 世纪 40 年代属于金华行署兰溪县管辖，是金萧支队重要的游击区域。据新叶村老人介绍，当时有不少新叶村人或直接参加了金萧支队，或协助金萧支队的抗敌斗争，这其中有穷人，甚至有出身富有地主家的青年也毅然参加金萧支队，加入中国共产党，投身革命。

新叶村（旧称白下叶）在民国时期的门牌（叶鸿富提供）

现为上海市杨浦区教育局离休老干部的新叶族裔叶海标便是当年金萧支队成员。海标老人出身于新叶村当时最富有的地主"七家头"之门，投身到革命救国的斗争中去，可以说是新叶村人积极参加革命的最好写照。在 2011 年 7 月，纪念中国共产党建党九十周年之际，海标老人应邀专门为"新叶古村网"撰写了三篇回忆当年金萧支队战斗生涯的文章，其中就提到自己随部队经过新叶村时，动员家里的长工也参加金萧支队，以及新叶村民积极为金萧支队筹粮劳军的情况。后来，叶海标还将自己的弟弟和妹妹带出去从军。海标老人的三篇回忆文章对于了解新叶村人如何投身金萧支队，参加革命的过程，以及记录当年金萧支队的历史都有重要价值，特转录于下，对原文内容稍有删节，但仍保留自述的形式。

我的革命生涯

我出身地主家庭，生活是比较富裕的，但是我是在抗日战争的烽火岁月中长大的，亲身经历过战争年代的苦难生活。

抗日战争胜利以后，我满以为艰苦患难的岁月已经过去，从此天下太平，人民可以安居乐业了。但眼看国民党发动内战，贪污腐败通货膨胀，物价飞涨以及美国兵横行霸道。1946 年暑假，我在杭州西湖边，亲眼看到美国兵开着吉普车横冲直撞压死中国人却扬长而去，连头也不回，旁边国民党警察不闻不问，真气人。这种种民不聊生的惨状使我对国民党反动统治日益不满。在地下党的教育下，我逐步认识到只有中国共产党才能救中国，只有推翻国民党反动统治，建设社会主义新中国，最后实现共产主义才是中国的前途。因此，我背叛了地主阶级的家庭，抛弃了富裕的物质生活，加

---

① 以上有关主要文字资料参考了《杭州日报》2009年11月12日C7版，由中共杭州市委党史研究室供稿的《金萧支队二、三事》一文。

叶海标1949年8月摄于严州梅城，当时在浙江军区第四军分区教导队学习

入了中国共产党，参加了金萧游击支队，为了共产主义理想，风餐露宿，枪林弹雨我全然不顾，一心跟着共产党干革命。

我是1948年在兰溪城云山镇第二中心小学教书时参加地下党的，1949年3月15日金萧支队政委张凡率第三大队和随军工作队200余人从浦江根据地誓师向严衢地区进发，建立新根据地，3月17日在麻车埠渡过兰江。19日进至甘溪，并攻打女埠镇，第二天组织上通知我到金萧支队参加武装斗争，随后我随部队到龙游衢州北乡一带活动攻打国民党乡镇公所开仓济贫发动群众，并于3月25日一举解放寿昌县城。随后张凡政委率部返回根据地，留下一部分人、枪成立金萧支队严衢中队，后扩大为严衢大队，在严衢地区活动。

1949年5月6日晨我部在寿昌南乡曲斗桥村与解放军二野十一军三十三师会师。5月22日金萧支队宣布撤销，其人员分别归属浙江军区第四军分区（建德），第八军分区（金华）和第九军分区（临安），至此金萧游击支队光荣地完成了它的历史使命。

1949年6月我所在严衢大队离开龙游北乡到建德（梅城镇）接受整编，我留在第四军分区教导队学习兼任班长。11月初教导队扩大为教导大队，任我为副排长，我排没有排长，由我代理排长工作。

1950年4月，浙江军区第四军分区撤销，我调到金华华东军政大学浙江分校学习兼任分队长。9月间我所在区队长调走，任命我为学习干事负责区队长工作。1950年12月军大结业，分配我到中国人民解放军二十一军六十三师任文化教员，1951年9月调我到第十三步兵学校学习（培养排、连干部）。

1952年5月组织上调我到南京航空学院学习，从此我结束部队生活转到地方上。1955年3月南航毕业，分配我到上海工作，先后在250技工学校，上海航空工业学校，上海杨浦区业余大学担任教学工作。

1989年4月13日我办理离休手续，离职休养。

金萧支队在严衢地区的活动情况

我于1948年9月在兰溪县当小学教师时参加地下党。当时组织上准备派我到家乡一带发展党员建立党组织。后来由于形势的发展，金萧支队决定到严衢地区（包括建德、寿昌南乡、兰溪西乡、龙游、衢州北乡一带）建立新根据地，展开武装斗争，因此调我到金萧支队参加武装斗争。

1947年12月，会稽山人民抗暴游击司令部（金萧支队的前身）副政治委员蒋明达等人率突击队员一共17人到兰溪西乡进行了两个多月的社会调查和游击活动，先后在水亭、孟湖、诸葛、厚仁、三峰等乡（当时新叶村属兰溪县三峰乡管辖）的广大农村开展政治宣传，串连组织当地的党员和基本群众积极准备武装斗争，为日后金萧支队到严衢地区活动打下基础。

1949年3月15日中共金萧工作委员会（简称金萧工委）书记兼金萧支队政委张凡率领金萧支队第三大队、突击队和随军工作队200余人在根据地浦江县曹源村誓师向严衢地区进发，举行第七次外线出击。3月17日部队在麻车埠横渡兰江进抵大洋镇乘势袭击了敌大洋警察所和乡公所，翌日翻越坦坦岭进入兰溪西乡。3月19日部队进至甘溪，随即捣毁敌甘溪乡公所，并根据群众要求镇压了该乡无恶不作的乡队附，是日下午部队向女埠镇进发。女埠镇驻有国民党陆军五十一师之一部。下午4时许，我部向女埠镇之敌发起攻击，激战一小时，我部突击班冲进女埠镇内的敌军营房毙敌一名，伤敌多名，缴获步枪一支，随后回师三泉村宿营。3月20日我部转进厚仁，攻打敌乡公所，毙敌警察局刑警队副队长赵宝华和一名乡队兵，是日下午进军永昌镇。敌已闻风逃窜，遂捣毁永昌镇敌警察分驻所和乡公所。当天适逢大雨，队员纷纷拿钱购买雨伞，不拿群众一针一线，得到群众的称赞。3月21日部队从水亭出发，途径龙北的横山、模环、塔石，到达石佛。沿途捣毁了所有的国民党乡政反动政权，同时画漫画贴标语开展了广泛的政治宣传。翌日部队从龙北穿插到寿南的石门庄、王家一带活动。3月23日部队推进到衢北的上方，摧毁了上方的敌警察所和乡公所。3月24日部队又进入寿南地区。经长林、劳村挺进到大同镇。部队在这次外线活动中，一路烧毁伪乡公所等反动统治的壮丁册、户口簿、钱粮册等和"开仓济贫"（即打开伪政府的粮仓分粮给群众）。当时这样做是为了狠狠打击国民党反动政权，广泛发动群众造成强大声势来迅速扩大反蒋武装斗争和游击活动区域，以便更好地配合全国解放战争。不过当时我们未料到解放大军会这么快渡过长江，国民党反动派会这么快垮台，把上述簿册烧掉也给解放后建立革命政权造成一定不便，这是当时想象不到的。

由于我部所到之处开仓济贫的影响所及，我们尚未到达寿南一带时，当地群众已纷纷起来自行开仓分粮。是日国民党寿昌县县长韩树声亲自率领寿昌县自卫大队一个中队窜向寿南地区镇压开仓分粮的群众，当时敌军途径大同时与我部遭遇，迅即被我奋起击溃，俘敌一名，缴获一部分枪支弹药，张凡政委亲自审讯俘虏，了解到寿昌县敌自卫大队共有三个中队，其中一个中队已被我部击溃逃散，另一中队已去更楼，城内空虚（只留一个中队）遂决定乘胜追击寿昌县城。深夜冒雨出发，直插寿昌县城北部，解决敌设在城北湖山背的瞭望哨，俘敌哨兵5名。然后包围了县城。

3月25日拂晓向寿昌县城发起攻击，从西门突入城内一举占领寿昌县政府。战斗中俘敌警察局督察长以下官兵30余人，缴获长短枪32支、战马一匹及其他大量军用物资，并打开监狱，释放被关押的壮丁和"人犯"。我部在广泛宣传群众做好清理俘虏和"人犯"工作后于下午从容离开寿昌县城。当晚经白山后到李村住宿。当时部队行动大都是晚上行军白天宿营。在部队宿营的村庄，群众只许进村不许外出，以防暴露部队的行踪。因此部队在李村宿营时附近的村庄都没有人知道。26日白天部队离开李村经新叶到达姜山岭宿营。部队白天行军时每人之间隔5步拉开距离，使队伍拉得很长，以造声势。27日张凡在姜山岭主持召开干部会，正式宣布成立"中共严衢办事处"和严衢中队，钱方任主任（胡恒山为副主任）。同时宣布成立严衢独立中队，由钱方兼任中队长（二块牌子一套班子）率领一部分人、枪留在严衢地区活动。28日张凡率主力取道三河埠，东渡兰江，胜利返回根据地。

严衢办事处（党政组织）和严衢独立中队（军事组织）在严衢地区主要进行以下工作和活动：

（1）收缴武器，扩大武装。在不到一个月的时间内先后在兰西、寿南、龙北一带收缴了长短枪30多支，并在当地发动青年参军，使独立中队从原来留下来的十多人发展到50多人。

（2）广泛开展宣传活动。部队所到之处，召开群众大会张贴标语，进行政治宣传。

（3）镇压敌特，继续摧毁国民党基层反动政权。在不到一个月的时间内，先后捣毁寿南的劳村、大店口，龙北的塔石等敌乡公所，收缴了一部分武器弹药。根据群众揭发有一个三石田人叫华华伢（音）冒充金萧支队干部在群众中勒索钱财，造成恶劣影响，被我捕获，后来可惜被他趁黑夜逃脱，不过之后他不敢再冒充了。

（4）注意做好统战工作，进行对敌的瓦解和策反工作。如寿南的甘兆芳，经我方的统战工作后，在当地发动群众收缴了不少国民党残兵的武器弹药（包括十几挺轻机枪）交由我部处理。另外通过对驻厚仁的兰溪县警察局刑警队行动组的策反工作，促使该刑警队全队官警十余人携带武器起义来归。4月下旬金萧工委决定调派原路北县工委书记、八大队教导员李铁峰率八大队二中队去严衢地区活动，并成立严衢工委（中共严衢工作委员会）和严衢大队。

1949年4月30日李铁峰率领八大队二中队在麻车埠西渡兰江，挺进严衢地区。

5月2日李铁峰率部到达里王，同时钱方率领的严衢中队也到达里王，两部会师。

5月3日李铁峰在里王召开第一次严衢工委扩大会议，宣布严衢工委和严衢大队的成立及其组成人员名单。由李铁峰任严衢工委书记兼严衢大队大队长、教导员。钱方、方日川为严衢工委委员，方日川为严衢大队大队附。严衢大队辖二个中队，原八大队二中队改为严衢大队二中队，中队长续里泰。原严衢中队改为严衢大队四中队，中队长吴通，也是二块牌子一套班子。当晚宿芝堰。

5月4日下午，离开芝堰途径新叶到地主叶凤朝家搜缴了二支白朗宁手枪。同时我动员我家长工叶阿男（三石田人）参加金萧支队，随后部队到麻车岗吃晚饭。当日新叶村民自动募集数百斤大米送到麻车岗支援金萧支队。晚饭后大队继续前进，到唐村（现大慈岩镇）发现兰寿公路上有大批国民党残军从寿昌方向败退下来。我部当即发起攻击，打死打伤敌军多名，敌军向寿昌方向龟缩。我军冲上公路，烧毁敌汽车一辆，缴获战马一匹。当晚我部穿过公路到里叶宿营。5月5日白天在里叶休息，晚上离开里叶。

5月6日上午部队到达曲斗桥发现对面山冈上有一批军队在游动，我们以为是国民党部队，当即开枪射击，对方也进行还击。不到一刻钟对方发现情况不对，因为我部是穿灰色军装有别于国民党军队，当即摇动红旗向我方喊话，要我方派人前去联络，才知道是解放大军到了。所幸没有人员伤亡。当得知我们与解放大军会师时，大家非常高兴，唱呀、跳呀乐了好一阵。

与我们会师的解放军是二野十一军三十三师，从安徽渡过长江经淳安、寿昌向金华方向前进。当即教导员李铁峰派二中队长吴通带一个班当向导，配合三十三师抢占金华铁路大桥，以切断从杭州溃退下来的敌军后路。源源不断的解放大军像一支钢铁洪流奋勇南进。他们将要消灭南方一切反革命武装力量，拯救在水深火热中的劳苦大众。当时我部将在唐村缴获的一匹战马送给大军。

随后我部开赴龙游北乡，一面为大军筹集粮草，收集散落在民间的武器弹药，另一方面配合大军围歼国民党溃退下来的残兵。

根据5月16日浙江省委的决定，5月22日金萧工委和金萧支队宣布撤销，其人员分别归属浙江省第四地委军分区（建德），第八地委军分区（金华）和第九地委军分区（临安）。至此金萧游击支队光荣地完成了它的历史使命。

根据浙江省委的决定，任命蒋明达为四地委副书记、第四军分区副政委。张凡为九地委书记，严衢大队奉命划归第四军分区建制。

6月，我部离开龙游北乡经寿昌到达建德（梅城）接受整编。李铁峰任寿昌县委书记，钱方为副县长，方日川为寿昌县大队大队长。严衢大队的主力二中队改为第四军分区直属队，接受军分区直接领导。四中队划归寿昌县大队。

我留在第四军分区教导队学习。十一月初，教导队扩大为教导大队，任我为副排长，没有排长，由我代理排长工作。

1950年4月，第四地委军分区奉命撤销，调我到金华华东军校浙江分校学习。12月，我在军大结业分配到二十一军六十三师任文化教员。

以上所述就是金萧支队在严衢地区的活动情况。

金萧支队的历史及贡献

我于1948年9月在浙江省兰溪县当小学教师时参加地下党。入党后组织上调我到当地游击队——浙东人民解放军金萧游击支队（简称"金萧支队"）搞武装斗争。

金萧支队成立于抗日战争时期。1941年1月皖南事变后，国民党发动了第二次反共高潮后，浙江省委转入地下。1942年2月8日，中共中央华中局特派员，中共浙江

2013年农历三月三，笔者（右二）与海标老人（右一）一起参加新叶"三月三"迎神祭祀

省委书记刘英等同志由于叛徒出卖，在温州省委联络点恒丰盐店被国民党特务逮捕，省委机关遭到彻底破坏。5月18日刘英同志英勇就义。从此浙江各地党组织失去了上级党组织的领导。

1942年5月15日，日寇发动浙赣战役，到5月26日，就侵占了浙东两座重镇——金华、兰溪县城。金华到萧山的浙赣铁路沿线广大地区在日寇铁蹄践踏之下，老百姓生活在水深火热之中。为了解救群众的苦难，当地党组织独立自主地发动群众拿起枪杆子开展抗日游击战争，建立敌后抗日根据地。

1942年7月，中共中央华中局派谭启龙、何克希等同志来浙东建立浙东区党委，统一领导浙东区工作，以谭启龙为书记，何克希负责军事。

1943年8月浙东区党委进驻四明山地区，12月，将浙东各地游击队联合起来正式成立新四军浙东纵队，何克希任纵队司令员，谭启龙任政治委员，活跃在金（华）萧（山）地区的各路游击队组成"新四军浙东纵队金萧游击支队"，统一领导金萧地区的抗日武装。

1945年8月15日，日本宣布无条件投降，八年抗战取得伟大胜利。抗战胜利后，全国人民要求和平反对内战，中国共产党代表广大人民的利益，提出了"和平、民主、团结"三大口号。蒋介石虽然一心要打内战，妄想消灭共产党。但日本投降后日寇侵占的城市大部分处在八路军、新四军的包围之中，而蒋介石由美国训练和装备起来的部队大都不在抗日前线，而是藏在西南大后方。蒋介石为了拖延时间以便调兵遣将一方面于 8 月 14 日、20 日和 23 日三次致电毛泽东到重庆进行和平谈判，"共商大计"。另方面用美国飞机把大批军队空运到南京、上海、北平等城市抢地盘。中国共产党为了尽一切可能争取和平，决定派遣毛泽东、周恩来、王若飞于 8 月 28 日抵达重庆与国民党进行谈判。两党经过 43 天的谈判，签订了会谈纪要。于 1945 年 10 月 10 日发表，故称"双十协定"。我党代表最广大人民的利益，为了国家的和平让人民得以休养生息做出了必要的让步，同意撤出包括浙东在内的八个抗日根据地。

1945 年 9 月 22 日，中共中央华中局转发中央命令，要求新四军浙东纵队及其他地方党政人员除留少数人员组织短小精干的秘密武装坚持原地斗争处理善后事宜外，全部北撤到苏北。

金萧支队北撤后，国民党八十八军新编二十一师很快进入我根据地，全面恢复了区、乡、保、甲的反动政权，疯狂地进行清乡清剿，他们大肆抽壮丁、征粮食、征税收、派捐款，捕杀我未撤退的党政干部和抗日积极分子，昔日轰轰烈烈的敌后抗日根据地，被搞得乌烟瘴气。

金萧支队留在原地转入地下斗争的几十位同志（包括伤病员）没有被敌人气势汹汹的清剿所吓倒，开展英勇的斗争。根据当时敌强我弱的形势，只能在深山密林或几县边缘地区秘密游击，昼伏夜出，一天换几次宿营地巧妙地与敌人周旋。他们首先开始秘密串联撤退时来不及通知而失散的党员，努力恢复党组织使之成为反清剿斗争的坚强战斗堡垒，并对原来的抗日积极分子和统战对象展开工作，以扩大党的影响，开展反清剿清乡斗争。

当一部分国民党军队空运到原来被日寇侵占的城市之后，就以这些城市为据点，向外扩张蚕食解放区，抢占地盘，常与我军发生冲突。但当时他们对全面内战还没有准备好，主要是大批国民党军队还来不及运到内战前线，因此他们不得不与共产党谈判，并于 1946 年 1 月 10 日签订停战协定，发布停战令。

到 1946 年 6 月，美军飞机已将 45 万国民党军队运到内战前线，蒋介石认为已经有了充分准备，可以在三个月到半年内消灭全部人民解放军。因此"停战协定"的墨迹未干，就于 1946 年 6 月 26 日大举进攻中原解放区，发动了对解放区的全面进攻。

1946 年 7 月，党中央发出"以自卫战争粉碎蒋介石的进攻"的指示，提出了"武装自卫"的口号，口号表示这场战争是国民党强加于中国人民的，中国共产党是被迫应战的，其目的是为了制止战争恢复和平。

1946 年 9 月 22 日，中共中央华中局向浙东党组织发出指示"要开展武装斗争，扩大活动地区，在一切有利的可以发展的地区，到处组织武工队和群众性武装，以武装保卫群众"，"特别要在敌人力量薄弱地区建立游击根据地"。

金萧地区留在原地斗争的同志在党中央的号召下，冲破国民党反动派多次残酷的清乡围剿，广泛开展游击战争、依靠人民群众不断打击敌人，壮大自己开辟新区，在金萧地区纷纷成立"抗暴游击队"，取得了一次又一次胜利。

1946 年 10 月 11 日，解放军撤出张家口，国民党军队占领张家口以后，蒋介石被"胜利"冲昏了头脑，一方面准备进攻延安，另一方面着手准备召开"国大"，排除共产党和民主人士，成立独裁政府。为此党中央于 1946 年 11 月 18 日发出指示说"蒋介石日暮途穷欲以开'国大'、打延安两项办法打击我党加强自己，其实将适得其反，中国人民坚决反对蒋介石一手包办的分裂的'国民大会'，此会开幕之日，即蒋介石集团开始自取灭亡之时"。指示提出"团结全党全军和全国人民为粉碎蒋介石进攻，建立民主的中国而奋斗"。并提出了以"人民解放战争"来取代"自卫战争"。

1946 年 12 月，国民党终于排除共产党和民主人士，召开伪国大，通过伪宪法，选举伪总统，正式成立独裁政府，并于 1947 年 3 月 19 日攻占延安，与人民彻底决裂。

为了适应形势的变化，1947 年 7 月 15 日，活跃在金萧地区的各游击队合编成了"会稽山人民抗暴游击司令部"统一领导金萧地区各路游击队。1947 年 10 月党中央发表"中国人民解放军宣言"，号召组成民族统一战线，打倒蒋介石独裁政府成立民主联合政府。

1948 年 9 月 11 日，会稽山人民抗暴游击司令部改建为"浙东人民解放军金萧游击支队"，一直到浙东全部解放。

浙东人民解放军金萧游击支队从原来新四军浙东纵队北撤后留下来的几十个人扩大到解放前夕的 4000 余人，活动地区扩大到浦江、义乌、兰溪、金华、诸暨、萧山、富阳、桐庐、建德、分水、淳安、临安、龙游、衢州等县市。在三年零八个月的战斗岁月中，经历了 60 余次大小战斗，粉碎了敌人 7 次较大规模的围剿，这些胜利，直接打乱了敌人扩军内战的部署，拖住敌人一部分兵力，还多次切断浙赣铁路的军事运输，从而有力地配合全国解放战争正面战场的作战。

在三年多的解放战争中，有 220 多位金萧战士献出了宝贵的生命。今天我们庆祝建党九十周年时，决不能忘记在解放战争中英勇牺牲的千千万万革命先烈，他们用鲜血和生命换来了解放战争的胜利，换来了中华人民共和国的诞生。我们一定要继承革命先烈的遗志，坚定不移地沿着党的十一届三中全会以来开辟的中国特色社会主义道路奋勇前进，为夺取全面建设小康社会新胜利，实现中华民族伟大复兴而奋斗。

三、玉华叶氏开办新式学堂，参与教育救国

从晚清到民国初期，帝国主义列强加紧瓜分中国，民族危机空前尖锐。从光绪年间开始，维新变法运动亦日趋高涨。当时，不仅朝廷大员，就连民间舆论也普遍认为：欲变革首先在于启迪民智，欲启迪民智就必须兴办新式学校。康有为、梁启超为代表的维新派在教育方面提出了"改革科举，兴办学堂"的维新主张，此举得到了光绪皇帝的赞同。并于光绪二十四年（1898）下诏，将全国各地各类旧式书院改为兼习中西学的新式学堂。省会办的书院改为高等学堂，府城办的书院为中等学堂，县城办的书院为小学堂，地方自行捐资办理的社学、义学等也要一律中西学兼之，民间祠庙

不在祠典者也改为学堂。明令在京城设立京师大学堂，开始全面推行西式教育。光绪二十八年（1902），又颁布钦定学堂章程，规定学堂分大、中、小三等。京城、省会设高等学堂（即大学堂），郡城设中学堂，州县设小学堂。此举很快得到了社会各界的积极响应。除了各级政府官办学堂之外，社会各界，特别是有钱的近代工商团体都积极参与新式学堂的创建，有些富有的家族也在本家族创办新式学堂，教育本族子弟。对于旧时"两耳不闻窗外事，一心只读圣贤书"的读书人而言，"新式学堂"开设的几何、化学、生物、地理等课程新鲜有趣，晚清学生在上几何课时，甚至将辫子也派上了用场，可当作圆规在黑板上画圆；体育和音乐课在当时最受欢迎。一时间，全国各地的新式学堂像雨后春笋般地相继兴起。新叶村就是在这样的背景下产生了"官学堂""华山小学"等新式学校。不仅教育了本族、本村子弟，也允许临近周边村子的小孩上学，为传统教育向近现代教育转变作出了贡献。

据民国版《兰溪县志》载，清宣统二年（1910），白下叶村建成第一座官学堂，所谓官学堂，是指有官方背景，由兰溪县政府出资兴办的学校。官学堂实行新式教育，白下叶村建成的第一座官学堂以"居敬轩"作校舍。据晋桐公所述，"居敬轩"原是明代村中建立的"居敬书院"所在地，清同治年间（1862—1874）改称"居敬轩"，主要用于颐养村中的鳏寡老人，目的是教育族中子孙弘扬孝道。同时也兼有私塾的功能，也有塾师在此设案教育部分玉华叶氏子孙。"居敬"二字是"持身恭敬"之意，典出《论语·雍也》："居敬而行简，以临其民，不亦可乎？"何晏《论语集解》引汉儒孔安国语曰："居身敬肃。"明代李贽《答周柳塘》文："古人一修敬而百姓安，一居敬而南面可。"清人曾国藩《覆陈虎臣书》云："此数语者，谓之定静也，可；谓之居敬也，亦可。"唐代诗人储光羲《晚次东亭献郑州宋使君文》诗有："居敬物无扰，履端人自康。"

南宋朱熹讲学时主张"循序渐进、居敬持志"八个字的教学原则。循序渐进在教学方法上先易后难，由浅入深。居敬持志的意思是教师不但教书，还要育人；不但言教，还要身教，教师的一言一行都要以身作则，做学生的榜样，并将其书房命名为"居敬堂"。足见后人都将居敬与持身立志联系在一起，并看作是教育中的要道。

民国时期的新叶老人（叶昭荣供图）

新叶"居敬轩"，当年的"官学堂"

所以，我玉华叶氏用"居敬"来命名学校和孝敬老人之所是深得古训的。

玉华叶氏自三世祖东谷公创建"重乐精舍"（重乐书院）始，留下"勤耕尚读"的良好家风，代代相传，都非常重视教育。有关白下叶村第一座官学堂和"居敬轩"的资料在《玉华叶氏宗谱》中少有记载，因此，无从得知更多信息。据叶昭镰老人回忆，他上小学的时候（20世纪30年代后期至40年代初期），官学堂已不再有学生，取而代之的是村中自己办的学校。但官学堂的名字他知道，确实是在19队仓库那里的"居敬轩"一带。直到现在，村中一些老人还称那地方为"官学堂"，说小时候常在那地方玩耍，当时已不是学校了。1951年土地改革中，"居敬轩"的房子被分给几户村民居住。2007年，重新腾出，稍作修缮，挂上"居敬轩"匾额。

相比之下，玉华叶氏的族办、村办私塾一直没有断过。据《玉华叶氏宗谱》和《兰溪县志》载，从晚清到民国年间，叶氏族中管事人在文昌阁、有序堂、荣寿堂等场所开办私塾或义塾，名为：云起书院、华萼堂、梅月斋、有序堂书房、荣寿堂书房等。民国二年（1913），村中有识之士创办华山初级小学。其中，萼华堂、梅月斋等还是旧式教育内容。而村办华山小学与"官学堂"一样，也已经开始新式教育，内容能与当时的各级官学堂接轨，以便升学，师资也基本是外面聘请来的。由于还是族办、村办私塾性质，所以，校长一职仍由本家族的文化人担任。

据《玉华叶氏宗谱》记载，叶见宾，行肃百九六，崇义旋庆派，光绪乙酉（1885）生，民国丁卯（1927）卒。业儒，是较早担任本村华山初级小学校校长的人。（《玉华叶氏宗谱》卷十二，第4页）

叶金鳌，字毅春，行毅四百五三，崇智射派，光绪庚子（1900）生，1961年卒。也曾任华山初级小学校长。由于叶金鳌工作出色，民国二十五年（1936），得到浙江省教育厅厅长许公颁发奖状，奖励文件见浙教学字民国二十五年第三五九号。（《玉华叶氏宗谱》卷十四，第4页）

叶岱，字永庄，号韵庄，别号香山，行雍二百六，崇仁松派，民国乙卯（1915）生，1986年卒。浙江省立第八中学毕业，执教小学多年，后赴杭城专习国画。是《玉华叶

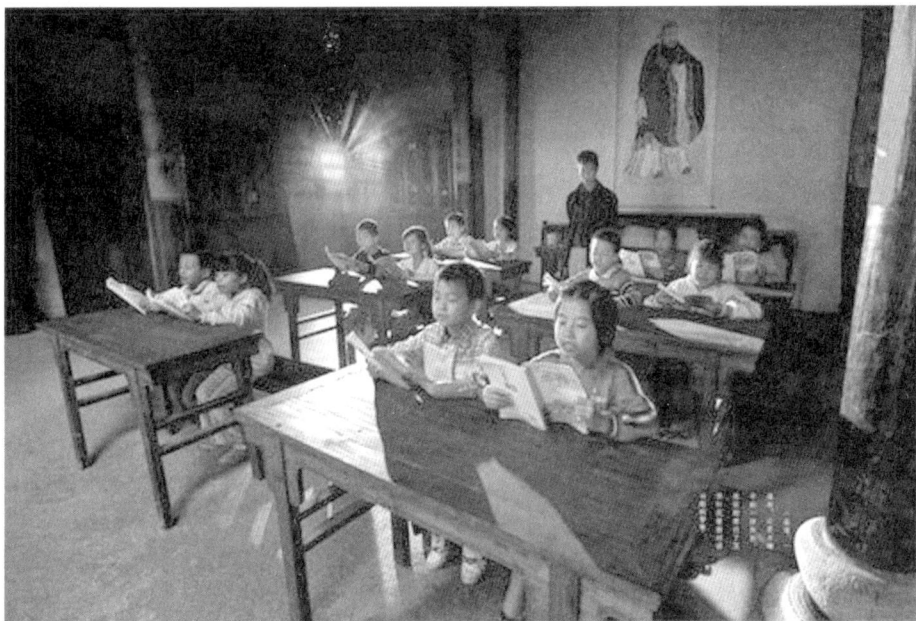

新叶文昌阁正厅做学堂

氏宗谱》中记载的最后一任华山小学校长。（《玉华叶氏宗谱》卷十五，第43页）

　　华山小学之名也得自玉华山。校舍在村中祖祠西山祠堂，村中老人也有说早期的华山小学曾设在文昌阁。在历史上，西山祠堂和文昌阁都曾被用作玉华叶氏族办、村办私塾的校舍。记得笔者小学一年级的教室是在崇仁堂后进香火房，二年级开始就移到了西山祠堂。叶建农（原华东师范大学副校长）族兄说他20世纪50年代在新叶上小学，也是在西山祠堂。直到20世纪90年代初，西山祠堂还是新叶学校的校舍。

　　1940年春，经兰溪县批准，以白下叶村西山祠堂和上吴方村的仙翁殿（后来做过医院，现在已恢复仙翁殿原样）为校舍，又辟西山岗作操场。成立了兰溪县私立儒源小学，公推叶佩茵为校长。把原来白下叶村华山初级小学和上吴方明理初级小学合并成四个初级班，又设高级小学一个班。从此解决了玉华山麓叶、方两村孩子们上高级小学读书难的问题。由于学校办得比较出色，方圆一、二十里内来就读的学生相当多，学生人数曾经达到二百多人。

　　1942年，由于日寇侵略浙江，兰溪县城沦陷，兰溪县政府避难到汪山村办公，县警察局等机关分设在白下叶村，白下叶初级学校因而改为三峰、华南两乡联立中心小学。兰溪县政府还利用我村祠堂厅宇，创办兰溪第一所县立初中。此为白下叶村办初中之始。当时，白下叶村成为兰溪县的政治文化中心，盛极一时。

　　1946年春，三峰、华南二乡联校拆办，初中迁回兰溪县城，白下叶村仍设有三峰乡校白下叶分校。同年秋，因为政府不予拨款，白下叶村又恢复私立的儒源小学。

　　顺便说一下，新中国成立后，新叶教育逐渐完善，从未间断过。先是将兰溪县私

20世纪80年代西山祠堂当作新叶小学后的正门场景（叶锡君摄）

立儒源小学改名白下叶村校。1951 年 7 月，白下叶村由兰溪县划归寿昌县，并将临近的诸坞、花园里两个自然村归入白下叶村，就更名为"新叶村"。同时，玉华叶氏私立儒源小学改名为寿昌县玉华中心小学。至 1958 年 11 月，撤销寿昌县并入建德县，新叶村也划归建德县，寿昌县玉华中心小学就改名为建德县新叶中心小学。1966 年，学校增设初中部，为临近学生念完初中课程提供了方便。"文革"中，新叶初中部一度停办，1976 年恢复初中。至 20 世纪末，新叶初中部才并入檀村镇初中，新叶村保留小学部。校舍一直在西山祠堂。

如今的新叶小学建在西山祠堂后面的西山岗上。我们上学时，辟成平地的西山岗是我们的操场、球场。现在，操场边上建成校舍，中间的空间仍旧用作操场。

现在位于西山岗新建的新叶村小学（叶晓湘摄影）

140

　　新叶村的新式学堂教育为玉华叶氏培养了一批批懂得新知识的建设人才，今据2002年第十一次重修《玉华叶氏宗谱》记载，在此期间，先在新叶村小学就读，后升入各级学校，接受过各级教育的族人有 ①：

　　叶凤池，册名正楠，字筱翔，行雍百一二，崇仁松派，光绪己亥（1899）生，1952年卒。永昌区区立高等专业学校毕业。曾任泰顺县县政府总务科科员，后任小学教师多年。（卷十五，第36页）

　　叶凤朝，考名正修，字秀山，号枫桥，行雍百三五，崇仁松派，光绪甲辰（1904）生，1951年卒。浙江省立第八中学毕业。曾任泰顺县政府第一科科员，东阳县政府公安局事务员，浦江县公安局督察员等职。（卷十五，第42页）

　　叶凤良，册名正华，行雍百四八，崇仁松派，光绪丁未（1907）生。永昌区区立高等专业学校毕业。曾任兰溪县警察局办事员。（卷十五，第28页）

　　叶岱，字永庄，号韵庄，别号香山，行雍二百六，崇仁松派，民国乙卯（1915）生，1986年卒。浙江省第八中学毕业，习国画，曾任华山小学校长并执教小学教师多年。（卷十五，第43页）

　　叶荣铨，行肃三八二，民国乙卯（1915）生。永昌区区立高等专业学校毕业。（卷十三，第61页）

　　叶岳，字永崧，号韵松，别号利村，行雍二百五五，崇仁松派，民国辛酉（1921）生，1960年卒。作新中学毕业，曾在兰溪县政府财粮科工作。（卷十五，第44页）

　　叶旭恒，字德久，行雍二百一七，崇仁松派。民国丙辰（1916）生，1989年卒。浙江省金华中学毕业。（卷十五，第69页）

　　叶福钦，册名吉，字复卿，行昭五四，崇仁松派，民国壬戌（1922）生，诸葛中高毕业，兰溪师资班考试合格，曾任小学教师十余年。（卷十五，第36页）

　　叶志良，册名瑞涛，字日晖，行雍二百五九，崇仁松派，民国壬戌（1922）生，民国三三年（1944）卒。兰溪县立简易师范毕业。曾任兰溪教育科科员。后考入永安音乐学院，就学期间病逝。（卷十五，第41页）

　　叶盛，字绳武，行穆八，崇义旋庆派，民国壬戌（1922）生，民国庚辰（1940）卒。诸葛中学毕业。（卷十六，第16页）

　　叶凤标，字师麟，行雍二百六八，崇仁松派，民国癸亥（1923）生，2015年7月卒。国立暨南大学毕业，严州中学数学高级教师，曾任严州中学副校长。（卷十五，第44页）

　　叶云山，行雍二百六六，民国癸亥（1923）生，国营上海第一丝织厂总工程师。（卷十五，第64页）

---

　　①　此处名单主要依据2002版《玉华叶氏宗谱》和叶瑞荣老师的《新叶名人》稿所记资料，稍加整理而成，或有遗漏。

叶峦，字永前，号小藩，别号韵秋，行雍二百八一，崇仁松派，民国甲子（1924）生，1992年卒。南京中央警官大学校毕业，曾任上海宝山路警察局科员。（卷十五，第44页）

叶凤新，字师虎，号浪沙，行雍二百八八，崇仁松派，民国乙丑（1925）生，2006年卒。寿昌县立简易师范毕业，任小学教师。（卷十五，第45页）

叶志标，行雍二百九三，崇仁松派，民国乙丑（1925）生，寿昌县立简易师范学校毕业，任小学教师。（卷十五，第41页）

叶惇良，行惇一，民国己卯（1926）生。中学毕业，曾任小学教师。（十六卷，第15页）

叶云标，字师龙，号末枯，行雍三百，崇仁松派，民国丁卯（1927）生。杭州中国美术学院实用美术系毕业，曾任青岛市国营纱纺九厂花纱布设计科高级工程师，青岛市政协委员。（卷十五，第46页）

叶海标，字良弼，行雍三百一，崇仁松派，民国丁卯（1927）生。早年投身革命，参加金萧支队，后南京航空学院毕业，曾任上海杨浦区工业大学讲师，现离休。（卷十五，46页）

叶绍康，字炳昌，行雍三百九，崇仁松派，民国丁卯（1927）生，1993年卒。客居江西，参军转业任江西洪都飞机制造厂车间主任。（卷十五，第14页）

叶昭朋，字早平，行昭七六，崇仁松派，民国丁卯（1927）生，1999年卒。曾为金华地区劳动模范，曾任里叶乡党委书记寿昌区人大委员，退休后倡议成立新叶村老年协会并任主任。主持修崇仁堂、文昌阁、抟云塔等古建筑。一生乐于公益事业。（卷十五，第14页）

叶昭镳，行昭八一，民国戊辰（1928）生，崇义旋庆派。浙江省立严州师范四年制简师毕业，任小学教师三十六年。是浙江省非遗"新叶草昆"第一传承人。（卷十六，第38页）

叶质彬，字明礼，号礼村，行雍三百十三，崇智荣寿派，民国戊辰（1928）生。浙江省兰溪县立师范四年制简师毕业，1948年开始从教，职称中学一级教师。（卷十七，第50页）

叶同荪，字东升，号冬心，行昭百二四，崇仁松派，民国壬申（1932）生，1966年卒。省立严州师范毕业，曾任梅城镇小学教师。（卷十五，第43页）

叶质礼，字荣彬，行雍三百六三，崇智荣寿派，民国甲戌（1934）生。北京大学经济系本科毕业，先任中国社会科学院经济研究所研究员，后任中共中央纪律检查委员会《党风与党纪》编辑部副主任兼主编。（卷十七，第51页）

叶志林，行雍三百九七，崇智荣寿派，1937年生。省立严州师范毕业，曾任小学教师、初中数学教师多年，小学高级教师职称。（十七卷，第44页）

叶惠芝，省立严州师范毕业兰，溪书法协会会员，初中教师。（十三卷，第25页）

叶炳银，册名同宽，行昭百八五，崇仁松派，民国庚辰（1940）生，严州师范学

校毕业，建德市风景旅游局主任科员，高级工程师。曾为新叶古建筑的保护和开发作出重要贡献。（卷十五，第 42 页）

叶志铨，行昭百八九，崇义旋庆派，1940 年生。哈尔滨军事工业大学毕业，西安空军工程大学教授，大校军衔。（卷十六，第 15 页）

叶文炳，行昭百九四，民国庚辰（1940）生。杭州大学毕业，上海农药研究所高级工程师。（十五卷，第 69 页）

叶云林，行雍四百二三，崇仁松派，民国辛巳（1941）生。浙江教育学院毕业，曾任新安江罗桐山庄经理。（卷十五，第 46 页）

大致说来，1940 年前后出生的新叶人，都在村中办的新式学堂中接受过小学教育。从上面所列名单情况来看，这些人后来升入外地各级学校，接受了更高级别的教育，后来，在各自的工作岗位上为建设国家作出贡献。其中的许多人都在新中国成立后才参加工作，可以说，他们不仅送走了旧时代，迎来了新时代，还为建设新时代作出了自己重要的贡献。

第五章　玉华叶氏的发展沿革（下）：
1949年至今

本阶段是玉华叶氏正式改名"新叶村"，新叶村民在新政府领导下，改天换地、继往开来的发展阶段。新叶村也像全国各地农村一样，经历了土改、合作化、"大跃进"、"文革"、改革开放、联产承包责任制各个阶段，而在最近十几年间，终于迎来了大好的发展机遇。

一、新中国成立后的最初十余年

1949 年 5 月 11 日，解放军一支部队从兰溪经殿口进入白下叶，新叶从此解放，获得了新生。当时的白下叶（新叶村）还属于兰溪县三峰乡管辖。

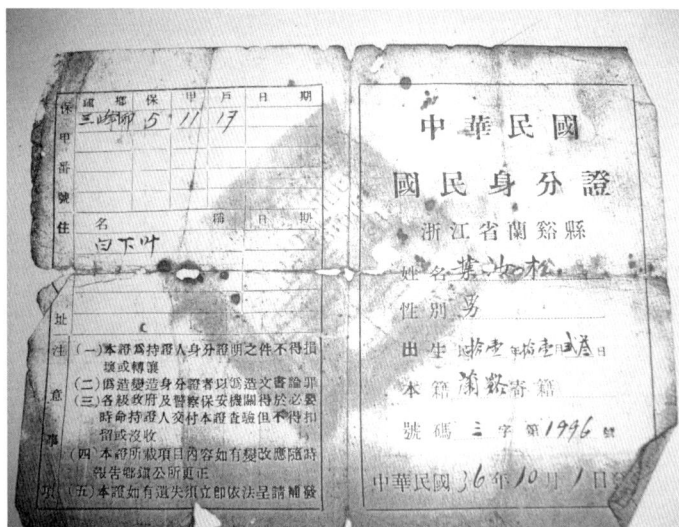

1947年的中华民国身份证上白下叶属于兰溪县三峰乡

如今，新叶村玉华叶氏已经繁衍到第三十代的"孝"字辈。在新中国成立以后的 60 多年里，新叶村改天换地，继往开来，发生了翻天覆地的变化，兹将主要事件录于下：

1950 年 11 月，土改工作组进驻白下叶，开始分房产和土改工作。1951 年 3 月，成立白下叶农民协会（简称"农会"），当年参加过"寿南农民暴动"的叶正方（又作叶真芳）

任首任农会会长。全村按居住区片下设四个分会，负责处理日常事务。1951 年 7 月，白下叶村由原来的兰溪县三峰乡管辖划归寿昌县城镇区玉华乡管辖，当时寿昌县长叫张文楷，县政府设在寿昌镇。村名由"白下叶"村改名新叶村,寓意"万象更新"之意,

144

辖新叶、诸坞、花园里三个自然村。1951年12月，新叶村土改工作结束，给村民颁发土地证。

1952年3月，设立寿昌县更楼区新叶乡，乡政府就设在"双美堂"。直至1954年4月，取消新叶乡，改称唐村公社新叶农业生产合作社（高级社）。至此，新叶村基本完成由旧制度到新社会的改造。

1954年4月，成立唐村公社新叶农业生产合作高级

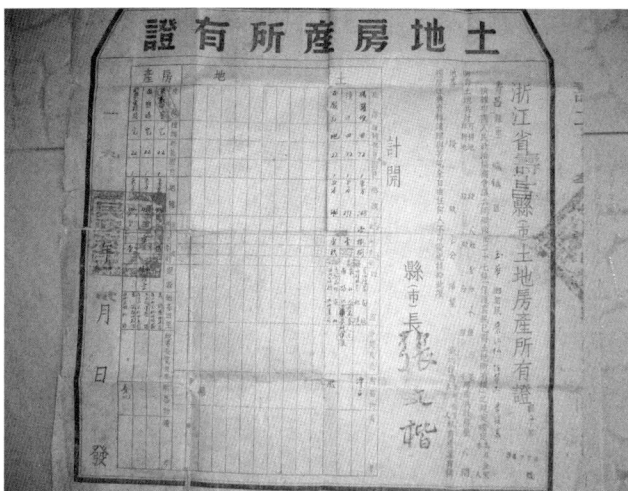

家母保存的1951年12月颁发的土地房产所有证上标明"寿昌县城镇区玉华乡"

社。叶肃富任新叶村党支部书记兼社长。1955年，叶穆蛟任新叶村党支部书记，兼任新叶高级社主任。1956年开始，新叶村村民开始修建雉鸡岗水库，至1957年建成。1956年春，新叶村昆剧团重新成立，新叶昆班在20世纪二三十年代就存在，40年代初，日本鬼子进村烧杀抢掠，要烧昆班戏服，一个村民为了保护戏服而被杀。这次恢复成立新叶昆班，主要是为了参加寿昌县首届民间音乐舞蹈会演。在会演中新叶昆班取得了好成绩。引起了外界的注意。

1958年，新叶村民参加由唐村公社组织的解放水库建设。直到1962年，解放水库竣工。这年夏天，新叶村响应党的号召，组成新叶人民公社食堂，各家各户停止自己做饭，发饭菜票，一起吃大锅饭。最初，全村四个分会，共分四个地方吃食堂。一分会在下新屋荣寿堂（进士第）开火做饭。二分会在永锡堂。三分会在崇仁堂左前方

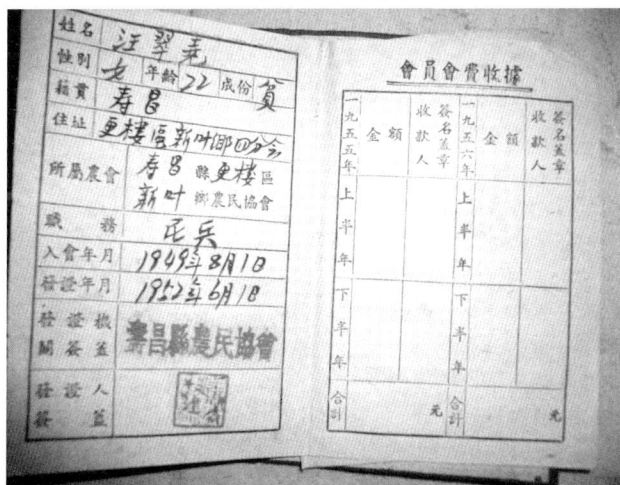

1952年6月颁发的农会会员证上已称新叶乡

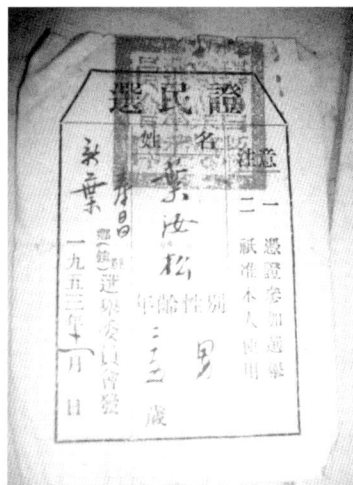

1953年11月的选民证仍称新叶乡

的一片房子（半月塘边，到今天金香夫妻杀猪房对面一带）中做饭。四分会在石塘边上的石道院里，先在今天林昌、贵昌房子的位置，后移到官学堂对面19队的房子里做饭。后来，由于可吃的粮食越来越少，先是合并成两个食堂。一、二分会在永锡堂；三、四分会在石道院里。最后，可吃的东西更加少了，全村一度全合到永锡堂做饭，每户按饭票打饭，一天只能供应两顿。有些人家，将饭打回家后，为了保证要干活的壮劳力多吃点，妇女和小孩只能少吃，甚至不吃，因此，因为营养缺乏而出现的"黄胖病"（实为低血糖导致的浮肿）人很多，并有饿死人的情况发生。也有一些村民是吃白土或葛粉、野菜吃死的。同时，新叶村用土锅炉土法大炼钢铁，村中大批古树木被毁。塔下和花园里一带的古老柏树和樟树被砍，吃食堂后各家的烧饭铁锅也大多被用来炼钢。炼出了一些没用的铁疙瘩，还不敢乱说，硬要上报说炼成了多少钢铁。1958年11月11日，寿昌县并入建德县，新叶村划归建德县，称建德县唐村公社新叶生产大队。1960年3月，新叶村专门设立小孩食堂。派专人在今天庭忠家下面的位置（宝银、宝良兄弟的房子和原来万发家老房子的位置）烧小孩吃的饭。新叶人在最艰难的岁月为了下一代也做出了努力。直到1961年5月，越冬的春粮收上来时，新叶村解散食堂。各家重新自己做饭。有些人家甚至一时间连烧饭锅都没有。

1961年下半年，新叶村开始装电灯，通广播。开始宣传"楼上楼下、电灯电话"的美好愿景。1962年，新叶村开始推广栽种矮化早稻，称"矮脚南稻"。村中饥饿缺粮情况有所改善。同时，村中响应"三自一包，四大自由"①，村民有了自留地，勤劳的村民还可以到浅山上开垦荒地，种植杂粮，贴补口粮，村民逐渐从三年困难时期恢复过来。1964年，新叶村推广双季稻。粮食更加增收，生活比较安定。因此，从1960年到1965年，是新叶村人口增长速度最快的时期，由于没有计划生育，吃饭基本有保障，这段时间出生的小孩最多。这跟当时全国的情况也是一致的。据有关部门统计，在全国，1960年到1965年间出生的人有3亿多。笔者就是这个时间段出生的。还记得我上小学时，光新叶村的适龄就学小孩就编成了两个班，每个班30多个人。每当放学，跟我差不多年龄的叶姓子孙，拿着木制红缨枪或纸做的手枪，在弄堂里乱喊"冲啊，杀啊"，傍晚时分，在石塘塍，渠道上的发电站蓄水池里，到处是戏水（根本不是洗澡）的光屁股小孩，那叫一个热闹啊，虽然条件还很艰苦，但村民已经开始体会到生在新社会，长在红旗下的温暖与实惠了。

① 1959年4月18日，第二届全国人民代表大会第一次会议在北京举行。会议同意毛泽东不再担任国家主席的提议，选出刘少奇为中华人民共和国主席兼国防委员会主席，宋庆龄、董必武为副主席，朱德为全国人民代表大会常务委员会委员长。根据刘少奇的提名，决定周恩来连任国务院总理。从此，刘少奇开始行使国家而言的最大行政权。而刘少奇一上任就新官上任三把火，推出了"三自一包"（即"自留地、自由市场、自负盈亏、包产到户"）和"四大自由"（即"自由租地、自由贷款、自由雇工、自由贸易"）的农村政策。这一政策救活了许多中国人的生命。

二、"文革"十年

1966年，"文化大革命"开始，新叶村跟全国各地一样，大破四旧，大立四新，大批古文物被毁，被说成是歌颂帝王将相、才子佳人的新叶村昆剧团也解散了，演出剧本失踪。一些地主、富农家里的古字画、古玩文物被当作封资修毁掉。当时，也有外地的红卫兵和革命派进入新叶村，要烧新叶村的祖宗画像和家谱，要毁掉双美堂、有序堂牛腿上那些精美的雕刻。一些新叶村民奋起保护，据说有一个崇仁派的村民将崇仁派祖宗的画像放到崇仁堂后进香火房楼上的棺材里，自己就睡在棺材背上，昼夜保护。当时新叶大队的大队长叶荣桂为了应付上面派来的破四旧工作组的检查，组织村里几个有文化的村民，连夜悄悄地整理出四套完整的1938年修成的《玉华叶氏宗谱》，妥善藏好，第二天，当着工作组的面，将整理剩下的一些零碎的村谱烧掉。烧的时候，村民叶永禄不知道情况，不顾一切，勇敢地冲进去抢村谱，与"革命派"发生冲突。《玉华叶氏宗谱》就是这样被完整地保留下来了。双美堂、有序堂牛腿上那些精美的雕刻被聪明的村民用田泥糊上，躲过了外人的冲击。因此，新叶村主要建筑上的雕刻保存完好。这些为保护新叶村文物作出贡献的人值得我们记取和尊敬。1968年2月11日，新叶大队革委会主任叶穆姣去山西大寨参观，新叶村开始"农业学大寨"，同年11月30日，新叶大队革委会副主任叶荣桂去山西大寨参观。新叶村开展轰轰烈烈学大寨运动，成立民兵连，铁姑娘队，做农业学大寨的带头人，改田100亩，造田200亩。1969年12月12日，第一批杭州知识青年来新叶村插队落户，新叶村专门建造第一批知识青年住房。是当时村中最好的房子，体现了新叶村民的淳朴好客和尊重知识的民风。1969年，新叶村建立农村合作医疗站，培养"赤脚医生"。

1969年，新叶村开始在附近山坡上种植柑橘、红心李子、黄花菜和茶叶等经济植物。1970年2月2日，恢复新叶村党支部，7月设立贫下中农管理委员会，进驻学校。1970年春，村里成立了青年革命文艺宣传队，学演"样板戏"，教唱革命歌曲，开始宣传计划生育。1970年夏，在牛台孔附近建造新叶村水电站。1970年全年，新叶村大做山上文章，先后建起了石柱源杉木基地、东坞里毛竹基地、张师山杉木苗木基地、胡塘山和西山岗黄花菜基地等。1971年，当时的唐村公社计划修建九里坑水库，为了运输材料方便，开始修建新叶至儒源的简易公路。九里坑水库大坝是"沥青堆石坝"，中缝灌沥青，两侧需要大量石块。记得到1975年和1976年时，本人还参加过修建九里坑水库的劳动。当时，我随着学校老师和同学一起带上口粮、铺盖，住在岳家村（茶培岭后），白天与大人一起参加劳动，亲身体验了那个年代所谓大会战的场景：老当益壮队、民兵连队、青年突击队、铁姑娘队相互叫阵比拼，工地上真的是红旗招展、锣鼓喧天，热闹非凡，令人难忘。1971年，新叶村兴办拖拉机站，选派四名青年学开"手扶拖拉机"（又叫小型拖拉机，一种制动闸有点类似自行车闸的最简易的拖拉机），拖拉机既可耕田，农闲时又可以搞运输。1972年，响应上级号召，新叶村推广春粮—早稻—晚稻新三熟制。全村成立了广播站，架起了大喇叭，一天到晚播放着高亢的革命"样板戏"的唱腔，和村"革委会"宣传鼓动大家农业学大寨干劲的讲话。1973年春，全村在雉鸡岗农业学大寨，劈山造田劳动中，第七小队叶文高被"神仙土"压死，另有多人受伤。村民农业学大寨的热情受到影响。公社召开现场会，公社蔡鑫明书记亲自来做农业学大寨动员。并召开批判地主坏分子破坏农业学大寨的斗争大会。1973年开始，响应党中央毛主席关于"深挖洞，广积粮，不称霸"的最高指示，加上当时《地道战》《地雷战》等电影不断放映的影响，新叶村民从大人到小孩，从大队到生产小队，从家庭到学校，都在挖防空洞，村民们别出心裁，各展妙思，在前山岗、西山岗、雉鸡岗等地挖出了各种各样地道、暗道。可惜这些地道、暗道都是没有加固处理，10多年后便纷纷坍塌了。

"文革"十年，新叶村也跟全国各地一样，可以说是疯狂的十年、亢奋的十年，唯一令人难忘的是当时人们的那股子激情，真的像打了鸡血、吃了什么药似的。

三、改革开放，迎来机遇

1982年，西北工大学生叶素珍寒假回村在石塘沿上留影，一片雪景，远处的抟云塔、文昌阁，以及石岩山上的橘树林都曾经是新叶村靓丽的风景线（叶素珍供图）

1977年春，新叶村推广种植杂交水稻"南优2号、矮优2号"，水稻亩产达到800—900斤。1978年，新叶村开始实行殡葬改革，试行火葬，遭到村民强烈抵制，实行不了。

1977年底和1978初，全国恢复高考，叶建农（在上海）和叶兴忠考上大学。1981年，新叶村有4人考上大学本科（其中2人被重点大学，后来的985大学录取），3人考上大专，6人考上中专。为近年来高考成绩最好的一年。村里为此在村东、南、北三个方向整修和新建了四座凉亭①，以志纪念。这也再次说明新叶村的重学传统即使在经历动乱之后也未丢弃。

1982年秋，新叶村开始将水田承包到户。随后，旱地及柑橘、茶叶、黄花菜基地也于1983—1986年下半年间，陆续分到户。1983年，新叶村被划归檀村乡管辖。原来在新叶村的粮站、供销社、乡医院陆续迁出新叶村。好胜心很强的新叶人感叹"新叶要衰落了"。但也有些新叶人说"不破不立"，也许这对新叶来说是好事呢！

1979年夏，玉泉寺前的隋朝古柏被氨水烧死。令不少村民大骂和倍感痛惜。这棵古柏承载着新叶村的很多典故和荣耀呀！谁知古树被毁之事还没完。1985年农历正月初五，新叶牛台孔祖坟前的千年古樟树被一个绰号叫"三毛"的傻子点火烧着，村民奋力救火。无奈工具简陋，风急火大，火苗从树心冒出，越烧越旺，让人无法靠近。等排塘部队的三辆救火车赶到时，两株近千年的古樟已基本烧毁，很多村民在树前痛哭不止。当时，我也在场，也禁不住流下了眼泪，这祖坟、这古樟是我们新叶村人的古老见证和精神文化的寄托啊！事后，这烈火焚烧的一幕久久无法在我脑中抹去，我不断地想，佛门有

正在被火焚烧的牛台孔祖坟前老樟树（叶顺富摄影）

被火焚毁前的牛台孔祖坟前老樟树曾是新叶人的取景点（叶素珍供稿）

———————————

① 分别是东边通往上塘村的黄泥岗上的"旭升亭"，南面通往石壳垅方向的路上建了"新风亭"，北面通往芝堰方向的雉鸡岗水库边上的"道峰亭"，以及西北面通往解放水库、儒源方向的"玉峰亭"。

"涅槃"之说，郭沫若用《凤凰涅槃》长诗期望祖国的重生。那我们新叶村、我们玉华叶氏的祖宗是不是也希望通过一场熊熊大火，给我们新叶村带来新生呢？后来发生的一切，多少印证了我的这个美好愿望！

果然，从这年开始，新叶村开始呈现转机，机遇开始萌现。1985年4月，新叶村民决定重新恢复三月三庙会，并举行了一次迎神祭祀活动。1985年7月，新叶"抟云塔—文昌阁"建筑群被列为建德县文物保护单位，开始筹款维修。同年，新叶祖厅有序堂从供销社换回产权，重归新叶人所有。

1989年秋，由新叶村人、在建德旅游局工作的叶同宽牵线，联合国教科文组织成员、清华大学古建筑研究所所长陈志华教授到新叶考察古民居。当时的唐村公社文化站文化员李友彬陪同并作介绍。新叶村开始引起外界关注。1990年正月，上海东方电视台在新叶村拍摄"过大年"民俗专题。1991年，杭州电视台在新叶村拍摄"严州三部曲"，其中的"御医、白蛇洞"内容在新叶村拍摄，提到了明代叶遇春治好皇太后的怪病，以及玉华山半山腰上那个神秘的山洞。1991年11月15日，浙江省人大常委会主任陈安羽到新叶村考察，对古村的保护作了批示："我们到建德新叶考察，发现这里有很多古建筑，保护基本完整，要学日本保留一、二处这样的古村落，发展旅游，经济效益、社会效益必然很好"。

1996年的新叶文昌阁

1992年，檀村乡改称檀村镇，新叶村归属檀村镇。同一年，浙江电视台拍摄有关新叶村风土人情的专题片"一艘停泊在大地上的船"。1994年，陈志华教授等人著《中国乡土建筑丛书：新叶村》，在台湾出版。1995年，新叶文昌阁开始抢修，政府拨款2万元维修。1998年2月16日，檀村镇施国清书记带新叶村干部去安徽宏村、西递参观。研究古村保护和开发。1998年6月26日，《人民日报》"大地周刊"栏目刊文介绍新叶村，称新叶古民居集工艺、美术、文字、雕刻、园林、文物为一体，是中国民间文化不可多得的宝贵遗产。1998年，新叶村出资20.7万元赎回供销社大楼，将原加工厂、果品公司、锯板厂等集体资产出让。1998年，新叶村开始用水泥堆石浇铸塔下渠道，至2006年，渠道基本浇筑完成。1999年，第二次抢修抟云塔，政府拨款2万元，旅游局5000元，村民集资3万余元。1999年7月，陈志华教授等人著的《中国乡土建筑丛书：新叶村》，由重庆出版社出版。

2000年2月，浙江省人民政府将整个新叶村的明清古建筑群列为"浙江省历史文化保护区"。2000年4月10日，浙江省委副书记、省政协主席刘枫来新叶村视察，并

20世纪90年代初期的新叶村远景

题词"新叶古村、美不胜收"。2000年5月，杭州西湖明珠电视台拍摄"新叶古村"专题节目。2001年5月，叶利生、刘树辉成立"新叶明古屋旅游有限责任公司"，搞旅游开发，试行对外开放。这是新叶村搞旅游开发的初次试水。2002年4月17日，以佐佐木雄三为团长的日本岛根樱花友谊林访中团来新叶村参观，并提出要求，听听新叶的昆剧腔调。这是日本人自抗日战争以后，首次来到新叶这个偏僻的山村。2002年11月1日，杭州长途汽车西站开通杭州至新叶的班车。杭州市旅游局联合长途汽车站组织杭州至新叶古村探访一日游。第一批40多名游客来新叶旅游。

2002年，浙江电视台的"风雅钱塘"栏目组来新叶拍摄有关新叶村专题。2002年冬，第十一次重修《玉华叶氏宗谱》正式完成。村民集资组织祭谱大典，村谱共印12套，村委公藏一套，其余各房派的头首负责收藏保管。2004年10月30日，西山祠堂再次重修，这次由政府拨款10万元，按照崇义旋庆堂又庵公所道造形制修缮。至2006年基本完工。2002年10月17日早晨，南塘边棋盘上的叶昭光家发生大火，叶昭光女儿、儿子被烧死，是村民"大眼"放的火，大眼自己也被烧死。房屋坍塌，南塘周边的完整古建筑受到严重破坏。直到2010年，才由村里将此屋修复。2002年10月月21日，建德市人大常委会组织有关部门及部分人大代表，在市委副书记梁建华、副市长章舜年的带领下到新叶村考察，并现场商讨保护开发事项。

2003年1月，陈志华教授等人著《中国古村落丛书：新叶村》，由河北教育出版

新叶古村景区开业典礼

社出版。2003 年春，新叶村民集资 3 万余元，维修重建村口文昌阁侧房。荣寿堂后进重建，雍睦堂前进重建。2003 年，雉鸡岗水库列入"省千库保安工程"，共投资 100 多万元搞土建，到 2004 年上半年完工。2003 年 11 月 15 日，新叶村环村公路新建设计路宽 7 米，预算投资 40 万元。2005 年，西山祠堂开始维修，政府拨 16 万元，新叶村出资 1 万元。至 2006 年完工。2005 年轮到崇仁派执掌三月三庆典，崇仁派是目前宗族中实力最强的房派，正值"大年"，可谓十年一遇。

一切都朝好的方向发展，新叶村已经引起外界关注，眼看着古老封闭的新叶古村将真正焕发青春。不过，更大更好的机遇还在后面呢！

四、最近十年，扬名天下

2006 年，洪庆华任建德市长。此后几年，新叶古村的保护与开发出现实质性变化。洪市长多次来新叶考察，特别重视保护、开发新叶古村。多次召开专题会议，督促有关责任部门联合制订《新叶古村保护规划》。2006 年 10 月 17 日下午，全国政协原副主席王文元到新叶村视察，并题写："千年古村、万象更新"。建德市委书记陈春雷同志陪同视察。2006 年 10 月，新叶村牛台孔至鼓楼岗、檀新公路至新叶小学共 1100 米的村道开始浇筑水泥路，共投资 13 万元。2006 年 12 月 25 日，新叶村开始地面水系改造。2007 年，上到建德市下至新叶村动作频频：1 月 5 日，大慈岩镇镇长钟利平带杭州市规划设计院的叶院长到新叶村看古民居，以前新叶村保护和开发规划是该院设计的，他看了说很好，比富阳龙门镇要保护得好。钟镇长说下个星期旅游局的郑均局长要带新叶村干部去安徽西递、富阳龙门等地参观。1 月 8 日，《钱江晚报》四版刊登记者调查文章：《800 年古村的明天在哪里？》，反映了新叶村的现状，展现了古村落遇到当代文明时候的尴尬局面。其中最主要的是和市长洪庆华的对话，据报道，洪市长说："2007 年要启动新叶村的保护和开发，要组织有关人员外出考察，学习人家的先进经验，为保护和开发作准备。"记者还采访了清华大学陈志华教授，陈教授说："以前，古民居建筑是工匠的事情，但随着现代化的推进，有好多的古建筑被毁掉，工艺失传，如果不加以重视，有好多的古村落都被毁掉，所以政府要挑起重任，为子孙后代负责。"报道还说洪市长要邀请陈教授再来新叶村，指导古民居的保护和开发工作。并就新叶村和其他古村落保护与开发，如诸葛村保护和开发的成功经验作了对比。1月10日、11日，建德市商贸旅游局郑均局长、沈光炎副局长、朱红霞科长，市文化广播新闻出版局长叶志忠、副局长饶志刚，大慈岩镇钟利平镇长、徐朝忠副镇长、文化员陈志昌，新叶村书记叶文康、村长叶建良等一行13人，到安徽省黟县宏村、西递村考察。宏村、西递于1986年对外开放，两村2006年仅门票收入分别达2800多万元、1800多万元，是当地的支柱产业。1991年为安徽省文物保护单位，2000年成功申报世界遗产，2001年成为全国重点文物保护单位。1月19日，市商贸旅游局郑钧局长、朱红霞科长，文化局饶志刚，大慈岩镇何来信书记、钟利平镇长，新叶村叶文康、叶建良去富阳龙门镇考察取经。1月24日，建德市长洪庆华、市委副书记梁建华赶到北京，邀请清华大学陈志华教授再来新叶村，对新叶村的开发和保护进行全面策划。7月，原里陈桥（儒源）、余坞山、三石田自然村划归新叶，成立新叶行政村，辖儒源（里陈桥）、余坞山、新叶、诸坞、花园里、三石田6个自然村。新叶古村落概念形成。2008年6月8日，建德市人民政府发布《建德市人民政府令》，正式颁布《建德市新叶古民居保护办法》。新叶古村保护与开发真正意义上启动。

2009年3月，叶桂昌组织寿昌中学部分新叶籍教师一起创建了"新叶古村"网（网址：http://www.xinyecun.net），至今仍是有关新叶村信息最全面的专门网站。新叶籍在外人员基本被吸引和团结在一起，为扩大新叶的影响，为家乡的重生和腾飞出力。最明显的一个例子是，这年5月，网站成立不久，恰逢浙江在线网联合省旅游局和省文化厅在网上开展活动，由网民投票在30个备选村落单位中评选出10个最美村落。"新叶古村"网及时转发了这个消息，并将投票页面做了超级链接。新叶籍在外人员很快行动起来，除了自己投票，每天关注外，做老师的发动自己的学生，做职工的鼓动自己的同事、亲戚、朋友，一切可以调动的力量全动员起来了，大家还在新叶古村网"留言栏"中交流、鼓劲。网站成了汇聚新叶人的大本营，所有新叶人表现出了令人感动的齐心协力。最终新叶古村成功当选"十大最美村落"。

2009年9月27日，由杭州市人民政府、中国战略与管理研究会、中国文物学会联合举办，由建德市人民政府承办的"2009第二届中国乡土建筑文化抢救与保护暨建德·新叶古村研讨会"在建德县城新安江隆重召开，包括中国文物学会名誉会长、国家文物局顾问谢辰生，全国政协常委、中国社科院博导叶廷芳、清华大学建筑学院教授陈志华、浙江省历史文化名城保护专家委员会主任委员毛昭晰，中国考古学会理事长徐苹芳等在内的20余位全国文保界顶尖专家、全国古村落文化研究著名专家汇集建德，专程到新叶考察、研讨。许多专家对新叶古村保存完好的明清古建筑群以及丰富的古文化资源表示惊讶和叹服，认为是"全国罕见"。笔者作为从新叶村走出去的古文化研究者有幸被作为专家受邀参加了这次盛会。在研讨会上，笔者将新叶村的价

杭州市副市长佟桂莉、建德市长洪庆华与出席会议的专家合影

值归纳成一个"珍贵"，三个"罕见"、三个"典型"：

经新叶古村传承改造形成的中国农村底层农民的"草昆"戏剧文化弥足珍贵。新叶古村在元末明初就以一村之力建造了一个书院——重乐书院，全国罕见；新叶古村在明代只有1000多人的情况下，建起一座七层佑护文风的宝塔，全国罕见；新叶"三月三"届会仪俗保存至今在汉族地区已十分罕见。新叶古村是中国古代农村"耕可致富，读可荣身"的"耕读传家"理念具体实践的典型，是中国古代农村血缘宗族管理模式的典型，是中国东南部明清乡土建筑的典型。

笔者的概括得到了与会专家的普遍赞同，并被众多媒体发文时引用。这次会议最终形成文件《建德新叶共识》，用以指导新叶及全国乡土建筑及文化的抢救与保护工作。同时，包括香港凤凰卫视、中央电视台、光明日报、中国法制报在内的各地多家媒体赶到新叶村采访报道，笔者在当天下午接受了中央电视台记者的采访，介绍新叶村的保护价值。

这次会议对新叶古村意义重大，从此以后，新叶古村的保护与开发真正步入了有序发展的通道。接下来的几年里，新叶古村的知名度越来越高，荣誉称号一个接一个

谢辰生先生与陈志华先生
在讨论会上交流观点

左四为本书作者在
2009"第二届中国乡土建
筑文化抢救与保护暨建
德·新叶古村研讨会"上

刘序盾先生与谢辰生先生在谢
老家里讨论"新叶共识"稿

地获得，喜事、大事一件接一件出现。兹罗列几件于下：

2009年10月，新叶昆曲入选浙江省第三批"非物质文化遗产"名录，及浙江省非遗十大新发现。同时，叶昭镬被确定为省非遗：新叶昆曲传承人。

2010年3月，"新叶小星星昆剧社团"在新叶小学成立，聘请了"新叶昆剧"第三代传人叶昭镬和第四代传人叶金香为指导老师，培养爱昆剧、学昆剧的接班人。目前，"新叶昆剧"的传承已经成为该校文化建设的一个品牌活动，主要以社团的形式开展。学校为了普及"新叶昆剧"，开发了《新叶昆剧》校本课程，还挑选了浅显易唱的《凤阳花鼓》选段作为全校学生的必学曲目。

2010年4月16日，建德市人民政府利用新叶村"三月三"传统节日，在新叶村举办了"新叶古村农耕文化节"。

2010年5月5日，建德市政府办公室发布建政办函〔2010〕104号文件，将经过市政府研究同意的《建德市历史建筑保护管理实施办法》以函件方式印发给各镇、乡人民政府，各街道办事处，市政府各部门、单位贯彻执行。新叶古建筑保护有了更具体的地方性法规保驾护航。

2010年5月9日，浙江建德叶氏研究会成立，叶运昌任会长。

2010年5月21日，以牛台孔叶坤太公墓为代表的新叶村叶氏家族墓被列入建德市第六批市级文物保护单位。

由国家建设部、文物局授予新叶村的"中国历史文化名村"荣誉牌

2010年7月22日，新叶村获中华人民共和国住房和城乡建设部、国家文物局授予第五批"中国历史文化名村"荣誉称号。拨专款加以保护。

2010年8月，电影《当小河流经沙漠时》剧组一行10余人在新叶村拍摄外景。

2011年3月30日，共8个日本媒体旅游考察团在杭州参加完"西湖国际茶叶博览会"之后来到新叶村观光考察。偏僻的新叶村通过日本媒体在异域日本产生影响。

2011年4月，建德市人民政府颁布《建德市大慈岩风景名胜区新叶区域保护管理办法》。

2011年8月，新叶旋庆堂维修工程开始。

2011年9月。新叶村启动五圣殿及周边道路整修保护工程。

2011年10月，由新叶村至兰溪市上塘村经冬青岭、石壳垅的东线道路新叶段的水泥浇筑工程开工。该段道路总长1300米，预计投资50万元左右。至12底，水泥浇筑工程完工。至此，新叶村通往儒源、芝堰、三石田的水泥路全部建成，连同原先的檀新线县级公路，新叶村已实现四周道路全部水泥浇筑，大大有利于村民交通出行。

2011年11月23日，由杭州市非物质文化遗产保护中心主办的"杭州市第一批专家领衔非物质文化遗产项目保护工程"和"杭州市非物质文化遗产项目保护师徒传承工程"启动仪式在杭州孔庙举行。在现场采用最传统的拜师方式，举行了包括振兴祥中式服装制作技艺、新叶昆曲、八都麻绣等在内的10项非遗代表性传承人收徒仪式。大慈岩镇文化站站长陈志昌，浙江省非遗传承人叶昭镳、新叶昆曲新秀诸葛燕飞参加了拜师仪式。叶昭镳与诸葛燕飞成为首批结对的名师高徒。

2011年8月，新叶新区路面水泥浇筑工程动工。该工程由义乌宏胜市政工程公司中标承包施工，预计投资100万元左右。

2012年3月，大慈岩中心小学被列为浙江省第二批非物质文化遗产传承教学基地，学校挑起了传承"新叶昆剧"的重担。

2012年10月，新叶"三月三"被纳入浙江省第四批"非物质文化遗产"名录。

2012年秋，新叶古村入选浙江省文化厅、省旅游局公布第二批浙江省非物质文化遗产旅游景区（民俗文化旅游村）。

2012年12月，新叶村入选首批中国传统村落名录。根据国家住建部网站消息，住房城乡建设部、文化部、财政部于12月20日公布第一批被列入中国传统村落名录的村落名单，全国共有646个村落列入首批中国传统村落名录，新叶村名列其中。

2013年4月20日，新叶五圣殿修复失火被烧毁的后进观音堂等处建筑。历时半年，村委会和热心村民共筹资10余万元终于使五圣殿得以修复。

2013年4月25日下午，文化部副部长、国家文物局局长励小捷考察新叶村。励小捷一行在浙江省文化厅巡视员鲍贤伦和建德市市委书记董悦、建德市文广新局副局长李友彬等领导陪同下先后参观新叶村西山祠堂、抟云塔、文昌阁等10多处文物点。励小捷充分肯定建德市政府重视新叶村的保护工作，并支持当地政府在加大保护的同时，着手适度的开发利用。他还表示："新叶村即将被国务院公布为第七批全国重点保护单位，国家层面上也将加大投入力度，并督促地方政府在继续做好保护工作的同时，注重挖掘、继承和发扬非物质文化，积极探寻文物村落保护事业与合理开发利用的发展模式。注意避免唯利是图的商业文化对于地方固有物质和非物质历史文化遗产的侵害。"

2013年4月28日，国家文物局印发了《关于做好第七批全国重点文物保护单位保护工作的通知》（文物保发〔2013〕7号），要求各地尽快依法完善第七批全国重点文物保护单位"四有"工作，实现保护管理工作的日常化、规范化和制度化。并将"第七批全国重点文物保护单位"有关材料上报国务院核定。

2013年5月，新叶村成为"国家重点文物保护单位"。5月3日，国务院核定并印发了《关于核定并公布第七批全国重点文物保护单位的通知》（国发〔2013〕13号），正式公布了第七批全国重点文物保护单位1943处，新叶村名列其中。另有47处项目与原有全国重点文物保护单位合并。

2013年9月30日，新叶村被国家文物局确定为全国6处"具有代表性的古村落"之一。国家文物局下发专门文件，在全国范围内选取河北鸡鸣驿村、山西湘峪村、浙江新叶村、安徽呈坎村、贵州地扪村和陕西党家村6处具有代表性的古村落，开展古村落保护利用综合试点工作。投入巨款用于开展古村落保护工作。为此，浙江省文化厅、杭州市文广新局、建德市文广新局专门成立了相对应的"非遗办"及有关工作领导小组专门负责实施此项工作。

2013年，开始修复古建筑"郡马府第"。"郡马府第"原名"存心堂"，又称"国戚第"。"存心堂"最早由玉华叶氏十世祖叶天祥所建，面积约有300余平方米。现存建筑有二进一天井，每进三开间，上进比下进高出一米左右，两进互不相连。在下进中间筑有6级台阶，可供人登上进，达到上下相通。台阶两侧是两口方形的小天井。下进前面是一座小院子，约70平方米，院落前正中建门台一座，为八字门楼，据老人们回忆厅前院子八字楼台两旁有石狮子一对，张牙半蹲，貌似迎宾送客姿态，院子两侧和门台两边，砖砌矮墙护卫着整座厅堂，围墙外侧粉刷红色，宫殿式样。

2014年1月29日，市委、市政府召开新叶村全国古村落保护利用综合试点工作专题会议，市领导戴建平、陈震山、童定干、汪华瑛、周友红、叶万生、祝军、尤荣福出席会议，市委办、市府办、统筹办、财政局、住建局、交通运输局、风景旅游局、文广新局、环保局、国资公司、大慈岩镇等单位负责人参加了会议。会议专题听取了新叶村全国古村落保护利用综合试点工作情况的汇报，并进行了认真分析研究。

2014年4月21日，建德市委副书记童定干、副市长祝军主持召开新叶古村落保护利用综合试点工作推进会议，发改局、财政局、风景旅游局、文广新局、审管办和大慈岩镇等部门单位负责人参加了会议。会议强调，各相关单位要按照《新叶全国古村落保护利用综合试点工作专题会议纪要》（〔2014〕1号）的要求，加强沟通，互相支持，提高效率，确保整体保护与基础设施建设同步推进。按照"政府主导、民众参与、让利于民"的思路，深化前期调研，想方设法调动当地村民积极性，动员他们主动参与、支持保护和开发，并让老百姓真正能够通过试点工作得到实惠。同意由浙江古建设计研究院编制新叶古村落保护利用文物本体技术设计方案；同意由北京清华同衡规划设计研究院乡土建筑研究所编制《新叶古村落保护利用综合试点规划》。争取把新叶村打造成：古村文化游、休闲运动、民俗农耕体验为一体的5A级休闲景区。

在这些大事中，2010年7月22日，新叶村获中华人民共和国住房和城乡建设部、国家文物局授予第五批"中国历史文化名村"荣誉称号。2012年12月，新叶村入选全国第一批中国传统村落名录。2013年5月，新叶村入选第七批全国重点文物保护单位。使新叶村连续拥有了三个国家级的荣誉头衔。特别是2013年9月30日，国家文物局下发专门文件，在全国范围内选取河北鸡鸣驿村、山西湘峪村、浙江新叶村、安徽呈坎村、贵州地扪村和陕西党家村6处具有代表性的古村落，开展古村落保护利用综合试点工作。投入巨款用于开展古村落保护工作。终使新叶古村成了在全国最受关注的六个古村落之一，而且是浙江省乃至整个东南部唯一的一个具有代表性的古村落。使新叶村这个长期以来被国内外访客和众多媒体称誉的"中国最大的明清建筑露天博物馆"终于得到了国家权威部门的确认。2013年至今几年间，新叶村里有130多处古建筑被建德市政府挂牌确定为需要保护的文物。"新叶三月三"和"新叶昆曲"也被评为浙江省级非物质文化遗产。探奇猎胜的海内外游客纷至沓来，整个新叶古村受关注受追捧的程度真可谓一时风头无两。

基于上述基础，新叶的名声还在扩大和上升，并最终迎来了一次爆发性的突破，那就是湖南卫视在新叶古村拍摄《爸爸去哪儿》第二季内容。

湖南卫视的《爸爸去哪儿》选外景非常讲究。节目组有专门的踩点小组，为了寻找适合的外景地，他们几乎踏遍了国内所有省份，栏目组对选择拍摄地有严格的要求，既要有开阔的户外场地，又要有未遭破坏过的人文环境，还不能离城市太远。多路踩

湖南卫视《爸爸去哪儿》第二季的明星及子女与大慈岩镇及新叶村干部合影

曹格父子住的"种德堂"

姚明在新叶古村

杨威父子住的"水云间"其实是一陋室

《爸爸去哪儿》第二季在"新叶古村"拍摄的宣传画

点组分赴全国各地外景地，拍摄当地的空镜画面，最后由整个导演组会商讨论确定。新叶古村位于浙江省建德市大慈岩镇，始建于南宋年间，至今已有800余年历史，整个村庄建筑布局以阴阳九宫卦象之数设计，充满了神秘感。现有老宅、古祠堂、建筑共200多幢，其中明代建造的约15幢，清代建造的约150幢，高低错落，欹正进退，是中国南方乡土建筑的典范，被誉为"中国最大的明清建筑天然博物馆"。除此，传承千年的"耕读文化"、淳朴的民风同样深深地吸引着导演组的目光，这也就不难理解，为什么最终新叶古村从全国1000多个竞争地中脱颖而出，最终成为《爸爸去哪儿》第二季在浙江乃至长三角地区的第一个拍摄地。

2014年5月24日至26日，湖南卫视在新叶村拍摄《爸爸去哪儿》第二季的第三、

《爸爸去哪儿》第二季在"新叶古村"拍摄的宣传画

新叶村村长叶伟君（右二）带领村民代表参加湖南卫视"天天向上"节目

四集内容。和第一季不同，第二季的家庭采用的是"5+X"模式，所以，在新叶古村的明星爸爸，除了曹格、陆毅、吴镇宇、黄磊和杨威外，还有"X-Man"姚明。姚明是5月25日下午来到新叶村的，导演安排姚明先藏在崇仁堂一群新叶人中间，节目中的"村长"安排陆毅女儿贝儿和曹格女儿"姐姐"去寻找村里最高的人到双美堂前摘枇杷，最后在崇仁堂把姚明找出来。然后，姚明与五位"爸爸"分成两组在进士第前面空地上比了一场篮球。然后由杨威带姚明来到南塘沿看他的住处"水云间"。晚上，姚明在新叶品尝由五位爸爸下厨做的晚饭后离开，姚明不在新叶住（新叶实在没有这么大的床）。据说，新叶村支书叶向滨拿出两个篮球让姚明签了名。曹格、陆毅、吴镇宇、黄磊和杨威则在新叶村住了三天两夜。陆毅住双美堂、黄磊住翰墨轩、吴镇宇住醉仙居（贻燕堂）、曹格住种德堂、杨威住"水云间"。

2014年7月，湖南卫视《爸爸去哪儿》第二季节目组5月份在新叶村拍摄的内容分两期分别于7月4日和11日晚10点在湖南卫视综合频道首播。因为之前有预告，这两个晚上，新叶村民和与新叶村有关的人竞相收看。

借助湖南卫视《爸爸去哪儿》的高收视率。新叶村一时成为各种媒体报道和人们日常议论的热门话题。新叶村的旅游更是借风乘势，旅游人数一下子由原来的每天几十人、几百人攀升到每天至少五六千人，一般都有每天一万多人，双休日最多时甚至达数万人之多。"明星效应"真是不得了，明星父子住过的地方、玩过的道具都成为游客探奇仿效的新旅游项目。

来旅游的人多了，新叶村的农家乐服务点由原来的6家一下子上升到40多家。其他自发性的服务点也涌现出来。一时间，在管理上就出现了一些不如人意之处，网上开始出现游客的牢骚不满。许多问题需要有关领导和管理人员重视和解决，才能保障新叶村的发展健康有序。2014年7月1日，浙江省历史文化村落保护利用工作现场会暨全省促进农民增收工作会议在建德召开。下午，副省长王辉忠及

浙江省委副书记王辉忠（右三）在新叶村参观叶昭林家院子

会议代表到新叶村考察。这是至今为止到过新叶村的最高级别的本省领导。可见浙江省对新叶村的重视。会议确定建德新叶古村落群要作为全省考察学习的样板。王辉忠在现场会上说："非物质文化遗产是历史文化村落的魂，在保护有形物质文化遗产的同时，要更加重视无形的非物质文化遗产保护，不能让历史文化村落只留下一个'空壳'。"

此后，新叶古村的名声还在扩大，《爸爸去哪儿》的"明星效应"还在持续升温。2014年6月12日，在永康市三江广场举行由浙江省文化厅主办，永康市人民政府承办的"浙江好腔调——'浙风越韵'专场"演出，浙江省的地方剧种：永康醒感戏、包山花鼓戏、临海车灯戏、平阳南湖马灯戏、永嘉溪下马灯戏、衢江茶灯戏（唱灯）、衢江马灯戏、庆元菇民戏、淳安三脚戏、金华徽戏、龙游徽戏、苍南八仙戏、东阳傩戏、温州南戏、平阳和剧、海盐腔、缙云杂剧、永嘉昆曲、武义昆曲、建德新叶昆曲等20多个戏班参加了演出比赛。新叶昆曲作为建德市唯一一支参演曲目在此次系列展演中亮相。新叶昆曲此次参演的剧目为《火焰山·狐思》，为《西游记》中的一个故事，剧情是：摩云洞内有一千年狐狸名唤玉面公主，因见牛魔王英俊，终日茶饭不思，恹恹成病。仆妇欢婆见此情况，便说愿意去说合婚姻，玉面公主豁然病愈。本折戏自清代中期至清末常常演出，民国以来演出极少。1929年，苏州昆曲"传字辈"中姚传芗曾从老艺人钱宝卿的病榻前学《寻梦》《题曲》及《狐思》三折，惜《狐思》未学完，钱宝卿便病故，苏州昆曲中《狐思》一折便成绝响。但是金华昆曲中此剧仍存，目前仅有新叶村能将此剧复排到舞台上。这次演出《火焰山·狐思》节目的是叶晓蕊、叶素珍、倪修凤，由叶昭镰指导。最后，建德新叶昆曲夺得了大奖："浙江好腔调"奖。

2014年10月22日至10月29日，中央电视台百集大型纪录片《走遍中国，记住乡愁》节目组走进新叶古村，拍摄纪录片《记住乡愁——浙江建德新叶村》。从中国传习几千年的"耕读"文化入手，突出新叶村"崇文重教"传统，揭示新叶古村厚重的文化元素。《走遍中国，记住乡愁》栏目以弘扬中华优秀传统文化为宗旨，展现传统村落风貌，梳理古村落文明基因，唤醒海内外华人记忆中的乡愁为目的。新叶古村从全国3000多个中国传统古村落、中国历史文化名村、中国民族特色村寨中脱颖而出，被选中成为全国100个拍摄村落之一，摄制完成后在中央电视台多个频道和地方卫视频道播出。

2014年11月26日，由杭州市规划局、建德市市委、市政府主办，杭州市规划展览馆、大慈岩镇政府承办的"留住乡愁——走进新叶古村主题展"在杭州正式开展，此次展览重点介绍了新叶村深厚的文化底蕴、秀丽的自然风光、独特的民居风格。

2014年12月4日，2014中国杭州（临安）生态养生旅游招商洽谈会暨第十届浙西旅游合作峰会在临安召开。来自杭州市和两区五县市政府领导、浙赣皖闽地区旅游部门负责人、旅游投资商、国际及长三角地区旅行商、国内知名旅游电商、养生专家、旅游企业代表等近500人齐聚一堂，围绕"生态杭州·养生浙西"主题，开展旅游产业商务洽谈、专家主题演讲、旅游线路发布、养生旅游体验等活动。其中马来西亚神州国际旅游（马）有限公司、印度尼西亚 168TOUR、德国途易旅游有限公司等多家国际旅行商，巅峰智业集团、隐居集团、杭州商旅集团、杭州东方文化园旅业集团、金成集团、滨江房产集团等大型旅游产业投资运营商，同程网、驴妈妈、携程网、途牛网、阿里去啊、品橙、游侠客等国内知名旅游电商参会。本次峰会特别推出"2014 浙西生态养生旅游目的地评选"活动。经过精心筛选，杭州 7 个区县市共有 34 个景点景区及酒店参与评选。11 月 13 日，34 个候选目的地图文并茂地亮相公众面前，引起强烈反响。短短一周时间，投票总数达 68 万余票。结合公众投票和专家评审，最后决出了临安天目山景区等 21 个获奖目的地，新叶古村名列其中。会上，新叶古村被授予"浙西生态养生旅游目的地"称号。

新叶村被评为"长三角最具内涵和特色的'江南传统村落'"。上海交通大学城市科学研究院的住房和城乡建设部《传统村落文化特征分析与评价研究》课题组负责人刘士林及其课题组成员：于炜、苏晓静、王晓静、张书成、马娜、朱宁嘉、孔铎、盛蓉、周之澄、周继洋联合在《光明日报》2015 年 2 月 27 日第 5 版上发表调查报告《长三角"中国传统村落"调查报告》，选出 10 个"长三角最具内涵

回乡创业的大学生叶磊创办的"农村淘宝新叶服务站"

和特色的'江南传统村落'"。新叶村位列第一名。课题组对新叶村的评价词是："物质文化方面规划精致，村落发展成熟且保存相对完整；社会文化方面仍保持有序的宗族结构和鲜活的文化传统；人文文化方面非物质文化遗产丰富多样。"该课题组联合研制了中国传统村落评价指标体系，并在苏浙沪 26 个中国传统村落开展大型调研，通过理论研究和田野调查，并充分运用聚类分析法和主成分分析法，参照开放访谈、参与性和非参与性观察，经综合评价与反复筛选，课题组认为新叶村、河阳村、儒里村、明月湾村、长乐村、冢斜村、宫头村、杨湾村、岩头村、彭渡村，堪称长三角最具内涵和特色的"江南传统村落"。

2015 年 3 月 11 日，阿里巴巴"农村淘宝"建德服务中心举行启动仪式，为本市首批 20 个村级服务站授牌。新叶村和同为大慈岩镇的李村村、汪山村成功入选成为建德市首批 20 个农村淘宝服务站。"农村发展战略"是阿里巴巴在海外上市后确定的三大战略之一。美国成功上市之后，阿里巴巴启动了千县万村计划，准备在三至五年投资 100 亿元，建立 1000 个县级运营中心和 10 万个村级服务站。2014 年 10 月，阿里巴巴集团"千村万县"计划的全国第一个县级运营中心在杭州桐庐正式启动。随后，第一个村级服务站——桐庐县富春江镇金家村服务站揭牌后，诞生了农村淘宝的第一

单，这也标志着阿里巴巴"农村发展战略项目"正式开始运行。秉承"企业主体、政府推动、市场运作、合作共赢"的宗旨，近年来，建德市委市政府搭建一系列电商服务平台，如阿里巴巴农食馆、阿里巴巴建德产业带、逸龙电商基地等。2014年，产业带线上交易额5000万元，带动线下交易1亿元；农食馆线上交易额3172万元，带动线下交易2.2亿元；电商基地正式入园企业62家，实现产值4亿元。新叶村及时赶上了新潮，相信搭载上"阿里巴巴"的梦想列车，新叶村会发展得更快、更好。

2015年3月31日，由华东旅游媒体联盟组织的第二届华东十大油菜花观赏地最终评定及颁奖仪式在浙江开化举行。新叶古村成功入选"华东十大油菜花观赏地"。自此，华东旅游媒体联盟开始第二届华东十大油菜花观赏地推荐评选活动。此次评选推荐范围以苏、沪、浙为主，兼顾周边省市，以景点（村镇）为评选单位，要求油菜花资源丰厚，有一定的栽培历史和规模，并在市场上有一定知名度和影响力，旅游环境优良，基础设施完善。华东第二届十大油菜花观赏地评选活动经过数月推荐、体验、调查，经百家旅行社和百家媒体投票评出十五强。于3月30日晚进行第二轮角逐最终评出"第二届华东十大油菜花观赏地"。开化国家公园夺得本届花魁，其次是南京高淳桠溪慢城、仙居双庙、婺源篁岭、遂昌南尖岩、上海奉贤花米庄行、苏州阳澄湖莲花岛、上虞覆卮山、建德新叶村、江西安义。

2015年4月6日，新叶硕公祠举行落成典礼及祭祀大典。世界叶氏宗亲联谊总会常务副会长和建德市政协副主席叶志高为硕公塑像揭幕，随后进行了隆重的祭祖仪式。来自世界叶氏宗亲联谊总会浙江分会的负责人以及建德、兰溪、桐庐、浦江、义乌、松阳、永嘉、金华等地的叶氏宗亲代表300多人参加大典。综合多处叶氏族谱资料：叶硕，字孟洪，约生于西晋太康八年丁未（287），卒于东晋永和壬子（352），享年66岁。硕公为叶公沈诸梁之后叶氏的第26代，叶氏南迁始祖叶望公的第四代后人（玄孙）。西晋永嘉年间（307—312）曾为大将军、会稽太守、新安（今淳安一带）郡守。隋朝仁寿三年（603），以新安故城置睦州。大业三年，改睦州为遂安郡（民国时期至20世纪50年代尚有遂安县，县城在今千岛湖底，20世纪60年代，因建新安江水电站而撤销遂安县，其民被迁移外地）。唐武德四年（621），复遂安郡为睦州。北宋宣和三年（1121）于镇压方腊起义后改睦州为严州。古新安、睦州等地的叶氏族人一般认硕公为始祖。《玉华叶氏宗谱》载，"硕生二子：曰旷、曰豫。豫生二子：长曰绩，次曰续。自琚、璇而下，各以其族散居四方：凡居湖州之乌程者，承绩之后也；居睦之寿昌者，承硕之后也；居建之建安者，承游之后也；居衢之西安者，承原之后也；居歙之新安者，承续之后也；而处（丽水）之族，实出于俭。"既然"居睦之寿昌者，承硕之后也"，源自寿昌湖岑的玉华叶氏自然是硕公后人，建硕公祠以缅怀先人很有必要。新叶硕公祠建于三石田村边，2014年动工，至2015年4月建成。

2015年4月11日，新叶文化体验入选杭州最具品质体验点。杭州网等媒体经过为期一个多月的公开征集和评审，最后从2600多个候选点中评出："时间的印记""栖居的诗意""服务的细节""创意的灵感""悦学的乐趣""食养的活力""行走的时尚"7个主题板块共 80 个体验点。新叶文化体验入选"栖居的诗意"品质体验点。

新叶古村成功入选"2015 大杭州十佳亲子出游景区"。2015 年 4 月 14 日，杭州市旅游委员会宣布：为期三周的"2015 大杭州十佳亲子出游景区"评选活动结束。杭州野生动物世界、杭州极地海洋公园、千岛湖、杭州烂苹果乐园、巴比松米勒庄园、杨溪忠孝学堂、青山湖、农夫乐园、杭州乐园、新叶古村十处景区成功入选。新叶古村入选的理由是：明清建筑保存完好，留有传统耕读文化的影子，《爸爸去哪儿 2》取景地。

2015 年 4 月 22 日，农历三月三，中央电视台 4 频道（中文国际频道）《远方的家·江河万里行》栏目组再次走进新叶古村拍摄节目。这次，央视剧组将从新叶传承八百年的"三月三祭祖大典"入手，以民俗文化为主题，揭示古村厚重的文化元素。栏目组在建德进行 7 天的拍摄，除新叶古村外，还对建德市其他地方的特色文化进行了拍摄，摄制完成后，在中央电视台多个频道和地方频道播出。

2015 年 4 月 25 日，2015 首届杭州建德市"新叶古民居山地车挑战赛"在新叶古村成功举办。本次活动由建德市人民政府主办，建德市风景旅游局、建德市体育局、大慈岩镇人民政府承办。本次山地自行车挑战赛分男子精英组、男子大众组、女子组三个组别，来自全国各地的 132 名选手参加了比赛。比赛线路：从新叶古村旅游集散中心出发，经过汪山村、白山后村、岳家村，回到新叶古村旅游集散中心。全程约 18 公里。

2015 年 5 月，国家城乡住房建设部城乡规划司组织中国城市规划设计研究院等五个院所的专家赴我省开展"十二五"历史文化名城名镇名村保护设施建设规划实施情况调研，5 月 6 日，调研组来到新叶村进行实地走访调研，了解新叶村的保护设施建设、资金落实使用、居民生活环境改善等情况。随后召开座谈会，听取了有关情况汇报。调研组充分肯定了我市在新叶村保护设施建设规划实施方面的成绩，也看到了新叶村保护发展中面临的资金、土地、体制等方面的难题。调研结果将会成为制定《"十三五"历史文化名城名镇名村保护基础设施规划》

新叶农村信用社ATM机2015年7月24日试营业

的依据。也将助推新叶村的继续发展。

2015年7月24日，新叶农村信用社ATM机试营业，新叶从这天开始可以自主存取款了，这是继年初阿里巴巴农村淘宝点落户新叶之后又一项方便村民的重要举措。也是新叶村向金融现代化迈进的重要一步。

2015年10月15日至17日，"中国首届传统村落保护利用国际高层研讨会"在建德市举行。来自国内外的四十多名专家学者齐聚新安江畔，笔者本人和新叶村的叶桐宽也应邀参加了会议。会议围绕传统村落的保护利用这一主题进行了深入探讨，专家们专程考察了新叶古村，并为新叶古村的发展把脉，针对古村落的保护利用问题提出了许多可资借鉴的思路和方法。这是继2009年"第二届中国乡土建筑文化抢救与保护暨建德新叶古村研讨会"之后，主要针对新叶村的又一次高规格的盛会，会议成果将为新叶的未来发展提供诸多帮助。

2015首届传统村落保护利用国际高层研讨会会场

如今，这个藏在深山之中，拥有800多年历史的新叶古村终于为世人所认识，并可以说是名扬海内外了。尽管新叶的发展还有不尽如人意的地方，还存在着这样那样的问题。但我相信每一个新叶人都无法否认的事实是：我们村里的路比以前平坦整洁多了，门口小沟里的水比以前干净多了，村里池塘中的水比以前清澈多了，村里的祠堂等公共建筑得到保护了，村民住的房子比以前舒心多了，大家的总体生活水平提高多了，大家的脸上笑颜多了，新叶人走出去比以前有面子多了，新叶小伙娶媳妇都比以

陈志华教授在新叶玉泉寺与修复古建的木工叶木山合影

陈志华、楼庆西、李秋香合著的有关新叶古村的书

2013年正月，叶志衡（左）与陈志华（中）、李秋香（右）
在新叶合影

前容易多了……

新叶村能有今天的发展，今天的成就，固然与新叶古村本身的文化底蕴，有那么多古老的硬件有关，但在这个过程中，我们不能忘记那些曾经为新叶村的发展做出过重要贡献的人们。首先要说的是三个非我玉华叶氏的人，他们是：陈志华、洪庆华、李友彬。

首先是清华大学建筑学院教授陈志华先生，以及他的团队成员李秋香教授、楼庆西教授和一批批的清华学生对新叶古村的发现、高度评价以及宣传推广之功，新叶人不能忘记。

可以说是陈教授等清华学人让外人知道了新叶古村。陈志华教授原先在清华大学讲授外国建筑史，退休后专门从事中国乡土建筑调查保护。从1989年开始，他和李秋香二人，每年春秋两季都会带上一批学生下乡，想赶在乡土建筑消失之前，尽可能留下一部分资料。新叶村和临近的诸葛村就是他们在1989年就开始关注的古村落。后来，诸葛村乘势得到了保护和开发，率先在全国出名。新叶村则由于种种原因滞后了20年才引起各方重视。为了调查和保护古村落，陈志华一行人曾吃了不少苦头。20世纪90年代初，道路交通条件比较差，他们翻山越岭，经常要坐拖拉机和三轮车，走的不是马路，而是机耕路。下雨天全是烂泥，不下雨时满天飞尘。陈教授说："很多人对我们的做法不理解，觉得烂房子还要保护什么呀。有的地方村民骂我们自己住楼房，却要他们住老房子，问我们安的是什么心思。"碰壁的时候太多了。有一次，他和李秋香到一个村子进行调查，他们在老百姓家里进进出出，拿皮尺丈量房子，居然被当地人认成了特务，还叫警察来抓捕他们。陈志华的队伍也就两三个人，调查一个村落往往要花上个把月时间，有时还要反复去好几次。"我们从来不去旅游景点，好东西都藏在交通不便的地方。"他的调查没有固定模式。有的村落建筑细节很丰富，他们在细节上下功夫；有的村落历史很有意思，就多写一些历史故事。还有的村落建筑和历史都不复杂，但村子的形成过程很有趣，就在这方面多了解一些。新叶古村文化底蕴丰厚，因此，他和楼庆西、李秋香三人合著的有关新叶古村的书中就有很多介绍新叶文化的内容。

从1989年开始，陈志华教授、李秋香教授和他们的团队成员持续关注我们新叶村，陈志华教授曾自称是"新叶老年协会成员"，与李秋香教授等人多次来我们新叶村调研，做规划，做指导，出版有关新叶村的专著，发表有关新叶村的论文，在不同场合为新叶村呼吁，才使更多的人逐渐知道新叶村，了解新叶村，重视新叶村。所以，陈先生和他的清华团队对新叶古村这块璞玉的发现和力荐之功不可没。

其次是洪庆华市长为代表的建德市政府的重视让新叶古村的保护和开发走上了正轨。早在梁建华担任建德市委宣传部部长期间就想保护和开发新叶古村，苦于当时的市委、市政府没有形成共识。洪庆华担任建德市长主政建德期间，是我们新叶村发展最关键，也是最快的时期。曾经担任过富阳市领导，有着开发建设富阳龙门古镇经验的洪市长，看到比富阳龙门古镇更加保存完好，

洪庆华市长在"2009第二届中国乡土建筑文化抢救与保护暨建德·新叶古村农耕文化研讨会"上致欢迎辞并介绍新叶村的情况

更具开发价值的新叶古村时，异常兴奋。他力排众议，多次召集市级有关部门主要领导对新叶古村的现状进行评估，带领包括大慈岩镇和新叶村领导在内的成员去婺源、西递、宏村等地考察取经，回来反复斟酌、制订了有关新叶古村有序保护、永续发展的各项规划。大慈岩镇和新叶村也都配套制订了相应的保护政策和措施。特别是在2009年下半年和2010年上半年，洪市长倡导组织承办了"2009第二届中国乡土建筑文化抢

洪庆华市长在"2010'中国（建德·新叶）三月三农耕文化节"启动仪式上

救与保护暨建德·新叶古村研讨会"，在新叶村现场举办了"2010'中国（建德·新叶）三月三农耕文化节"。请来了全国各地顶尖的专家为新叶古村的保护发展把脉献计，并从政策到资金上使新叶古村的保护真正得到落实，为后任的领导持续保护新叶古村打下了很好的基础。是洪市长为代表的建德市委、市政府历届领导以及大慈岩镇的各届领导对我们新叶古村的重视，最终使新叶古村的保护与开发真正上台阶，上档次，上规模。

其三是李友彬等人的奔波努力，终将新叶古村推向全国。李友彬是笔者的高中同学，是新叶临近村子白山后村人，帅哥一枚。我几次跟他交谈，都被他一个非新叶人对新叶村的熟悉程度所感动。我想这要不是出于对新叶村的爱和投入大量时间是做不到的。李友彬在1983年通过考试进入当时的唐村公社（现在的大慈岩镇）文化站工作。由于是搞文化工作的，所以，对全公社各大队的"文化"家底做了很详细地摸排记录。应该是从这个时候，他开始特别关注文化底蕴深厚的新叶村的。1989年，清华大学陈志华教授一行初次来新叶村，李友彬全程陪同并作介

李友彬、叶昭荣、老乡长叶昭朋给清华学生介绍新叶情况（叶昭荣提供相片）

170

绍。之后几年中，清华大学的师生和其他地方有人来新叶村调研、写生等。李友彬大多陪同，或是帮助联络牵线。当新叶村的老人向外人介绍新叶历史掌故时，李友彬常常在旁一起倾听，这也是他之所以熟悉新叶掌故的重要原因。据说，十几年前，新叶村的镇村之宝"圣旨匾"被盗后，李友彬带着新叶村干部多方探访、查找，最后在衢州境内的一家民间文物市场发现了已经成为卖品的"圣旨匾"，虽然通过各种关系想要取回"圣旨匾"，但作为商人的对方开价太高，以当时我们新叶村的财力根本无法承受。李友彬一行人动员各种力量，经多方劝说，"圣旨匾"的卖家最后提出了一个看似合理，但颇让人犯难的要求："如果能将圣旨匾上内容一字不差地背出来，就证明这匾是你们新叶村的。"卖家将无偿送还。李友彬硬是当着那么多人的面将"圣旨匾"上的内容一字不差地背了下来，终于震住了这位商人，也感动了这位商人。经过数月的奔波揪心，李友彬一行终于将新叶"圣旨匾"带回到新叶村。此事在央视4频道有关新叶村的节目中也有介绍。我想即使土生土长的新叶本村人，也没几人能做到像李友彬那样对新叶文化的熟悉程度。

2007年，李友彬从航头镇调任大慈岩镇的镇长，就开始全面规划保护新叶村及周边的古村落。据我所知，他多次走访新叶村中几户位置较适合开农家乐的村民家庭，动员他们吃头口水，去申请办农家乐的营业执照，并表示镇里会全力支持。新叶村最初的两三户农家乐就是这样办起来的，因为新叶传统没有经商之风，开店经商是不被

李友彬与笔者在2009"第二届中国乡土建筑文化抢救与保护暨建德新叶古村研讨会"上

看好的。李友彬担任建德市文广新局副局长后，专门分管全县的非遗保护等工作。更有了专门的时间投入到这块工作中。要保护好新叶古村，就要有经费，而当时的县财政一时还无法拨出太多的保护经费。这就需要从上级有关对口部门去争取保护经费，而想要得到上级部门的经费，就要对新叶古村进行大量的价值论证，并逐级申报成为市级、省级、国家级的文保单位。为了能使新叶村等尽快地申请获得这些称号，李友彬以建德市文广新局为平台，在文广新局主要领导的支持下，在建德市政府领导的支持下，请专家、做调研、整材料、填表格、跑部门，做了大量的前期工作。其中，上面提到的洪市长倡导组织承办的"2009 第二届中国乡土建筑文化抢救与保护暨建德·新叶古村研讨会"和"2010'中国（建德·新叶）三月三农耕文化节"两次活动，其中繁重的会务安排联络等工作就是主要由文广新局承担的。而李友彬是会务主要负责人。

在新叶管委会举行的座谈会上
（从左至右：李友彬、李秋香、陈志华、叶志衡）

这两次活动对扩大新叶村的影响至关重要。之后的两、三年里，新叶村连续拥有了"全国重点文物保护单位""中国传统古村落""全国 6 个具有代表性的古村落保护利用试点之一"三个国家级的荣誉头衔和多个省级、市级荣誉头衔。几年间，新叶村里有 62 处古建筑被建德市政府挂牌确定为要保护的文物。"新叶三月三"和"新叶昆曲"也被评为浙江省级非物质文化遗产。栽好梧桐树，才能引来凤凰栖。众多媒体都那样关注新叶古村，包括湖南卫视《爸爸去哪儿》第二季节目组到新叶古村拍摄外景，也是在众多像李友彬这样的人努力下，在这样的大背景下促成的。每一次媒体到来，李友彬总是忙前忙后、热情接待、详细介绍，希望能借助媒体的力量扩大建德的影响，扩大新叶村的影响，将新叶村推向全国。如今，李友彬和文广新局的同仁一道，正在筹划更大一盘棋，希望新叶古村的保护开发能更加良性有序地发展，并努力探索和总结新叶古村保护开发的经验，希望能够带动周边的上吴方、李村、三元村、岳家及汪山等村落的保护和发展，进而带动全建德市的非遗保护、文物保护，甚至可以形成一套能够为全国的古村落保护提供可资借鉴和复制的"新叶模式"。

在回顾介绍新叶村发展历程的时候，我们自然也不应该忘记新叶本村那些曾经为新叶村的发展做出过不懈努力的人们。新叶村历届领导，职责本分，自然要为新叶的未来筹划，为新叶的发展操心。此外，叶桂昌等寿中老师创办网站，凝聚新叶籍及周边村子人员，成了宣传和展示新叶的有效平台。华东师大教授叶建农多次出资支持新叶古村网的坚持和发展，多次为了家乡的事情专程赶回新叶。中国美院的叶昭忠老师几乎承担了新叶公共厅堂全部楹联的书写，多次参加座谈会，献计献策，每年春节和三月三前夕，都从杭州赶回新叶，忙得不亦乐乎。唐正富、叶先元等人不断撰写介绍新叶文化的文章。叶春松用摄影作品宣传新叶。叶志衡、叶锡君、叶素珍几位教授各自利用自己的平台为家乡呐喊和争取利益。特别应该说一下新叶村老年协会的那些长者。他们主要由新叶籍在外工作过，退休回村居住的老人组成。他们既有阅历、有见识，又了解新叶村，更重要的是他们是那样地爱着新叶村。因此，他们可以那样不计报酬地为新叶奔波忙碌。老乡长叶昭朋（叶早平）为新叶村做的善举，桩桩件件，新叶人有口皆碑。叶培华牵头第十一次重修村谱，凤新、昭镰、鸿富、荫昌、瑞荣、海春、惠芳、质彬、正富、土平等人共职其事。昭镰、鸿富老人更是多次参与协调、接待外来人员，推介新叶文化，特别是对"新叶昆曲"的挖掘、传承。叶荫昌老人志愿管理新叶图书室多年，使新叶图书室成了展示新叶文化的窗口之一。叶瑞荣、叶运昌在收集整理新叶文化方面做了大量工作。叶寿华也整理记录了部分新叶民歌。特别是叶昭镰老人不顾年老体弱，整理出了"新叶草昆"的手抄本，并将新叶昆曲部分经典唱腔录音保存，为新叶昆曲的传承做出了重要贡献。新叶村老年协会的老人们为了新叶做的工作都可以写一本书了。自然，限于我个人的了解不够全面，上面提到的人和事，肯定会挂一漏万。我罗列这些的目的，只是想说明，一个村子的发展进步，离不开众多人的努力和付出。

尽管新叶村目前还存在着这样那样的问题，但总体发展状况良好。如果说20世纪五六十年代，新叶村跟全国各地众多乡村一样，完成了改天换地的伟业的话，那么，自从改革开放以来，特别是最近十几年来，古老的新叶村欣逢好机遇，正在焕发青春，正在完成继往开来的大使命。照目前看，人气是有了，硬件内涵本来就具备，就看如何整合和展示，关键还是管理机制。如果管理跟不上，人气就长久不了；如果能广泛采纳先进经验，像其他成功的村落一样，尽快形成一套长效的能为各方接受的管理机制，那么，新叶村的永久繁荣也并非神话。这需要各级领导和直接管理者以及每一位村民的参与、配合，共同努力。此问题在后面的"对新叶古村保护和开发的思考"一章中有所展开。祝愿我的故乡新叶古村未来更美好！

第六章　新叶村的村落沿革

新叶村地处金衢盆地北部边缘，板块构造属晚元古代太平洋板块俯冲带。周边山岭隶属浙西的千里岗和龙门山系，仙霞岭支脉。村子建在一片大约 5 平方公里的开阔地上，周围群山环抱，丘陵蜿蜒，是一个典型的封闭式空间。

一、十八姓建村

早在南朝齐梁年间,现在的新叶村及周边区域内开始有十八个姓氏的住户散居（新叶村及周边曾挖出不少古代碎陶器、瓦片等，经鉴定，最早的是南朝齐梁年间的瓷器和陶器），当时十八个姓氏中没有叶姓。十八个姓的族民大多因中原"五胡乱华"（西晋"八王之乱"）南逃后，几百年间陆续迁至此地。大致在隋唐年间，佛教鼎盛，玉华山下十八个姓氏的住户共同建造寺庙：五圣庙。俗称"十八造"（《兰溪县志》载玉华山下"玉泉寺"为"隋代古刹"。"玉泉寺"之名因元末朱元璋经过此地题诗后，村民依诗所改）。香火很盛。唐宋年间，十八姓中，以白姓和夏姓家族力量较强，白家人遂将村西最高的玉华山改称为"白山"建有"白山庙"[①]，夏姓族人将玉华山改称为"夏山"。外人称这一带村名为"白夏"。宋宁宗嘉定元年（1208），玉华叶氏始祖叶坤来到玉华山下夏家，为过继子。后来，叶坤后人恢复叶姓。叶氏逐渐成为玉华山下比较强盛的家族之一，此地就开始称：白夏叶。再后来，除玉华叶氏一直坚持在新叶村这块土地上生活到今天外，而另外的十八姓族民陆续外迁，这块土地几乎成了叶氏独占的王国，因此，明清以后，此地的村名一直被称作"白下叶"，或"白下里叶"，意为白山下的叶氏居住地。并长期归兰溪县管辖。直到 1951 年 7 月，白下叶由原来的兰溪县三峰乡管辖划归寿昌县玉华乡管辖，当时寿昌县县长叫张文楷，县政府在寿昌镇。村名由"白下叶"村改为"新叶村"，"寓意"万象更新"之意，辖新叶、诸坞、花园里三个自然村。经过实地考察，先将曾经在新叶村这块土地上生活过的十八姓族民原先的居住区域作一个大致考证：

---

① 　与新叶村邻近的李村也建有"白山殿"，并于近年恢复。其传说与新叶的传说不同。

1. 白家

旧址在下旺角崇仁堂北,白山崖即与白家有关。迁出较早,白家迁出,白山崖(白山)随即改名成为夏山崖(夏山、夏峰)。叶坤初来,此地官名为白下(白夏,一说李村曾叫白下)。可见,白家人口最多。白家可能于元末迁出,其中一支迁往福建。现在牛台孔往五圣殿路边的"白路山"可能也与当年的白家有关。

2. 夏家

旧址在郭门,玉华叶氏叶坤坟南侧。叶坤初来夏家便在此居住。夏家一支于公元1240年前后迁走,迁往金华龙游一带。今走向杨梅园的路边,有个夏池塘,原是两塘相连,后成一塘。应当是夏家遗迹。今新叶村西北五里处的余坞山自然村仍有夏姓人,与当年玉华山下夏姓有关。

3. 宋家

旧址在宋家坞(新叶水电站附近),新叶村北偏西一里的山弯里,因为雨季总有水患,而旱季总是非常干旱。家族人口数量不多,其力量不足以修造水道。于叶克诚时代迁出,迁往金华龙游某地。

4. 卢家

旧址在新叶往玉泉寺的半路上,位置在新叶村北边,至今仍有卢家坞、卢家后地名。相传,卢涵之和卢喜之是两兄弟,先后都考上进士。卢家门口有口塘,后来人都称为卢先生塘。塘址在公路下方,此塘于1973年被填没。据说卢家后代移居淳安,而淳安在建造新安江电站时被淹没,又移居他乡。其一支脉在山西大同还有后人。一说"卢"当作"罗"。因为新叶方言"卢""罗"不分。

5. 许家

旧址在前山岗南侧的上方山脚,于元末迁出,初迁至前山边居住,后又迁往远方。详情已不可考。

6. 应家

旧址在前山岗南侧的下方山脚,许家和应家都在前山岗南侧居住,这两个小村庄的人性情刚烈,豪取强夺,仗势欺人。新叶村中传说,应许两家有十八个经常围裹着青巾的汉子平时气焰嚣张,经常欺负夏、叶两姓。无奈之下,夏、叶两姓人只好切断前山岗两村龙脉,以灭其威风。但是当天挖断,晚上又自己复原了。后来,夏、叶两姓请来风水先生察看指点,说挖断后要用黄狗血淋洒,才能不再复原。夏、叶两姓就挖成一个大池塘后,用黄狗血淋洒,这两个村落就逐渐衰落,先迁至前山边居住,于元末明初时候迁出。但传说不足信。一说应家迁往地为兰溪城边,现兰溪南郊确有应家村,不知是否与此应家有关。

7. 汪家

旧址在新叶村的东面,离新叶村两里的汪村岗。明代初期,移居至现在的汪山。据传,汪家后来科举兴盛,很长时间里,村里经济水平都很好。所以,虽然地处山上,也经常与新叶、李村等当地大村联姻。

8. 翁家

旧址在现在的翁坞里（翁桑园）。道峰山东面山脚下。因为常有水患，于叶坤初来后不久，翁家便迁出。去向不明。

9. 尚家

旧址在玉华山下的甲墩坪，上渠道上方。于叶坤初来后不久便迁出。去向不明。

10. 吴家

旧址在玉华山下的樟树坪，上渠道下方。明代中期迁出。徙往现在的吴山边和大塘里一带。上吴方村（村民姓方）的命名与此吴姓有关。

11. 陈家

旧址在石灰包顶，上渠道上方。元代末期迁出。一说迁往福建，具体地址不详。与现在儒源的陈姓不是一回事。一说此"陈家"实为"沈家"，现在上渠道有一山岗叫"沉塘岗"，下面是沉塘。再下面是水渠。古时上吴方人进山砍柴来回必经此岗。

12. 唐家

旧址在百步阶，新叶西山祠堂西面半里。在元初叶克诚时代迁出，迁往杭州北面地区。据说，后来繁衍出一大宗族，但具体地方未详。此唐家与新叶邻村的上塘坞唐姓无关。

13. 胡家

新叶方言"胡""吴"，"黄""王"发音完全相同，因此，后人常常将胡氏与上面的吴姓相混，其实"胡""吴"二姓没有关系，胡氏旧址在石塘下走往塔下路过的胡塘山一带（原来大枫树所在的山坡）。在叶克诚年幼时，胡氏人即已迁出，迁往龙游。只留下大胡塘山、小胡塘山的地名作印证。

20世纪90年代初的新叶小胡塘山（这里曾是十八姓中"胡"姓住地）

14. 徐家

旧址在西山岗(西山岗原来要比现在高和开阔得多)东侧山下,村前面曾有较大池塘,称作徐塘。因为常有水患和土地贫瘠而在明代初期迁出,一说迁往江苏,具体地址不详。

15. 洪家

旧址在三石田村的上首山上,古称为洪童源。大致在明代初期迁出,迁往何处不详。今在三石田村边山上（硕公祠后面）的灌木丛中,有多处房屋屋基遗址。

16. 童家

旧址在三石田村的上首,古称为下童村。大致元代末期迁出,迁往何处不详。今三石田往新叶西山岗的一条小路上留有一口很深的古井,上用巨石覆盖着,当地人说,此井是当年童、洪两家的井。

17. 黄家

旧址在今黄郭坞、十字路口一带。据传,明代中期迁出,但不足信,何时迁出,迁往何处不详。

18. 张家

张家地址在新叶村东花园里。据说,新中国成立初期,村里仅有5人,现已发展为10余家,40余人,是原十八姓族民中,今天唯一仍然在新叶村内居住的族民。

原十八姓族民中并不包含叶姓。自从叶氏在宋末来到了新叶村这块土地后,第三代传人宋末元初的叶克诚邀请大儒金履祥一起确定了新叶村的居住位置,规划了整个新叶村的总体村落布局。整个村的布局是按五行九宫设计的。它坐南而面北,以有序堂为中宫,与外面八条通道分别形成:白、黑、碧、绿、黄、白、赤、白、紫九宫,这里面有着深奥的学问,八百年来无人能解,故至今仍是一个谜。这个谜又跟上文提到的风水先生帮助新叶二世祖看风水的传说紧紧纠缠在一起,云遮雾障。

站在高山上看新叶,其村庄周围有五座山岗,很像五条船,它们的头都朝向地势最低的南方。这地方就是新叶村的水口。在古代,这里古木参天,随着20世纪末,位于胡塘山的有400余年的大枫树枯死,村中古木已荡然无存。好在新栽种的几颗樟树也已枝繁叶茂,仿佛在诉说这一带从前的盛况。20世纪50年代,塔下一带还有一片郁郁葱葱的柏树。树下曲径通幽,别有意趣。抟云塔、文昌阁在此起到了画龙点睛的效果,它既融进大自然的秀美之中,又为新叶起到了镇村的作用。《玉华叶氏宗谱》载:"造此塔以补八卦巽方之不足,与玉华、逍峰两山互成鼎足之势。"塔名"抟云",典出《庄子·逍遥游》"抟扶摇而上者九万里"一句,寓意步步高升,意在培植族人的文气。稍后又在塔旁建一文昌阁,以护佑我叶氏后辈崇尚读书,且学有所成。同时,抟云塔又像是定海神针,定位之锚,与五座船形山脉有着密切的关系。像《玉华叶氏宗谱》说的"五船会于水口,必顺流至江,则村中人丁,财富不能聚也,故建塔以拴之"。

在建筑学上,村落的整体布局是古民居建筑组织结构上的最高层次。它的形象能体现出一种强烈的追求和精神象征意义,村落整体轮廓与所在的地形、地貌、山水结

新叶古村整体轮廓

新叶古村平面位置图

合得自然和谐。

新叶村的整体布局十分典型，它既仿徽派风格而建，又有其独特之处。它坐南而朝北，以玉华山为屏，面对道峰山，狮象把住水口。其间有小溪弯弯曲曲穿村而出，名曰曲溪。村庄布局讲究阴阳八卦，并按五行九宫而建，深深地凸现出传统文化的内涵。

村子四周山峦环抱，山脚地势平缓，其间山地、坡地、水田地形多样，非常有利于林、牧、渔、桑、果、茶等农作物和经济作物的种植、经营和发展。村外村内池塘水库点缀有致，不仅有灌溉、贮存、养殖、观赏之功能，而且又为村民提供了浣洗卫生、消防等生活方便。

村里房屋大都相连，弄堂错综复杂，布局精细。这里有子孙后代团结一致，互帮互助的意义。从这里我们可以看到玉华叶氏祖先有着很高的文化素质和超群的智慧。

良好的环境选择，给子孙后代的繁衍创造了一个有利的条件。通过几十代人的努力，新叶人确实发达了，务农的五谷丰登，经商的财源茂盛，读书的为官作仕，村里老人大多健康长寿，真正应验了古时"千丁出入，千年无灾"的预言。这里面有着深奥的学问，是得益于风水先生的设计，还是叶克诚联合大儒金履祥精心堪舆的结果？这一问题，八百年来无人能解，至今仍是一个谜。所以还是要先来叙述一下那个在新叶村人人皆知的关于"放牛小孩"与风水先生的传说。

二、"放牛小孩"与风水先生的传说

说到新叶的村落格局和风水的事，新叶村民就一定会提到一个神秘的传说。在新叶村民中，世世代代口耳相传有一个"放牛小孩"的传说，说出了叶坤成为新叶村叶氏始祖的过程。笔者从小每逢正月里到宗祠或厅上给祖宗像上香[1]，或跟大人去祖宗坟前祭拜时，笔者父亲和其他年长者都会不厌其烦地给年轻人讲这则传说。为了写作本书，笔者又采访了几位熟悉村中掌故的老人。

传说大致是这样的：叶坤7岁那年，家人把他过继给了白山崖下的娘舅家。娘舅姓夏，当时夏家是当地附近十八姓[2]住户中比较富裕的家族。叶坤娘舅这一户[3]始终生不出男丁，只能从寿昌湖岑的姐妹家过继一个男孩来当儿子，好继承家业。叶坤长大后，娘舅做主，跟夏姓表妹结了婚（故有人赘之说），成了夏家的主要劳动力。但旧时代的上门

---

[1] 新叶一带正月祭祖宗的总称，包括烧香烛、黄纸，燃放鞭炮等。

[2] 1936年版和2002年版《玉华叶氏宗谱》中都有一些新叶周边十八姓分布情况的地名信息。新叶村早期十八姓的资料，前文已有所介绍。

[3] 除了叶坤娘舅这一家，夏姓肯定还有其他户头，如叶坤娘舅的兄弟，或者叔伯兄弟家等等，只是各自立户。所以，后来叶坤后代取代夏姓娘舅家用叶姓后，夏姓依然存在，后代迁走的夏家应该是叶坤娘舅的同族其他人。

本书作者采访熟知新叶掌故的叶昭镰老人（89岁）

本书作者采访叶向阳堂兄（75岁）

本书作者采访叶昭德老人（78岁）

女婿地位很低，娘舅对这个既是外甥，又是继子，又是女婿的叶坤并不友好，平时经常让叶坤受气不用说，娘舅还经常对他打骂，特别是叶坤与表妹生了两个儿子：光赞、光隆后，娘舅觉得夏家有后了，就更是不把叶坤放在眼里。叶坤终于忍受不了，逃离娘舅家，回到了寿昌湖岑老家，仍旧恢复姓叶。

叶坤的两个儿子在夏家都长到十几岁的时候，开始替家里放牛。在一次放牛回家的路上，发现了一个晕倒的男子，兄弟俩把他扶到牛背上，驮回了家，请医生救活了他。原来这是一个从福建一带云游到这里的道士，由于得了寒热病（疟疾）加上饥饿就晕倒在路上了。夏家两兄弟让这个道士留在家里养病。两兄弟白天放牛，一回家就去看望这个道士，道士病情有所好转之后，自述姓王，乃福建著名术士王伋[①]后人，世代通习堪舆卜卦之术。为了报答两个放牛小孩的救命之恩，王道士病愈后就留在夏家，精心教两兄弟认字读书，并给他们讲一些奇门遁甲、堪舆相术的趣事，也给他们讲一些做人的大道理，不收一分佣金。王道士有

① 王伋（约1007—1076），北宋著名堪舆家。祖籍洛阳，其祖父贬官江西赣州。王伋又从江西移居福建，因屡试不第，忿而改攻堪舆地理，隐居松源镇（今福建省松溪县政府所在地）。复活了被人们淡忘的八宅风水理论，形成新的理气学派，后人尊之为闽派或福建派（与杨筠松的形势派相对应）。"其为说主于星卦，阳山阳向，阴山阴向，纯取五星八卦，以定生克之理。"因此，有人将王伋尊为理气派的祖师。王伋遗著有《心经篇》《问答语录》。

时也给人看风水。故而，村民称他"风水先生"。光赞、光隆兄弟非常好奇和崇拜王道士，以先生之礼待之，平时有好东西都会送给先生。转眼几年时间过去了，王道士要继续出去云游了。夏家兄弟很不舍，道士答应过段时间就来看望兄弟俩。

新叶村东北5华里处石坞里玉华叶氏二世祖光隆公（放牛小孩之一）墓

几年里，王道士不仅教会两兄弟很多字，最重要的是让两兄弟明白了读书识字的重要性以及外面的世界很神奇。后来，光隆的儿子叶克诚务农之余四处求师访学，终成为饱学之士，并与著名理学家金履祥成为好友，光隆的孙子，即叶克诚的儿子叶震被送到兰溪县城最著名的瀫东书院读书，应乡试。以及玉华叶氏重学重教传统的形成应该都与此事有关。

再说这位王道士一走就是二十几年，等到他再次来看夏家俩兄弟时，夏家老太爷（叶坤娘舅）已去世多年，两兄弟也都已三四十岁，早已成家立业。母亲夏氏也已去世，两兄弟自己当家做主。看到道士先生到来，光赞、光隆兄弟自然很高兴。执意挽留王道士先生多住些时间，可以时时聆听教诲，并以上宾之礼待他。其间，两兄弟跟王道士谈起自己的生父叶坤已在寿昌湖岑去世，并安葬在湖岑。自己心里很想将生父的遗骨迁到这里与生母夏氏合葬。王道士素来擅长堪舆相术，这几年功力又大长进，就说："东家（道士对两兄弟的敬称）孝顺父母是大事，是好事。你们是我的救命恩人，又待我这么好，我会尽毕生功力为你们父母选一块风水宝地，以保子孙兴旺发达。这件事情你们只需听我安排，如此如此。"随后几天，到处看风水，择地方。光赞、光隆兄弟和家人则做好一切准备工作。

最后，王道士看中了村外玉华山正脉延伸下来的郭门（牛台孔），道士说这里是仙霞[①]龙脉的终极地，定然发子旺孙。

村中也有人传说，风水先生为放牛小孩看风水，择坟地时间是在夏家老爷在世时，说是当时由于风水先生替人看风水，损了阴德，就瞎了眼睛。夏家老爷就开始怠慢他，欺负他看不见，经常拿一些生虫变质的菜给先生吃。只是放牛小孩一如既往，对先生恭恭敬敬，拿好东西给先生吃，尽力伺候。风水先生为报恩就为放牛小孩择了风水宝地。这个传说中叶坤公去世很早，很多细节说不通，故不取。谨录此备考。

---

① 仙霞岭绵延几百公里，是浙江和江西两省交界处的主要山系，玉华山是仙霞岭的支脉。

位于新叶村口牛台孔的叶坤（千五一府君）及大人夏氏墓

迁葬那天，时间定在夜里，父母遗骨下葬时间定在半夜子时正。下葬时，为了干活方便，许多灯笼将叶坤墓穴照得明亮如同白昼。王道士笑笑，对光赞、光隆兄弟说："在这个时辰，临近的其他十几个外姓村落住户都已经没有灯火[①]了，在这片地面上，就只有你们家有灯火了。"光赞、光隆兄弟非常信任王道士，连连点头称是，并不明白王道士话中的深刻含义。这时，突然有人说："那里有火。"众人望去，不远处张姓住地果然有一堆忽明忽暗的火，仔细一看，是个烧草木灰（当肥料用）的火堆。道士含着烟斗说："时辰已到，就留着这点火，点烟抽吧。"当时，大家笑笑，并不当一回事。光赞、光隆兄弟安葬好父母遗骨。并宣布从此以后，恢复父亲的姓，姓叶。非常奇怪的是，在此后几十年时间里，这一带瘟疫流行，附近的十八个姓氏的住户陆续由于灾难、疾病等原因或灭族无后，或迁徙他处。只剩下张姓一族伴随玉华叶氏延续到现在，但张姓住户一直保持在七、八户，不到30人的规模。而叶氏则人丁兴旺，由几人，到几十人、几百人，发展到现在3000多人的大村落。新叶村民世代传说，这都是因为当年的风水先生王道士为了报答"放牛小孩"的救命之恩，在坤公迁葬时用法力设下咒语的缘故，而张姓就是因为当时有一个小火堆烧着，才有火种传下来，但永远只能是"点点烟"的小火种，旺不了。这自然是没有科学依据的。但在几百年中，新叶周边的十八姓陆续消失却是事实。这其中的真正原因已找不到资料来论证，恐怕要永远成谜了。

三、风水与科学

其实，"风水是一门科学，不是迷信。"这是上海市风水申遗报告初稿开篇的第一句话。这个理论也逐渐为当代人们所接受。

在我们这个古老的国度，不容你承不承认，也不论你有无感觉到，"风水"都是那样真真切切地存在于我们生活的方方面面。从原始洞岩壁画和出土陶器上的金乌、青鸟；到商周时期的巫筮、占卜，秦汉间的方术、堪舆；以及唐宋朝青囊术、风水经的盛行；直到明清以后的相宅、择地之法的泛滥。在我国古代的神话、文学、史传、笔记、方

[①] 中国古代农村常以传香火、传灯火代指繁衍子孙。

志、野史、歌谣、传说以及大量村志和宗谱中，处处可见《周易》、八卦、阴阳五行、天人感应思想的影响；也处处能体会出祖先们朴素的天文、历法、生态、地理意识的睿智。真可谓：哲学与巫术交渗，科学与迷信并存。但由于年代之隔，证验实物的缺乏，研究者一直无法对"风水"这一古老而新鲜的话题进行直面的观照。近年来，出于种种原因，一些学者深入到广大的乡村，去一些比较偏僻的村落进行调查取证，他们翻阅了一些向来不被人重视的村志、族谱，取得了许多研究风水的第一手资料，推出了一批令人振奋的前期成果。这无疑是风水研究界的幸事。

叶克诚与金履祥堪舆设计新叶村落布局，也是与风水有联系的。玉华叶氏三世祖叶克诚幼时便与父亲一道聆听过神秘道士的风水说。及长，通百家理论，嗜濂洛之学，尤擅堪舆之术。与他亦师亦友的金履祥（仁山先生）更是一位通晓奇门八卦、堪舆相术的大师。叶克诚邀请仁山先生与他一起为外宅派的长久居住地选址。金履祥全力帮他。东谷公和金履祥经多方堪舆推敲、卜算，最后选定距老宅半里远的地方，即现在"有序堂"周边的位置，确定以道峰山为朝向，以玉华山为祖山，正面是北面，对着南塘、前（乾）山岗、道峰山三层景屏，犹如三道金牌。这样形成独特的坐南朝北的村落布局。这一布局的妙处后面章节中还会说到。金履祥认为，这样的设计安排占尽风水，天人合一，足以使玉华叶氏"千年无难，千丁出入"。

新叶村里宅派住的老屋在今上宅厅（雍睦堂）周围，上宅、上道院一带，距离始祖叶坤墓最近。外宅派的住地则原在外围的道峰山下（族谱中有说东谷公"筑室道峰下"，"道峰山下筑幽居"）前（乾）山岗脚〔前几年，村民在前（乾）山岗脚建砖瓦窑，取土自传时，发现许多碎瓷器，经鉴定为宋元时期物品〕南塘北面，南塘在住地南面，故有"南塘"之名。后来，东谷公和金履祥将住地中心移至南塘之南构筑，南塘反而在村子北面，但仍保留了南塘的原名。由于里宅派衰落，克城公的两个堂兄弟克谐、克宽均无儿子继承父业。叶克诚将自己的一个儿子叶艮过继给克谐继承里宅派香火，所以，从根本上说，玉华叶氏第四代后全是东谷公的血脉。东谷公此次选定本房派的住址，实际上就是选定了整个新叶村的村落位置。

据族谱资料推算，大致在元代至元庚寅年（1290），41岁的三世祖东谷公邀请理学家金仁山先生一起选择新住地，实地堪舆占卜，仁山先生按实际地理位置和五行九宫的理论，选定现在的有序堂位置为村的中心点，并决定在此营建外宅派总厅一座，名"有序堂"，并将有序堂正前方原来的南塘改建成半月形，再从左右及后面开设八条通道自左向右逆转划为一白（水）、二黑（土）、三碧（木）、四绿（木）、五黄（土，中宫）、六白（金）、七赤（金）、八白（金）、九紫（火）。北面道峰山为火恰恰是九宫紫火，而玉华山三宫碧木，四宫绿亦木，与五宫黄土有序堂中宫互起相生，但火过旺，幸有后六宫白金与七宫赤金相渗不怕火，一宫白水和南塘水克火，于是相生、相克互为制约。至于南塘何以筑成半月形，缘由是古代泮宫门前之水池皆如是。究其寓意是希望子孙后代都能入泮取仕。

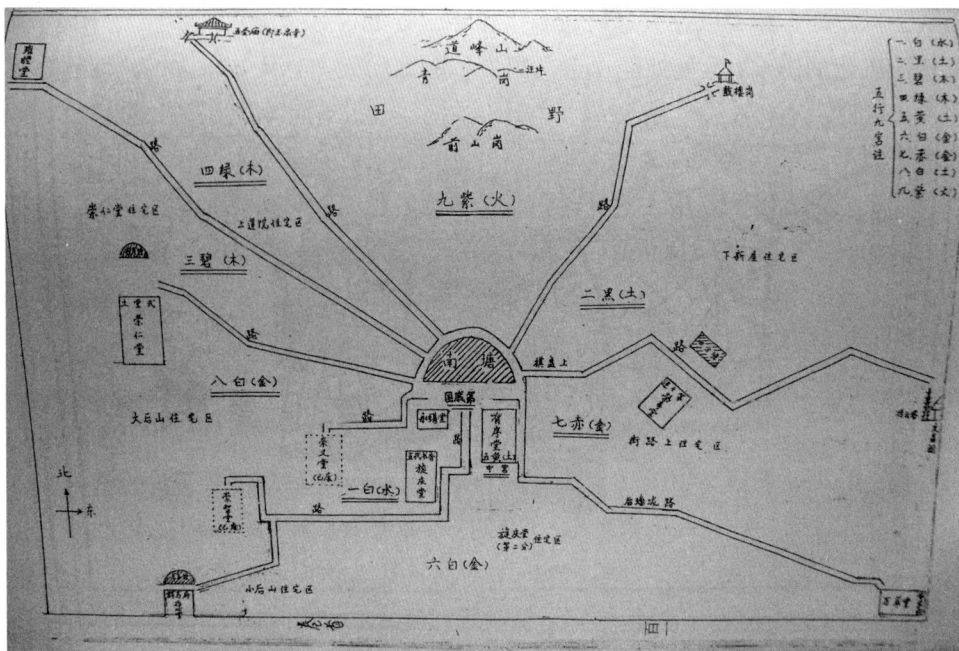

新叶村有序堂、南塘及八条主要村道布局手绘图（采自村谱）

族人的住房就造在八条通路之间。但规定有序堂大厅不得在朝南塘一面的正中开门，而是在其右侧另建门台一座，作为主出入通道。门台直对道峰山主峰，道峰山形似文房笔架，主峰瘦削笔挺，很像一支毛笔，而前面的南塘正好像一口盛墨的砚池，道峰山倒影在南塘水里，形成了"龙池浴砚"的奇观，可以保佑族人的文运。

四、新叶村落的水口设置

水是人类生存的命脉，大凡稍有规模的城镇、村落都依水而建。兰溪、建德一带的村庄多建在丘陵山区，加上南方多雨，年降水量大。如何合理利用常年不断的山泉、溪水，对村民生产、生活和村落发展至关重要。

新营建的玉华叶氏外宅位于玉华山脚，坐南朝北方向，面对笔架形的道峰山，西以玉华为屏，东南是田野。为了便于耕作和生活，东谷公与仁山先生在营建村落的同时，规划了绕村双溪[①]，人工开挖了两条沟渠，将住宅缠绕。双溪经历700多年，虽经玉华叶氏后人不断疏浚、整修，但基本位置没有变。现在所见的双溪：南边一条从石灰包

---

① 现在的新叶村地表水有三条活水，除了绕村双溪之外，第三条水流建于20世纪50年代，是为了排新叶小水电厂的水而建，不属于当年东谷公规划。此水流始于牛台孔，经上道院、老加工厂（现在住户）边上、下新屋流到塔下与双溪汇合，共同流到东风水库。

顶的玉华山脚开始，经上吴山、小后山、布袋畈边、石塘下、下新屋流至塔下。北边一条从玉华山北侧的白山塘（白山为玉华山别称）口开始，经玉泉寺（五圣殿）、杨梅园、道峰山脚、前（乾）山岗北侧、高山塘边、鼓楼岗脚至塔下与另一条沟渠汇合流向三石田村外，其下游现在是东风水库。

　　两条溪水之所以要稍稍绕走远路，穿山傍田而过，是为了有利于灌溉粮田，改良土壤，以利农业生产。其总体走向蜿蜒绕村而流，将村庄团团绕了一圈，形成了护村河态势，这就为村子划定了一个界限——溪外即为村外，溪内方为村内。彰显玉华叶氏的尊严，权威及统治地位。旧时有村规，异姓人只有铁匠可在溪内村中居住，其他人包括郎中，卖货的，一律不准在村内盖房居住。溪内，是村民的生活居住的空间。所有田地，都分布在圈外、村外。两条主溪水傍村而过的同时，又设计有几条支流连接村中水塘，支流在街巷中盘曲，从家家户户门前流过，连接着幢幢民居。流水像血脉一样，纵横交错，遍布整个村庄，走在寂静的小巷里，都能听到潺潺的流水声，正是这两条沟渠，既有效缓解了周围山岭遇暴雨时形成的山洪，又保障了干旱时村民的生活用水和村外粮田灌溉，山光水景交相辉映，为村庄营造了一个绝佳的生存小环境，有力地保障了玉华叶氏的可持续发展。

　　综上所述，水，是新叶村择址的根本依据，也是我国古代思想家构筑风水理论大厦的第一块基石。让我们先把眼光往古探视，就会惊奇地发现，风水意识产生之初，实在是基于人类生存的需要，既不玄奥，也不神秘。邃古之初，先民们同今人顶的是同一片蓝天，踩的是同一块土地。古人所谓的天，即现代人所称的空间——无边无际

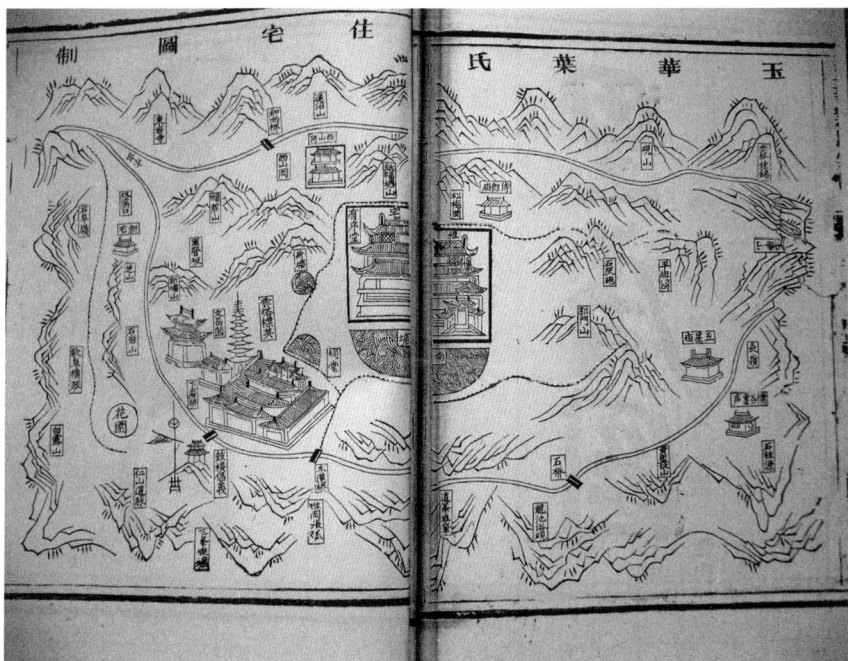

新叶村绕村双溪图（采自村谱）

185

的宇宙空间。在这"大无"的空间中，除了少数我们已经和尚未认识但已看到的星辰实体之外，更多更广的是一个个同样无边无岸、横无际崖的气旋、气场。其中如沧海一粟般的地球——这一人类赖以生存的物质载体的周围同样弥漫着大气层、臭氧层等气场。这些气场或因自身的运动或由于其他气场运动干扰而被带动，或因星辰实体运动而带动。无时不在左冲右夺、横冲直撞，科学家说的气的运动形成风（注意：就是风水的风）具体到地球周围的气的运动，如果它是向不同纬度的陡升和骤降，都会使大气层中的氢、氧粒子汇合凝聚成水珠，这些水珠一旦超过气层悬浮力所能承受的限度，便以雨、雪、霜、雹的形式，投身大地，来到人间，我们便称之为水（就是风水之水）。而这些存在于芸芸众生之体，江、河、湖、海之中的水还是依靠太阳光芒的帮助，重新气化，得返它们的故乡——那无边无际的空间，并继续不停地运动，开始新一轮由气（天）→风（雨）→水（地）的循环。

在这气→风→水的无限循环中，先民们最先感受和认识到的是跟人类同存于地球上，就在人类自己身边的水。尽管他们不知道最初的生命就源于水，但生活的实践让他们逐渐感受到，万物生长离不开水，人类生命离不开水，水之重要，得之则生，舍之则死。托名郭璞所著的《葬书》中说："气乘风则散，界水则止，古人聚之使不散，行之使有止，故谓之风水，风水之法，得水为上，藏风次之。"从这里可看出一种朦胧而又强烈的对水的严重关注，这是后来的风水理论的基石，也是先民们强烈的自我生存意识的朴素反应。后人择址如此，上古先民掘穴定居如此，推而广之，世界文明的起源皆离不开河流水域，中国古代都城无不依水而筑，从这点上讲，新叶村的择址就不仅仅是风水学方面的意义了。

中国的乡村，既是先民居息的场所，也是他们农耕生产的基地。因而，村址的选择既要方便生活，又要满足生产的需要。我国的地形是北、西、南三面高山、高原，东面环水，在上古时期，我们的祖先无法跨越世界最高的高原，横渡世界最大的太平洋，便在相对低平的长江、黄河流域及沿海低湿处定居谋生，并无可选择地使我们的民族发展成一个春种秋收为主的农业民族。从大的角度讲，整个中国就是一个生活在一方"山环水绕"的风水宝地，是一个"大村落"。考察一下众多中国城市或乡村筑城建村之址的选择和改造，莫不体现着先民们虽出无奈却极富思辨精神的生存意识。古人认为，风水之理，虽由天设地造，亦在人为。先祖们为后代所选的村址（阳基）和墓地（阴基，本文不涉及）如果有某种欠缺，则可通过人力加以改造，使之渐趋完美。这在风水学上称为"补基"。"补基"是风水术流行的核心内容，也是风水师们故弄玄虚的真知灼见。新叶村就进行过"补基"，且补得是那样合理。而运筹指挥"补基"之人就是一代大儒金履祥金仁山先生。

前面已经说及，风水之源秉乎气。古人对气论述繁多，大多将其神秘化了。其实，现代科学已经证明，人类生存在各种各样的气旋、气场之中，物理学家称之为微粒子场。不同的物质周围可以形成不同的气场。有些气场对人体（也是个气场）是有利的，有些则是有害的，这叫"宇宙螺旋场效应"。风水理论中有个定律式的说法，"山环水抱必有气"，就因为山能生气，水能蓄气。用现代科学来解释就是群山植被能产生对人体有利的清新之气，而万气都能液化为水，水也最易吸收微粒子波。由于气场与气场之间（如人体气场与周围动植物、建筑物之间的气场，建筑物与建筑物，植物与植物的气场之间）都有一个兼容与相斥甚至相吞、相争的气场关系。相合相容的，古人称之为"吉"，反之则为"凶"。许多科学家认为大西洋海面可怕而神秘的百慕大"魔鬼三角区"导致飞机、船只无故失踪，很可能就是一种气场引力影响的结果。但现代科学尚未能将"气"的问题完全解释清楚。风水中的气的根源及其造成的神秘性也是因为现代科学一时尚不能解释的结果。但从新叶村的水口设置，我们仍能看出些许古人生态文化的信息和对气的一些朦胧认识。

笔者的同学好友，也是本村的唐正富仔细考察研究了当年东谷公与金仁山先生一起为玉华叶氏设计的村落布局，以及后续的新叶主事者不断完善的工作，认为有三点值得探讨，就是新叶古村落的中轴线、村口暨厅门、塔阁文运。兹转述之：

1.中轴线的安排。以村北朝山道峰山、村中南塘边的有序堂及南面的西山祠堂为古村落的一条对称轴，含义颇美。总厅及总祠堂祭祀场地，均朝向北方的道峰山，因为它是孝道尖山啊，"出案"的时候用得着的；想象一下，从大厅里搬出长条桌几，在上面摆上祭品，新叶众多男丁集体朝着孝道金山跪拜或作揖，场面极为壮观。可以说，农耕时代，一切一切以祭祀的事情为最大。在新叶，另外还拥有一条主要的对称轴线。一个村落也如皇宫大院取中心对称线，与城市官府相抗衡，应该属于不同凡响。新叶村坐落在祖山玉华山与朝山道峰山的怀抱中的谷地里，既藏风又得水，如卧摇篮里，万世能够安享太平。再有塔底附近枫树下小荷塘山与塔后山夹拢水口，犹似村落排水的"地户"，出水口严紧，象征村庄财运上的节俭品质，也佐佑村人办事上的认真严谨个性。还有，玉华山东北麓山岭凉亭面与道峰山西侧里坑坞岭交汇的缺口，极像山村来水进财的上天门水口，象征财气旺盛。天门与地户，相隔4华里，协同村落中心的大南塘边的有序堂，构成三点一线，成为营村建居的中轴线，使古村群落左右对称，譬意的气象威严，冥冥之中有凛然不可侵犯的运势。如果说，前轴线有以下的意味，村中心的有序堂对面的到朝山道峰山及背后山岭有四重几乎平行的长长山岭挡住北村口，是让村落不泄财气，是取意周密明堂布局，使地气盛聚不散，那么，后轴线向上天门联系是去承接来水进财。可以说，新叶人的节俭守省本色是偏僻地理所致，大抵也还是村口有"双朝向"的取意极为优美紧严使然。

2.村口暨厅门的方向。按常人的理解，古时的新叶塔底的下水口是大村口，其实不尽然，因为泄水会退财运，所以，金氏及叶克诚选中北向道峰山为朝山，取有三道横岭步步高升之意，即南塘北缺口方向为正宗的村口方向。旺财强运如前段所说。就算不理解堪舆的高深理论，以西侧高大的玉华山为靠山，以北侧次高的道峰山诸岭为青龙环绕盘旋，以南侧小后山山岭为俯首低伏的白虎山岭，村势庄运也极其顺当和优美。因为大家都知道这样的道理，靠山宜高大，来龙应婉转，白虎要低伏；还有，古村中的东方地势稍微低些，东来的紫气也就能够照单全收。即，将新叶主村口视作东侧倒也还是符合天人合一（人居遵循并顺应自然）原则的。新叶大厅顺势顺意，也就大多数厅门朝北，意味极美、极好。或者，朝向东侧的也还过得去。那些，朝南的或其他方向开门的厅堂，颓运破落颓毁就不计其数。破败会有诸多方面因素，风水因由只能博取一笑。

3. 塔阁组合昌文运。古代的农耕文明，村落中寄托厚望于牛背的读书郎，新叶也如此。村民就在下水口地界筑造捗云塔、文昌阁，用意即为助佑村中多文运。造水口塔，助改村落文运旺势神气，是江西地境那类风水形势派的镇压学说观点。所以，这类塔又被叫做文峰塔。在我看来，倘新叶村口朝东，则文昌位在新叶的东北角；若村口朝北，则文昌位在新叶的目今宝塔所在地的东南角；可是，新叶现今村口的朝向略微有些偏向东北角，则文昌神灵的位向大致应该坐落在新叶的西侧……镇塔压阁稍稍有些微舛误，文运人才不旺势，或许定然还有其他因素。

新叶古村落极其重视堪舆术，有意识地步步营运，化解掉一个又一个大的块垒，先祖功勋巨大，后世的九思公们继续不断改善，终于使古村成为中国东南部农耕村落建筑风水经营完善的典范。

关于一个村落的"水口"的设置问题，笔者还要再展开讨论一下。《玉华叶氏宗谱》上说的新叶村呈"九宫八卦"布局，整个村庄"浸沉在瑞气之中"。这种"瑞气"实际上是一种很具现代生态学意义的科学设置。

这样的"九宫八卦"型村落地理布局在我国其他地方也普遍存在，如诸葛八卦村，就是因为同样的布局而被旅游开发部门命名的。这样以大池塘为中心，四通八达的村道设置同时有利于防火，取水灭火之便。而这种村落布局却是我国传统村落风水学的精华。即"水口"的处理问题。类似的村口或村边"九宫八卦"型水口设计同样也见于古代江苏吴县同里镇，古徽州枞麓齐氏居地，福建浦成城詹氏村，皖南冯村等著名的古代村镇。著名的汉唐故都长安的水系也是呈"九宫八卦"型的。我国古代著名的三大才子之乡：江西临川、江苏宜兴、湖北蕲春三地也都有类似的地形设置。因此，新叶村的水系规划和"水口"设置绝非偶然现象，而是具有普遍意义的，是很切合现代生态环境学要求的，可以说是古风水学的精华所在。一些现代城市规划者在设计规划新的城市格局时已开始注意吸收古人的这一文化遗产。例如有"石油城"之称的辽宁盘锦市的过城水系就完全改造了一个很规则的"九宫八卦"型格局以保护环境。其他如半月形、"几"字形水系设置，也是属于"九宫八卦"型设置的延伸。

再说说"黄道十二宫"。古人将视觉中太阳在一年里运行的轨道，即太阳在恒星之间运行的轨迹，也就是地球公转轨道平面和天球相交的大圆圈称为黄道，并将黄道分成十二等份，每一等份称为一宫，意为太阳运行时留歇的行宫，共十二宫。所有生物的动息是要均衡的，否则就要得病。因此，古人对"十二宫"非常重视，留下了大量的理论和实践资料。尤其是将"十二宫"理论运用于人类居住地的选择和营造方面。许多精通"黄道十二宫"理论的学者认为新叶村的村落位置设置符合古人"黄道十二宫"的格局。因为，新叶村周围有十一座主要山峰，加上明代建造的抟云塔，恰好形成环村十二处屏障。可称"十二宫"。从东往南至西再北分别是：① 柱杆山、唱歌山：歌埠横琴（宝屏宫），② 醉翁山、石埠岭：新宅后屏（摩羯宫），③ 东岩寺紫碧塘大源深深（人子宫），④ 戏台山、盘龙山：百步莲沼（天蝎宫），⑤ 大慈岩、红缨崖：赤孤炫锦（天秤宫），⑥ 小砚山大青崖：砚山陈墨（室女宫），⑦ 玉华山汪村岭：狮象雄镇（狮子宫），⑧ 猫七岭石柱源儒谷书声（巨蟹宫），⑨ 黄监坟张师山：天师留痕（双子宫），⑩ 道经山、石阶塘：道峰卓笔（金牛宫），⑪ 鼓楼岗、白露山：仁山道脉（白羊宫）和抟云塔文昌阁，⑫ 云塔标英（双鱼宫）[1]。

新叶村中的主要建筑布局也都按天上二十八宿的区域位置来设计，特别是村里防火、洗涤之用的七口主要水塘也完全按北斗七星所在位置排列（现在有些水塘已毁，七星已不完整），一气呵成，共为一体，缺一不可。村中有些池塘三毁三复，都因毁塘建房之后皆遭火灾而不得不修复。这些建筑设施同十二宫一样都是古人从自然中得到启示，观天取象的结果。中国风水理论中一个重要的指导思想便是产生很早，经由汉代董仲舒加以完善的"天人感应""天人合一"思想。董氏认为天和人类具有密切的关系，天通过谴告，有步骤地管理人类社会，地上的人的一切都与某一天象对应着。如天有四时，人有四肢，天有五行，人有五脏，天设一年有 365 天，人有 365 小节（骨头）；天有十二宫，年有十二月，人有十二大节。所谓"天德施，地德化，人德仪……唯人独能偶天地。人有三十六节，偶天地之数也。形体骨肉，偶地之厚也。上心有哀乐喜怒，神气之类也……人之身首妢员，象天容也"（董仲舒《春秋繁露·内篇·人副天数》）。透过一些附会的数字，我们可以感觉到距离我们相当遥远的星座（皆为发光恒星）在浩渺的宇宙气场中，经过无数长时间的运动而形成一个相对静止的位置，也就是我们现在所看到的星座排列格局，这本身就是一个经不断选择而后定下来的绝佳位置。正是这个绝佳位置保障了它们的继续存在，而不至于毁灭在太空中。聪明的古人观天取象，将天上星辰的排列方式移至人间气场，这其中自有其合理性。至于有哪些合理性，正是现代学者们所要探索的问题。新叶村的村落格局，由此带来的一系列现象及后果，无疑给我们深入研究这方面的问题提供了一个难得的直观范式。

我们不需要去刻意制造神秘现象，被西方人视为神秘故国的泱泱大邦又时时处处呈现出一些神秘现象。历史发展到今天，人们也不再视"风水"为洪水猛兽，一味斥

---

[1]　此处所标山岭名称依据《玉华叶氏宗谱·卷首》的《里居图》。后面的四字概括术语如"歌埠横琴"等，部分依据《里居图》中的老"新叶十景"名称，部分为笔者自拟。

之为封建迷信了。在人类饱受各类台风、飓风、旋风及各地洪水的虐害之后，人们已开始客观冷静地面对"风""水"二字。一个世界范围内的关注人类自身生存环境，确立正确生态意识观念的氛围正在逐步形成。人们也不再一味指责乡村野人的文化贫乏和愚昧落后，而是更实在地来探究、规范一些传统的思想观念，其中包括源远流长，影响巨大的"风水"观念意识，1999 年被我国政府确定为生态旅游年，就是一个很好的说明。在这种背景下，对新叶古村之类的文化村落格局和一些神秘的"风水"文化现象进行一番深入研究，无疑是很有必要的。

第七章　新叶村的古建筑艺术

　　人类历史都经历了从乡村到城市的发展过程。世界各地的传统乡土建筑承载着人类生存演进的痕迹，具有多元的历史文化价值、考古研究价值、史鉴认识价值、史貌审美价值和旅游经济价值。因而，世界上一些发达国家都很早就开始重视传统村落中的优秀乡土建筑保护。从 20 世纪初开始，陆续有相关的保护宪章条例出台。英国、荷兰、瑞典等欧洲国家最先制定出针对本国的保护政策。1964 年 5 月通过的《国际乡土建筑遗产宪章》（又称《威尼斯宪章》）使历史建筑的保护扩展到历史街区和乡村遗址。1999 年 10 月在墨西哥又通过了《关于乡土建筑遗产的宪章》。对《威尼斯宪章》作了补充，进一步明确了管理和保护乡土建筑遗产的原则。联合国教科文组织启动了"世界物质文化遗产"和"世界非物质文化遗产"的申报程序，投入巨资用作一些特别有代表性的优秀人类文化遗产的保护。力图保存人类不同时期文明演进的信息。因此，保护乡土建筑已成为国际性的共识。

　　从 20 世纪 80 年代开始，我国的专家学者也开始研究和借鉴西方发达国家在现代化进程中注意保护历史遗迹的经验，并在做了大量田野考察的基础上，向有关部分提出了对我国优秀乡土建筑的保护问题，引起了从中央到地方各级职能部门的重视，并纷纷制订政策措施，提出具体要求。《中共中央、国务院关于推进社会主义新农村建设的若干意见》明确提出要"保护和发展有地方和民族特色的优秀传统文化"，"村庄治理要突出乡村特色、地方特色和民族特色，保护有历史文化价值的古村落和古民宅"；同时，《国务院关于加强文化遗产保护的通知》也特别强调："要把保护优秀的乡土建筑等文化遗产作为城镇化发展战略的重要内容"。

　　学术界已充分论证了中国是典型农耕民族，我国的历史便是从乡村群落发展起来的，而那些散落在各个自然生态村落的古民宅、古祠堂、古戏台、古牌坊、古桥、古道、古渠、古堰坝、古井泉、古街巷、古会馆、古城堡等优秀乡土建筑实物，是中国人创造的灿烂物质文化的重要组成部分，它们和世界各地众多的婚嫁、祭典、节庆、饮食、风物、戏曲、民间音乐舞蹈、工艺等非物质文化遗产一样，都是当今不可再生的历史文化资源，是人类文明史的重要物证。是当今众多城市人的血缘根脉和"乡愁"记忆。

　　但是，我国在最近几十年来，伴随着"农业现代化、乡村城镇化、郊区城市化"以及"旧城改造""新农村建设""乡村旅游开发"的多重挑战和冲击，传统村落快速消亡。片面追求经济效应，以及"毁土屋，建洋房""千村一面、万村一貌"的"特色危机"已成为让专家们痛心疾首的共性问题。著名作家和乡土文化专家冯骥才就发出了这样的质问："灿烂多样的历史创造、文化景观、乡土建筑、农耕时代的物质见证，遭遇到了泯灭，大量从属于村落的非物质文化遗产也随之灰飞烟灭。如果这些东西都没有了，都消失了，我们到哪里去寻找乡愁？"而且不少传统村落仍在遭受"持续性破坏"，甚至濒临消亡。据国家统计局公布的统计数据，我国在2000年还拥有363万个自然村，但到2010年只剩下271万个，10年共消失90万个自然村，到2012年，调查显示，全国还有传统村落230万个，两年间又减少41万个。而全国31个省区共登记上报具有传统村落条件自然村仅为11567个。传统村落是乡土建筑的母体，优秀乡土建筑是点缀在传统村落中的颗颗珍珠。调查表明，最近几十年中，优秀乡土建筑的大量毁坏、废弃是传统村落消失的主要呈现。

在新叶村，最先引起人们关注，至今，专家学者们研究得最多的是新叶村的古建筑。清华大学建筑学院陈志华教授等人合著的《中国乡土建筑丛书：新叶村》等三部书，全部是研究新叶村古建筑的。就建筑学的专业性来讲，笔者肯定不敢望陈教授之背尘。所以，本章并非重复讨论新叶古建筑的建筑学意义。而是从文化学的角度，对新叶村的古建筑艺术进行一番考察，尽力揭示其特性，强调其文化学意义。

一、新叶村的特色建筑

上道院的一处元代建筑（叶先元家）

大概是跟明代白崖公派人去安徽歙县联宗有关，此后，双方频繁互派工匠，特别是泥水匠参与双方的住宅建造。所以，现存的新叶村古建筑总体属于青砖灰瓦白粉墙的徽派风格，但聪明的新叶人也有所改造，最后形成自己的建筑特色。根据最近几年对新叶村的古建筑普查调研得知，目前新叶村尚保存有明清建筑200多幢，其中

有元代建筑2处，明代古屋20余幢，清代民居建筑170余幢，大中型厅堂12处。其中有100多处古建筑被建德市文保部门挂牌保护,最出名的建筑有:"文昌阁""有序堂""双

美堂""崇仁堂""旋庆堂""是亦居""贻燕堂""万萃堂""进士第""郡马府第""种德堂""引翼楼""五圣殿"等。在一个自然村中拥有如此众多的古建筑在全国都是罕见的。新叶村也因此被誉为"明清建筑的露天博物馆"。

新叶村值得一说的建筑特色有很多，本地人用"青砖、灰瓦、马头墙，肥梁、胖柱、小闺房"来概括新叶建筑的主要特色。这里归纳成几点来介绍：

（一）青砖、灰瓦、马头墙呈现端庄的整体外观

新叶村的古民居建筑基本属于砖木结构式的平房或二层楼房，看上去整体素雅、端庄。传统的双披屋顶半掩半露，躲在重重叠叠的马头墙后面。"马头墙"即为了适

新叶"封火墙"，俗称"马头墙"

大门里另一处元代建筑的马头墙

南塘塍的马头墙

应防火需要而设置的防火墙，也叫"封火墙"。房屋与房屋间多设此墙，以便紧急时隔断房屋间的火路，防止火势蔓延。另外，由于防火墙高出屋顶，还可以作提防盗贼及防风挡水之用。防火墙的造型大多作双向对称处理，舒展自如，形成翘首长空的马头形状，并饰以卷屏如意一类的图案，登高眺望，鳞次栉比，与屋顶青瓦相映，呈现一种韵律美、和谐美。

在绿水青山背景中，白墙青瓦的古民居显得格外和谐自然，给人一种淡雅朴素的美感。尽管历经几百年岁月，那白粉墙的色彩早已斑驳陆离，无形中给人们增添了几分神秘的历史回归感，从而得到美的享受。

（二）迷宫似的街巷多用青砖条石铺成

外人走进新叶村，就像走进了迷宫，很久都绕不出来。新叶旧村中的街巷基本上保留了数百年前的风貌，街巷地面大多是整齐的青砖铺路，配上那高耸的马头墙，让人顿感幽深旷远。

村中干净古朴的青砖路，对体现村庄的建筑特色起着重大作用。整个村子，以有序堂为中心辐射开去，八条主要道路中间都有长条青石铺路，边上嵌有小砖石。村中

有序堂边上的小巷

旋庆堂边上的小巷

中间铺设了石板的村路

小巷也都用青条石铺砌而成，色泽青绿，古朴庄重。仔细观察会发现，条条道路通学校，新叶村民为了学子便于上学，在各条通往村建学校的路面都铺设了青石板，这在其他村落是比较少见的。新叶村民重学传统由此可见。主要路下都设有暗沟排水，且每隔一定距离便设有水塘，用以集中排水，路面上看去无沟涵，走去平整而又不滑。其整体设计科学，匠工精细，具有浓厚的山乡地方传统特色，与百余幢明清古民居交相辉映，十分和谐。

步入村中，新叶村当年的繁荣景象仿佛在眼前再现，古朴的厅堂，门台上匾额高挂，与平整的青砖道路色泽融和，焕发出一种古色古香的乡村气息。

新叶村人讲究生活安逸，大都建筑高大，庭院宽敞，内外门面都为宽大双开，并建有门台，以避风雨。人们沿村中街巷穿梭一趟，可以足不沾泥，雨不湿靴，这在其他地方的徽派建筑中是没有的，这是新叶村民对古建筑传统的继承和发展。

（三）肥梁、胖柱、小闺房：精巧的室内布局

新叶村现在保存着200多幢富丽多姿的明清时代的古民居，其格局多作内向方形的布置，面阔三间，明间厅堂，次间卧室，左右对称，内用木构架承二层楼阁，梁枋纵横，并用木板、木屏门、木隔扇进行分隔或装饰，使得内部空间完整，气势极为堂皇。

横梁上的雕刻

肥梁、胖柱上的精美木雕

　　古代新叶村人习惯于楼上设置卧室，故楼层较高，底层最高有 4.2 米，最低也有 3.8 米，主房一般多为二进，前进门厅设有厢房，一般作为休息和书房之用。后进为客厅，较深，一般大户人家四面围有堂门，距墙 10 厘米左右，用以防潮，隔音等。当人们置身于此，便有一种舒适宜人之感，而且显得雍容华贵。前后进之间设一天井，以供采光之用，整幢房屋很少向外开窗，即使开窗也只是在楼层向外筑以少许的小窗，这主要是出于防盗的需要，而天井又有"四水归堂"之说，四方之财如屋子顶上的水源源不断集中到家里来，天井的设置无形中把人与天衔接起来，即所谓"天人合一"，将大自然融入屋中，足不出户，风雨雷电，都一览无余。

　　房屋围绕长方形天井，两侧连廊融会贯通、后进，形成了一个和谐的整体，联结前后进的过海梁，浑厚有力，其上木雕精细、美观。而骑门梁横跨整个门厅，粗壮结实，有"肥梁、胖柱"之称。这样粗壮的梁柱非常便于雕刻（这点在后面还会谈到）。梁上雕有戏文：如"百寿图""八仙"等，栩栩如生，四根柱子上托梁的牛腿雕刻尤为精细，上面大多是八仙、鹿、狮子等吉祥物，天井边上连廊上方有奇特的梁架，并悬有荷花柱座，其雕饰也尤为特别。许多地方都以动物的一招一式形态配合着建筑结构，如头顶桁条、尾支椽木等，形成了一个互为相连的整体。

新叶古建筑的天井大多用长石条铺砌，有些做成镜框式。石条与石条间有榫头相连，排水处设有铜钱状大孔（是亦居和双美堂至今保留了这种格局），一方面可挡住垃圾，不致闭塞，另一方面又象征聚财之意。

考察现存的新叶村古民居，发现主要有以下几个类型：

1. "对合屋"。分上下两厅，可以说是二组三间式相向组合，如文昌阁，门庭与客厅相对，呈上下式，中间是天井，上厅地平面较高，为正厅堂，下厅进深略浅，上下两侧以厢房连廊相接，楼梯设在连廊边上，楼上围天井一周装有雕栏，如"双美堂"。

2. "三进两门堂"。即二组三间式的相向组合，前进即为门厅，中进大多为客厅，中进同后进中间用大堂门隔断，左右边各开一耳门，后进两边为厢房，供家眷居住，中间供祖宗遗像牌位。前进

对着天井的小姐闺房

双美堂的精巧家具摆设

双美堂后院的琴台、鱼池、美人靠以及后门壕沟设置

与中进、中进与后进之间，设两门堂（即天井）。整个地势看去，前进最低，中进略高，后进比中进更高，这里面有步步高升的寓意。如南塘边永锡堂边上的一套清代古建：原海林、祥永家住在前进（最前面一排），中进是笔者本人家的老屋，后进是志军家老屋的结构。

3. **"三间两搭厢"**。如"是亦居"，这种形式新叶村比较多，三间朝天井露明，一厅两房，天井左右两边各有半间叫"搭厢"，可作书室或卧室。这种房有两层楼的，楼梯设在边间壁处，其进深一般较浅。笔者家的老屋（中进）在与前面一排屋子相连时，就设计了两个"搭厢"，靠永锡堂这面的"搭厢"归我们家所有，另一侧的"搭厢"归海林家使用。两个"搭厢"，隔天井相望。

4. **对合屋加附室**。如"双美堂"除了对合屋外又有一附屋与主屋相连，比一般便厅要大，此屋子另开一门，门进去是厨房，厨房进去为一明三间，明三间设一边门，边门出去即为后花园，园内有池塘。池塘边靠屋处设有长廊，长廊内有一排"美人靠"，过去专供小姐太太们嬉耍闲聊处。对合屋后为后院，相连处又有一收租房，专门用来堆积交租来的谷物。这套附房平常一般为自家餐厅，亲戚邻居出入于此，楼上常常设有小闺房，供小姐居住。其楼梯上方有门（确切地说是盖，现在的文昌阁还保留着这种设置。引翼楼和寿华家古屋残留了这种设置的痕迹），上面可锁，平常大多关着，一为防盗，二为限制闺阁中小姐的行动，以保名门闺秀之名誉。据叶洪富老人说，他家的旧屋"世美堂"在古代只有等贵客来临，才至对合屋正堂接待，一切闲人规避，去附屋待事。如"双美堂"整个房屋后门设于后花园。后门一步进来有一条宽2米余的壕沟，白天用木板铺上，晚上则拿掉木板，隔绝与外界的往来。这与城门外的护城河，只能以吊桥相通起到相同的作用。

（四）造型别致的楼厅

新叶村的明清古民居，楼上楼下平面布局虽然大多重复对称，却使人觉得楼上厅比楼下厅更为宽敞。这是古代匠师在民居结构空间艺术处理上的独到之处。

一是为使楼上活动方便楼层采用了"跑马楼"形式，上下、前后厅以回廊、阁道穿通，以此"穿堂过厅"的做法来增大空间。

二是为了遮挡风雨，在天井四周采用挑头梁，向天井内延伸二尺左右，这一做法又加宽了阁道的尺度。虽然楼层高度比底层高度要低，但因楼上接近天井，而无闭塞之感，所以显得更为宽敞。沿天井四周挑头梁上方与柱之间置有花楣、荷花柱头，整个天井空间似一只花燕，人们又称楼厅为花厅，精细的木雕令人叹为观止。而这些民居的楼梯大多靠西或靠北。这是因为建筑者根据我国西高东低、北高南低的地势设计的，它象征着人往高处行之意。

追溯这一传统营造手法的构成，由于浙西地区雨量充沛，气候潮湿，为了防止山区潮湿瘴疠之气，人们就把楼上作寝室之用。

回廊挑梁式顶层楼厅（叶福基家）

棋盘上建寅家门口的骑街楼

（五）过街楼

过街楼，新叶人叫骑街（音 gā）楼。《新华词典》中指有道路穿过建筑空间的楼房，或指跨在街道或胡同上的楼，底下可以通行。茅盾说"过街楼者，言两排房子中间有小小的街道，建筑师利用这一特点，在一楼一底的楼上并排地伸展出一间，跨街而过"。过街楼是明清时代江南多雨地带徽派建筑中常见的建筑样式。虽然她不如廊桥规模大，但作用是一样的。

记忆中，新叶的过街楼简陋实用，数量丰富，好像有十多处。由于房子修缮或改建，过街楼拆得剩下不多了，如有序堂左侧连着志钦家的过街楼，是我小时候与小伙伴捉迷藏的地方，现在早已拆除了。我转遍了新叶村中的条条小巷，终于发现还有四处幸存的过街楼。它见证了一个时代的变迁，蕴藏着丰富的历史文化信息，访古寻旧，过街楼是一个极易引发人们感思的实物载体。

由义堂后面叶瑞荣家边上的并排双道骑街楼

崇仁堂一侧弄堂中的多道骑街楼

"引翼"楼（冈龙家）边上的过街楼

（六）漂亮的八字门台

新叶古民居，一般都有前门后门，后门连着便厅或厨房，前门通向正厅，又分为大门和正门，由大门进入墙院，再由正门进入正厅堂。一般的大门外向左右侧壁均砌成八字形，筑有门台，所以叫"八字门台"（又叫"八字门楼"或小门台）。其大门均用木结构做成，有雕饰，八字墙上绘有门神或＃字格、卍字格，整个门楼像一座小小的亭子。其上角微翘，有些顶上还装有金属戈、剑之类，以作避邪。门槛较高，暗示其家高贵，再配以高大的黑漆大门，让人望而生畏。

南塘塍的八字门台（小门台）

有序堂侧面的大门台是村民最喜欢休息、聊天的场所

（七）精美绝伦的木雕

新叶古民居的木雕艺术丰富多彩，其中不乏传世珍品。木雕艺术的应用，主要是在民居内部结构的装饰上，不少民居的梁、枋、斗拱、隔扇槛窗等。全部精雕细刻装饰着人物、灵兽、百鸟、蝙蝠、狮子、回纹等，布局严谨，造型优美。

村中文昌阁和双美堂托梁牛腿和一些骑门梁，可称得是木雕的精品。其上背为人物雕像，且镂空。八仙中的蓝采和的篮子镂空雕刻，精巧别致。人物面部表情逼真，比例恰当，刀刻处处准确果断，无重复感，服饰飘动自然，人物的眼角、指尖处也刻得毫不含糊。有民居的狮子雕刻精细，狮子耍球，整体镂空，雌雄有别，狮子口中的含球看去随手可取，但又是拿不出来的。木梁上大多刻有戏文，以"百寿图"居多，还有"九赐宫""凤采牡丹""鹤含灵芝"等,栩栩如生。由此可见古代雕刻的艺术水平，体现了劳动人民的智慧。如狮象征着主权和避邪，鹿象征着食君之禄，马是壮志凌云，蝙蝠是遍地为福，还有鱼象征余、裕，龟、鹤象征长寿，扇是善，水仙是神仙，梅花是佳人，云彩是瑞祥等。

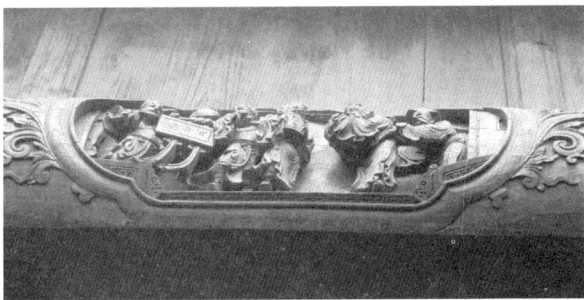

新叶村部分雕梁画栋（叶桂昌摄影）

203

新叶村的雕梁画栋式样之多，工艺之精，在乡村建筑中是罕见的、惊人的，有不少可以媲美杭州胡雪岩故居中的木雕。这在陈志华教授的《新叶村》一书中有很多图片可参看，这里不再罗列和阐述。当我们徜徉在新叶村的古屋雕梁下面，你会领悟到淳朴敦厚的民间习俗风采，感受到智慧和迷信并存，幽默与风趣同在，现实与愿望共识的谐趣。

（八）厅堂前设半月塘

当我们走进新叶厅堂时，你会看到厅堂对面都有一口半月形的池塘。新叶人的祖辈为什么要设计这样的池塘呢？原来泮水是古代学宫门前的水池，位于东南方，形如

新叶有序堂前的南塘呈半月形，寓意"泮水"

崇仁堂前的半月塘（叶弢摄影）

半月，故称"泮水"。叶姓先祖在总厅和各厅门口建一泮池，意为子孙后代能专心读书，从而入泮取仕。而总厅前面的半圆塘还有另一层意思，即对面之锥形道峰山在五行中属火，故堂前设一池，倒影道峰山于其中，有以水克火之说，也可就近汲水灭火。

二、现存特色建筑简述

新叶村现存古建中保存较好的是众多的祠堂。祠堂本是供奉祖宗的庙堂，在江浙一带村庄中极为普遍地存在，新叶村的祠堂，大大小小有 12 个之多，遍布全村。除了叶氏家族的总祠"西山祠堂"、总厅"有序堂"，上宅厅"雍睦堂"之外，还有崇仁堂、永锡堂、荣寿堂、启佑堂、存心堂、旋庆堂、由义堂、积庆堂、竹堂等分祠，分属叶姓的不同分支。当地人称之为"厅"。

修建祠堂的目的是让后代子孙永记祖宗之勋德，不忘先祖创业之艰难，并能集聚本族力量，光大祖宗之业绩。"将来为子若孙者须念垂创之艰难，决守成之筹画，共勤补葺之劳"（《玉华叶氏宗谱·崇仁堂记》）。"千百人之心唯祠系之，祠之翼翼，必兴玉华，同其巍巍，业复有其人如玉者出焉，以上润其既往，下润其将来者"（玉华叶氏宗谱·玉华叶氏西山祠堂记》），以祠堂系众心，足见祠堂在人们心目中地位之重要了。

祠堂在使用上，兼有以下几种功能：其一是家族的象征，是家族重要的礼仪空间。其二是村民们的娱乐空间和公共交往空间。其三兼有贮存功能及日常生活使用功能。下文对总祠"西山祠堂"、总厅"有序堂"及分厅崇仁堂、旋庆堂、荣寿堂、存心堂等作简单介绍。

（一）叶氏宗祠——万萃堂

万萃堂原称"西山祠堂"，为三世祖东谷公所建。明代改称"万萃堂"。玉华叶氏宗谱载，宗祠称"万萃"，"乃上以聚祖宗之灵爽，下以联子孙之蕃衍"之意。

据宗谱载，三世祖东谷公初建时规模较小，道路

新叶西山祠堂又名万萃堂

狭窄，不能容车。至十四世祖思庵公改迁抟云塔下，设两庑，建中亭，左省牲，右涤器，恢廓前图，足安先灵以庇后人。后又因岁久倾颓，乏懔人修序，且堪舆家又言旧基愈于新基。因此于乾隆丙寅年乃回迁至此。但时草创简陋，又经风雨飘摇，而将复颓。乾隆乙卯岁登大有，族人得甲公亲邀士凤、祖祐诸翁商议修建。几经寒暑建成此祠。当时因有祀田，每岁收租谷，而有积余，加上 1917—1927 年祠堂皆作学子读书处（曾一度办过初中），有损必修。1955 年遭龙卷风袭击，除中庭外全部倾倒。上级拨款，族人又及时抢修恢复。2002 年，学校另建新校舍，祠堂由村委管理，国家对这一古建筑非常重视，又拨款修缮一新，恢复原貌，成新叶村代表性建筑之一。

（二）有序堂

总厅有序堂内景

有序堂是叶族总厅，何为有序？《玉华叶氏宗谱》载有白崖公的解释："有序堂者，曷言乎序，天所秩者是也。既曰天秩似无假于人为，兹曰有序，是合族老幼，远近而群聚于斯。父则欲其慈于上，子则欲其孝于下，伯叔则欲其尊并乎父，诸侄则欲其顺同乎子，兄则欲其先于友，弟则欲其后而恭，夫则欲其倡于外，妇则欲其随于内，夫然后为有序而无忝于斯堂，亦作堂者之志也。"有序堂位于整个村子的中心位置，方向坐南朝北，面对笔架形的道峰山，西以玉华山为屏，东南是田野，流水自北向东为东流水。据《玉华叶氏宗谱》载，元代至元庚寅年（1290），三世祖东谷公邀请理学家金仁山先生给驻地再作实地占卜，金先生按地理位置和五行九宫规律，选定现在的有序堂位置为村的中心点，开建大厅，并将原南塘改建成半月形，再从周边向四方开通八条通路，并规定大厅不得开正中门，需在右侧另建门台一座，门台直对道峰山主峰，有序堂定为中宫。元大德七年（1303），总厅建成。后经回禄（火灾），基地荒芜六十余年，至明代弘治十七年（1505）重新修建。于清乾隆四年（1739）又遭回禄之变。迄至嘉庆十二年（1807）又重建。其后多次兴废毁建。今日有序堂的格局是民国十三年（1924）修建完成。

（三）崇仁堂

创建于明宣德（1426—1457）年间。仁分派八世祖永盈公（崇八公）此时已是方圆数十里以内之首富，以黄金四十八两为兴建之资，物色能工巧匠，采购巨木良材，费竭心机，耗尽精力，屡迁寒暑，终在道院山下建成一座气势宏伟的"崇仁堂"，"乃所以敦其本以明仁孝之义，自仁率亲，乃备五常之德，自义率祖，实瞻百世之依"

崇仁堂内景

（录自《玉华叶氏宗谱》）。

崇仁堂占地700多平方米，门前也建有半月形泮池一口。此厅堂规模之大，雕琢之精，布局威严，被誉为"衙门大堂"式建筑。据《玉华叶氏宗谱》载，曾有人状告其"私设公堂"，所幸厅堂前、中两进之间相平无阶，故以"大堂无阶级"申辩而获无罪。

崇仁堂后进香火堂一侧的水牢

崇仁堂正门

后世子孙对此厅亦有赞曰："登其堂，栋宇巍然，入其室厨灶依然；庭前槐树成荫，阶下兰荪罗列，庆豫顺之休，父言慈，子言孝，兄友弟恭，夫妇和顺，我祖娱晚景于斯堂矣。"（录自《玉华叶氏宗谱》）从此可见昔日厅堂之风貌。

崇仁堂历五百余年，每朝每代，有损必修，至今保存得完整如初，可谓后裔遵承祖德以绍其裘也。

（四）旋庆堂

自"崇义堂"之不存，传统节日三月三迎神、设祭、演戏等活动缺乏场所，数代人建堂之心念切切。至十五世祖丰二十公，年逾五秩之秋，曾邀"积庆堂"尚廿二公派下裔孙共商兴举之事，不成。于是独建堂之念萌发。

其时，其子隆十四已长成，幸父子同心，共图大业。也许是神灵有佑，祖宗有灵，在建堂劈基进行中，挖得地窖一处，从中获得银锭十八箩筐。至此，顿成玉华首富，资金充足，建堂规模之宏，三进二明堂之厅，指日落成，时在清顺治十八年（1661）。

堂既成，以旋庆为名，旋者还也，庆者贺也，旋庆者还其吉庆也。又曰："循环而转叫旋，旋庆者，子孙后代喜庆之事，循环不息而至。"果然，苍天不负人愿。自隆十四公而下一脉相承，连续五代，敦诗说理，虽未获高官厚禄，但事业均有所成，"五代书香"之美名由是流传。

斯厅建成后，于清光绪庚辰年和民国十八年，经过两次维修，其规模依旧。新中国

修缮后的旋庆堂内景

成立后，该厅被粮站借用，20世纪80年代初归还，旋庆派下裔孙毅然清理修整并加前新厅一体，成四进三门堂建筑，占地面积560余平方米。

（五）荣寿堂

荣寿堂系崇智派下裔孙衍百五十四仲春公于明万历四十一年（1613）建造，面积为400平方米。原为前、中、后三进两门堂，后进有楼，龙凤天井，造型极为壮观。至清咸丰太平天国革命时期遭受回禄成为废墟。

荣寿堂正厅

后同治八年己巳（1869）重建，但限于财力不足及诸多原因而不能恢复原样，只建前、中两进，而后堂寝室仍然墟址一片。

"荣寿堂"之名乃秉承祖训"不华贵而荣，不金石而寿，后之子孙，倘能实体此意，修之于家，达之于国，布之天下，于以实现皇猷，风励万姓，俾功烈赫耀，德业永垂不朽，又孰有荣于此寿于此，此为荣寿堂之所由名也"。"荣寿堂"亦称"进士第"，其因是派下裔孙于康熙乾隆年间相继得中"进士""岁进士"而名，为后代向上进取起着促进作用。

随着经济日兴，在原保存的两进厅房基础上，荣寿派下裔孙于 2003 年自筹 5 万余元资金，进行扩展，仅在两个多月时间修建成三间两明堂的崭新厅房，派下族裔无不欣喜。

（六）存心堂

于明嘉靖二十五年（1546）叶氏第十世祖天祥公所建，面积 300 余平方米。此厅格局别致，厅分上下两进，每进三开间，上进比下进高出一米左右，两进互不相连。在下进中间筑有七级登阶，可供人登上进，达到上下相通。七级登阶两侧是两口方形的小天井，下进前面是一座小院子，约 70 平方米，院落前正中建门台一座，八字门

小后山存心堂内景

存心堂外郡马府牌楼

楼两旁有石狮子一对。张牙半蹲，貌似迎宾送客姿态，院子两侧和门台两边，砖砌矮墙护卫着整座厅堂。从门台拾级而下是一条用卵石嵌成的横铺小路，通往他方，路前面筑一半月形的水池。

按宗谱查考，当初天祥公建此堂目的是为了奉父石坡翁祀用，故名曰："存心堂"。至明万历十二年秋，天祥公之孙叶希龙公诰封朝列大夫宗人府仪宾，并配以竹冈郡君。公奉例冠带荣身，皇恩圣旨悬挂中堂。因而存心堂又称"郡马府"，围墙外侧粉刷红色，宫殿式样，耀祖荣宗，令人敬仰。

2013 年，存心堂在原址全面重建，2014 年建成，仍恢复称"郡马府"。

（七）玉泉寺

玉泉寺位于离新叶一华里的玉华山麓。玉泉寺原名为"十八造"，由原来住在这里毗邻密居的许多小村，如白、卢、宋、夏、许、应、翁、吴、尚、陈、汪、徐、唐、胡、洪、黄、童、张共十八族共建，为十八族的凝聚中心。宋以后又名五圣庙、五神殿，因庙里主要供奉五座神灵[①]：中间正殿为协天大帝关公，左右为"白山大帝"和"周宣灵王"，另外二圣是送子观音和吕洞宾。陪祀的是朱雀和玄武。又因新叶村方言"圣"和"星"同音，当地人习惯叫成"五星庙"。元末明初以后，才开始称玉泉寺。

玉泉寺全景

玉泉寺补种的两棵柏树

据老人说，当年的五圣庙寺宇恢宏，灯火长明，香烟缭绕，晨钟暮鼓，经声朗朗，有僧众百余。庙前红围墙内有一隋柏，参天入云。树冠郁郁葱葱如华盖，树枝盘曲似

[①] 全国各地有不少被称作"五圣庙""五圣殿"的建筑，其中供奉的神灵也不尽相同。较为常见的是供奉：祝融、观音、胡公、吕洞宾、关羽。新叶五圣殿供奉之神有地方特色。

苍龙。高二丈有余，主干要三人牵手合抱方可勉强相接，实为罕见之柏树。整个庙宇背山面水，后倚玉华大山，面临玉泉小溪，溪上除两座人工石板桥外，往下30米还有一座数吨重的独块巨石"释桥"架在溪上，相传是仙人用茅草绳系来架就。桥的半中还可以看出草绳系的痕迹，过桥有一口"释塘"，约两亩许。这桥和塘的取名缘由都出自僧家。从前，寺前有一条小溪，每当山洪暴发，溪流湍急，阻隔了村人的往来，给生活带来许多的不便，传说有一个好心的游方和尚，力大无穷，为解决村民行路难的问题，特意从大慈岩山上用两根稻草绳捆絷了一方一圆两块很大的岩石挑下山来，到了溪流很急的玉泉寺边，在那小山谷口歇下担子，双手抓起长条石搁在小溪上作为石桥，因为是和尚挑来的，所以大家叫"释桥"。一代一代的白下叶人每天往来石桥，谁也不知道这桥已经有多少个年头，只晓得石桥中央有一道明显的稻草绳捆过的痕迹，于是便有了美丽的传说代代相传。和尚搭好了桥，见功德圆满心里的高兴劲别提了，屁颠屁颠地又到别处化缘去了，把那块大圆石遗忘在了山谷口，圆石没有得到师傅的发话，只有一动不动地蹲在那里等，这一等就是几百上千年。由于圆石像古代的量器——斛，人们就把它叫"释斛"，小山口便叫释斛口。从此可想象到当年众僧人上山劈柴，临溪汲水，下塘洗濯的盛况。元初，先祖克诚公邀请金仁山、许谦、柳贯等先贤在今儒源村设重乐书院治易讲学，也常经过这里进寺内歇憩，曾在寺壁题诗，可惜至今已字迹无存，唯在叶氏家谱中还能看到。

值得一提的是庙门前红墙内的那棵"隋柏"，元末朱元璋起义时带兵路过此地，见一古柏龙章凤姿，树龄至少千年，甚感奇特，遂封此柏为"柏树将军"，当夜宿营玉泉寺外树下，梦见有龙护身，甚感惊讶。就留下了"古柏参天膏露降，华山胜地玉泉流"的颂联和"灵昭万叶"的楣额。自此以后此庙就改称为"玉泉寺"。可惜庙内当年的古柏于1975年毁于生产队的氨水，现存柏树（见上图）为后来补种的。

清代以来，玉泉寺经几度损毁修葺，如今，仍有房共二十余间，占地约1200多平方米。寺内佛像犹存，每年农历三月三，新叶村人都会循先祖惯例，到玉泉寺迎神，举办庙会，到次年农历二月二，将神像送回玉泉寺，此风经久不衰。据村中老人说，朱元璋驻军玉泉寺，封"柏树将军"之事，当年曾经画在玉泉寺的墙壁上。所以，后代前来游览玉泉寺的文人多有歌咏此事者。如明代后期的文人王世懋就曾写有《咏玉泉寺古柏》诗："何年古柏尚青青，曾是高皇玉辇停。不倍圣恩偏雨露，枝枝都作老龙形。"

（八）双美堂

双美堂为新叶村典型的民居。由叶诰文（1866生，卒缺。名荣春，字诰文，号望尊，行毅二百五八）所建。对合型，由前花园、正居、侧房及后花园等组成。堂名意为：主贤、宾嘉；辰良、景美之"双美"也。

新叶村的民居，多具有徽派建筑风格。最为华彩和典型的，就是双美堂。整座建

双美堂正厅

双美堂的小姐阁楼雕梁画栋

筑深含着风水、建筑、民俗等诸多文化内涵，处处显示出古建筑的美学观点及传递着其主人富有、儒雅、高贵的信息。正居天井的四根柱子，分别采用柏、梓、桐、椿之树，意喻"百子同春，人丁兴旺"。侧房天井的落水管采用进口的马口铁制作，起着"四水归一"的作用，意喻着"财源归涌，四季发财"。至今百多年，仍然坚固耐用。

（九）文昌阁

文昌阁阁楼雕梁画栋，飞檐翘角。每个翘角下各悬一只铜铃，微风吹拂，叮当作响；阁脊正中设有神瓶，神瓶里插有方天画戟，两端装有双龙戏珠，翘角尖端装有鳌鱼模型，阁楼四面有雕刻精细的花窗 16 扇，楼阁下面是一座对合厅堂。整个结构布局精美壮观。1985 年被列入县级重点文物保护单位。如今是国家一级保护文物。

1989 年浙江省人大常委会陈安羽主任来新叶村视察，对文昌阁这处主要历史文化建筑非常欣赏，并特地题写了《文昌阁》匾额。

雕梁画栋的文昌阁门楣

桃花盛开时期的文昌阁和拎云塔

20世纪90年代的新叶文昌阁全景

（十）是亦居

是亦居位于新叶南塘塍东南角，是村民挺挺家的祖居，是清朝后期的建筑，其中的门台、矮门、天井都很有特色。是亦居的建筑为三间两搭厢，这种建筑风格在新叶很普遍，三间朝天井露明，一厅两房，天井左右两边各有半间搭厢，作为书房或卧室，房子为两层楼，楼梯在最里间壁处，设计得很巧妙，不显眼，又不太占位置，可以说无缝衔接。

是亦居的门楣

是亦居的矮门

文昌阁和抟云塔相映成绝美景观组合

新叶抟云塔

是亦居的厢房雕刻相当精美，并且至今保存得相当完整。雕刻的图案有反映当时社会现实的，有寓意吉祥的，有历史传说的，还有传统的花鸟禽兽人物。是亦居的牛腿雕刻用了浮雕、圆雕等多种手法，题材丰富，花样众多。是亦居在新叶民居中的地位很高，被清华大学建筑学院教授、乡土建筑保护专家陈志华称为"明清建筑的杰出代表"。

（十一）抟云塔

在新叶村外东南方向，有一座七层砖塔——抟云塔。这塔是新叶的象征，也是新叶人的骄傲。走在崎岖的山路上，忽见田野中矗立着抟云塔，便知新叶村就快到了。村中老幼，都能讲出它的来历。

抟云塔落成于明代万历二年（1574），具有明代砖塔的一般特性。它平面为六边形，总高140尺有余（见《抟云塔记》），共七级，其中下面三级有真窗，另四级为盲窗。塔内各层木板铺面，以木梯上下，一层四周有围廊，使其看上去体量比实际大。可惜今只剩砖石部分，廊子和木楼层皆已毁坏。七级塔刹又于1955年毁于龙卷风。据传当时飓风吹过之后，树木房屋皆毁，风柱卷到塔刹，一个霹雳，风散刹毁坏。抟云塔以其独特的方式保护了村庄，这更增添了人们对其崇拜心理。

上文已经介绍过，抟云塔是一风水塔。新叶村形状似一条船，北临道峰、西靠玉华山，夹在两山之中。这船的尾部高，像要起航，滑向大海。风水先生说，这种情形下村子会"立不稳"，不安宁，且道峰、玉华的位置在八卦中皆属火，水火不平衡，村中会生灾。于是就在船头的位置上建立一塔——抟云塔，与两峰均衡，像拴桩一样，系住船缆绳，稳住新叶，风水师又说村中有一条地下河，河中一龙颇不安静，塔的位置正好镇在龙头，使"天柱之高标与玉华道峰相鼎峙以补巽位之不足"（摘自《玉华叶氏宗谱·抟云塔记》），于是，抟云塔就成了保佑叶

文昌阁前的村口牌坊

氏族人泰安，决定着整个村子存亡的护佑神、吉祥物。抟云塔、文昌阁正好处在村口位置，让外地人未进村庄便被抟云塔、文昌阁的美妙风姿所慑服。抟云塔、文昌阁这一组建筑客观上成了新叶村地标性的特色建筑。

新叶村的其他重要建筑在陈志华先生等人的书中介绍甚详，此处不再多赘。

附一　新叶村现存重要古建筑及位置一览表

名　称	创建年代	所处位置	现状概况
西山祠堂	元代	村南面双溪外西山冈	经过多次修葺和扩建，建筑质量一般，但历史悠久，总祠堂的地位特殊。且中轴向北偏东正对誉为母亲的三峰山主峰里大尖。风水意义重大
抟云塔	明隆庆年间	村东南方的水口	现存年代最早、保存最好的古建筑。塔身上下无任何雕饰，造型秀丽、端庄，是最重要的风水建筑物，村中有塔极为少见，它也是村中的景观控制点和标志物
文昌阁	清同治年间	抟云塔脚下	抟云塔配套建筑，是全村最华丽的建筑，其雕刻、翘角别具一格，胜过庙宇和祠堂。塔、阁组合建筑堪称中华一绝
有序堂	元大德年间	村落结构核心地南塘前	外宅派总祠堂，新叶村最早的祠堂之一。正对朝山道峰山，堂内装饰精美有戏台、匾额、东谷公夫妇画像等文物，与南塘之间是新叶村的公共中心三月三庙会的主场地，也是新叶村精华"道峰卓笔、龙池浴砚"的最佳观景点
崇仁堂	明宣德	村北偏西处半月塘前	新叶村最大的祠堂，形制独特，有公堂建筑特点，纵深空间神秘感强烈,在中国建筑中非常少见。保存完好，内部装饰精美

名　　称	创建年代	所处位置	现状概况
玉泉寺	宋代	村北面往儒源1.5公里处	历史底蕴深厚，明太祖、书法家王世懋等都到过这里。且地处天门，环境幽静，风景秀丽，可俯瞰整个新叶村
双美堂	清末	有序堂西侧约40米	坐南朝北，由一个对合式、一个三间两搭厢和一个"一"字形组成，有前后院落，并有鱼池花卉，后花园水池旁还有临水的美人靠。是新叶村仅有的两栋此种型制住宅之一，装饰精美，保存完整
旋庆堂	清初	有序堂西南	原建筑破坏严重，现已进行简单的整修，大部分梁、柱、牛腿都已换掉，且新的完全没有装饰，观赏性不强。但仍可为村民用作礼仪活动场所
永锡堂	明代	南塘边有序堂西侧	保存基本完好，可整修后开发
存心堂	明代	村南面偏西	正对朝山，有门楼，前面有池塘，形制较为独特。保存基本完好，门楼需整修
雍睦堂	明代	村西面偏北，紧靠公路	毁坏严重，前两进已不存在，是仅有的两栋座西朝东的祠堂之一。可以重建
鼓楼	元代末年	村北面鼓楼冈上	原为二层楼阁式建筑物，历史悠久，但只剩基址。可恢复重建，完善景点，并可作为新叶村全貌的观景台
翠芳轩	明代	有序堂以东	内部装修较好，独特之处在于其横跨巷道的过街楼，将分属巷道两侧的两兄弟连接起来。也是用地紧张的产物
进士第（荣寿堂）	明代	村东端	保存一般，有门楼，其石雕门座颇有特色。前方的四方塘被房屋侵占严重。但四方塘纵向轴线正对抟云塔，塔水相映景观优美
是亦居	清末	南塘东侧	属普通居住建筑，但内部装修精细、华丽，浮雕图案映射出清末民初时代背景。且地处南塘边，区位优越，开发价值大
种德堂药店	清初	永锡堂西侧	保存完整，原为药店，可复原旧有店面风貌，作为商业类用房

附二 新叶行政村已被挂牌保护的重要古建筑一览表①

序号	编号	名称	地址及位置	保护级别
1	CT118	永锡堂	新叶村南塘塍	国保
2	CT119	永庆堂	新叶村三石田	历史建筑重点保护
3	CT120	有序堂	新叶村南塘塍	国保
4	CT121	由义堂	南塘区块	国保
5	CT122	存心堂	新叶村西北面	国保
6	CT123	进士第	新叶村东南面	国保
7	CT124	旋庆堂	新叶村中心	国保
8	CT125	崇仁堂	新叶村中心	国保
9	CT126	诸坞敦睦堂	诸坞63号	历史建筑重点保护
10	CT127	福绥堂	花园里	历史建筑重点保护
11	CT128	永和堂	儒源	历史建筑重点保护
12	CT129	仁德堂	儒源中心	历史建筑重点保护
13	CT130	三槐堂	儒源中心	历史建筑重点保护
14	CT131	崇智堂	新叶村三石田村口	国保
15	CT132	积庆堂	新叶村三石田村口	国保
16	CT133	西山祠堂	新叶村西山岗	国保
17	MJ510	姜海林民居	新叶村	国保
18	MJ511	叶顺良民居	新叶村	历史建筑重点保护
19	MJ512	叶志军民居	新叶村	历史建筑重点保护
20	MJ513	培桂堂	新叶村	国保
21	MJ514	庆余堂	新叶村	国保
22	MJ515	叶志昌民居	新叶村	历史建筑重点保护
23	MJ516	叶锡坤民居	新叶村	省保
24	MJ517	叶朝春民居	新叶村	历史建筑重点保护
25	MJ518	叶景芳民居	新叶村	历史建筑重点保护
26	MJ519	叶土生民居	新叶村	省保
27	MJ520	叶贵成民居	新叶村	历史建筑重点保护
28	MJ521	叶志生民居	新叶村	历史建筑重点保护
29	MJ522	叶早标民居	新叶村	省保
30	MJ523	叶凤新民居	新叶村	历史建筑重点保护
31	MJ524	叶素芳民居	新叶村	历史建筑重点保护
32	MJ525	叶跃富民居	新叶村	历史建筑重点保护
33	MJ526	叶震标民居	新叶村	历史建筑重点保护
34	MJ527	诸葛炳林民居	新叶村诸坞自然村	历史建筑一般保护

① 此表内容由大慈岩镇文保所陈志昌先生提供。

序号	编号	名称	地址及位置	保护级别
35	MJ528	叶庆林民居	新叶村	历史建筑重点保护
36	MJ529	是亦居	新叶村	国保
37	MJ530	叶昭德民居	新叶村	国保
38	MJ531	叶峰民居	新叶村	省保
39	MJ532	叶木荣民居	新叶村	省保
40	MJ533	叶志明民居	新叶村	省保
41	MJ534	过水楼	新叶村	国保
42	MJ535	种德堂	新叶村	国保
43	MJ536	徐文祥民居	新叶村	国保
44	MJ537	隐逸楼	新叶村	国保
45	MJ538	叶康忠民居	新叶村	历史建筑重点保护
46	MJ539	叶昭桂民居	新叶村	省保
47	MJ540	叶庚发民居	新叶村	历史建筑重点保护
48	MJ541	叶志和民居	新叶村	省保
49	MJ542	叶林昌民居	新叶村	历史建筑重点保护
50	MJ543	叶汝松民居	新叶村	历史建筑重点保护
51	MJ544	钟毓堂	新叶村村中心	国保
52	MJ545	贻燕堂	新叶村村中心	国保
53	MJ546	世美堂	新叶村村中心	国保
54	MJ547	新叶村六间头	新叶村村中心	国保
55	MJ548	大门里	新叶村村中心	国保
56	MJ549	叶肃钦民居	新叶村	省保
57	MJ550	叶柏林民居	新叶村东南面	省保
58	MJ551	叶正云民居	新叶村东南面	历史建筑重点保护
59	MJ552	叶昭荣民居	新叶村	历史建筑重点保护
60	MJ553	叶连勇民居	新叶村中心	历史建筑重点保护
61	MJ554	双美堂	新叶村中心	国保
62	MJ555	叶锡寿、永钦民居	新叶村	国保
63	MJ556	叶穆文民居	新叶村	省保
64	MJ557	叶耀廷民居	新叶村	省保
65	MJ558	叶汝芳、永洪民居	新叶村	省保
66	MJ559	叶瑞荣、毅峰民居	新叶村	省保
67	MJ560	叶亚峰、叶先桂民居	新叶村	省保
68	MJ561	叶建寅民居	新叶村	国保
69	MJ562	叶志华民居	新叶村东北侧	省保
70	MJ563	叶志清民居	新叶村	历史建筑重点保护
71	MJ564	叶志忠民居	新叶村	历史建筑重点保护
72	MJ565	叶建高民居	新叶村	省保

序号	编号	名称	地址及位置	保护级别
73	MJ566	叶木军民居	新叶村中心	省保
74	MJ567	叶田洪民居	新叶村	历史建筑重点保护
75	MJ568	汪志湘民居	新叶村西北面	省保
76	MJ569	叶标昌民居	新叶村	历史建筑重点保护
77	MJ570	叶盛昌民居	新叶村西北面	历史建筑重点保护
78	MJ571	叶秋标民居	新叶村	省保
79	MJ572	叶全芳民居	新叶村西北面	历史建筑重点保护
80	MJ573	叶昭生、文芝民居	新叶村	省保
81	MJ574	叶庆良民居	新叶村西北面	省保
82	MJ575	叶田通民居	新叶村	省保
83	MJ576	叶寅奎民居	新叶村西北面	省保
84	MJ577	叶正标民居	新叶村中心	国保
85	MJ578	叶柏珍民居	新叶村中心	国保
86	MJ579	翠芳轩	新叶村中心	国保
87	MJ580	叶秋尧民居	新叶村三石田自然村	历史建筑一般保护
88	MJ581	叶顺标、正元民居	新叶村三石田自然村	历史建筑一般保护
89	MJ582	叶顺丰民居	新叶村三石田自然村	历史建筑一般保护
90	MJ583	叶玉坤民居	新叶村三石田自然村 90 号	历史建筑重点保护
91	MJ584	诸葛水良、诸葛土祥民居	新叶村诸坞自然村 22 号	历史建筑一般保护
92	MJ585	诸葛柏勋、诸葛海水民居	新叶村诸坞自然村 28 号	历史建筑重点保护
93	MJ586	诸葛志春民居	新叶村诸坞自然村	历史建筑一般保护
94	MJ587	陈田庆民居	新叶村儒源自然村村	历史建筑一般保护
95	MJ588	陈土林民居	新叶村儒源自然村 47 号	历史建筑一般保护
96	MY042	新叶土地祠	新叶村东南面	国保（包括文昌阁）
97	GQ173	鼓楼桥	新叶村西北面	历史建筑一般保护
98	GQ174	童新桥	新叶村三石田自然村口	历史建筑重点保护
99	GQ175	三石田平桥	新叶村三石田自然村	历史建筑一般保护
100	GQ176	万梓桥	新叶村东南面	国保
101	QT033	居敬轩	新叶村	历史建筑重点保护
102	QT034	抟云塔	新叶村东南面	国保
103	QT035	文昌阁	新叶村东南面	国保
104	QT036	新叶村老年活动室	新叶村中心	国保
105	QT037	神仙桥	玉泉寺边	国保
106	MJ499	友竹堂	席草塘边	省保
106	MJ500	雍睦堂	新叶西北	省保
107	MJ501	叶真修烈士墓	新叶村南面	省保

第八章　新叶村的礼俗规约

　　中国素称"礼仪之邦"，坐卧有礼，出行有礼，宴饮有礼，寿诞有礼，婚丧有礼，祭祀有礼，征战有礼。礼在中国传统社会无时不在，无处不有。这里所说的"礼"，包含了传统礼制的精神原则与传统礼仪行为两大部分。礼义是礼制的精神核心，礼仪制度是礼仪精神的外在表现，两者关系密切。因此，我们在具体叙述礼制文化时，通常没有将礼制作内涵与形制的切分，不过，本章主要是从礼仪规范方面讲述礼制的形式及功用。从社会文化角度看，礼是沟通天人的仪式，礼是贵族等级的标志，礼是乡里庶族的规范，礼是立身处世的准则。正如孔子说的："不学礼无以立。"荀子也说过："人无礼而不生，事无礼则不成，家无礼则不兴，国无礼则不宁。"因此，在古代社会除了一般的伦理原则外，礼在社会上下层有不同的表现和作用，在社会上层表现为等级分明的贵族礼法制度，社会基层表现为乡里庶族家礼俗规。宗法伦理标准是传统礼制俗规的精神核心，传统礼俗中的尊老爱幼，诚敬谦让，和众修身的礼义原则在当代社会仍然值得提倡，当然对传统礼俗的继承与扬弃是一个复杂问题，需认真辨析，择善而从。

　　如果说"礼"更多内容是属于上层贵族和知识阶层的话，那么，"俗"就不仅属于上层人，也同样属于庶民下人，更具有草根性，具有全民普遍性。《周礼》中说："俗者习也，上所化曰风，下所习为俗。"指像风一样刮动，遍及上下左右四方，人人传习，并自觉教化而形成民俗。所以，"俗"是上下互动的结果。《晏子春秋》说"百里不同风，千里不同俗"。可见，由于地域环境、历史发展和伦理道德的影响，民俗文化因地而生，具有鲜明的地方色彩。

　　我们生活在文化中。在中华大地上，众多民族创造、享用和传习着丰富多彩的民风民俗，反映了他们生产生活中所形成的一系列物质的、精神的文化现象。著名民俗学家钟敬文先生曾指出："民俗是一种民间传承文化，它的主体部分形成于过去，属于民族的传统文化，但它的根脉一直延伸到当今社会生活的各个领域，伴随着一个国家或民族民众的生活继续向前发展和变化。"

　　新叶村这个拥有800多年历史的古村落拥有丰富的礼俗文化资源。而且，许多习俗传到现在，仍然或多或少地影响着我们的生活。

　　走进新叶村，稍作调查，我们便触手可及有关饮食、居住、交通、婚嫁、丧礼、建屋、岁时、节日、娱乐等方面的礼俗规约，这些民俗文化也是新叶村村民智慧的体现。一方面是有些习俗不太有特色，另一方面是限于篇幅，本章仅仅就"人生三件事：婚、生、死"，还有新叶村择地、造屋、上梁及立夏几个有些特色的习俗加以介绍研究。文中内容参考了李友彬、叶运昌等人编的《新叶古村》一书中的部分文字，以及叶瑞荣老师的部分资料，同时，对乡村礼俗的现代意义也略作分析研究。特此说明。而对于"过年"和"新叶三月三"这两个重大节日习俗则准备另立专章讨论。

一、婚　事

　　婚姻仪礼，是人们依照一定的社会婚配原则使男女结合成夫妻的礼俗程序。《礼记·婚义》说："婚姻者，合二姓之好，上以事宗庙，下以继后世。"这句古老而典型的有关婚姻的定义，明白地道出了宗法社会的婚姻真义。家族社会的婚姻，并不仅是男女两性的结合，婚姻的目的在于祭祀祖先与延续家族。宗族延续与祖先祭祀二者紧密相连。在通婚的原则上，强调"同姓不婚"，以防止有父系血缘关系的婚配关系，这一原则虽然有健康的考虑，更重要的是防范家族成员身份等级及财产继承关系的紊乱。结婚是家族之间缔结关系的重要手段，所谓"合两姓之好"，家族利益成为婚姻的首要考虑。人们常说的"门当户对"就是基于家族之间的共同利益。因此作为人生大礼的婚姻仪礼与其说是个人的"终身大事"，不如说是家族社会的阖家大事。

　　俗话说，天上无云不下雨，地上无媒不成婚。新叶婚俗中媒人有两个，男方一个，女方一个。男方媒人接受男方的恳求，处处着眼寻觅合恰的姑娘，凭着一张利嘴，三番五次跑到女方协商婚事，女方即便同意了，若条件苛刻，还要力争减免。聘礼条目繁多：衣服××套，布××匹，毛料××斤，绍兴酒××担，金器、银器若干，聘金××等。在20世纪50年代还要添加手表、缝纫机等贵重物品。若能一一做到方可定婚。定婚日期一到，男方把写有八字的乾造龙帖、空白坤造凤帖、笔、墨、定婚酒、聘金、红包等物品交给男女两方媒人。放了火炮后，男女两方媒人夹着凉伞到达女方家。女方托人填写年庚八字凤帖。男方客人与女方的家人、亲戚、亲房、友人等众郑重其事地宴酒一番，接着烧香，敬天地，放火炮，立盟婚定。男女两方媒人将双方的龙凤帖子、贴有双喜的红鸡蛋、松柏、万年青、花生、红枣七样果子等高兴带回到男方家中，把女方礼物一一交给男方，摆上酒席，庆贺定婚告捷。接着男方家人把女方的鸡蛋、花生等分给邻居，并告之儿子婚姻已定，共庆喜事。

　　婚期要到了，男方忙得不可开交。新酿的喜酒一坛坛，杀猪杀鸡，宰羊宰兔，人来我往，十分热闹。头一天晚上大摆酒席，宴请两方媒人，恳求女方媒人多多帮忙。第二天一早，火炮震天响，媒人夹着凉伞，带着金钱，大叠红包，后面跟着一大帮随人，挑着猪肉、羊羔美酒、馒头、蒸糕、粽子、印馃、五代蜡烛、火炮、两条活鲫鱼、新娘上桥衣等，浩浩荡荡去女方迎亲。

女方也是十分忙碌，同样喜酒坛坛，杀猪杀鸡，宰羊宰兔，人来我往，热闹非凡。出嫁日前一天，闺女在兄弟陪伴下到祖坟、大厅祖宗处祭拜。当日，看到男方迎亲队伍来了，连忙迎接。两个媒人慢慢行来，却见一群孩儿拦住大门，一伸手要开门红包，无包难进门。送至中堂高席，随人亦坐，糕点满桌，鸡蛋满盘，送茶饮水，欢笑阵阵。稍歇，酒菜上席。亲朋好友连同迎亲人马济济一堂。这时女方要核实定亲时的许诺，为差缺一点而争执不休，甚至会酒菜不上桌，新娘不上桥，坚持不让。如果酒质或数量差一点，媒人桌上不送酒。这叫"结（新叶方言，吵之意）亲结亲，越结越亲"。在宴酒时，每送上一盘菜，男方代表要放一个火炮。

这时，女方着手在利市妈妈指导下打扮新娘。新娘的第一件事是洗澡。实际上是做做样子，洗个脸即可。接下去是两个陪堂小娘在旁帮忙梳头、插花、穿衣、着鞋等。

新娘在出嫁前与自家亲人包括父母、兄弟、姐妹等坐在堂前吃"上轿饭"。这一过程是十分慎重的，基本上静坐无话语，有的流下眼泪，深感惜别之情。

大厅上的花轿早已准备完毕，两个轿夫和吹鼓手在旁侍候，几个小孩高兴地提着小锣鼓准备敲响。利市妈妈准备了一面绑有红根万年青、铜镜等的米筛，两位陪堂小娘拿着荷花大方巾，等待新娘。当兄弟抱着新娘走出家门时，利市妈妈忙将准备好的米筛罩在新娘的头顶上；陪堂小娘跟随在后，从大厅的右侧门徐徐进入大厅。小娘们连忙把荷花方巾铺在花轿前，让新娘踏在方巾上进入花轿。利市妈妈将一个装满红鸡蛋、七样果子的红袋放进花轿里。"起轿"一声，火炮、鞭炮、小孩锣鼓响成一片，新轿从大厅大门抬出。这时有一个老妇人在家门上"哭"，哭的内容都是一些吉利话，称为"哭上轿""咏轿"。

后面紧跟的是抬嫁妆的大队伍。最前面的是放着红被子的大小脚盆，由特选的两个利市人抬着。后面是箱、柜、床、椅、凳等名目繁多，古代富户连"水井"都是嫁妆。

新娘轿快到新郎家，郎家连忙派人迎接。先是嫁妆，后是新娘。

接嫁妆　第一先接浴盆和新被，是一对特定利市人的任务，而且是第一个进入新房。后面的嫁妆由其他人迎接。

接媒人　首先接凉伞，然后陪媒人到家，请坐在中堂首座。女方客人上座吃茶、吃鸡蛋、吃糕点，稍后吃汤团，受到热情招待。

接新娘　新娘轿进入大厅，锣、鼓、火炮声连成一片。新娘出轿踏入四方荷花布巾中，由新郎亲自抱到新郎家，紧接着，郎家从高位窗口向外抛出大量的"麻胎"（麻胎是一种食品，米粉团内是红糖料，外面粘上干米粉）花生等食品，让观众争抢。

吃汤团　郎家事先做了大量的汤团，待新娘稍安定后，在场客人、家人、旁人都要吃汤团。新娘新郎要吃糖汤团，新娘一般只吃一个汤团的尖，剩下的新郎吃完。

拜天地、拜长辈、拜祖宗　一对一斤通大蜡烛插在蜡烛台上，鸡肉满盆，好酒在杯。在利市公公（利市妈妈的丈夫）指点下一拜天，二拜地，三拜公婆和长辈，接着去祠堂拜祖宗。在这一过程中新娘都在陪堂小娘陪同下进行。

吃喜酒　女方客人、男方的亲朋好友，亲房长辈济济一堂，吃酒猜拳，闲谈说笑。正中堂前是媒人、长辈、特邀人物的席位，酒宴时特别注重礼节，座位有严格规定，不可乱坐，招待也特别周到。新娘的酒席安排在新郎房中，由利市妈妈安排，坐着的是陪堂小娘等一些女人。

闹新房　新叶村的闹新房是较为文明的。新娘坐在床沿正中，利市妈妈坐边旁，陪堂小娘在床上凑热闹，认为新娘是"公众"的，让大家来高兴高兴。闹新房的人不分辈分，甚至公婆也可以参入，不受限制。只要讲几句吉利话，唱个歌就行了，如《十房媳妇》《十八摸》等。为了热闹，在"讨果子"时还须讨价还价。一个鸡蛋不够，还要凑成双；二个鸡蛋仍不够，四个六个说是大家分；有的还"偷"取新娘子的衣服、鞋子等东西，以得到更多果子。利市妈妈还经常编造谎言说果子没有了，嘻嘻哈哈闹到深更半夜。

送闺房　这是利市公婆的任务。把中堂上的一对大蜡烛送进新房，讲一些吉利话，吩咐夫妻和好，白头到老，就寝安歇。

双回门　夫妻在婚后的第一个逢双日子，叫亲人挑上一担满满的礼品，包括酒类、糕点、馒头、米粿等陪伴前往娘家看望父母长辈。娘家设宴，并邀请有关人员入席，新女婿和新娘坐在中堂正位。热情款待新女婿，"逼"新女婿吃酒，新女婿往往被灌得大醉。

送三朝（三朝即三天）　是女方兄弟前往男家看望姐妹的一项活动。时间一般安排在结婚后第三天。由同辈较为知己人陪伴。礼担里的物品有：一盆干菜肉，质量相当好，这是新郎新娘的私菜，别人无权享受；一对精制火炉；在娘家穿的旧衣服等。

送冷清　结婚后的第十天，新郎陪同新娘到娘家看望父母。扁担的一头是礼盒，放有糕点等礼物。另一头吊着一个重秤锤。意思是女儿离家，父母冷冷清清，特地看望父母。

2007年冬，我到新叶邻村上塘坞调查，正好赶上腊月初八，村民彭亮娶媳妇的日子，他邀请我去参加他的婚礼，我高兴地如约前往。按当地的规矩，男女双方无论是娶媳妇还是嫁姑娘，亲朋好友都前往赶情送礼以示祝贺，我也按农村规矩前去送了一份礼凑兴，并自始至终地观看了一场农家婚礼的全部礼仪。与新叶的略有不同。

上马饭　按农村的婚俗，男方头一天中午都要在自家办宴席，所有来宾都要在一起吃"上马饭"。席间，有一个最重要的仪式就是新郎官要跪拜媒人，农村叫"请媒"，媒人相当于"引亲"，在婚礼中可是个大红人，吃"上马饭"时，媒人为上大人，必须坐首席正中，由新郎的舅舅和舅妈和最主要的亲戚来陪媒人。

迎亲　第二天早上，媒人提着用大红包袱包着的娶亲喜饼和新娘当天要穿的衣服鞋子等饰物，和新郎一起随着娶亲的车队前往女家迎亲。

封子钱　新郎到达女方家门口时，只见女方的大门紧闭着，直到新郎从门缝里塞进红包（也叫"封子钱"）后，躲在门后的人方才把门打开，让新郎和娶亲的人进门。

抹红 在娶新娘的过程中，最热闹的场面是女方的客人给娶亲的人脸上"抹红"，其间，闹得最开心的又是给媒人"抹红"，我看到几个大嫂子拽着、扯着、按着媒人，嬉闹着往她脸上抹红，直到媒人被抹成个大红脸方才罢休。

劝嫁 媒人先到新娘待嫁的闺房去"劝嫁"，新娘也不能马上随媒人出门，一定要等到媒人三请四催，好话说上几箩筐，让新郎和娶亲的人等得焦急，若再不出门就赶不上男方的结婚典礼了，这时候，新娘才在媒人的陪同下姗姗步出闺门，于是新郎迎上前去，挽着新娘的手一起步出大门。新娘启程前，新郎还要给锁衣箱（新娘的衣服、袜子和饰品）的喜钱，一般是两口箱子，每箱 100 元。姑娘出嫁时，湾里的亲戚，自家的人，亲戚中的小孩都会来抢嫁妆，或故意把嫁妆藏起来，新郎不给红包就不给嫁妆。红包 5 元、10 元、20 元不等，所有在场的三戚六眷都要给红包，新郎方可把新娘接走。

出阁 只见新娘身着一套大红衣裳，手拿一面镜子，农村人叫"避邪镜"或"照妖镜"，按老习俗，新娘出嫁时是不能回头的，若回头就意味着将来婚姻不美满要走回头路。新娘出得门外，新郎要为新娘换上红鞋子，回转身向送嫁的岳父岳母鞠躬拜谢后，才能将新娘抱进娶亲车里，然后，新娘的家人放鞭炮送走娶亲的车队。

牵亲娘 农村有一句俗话："新娘娶进门，媒人撩过墙。"媒人在婚礼前的娶亲过程中是个大红人，但新娘一娶进夫家门，媒人的任务就结束了。这时，就由牵亲娘来充当婚礼中的"引亲"。新娘未到前，男方首先要请 1 — 2 名牵亲娘，牵亲娘必须具备如下条件：父母双全，儿女双全，起码是要有男孩的中年妇女，牵亲娘还要必须会说、会闹、会收荷包，带着新郎新娘领拜，给来宾磕头，不给钱不起来，所以来宾一般都把钱分藏在各个口袋里，不让牵亲娘一次把钱搜干净。

压床 新娘的嫁妆进新房后，由牵亲娘铺床，在被子枕头里面放些枣子、莲子、花生，含有祈盼新人早生贵子的寓意。新郎新娘的床第一天晚上在新郎新娘没有睡之前还要有一个有妻室、儿女双全的男人先在床上压床，意在男子娶亲后儿女双全，图个吉利，家庭不全的、身体有残缺的、有孝之人是不能进新房的。

抢新鞋 新娘的鞋一般都是红颜色的鞋，新娘出嫁时穿的鞋以后都不能穿回娘家，意思是不能走回头路，新娘进屋后，哥嫂和其他的亲戚都瞅着这双鞋，都想把这双鞋抢走，如果能抢到新娘的红鞋子，被视为幸运者。

喝交杯茶、吃长寿面 新郎新娘进入洞房后，由一个 10 岁左右小男孩分别端进两杯茶和两碗面，新人在牵亲娘的指导下喝交杯茶，吃长寿面（过去一般是一个小男孩一个小女孩，现在大都是一个小男孩，从来没有一个小女孩为新人端茶送面），新娘即使不吃也要用筷子搅一下，表示以后发财。新娘必须给端茶端汤的小孩红包，然后其他的小孩都要来闹新娘，拿把扇子要红包，端杯开水要红包，提个火笼也要红包。完成上述仪式后，牵亲娘便引导新郎新娘走出洞房去参加结婚典礼。

拜堂 在结婚典礼中，新郎新娘要一拜天地，二拜父母，三是夫妻对拜，如果新娘怀了孕，按老规矩是不能向祖先磕头的，磕头意味对祖先不敬，只能点头或鞠躬。现在新娘先怀孕后结婚的多了，这个老规矩也就没过去那么严格了。

给拜钱　拜堂完毕后，新郎新娘依次拜见亲戚长者和来宾，新娘子给谁磕头谁都要给"磕头钱"，钱数不等，视给钱人与新人的经济实力和亲疏关系而定，重要的直系亲戚给100元或500－1000元不等，一般的亲朋给10－20元。再就是酒席上的文娱活动，有的要新郎新娘唱歌，有的要新郎新娘面对面口含一颗红枣，有的要新郎口含香烟，要求新娘用高难度动作为新郎点火，还有的要求新郎用嘴叼着苹果送进新娘的口中，农家结婚都喜热闹，人们认为婚礼是越热闹越好、越闹越发。整个婚礼持续近两小时，笑声不断，热闹非凡。

回门　婚礼后的一个重要仪式是"回门"，可惜我那次没有机会看到，但前来参加婚礼的几个妇女告诉我，新郎新娘结婚的第三天，新娘要带着新女婿回娘家，这一天主要是闹女婿，新女婿进门时，娘家人有的会在门前栓根细线，新女婿不留意或不小心弄断了细线要给红包。门后面挂个土壶，新女婿推门时碰掉土壶要给红包。吃饭时在油条中间穿根线，新女婿吃不断的时候要给线钱，饭碗里放点盐要给盐钱，放块糖要给糖钱，埋着肉块要给肉钱。如果不给钱，娘家的人就起哄，说他多丢人啊！所以，回门是对新女婿智慧和应变能力的考验，而新娘的娘家人也从闹女婿寻开心中来营造欢乐气氛。

婚礼结束后，我向刚当上公公的永富了解整个婚礼的开销费用：

彭亮父亲永富给我算了一笔细账：他家这次为筹办儿子的婚礼，前后共花掉30多万元。楼房是两年前就盖起的，这次只花5万元装修了一下，新房内添置的床、衣柜、梳妆台、沙发、电视用去8万元，婚前给女方父母现金5万元（财礼），给新娘的衣服费2万元，娶亲的前两天给女方送娶亲礼，家里杀了一头猪，带了一半给女方，还送去一套喜饼、半只羊、一对鹅。其他各种礼品2万多元，婚礼上办酒席10桌，每桌的菜是八个热菜八个凉菜，客人连吃3天，新娘来的前一天中午来宾都已到齐，一直到第三天中午饭后客人才会离去，过客办酒席大约要花去3.6万元。另外，小两口还花1.8万元照结婚照，给女方买项链、戒指、耳环、手链也花去3万元。而女方父母给女儿5万元的嫁妆钱，连同男方父母给的5万元，共花了10万元办嫁妆。女方嫁妆是：冰箱一台、空调一台、洗衣机一台、摩托车一辆、八床被子、一床蚊帐、洗脸盆两个、洗脚盆两个，还有些小孩衣服。把这些嫁妆都加在一起，女方父母共花掉5万元。

我问永富婚礼费用能不能更俭省一点，他说：我家已算是很俭省的了，现在农村娶媳妇与过去比发生了翻天覆地的变化，想当年我结婚时，只给女方送去八套衣服的衣料费100元，一套喜饼（从大到小共10个），投贴过礼2条鱼，18斤肉。而女方陪嫁一个柜子，两个衣箱，两床被子，一个洗脸盆，一个脸盆架，一床蚊帐，两把农家椅子。当年我想用结婚拜天地的磕头钱买一件衣服，老人还说我，风过了雨也过了，现在还买什么衣服？我们两代人的婚礼简直是一个天上、一个地下。

二、生 子

催 生

妻子怀孕后，约在产前一个月，娘家必须"催生"。娘家备好小衣服、小鞋子、小袜子等孩子需用品，还有一个大红包。

生 子

生子前都要拜天拜地，求神求祖保佑平安清吉。有人来看望产妇、婴儿的都要吃红糖水。到第三天，用饭、菜、肉、酒、果、烧纸、香、蜡烛等"烧三朝"。

报 生

妻子生下孩子后要向娘家"报生"。"报生"规模由家庭条件情况决定。一般是酒和肉。

三朝、满月

有人说，一个女儿嫁出去，娘家有得跑。送三朝、催生、送满月，夏天送凉扇，外甥十岁要送，二十岁要送，三十岁、四十岁还要送东西。

三、丧 事

人死如灯灭，一切是空空，生不带来死不带去。然而人们总是舍不得他的离去，希望他在阴间如同在世一般过着幸福生活，于是隆重的丧事仪式形成了。

死人断气

人将死亡，子女儿媳兄弟等亲人日夜在旁守候，不时向病人问这问那。同时给病人穿上白色新衣、新鞋、新帽，备好含口包。当病人一口痰入到肚里脱气了。喊娘唤爹叫爷叫娘一片哭声，悲哀至极。这时有人将含口包塞入死人口中，并轻轻地把死人抬到家中一空处的木板上。因为死人难看，须在身上盖上被子，脸上盖张烧纸。

亲朋好友及邻居得知死亡，都前来烧"落地纸"，显得十分悲哀。死人旁边有一妇人（哭丧人）看到有人来烧纸、香，连忙按来人的不同情况哭唱一些保佑话语，并敬上一杯甜开水以作感谢。

　　紧接着是丧事安排。邀请亲房邻居前来商讨事宜，包括邀请道士、风水先生准备向亲戚报丧及送白色孝服等。

进　棺

　　空棺材放置在大厅的两条木凳上，棺材的前方摆着一张桌子，桌上面有神位、饭菜和蜡烛。棺内洒满干石灰和木炭，石灰头枕，石灰脚枕。安排就绪，准备死人进棺。

　　四个男人用布巾裹绑着死人徐徐抬向大厅，后面跟着的是亲人子女，默默地从大厅的后左侧门进去。死人放入棺中后，亲人开始悲哭。

报　丧

　　将亲人病死的信息及时告知有关亲戚，须派人前往通知。报丧人必须夹一把油纸伞，行程中一般不理人，到了有关亲戚家门时，先把雨伞顺立外门边，然后坐在中堂，一言不发。这时他人心中已知情况不妙，马上烧鸡蛋给来人吃。来人吃后才将丧事一一告白。亲戚给报丧人一些红鸡蛋、红包。当报丧人一踏出家门，马上点着一串鞭炮，送出客人。

光　灯

　　人死后的光灯要视经济条件、丧家意愿和地位高低而定。光灯分为三种类型：七昼夜、三昼夜和一昼夜。一昼夜又分为整场还是半场。以一夜为例略述如下：

　　晚上，孝堂前整齐摆着自家及有关亲戚家的丧担，亲朋好友的香盘。（香、蜡烛、纸钱、火炮、锡箔等已收取另放一处）丧担里放的是全鸡和条肉，糕点、馒头、面条等，香盘里放的是馒头面条等。一切准备完毕后，吹

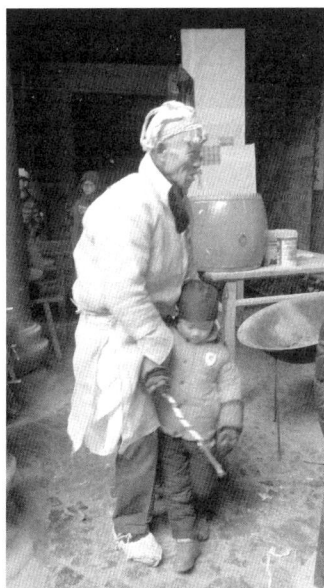

孝子、孝女、孝孙、孝媳都要披麻戴孝，其他人不用

229

鼓手开始吹起尖号，光灯开始。吹鼓手的音乐一停，站在棺材前的道士马上开念"招魂科"。摇铃一响，全场肃静。穿着孝服的孝子、孝女、孝孙、孝媳等人低头默默跪在棺材前。当道士做完"招魂科"，火炮声、鞭炮声、悲哀哭声连同吹鼓声响成一片。

孝女、孝媳跑到棺材边一把鼻涕一把泪哭个不停，相劝不止。这叫"哭娘"，妇人特别愿意听，听一听谁最悲伤，谁最清楚。而孝子、孝孙面朝外，低头跪着感谢前来烧纸敬拜故人的亲朋好友，直到无人来烧纸才站立起来。

道士开始第二科，叫"镇土科"。（用于一昼夜）道士转到棺材前念念有词：（男）天尊说金教……（女）天尊大慈悲……（用于一昼夜）

第三科叫"请圣科"。（用于一昼夜）

第四科叫"普同供养"。（用于一昼夜）

第五科叫"三皈依经"。

第六科叫"五供养经"。

第七课叫"救苦读课"（男用）。（用于一昼夜）

第八课叫"弥罗咒课"。（用于一昼夜）

第九课叫"救苦经"（男用）、血污经（女用），道士将木鱼敲个不停。

第十课叫"布仙桥课"，俗称"破天桥"念念有词：香汤沐浴华池水……（用于一昼夜）

第十一课叫"光灯"。

第十二课叫"解结灯"。（用于一昼夜）

第十三课叫"川灯分灯课"，俗称"盘灯"，念的是"孝子经"。

第十四课叫"破地狱门"（男用），"破血污门"（女用）。（用于一昼夜）

第十五课叫"川石殿"。（用于一昼夜）

第十六课叫"过奈河桥"。（用于一昼夜）

第十七课叫"退堂科"。

附：

血污经

志心皈命礼天尊，报答亲娘养育恩。

十月怀胎娘辛苦，三年乳哺母心勤。

生我一生无报答，发心斋戒礼血盆。

在堂阳眷增福寿，过去先母早超升。

大圣大愿大慈大悲寻声赴感

太乙救苦天尊

出　丧

新叶村民出丧图（图片来自新叶古村网）

出丧是孝子孝孙及亲友众人送死者至墓地的过程。

从祠堂起灵前，棺材前摆放着一排饭、豆腐和筷子，一壶酒和几个酒杯。地上跪着孝男、孝女、孝孙和孝媳等（孝女面朝外）。一个男子拿起酒壶在肃穆的祭堂向杯中注酒，念：一杯敬天，一杯敬地，三敬×××，保佑子子孙孙平安无事，升官发财……等一大串吉利话。敬好酒后，孝子孝孙及送丧队伍从大厅的大门出发（每人都有点着的香），走到村子外百步处低头跪着候棺。这时抬棺人员用两根木杠绑好棺材，一抬起棺材，就有两人把搁棺材的两长凳扔到厅门前的水塘里。火炮鞭炮爆炸声、锣鼓声、哭声齐发，送丧队伍前行，棺材在后。在路上，孝子和孝女都有人扶搀，以防万一跌倒。棺材一肩抬到村外一宽阔场地暂停，让孝子孝孙等人绕着棺材转上几圈，穿过棺材底绕上二圈半后，棺材在前，送丧者在后，一路抬去，一路哭去，火炮一路放去，冥纸一路抛去，直到坟基地。

一到坟地，停止哭泣。棺材慢慢放入圹中地面上，这时称为人已入土。风水先生在棺材背上正中拉上几根青线，摆好罗盘定向，口中念念有词。（念词见后面"安山"附文）

完毕后，众人争抢青线，传说青线挂在脖子、手腕上能保平安清吉。送丧人离开坟地回原路到大厅，但孝女必须另绕别路到厅。孝女、孝媳一到大厅急找厨师等要人跪着，乞求照顾安排好丧事和家中事。在众人的劝慰下休息。

祭灵用品（冥屋）

祥灵（祭灵）

祭灵就是祭祀冥屋。冥屋的式样依照家庭条件而定。有钱大户筑有四张八仙桌拼起摆放的豪华大屋，一般是二张八仙桌大的面积。花花绿绿，窗棂画栋，十分精细。屋上挂上冥纸、锡箔元宝，屋前摆满鸡肉酒等物品。道士开始念经。念后，孝男孝女等人跟着灵屋到坟上焚烧（有帮工抬灵），焚烧时妇女咏哭（称为哭灵），锣鼓敲打，钢叉舞动。

安香科（安放位牌）

位牌上写有死人的最初出生地，如新叶人写"南阳郡"，下面是行辈、××君（安人）之神位。夹层里写有出生、死亡的年、月、日、时。位牌要有两块，一送祠堂，另一送本族的香火房。在送位牌时，大锣带路，大孝子捧着位牌走在前面，众人在后。道士做完"安香科"后把位牌小心放进特置的香火房里。

起 退 煞

起退煞，指赶鬼。凡死人住过的或亲属的屋子都要进行。用钢叉、铜锣在房里四周兜一圈，鞭炮点着后有人拿着桃枝，与道士一起跟后驱鬼。

安坟土地科

安坟土地由道士唱唱念念。

安　　山

在修坟完毕之后，为了让死者安宁，道士要在新坟前做一堂最后的功课，即"安山"。

附：　　　　　　　　亡人葬穴登位礼仪

一拜天，二拜地，三拜本山土地。今日弟子定乾坤。真香点拜，请天地神祇，山川岳渎，彭古大人，阴阳教主，志理古今。珞琭先师，诸大名师，请大师父，斯值功曹，二十四方禁忌。今年太岁精神，一切仁神，诸先神像，焚此信香，斯萝光降。在天须降，在地须灵。×××省×××市×××镇×××村亡故××郡先考（妣）×××公（安人）生于××年××月××日××时，终在××年××月××日××时，今迁往土名××山××山××向。日吉时良，天地开昌，良公到此，万事吉祥。左青龙，右白虎，前朱雀，后玄武，青龙来转脚，白虎绕明堂，×××作水口，××作案山，喝山山必转，喝水水来朝，山山要转脚，岁岁要来朝。一要化生开帐，二要两耳插天，三要虾须蟹眼，四要左右盘旋，五要上下三停，六要沙脚宜转，七要明堂开睁，八要水口关兰，九要明堂迎朝，十要九曲环回。罗盘造，九龙都赶到，七十二关煞都赶跑。罗经照明堂，明堂阔又大，四水来归朝，家道要昌亨，廉贞火去大吉昌，代代为官近帝王，此水去来房房发，今日孝子贤孙送穴场，送金井地，在金井求荣华。亡人，亡人，听我之言，由我手中掌，仔细听短言，恭后家庭大昌亨，勤耕俭读，家出文人，勤能补拙，俭可创财，书香门第，夫妇和宁，此卦财丁大旺，流芳百世，产于贤能，妻财子禄，福寿康宁。麟趾呈祥，宜室宜家，送回仙师，大吉大利。

四、民舍选址建造习俗

民舍建筑在此指普通老百姓的房舍建设，这类建筑要求不是很高，能居住，可避风雨，可养鸡狗牛羊等六畜即可，不比有钱人家。

建住房的第一要事是选取福地，即地基。地基选取的成功与否，决定着子孙后代的命运和繁衍。房子要有靠山，讲究龙脉走向，吉利的门向及优越环境。据传，古时新叶前山岗有一村落，村落里有十八个腰围青巾的大汉，仗势欺压夏姓人（即新叶始祖的外婆家姓），夏姓人趁深夜将伸入该村的龙脉（山脉）斩断，挖成一沟，并淋上黄狗鲜血，使之村落衰败，果真不久该村人亡子散，现已无存。这一深沟经历年挖掘，形成现在的夏池塘。这说明龙脉极其重要。正因为重要，新叶村后的小山坡是不允许铲草掘地的。大门朝向不可直对山尖，更不可对着玉华山，说是玉华山势高力大，一个小户人家是挡不过大山的；对着玉华山，必将衰败。整个新叶村，大门正对玉华山的就没有几家，对着的几家农户家境都不是很好。为防大灾临门，大门顶都画有八卦图腾、虎头，或写上"泰山石敢当"等字样。房了大门不可对墙角，墙角似刀口，要死人，大门不可对栋头，栋头像把剑，要伤人。有些人家大门对高山、大树、大屋，为免灾祸来临，要在大门前砌"遮墙"，墙上写上一个大"福"字。所以建房前要请阴阳先生（风水先生）定个向，图个吉利。房前房后环境十分讲究，最好房子贴房子，最多留一小弄，作清污打扫之用，实在没法的要建搭屋。千万不可四面为大路。说是四周为路的房子如同盘绕死人棺材的"盘丧屋"，这房人家不吉利。

屋基选定后，择吉日兴工动土。动土前在地基边贴上一长条红纸，上面写着："甲马将军天无忌地无忌阴阳无忌姜太公在此百无禁忌兴工动土大吉大利"。请砖匠、粗工吃些糕点佳茶，然后开工。古时的墙脚基础既单薄又很低，条件好的户头铺垫长条砂砾石（俗称油麻石）后就开始砌墙。新叶地处山区，取石并不困难，种田人的力气也不差，墙脚何必做得如此低落。同时还发现有些房子的墙脚是用砖头竖立做成的，如旋庆堂前进墙脚。旋庆堂前面的"新厅"（已拆除）墙的下部竖立砖砌，然后在墙腔中放入黄泥石灰浆，非常牢固。可见现存的古老砖墙脚也是如此结构。

凡是古老民房的门槛大都是砂砾石凿刻制成的。旋庆堂的大门槛是砂砾石的，门梁又是青石料。据说这一门槛是原新叶抟云塔下的古老祠堂门槛，祠堂倒塌后，木料被抢光了，仅留下一青石门面，旋庆堂没有得到什么，只得将这一不值钱的笨重青石门抬来装饰大门。可见这门槛的历史极其悠久。但笔者有个疑问，大祠堂都造得起来，难道一块像样的坚硬门槛却办不到，偏用久经风雨侵蚀易剥的砂砾石来做门槛？

人有人的门，狗有狗的门，过去家家户户都有狗门。狗门俗称"狗逻圈"，砖匠做好狗门，主人一定要送个红包。

砌墙用砖五花百门。开砖是基本砖，大块单层砖。用浆少，十分紧密，一墙到顶，墙腔里注满碎碎砖。可见古时砌墙的师傅要有一定的高手艺。已拆除的高大"新厅"不用牵砖，即柱与墙不用牵砖相连，柱不靠墙，墙不靠柱，真不容易。这一砌墙的高超手艺，说是砖、木两匠争强引起的。砖墙分清水墙、鸳鸯墙、百子墙等，鸳鸯墙、百子墙是废砖的充分利用。还有一种叫"硝壁"的墙，充当板壁。是用芦苇秆编织，而后用泥巴紧贴做成的"硝壁"。这种墙不漏风，禁气，不像木板壁两边从缝中看到对方。

古时农舍的门窗都不大，实销门很普遍，做门的树木小头一定朝上；窗子很小，约为五十厘米左右见方，一般前后各开两个，用木板做简易窗门。如果自家两房靠得很近，往往在楼上开小门搭建走道，将两房连接使用。楼上与外地面高低不大，开个小门，便于直接走向外边。

新叶的民房都靠得很紧，为了防止墙角受损，在急弯要道处的墙角上竖立一块长石条。

屋内结构。古时房屋都有天井，认为"无天井不为房"，目的是为采光，空气流通，四水到堂，财不外流。大门开边间的，天井摆只水缸养养鱼，种种花；大门开中间的，门进去，还要搭建深度不大的三间房，这种房称为"连三进"。天井边有根"骑门梁"，一般的农家，雕刻不是很精湛，但也十分讲究。靠天井的楼上建有屏几，堂前增亮，楼上房间里用这种屏几当作梳妆台使用。瓦片压在椽木上很普遍，但有条件的往往在瓦下铺一层"扁砖"，以防冬天冰晶、风尘入室，也较暖和。

砖木结构的民房是先打墙脚，待墙砌到楼层高然后立柱。屋架由木匠先做好柱子、梁等，到竖屋吉日，屋架拼合立起，举行立梁仪式，称为"立栋"。时辰一到，砖匠木匠各一人手举大木榔头，边登梯边唱⋯⋯⋯待到中间的桁木一落榫头，火炮连响，立柱告成，请师傅们上席吃糕点、浓茶，房东请老辈将木匠事先截下的栋柱乇（用红纸盖住），烧香祭拜，放了火炮，送往河边，抛入水中，这一天的任务完成，晚上吃喜酒。酒席的正堂，石匠为大，砖匠次位，木匠、锯板匠再次之，不可乱坐。

楼板视条件而定，硬木实心楼板为最佳，还有杉木板的、松木板的，做成雌雄榫紧合，不漏灰尘为准。

古时的农家屋地面都是泥土。每次下雨，因有天井，地面淋湿，非常滑溜。有一定实力的，做起石灰地（石灰、沙拌黄泥水夯实而成），过去这类人家极少。

上梁唱习俗。上梁前，东家要做好各种准备工作：张贴楹联。在中堂的中柱上贴："立柱欣逢黄道日，上梁喜遇紫微星"；在中堂的横梁上贴："紫微高照"四个大字的横幅。其他柱子和应张贴楹联的地方均贴上楹联（俗称披红）。在门前竖起两支大毛竹（象征着屋主节节高升），然后由木工师傅将梁横搁在中堂的桌子上。两块青砖将梁搁稳，梁的中间挂一竹米筛。米筛中间挂用红线捆扎一起的万年青、松、柏、剪刀、竹尺、青铜镜等吉祥物。另置大红布七尺，从中剪断悬挂在梁的两边。掌木师傅的斧头、墨斗、曲尺及做中柱时锯下的两个树生头，还有泥工的砖刀同时搁置在桌子上，并在桌下放一只大公鸡。堂前另一张桌子（八仙桌）上，放置大红蜡烛一对（重一斤，称之为一斤通），清香一筒，黄裱胶纸若干刀，酒壶一把，酒杯三只，竹筷三双，七样果子（桂圆、荔枝、核桃、花生、莲子、枣和瓜子），红鸡蛋若干，盛放在一个红色米升里，二只红包放在最上面（红包敬赠给二位上梁师傅）。桌上还有礼盒一副（四合糕点：馒头、枣糕、粽子、印馃），一般由东家的岳丈家赠送。

桌旁置交椅两把，洗面盆两只，毛巾两块（搁置在交椅上）。

一切准备就绪，掌木师傅与泥工师傅各在椅上的脸盆里用毛巾洗过脸手。然后走入中堂的八仙桌前念："伏以，鲁班来得早，此刻上梁好。"说完，将一块红绸系在斧头柄上。点上九枝香，向上一揖。把三支香插在门前香炉内。起立的砖刀旁。开始封梁。用斧头敲打梁头，喝一声："梁木听封"。回到桌子面前，面向梁木。念："叫声梁木听分明，你居在仙山中，长在峻崖上，乃是稀世梁材，气候已成，正堪大用，天师有旨，今呼匠人。吾今封你为正堂中梁，吾要你梁高镇华堂。东家百业旺，保财源滚滚，保万事吉祥。特此封来，你须遵命，不得有误。"

然后开始祭酒。木工师傅拿起酒壶。念："东家赐我一把壶，我赐东家万年兴。东家赐我一壶酒，我赐东家多多有。多多有，长长有，江水长流。"将酒斟入一个酒杯中。念："美壶瓶，盛美酒，郁金香，玉盏盛来琥珀光，美酒美酒何人造？有何用场？美酒本是杜康先师所造。敬天地，宴宾朋，兴礼大义提精神，壮筋骨，补益气。美酒，美酒，美酒流传佳话有，天子宴前议国事，宰相酒后理万机。洞宾酒醉岳阳楼，太白斗酒千篇诗，东家欢饮富贵酒，欢声笑语酒盈村，东家得以造新府，歌天地相仑。承祖宗有灵，今日大厦落成，伟业已就，谨饮清香美酒，一来酬天地相佑之恩，敬请众神仙，师尊齐来享用。"然后点三支香，斟一杯酒。念："一请天地水府，二请日月三光，三请祖宗先尊，四请紫微星君，五请老君先师，六请风伯雨师，七请玄老师尊，八请太乙真人，九请九天玄女，十请玉帝张皇。望恩赐荣华富贵于新府，一请恩泽福禄寿喜此华堂，二来谢祖宗生灵之德，三来赐酒祭中梁。"将酒洒在梁口上。念："一杯酒，祭梁首，代代忠良；二杯酒，祭梁腰，东家时来运来；三杯酒，祭梁园，代代儿孙点状元。"抓起桌下雄鸡举于桌前。念："鲁班手拿一只鸡，此鸡不是非凡鸡，头顶紫金冠，身披五色衣，乃是王母娘娘赐我一只上梁鸡。金鸡一声叫，天子登殿坐早朝。金鸡两声叫，娘娘梳妆整云霄。金鸡三声叫，状元打马游街道。金鸡四声叫，东家上梁吉时到。金鸡金鸡你听好，吾奉王母娘娘命，遵懿旨，定吉祥，用你的冠血祭中梁。"用指甲将鸡冠划破，把鸡血擦在梁口的中墨线上。念："金鸡祭梁头，代代官封万户侯。金鸡祭梁腰，代代官高爵位高。金鸡祭梁园，万事如意大业成。鸡冠血擦到鲁班尺的四尺八，恭喜东家四季发。"将雄鸡往前一丢。念："金鸡飞过梁，子子孙孙在朝堂。"

上梯升梁。念："升梁先升东后升西，子子孙孙穿朝衣。"两边来人忙把搭梁红布挽好，抓紧金口往上升。念"两手插龙须，脚踏云梯步步高。梁上一穿，一品当朝；梁上二穿，龙凤呈祥；梁上三穿，金玉满华堂。"梁托上去后合中柱的金口。念："你摇什么头？摆什么尾？鲁班叫你开金口。金口对金口，金银堆得高北斗。"上梁师傅左手稳住梁身，右手抓住斧头，严阵待命，掌墨师傅念："伏以，伏以，天开黄道，紫微高照，今日吉日良辰，适才仙风拂面，紫气来朝。抬眼望天，祥云飘荡，毫光闪闪。祥云里一只白鹤，乃是白鹤仙君，前来探问。梁木是何木？生在何处？长在何方？梁木非凡木，生在昆仑山，长在八宝崖，名叫紫金树。受四季风，饮山泉水，日月之照耀，得山川之哺育，挺拔钟灵毓秀。何人得之？何人晓得？何人所辖？鲁班得之，伏以得晓，东家所辖。"

"东家建造贵府，广集天下良木，有常德山的香杉，峨眉山的翠柏，兴安岭的青松，神农架的黄桐。还有檀香木和响灵杉，良材堆得如山岭。东家择得良辰吉日，敬请先师来排料。先接鲁班，后伏以。鲁班伏以来排料，独缺中堂正梁木。梁在何方？长在昆仑山。三月三上昆仑，拜了昆仑山上李老君，老君准砍紫金木。砍了七七四十九天，砍下紫金香木。五月端阳山洪发，紫金木龙腾虎跃，随水飘荡下仙山。飘飘荡荡，荡荡飘飘。走洞庭，过天圣，驾巨浪，千里迢迢，飘至玉华山，东家身背八宝钱袋，紫金木接回宝庄。大匠三十六把，小匠七十二张，场上作马（木匠做木的作凳）排成双。小匠劈木金龙摆尾，大斧劈木猛虎下山，木花一对对，对对似鸳鸯，鲁班拿起鲁尺量。伏以穿着墨线看，上顺天时，下应地利，中得人和线中量积，三丈六尺，不长不短，生得正好做中梁。大锯锯生，小锯锯表，大锯拉开金鸡叫，小锯拉开凤凰音，锯下的生和表，送还李老君。长刨刨平，短刨刨光，长刨刨流星赶月，短刨刨织女穿梭。一根线线梁上挂，三道规矩成方圆。夜放毫光万万年。拉支墨线长又长，先画堂屋后四方。前面造的状元府，后面再造宰相堂。左边修的金银库，右边又造五谷仓。金银库内珠宝满，五谷仓存万年粮。前面左右都造好，雕梁画栋在中堂。前面画起龙凤柱，今日再画桂花梁。紫金木，紫金木下气愈香。虎踞龙盘，风景宜人相得益彰。前面梧桐树一对，梧桐树上栖凤凰。凤凰引得百鸟来朝，凤凰展翅五彩祥光。后有龙凤竹千枝，枝枝青翠节节长。百花异草相映成趣，龙凤竹内百鸟成双。莺歌燕舞，八音仙曲，求绕中梁。梁雕好景，气宇不凡。上有独占鳌头，下有丹凤朝阳。三有三元及弟，四有四季大发，五有五子登科，六有六合同春，七有麒麟送子，八有八洞神仙，九有九九长寿，十有地久天长。瑞气芳花景色臻，预兆贵人下凡临。一母怀胎生贵子，三子成名四海扬。老大点状元插金花，饮御酒，打马游皇城。老二中榜眼戴乌纱，穿紫袍光宗耀祖，威镇四海。老三得了探花郎，一举成名四海扬。四子性情豪放，不愿作高官，安心乐意守田庄，勤耕苦作谷满仓。"

"伏以，伏以，三伏以，耳听得笙箫鼓乐响，黄罗伞下瑞气绕，金甲将军来护驾，锦衣卫士开前道。威之武之，呼之拥之，紫微星君驾到，东家鸣炮迎紫微，正是上梁好时辰。"掌木师傅念完，一斧头将下梁合落，随即叩首。此时鞭炮齐鸣，糖果四面齐抛。掌木师傅将斧头从梁上往下一松手，斧头落地。念："斧头落地翘几翘，今后便有报子到。先报尚书后阁老。"随后将升梁红布搭在大梁的中墨线上。念："前搭金，后搭银，中间搭的聚宝盆。"此时掌木师傅下了梯子，走到东家面前，向东家祝贺。念："紫金梁，紫金梁，紫金大梁高万丈。前檐高来前门高，好接麒麟送子到。中梁高来中堂高，好坐新科状元郎。大厦落成好气象，财源滚滚八方来。发子、发孙、发贵、发财，荣华富贵万万年。"

农家灶头是室内最为要紧的设置，是一家之主，通常都做在边间之一角。建造灶头如同建房，要托人择个与主妇八字直接有关的好日子。吉日这天，先贴上写有"甲马将军天无忌地无忌……"的红纸条，半夜兴工动土，直到傍晚边才完成。这时要试火，即用软柴在灶内烧着，看冒烟是否正常，同时用鲜菜叶子搽上菜油不断擦铁锅，这叫"敬锅"。随后浇水落汤团，取四个甜汤团敬奉灶爷，上香祀拜，然后大家吃汤团，庆祝新灶头完工。可要注意，砌灶的泥水工资要平时的两倍，即双工资，与完工的迟早无关。灶门边做有灰堂，储存柴灰，除夕夜，可在灰堂里"煮年籽"，即用香樟片闷烧，表示一年连一年，年年红火兴旺，并放一只储炭坛，冬天用炭烤火。

五、立夏习俗

新叶村有句谚语："立夏不吃笋，一夏睡不醒。"故立夏首先要吃笋。另外还有吃艾叶馃、吃蛋、吃蚕豆或豌豆饭及"秤人"的风俗。

早上吃鸡蛋或鸭蛋、鹅蛋，吃蛋时，要将鸡蛋从门槛上滚下来，让孩子拾起来吃，意思是孩子像蛋一样经得起摔打，易长易胖，不"疰夏"。据说，有一位神仙控制住了民间疰夏的瘟神，就传话给民间的小孩，要大家在胸前挂着鸡蛋、鸭蛋、鹅蛋，这样就能避免疰夏。中饭是蚕豆或豌豆饭。用嫩蚕豆或豌豆和鲜笋、肉煮糯米饭吃，谓之"斗（与豆谐音）饭"。艾叶馃是用野艾叶捣碎和糯米粉加糖或萝卜丝猪油的馅料做成，前一天做好，供立夏及以后几天当点心吃。中医认为艾叶有清凉解毒的作用，吃了可以防止生疖长痱。故新叶村有"吃了立夏馃，夏天不受苦"的说法。另外，立夏过后，天气转热，田里农活一下子忙起来，所以，新叶村还有"吃了立夏馃，农事急如火"之谚。立夏吃艾叶馃是新叶一带特有的习俗（还有中秋吃粽子也是其他地方没有的习俗，加上端午和过年两次，新叶村人要吃三次粽子），其他地方没有的。由于立夏艾叶馃与清明馃几乎一样，小时候的我总以为新叶人要吃两次清明馃。

立夏这天，走进每户人家，桌上必有煮鸡蛋、全笋、带壳豌豆等特色菜肴。乡俗蛋吃双，笋成对，豌豆多少不论。民间相传立夏吃蛋拄（"拄"意支撑）心。因为蛋形如心，人们认为吃了蛋就能使心气精神不受亏损。吃笋是希望双腿也像春笋那样健壮有力，能涉远路，寓意拄腿。带壳豌豆形如眼睛。古人眼疾普遍，人们为了消除眼疾，以吃豌豆来祈祷一年眼睛像新鲜豌豆那样清澈，无病无灾。立夏以后便是炎炎夏天，为了不使身体在炎夏中亏损消瘦，立夏应该进补。还是有一定科学道理的。

立夏吃罢中饭还有称人的习俗。人们在村祠堂或门台底挂起一杆大木秤，秤钩上悬一张凳子，大家轮流坐到凳子上面秤人。我记得上小学时，新叶小学的老师（一般是体育老师）也会在立夏这天在西山祠堂正堂前设一杆大木秤，秤钩上挂着可以坐人的两根粗绳子，给学生称体重。场面非常热闹开心。调皮的孩子不坐绳子，直接用两手握在秤钩上，两脚悬空来称，有人滑下来，会招来一阵哄笑。司秤人一面打秤花，一面讲着吉利话。称老人时要说"秤花八十七，活到九十一"。称姑娘说"一百零五斤，员外人家找上门。勿肯勿肯偏勿肯，状元公子有缘分。"称小孩则说"秤花一打二十三，小官人长大会出山。七品县官勿犯难，三公九卿也好攀"。打秤花只能由里打出（即从小数打到大数），不能外打里。称人的目的是看一个夏季后，人们体重增加或减少了多少，是否"疰夏"。特别是老人、小孩一定要称体重，有"立夏不称人，要生头晕病"的说法。称人忌讳正好100斤，因为一百是满数，满招损不吉利。所以，有经验的掌秤人遇到体重恰好100斤的，会故意多报或少报。

六、乡村礼俗的作用

窥一斑能见全豹，小小新叶村的习俗能折射出中国古代农村礼俗的文化含义。传统礼俗的核心是保障宗法伦理关系，因此传统礼俗规制有着鲜明的伦理色彩。但传统礼俗对于古代农民还有着更多重要的作用，最主要的作用有以下三个方面：

（一）传统礼俗的教化和维系作用

民俗在人类个体的社会化成长过程中有重要的教化作用。《礼记·祭统》中说："夫祭有十伦焉，见事鬼神之道焉，见君臣之义焉，见父子之伦焉，见贵贱之等焉，见亲疏之杀焉，见爵赏之施焉，见夫妇之别焉，见政事之均焉，见长幼之序焉，见上下之际焉。此之谓十伦。"君臣父子、长幼上下等十种人伦关系是宗法社会基本的等级关系，这些一一对应的关系都有固定的主从位置，在统治者看来似乎是天经地义，不可替代，不可逾越。礼的作用就在于区分并维持这些等级关系，所以荀子说："礼者，贵贱有等，长幼有差，贫富轻重皆有称者也。"（《荀子·富国》）在传统社会，家族以家长为中心形成尊卑长幼的伦理秩序，国是家的扩大，家族制度习俗推广到国家政治生活上形成尊卑贵贱的严密的社会制度，礼的根本职能就在于依照等差原则，调整社会关系，教育大家"民不迁，农不移，工贾不变，士不滥，官不滔，大夫不收公利"《左传·昭公二十六年》，以维持社会秩序的稳定。

汉代以后随着儒学地位的上升，儒家的礼治思想成为社会的主导思想，先秦以来礼俗制度的等差原则被绝对化，将君为臣纲，父为子纲，夫为妻纲的"三纲"说成是合乎天道的礼教，因此上下尊卑的关系被凝固化，法律化。在家庭生活、社会生活中，人们一切行为都要遵循礼俗的约束。举凡饮食、服饰、房舍、车马、祭祀、婚丧、社交都有相应的等级名分规定，不得犯礼逾制，否则会受到国法与家规的制裁。从传统礼俗的这种等差关系看，传统礼俗重点在于保障尊者、贵者、长者的权益，对于处于从属角色的卑者、贱者、幼者来说，他们只有恪尽职守，服从、礼敬尊长。所以，传统礼俗有着教化民众、维系社会秩序的作用。

（二）传统礼俗的调节和规范作用

传统礼俗讲等级区分，要求人们各安本分。由于社会是一个整体，各等级间处于相互对应与相互依存的关联之中。因此在强调等级区分的同时，注意等级关系之间的协调。礼俗的调和性在先秦得到特别强调，《论语》说："礼之用，和为贵，先王之道斯为美。"在古代社会，由于社会等级的严格，等级之间的对立与冲突不可避免，礼作为调节社会关系的手段，其主要宗旨是保持社会的协调稳定，以礼来节制自己的行为、欲望，达到一种中庸的状态，从而保证矛盾双方相互依存的基本条件。礼的调和作用在传统社会主要体现于两个方面：一是对尊者、贵者、长者而言，要遵循礼制，对待从属人员，要宽厚、慈爱，避免因过分的压制导致矛盾的激化；二是对社会从属者而言，礼制的主要宗旨是要他们节制自己的行为，克制自己的欲望，服从尊长，安于本分。在先秦时代，注意礼对社会主从双方的规范与限制，汉代树立"三纲"的绝对标准后，礼的调和意义主要表现在对从属人员的教化与抑制，要求人们对尊长的绝对服从，以此维持社会等级秩序的稳定。在"和为贵"的说教下，社会矛盾得到掩盖或化解。这种以牺牲一方利益为代价的调和方法，适应了专制王权的统治需要，它在一定的范围内起到了防止矛盾激化的作用。

从根本意义上说，传统礼俗最根本的特性是它的规范性。社会规范有多种形式，它们大略可以分为四个层面：第一层是法律，第二层是纪律，第三层是道德，第四层是民俗。其中，民俗是产生最早，约束面最广的一种深层行为规范。从形而上的哲学伦理思想，到形而下的日常行为规条，无不受到礼俗的制约，"道德仁义，非礼不成；教训正俗，非礼不备；纷争辨讼，非礼不决；君臣上下，父子兄弟，非礼不定"（《曲礼上》）。礼是道德、民俗、法律、政治人伦的标准与保障，礼最主要的功用就是使人们遵循统一的伦理规范，"夫礼所以整民也"。礼俗对社会生活的规范是通过礼义原则与礼俗规制的内外结合实现的。

礼义原则是礼制的核心，它强调的是特定的家族社会的伦理情感，在先秦时代，它体现在五伦的关系之中，所谓"父子有亲，君臣有义，夫妇有别，长幼有序，朋友有信"。五伦是社会的基本关系，人们只要掌握了"亲""义""信"等人伦原则，就能在日常生活中自觉地遵循礼制规范。传统礼俗注意人与人的关系的调节，强调与人交往时需恭敬、谦让、友善，温、良、恭、俭、让是道德君子应具备的品德。

由于传统礼俗的宗旨是维护宗法社会的等级秩序，礼俗的重点在于服务尊长，因此，谨敬成为君子修身的要求与礼义之本，《孝经》"安上治民，莫善于礼，礼者，敬而已矣"。敬人父则子悦，敬人兄则弟悦，敬人君则臣悦，敬一人而千万人悦，礼敬长上，是调节人我关系的要道。《礼记》一言以蔽之，"夫礼者，自卑而尊人"（《曲礼上》）。宋代的朱熹对敬作了更清楚的说明，"整齐收敛这身心，不敢放纵，便是敬。尝谓敬字似甚字，却是个畏字"（《晦翁学案》）。朱熹说破了礼俗中的"敬"实质是畏，也就是要对尊长常怀一种诚惶诚恐的敬畏之心，传统的礼义原则是建立在尊卑长幼的等级观念之上的。礼义原则从人的伦理意识上规范其行为准则，在人们心中筑起一道礼制的防线。

除内在的软控之外，传统礼制强调对人们日常行为的制约与规范，在传统社会上下里外都有周密的礼俗规制，人们在家族、社会的活动中无不"齐之以礼"，"非礼勿视，非礼勿听，非礼勿言，非礼勿动"的先贤训诫，在古代社会有着久远的影响。当"三纲"取代五伦，成为伦理准则之后，服务于专制统治的礼制具有了礼法的意义，其对民众生活的规范性走向了极端，变成了束缚人性的绳索。而对于庶民百姓来说，礼俗往往只提出一个笼统的限制区分，这与礼制的宗旨有关，它主要服务于统治阶层的政治社会生活。作为社会主体的人数众多的庶民阶层，在中国传统社会虽然被排除在特权制度之外，但他们从来就有着很强的自我规范与自我服务的能力，他们依靠家法族规等民间礼俗习惯，调整着基层民众的生活秩序。

（三）传统礼俗的娱乐和宣泄作用

越是古代，科学水平越落后，农民们的劳作越是辛苦，农民们通过民俗活动中的娱乐、宣泄、补偿等方式，能使人类社会生活和心理本能得到调剂。民俗的娱乐功能是显而易见的。人类创造了文化，目的是享用它。人不可能日复一日、永无止境地劳作，必须在适当的时间进行适当的娱乐活动，休息体力，调剂精神。享受劳动成果，进行求偶、社交等活动。世界上没有哪个民族没有节日、游戏、文艺、体育的民俗，它们是人类生活的调节剂。因此，民俗也有娱乐和宣泄的功能。人类社会生活中，个体的生物本能在群体中必然受到一定程度的压抑。无论是肉体行为压抑，还是心理压抑，对人类来说都是一种破坏性的力量，如果不在某种程度上得到宣泄，一旦积郁起来集中爆发，其后果不堪设想。有的民俗就是应这种需要而产生的，如古希腊罗马的酒神节，人们在节日里饮酒狂欢，日常生活中的种种禁忌这时全被打破。人们在现实生活中难以得到满足的种种需求，往往在民俗中得到某种补偿和满足。这就是农村农民往往在做完一个季节艰苦的农事劳动后，常常会设置一个节日，大部分节日都设置在农闲季节的原因。像社戏、年节，还有许多地方的庙会，新叶的三月三等节日，都是农民们为自己设置的狂欢节。农民们通过节日仪俗，得到快乐、振奋和慰藉精神，使他们忘却自己的艰难和劳累，好再一次以饱满的热情和力量投入到下一季的农事劳动中去。

七、新叶村"族规""家训"

（一）奖励读书求取功名族规

《玉华叶氏宗谱·祀产》篇记载，为激励族人求学上进，规定凡我玉华叶氏族人可享有如下权利。

文武童生[1]赴县试者，由族中祀产每人贴补盘费银三钱；赴府试、院试者，每人贴补盘费银四钱。

文武童生有入泮[2]者，祭祖后奖给蓝衫一件、银六两。

生员补廪[3]给喜银四两。

---

① 清科举制度规定，凡是习举业的读书人，不管年龄大小，未考取生员（秀才）资格之前，都称为"童生"或儒童。有年少很大还未考取秀才者，被称为"老童生"，这是清代读书人最不愿看到的结果。在明代稍有不同，只有通过了县试、府试两场考核的学子才能被称作童生，成为童生才有资格参加院试，成绩佼佼者才能成为秀才。

② 清代县一级组织的考试，称"县试"。录取者称为生员，俗称秀才，雅称"入泮"。这是"功名"的起点。蓝布长衫是清代秀才日常所穿的标志性服装。

③ 清代延用明代科举惯例，经各级考试入府、州、县学者，通名生员，习称秀才，亦称诸生。生员常受本地教官（即教授、学正、教谕、训导等）及学政（明为学道）监督考核。生员的名目分廪膳生、增广生、附生。初入学为附学生员，廪、增生有定额，据岁考、科试成绩递补。增广生亦名增生，因于廪生外增额，故名。最高级别为"廪膳生"，简称"廪生"，"廪"即米粮，即由政府提供伙食。廪生有一定名额，如有空缺，则可考察成绩较优者增补，称"补廪"。

文武生员贡监乡试^①给盘费银五两。

文武举人赴会试^②及副、拔、优贡^③、朝考^④一体给盘费银二十两。

登科闻报给喜银八两，发甲^⑤闻报给喜银十二两。

恩、优、拔、副、岁贡闻报给喜银四两，至竖旗给喜银四两，立匾给喜银四两，捐贡不给。

（二）奖励妇人守节和惩治受助顶卖者族规

妇人从一而终，壮年守志不失节，内外无闲言者，建坊给喜银八两，立匾给喜银四两。

任事人助谷后不得顶卖，如有顶卖，受卖两家革名，均不准入祭领胙，无传者亲房承顶。

（三）族谕

谕族第一条

长奸、诲淫、启争、惹盗，莫甚于做戏。胡今之人祭祖宗、纳钱粮则视为泛常？至于做戏，必迎好子弟，借美衣饰，搥牛、割豕，待以上宾，视为急务，虽生钱做债亦所不惜。噫！世俗之昏迷颠倒抑至此哉？我愿我宗族决不可蹈此覆辙也。

谕族第二条

凡横逆之来，贵于自反，甚至不得已则咨禀家长及乡中知识之人，略得申明，便

---

① 明、清两代科举考试名称，每三年举行一次，在各省省城（包括京城）举行。故有"三年考一考，堂上出青草"的俗语流传。须是本省生员与监生、荫生、官生、贡生，经科考、岁科、录遗合格者，方可应本省乡试。（有点类似现在各省组织的高考。）乡试逢子、午、卯、酉年为正科，遇庆典加科为恩科，考期都定在农历八月，故又称"秋闱"。各省主考官均由皇帝钦派。中试称为"举人"，第一名称"解元"，第二名称为亚元，第三、四、五名称为经魁，第六名称为亚魁。中试之举人原则上即获得了选官的资格。凡中试者均可参加次年在京师举行的会试。

② 所谓会试，指各省乡试中试的举人及国子监的监生共会一处，比试科艺。由礼部主持，在京师举行考试。一般于乡试次年农历二月（清乾隆以后改在三月）考试，故又称春试或春闱。若乡试有恩科，则次年也举行会试，称会试恩科。会试取中者称"贡士"又称为"中试进士"，第一名称"会元"。录取名额不定，明代约300名左右，分南、北、中三地域按比例录取；清代无定额，每科自百余名至二三百名不等，最多的一次在雍正八年（1730），录取406名，最少的一次在乾隆五十四年（1789）取96名。各省被录取的名额，以应试人数及省的大小、人口多寡而酌定。会试揭榜后，中试者于下月应"殿试"（皇帝亲自主持的考试）。

③ "副、拔、优贡"都属于"五贡"，清代科举制度中有五类被看作正途出身的贡生，总称"五贡"，包括：恩贡、拔贡、副贡、岁贡和优贡。另外还有靠捐纳钱财取得的贡生叫"捐贡""例贡"，地位等级低于"五贡"。"五贡"经学政会同巡抚验看，咨部依科分名次、年分先后，予以派官选用。

④ 清代新科进士取得出身后，由礼部以名册送翰林院掌院学士，奏请皇帝，再试于保和殿，并特派大臣阅卷，称为"朝考"。

⑤ 明清科举考中进士称为"登科"。"发甲"一指考中进士甲等，一指考中进士后派官。

宜消释。若定要告到官司，必至被吏胥剜出心头之肉，歇家吸出脑中之髓，家破而身亡矣。噫！到此，噬脐悔何及哉？我愿我宗族决不可蹈此覆辙也。

谕族第三条

酒食之设，首以奉祭祀，次以会亲戚。今人遇亲戚之贵要者，虽远过十代，必竭力支接，所谓掇脚过门臬（槛），双手递草纸，擘口送酒肉者，争先为之。小杯不足以尽兴，必更以巨觞；日饮不足以陶情，必继以长夜。若祖亲旧眷，时节不相当对者到家，一例诈眼昏耳聋，虽一鱼一菜亦不肯办。噫！此所谓非亲却是亲，是亲不为亲，世俗之炎凉抑至此哉？我愿我宗族决不可蹈此覆辙也。

谕族第四条

天下犹一家也，中国犹一人也，况同宗共本者乎？凡族中子侄，有志向善者，当众共奖之；志向不善者，当众共斥之。久之，自成美族。今之世俗，每每一膜之外便分秦越，为不善者本当斥之，乃有力者之亲房也，遂从而掩覆之；为善者本当奖之，乃无力者之亲分也，遂从而排挤之。久之，必成恶族。噫！善族，人敬之、慕之；恶族，人唾之、骂之。我愿我宗族决不可蹈此覆辙也。

（四）勉族人[①]

勉族勤俭

富不如人贵不高，传家惟有俭和劳。三更不睡因精艺，六月忘炎为事薅。人厌膏粱常戚戚，我甘藜藿每陶陶。祖宗权度儿孙计，莫作寻常用记牢。

勉族和气

祖宗精血子孙身，万个当初只一人。疾痛痒疴须抚掬，愚顽迟钝要开陈。莫因小忿生嫌隙，须向真源觅混沌。赢不是强输不弱，令人千载仰田真。

勉族正大

一言差错终身玷，一行回邪众志违。况一家人非陌路，何千般计密关机。只从平坦驱驰去，更向光明结果归。方是叶门贤子侄，起人钦敬免人讥。

勉族向上

为人须要望高头，切莫甘心下品流。孝子忠臣吾性分，圣经贤传祖箕裘。登高十仞更千仞，行远百陲还万陲。饱暖若然无个事，马牛相对亦含羞。

---

① 据《玉华叶氏宗谱》载，"勉族勤俭"以下七条为明代白崖山人叶一清所定。

勉族守法

读书不读律终疏，读律须当似读书。律若明时诸忿息，法能守处寸心虚。规如周勃亦下狱，富若陶朱不免屠。三尺无情更无故，重如山岳密如梳。

勉族孝顺

父母洪恩天地同，莫忘补报念由衷。服老负米非先务，养志承颜是上功。须忆躯从身上落，莫令风向耳边通。鬼神陟降天罗密，何处能藏不孝躬。

勉族读书

谋生惟有读书高，试把书高训尔曹。平底可登卿与相，翻身便作俊和髦。能消心上如焚火，解拔胸中似织茅。更有一言是真诀，买珠还椟剑遗鞘。

勉儿曹[①]

四时不息轮流转，恳恳勤勤惟念典。养就头角得峥嵘，男儿立志当早办。鲰生所畏在临场，风檐寸晷难施展。人到忙时我独闲，看题立意如抽茧。精神直与圣贤通，踌躇满志莫轻演。思入云梦气偏豪，百万貔貅何足喘。抉尽蔓草楠梓荣，凿破浑沌光耀显。九天咳唾落珠玑，三峡激湍骇心眼。贾之醇，董之茂，韩之潮，苏之海。千变万化总无端，要在一一能合款。自古文章有定评，针芥相投如印板。刺绣何烦倚市忙，若个青钱不中选。熙朝所重在真才，壮学幼行宜自勉。

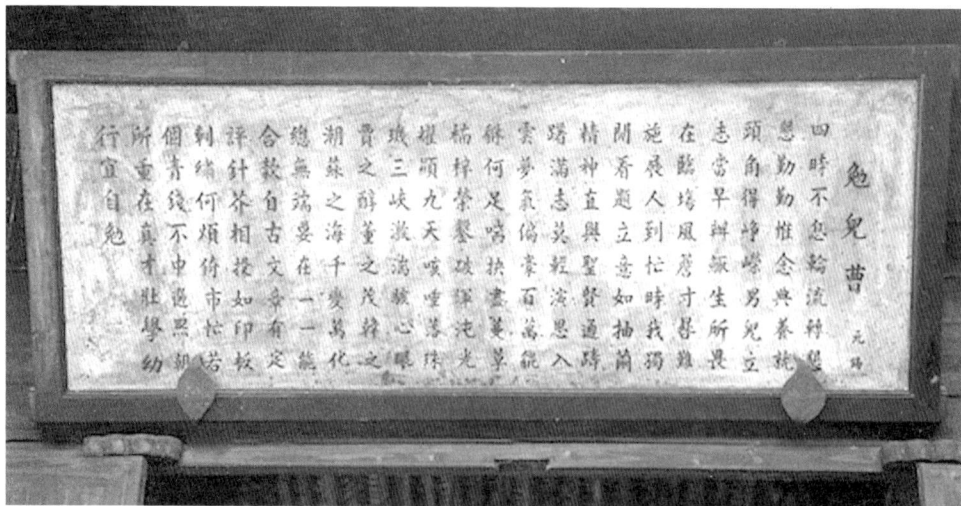

"勉儿曹"匾如今还挂在新叶荣寿堂正厅的房梁上

---

① 据《玉华叶氏宗谱》载，"勉儿曹"一篇，为清代康熙年间进士叶元锡（玉峰）所撰。

（五）其 他

新叶旧时契约八则（叶瑞荣据手抄本原样抄录，小题及标点为编者所加）

请戏班子合同

立请戏票人某姓某堂今请到：

某贵班诸位老先生演唱神戏，日夜计某台。另有迎神行路、上殿八仙三套、封神进门四剧，面言戏金计某千文正。准某日进门，存头先付当头洋银计某元。如至期不到，当头为台，另请别班，扛箱路二十里，不得异言，廿里之外，贴酒肉饭一餐，大三件在内，小三件外贴，今恐人言难凭，立此戏票为用。

光绪己丑年某月某日立

托人管山合约

立托约人某堂派下，情因山场不便自顾，托到于：

某姓某人兄边，民山一片，松、杉、杂木、柴薪一应在看管。如有外人盗窃、砍砟，通众众议，重罚偿罚一半，如有砍砟，三七均分，山主分七股，管山分三股。两家不得异言，此系两厢情愿，空口无凭，立此托约存照。

借粮凭据

立借票人今借到：

某人兄边，本生谷计百斤，其谷每年加三起分息，约在秋后连本利一并送还清讫，不敢少欠，空口无凭，立此借票为用。

光绪某年某月某日立借票人某人某名花字

出租田契

立推札人某人，今因缺少正用，白愿托中，将本身得己小佃计几石几斗正，几丘计额租几石几斗正，土名坐落某处，某塘(注，田内塘一口)，凭中一尽立契出租于：

某人兄边为业，三面言定，时值价铜钿千文正。某钿当日交收付足。言定接油菜。王大麦，王其田，任凭受人前去耕种，收归管业，不得异言，其租挑付上门，风扇。如有天年不顺，依照大常交付。田种拾年以内不得回赎，拾年以外不拘迟早，原价取赎，不得异言阻执，无翻悔等情。此系两厢情愿，空口无凭，立此推札为用。

光绪己丑阳月×日立此项契人某人某名字

卖房契约

立牍卖契人某人，今因钱银粮无办，自愿托中，将分得己楼屋壹座，楼上楼下几间，土名坐落某处、某字号东南西北几拾号，自有流水可查。凭中一尽立此契出旐，卖于某人兄边为业，三面言定，时值价银若干，其银当日交付收足。其上并椽瓦下连地基四围、墙壁门扇槛窗出入大路、其屋一应在内，自卖之后，即便退出，前去居住锁簿，开粮过税。本家大小不得异言阻执，无翻悔亦无回赎，并无找价等情。此系两厢情愿，空口无凭，立旐卖契，永远存据。

投师学艺合同

立投师契人某人，情因家无生理，自愿托中，送到某姓某师务边为徒，习学手艺，荣身议定：面言，三年内听凭师父训教，三年正言定，辛力工钱几千文正。之后习艺已成，任谢师取还原契，不留阻。倘有不测伤风、咳嗽，各安天命，亦须工报。今恐无凭，立此投师契为用。

继子书

立继书人某人，情因年老无子，接亲族人等，面同商议，将某兄弟某侄某年登，几岁，名唤厶人，血脉连枝，成继为子，日后长成，婚配接代宗常，将天地、山场、物业、家伙、器皿、物件一应交于继子永管，旁人不得争论，奉养两老当心，在日竭力，成家立业，任凭训教听命，尽心孝顺，百年之后，衣衾棺椁，丧费祭葬之用，一应继子惜办，如有外甥，清明、冬至烧祭。继子承值，并无异言，今欲有凭，立此继书，各执一本，永远存据。

分家书

立分单书人某人，同妻某氏，所生几子：长子某名，次子某名，幼子某名，抚养成人，名成婚配，同居长久，恐其日后争论，请本族亲房并各宅亲戚议论，先将某处民田几石正自拔。

第九章　　新叶三月三

——古代农民娱乐形式的标本

杜甫《丽人行》诗云："三月三日天气新，长安水边多丽人。"描述的是盛唐时期都城长安"三月三"的曲江池畔宴饮游乐活动的盛况。三月三是古代著名的"上巳节"，先秦时已是大规模的民俗节日。主要活动是结伴去水边沐浴，称为"祓禊"，秦汉以后增加祭祀、宴饮、曲水流觞等内容。可惜这一传统节日如今在大部分地区，尤其是汉族人居住的地区都已失传。而在偏僻的浙西山村——新叶村却至今完整地保留了这一传统节日。笔者作为从新叶村走出来的文化人，自小多次亲身经历这一节日，次次都感到兴奋和惊异。果然在近几年，新叶村"三月三"民俗节日逐渐引起了外界的注意，并被正式列入浙江省非物质文化遗产名录。故在此专列一章，介绍和探析新叶"三月三"这一古老节日遗存的文化意蕴。

一、"三月三"：新叶村的一场综合"文化节"

每年的农历三月初三日，是新叶村民比过年还要隆重的节日，当地村民简称为"三月三"。这是一个非常有文化含量的节日。"三月三"前后的五至七天里，新叶村里人声鼎沸，户户宾客盈门。村里会请来地方戏班演出五天六夜。村边的开阔地和路上都会成为临时的商品交易会场所和民间卖艺人杂耍表演的场所。各种农具、农产品、食品及其他生活用品应有尽有；各种平时不常见的小吃摊、表演节目让人应接不暇。这几天，在外地的新叶村人不管多忙，不管多远都会齐刷刷地往老家赶，比春节的号召力还强。来自四邻八乡，方圆百余里的商家、客人都会赶到新叶村，经商、看戏、走亲戚、逛庙会、买东西等等。有人称它是"农民的狂欢节"。我觉得它基本还是属于古代庙会性质，是新叶村的一场综合"文化节"。只是近年来掺杂了一些交流会、交易会的内容。但一些传统的元素基本保留下来了。比如，最隆重、最热闹的"三月三"正日。这天，村中有古装队伍执全副仪仗举行声势浩大的迎神活动，和庄严肃穆的祭神大典和祭祖大典。一方面是驴友摄客及各路媒体人举着"长枪短炮"随迎神队伍一路狂奔；一方面是古装的迎神队伍犹如长蛇蜿蜒，仪仗森森、锣鼓喧喧、炮仗轰鸣。那场景、那氛围，置身其中，真让人感觉仿佛穿越到了古代社会，又好像置身于某个影视拍摄场景。有关迎神和祭祀大典的详细过程后面再介绍。这里先就新叶"三月三"习俗进行究本溯源。

新叶村的农历"三月三"庙会是从宋末元初的叶氏三世祖叶克诚时期开始的。据2001版第十一次重修《玉华叶氏宗谱》记载："叶克诚，字敬之，行季六，号东谷居士。宋理宗淳祐庚戌年（1250）九月十一日生，元英宗至治癸亥年（1323）七月二十日终。"叶克诚是当时著名乡贤名流，《兰邑县志》有传。据载：叶克诚系玉华叶氏二世祖光隆公幼子，克诚公幼而聪颖好学，遍访名师，稍长，嗜濂洛之学，以《春秋》经应乡荐不偶，遂绝意科第，筑室于道峰之北，亦耕亦读。与当时归隐乡里的著名理学家金履祥（仁山先生）相契创办："重乐精舍"，金华许谦、浦江柳贯等临近州县的好学之士纷纷赶来，"重乐精舍"逐渐扩充成"重乐书院"。"重乐书院"的师徒研习儒学、吟诗唱和，不以功名为务，声名远播，慕名而来者络绎不绝。叶克诚仿效东晋王羲之"三月三"兰亭雅集之风，也于每年农历三月三日在重乐书院一带结社交友，吟诗赏景，这便是新叶"三月三"的最初由来。

《玉华叶氏宗谱》中有诗云："一年花市九分九，千古兰亭三月三。"玉华叶氏原是延兰亭诗会之习，倡"耕读传家"之风。经后代沿袭，内容也有所发展变化，比如至明代我玉华叶氏六世祖叶仙璪（1353—1406，字子致，行熙十五，俗称九思公）时期，又增加了迎神祭祀活动，以祈求风调雨顺，五谷丰登；文运亨通，功名有成。至此，"三月三"就成为我玉华叶氏（新叶）每年必办的传统佳节，其隆重程度甚至超过春节，成了今天在浙西一带非常著名的农村文化活动。新叶"三月三"被列入浙江省非物质文化遗产名录后，已作为中国古代农民文化娱乐的活标本加以保护和研究。

二、中国历史上的"三月三"溯源

三月三原是汉族及多个少数民族的传统节日。经过文献考察研究，在中国历史上，"三月三"节日由来已久，其文化含义也有一定的变化。该节日在汉代以前定为三月上旬的巳日，故又称为"上巳节"。魏晋以后逐渐固定在农历三月初三。"上巳"最早出现在汉初的文献中。《周礼》郑玄注："岁时被除，如今三月上巳如水上之类。"据记载，至迟在春秋时期，"上巳节"就已经流行。许多学者认为，《诗经·郑风·溱洧》中所描写的欢快热闹场景，应该就是"上巳节"的场景：

溱与洧，方涣涣兮。士与女，方秉蕑兮。女曰"观乎？"士曰"既且。""且往观乎！"洧之外，洵訏且乐。维士与女，伊其相谑，赠之以芍药。

夏历三月初三若刚好为巳日，被称"上巳日"。因为古时以夏历三月的第一个巳日称为"上巳"。而三月初三多逢巳日。故"上巳日"就与"三月三"连在了一起，有时互为代指了。"上巳节"主要作用是为了"祓除畔浴"，即消除与水有关的祸祟灾难。这也是"上巳节"多在我国东南多水地区流行的原因。《后汉书·礼仪志》刘昭注引汉末蔡邕言曰："《论语》'暮春者，春服既成，冠者五六人，童子六七人，浴乎沂，风乎舞雩，咏而归。'自上及下，古有此礼。今三月上巳，祓禊于水滨，盖出于此。"

也有人认为"上巳节"的产生时间还可上推到追念伏羲氏的仪式。伏羲和其妹女娲抟黄土造人，繁衍后代，豫东一带尊称伏羲为"人祖爷"，在淮阳（伏羲建都地）建有太昊陵古庙，由农历二月二到三月三为太昊陵庙会，善男信女，南船北马，都云集陵区，朝拜人祖。与此相类似的说法还有"三月三"是轩辕黄帝的诞辰日，真武帝诞辰日，因而，中国自古有"二月二，龙抬头；三月三，生轩辕"的说法。

还有传说，农历三月三是王母娘娘开蟠桃会的日子。中原一带有一首"竹枝词"是这样描述蟠桃宫庙会盛况的："三月初三春正长，蟠桃宫里看烧香。沿河一带风微起，十丈红尘匝地广。"传说西王母原是我国西部一个原始部落的保护神。她拥有两样宝物：一是吃了可以长生不老的仙丹，二是吃了能延年益寿的仙桃——蟠桃。神话传说中的嫦娥，就是偷吃了丈夫后羿弄来的西王母仙丹后飞上月宫的。此后，在一些志怪小说中，又把西王母说成是福寿之神。有些地区的"三月三"习俗中就有"蟠桃会"的内容。

下面就古时曾经存在过的"上巳节""三月三"主要习俗略作介绍。

历史上记载的各地各族上巳节主要活动有如下几种：

（一）祭祀高禖

高禖，又称郊禖，因供于郊外而得名。禖同媒，媒又来自腜，最初的高禖，属女性，而且是成年女性，具有孕育状。高禖是中国神话中一个非常重要的角色，掌管婚姻和生育之神。高禖形象来源于先民的卵生信仰和交感巫术。在上巳节活动中，最主要的活动是祭祀高禖。事实上，远古时期一些裸体的妇女像有着非常发达的大腿和胸部，还有一个向前突出的肚子，这是生殖的象征。各地出土的汉代画像石中就有三种类型：卵生动物型，半人半兽组合型，人或神型，其最重要的特征是左右两旁的伏羲女娲交尾，且呈现出"三位一体"的图式。辽宁地区红山文化遗址的女神陶像，就是生育之神。后来高禖有了很大的变化，如河南淮阳一带祖庙供奉的伏羲，就是父权制下的高禖神。有些地方同时还出现了性具崇拜，先女阴崇拜，后男根崇拜。这也可以从一些出土文物中得到印证。

因此，上巳节原是一个宗教巫术活动，并且传说，农历三月三是西王母的生日，人们通过祭高禖、祓禊和会男女等活动，以除灾避邪，祈求生育。从这种意义上说，上巳节或三月三又是一个求偶节、求育节。汉代以后，上巳节继续保留了全民求子的宗教含义，并逐渐向贵族炫耀财富和游春娱乐的雅集盛会演变。

（二）祓禊、修禊

上巳节还有祓禊、修禊或沐浴活动。沐浴是为了去灾。史前人类认为生育是由图腾入居妇女体内的结果。进入父权制时代之后，人们才渐渐明白了夫妻交媾是生育的原因。但是无论是图腾感生的观念，还是夫妻交媾导致生育的认识，都承认妇女是生育的体现者，子女是由母亲孕育的。然而，并不是每个妇女都能正常生育的，由于疾病原因，往往某些妇女不孕。当时人们认为妇女不育是鬼神作祟，就利用上巳节的沐浴治疗不育症。这样久而久之，相沿成习，把沐浴变成上巳节的重要内容。云南都匀一带初春流行的洗脚大会，就是古代祓禊的遗风。

本书附录所录的"新叶古诗"中，有关"新叶三月三"的诗中屡屡提及"祓禊"之俗，就说明新叶三月三是跟古代"上巳节"的"祓禊"之俗有关。

（三）曲水流觞

在上巳节中还有临水浮卵、水上浮枣和曲水流觞三种活动。在上述三种水上活动中，以临水浮卵最为古老，它是将煮熟的鸡蛋放在河水中，任其浮移，谁拾到谁食之。水上浮枣和曲水流觞则是由临水浮卵演变来的。不过，这是一种比较文明的孕育巫术。曲水流觞和临水饮宴则是这种巫术的演变，自东晋王羲之等一帮文人"三月三"于绍兴兰亭雅集之后，遂成为许多文人雅士的娱乐活动。

古时新叶的三月三盛会也有文人雅集，三世祖东谷公延请大儒仁山金履祥先生主讲"重乐书院"，招致一时文人聚集，这些文人"动看闲云静看书"，诗词唱和，不以功名为务，颇有王右军当年兰亭雅集遗风。

（四）会男女

在上巳节中有一种奇特的风俗，即"会男女"。这种节日中的野合，由来已久，本来自氏族时期的季节性婚配——野合群婚，后来也有残存，如广西左江崖画、成都汉墓画像砖上都有男女野合图。后来的记载也多见此俗。在中国少数民族地区有不少会男女的风俗，如黎族的三月三、苗族的爬坡、布依族的抛绣球等等。踏青也是此类遗风。江苏武进地区在三月初三游南山，民谣曰："三月三，穿件单布衫；大蒜炒马兰，吃了游南山。"上面说到的《诗经·郑风·溱洧》中所描写的场景，应该也是"会男女"的场景，当今有些学者据此认为三月三上巳节是中国古代的情人节。

（五）蟠桃盛会

东汉道教兴起后，农历三月三被定为西王母蟠桃会之日。拜西王母之俗在全国普遍流行，目的主要是求子。国内有些地方也有祭其他神求子的风俗，如扬州拜三茅真君，又称瞎子赛会。温州则在农历三月三供无常鬼，祈求健康，多生贵子。厦门有石狮会，成都有抛童子会。在抛童子会上，谁抢到童子，谁就能生子，故抢到童子的人被视为英雄。山东齐河不育妇女，在农历三月三要去娘娘庙烧香叩拜，主持赐给一根红线，求育者用红线拴一个泥娃娃，象征娘娘神赐子，生子后把泥娃娃放在墙洞内，每年的农历三月三都要给娘娘神烧香上供。在杨柳青年画中有一幅"大姐拴娃娃"年画，说明京津地区也流行拴娃娃风俗。现在农历三月三已经逐渐被淘汰了，但各地还有类似风俗，如安徽繁昌的接三姑娘、浙江丽水的龙子庙会、吉林永吉的龙王祭、浙江海宁的双忠庙会等等。新叶三月三盛会上，有些妇女也会在五圣庙烧香求子。因为，村民认为三月三众神降临，有求必应。

　　总括来讲，传统意义上的"三月三"活动主要分为两个部分：斋醮祭祀神灵的巫术与宗教活动以及平民游春宴饮、论婚嫁求子嗣的活动。在漫长的历史过程中，在大部分地区，更为现实性的后者逐渐超过了前者，但是这两个部分实际上是有着相当密切的关系的。整个"三月三"的主题是求偶求子，也可以说"三月三"原是一个上古时代先民表现自己的生殖信仰与生殖崇拜的节日。水边的被禊是由上古先民由接触巫术所产生的求子仪式，而男女宴游则是由求子所派生出的求偶活动。另外由于原始人的万物有灵和事物感应观念认为人类的交配繁衍可以促进农作物的生产，因此在初春时节进行的这种生殖崇拜的祭奠，同时也有着祈求丰收的含义。至于后世曲水流觞这样的文人雅集，其原型一方面是临水浮卵这样的求子巫术，另一方面也是游春交友这样的求偶活动的变形。只是到了晋朝，"三月三"已经完全脱离了原始的巫术范畴，变成了一种纯粹文人们愉悦身心、抒发情怀的活动。从这个意义上讲，新叶"三月三"的内容和仪式与此比较相符，并且新叶"三月三"还是以祭祀神灵的巫术与宗教活动为主，古风尚存，非常难能可贵。

　　据民俗学家的调查，"三月三"有时是独立的习俗。"三月三"在古时的东北地区还有许多节日活动：一种是瞎子会，即盲人集会，选会首，共聚餐，实行自我保护；另一种是大神节，在此举行萨满出师会，并抬神出巡，此后作法时就可独立跳神了。有的当天还要祭仓神，成为祭犁日，从此开始春耕活动。正因为如此，"三月三"之后，人们就开始了农忙。古代有些地方，在"三月三"期间还进行一种弋射活动，即利用一种带丝线的箭射击野雁，射中后即索丝而取雁。这种雁与其说是猎物，莫如说是送礼的最好赠品。南方带动妇女则开始育蚕，采桑喂蚕。

　　在江苏无锡惠山古镇一带，历史上也有过"三月三"节日。这天，人们会把荠菜花铺在灶上以及坐、睡之处，认为可除蚂蚁等虫害；把荠菜花、桐花藏在毛衣、羽衣内，认为衣服可以不蛀；妇女把荠菜花戴在头上，认为可以不犯头痛病，晚上睡得特别香甜。城乡百姓还登惠山、鸿山、斗山、西高山踏青。

　　而作为"三月三"源头的"上巳节"，其主要活动就是祈求人类繁衍的活动。上面已说过，古人信仰观念认为：人的繁衍也能促进农作物的繁殖。如古代中原民间流传的麦神生日，就认为麦与人一样有独特的生育能力。故祭祀麦神能使麦子丰收。因此，

"上巳节"和"三月三"的内容和文化意义是一致的。

可惜这些都只能从文献记载和当地人们口头叙述中得知。具体的"上巳节"和"三月三"仪式过程已在上述地区失传多时了。

"三月三"和"上巳节"在许多少数民族地区都曾经流行,并且至今有部分遗存。如朝鲜族的上巳节、土家族的三月三,白族、布朗族、侗族、壮族、黎族、畲族也过上巳节。例如,无锡南乡峻嶂山畲族民众的"三月三"上巳节庙会。据记载,庙会当天,各种香船游舫停满埠头。而雪浪乡的农民,有快船比赛风俗。上午,各村青年摇着快船,满载村民,都赶至辉蹲山看庙会,游节场。午后,快船集中到葛埭桥附近的长广溪参赛,看过迎神赛会和游节场的男女老少也都会到此观看快船比赛。参赛的快船先作自由表演,各显神通。接着由表演中涌现出来的佼佼者自由结合,以两船为一组进行比赛。小组优胜者再自由结合,依次比赛,直至决出冠军为止。比赛时,岸上人声鼎沸,锣鼓喧天;河中船如飞箭,激流勇进,甚为壮观。在沈从文老先生的笔下也曾详细描述过其老家——湘西边城土家族三月三赛龙舟的震撼场景。笔者也曾于1990年在贵州西南的少数民族地区亲身经历过壮族、苗族的"三月三,一条街"篝火夜市狂欢活动。可惜当时没有照相机,没能留下影像记录。而汉族地区的"三月三"节日仪式和习俗基本失传,新叶古村因为偏僻而使部分习俗得以保存至今。因而,梳理研究新叶"三月三"的节日仪式和习俗就具有特别的民俗学意义。

三、新叶"三月三"的主要内容与仪式

新叶村农历三月初三的主要活动内容包括:迎神、祭祖、赶集、庙会、社戏等。有些年头还有抬阁游行(当地人叫迎翘仂)、舞龙灯、接龙水等活动。最主要的活动应该是迎神祭祀。

前面已经介绍,新叶三月三节日最初是由玉华叶氏三世祖东谷公所创。而"迎神祭祀"的内容则是由六世祖九思公开始增加的。九思公过世后,子孙们为了继承迎神祭祀的节日庆典活动,商定了一个不成文的轮流值年办法:即由当时人丁较兴旺的七个支派轮流担任。以一个甲子(即六十年)为一个大循环,九思公嫡系的崇仁、崇义、崇礼、崇智、崇信等五个支派[①],每十年轮值大年一次;绍庆、余庆两个支派是九思公的从侄孙,每十二年轮值大年一次。也就是说在一个甲子(60年)之中,仁、义、礼、智、信五个支派各轮值大年六次,共三十次(年);绍庆、余庆两个支派各值大年五次,共十次(年),这样共40年,其余20年叫小年。小年只举行迎神,不举行盛大的祭祀仪式。只要将神轿接到厅堂上,由各家各户自行祭拜就是了。这个小年的迎神活动,也由仁、

① 玉华叶氏的房派分支情况参看本书第三章"玉华叶氏的发展沿革(上)"有关内容。

义、礼、智、信五个房派轮流担任。为了便于记忆，采用了干支排列法即：

> 六癸之年为崇仁派值大年
> 六乙之年为崇义派值大年
> 六丁之年为崇礼派值大年
> 六己之年为崇智派值大年
> 六辛之年为崇信派值大年

又因为崇智派有上、下智之分，所以六己之年又分为：

> 己巳、己丑、己酉为下智大年
> 己卯、己亥、己未为上智大年

而绍庆、余庆两个支派，因为是每十二年轮值一次，所以用十二地支来排列容易记忆，即：

> 逢申之年为绍庆派值大年
> 逢寅之年为余庆派值大年

如此周而复始，应该是可永世遵循而不移的。谁知年代久远，人丁之兴衰难从人愿，至清康熙、乾隆年间，九思公嫡系之崇礼、崇信两派以及从侄孙绍庆派先后断嗣或趋于衰绝，无法承办，影响了原来轮值大年规划的施行。为此，族中父老首事人等专为这事聚众商量解决办法。为了不失体面，一致赞同坚持原值年方案，无法承办的年份称"空年"，由另外较兴旺的房派代办。

凡逢申之年（原绍庆派值大年）由其至亲兄弟派余庆派代值；

凡逢六丁（原崇礼派值大年）之年以及六辛（原崇信派值大年）之年，皆由至亲兄弟崇仁、崇义、崇智三派轮流代值。

因此，重新形成了如下一份值年轮流表，以供玉华叶氏后代子孙参照执行。

"三月三"迎神值年轮流表

干支	轮值派别	干支	轮值派别	干支	轮值派别	干支	轮值派别	干支	轮值派别	干支	轮值派别
甲子	上智	甲戌	上智	甲申	**雍睦**	甲午	上智	甲辰	上智	甲寅	**雍睦**
乙丑	**崇义**	乙亥	**崇义**	乙酉	**崇义**	乙未	**崇义**	乙巳	**崇义**	乙卯	**崇义**
丙寅	**雍睦**	丙子	下智	丙戌	上智	丙申	**雍睦**	丙午	崇仁	丙辰	下智
丁卯	崇仁	丁丑	崇仁	丁亥	崇仁	丁酉	下智	丁未	崇义	丁巳	崇仁
戊辰	崇义	戊寅	**雍睦**	戊子	崇仁	戊戌	崇仁	戊申	**雍睦**	戊午	崇义
己巳	**下智**	己卯	**上智**	己丑	**下智**	己亥	**上智**	己酉	**下智**	己未	**上智**
庚午	崇仁	庚辰	崇仁	庚寅	**雍睦**	庚子	崇仁	庚戌	崇仁	庚申	**雍睦**
辛未	崇义	辛巳	崇义	辛卯	崇仁	辛丑	崇义	辛亥	崇义	辛酉	崇义
壬申	**雍睦**	壬午	下智	壬辰	崇义	壬寅	**雍睦**	壬子	上智	壬戌	下智
癸未	**崇仁**	癸未	**崇仁**	癸巳	**崇仁**	癸卯	**崇仁**	癸丑	**崇仁**	癸亥	**崇仁**

注：雍睦出自余庆派加粗黑字为值大年房派

凡是轮到大年轮值的支派必须提前做好准备。安排几户比较可靠的人家，为了要想养个大一点的"牲猪""牲羊"，早三年前就要择好猪仔羊仔，去五圣庙神前祷告后进行饲养。所谓"牲猪""牲羊"，必须是通过阉割的雄性猪、羊，饲养时间起码达二周年以上，这是最高档的祭品。

"三月三"祭祀用"牲猪"　　　　　　　　"三月三"祭祀用"牲羊"

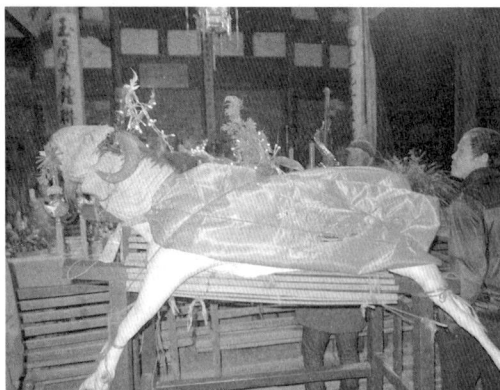

此外，祭品还有很多种，都需要提前制作，这个制作祭品的过程叫做叠祭。叠祭是一种艺术要求较高的细致工作，没有一定的手艺是不堪胜任的。例如：以各种糕点叠置而成的楼台亭阁，以四时干果粘制而成的狮、象、虎、马、麒麟等兽类动物的塑型；以全鹅做成的老寿星，全鸭做成的姜太公垂钓等等，花样繁多，千姿百态，无不栩栩

如生，堪称艺术佳品。

到了"三月三"前一个星期的时候，文人学士也开始忙碌起来，他们要为布置好供祭祀用的厅堂编好并写好楹联门联，这是读书人大显身手的好机会。各支派的楹联都有各自的特色。唯"一年花市九月九，千古兰亭三月三"这一对是相同的。为摆好祭，各支派都置有专用的祭桌，规格也完全一样，齐整美观。

到了三月初一这一天，节日的排场已正式启动：杀猪宰羊的，排列祭品的，准备迎神道具的，布置戏场的……，整天忙个不休。傍晚时分，所有的陈猪陈羊都上了架，口中含着红橙，头顶左右两边插上状元花，背上披着红绫，人们吹吹打打，送到厅堂之上分列左右。至此，迎神的准备工作可说基本就绪。只见厅堂之正中的祭桌自上至下一字排开，桌上一碗碗的山珍海味，各种糕点，上市瓜果，四时干果以及事先制作好专供观赏的雕塑工艺品，花样多多，应有尽有，琳琅满目，令人目不暇接，一饱眼福。

"三月三"祭祀用其他供品之一

"三月三"祭祀用其他供品之二

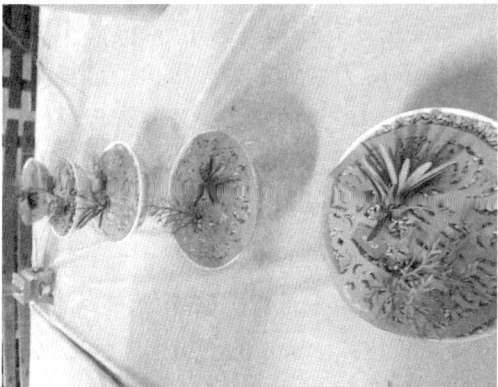

"三月三"祭祀用其他供品之三

"三月三"祭祀用其他供品之四

三月初三一大早，迎神的厅上已是人声喧杂，他们都在为迎神做好本职工作而奔忙。辰时一到，只听得门前一阵阵震耳欲聋的火铳声催促出发，一支由三百多人组成的仪仗队，浩浩荡荡向五圣庙（即玉泉寺）进发。迎神队伍排列具体次序如下：

序号	名称	序号	名称
1	火铳	19	令旗令箭（四小孩举着）
2	鸣炮	20	周宣灵王牌
3	挑大锣	21	大红凉伞
4	大刀	22	白山大帝
5	肃静回避牌	23	黄色凉伞
6	护国佑民牌	24	协天大帝牌
7	蜈蚣旗若干（千古一人在前）	25	绿色大凉伞
8	挑大锣	26	抬神桥
9	三角旗	27	擎灯
10	挑大锣	28	吹鼓手
11	武鸾驾	29	挑大锣
12	抬大锣二片	30	捧馒头
13	文鸾驾	31	拎提炉
14	京鼓	32	八仙
15	四角旗	33	戏班子乐队
16	五响锣鼓	34	挑大锣
17	抬香亭	35	鸣炮
18	挑大锣		

2013 年是玉华叶氏宗族中实力最强，人口最多的崇仁派的"大年"，可谓十年一遇。该派系的 1000 多子弟每人出资 100 元，共集资 10 万余元，独立承担了这年的祭祖大典并担任主祭。凌晨六点，新叶村的轮廓在玉华山浓重的雾霭中若隐若现。在密如蛛网般的深巷里，神秘的铜锣声响起，提醒着这个庞大宗族的每一位成员：祭祖大典的序幕已经拉开。一大群十二三岁的孩子手持各色旌旗在崇仁派的宗祠"崇仁堂"外的空地上嬉闹。一会儿族里的长辈将要给他们指派重要的"任务"——跟在开道的铜锣队之后，举起旌旗，排成长队，成为整个祭祀队伍中最抢眼的部分。"崇仁堂"里灯火通明，祖先的挂像被放置在最显眼的位置。长达二十余米的供桌上摆满了祭品：面粉捏制的历史人物，瓜子拼接的瑞兽、盆景满满当当地摆满了祭台。整个厅堂被挤得水泄不通，族中辈分高的老人可以坐在长凳上慢慢品评、欣赏。而其他辈分较低的族人则绕着祭台轮流观看。

新叶"三月三"迎神仪仗之：两对神锣

　　早上七时整，随着六对共 12 只大铜锣一起敲出震耳欲聋的声响，祭祀的队伍出发了。村民们手持各式"兵器"从"崇仁堂"里鱼贯而出，孩子们舞动着旌旗紧随着铜锣队，村里几个壮小伙儿则一直赶在队伍之前，放起了震天响的火铳……在绕村一周后，绵延约一公里长的祭祀队伍走上了田间的小路，他们的目的地是距新叶村一点五公里之外的玉泉寺。作为这方圆几十里内唯一的寺庙，玉泉寺一直是新叶村人祈福求祥、占卜祭祀的重要场所。

　　新叶村每年农历三月初三日迎神，都举行非常隆重的仪式，将供奉"三圣"（协天大帝关圣帝君关羽、白山大帝、周宣灵王）的"神轿"从村外的"五神庙"（也称五圣庙、五神殿）抬到村中，供奉在由叶氏各个房系所有的祠堂内。每年轮换一次。到次年阴历二月初二再将三圣隆重地请回庙中。一个月后再抬回来，如此每年一次。在迎神的同时还有祭拜祖先的活动以及集市和社戏。

　　新叶村的三月三活动主要可以分为两个大部分：除了上述的迎神祭祖的宗教活动，另一类是庙会、集市和社戏等民间交流和集会活动。迎神祭祖的活动固定在三月三的当天进行，但是其他的活动则是在三月三之前几天就已经开始了，并且会持续相当长的一段时间。此时，新叶村里已经非常的热闹。从农历三月一日开始，新叶村请来的地方婺剧团就开始在祭典的主祠堂——旋庆堂进行演出。另外在村中心的水塘周围的空地上，节日期间的集市也已经非常热闹了，交易的主要内容除了日用品之外还有春种所需的农具，这些产品大多是村民们自己制作拿到集市上进行交换的。集市上有城市中已经很难见到的货郎担，和一些传统的当地小吃。新叶村周围的几个村子的村民也都来赶集，凑这个热闹。庙会、集市和社戏等民间交流活动在三月三的祭典活动结束之后还要持续几天。

新叶三月三庙会，是由新叶村玉华叶氏前面介绍过的多个分支循环周转举行。每十年各分祠主持一次，称为"大年"。新叶有三月三大于年之说，每逢大年，族人在三月初一就把宰好的全猪、全羊安置在一个特置的本架上。头上插上状元花，按上红布，吹吹打打抬进分祠。在祖宗牌位和祖宗遗像前，摆上几十张桌子，桌上供有金、银、铜、锡、玉等祭器，奉上用五谷杂粮及水果做成的祭品，还有千姿百态的花草及盆景等。锡制文武、八仙兵器銮驾共 72 件，摆放在两侧。使祭祀场面更添肃雍壮观。到初三清晨族人就鸣锣起号，三声铳响，大锣开道，"肃静""回避"牌高举，有擎蜈蚣旗的，有擎七色彩旗的，一时唢呐声，鞭炮声震耳欲聋，一支浩荡的迎接队伍向村北玉泉寺开进，接神迎菩萨。玉泉寺始建于隋朝，原名"十八造"，后不断改扩建。庙内奉有"协天大帝"武圣人关公，称雨神，族人把关公神像迎入分祠，全村男女老少都争先焚香叩拜，以祈求家道平安、风调雨顺、五谷丰登。因为清明节已到，每年繁忙的农耕劳作开始了。

新叶"三月三"迎神仪仗之一

新叶"三月三"
迎神仪仗之二

新叶"三月
三"迎神仪仗
之三

新叶"三月三"
迎神仪仗之四：
鸣锣开道

新叶"三月三"迎神仪仗之五

新叶"三月三"迎神仪仗之六

新叶"三月三"迎神
仪仗之七：四小将

新叶"三月三"迎神队伍之一

新叶"三月三"迎神队伍之二

新叶"三月三"迎神队伍之三

新叶"三月三"迎神队伍之四

新叶"三月三"迎神队伍之五

新叶"三月三"迎
神队伍之六

新叶"三月三"迎神队伍之七

新叶"三月三"迎神
队伍之八

迎神"抬阁"之一

迎神"抬阁"之二

迎神"抬阁"之三

新叶"三月三"五圣庙迎神前的僧人诵经祭祀

新叶"三月三"五圣庙迎神：庙中虔诚的香客

　　四方善男信女则沐浴更衣后前往村口的白云庵，白云庵始建于宋末元初，奉有观世音佛座，以示虔诚，便坐庚申夜，诵经念佛，拟驱邪去病，求健康长寿。

　　而村里的读书人则成群结伴到文昌阁，拜文圣人孔子，拜魁星（文曲星、文昌老爷），希望文运高照，功名及第。

　　庙会期间，族人要邀请较为出色的剧团及本村昆剧团在总厅及分祠演出。有些年份有四五个剧团同时上演五天六夜。

　　尚有好客的礼仪之风，世代传承，这盛大的庙会期间，家家户户都备有丰盛的饭菜和自家酿制的"大曲酒"款待宾朋，还备有特有的八宝莲子汤、干菜蒸肉、枣儿糕、栗子棕、汤团、荞麦粿等小吃，无论相识与否，一旦登门拜访都会受到贵宾一样的接待，享受免费大餐。

新叶"三月三"五圣庙迎神：沿路祭拜的村民

新叶"三月三"五圣庙迎神：等在厅上祭拜的村民

　　万人空巷的是盛大的庙会，一时商家云集，形成了农副产品的交流会。如今传统"三月三"庙会增加了许多新内容，放电影、科技咨询、物资交流等。而新叶村作为浙江省历史文化保护区，越来越被世人关注，每年有大批的游客到新叶村体验那久远的生活方式，古老特定的文化内涵。从中得到了美的享受，也给新叶村带来了无限的商机。

　　迎神队伍到达祠堂后，祭祀由叶氏宗族现有的五个支派：崇仁派、崇智派、崇德派、崇义派、余庆派，按天干地支的顺序轮流执掌，费用由各支派按人口分摊，有钱者出钱，无钱者出力。在祭祀的队伍还未到达之前，就有村民捧着香烛早早地守候在庙门口，

在必经之地南塘沿围观新
叶"三月三"迎神的游客

游客与迎神队伍
相杂挤满南塘沿

新叶三月三南塘沿夜
景（叶桂昌供图）

大殿里已是人头攒动，香火极盛。祭祀队伍在庙门口的小路上一字排开，主祭人和由村民扮演的"八仙"快步走进大殿，在族中长者维持好大殿内的秩序后，主祭人宣布仪式开始，"八仙"在祭台前围成一圈，齐声高唱，其内容不外乎祈求五谷丰登、多子多福云云。之后，头戴面具，手持"神笔"的"魁星"出场了，没有任何伴奏，只有难以揣摩的肢体语言。据村民们说，如果被"魁星"的"神笔"点中，则必高中魁元，金榜题名。"魁星"刚下，象征财运的财神"赵公明"手捧金元宝和官帽登场了。同样，在无声的舞蹈中，在完成祭天、祭地、祭祖先的仪式之后，村民从"财神爷"手中接过了象征财富和官运的金元宝和官帽。整个仪式在"迎三圣"中达到高潮，主祭人极其虔诚地将象征着协天大帝、白山大帝、周宣灵王的三个红木小雕像请入精雕细刻的神龛内，然后在震天响的锣鼓和爆竹声中，浩浩荡荡的祭祀队伍隆重地将"三圣"迎回村里，供奉在祠堂内。

祭祀的队伍回到村中，所到之处，家家户户都在门前摆上香烛迎神，崇仁堂内更是鼓乐喧闹，村民们带着自己的祭品拥向祭台，在祖先的挂像前祭拜、祈福。在"崇仁堂"前厅，"八仙""魁星""财神"依旧按序登场，重复了刚才在玉泉寺的仪式，以示将象征文运、财运、官运带回了村内。接下来，便是连续三天近乎狂欢般的社戏、集市，整个新叶村被带入了祥和而略感神秘的氛围里……

蜈蚣旗、三角旗五彩缤纷；文銮驾、武銮驾锃亮闪光；大锣接大锣，响彻云霄；迎神队伍森严肃穆，好不威武。观光者人山人海，热闹非凡。这种场面是难得一见的。

迎神队伍十分浩大。两面铜大锣前面开道，二位彪形大汉举着锐利长柄大钢刀，

新叶三月三祭祀大厅俯拍全景

巫师"蹈八仙"

巫师祈福

巫师持神笔"点魁星"

蹈八仙「点魁星」的演员

见有碍着扬旗的树木桠枝一勾猛一拉，非常利索；五彩纷飞的蜈蚣旗、三角旗足有二百面之多；三十六柱锡制武銮驾，三十六柱锡制文銮驾在阳光下闪耀银光；神的贴身卫士举着四方旗在两面八十多斤重的特大铜锣隆鸣下显得格外神气；由十岁左右小男孩扮装的四位文武官员，背着金印、上方宝剑、令箭、文书，威风凛凛；精心挑选的四位文墨高深的学者手提檀香炉，清香扑鼻；四位老寿星（有福之人）双手掂着放有一斤重的大"寿"馒头的盘子郑重其事地跟在后面；"肃静""回避""护国""佑民""白山大帝""协天大帝""周宣灵王"七块红底金字大匾让人肃然起敬；两盏大红灯笼光照大地；八位大汉抬着神桥由两面神扇、三顶大红伞拥戴着步步而行；最后面紧跟着吹鼓手、戏班子的吹乐声响个不停。整个迎神队伍不计其数的观众喝彩声与二十多面响彻云霄大锣声，连续不断的爆竹声汇合在一起，有秩有序进入宗祠。

　　进入宗祠后，展现在我们面前的又是另一奇景。在那里等候的人们不下千人，再加上迎神队伍和跟随的观光民众，约有几千人，使整个厅堂拥挤得水泄不通。神轿刚放下摆好，人群一拥而上，摆放祭桌的，前来祭拜的，帮忙烧点的，还有观光看个究竟的，围着神轿个个不相让。两个挑"三牲"应是优先祭拜的老人拼命地把人群拨开，略一作揖，随即离开；挑着祭品前来祭拜的人群你挤我拥，争先恐后，一群连一群；整个厅堂烛光明亮，纸灰飞舞，香烟缭绕，人声、火炮烟花爆炸声、锣鼓、喇叭响个不停；四五十个摄影师抢占"高地"，唯恐失去好镜头在拼命挤。神轿接到厅堂后，正中安放停当，即由"斯文老人"① 进行致祭大典。

新叶"三月三"祭祀主体之"斯文老人"中的"六斯文"

① "斯文"指读书人，由村中学历较高且人品好，有才有德之人共六人担任，"老人"四到六位，必须由夫妻双全、儿孙满堂，自己德高望重，家庭幸福美满的老年人担任。

新叶"三月三"祭祀主体之"斯文老人"
中的"四老人"

数百年未露脸，2009年启用的祭祀金
杯，充满了神秘的色彩

新叶三月三祭祀"三献"场面

参考 2001 年第十一次重修《玉华叶氏宗谱》记载，及村中老人的回忆，整个祭祀仪式的过程主要有以下程序：

一、序立（全体起立）

二、启鼓三通鸣金三转

三、奏细乐

四、主祭者诣盥洗所，盥洗，拭巾（陪祭者一前一后陪行站定时分立左右）

五、主祭者诣整容所，整冠，撩衣，束带（陪祭者一前一后陪行站定时分立左右）

六、主祭者就主祭位

七、内外执事者就执事位各司其职

八、主祭者参神：鞠躬再鞠躬三鞠躬

九、主祭者诣香案前行上香礼，初上香，亚上香，三上香

十、奠觌奠帛献毛血瘗毛血

十一、主祭者跪俯伏乐，以迎神歌，以迎神平身，复位拜升

十二、主祭者诣神座前行初献礼：跪初献爵、献脆、献银丝、俯伏乐、以初献歌、以初献平身复位拜升

十三、主祭者行亚献礼：跪亚献爵、献馔、献燔肉、俯伏读觌者宣读觌文。歌侑亚献乐侑亚献平身复位拜升

十四、主祭者行终献礼：跪终献爵、献食（饭）、献羹、献茶、俯伏乐侑终、献歌侑终、献平身复位拜升

十五、三献礼毕、主祭者退位、焚觌焚帛与祭者同拜鸣炮

礼成鸣炮后，庆典仪式结束，然后各家各户可进行烧拜。至此，迎神祭祀活动可说暂告一段落。待来年二月初二，神轿由原支派隆重送回五圣庙。

旧时的新叶"三月三"，如果碰上那年正好天旱，还会增加"接龙水"的活动。这正好跟《论语·先进》篇中的"暮春者，春服既成，冠者五六人，童子六七人，浴乎沂，风乎舞雩，咏而归"场景相仿。"接龙水"就是乞雨。中国传统文化中的风水和龙之间的关系，的确十分耐人寻味。

在新叶村村民的记忆中，最近的天旱接龙乞雨仪式是在 1944 年和 1950 年。据经历其事尚健在的村中老人回忆：当时，人们去新叶村北边四五十里处的井盘山"水灵殿"（奉祀龙神的庙）接水龙王。接龙时，女性一律不能去，男人们头一天夜里沐浴，天不亮出发，敲锣打鼓，吹着唢呐，由属龙的人捧着"龙瓶"，接龙者均手持点燃的线香，一些小男孩手拿三角旗，上面绘制着水族动物，来到水灵殿的泉水处，由师公用木制的牛角道具对水猛吹，人们敲锣要敲到使水震动，吹或搅得水浑后若出现泥鳅，青蛙或其他水中小动物，便视以为龙，抓住放入以红布包裹的龙瓶。然后当天返回，归途不得休息，否则龙会停留在休息的地方，一路由师公带领"钢叉""牙斧"等仪仗，顺水路而下为龙开路，回到大祠堂门口，然后在下龙庙前搭起露天的临时性

台子，上置方桌，将"龙"放进一个缸中供起。同时，取出下龙庙里的神像曝晒。师公吹响牛角，村里的士绅，长辈皆穿白衣草鞋，跪在台前，带领村民们烧香，叩头，每天两次礼拜求雨。据说，师公吹牛角每天一次，要一直吹到天上下雨时为止。接龙这天，沿途有凉亭供茶，人们不能在室外晒衣，沿途各庙均搬出菩萨晒之，接龙者还以钢叉在菩萨面前抖动示威，路遇车水者叫停，见戴雨帽者让其摘掉，妇女也要回避。访谈对象讲述的这些情形，与《光绪兰溪县志》所记大同小异，在浙江其他地方如宁波等地也可看到。若比较一下，甘肃天水一带求雨时的"安湫""取湫""还湫"等仪式，甚至远在日本北陆地方，也都有类似的民俗传承。一旦下了雨，则举行送龙仪式，程序与接龙大同小异，惟较简单，没有"钢叉"等仪仗，但要带供品如馒头，炸糕之类。重要的是，为感谢神龙降雨，人们还要耍龙灯舞龙，用的是与龙灯会同一条板凳龙。此外，还有一黄一绿两条布龙附丽于上后山，小青山及下龙庙的"风水龙"，通过龙灯会创造的龙，口碑传说里的泾河老龙，以及天旱时乞雨仪式上所接的"雨水龙"或"泉水龙"，它们之间的关系十分密切。显然，"龙"在新叶村民心目中的地位、印象及意义，都是十分深刻的。这在中国广大农村，也有一定的典型意义。

四、新叶村"三月三"传统的保存

如果考察新叶村所处地区的民俗情况，就会发现新叶村的三月三祭典是一个相对独立的存在，在新叶村周边的几个村落中都没有三月三祭典的传统。在地方志中对于建德县（今建德市）及其邻近的几个县的岁时民俗条目之中都找不到有关三月三活动的记载。但是在杭州（古称钱塘、临安）的风俗志之中，却有着许多关于三月三的记载：

（钱塘县志）上巳，出游西湖，士女皆戴荠花。

《临安岁时记》载：三月初三日，俗传为北极佑圣真君诞日，佑圣观中，崇修佛事，士女多往拈香；亦有就家建醮，酌水献花者。是日观中有雀竿之戏，其法：立长竿于庭，高可三丈，一人攀缘而上，舞蹈其颠，盘旋上下。有鹞子翻身，金鸡独立，钟馗抹额，玉兔捣药之类，变态多端。观者目瞪神惊，汗流浃背，而为此技者，各蝶拍鸦翻，遽遽然自若也。

虽然这些文献中记载的三月三活动与现存的新叶村三月三的活动在形式上已经大不相同了，但是将三月三视为一个特殊的日子并加以庆祝这一点则是相同的。这一现象的形成，可能与新叶村所在的特殊的地理环境有关。新叶村地处新安江地区的山谷丘陵地带，新安江地区的山势与江水走向垂直，形成了一个个独立的山谷地带。这些地区基本为移民地区，移民每到一处山谷，便定居下来；后继的其他移民则继续向下一个山谷深入并定居。于是山谷便成为各个移民区之间的天然屏障。在过去的漫长年代中，由于交通和信息技术不发达，各个地区之间缺乏交流。这种与外界几乎隔绝的"世外桃源"式的生存环境，便是一种古老风俗习惯能够持续千年之久的天然温床。

五、新叶村"三月三"传统文化意义

如前所述，中国传统的三月三活动基本上可以分为两个部分，巫术与宗教活动和游春宴饮活动。在新叶村三月三的节日活动中，巫术与宗教活动表现为迎神祭祖，而游春宴饮活动则表现为社戏、集市等。

按照新叶村人自己的解释，每年三月三的祭典是模仿晋代王羲之等人的兰亭雅集。新叶村历来对于教育和文化都非常重视，奉"耕读传家"为圭臬，将祭典的时间定在兰亭集会的日子，即表现了村人对于文化的敬重之意，又包含了希望子孙后代能够人才辈出的希望。

祭典中的迎神活动主祭的神是协天大帝"关羽"，关羽在民间传统信仰中是忠义的化身，同时又是带来风调雨顺的雨神。新叶村村民在农历三月初三的祭典迎神仪式中迎关羽也有着双重的期望：首先认为，要村子兴旺发达就一定要全村人和睦相处，互敬互爱，不能有宗族内部的争端，正因如此，祭祀代表了"义"的关羽是期望村中村民之间能够和睦相处、紧密团结；其次，每年的农历三月初三正是春种即将开始的时候，村民也期望"雨神"关羽能够带给他们一年的好收成。祭神的同时亦有祭祀祖先的活动，这一活动同样是祈求祖先保佑子孙后代平安和睦，人丁兴旺的。另外二圣：白山大帝是本地神灵，据传说原型是唐末五代时期，生活在白山脚下李村的一位孝子，以孝睦著称，死后多次显灵，就被周边村民尊为神来供奉。周宣灵王周雄更是历史上闻名东南一带的大孝子。因此，三圣合起来主要是宣扬忠孝之道的，这符合中华民族传统的礼仪道德，在今天仍然有一定的积极意义。

另外，新叶村的三月三祭典从形式上来说基本上偏重于宗教信仰的体系，但是仔细考察其细节，还是可以发现这一古老节日所保存的巫术痕迹。

比如社戏。社戏虽然有着民间娱乐活动的外壳，但是它最初是在先民的巫术活动中产生的，所以社戏这一形式至今仍然能够保存一些巫术色彩，从而区别于其他单纯的集会形式的活动。在旋庆堂的戏台上所悬挂的"欢度三月三，演戏保平安"横幅，虽然可能是为了讨个吉利而悬挂的，但是它同时也说出了戏曲最初的源头之一是巫师为了驱灾避祸，祈求平安而进行的一种仪式。在新叶村的婺剧演出中，最值得注意的就是"天官八仙"的演出。一般的婺剧演出是以演员描绘脸谱而出场的，但是在"天官八仙"中，演员却是戴着面具出场的。面具正是巫师进行巫术仪式时所必备的道具，从戴上面具的那一刻起，巫师的身份就由人变成了神或是鬼，有了神或鬼的力量。在现存的比较古老的更接近上古巫术的戏剧形式——傩戏之中，演员们大多是戴着面具的。而傩戏的演出总是在节日期间或是祈雨的仪式上，目的正是以人扮神，祈求平安。婺剧团的演员在玉泉寺戴面具表演"蹈八仙""跌魁星"，也许可以看作是一种娱神、迎神的仪式，经过这些仪式，神才会进入他们的红木替身之中。尤其是"跳魁星"与安徽贵池地区的傩舞表演"魁星点斗"形式十分的相似，也许正体现了这一民间娱乐形式深层的巫术含义。

新叶村三月三的集市是在村中心的水塘周围举行的，临水这一特征在传统的三月三仪式中有着极其重要的巫术意义。由于三月三上巳节的主题是生殖信仰与生殖崇拜，而在先民的思维中，水与生殖有着密切的关系。从简狄行浴到临水浮卵再到青年男女水边游乐无一不是如此。因而一直以来水都在三月三上巳节的活动中扮演了重要角色。虽然新叶村村民将集市安排在水边，并非一定是以先民的思维方式为指导，但这种思维方式可能已经作为一种本能存在于人类的潜意识中了。

传统的三月三是先民在巫术信仰的基础之上产生的，而新叶村的三月三祭典，至今已有 700 多年的历史。在这 700 多年中，她虽然渐渐失去了最初形态，但是经过仔细考察，我们仍然可以发现属于巫术时代的先民思想在其中留下的痕迹；并且时至今日人们对于风调雨顺、人丁兴旺的种种美好的愿望依然存在，并没有随着时间的推移而有所改变。而人们表达这些愿望的方式，由巫术发展而来，又被人们以节日仪式的形式最终保存了下来。

在保留沿袭了三月三的一些传统意义的同时，新叶村的三月三也被赋予了一些新的含义。现在的新叶村三月三是一个民间交流的平台。许多信息的交流活动借助这个节日而进行。在我们调查的当天，送科技下乡的队伍也到了新叶村，以充分利用这个人们都集中在一起的日子进行科技宣传。在三月初三的前后几天，新叶村里会有集市，本村以及周边几个村庄的人都会来参加。集市本身不仅是节日的庆祝形式，还是商品交流的渠道，最重要的是，新叶村及其周边各村同时借此机会加强相互之间的交流。每年三月三，不仅是其他村子的村民，周边各个村子的领导也会来到新叶村，交流感情，协调关系。新叶三月三以节日的形式加强了与周边村庄之间的交往，增进了各村之间的交流。这应该是三月三在时代发展中产生的新意义。最近几年，随着联合国非物质文化遗产项目的启动，对于我国传统文化的发掘、整理、保存和保护工作正逐渐得到人们的重视。保护正在逐渐消失的民族传统文化，对于增强我们的民族自豪感和民族凝聚力有着极为重要的意义。笔者认为，将新叶村三月三综合文化活动称为中国古代农村文化娱乐的活标本非常贴切。虽然目前已被列入浙江省非物质文化遗产目录，但如果继续挖掘整理其中的文化内涵，然后继续国家级甚至申报联合国的"非物质文化遗产"项目，都是有可能的。这也将会更加有利于这一区域性传统节日项目的保护与研究。

2010 年 1 月 8 日，由中国民间文艺家协会节庆研究会和北京大学、清华大学的文

2010年新叶三月三，村民叶顺富在荣寿堂举行自编百卷书展

化产业研究机构等单位联合主办的"首届庙会文化论坛"在北京开幕①，来自全国近20个省、直辖市的100多名专家学者和各地知名庙会的组织者汇聚一堂，就如何重新认识和挖掘中国庙会的文化、经济、艺术、娱乐、旅游的多重价值等问题进行了研讨和交流。与会专家普遍认为，在中国社会文化发展的长河中，庙会占有独特的位置，被称为"民俗的活化石"和"中国特色的狂欢节"，因而庙会的传统不能中断。大家根据自己的研究及实践，对庙会在内容和形式上如何与时俱进各抒己见，尤其是如何结合地方特色进行合理开发利用，提出了不少颇具操作性的建议和意见。据了解，中国庙会有几千年的历史，大大小小的庙会数以万计，但始终没有形成统一的全国性组织，也缺乏常规的交流活动，更少见高端的学术研讨活动。因此，与会专家呼吁，要加强协调、沟通，大力投入到抢救、发掘"庙会文化"这一传统文化遗产中去。因此，对于有着完整仪式遗存的新叶村三月三庙会文化有关资料的整理、梳理和研究就是在做抢救和弥补工作，有重要意义。

六、新叶"三月三"对联

新叶三月三期间，各厅堂都装饰一新，换上新写的对联。这些对联是历年三月三累积下来，有古有今。大部分为新叶村的文人所拟，也有请与新叶有关的名人拟写的（如金履祥）。笔者本人在2008年三月三前夕，也曾应乡里族长之邀，拟了几副对联，由中国美院退休的书法家叶昭忠书写，贴在"有序堂"等公共场所。所有对联是专门描写"三月三"的内容，颇具地方文化特色，兹录一部分于下，以作保存流传。

（一）三月三庙会联（录自《玉华叶氏宗谱》）

一年花市九分九

千古兰亭三月三

---

① 2010年1月8日《光明日报》的"文化版"有报道，随后多家媒体都有报道。

花开三月庆盛典
裔孙一族共欢欣

政通人和万民同庆
国泰民安百废俱兴

华山如屏千古秀
曲水叮咚万古琴

风调雨顺迎佳节
欢天喜地庆升平

真诚团结一堂聚
竹苞松茂万年春
（用于崇仁堂）

莺歌大山后
燕语崇仁里
（用于崇仁堂）

前程始足下
政策暖人心

讲文明千秋永乐
除旧习一代革新

桃李花开庆嘉节
竹苞松茂聚群贤
（用于崇仁堂）

情意日淡恩义益明春有荐
佣笔彤庭歌咏太平秋则亨

（二）玉泉寺（五圣庙）联（录自《玉华叶氏宗谱》）
华山村左座
玉泉石上流

277

古柏参天膏露降

华山胜地玉泉流

（上联为五圣庙外围红墙门联。据传：明开国祖朱元璋过此已晚，夜宿此，翌晨书此联于门壁）

满腔正气参天地

一片丹心照古今

一样大名垂宇宙

万人小惠供神麻

论千载神交合与睢阳同俎豆

认九霄正气常随奎璧焕光芒

师卧龙友子龙龙师龙友

弟翼德兄玄德德弟德兄

青灯观青史着眼在春秋二字

赤面表赤心满腔存汉鼎三分

神光乃千秋事业

圣德是万古流芳

门前若带儒源水

寺后稳坐玉华山

山水有灵惊知己

性情所得未忘言

志在春秋功在汉

心同日月义同天

义存扶汉三分鼎

志在平金一片心

跪倒神前求福禄

无如背后莫非为

供神不为图保佑
好果还须作虔诚

果有良心不求佛
若无天理要沉思

相思添几声啼鸠
回顾惜一段恩怨

何妥不忧非博士
伯乐然后有名驹

经有未观皆可念
是非已过不须提

大肚皮包藏千古
一笑中惊悟世人
（五圣庙弥勒塑像前联）

为人果有良心初一十五何用你烧香点烛
做事若无天理半夜三更须防我铁练钢叉

（三）文昌阁旁土地寺联（录自《玉华叶氏宗谱》）
土是万物母
地养一方民

土若有灵人皆懒
地要勤耕粮始丰

村前景色亘古秀
塔旁祠阁祀千年

数百年古塔依旧
几十代叶氏永新

户户虔诚祈万福
家家得失不一般

（四）2008年"三月三"楹联（笔者为村里所撰）

物华天宝南阳望族逢盛世
人杰地灵玉华名村谱新章

玉华氤氲脉绪南阳世泽
道峰葱茏学承仁山遗风
（以上两联可用于西山祠堂或有序堂）

一羹一饭应思祖宗创业维艰
一言一行当谋今人宏图是展

水长性淡桃源千载敛紫气
竹贵心虚名村数代藏光华
（以上两联可用于西山祠堂后厅）

耕读传家万卷经书宜子弟
筚路蓝缕千亩杏林抟云烟

昊天正色东谷重乐传旧章
大地回春西山杏坛吐新叶

重乐传旧章
杏坛吐新叶
（以上三联可用于学校或文昌阁）

事为名教用家风千年崇仁义
理因精神通祖训万载敬懋德
（以上一联可用于崇仁堂）

泉清水暖恭迎中外来访贵客
女淑男真幸接古今好逑君子
（以上一联可用于有序堂门台侧柱或作村口旅游宣传语）

第十章　新叶村"过年"习俗遗存调查

大多数人关注的主要是新叶村的古建筑群。新叶村是笔者的故乡，我在新叶村长到19岁，才从新叶村走进大城市。在体悟了乡村文化和城市文明两种不同性质的文化，阅历了多种文化类型后，我深深地觉得，新叶村的价值远不止于建筑一面，新叶村的文化内涵非常值得大家来关注和挖掘。其中的节日习俗是古代农耕文化的体现，在全国具有普遍性。只是大部分地区已经湮没消失了，偏僻的新叶村则相对保留完好。限于时间和篇幅，要想对于清明、冬至、端午、中秋等所有民间节日进行介绍，自然是不现实的，必须另著一书方可。在这里就选择最隆重的"过年"[①]习俗，以调查报告的方式加以呈现，以展示新叶古村节日文化之丰富多彩。

离开家乡30多年了。这次，笔者为了全面考察新叶村有关"过年"（"春节"）的民俗遗存情况，连续几年都早早地回到故乡，从农历腊月十七入住新叶村，至正月十八离开。数次完整地经历和体会了新叶村"过年"的全过程。期间，笔者采访了村里的叶昭镰、叶昭德、叶瑞荣、叶向阳等熟悉村中掌故的村民，听他们叙述"老底子"（以前）时新叶村"过年"的习俗；我自己也目睹和亲历了"打年货""祭灶送神""掸埃尘""贴春联年画""谢年祈福""放开门炮""初一上坟挂纸""出案""添丁茶"等"过年"习俗活动。下面就以时间先后为序，加以介绍。

一、打年货

就像鲁迅先生在《祝福》中说的"旧历的年底毕竟最像年底"，进入腊月，处处都已显出年味来。学校放假，民工回家，车站拥挤，码头热闹。在到处一片"红红火火"中，最具"年味"的恐怕就要数置办年货了，这在新叶村叫"打年货"。

"老底子条件差，平常根本没有好吃、好穿的东西。所以到过年边，家家户户都要

---

① 新叶村民习惯称"春节"为"过年"，周边的村子也基本如此，这一称呼更贴近古人。其实，严格意义上讲，"春节"单指正月初一这天，而"过年"才是从头一年腊月二十到新年正月十五左右的整个过程。

想办法置办一点好吃、好穿的东西。打年货是过年最重要的事情"。叶昭镰老人[①] 说。2011 年 1 月 22 日（农历辛卯年腊月十九）傍晚，我在叶昭镰老人家里采访了他，他给我介绍说：

打年货要分两块：自家用的和送亲朋好友的。自家用的花样繁多，各家不同，准备时间也很长。有些东西是一年到头都在准备。比如说某家男人到外地去，带回一些开洋（虾干）、海鳗、干贝等稀罕物，家里女主人并不会急于烧起来吃。她会对小孩说："放这里，过年客人来时好凑个碗。"再比如某家孩子过大生日（十岁、二十岁等逢十的生日），外婆、娘舅、姑妈、姨妈会送来一些点心，有时还有衣服。点心会当时吃了，如果收到比较好的衣服，比如长布衫外套，这是读书人穿的。妈妈就一定会放起来，平时不让穿，只有到每年正月初一那天才拿出来"新一新"。因为，那时候做一件长衫是很贵的。只有外婆家才舍得血本给外孙做，还必须是有条件的人家。而外婆送给十岁外孙的长衫往往是做成大人的尺寸，小孩最初穿时，妈妈会将袖子和下摆缝起一大截，以后随着年龄大了，个子长了，再一点一点往下放，以至于村里有"十岁长衫穿到老"的说法。如果有弟弟，而弟弟过生日又没收到过长衫，有几年就要让给弟弟穿。有好多兄弟，就大家轮着穿。唉，那时候条件差呀！

叶昭镰老人顿了顿，喝了口茶水，接着说：

大部分年货特别是要送人的年货还是要到年底办的。一般的人家是到诸葛或永昌去打年货就行了。讲究的人家会到兰溪去打年货，走路去，来回要一天。像地主富农大户人家会派好几个长年（即长工）挑着大筐小担，带着东家的年货单去兰溪置办年货。到了兰溪，都喜欢到"西福茂""恒昌""天泰"这些老字号店里去打年货。因为这些店里货全，省得走好几家店。年货中最好销的是糕饼，像鸡子糕（蛋糕）、回回糕、双喜糕、芙蓉糕、连环糕、小麻球、糖枣儿都是家家必备的。糕饼用糙纸包成稻斗的形状，平的一面压一张细条红纸，然后用席草扎紧。糕饼除了自家正月里待客用，主要是用来当年货送人的。所以，出门前，一定要计算好一共需要几包糕饼，识字的要开好单子。过年糕饼需要量大，往往买一趟是不够的。

除了糕饼，还会买一点布料，解放后很长时间布是凭票供应的。拿回家请裁缝师傅做衣裳。那时候，很少有成衣卖，只有布店。所以，裁缝师傅到年底特别忙。再就是买一些水产、干果和平常村里买不到的食品。有钱的人家还会给小孩买一点玩具，那时玩具很少的，有手玲、手鼓（拨浪鼓）、小铜锣、木马、竹马、木枪，还有猪屎

[①] 叶昭镰，89岁，是一位退休教师，师范毕业，是新叶村健在的老人中难得的既有文化，又熟悉新叶民俗掌故的老人。2010年，被浙江省文化厅确定为"省级非物质文化遗产——新叶草昆"的传承人。笔者在新叶调查期间，多次拜访了他。

泡①和纸炮枪。纸炮枪很危险，一般人家不会买。但小孩会用压岁钱在货郎担上买到。

如果是当年有新嫁女或新娶媳妇的人家，也要临时雇个人，一般是堂兄弟或隔壁邻居，一起去打年货。这是准备买来送人的年货。特别是有新嫁女的人家，当年给亲家送的年货一定要"双担"（两担、四担等双数礼物）的。最少也要篾丝启盒②担一担加秧箩担③一担。篾

新叶旧时过年送礼时装礼品的篾丝启盒

丝启盒里放枣、花生、荔枝、桂圆等七样干果、双刀条肉、熟鸡、土索面和七种糖果糕点。秧箩担里装胭脂水粉、女人体己布衫（相当于内衣）一套，还有催生用的虎头帽、虎头鞋、小孩衣服、屎片（尿布）等。这是继女儿出嫁时置办嫁妆之后又一次比较大的开销。反而男方的年货不需要这么多东西。所以，以前我们这边人特别不喜欢生女儿，如果媳妇生了个女儿，丈夫和婆婆都会骂"生了个赔钱货"，很受气。如果生了个儿子，媳妇腰杆就挺得直了。

年货打好，接着是送年货。腊月初十到廿五这半个月是送年货最好的时间，早于初十，有些东西放到过年要坏。迟于廿五，大家都忙了，不方便。送年货主要是送糕饼包和条肉。视亲戚的亲疏辈分不同，年货的数量也不同。像外婆家、岳父家要七个糕饼包、一个"双刀"④，一只活鸡、一坛酒（自制米酒），刚好挑一担。舅公、娘舅、姑妈、姨妈家五个包，"双刀"看条件而定，不要鸡。一般亲戚三个包、两个包就行了，不要肉。但绝对不能只送一个包，会让对方扔出来的。

现在条件好了，旧式的年货像纸包糕饼已经不大有人送了，打年货也不用到兰溪去了，自己村里就有很多家小百货店，大部分年货都能买到。出门送年货也很少再走路，都坐汽车或骑摩托车了。一天能去好几个地方，很快的。现在的人味道（幸福）啊！

"那有没有自己家准备的年货？"我接过话头问。叶昭镳老人歇了歇，接着说：

---

① 一种用细竹管哨连接一个小气球的玩具。使用时，先从竹管一头将气吹进瘪的气球，待气球撑大，然后自然释放气球中的气，气穿过细竹管时会发出悠扬的哨鸣声。旧时节日的货郎担上经常看到。

② 一种用细竹丝精工打制的礼盒担。外形呈圆形，高50到70厘米，直径在60厘米左右，共两只，成对使用。每只上下共分三到五层，套式结构，每层都有可以单独移动的屉。最上一屉有盖。用方型提梁连接各层。非常精巧美观。为古代农村送礼时常见的礼盒担。

③ 一种上圆下方的竹器，高60厘米，直径70厘米左右，上有盖，成对使用。南方农村多见，常用于挑比较精细的干货和礼品。

④ 裁成两半对开但部分皮仍相连的条肉分隔形式，新叶村一带叫"双刀"，大双刀有十多斤，小双刀也要三四斤以上。一般送礼、祭祀都要用"双刀"肉。

新叶人农历年底端年货（送年货）用的秧笋担

新叶杀年猪

还有一些年货是要自己家准备的。比如酿一缸米酒，做一板豆腐，蒸几笼发糕，还有打麻糍、扨年糕、炒米胖、做冻米糖，还有杀鸡、杀鸭、杀年猪。一只鸡能做成三样菜，一只猪，可以做出一桌十二样菜呢。这些东西现在还有，比以前还做得多，你到村里走走，会看到有人家做的。

于是，我便开始了有意识地寻访。

2011年1月23日（农历辛卯年腊月二十，周日）上午8:30，我走在村边通往芝堰方向的水泥路上，迎面碰上一个儿时的伙伴"老肿"①骑着电瓶车过来。看见我，停了下来。

"到哪儿去？"我问。

"你回来过年呵！啰，到小榔头②去一下。"老肿说。

"端年货呵？"我看电瓶车上有不少东西就这样说。"端"就是"送"的意思。

"嗯！几个地方总要去一下的。"老肿说。

"端点啥东西？"我一边说，一边像警察一样检查起来：前面车斗里一个红色塑料袋，里面装了一包荔枝干，一包蜜枣干，中间踏脚位上平放着一箱牛奶，是商店里买的那种。

"怎么没有糕饼？"我有意识地问。

"现在谁还要吃那东西？"老肿不屑地歪着头说。"走了，有空，家来玩。"老肿电瓶车开走了。

---

① 新叶人讲"肿"就是"胖"的意思，"老肿"意为"胖子"，"肿"读入声，听起来很干脆。"老肿"大名叫叶林忠，是我小学同学。

② 一个属于兰溪县芝堰乡的小村，离新叶村约3华里。

　　我从一条小石子路拐进村子。不一会儿，我在一户人家门前停住，因为里面飘出了一股那么亲切熟悉的香味，"炒米胖①？"我脑海里马上闪出了那黄澄澄、热腾腾的堆得整筐整笾的"炒米胖"。

　　"嘎香的"！我说着，不等主人招呼，就走进门去。新叶人家的大门一天到晚，不管家里有人没人，基本是敞开的，也没听说谁家因此而失窃。我曾在朋友面前吹嘘："我们老家的新叶村民风淳朴，真正做到了孔老夫子说的'夜不闭户，道不拾遗'。"

　　听到有人进来，一个40多岁的妇女迎了上来。

　　"哎"！妇女说。

　　"哎"！我说。

　　在新叶，这就算是见面打招呼了。凭印象，这房子应该是顺忠②家。但这妇女我不认识。我离开家乡30多年，50岁以下的，我基本不认识。

　　"这里是顺忠家吧？"我问。

　　"嗯"！算是认可。妇女也不问我是谁，进来干什么，就管自己回到大灶台上去炒米胖。大概她听出我是本村口音，放心。

　　"炒这么多米胖？"我看了看桌上竹笾里大半笾炒好的米胖，灶台旁畚斗里还有许多待炒的"豇米"③问。

　　"20斤米，小孩喜欢吃。"妇女使劲翻炒着锅里的米，头也不抬地回答我。

　　这时，从边门走进来一位老妇女，身边还跟着一个十几岁的小孩。老妇女手里捧着一个塑料脸盆，里面装着花生米。

　　"顺忠娘"我很快认了出来。

　　"嗳！是志衡④啊，啥时候回来的？吃米胖，吃米胖。"顺志娘把我让到桌边，客气着。

　　"我要吃米胖，我要吃米胖。"那个小孩一边嚷着，一边踮脚伸手到竹匾里去抓。

　　"小心烫！"顺忠娘抓了一把给小孩。

　　"到外头玩去。"顺忠娘笑着呵斥小孩，小孩一边将米胖往嘴里塞，一边跑出门外。

　　看着这个可爱的小孩，我不由得想起了自己儿时跟一群小伙伴到别人家讨米胖吃

---

　　①　这是新叶村一带特有的一种小食品，一般到过年边才有，是大人小孩都爱吃的零食。炒米胖的过程是，先把大锅子烧热，把洗干净的细沙（叫烫沙）放入大铁锅内炒得滚烫，再倒一大碗晒干的豇米入锅，用特制的长柄木耙（叫米胖耙）翻炒，等米炒至微黄色，用大锅铲连沙带米起锅放入铁筛过沙，把沙筛入锅内后，再放豇米炒第二锅。这样一锅一锅把米全炒完，然后用同样的过程炒豆了。米、豆全部炒完了，两样混合在一起，就成米胖了。为了吃时有沙未净，待冷却后还得用竹筛子再筛一遍。

　　②　我的小学同学。

　　③　把晚米用水浸三天左右，滤去水，用饭甑把米蒸熟，晒干，晒得越干越好，放人陶制坛中备用。

　　④　顺忠、顺富兄弟俩是我每年回村时交往较多的人，我经常到他们家看村谱，每次，顺忠、顺富兄弟和他们的父母都很热情接待我。因此，他们的父母也知道并称呼的我的学名，而其他村民则习惯叫我的小名"阿平"，跟我家里人一样。

的情形。大户人家炒米胖要一整天，小户人家一个晚上就行了。因各家炒的时间不同，谁家炒米胖了，孩子们就会跑到谁家讨米胖吃。虽自己家也有，但为了凑热闹，孩子们总喜欢到别家去讨着吃，还唱上几句"妈妈修烟囱，炒起米胖乒乓松（很脆之意）"的顺口溜。炒的人家总是会每人给一小盅，孩子们吃着闹着，高兴极了。

"现在炒米胖的人家多不多？"我问顺忠娘。

"炒起来自家吃的很少了。"顺忠娘说："有人专门开炒货店。炒米胖，还炒山核桃、落花生、朝日黄①，也做冻米糖，里面还放花生、芝麻、核桃肉，比你们小时候吃的好吃多了。还有美国山核桃呢。想吃就买很方便。一般人家都不用自己炒了。"

走出顺忠家，我来到新叶村最热闹的南塘塍，准备去"建林百货店"看看店里都准备了一些什么年货。老远就看见"建林百货店"大门两侧也摆满了各种红红的物品。走近一看，是一些跟城里超市差不多的酒类、保健品、食品礼盒。还有一些烟花、炮仗等。

"有没有土年货？"我直接问建林。

"你想要什么？"建林问我。

"冻米糖，土糕饼……"我说。

"有，有。"建林把我带进旁边一间屋子。为了存放年货，他临时租下旁边好几间屋子。

"在这里。"建林摊开了几只大纸箱。果然有：炒米胖、冻米糖、油炸蕃薯片、油炸藕片、桃酥饼、麻酥糖、鸡蛋糕、回回糕、双喜糕、芙蓉糕、连环糕、小麻球、糖枣儿……真是应有尽有，装在一个个塑料袋里。

"准备送给谁？"建林问我。

"先看看。村里人现在送年货都送些什么？"我问建林。

"要看送给谁。送年纪大的，一般是各种营养保健品；送小孩，一般是整箱牛奶、营养快线、大礼包之类。送男人，是礼盒酒、烟；送女人，荔枝、桂圆、蜜枣……"建林说着。

"不送糕饼了？"我打断他的话。

"基本没人送了。"

"那你准备这些土糕饼干啥？"

"还是要买一点回家，正月里客人来要摆糕饼盘的。其实，也不太会有人吃，就是装装样子的。过年嘛，老底子的东西还是要作兴一点的。尤其是老人。"建林说。

我不禁感叹起"变得真快，变化真大"！想我小时候要是能吃到一块鸡蛋糕或一块芙蓉糕，那是多么让人激动的事情呀！

2011年1月26日（腊月廿三）上午9：00，新叶去汪山的路上。在母亲的一再催促下，我也出门送年货。

---

① 就是葵花子，这名字很形象。

"姐姐家、姑姑家你自己总要去一下的。你好不容易回家过年,不去,人家要怪的。"我妈说。

"拿点啥东西去?"我问。

"你带回来的东西拿一点,糕饼买几包。噢,现在作兴送牛奶、色拉油什么的了,你到店里去看看。你再递点钱给她们用用。"母亲絮叨着。

我家的亲戚都很近,我又有车,大半天就跑过来了。

倒是下午回来时在村口碰上一支送年货的队伍,着实让我眼睛一亮。说它队伍,是因为有十多个人,每人都肩挑着一担年货,看样子是一起的,是去同一户人家。一打听,是一户人家儿媳妇的娘家人到女儿家来送年货。

我仔细看起来,有:篾丝启盒礼担四担;秧箩担四担;米酒两担四坛;肉两担直接挂在扁担上,分别是猪腿、羊腿一担,杀好的鱼和鸡、鸭、鹅一担;有一担一头是一辆大玩具车,一头是两个布娃娃;还有五担用纸箱装着,看不出什么东西。这就是传说中的"十八箩担"①吧?据说,新叶村历史上只有大地主嫁女儿时才送得起,一般人可见都没见过。现在的农民是怎么了?真的是富比地主了?

回家我跟母亲一说,没想到母亲很不以为然。她说:"这不稀奇,给新嫁女儿家送年货都兴这样的。你不在家,见得少。"

"看来生女儿还真是要赔钱啊!"我笑着说。

"那不一定。现在孩子少,还分儿子、女儿?新女婿给老丈人家送年货还要体面呢!上回有福给老婆娘家送了一台戏,是县里的戏班,演了七天七夜呢。真是体面。"母亲说。

"啧啧!"这下轮到我这个在城里生活了几十年的人变成乡巴佬了。

2011年1月28日(农历辛卯年腊月廿五)上午11:30,新叶客车停车场。

一天两趟杭州直达新叶的长途班车已不能满足返家人流的需求,从今天开始至年底,每天增加两趟加班车。第一趟加班车到了。从车上下来的人都大包小包,肩扛手提,满满当当的。接车的人都迎上去帮忙。我很快在人群中发现几个熟人。

"小林,哪里发财回来呀?"我迎住其中一个打招呼。

"阿平,你回来过年的?哪比得上你大教授发财!在无锡给人做装修。车票真难买,在杭州搁了两天。"一个跟我年纪差不多,穿一身皮衣的男子挑着两个大编织袋,手上还提着一个包。后面他夫人提了两个包,旁边接他的人手上还提了四五个包。

"带这么多年货?"我说。

"自己家要用的,亲戚家也都还没去呢。"

"有些啥东西?"

"都是你们城里的东西。在乡下,还是稀罕的,就多带了点回来。本来还想多带点,

---

① 即用平时挑稻谷的箩筐十八双三十六只装年货等礼物,由十八个壮汉挑着,一般前面还配有小乐队吹吹打打。极言礼物之盛,场面之大。

一户人家"过年"期间摆放在屋里的城里式"年货"

"车上太挤了。"

"看来真是发财了。"

"哪里!平常都在外面干活,这么迟回来,家里啥都没准备,只好带点回来。"

"不是村里都有得买吗?"

"城里的东西好,体面。"

我们说话间,不断有新安江、兰溪,甚至金华、龙游的汽车停下。下来的基本是打年货的,一个个手里都满满当当的。

这几天,天晴的时候,村里空地上会有人家晒出一些酱鱼、酱肉、腊肠等腌制品。我又陆续看了杀年猪、杀鸡鸭鹅、杀鱼的场面,也看了做发糕、打麻糍、扙年糕、榨米酒、磨豆腐、炸油豆腐的过程。不断看到一群群、一队队笑逐颜开打年货、送年货的乡民。

我沉思,我感叹,时代发展了,条件不同了,年货也变样了,但永远不变的是乡民们那份热情,那份真心:对长辈的孝道,对儿女的爱心,对亲友的牵挂,全都装在那大包小包红红绿绿的年货里了。

二、祭灶送神

祭灶:是年终腊祭之一,腊(zhà),是祭祀种类名称。古人在年终祭祀百神,感谢神灵一年来的庇护,并为来年祈福,祭灶是其中一个较重要的项目。祭灶习俗在我国民间影响很大、流传极广。旧时中国,差不多家家灶间都设有"灶王爷"(灶君)神位。"灶王爷"全名叫"九天东厨司命灶王府君",传说是玉皇大帝御封的。玉皇大帝命他在人间负责管理各家的灶火,"灶王爷"神龛一般设在灶房的北面或东面。

旧时的新叶村家家柴火灶,"灶王爷"神龛就设在烟囱在户内部分的中间位置。一般当地泥水匠在砌灶台的时候,都会在烟囱柱的中间位置做出一个神龛,神龛宽20厘米左右,高30厘米左右,深十几厘米。上面用两片土瓦翻过来拼拢组成一个"人"形龛顶,下面用两块方砖铺平做底,底座突出两三厘米左右,两侧各有五至十厘米宽的柱子。整个样子像一幢微型小房子。中间空处供上灶王爷的神像，有石雕的，有泥塑的，有木雕的。但大部分人家只是一张"灶王爷"的画像，有的则有男女两人，女神被称为"灶王奶奶"。这大概是模仿人间夫妇的形象。极少数灶台简陋，没有设灶王神龛的人家，也有将神像直接贴在墙上的。有的神像下方还印有这一年的日历，神像上方书"东厨司命""灶君神位""人间监察神""一家之主"等等之类文字，以表明灶神的地位。神像两旁大多贴上"上天言好事，下界保平安"的对联，也有求新、求雅的家庭贴"日照金甄呈瑞色，烟浮玉鼎有余香"对联的，都是些祈求灶神降福、保佑全家老小平安健康的内容。

贴在旧式灶台烟囱上灶神画像和较少见的对联

北方民谣有"二十三，糖瓜黏"，指的是北方人在每年腊月二十三祭灶。民间还有所谓"官三民四船家五"的说法，是说官家在腊月二十三日，一般民家在二十四日，水上人家则为二十五日举行祭灶。新叶村很守平民规矩，历来都是在腊月二十四日傍晚时分祭灶。南宋诗人范成大《腊月村田乐府引》有载："腊月二十四日夜祀灶。"孟元老《东京梦华录》上说："十二月二十四日交年，都人至夜以酒糟涂抹灶门，谓之醉司命。"说的应该是淮河以南的民俗。

腊月二十四这天，母亲早早就命我去买了一些冷盘羊肉回来。村民应该不知道"黄羊祭灶"[①]的典故，但世代相传，都知道祭灶要有羊肉。新叶村祭灶供品中有一样食品是我不曾在其他地方看到、听到过的，那就是"糖圆馃"。北方人常见"糖瓜祭灶"，糖瓜里有麦芽糖，是取麦芽糖又甜又黏的特点，用来糊住灶神的嘴。当灶神尝到糖瓜的甜味时，就会多说点好话，如果他想打小报告说坏话时，就让糖瓜黏住他的嘴，让他想说也张不开口。新叶村的"糖圆馃"祭灶与"糖瓜祭灶"的原理、作用是一样的。

"圆馃"是新叶村一带特有的食品。跟"宁波汤团"有点像，也是用糯米粉做皮，中间包一些馅。但"圆馃"的外形是椭圆形，外带一个有趣的尾巴，个头要比"宁波汤团"大许多倍。外皮也不是普通的糯米粉，而是一种在新叶一带被称作"八月米粉"

---

① 《后汉书·阴识传》载："宣帝时，阴子方者至孝有仁恩。腊日晨炊，而灶神形见，子方再拜受庆；家有黄羊，因以祀之。自是已后，暴至巨富。至识三世，而遂繁昌，故后常以腊日祀灶而荐黄羊焉。"阴子方看见灶神，杀黄羊祭祀，后来交了好运。从此，杀黄羊祭灶的风俗就流传下来了。

晓宁妈妈做的"圆馃"（汤圆）

新叶村用糖圆馃祭灶

的特制糯米粉。制作这种粉一般当年八月新收获的糯米，先洗涤干净，再浸泡到水里约半个月，然后利用八月的烈日曝晒干，再用精细石磨磨成粉，放到专门的坛子里，封好备用。这种粉做的"圆馃"皮香、糯、韧劲好，其黏嘴黏牙的程度比麦芽糖有过之而无不及。中间的馅品种很多，有咸的和甜的之分。咸馅的主要原料是当地的雪里蕻腌菜、菌菇干、笋干、豆腐、肉等，甜馅是芝麻红糖。咸馅"圆馃"味道鲜美，主要用于正月里待客。中央电视四台曾制作过专题节目介绍新叶美食"圆馃"，称它为"南方米粉水饺"。甜馅"圆馃"则是祭灶和娶媳妇时待客专用。新叶人用糖"圆馃"祭灶，"八月米粉"做的"圆馃"皮用来粘牙糊嘴，芝麻红糖馅是为了让灶王爷吃了之后在玉帝面前甜言蜜语。与北方流行的"糖瓜祭灶"可谓是异曲同工。宋代范成大《祭灶词》"猪头烂熟双鱼鲜，豆沙甘松米饵圆"中写到的"米饵圆"不知是不是与新叶"圆馃"同样的食品，有待进一步考证。但至少说明新叶人祭灶风俗中有一些古风古韵保存着。

下午三点钟左右，已有不少人家在家里灶前祭祀完毕，挑着祭品准备到村口的桥头或大樟树下"送神"。母亲就催促我好动手了，我招呼儿子过来帮忙，母亲和我爱人则不参与，只在一旁观看指点。因为村里有"男儿酌献女儿避"的古俗。我按照母亲的指点，将大锅盖把手朝下反过来仍旧盖在锅上，这样就平整了，然后将荤素七样供品①沿锅盖外沿呈半圆形摆好，正中间放一壶酒，酒与菜饭之间一字平直摆好十个小酒盅，每个酒盅右侧放一双筷子，斟上些许酒。然后退至灶台下，在事先准备好的一只旧铁锅里放上一些黄纸，和用金箔、银箔做成的金锭、银锭若干放好。然后拿两支小蜡烛和三支香，先点燃蜡烛，插到精致的锡铸烛台上，再将烛台放到菜酒的两侧。然后在蜡烛上点燃香，再用香刚点燃时的明火引燃黄纸和金银锭，再尽快将香的明火吹熄，只留下烟。接着，在纷飞的纸灰箔灰中，在缭绕的香烟中，祝祷：

　　灶君爷爷多吃点，上天路上很遥远，玉皇面前说好事，回到下界保平安②。

一边祝祷一边鞠三下躬。然后将香传给儿子，儿子双手合抱着香，伸向前方，也鞠三个躬。然后将香插到灶君神像下方的一个自制香台上。此时，我走到灶台前，斟第二次酒。斟好酒，又退到烛台下，祝祷，三鞠躬。儿子再次三鞠躬。我再上烛台前斟第三次酒。又退到烛台下，祝祷，三鞠躬。儿子也再一次三鞠躬。接着，我与

送灶王爷升天：简单的竹马（叶桂昌摄影）

儿子垂手站立两侧，肃静约十分钟③。此时，黄纸和金锭、银锭已变成一堆灰烬，三支香已各燃了一半，只有烛台上的两支蜡烛火苗炯炯闪耀，把整个厨房照得透亮。我上去拿起一杯酒，倒在灶王爷像下面的灶台上。然后我搬来一张木凳，踩上去，将旧的灶王爷像从正上方烟囱壁上揭下来。然后就可以将酒菜、烛台等收起来，连同旧灶君

---

　　①　分别是鸡肉、猪肉、鱼肉、豆腐、春卷、发糕、糖"圆馃"以及米饭各一小碗。以前也有大户人家在很大的厨房里用全集，分别是猪头或双刀肉、全鱼、全鸡、肉圆、春卷、萝卜、发糕、糖"圆馃"、米饭九样供品祭祀的。糖"圆馃"是必备供品，有人家甚至只用七个糖"圆馃"一种祭品祭祀灶君的。

　　②　此处文字在新叶周边村子略有不同，也有作："灶君灶婆多吃点，回宫路上很遥远，玉皇面前言善喜，回到人间保平安"。在以前儿子多的人家，这首祭词也可以由小男孩围在灶台前一边跳一边唱。

　　③　这是特意给灶神留的享用酒宴的时间，包括祭祖时也要这样，不能斟过三次酒马上撤席。

神像，放进一个木制提盘和一个腰子形精细竹篮中，再放一点黄纸、金锭、银锭、香、大炮仗一筒、小鞭炮一挂，外加一小段毛竹管，一起挑到村口去送神。

我和儿子来到村东南的鼓楼桥①边，已是下午四点多钟。桥头还有不少人在送神。我们先等在旁边看。其中一家由一个七十多岁的爷爷领着祖孙三代人在送神。他家的祭品跟我们的差不多。只是他家的酒装在一个锡制的壶瓶里，这种旧式壶瓶现在已很少见了。还有就是他用的不是蜡烛照明，而是一种旧式的油灯盏。这种油灯盏我小时候还看见过，现在大多已变成文物躺在博物馆里了。真没想到这老爷爷还保存着并且还在使用这种老古董。我跟他们一样：摆菜、斟酒、点烛灯、焚香、叩拜、放炮仗。然后将那一段毛竹管②，扔进桥下小溪里，这是灶王爷上天的交通工具，有人说是坐轿，有人说是乘船。反正灶王爷要靠这个上天，在除夕前一天，又要靠这个回到人间。这时，旁边的一帮小男孩拍着手又跳又叫"灶王爷回宫喽，灶王爷回宫喽，噢……"③，一边叫一边往家里跑。这情景跟我小时候一模一样，因为等待了那么长时间，祭祀仪式终于完成。祭灶王爷的所有供品终于可以拿回家享用了。这在几十年以前平时难得见荤腥的年代，不要说小孩子们兴奋，就是在大人眼里，荤素七样供品也算是比较丰盛的大餐了。所以，新叶人跟全国许多地方的人一样，将腊月二十四祭灶这天称为"小年夜"。虽然还不能够肆意饕餮，但已经可以提前品尝些许年味了。

灶王爷回天宫汇报工作，大约六七天后，也就是到腊月廿九或者除夕那天回到人间。那两天正是新叶村贴春联年画的日子，事先准备好的新灶王爷神像就在这两天贴到神龛中，称为"归位"。同时，这两天也是新叶村谢年祈福的日子，村民们会在祭祀天地神灵时，专门祭祀新归位的灶王爷。祭祀结束，虽然还是旧年的年底，灶王爷便算是开始新的一年工作了。

三、掸埃尘

"掸埃尘"即"掸烟尘"，是新叶村的习惯称呼，其他地方一般称："扫尘""除尘""除残""扫房""打埃尘"等，它是腊月里为迎接新年必做的一项民俗活动。

其俗起源于古代劳动人民年终驱除病疫的宗教活动，后来慢慢演变成一次春节前

---

① 因旁边山坡上有一鼓楼，原是为全村报警之用，当年朱元璋带领十几万大军经过新叶村旁，村民叶柏章在鼓楼擂鼓助威，后受嘉奖。鼓楼所在山脚有环村小溪，溪上有桥遂名鼓楼桥，是出村子的主要通道。村民认为，灶神回宫当由此过，故在此桥头送神的村民最多。

② 古时候许多地方是用纸船、纸马烧掉送神。现在有些地方有做纸汽车、纸飞机送神的。新叶人一直用一段靠近根部的毛竹管当灶王爷的交通工具。

③ 记得小时候还唱过一首祭灶童谣："祭好灶，拍手笑。再过几天年来到。有得吃，有得耍，乒乒乓乓放火炮，拜年还能拿红包。"反映了儿童盼望过年的心理。

的大搞卫生活动。内容包括掸尘扫房子、洗澡、理发，换洗新衣裳等项目。届时，全家动手，室内室外、房前屋后要彻底打扫，衣被用具要洗刷一遍，箱柜把手等也应擦拭一新，墙角床下屋梁及屋柱等处一年的积尘，均须于此日扫除干净，还要洗个澡，理一次发，穿上新衣裳，家家户户每个人都干干净净地迎新春、过大年。

全国各地对扫尘的时间安排不尽相同，但都有根据老皇历择日之说。据说腊月廿四是个绝佳的日子，无须择日，百姓以在这天扫尘的为多，故民谚有"腊月二十四，掸尘扫房子"之说。清·顾禄《清嘉录·十二月·打埃尘》载："腊将残，择宪书（指历书）宜扫舍宇日，去庭户尘秽，或有在二十三日、二十四日及二十七日者，俗呼'打埃尘'。"此处讲的"打埃尘"与新叶村的称呼"掸埃尘"音义接近，偏僻新叶的民俗语言与古语很接近。对于择日，新叶村也有一句俗语："初三、十一，无须择日。"意为腊月初三和十一这两天是"掸烟尘"的好日子，不需要按老皇历择日。所以，新叶村"掸烟尘"的时间在腊月初就开始了，比其他地方要早。大部分人家在腊月十一日前就已完成这项工作，也有因为天气原因或农活忙不过来，而拖到腊月二十以后的，绝对是少数。但肯定不会选在腊月二十四这个双数日，这是有讲究的。我是腊月十七到新叶村的，其时，村民的"掸烟尘"已经结束，我没能亲历亲见，只有通过对叶昭镰和叶向阳两位老人的访谈，来回忆梳理。

"那么除了初三、十一，其他日子还有讲究吗？"我问叶昭镰老人，他回答说："也不太讲究，首先要天晴，其次要单日。因为'掸烟尘'是'除残驱邪'，所以要单日。'除残驱邪'实际上是打扫垃圾，清理角落里、缝道里的灰尘呀、死蚊子、死苍蝇呀，老房子比较黑，缝道又多，平时清理不到，过年边是一定要清理干净的，清理干净了，来年的蚊子、苍蝇少了，身体就好了，这就是'除残驱邪'，现在看来，也是有科学道理的。"

叶昭镰老人接着说："现在的'掸烟尘'简单多了。大部分人家的房子比以前干净，因为烧柴火的灶头少了，平时也勤收拾了，所以到'掸烟尘'的日子也就形式形式了。老底子的时候可不这样。一般人家都要由一个壮劳力扎一个大掸子（一般用竹枝或麦秸秆扎成）在家里掸大半天，妇女小孩要将能移动的桌椅板凳和坛坛罐罐都移到塘边、河边、井边去汰洗。像地主、富农大户人家都要忙一整天的。"

叶向阳是我的堂兄，当年72岁。他给我介绍了他儿时亲历的新叶村老底子"掸烟尘"的情形，他说：

我小时候看见过的"掸埃尘"情景是很热闹的，至今记忆犹新。每到"掸埃尘"这天，吃过早饭，妈妈就会带着妹妹将桌椅板凳还有平常不太用的碗、桶、盆等家伙搬到邻近的南塘塍放好，我会早早地到南塘塍抢占一个有利的洗涤位置，等妈妈来洗。爸爸会用平时担柴的担杆一头捆上一些事先采来的竹枝，扎成一个大掸子（有点像竹枝扫把，只是柄很长），然后穿上蓑衣，戴上笠帽（防止烟尘弄脏衣服）。先从房梁开始掸扫烟尘，然后是瓦间、橡树、檐下、墙上、楼板上、楼梯上，再到楼下的楼板上、墙上、天井里，每一个角落都要掸到，接着是用锄头和四齿铲清理天井里和门口的阴沟，最后是用一根长长的软竹片绑牢一点稻草去捅烟囱，捅烟囱时一定要等灶头烟囱冷了才行。刚捅完烟囱的爸爸让我们看得哈哈大笑，因为他的脸就像刚从煤洞里爬出来似的。爸爸只是用那块全家人合用的黑黑的毛巾擦了擦脸，接着要将掸下来的烟尘，用畚箕挑到自留地里当肥料，往往要挑好几趟呢。爸爸掸烟尘的时候，妈妈和妹妹就在南塘塍一边洗家具，一边与其他洗东西的妇女说笑打闹，整个塘边水声哗哗，笑声喧喧，完全不像在寒冬腊月，倒像是个春天，像是一帮老少妇女在开联欢会呢，什么喜事、趣事都在这会子发布了。我们这些小男孩，帮不上忙，但一个个都很兴奋，在塘边乱撞乱跑，跟着大人笑。这时就会有个妇女大声喊："小孩子回家去，小心掉到塘里淹死。"也不知道是这句话的威慑还是在塘边看厌了、闹够了，我们就嘎嘎笑着各自往家里跑。我在烟尘蒙蒙的家里摸索着爬到楼上，站到爸爸身边，叫了声"爸爸"。爸爸突然发现我站在他身边，就低下头，瓮声瓮气地朝我喊："出去，出去，到塘边帮妈妈看东西去。"我便捂着嘴，躬着背，摸索着出家门，仍旧跑到塘边找小朋友玩去。

接下去是洗澡，洗澡应该是"掸埃尘"习俗的一部分，或者说是"掸埃尘"的附带项目。但老底子洗澡是很麻烦的，一个冬天很少洗澡。有钱人家条件好，比较讲究些。一般是在一间专门的柴房里，中间放一个温水大木桶，边上生好两个碳盆用来加温，就可以洗了。普通人家就没那个条件了，也就在掸烟尘那天顺便洗个澡。首先，掸尘日往往要选一个气温较高的大晴天，有利于洗家具和洗澡。洗澡一般用新娘子出嫁时娘家陪嫁的大脚盆洗。我记得那天，等到大人们把家里都整理干净，忙得差不多了，妈妈就在家门口大喊我的名字，我满头大汗地跑到家门边，就被妈妈一把拎到天井里。这时，家里人已烧好一桶温水。妈妈利索地剥掉我的衣服，把我摁进桶里洗澡。因为此时，疯了一天的我，身上脏得完全可以跟掸烟尘的爸爸比一比。小孩洗完后，才是大人自己擦洗。我记得妹妹总是最后一个洗，她捧一大盆水，到平时我们家堆柴火的阁楼上去洗，还用一根绳子拉起一块布帘。全家人洗好已经是天黑了。所以，"掸埃尘"这天是很忙很累的。

可以归属到"掸烟尘"这一年终大搞卫生活动系列的还有"理发"和穿新衣裳。

"理发"又叫"剃头"。其实，"理发"跟"剃头"意思是不一样的。古人不管男女都留长发，因为"身体发肤受之父母"，随便遗弃便是不孝。因此，头发长了，就扎起来盘起来，不能随便剪掉。只是过一段时间用梳子梳梳，用水洗洗，然后重新扎起来盘起来，这就是整理头发，简称"理发"，古人也叫"盥栉"。"理发"也是有钱人家才能常常享受的一种"奢侈"。普通人只有到年底才会有一次彻底的"理发"，妇女还要连带"修脸"（包括修眉毛、拔出脸上的汗毛等）。"剃头"要剪头发，是民国以后才有的事，最初叫"剃西洋发"，很久以后才被大众接受。现如今，"理发"店、"剃头"店都是历史了,最新的称呼叫"发廊"。

新叶村至今仍有两家剪头发的旧式"剃头"店。一家开在热闹的南塘塍,就在我家老屋的隔壁,剃头师傅名叫"海林",一个70多岁的老人。

"海林"年轻时凭手艺挣得了国家工作人员的身份,吃商品粮。他手艺好,价钱高,架子也大。但很有"学问",高兴时会给人"讲传"(讲传奇故事),什么"济公传""岳飞传""水浒传",他都会讲。平时到他那里剪头发的多为村里有钱有身份的人。虽是我的隔壁人家,但我只是考上大学那年才到他店里理过一次发。每到旧历年底,他的店里真是门庭若市,必须早早去排队,村里几个有头有脸的,还会来要求开后门、插队,海林很形象地把这段时间称为"割红稻"。腊月廿五以后,他会在门上挂出一块"年常旧规,工钱加倍"的牌子,意思是此日至大年夜,理发要收平时双倍的工钱,据说这是祖上传下来的规矩。尽管如此,还是挡不住年底前来理发的人群。海林如今也用洋剪、电推子、电吹风给人理发,但他完好地保存着一套老式的脚踏式升降座椅、挂镜、洗头梳、手工推子、剃刀、剃刀布、磨刀石、括脸器、挖耳勺等工具。海林如今年纪大了,脾气也变好了,整日乐呵呵的。有时,碰上一个老友来理发,他还会拿出那套老工具过过瘾,一边熟练地操作,一边感叹"还是手动的用得惯"。此时,老友则会附和:"还是用老家伙亲切。"据说,今年过年边,找他用"老家伙"理发的人比去年多了。还据说,他这门店是清代建筑,位置又好,已被旅游开发部门征用,在新叶新区批给他一块宅基地造房子。说不定海林很快就要搬离这间老店,明年年底,他会到新区去"割红稻"了。

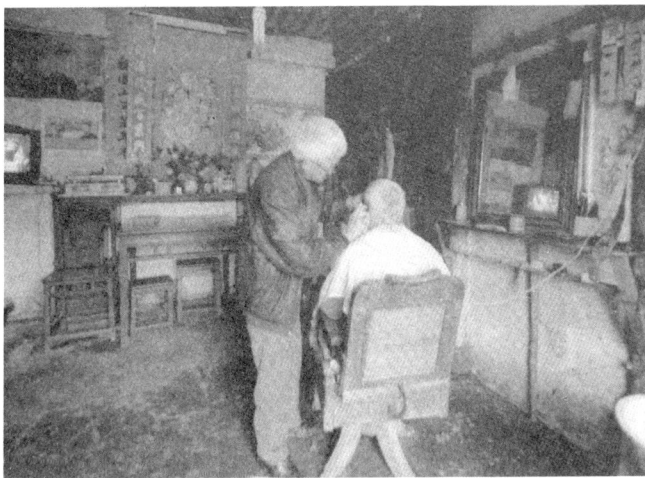

位于南塘塍我家隔壁的海林开的老式理发店

另一家叫"宝银店",宝银是个瘸子,如今是60多岁光景。他传承了他爸爸"老叶"的剃头手艺,在艰难岁月里赖以谋生。我小时候的印象中,由于他学艺不精,经常挨他爸爸的骂,找他理发的多为小孩和穷人。从我记事起,他便在有序堂外的门台底设摊理发。一张破旧的老式理发椅一直摆在那里。他的所有理发家当都用一只旧木箱子装着。手一提,就来了。有时,他也上门为人剃头。我小时候的年底"剃头"全部是在他手上完成的,因为他的价钱低,脾气好,还可以赊账。我清楚地记得,他给我理发时,我会忍不住去拔他下巴上的胡须,他会夸张地大喊大叫,然后剃刀便趁势在我的头顶划出一片空地,有时还会划出血来。然后,就让我带着东一孔西一洞的"癞痢头"

回家。妈妈会带着我来朝他一顿臭骂,并扬言不付工钱了,他总是嘻嘻笑着,绝不还嘴,继续替其他小孩理发。后来,他父亲去世了,他就在自己家里开理发店,但好像手艺一直没长进。如今,他的理发店已基本处于停业状态,即便是在年底也不再有人找他理发[①]。因为,村子里新开了好几家新式"发廊",从业的都是在外面专门学过的年轻人,清一色的电剪、电梳、电吹风,还有烫发卷发设备。据说,这些新式店的生意早已压过了"海林"店,但有一点是相同的,就是每到年底"割红稻"的时候,还是会挂出:"年常旧规,工钱加倍"的牌子。人们也都喜欢挤到年底,宁愿多掏钱也要完成"理发"这个传统的习俗仪式。

再就是换穿新衣裳,时间是除夕夜吃年夜饭的时候,有些人家要到正月初一早上再穿。再穷的人家到年底也要为小孩添置一点新衣服,为姑娘买件新饰品。平常,特别是靠近年底,若有人送来新衣服、新鞋子,做爸妈的总要说先省省,放到过年穿。正月初一早上,如果天晴,在宗祠、大厅、晒谷场、南塘塍等地方总会聚集很多人。你拉我的袖子,我拍你的衣襟,比看新衣裳,评那个裁缝针脚好。弯下头看帽子、伸伸脚比鞋子,比谁家女人的手工细。笑语盈盈,其乐融融,犹如春风拂面。

清人蔡云《吴歈》诗云:"茅舍春回事事欢,屋尘收拾号除残。"因"尘"与"陈"谐音,掸尘、扫房、洗澡、理发、穿新衣裳,所有这些"扫尘"系列的习俗都有"除陈布新"的意义。它一方面寄托了祖先们对健康的企盼,对幸福的向往;另一方面也确实在这次比较彻底的大搞卫生活动中,清理了一年中累积的陈垢垃圾,对来年的卫生健康颇有意义。繁复的形式中既有懵懂的宗教祈求,也多少蕴含着一些科学因素。

四、贴春联年画

在新叶村,贴春联年画一般在除夕这天,也有人家提早到除夕前一天的。春联和年画是同一个源头派生出来的两种内容。

"春联"是我国传统的文学样式,属于"楹联"的范畴。它以对偶、工整、简洁、精致的文字内容描绘新春景象,抒发人们对新年的美好愿望,增强节日气氛。"贴春联"又叫"贴对子",其俗源自桃符。"桃符"始于周代,原指悬挂在大门两旁,具有镇邪、驱邪、符咒作用的长方形桃木板。据《后汉书·礼仪志》载:桃符长六寸,宽三寸,桃木板上书"神荼""郁垒"二神名。据王充《论衡·订鬼篇》引《山海经》载:东海中有座很大的度朔山,山上有株很大的桃树,根枝向四周伸展,方圆三千里,东北一

---

① 新近了解到,宝银早已不理发,靠村里给他申报的低保过活。和他弟弟宝良都单身,一起住在南塘边西南角的一条弄堂里。我曾经专门找到他,本想给他一些衣服之类的,了解到他并不缺穿的,就给了他一点钱。他感恩戴德的,还能忆起我儿时的往事。

头有根树枝呈拱形挂到地面，就像一扇门。度朔山上住着各种魔怪，常出来为害人类，每次出来必经此桃树门，天帝怜悯人类，就派神荼、郁垒二神将把守此门，如有魔怪出来，皆抓去喂虎。中国民间至今有以虎画、虎符镇邪的习俗，即源于此。后来，民间就用桃木雕出二神像装饰在大门两旁以镇邪恶，再后来简化为在两块桃木板上画二神像或只写神荼、郁垒二神名，或写上其他的吉利话，此为桃符。

据《宋史·世家·西蜀孟氏》载，后蜀主孟昶令学士辛寅逊题桃符板庆新年，"以其非工"，自命笔题曰"新年纳余庆，嘉节号长春"。这便是我国最早的春联对子，它主要是利用我国传统诗歌中固有的对偶句式来表达新春祝福的内容，所以人们习惯称为"春联"。早期的春联还是题在桃木板上。直到宋代，春联仍称"桃符"。王安石《元日》诗云"爆竹声中一岁除，春风送暖入屠苏，千门万户曈曈日，总把新桃换旧符"说的就是年底换桃符的情况。只是到宋代，纸已普遍作为书写文字的载体，"桃符"也由桃木板改为纸张，也称"春贴纸"。由于桃木的颜色是红的，寓有吉祥、避邪之意，因此春联都用红纸书写。春联真正盛行是在明代以后，原因是由于朱元璋的大力提倡。明代陈云瞻《簪云楼杂话》中载："春联之设，自明太祖始。帝都金陵，除夕前忽传旨：公卿士庶家门口须加春联一幅，帝微行时出现。"朱元璋不仅亲自微服出城，观赏笑乐，他还亲自题春联。他经过一户人家，见门上不曾贴春联，便去询问，知道这是一家阉猪的，还未请人代写。朱元璋就特地为那阉猪人写了"双手劈开生死路，一刀割断是非根"的春联，联意贴切、幽默。经明太祖的提倡，此后春联便沿袭成俗，一直流传至今。

新叶村崇尚"耕读传家"，对读书写字一向很重视。因此，村里毛笔字写得好的人很多，哪怕是毛笔字早已不流行的最近几十年，村里爱好书法，常年练习书法

叶昭忠老师书写的部分对联（要晾干才能贴）

的人也不少。村里八十岁以上的那一代人中，凡读过书上过学的，自小用软笔，他们的毛笔字都足够给人写春联的资格。我印象中，像叶凤新伯父[①]、叶福钦叔父[②]的字都够得上"书法家"水平。记得我小时候，每到年边，村里人都以能得到一幅福钦叔写的春联为幸事。至今仍有人保存着福钦叔写的春联，舍不得扔掉，有的根本就没贴就保存起来了。现在健在的人中，在杭州工作的中国美院教师叶昭忠[③]的字最好。

叶昭忠平时住在杭州，但每逢过年和村里的其他节日（如三月二），他都会早早地回村，替大家免费写春联。现在村中几个新近修葺的厅堂牌匾、柱子上，基本是叶昭忠的字。这些字曾经让那些前来观光、调研、旅游的见过大世面的专家、领导和游客们大为惊讶。

再下一代中，前面提到的叶顺富的字也不错。顺富和他哥哥顺忠高中毕业后都在家务农。他们的父亲叶昭荣是个"文化人"，他让两个儿子一个学绘画雕塑，一个学书法，从小送他们

中国美院老师、族人叶昭忠在有序堂为村民写对联

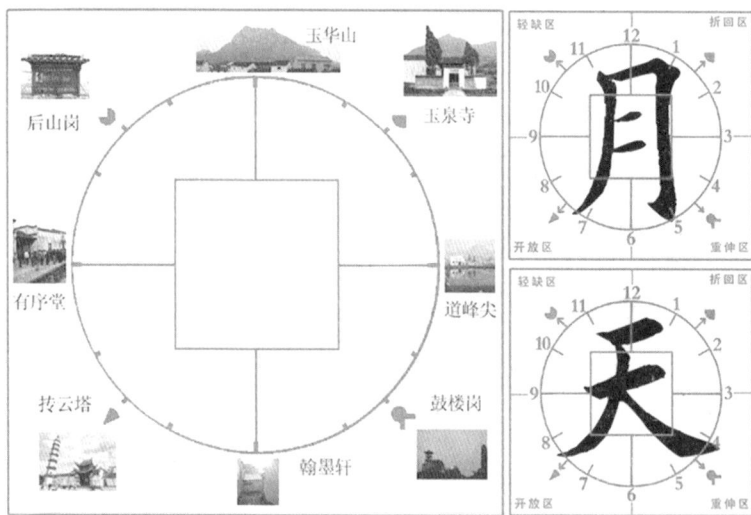
族人叶顺富所创"钟格"习字法图示

① 退休教师，已去世。
② 新叶村南塘塍著名故居景点"是亦居"原主人，我们都称呼他"廷廷爷"，已去世。
③ 叶昭忠，男，已退休多年。中国书法家协会会员。曾任中国美院视觉与传媒学院党委书记、书法教师。全国各地许多景点有他的题字。

到处拜师。如今，兄弟俩就借此谋生，并小有名气。顺富在金华办书法培训班，有好几个教学点，在浙江师范大学附近就有一个培训点，专收浙师大员工子弟学员，经过多年的书法教学实践，叶顺富在找到新叶古村风光与书法习字之间的紧密关系后，又在传统的田字格上加上了四角符号，采用如时钟方式的十二刻度法来找准其笔画位置，以几点几分的方式来判断笔画的方向。独创了完成完整的练字格，并命名为"新叶时钟格"，简称"新叶格"或"钟格"，于 2012 年 5 月 15 日获得了国家专利。

如今，叶顺富将"钟格"习字法用于指导学生的书法练习，颇受好评，《金华日报》有过专题报道。顺富的哥哥叶顺忠则到处给一些古村厅堂、祠堂、寺庙画壁画和雕塑，他的泥雕作品全用乡村田泥作材料，内容除了传统的神灵菩萨外，也有一些直接反应当今农村农民的日常生活。也曾获过奖。

他们兄弟俩也是一般每年年底才回到村中，替村民写春联。另外，毛笔字还"拿得出手"的人就多了，曾经的村委书记、我的小学同学叶建良就写得一手好字，过年常忙于给村民写春联。当然，也有长年在外面做工回村过年的村民会带一些从城里超市买的春联回家，但很少，人们还是喜欢临时写的。每到年底，村中的几个大祠堂里，就会摆开几张大桌子，村民们自己买好红纸，送到祠堂里，有人会给你写。如果某户人家过去一年中，曾有丧事，那么春联就用蓝色的纸写。

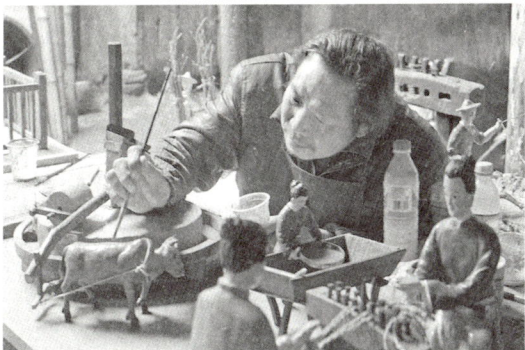

族人叶顺忠和他的泥塑工艺

在新叶村，习惯将"春联"称为"门对""喜贴"，家家户户都很看重。几乎是每门必贴，每物必贴，灶台、碗橱、米缸、烛台等处贴上有吉祥图案的精美剪纸，插上松柏枝条，称之为"披红"，大门后要放两根贴上红纸用红绳捆在一起的甘蔗，意为一年更比一年高。春联内容丰富多彩。常用的如：敬土地神联"天恩深似海，地德重如山""土中生白玉，地内出黄金"；敬财神联"天上财源主，人间福禄神"；敬井神联"井能通四海，家可达三江"；粮仓、畜圈春联"五谷丰登，六畜兴旺""米面如山厚，油盐似海深""牛似南山虎，马如北海龙""大羊年年盛，小羔月月增"；等等。院内贴"满院生金"，树上贴"根深叶茂"，石磨上贴"白虎大吉"等等。大门上、厅堂柱子上的对联最为重要，或叙事、或抒情、或写景，如"家传七宝贵，春发万年枝""岁月舒长景，

新叶村民写的新春联

光华浩荡春""忠厚传家久,诗书继世长",理发店的门联不知是哪里学来的:"虽是毛发之事,却属顶上功夫",风趣贴切,妙语连珠。

新叶村还有个传统。每隔几年,叶姓家族里的头首① 会号召族人新撰对联,特别要联络本家族在外工作的"文化人"为村里撰作新的"春联"或其他节日"楹联"内容,以供村里节日之用。作为在大学工作的我,2008 年就曾经应约为村里"三月三"节日新撰了六对楹联,被写在村中的各处厅堂门上、柱子上。不管是本村村民还是在外工作的族人,都以能为家族撰写"春联"和其他节日"楹联"并被采用而感到无上荣光。正月初一逛厅堂、拜祖宗时,一个重要内容就是评论厅堂里的春联是谁撰的,谁书写的,比往年怎么样。

贴年画也是由贴"桃符"派生而来,其中以门画最早,两汉时已盛行。门画旧称门神,《荆楚岁时记》载:"正月一日,绘二神贴户左右,左神荼,右郁垒,俗谓之门神。"大致在南北朝以后,钟馗成为门神。又据民间传说,李世民病时,寝宫中闹鬼,李世民梦见已故大将秦琼、尉迟敬德,一持双剑(秦琼)、一执钢鞭(尉迟恭),守于门边,鬼不敢入,得之安寝,病也好了。李世民醒后就让吴道子画出二将形象,常贴在寝宫以保安宁。所以,唐以后,民间开始流行以秦琼、尉迟恭为门神。宋元以后,由门神逐渐发展成为贴在堂前墙上的绘画,内容也逐渐扩大和翻新,题材丰富,形式有中堂长幅、短幅、斗方、四季屏等,有的还配有对联。

历史上,年画的著名产地有:天津杨柳青、苏州桃花坞、广东佛山、山东潍县、河南朱仙镇、陕西凤翔和四川绵竹等。传统年画多为木刻水印,线条单纯,色彩鲜明,画面热烈,有着浓郁的乡土气息。

新叶村的年画基本上是买的。从我记事起,买的年画基本是机器印刷品。内容无

---

① 头首,旧时代的家族管事人,专门协助族长处理家族事务。新叶村的玉华叶氏分若干个支派,共有若干个头首。1949年以前常设。此后废止了40多年,20世纪90年代恢复。

非是领袖像、政治宣传画，比较单调。后来，慢慢增加了风景画、明星像之类的。最近几年，一些传统内容的年画得以恢复，如福禄寿喜图、百子图、百寿图、寿星图、春牛图、岁朝图、嘉穗图、婴戏图、合家欢、大鸡图、鱼乐图、五谷丰登、松鹤延年、鲤鱼跃龙门等等，皆寓吉祥如意、祈福添财、多子多寿之意，充满节日喜庆色彩和蕴涵美好愿望。还有一些风景年画，也会出现在有些人家的堂前壁上。

唐以后的门神年画"秦琼和尉迟恭"

传统门神年画"钟馗捉鬼"

在我童年时期，有一户邻居会画年画，而且画得非常好，毛笔字也很好。听人介绍，他大名叫叶岱，是村里大地主的儿子，坐了17年监牢刚放回来。他父亲叶桐是大学毕业生，还去日本留过学，取得过日本法政大学法学士的学位，解放前夕去世。他早年在省城画院专门学过画画。印象中他画的是国画，写意和工笔都会。写意是用毛笔蘸墨画，在浓淡疏密中见神态，他画的鱼虾鸡鸭牛羊等动物写意，像活的一样。工笔带水彩，也画普通人像，由于颜料太贵，又费时，他不常画。但在过年期间，他会把自己画的工笔画挂满堂前，有门神图、寿星图、仕女图、猫蝶图、松鹤图、猛虎图、雄鹰图等等，引来很多人观看。他有个儿子叫叶同寅，小名阿虎，个子很高，比我大十几岁，由于成分不好，别人不愿跟他一起玩。我经常到他家看他父亲画画，就跟他玩得很熟。他从父亲那里学了一点画画的技巧，也经常给村里人画像（后来才知道叫素描，是他父亲让他练习绘画基础）。他还教我画人的眼睛、画松树、竹子等，可惜我当时太小又贪玩，没好好学。后来我开始上学，成绩很好。叶岱老人开始喜欢我，给我讲我父亲小时候读书的事情和他自己的一些往事。给我印象最深的是他每次讲话的时候那双深沉忧郁的眼睛。虽然村民很尊敬他，待他也不错，但我很少看见他笑。只有当人们夸赞他的画时，他才会微微有些笑意。现在想来，一个颇有才华的画者，在那特殊的年代，就因为家庭出身是地主，先坐牢，释放后只能一天到晚干着并不擅长的农活，自己的画笔只能画几幅简单的年画来博取农民的赞许，他的内心情感该是多么难以名状。果然，在我外出读大学期间，叶岱老人去世了，他的儿子叶同寅自杀了。他的那些画不知去向。现在，我每次回老家过年，看到新叶村的年画，都会想起叶岱老人和他的儿子叶同寅，我心中都会有一种莫名的情感。时代的悲剧在新叶村，在他们家演得特别惨烈。

在新叶，我还听到了一种与贴年画、春联有关的习俗叫"躲年关"。旧时代，灾荒年较多，很多农民家都靠借债度日。一到年底，特别是祭灶节后，就是债主上门讨债要账最紧的时期，故旧时代穷人有"年关难过"的说法。一些难以还债的家庭，主人只好躲出去，谓之"躲年关"。到了除夕那天，等家里贴了年画春联后再回家，因旧俗有"年三十儿贴花门"之后，外人便不可进家门的规矩，要账的也只好来年再说了。故有"要命的祭灶，救命的春联"之说。《白毛女》中的杨白劳就是"躲债七天"（从廿三祭灶到年三十正好七天）后，于除夕夜才敢回家，结果债主黄世仁还是上门来了。

五、谢　年

新叶村谢年比较复杂，由上五圣殿敬奉神佛、去家族宗祠拜祖宗、在家里堂前谢年祈福请祖宗吃年夜饭三部分组成，时间安排在腊月二十九或大年三十两天。到了年末这两天，过年的东西：鸡鸭鱼肉、豆腐千张、米酒饴糖等等，都已准备充足，便开始了一年中规模最大的祭神祭祖活动。以下是我对叶昭林[①]一家谢年过程的记录。

（一）上五圣殿敬奉神佛

女主人叶友云从早上开始准备供品。供品很有讲究，有酒、饭、菜、甜点。除主食外，一般备七样菜肴和甜点，加一壶酒，当地人认为七数比较吉利。祭品里猪头或长肋条肉（俗称"双刀肉"）、全鸡、全鱼是一定要有的，同时放一把刀，这三样盛放在一个红漆祭盘中。豆腐、春卷、糖、饭、米糕等先用陶瓷小碗装好，加上酒壶和酒杯、筷子，放在一只方形的箩筐里。

年三十下午3点多，叶昭林挑着一担祭品出家门，他儿子叶晓相提着点亮的老式油纸灯笼在前面走。我跟在后面，朝五圣殿进发。一路上，碰到许多同样打着灯笼、挑着担去五圣殿祭祀的村民。

五圣殿位于新叶村西北1.5公里处。听老人讲，此殿始建于隋唐年间，比玉华叶氏定居新叶还要早几百年。初名"十八造"神殿，意思是由当地共十八姓原住民共同建造。后来十八姓中大部分姓氏的住民迁居他乡，又有新的姓氏住民迁住此地。神殿

---

① 叶昭林，是我的三姐夫，原是个地道的农民，从2009年开始经营"农家乐"。

则是在原址上翻修多次，规模不断扩大，名称也不断翻新。除了称作"五圣殿"外，还被称作"五圣庙""玉泉寺"等。又因新叶村方言"圣"和"星"同音，当地人习惯叫成"五星庙"。殿中供奉的五圣为：协天大帝关公（儒家忠义神）、白山大帝（本地神灵，新叶的朝山玉华山又叫白山崖）、周宣灵王（儒家孝子周缪宣周雄，宋朝人）、送子观音（佛教）和吕洞宾（道教仙人）。陪祀的是朱雀和玄武。据村中老人说，原来供奉的五圣是：祝融、观音、胡公、吕洞宾、关羽。元末明初以后，才开始称玉泉寺。同时还供奉着礼七公叶柏章的塑像，这位生活在元末明初的玉华叶氏祖先曾经受到过明太祖朱元璋的表彰[①]。这是一处极其典型的中国古代农村多神信仰的宗教祭祀场所。儒、释、道共敬一处，神与人一堂共享。这在古代到处可见，而在当今，已不多见。

记得我小时候常来这里玩。当时，整个神殿比较破败，殿中的神像全都毁掉或搬走了。正殿被生产队用作堆放水车、稻斗等大型农具，偏殿则腾出来给无房户居住。据说，20世纪90年代初，新叶村民集资将它按原样子修葺一新，其时早已没有了当年的生产队，农具已被分到各户人家，原住户也已在村里有了自己的房子。由于我离开村子已30多年，修好后的五圣殿我还没到过。

我们走了20几分钟，就看到红墙黑瓦、飞檐画壁的五圣殿坐落在一条小溪旁，掩映的翠柏中。青白色的烟雾不时从墙内飘出，鞭炮声不绝于耳。从外围规模看，整个圣殿建筑面积有5亩以上，据说这是当地方圆百里最大的一座神殿。叶昭林挑着担走近朱红色围墙门，我看到门额题着"靈昭萬葉"四个繁体大字，两旁对联就是朱元璋当年拟的内容"古柏参天膏露降，华山胜地玉泉流"。穿过一个不到十平方的小院，便是正殿大木门，门上方有一块红底黑字大牌匾，题的是"乾坤正气"四个大字。进门之后，迎面是并排的协天大帝关公、白山大帝和周宣灵王三座神像，神像下方是一张长方形供桌，比两张八仙桌拼起来还大。两边有观音宝座、吕洞宾神像、叶柏章塑像和其他一些神灵塑像。此时已有不少村民在上供，显然，有一些是临近的其他村子村民。供桌上摆满了供品，地上的垫子上，此起彼伏地跪着拜祭的人，祝祷声声不断。大门与供桌间的烛架上已插满红烛，烛火闪烁，把整个殿堂映照得比殿外还要亮。

叶昭林放下担子，与儿子晓相提着灯笼在旁边等着，直到前面拜祭的村民收起祭品，供桌上有空位了，才将自家的供品摆出来。我看那张大供桌可以同时让三到五户

---

① 据《玉华叶氏宗谱》记载，朱元璋当年领兵经过当时的白夏叶村（就是现在的新叶村），村民叶伯章扛出两面大铜锣敲起来，集合乡民抗拒朱元璋的兵马。叶伯章又擂鼓助威，捍卫乡里。朱元璋爱惜叶伯章威勇，派人安抚招降。后来，朱元璋登基后，封叶伯章为千总，婺衢兵马供给使，深得明主青睐和器重。数月后，朱元璋与刘伯温等将领就驻扎在"五圣殿"，朱元璋和兵士们因喝了殿前小溪中的水而立感神清志爽，精力倍添，感到十分惊奇。认为此水真神水也。因此提笔在古庙的粉壁墙上题诗两句："古柏参天膏露降，华山胜地玉泉流。"又在那棵三人合抱粗的参天巨柏上题写了"柏树将军"四个大字。此后，村民就将"五圣殿"改名"玉泉寺"。叶伯章擂鼓处为鼓楼岗。此事《金华府志》和《兰溪县志》都有记载，《东方博物》杂志2005年第4期上有文章详细介绍。《金华日报》也曾图文介绍。今天新叶村边的"军营畈""鼓楼岗""试剑岗"就是当年的遗址。

八仙桌上摆供品谢年

人家摆放供品，像这样各家各户轮番摆祭，如果有更多的人家同时前来，就只有等了。叶昭林很快摆好供品：最靠神像面前的是装在红漆木盘中的猪头（代表全猪）、全鸡、全鱼（代表"三牲"），第二排是豆腐、千层包、肉丸、花生、瓜子、糖果、米粉糕和一碗饭，第三排是十个酒杯，十双筷子放在酒杯这排的中间，酒壶放在酒杯边上。灯笼放在菜饭边上，算是给神灵享用时照明用的。一切摆放停当后，点上一把香、一刀黄纸、几串银锭和两支红烛。黄纸和银锭烧在供桌前的一个类似铁锅的容器里，红烛插到烛架上。叶昭林和晓相每人拿半把燃着的香跪在垫子上朝神像拜三拜，同时祝祷："各路神灵，请来享用，保佑我家，平安幸福！"拜毕，将香插进香炉。然后叶昭林开始斟酒，不能一次性斟满，大约每个杯里斟上半杯左右，因为后面还要斟两次。晓相此时到外面院里放大炮仗和小鞭炮。大约五分多钟，晓相放完鞭炮回到殿内，叶昭林叫他在每个酒杯斟第二次酒。又过五分多钟，叶昭林自己斟第三次酒。又过了十几分钟，叶昭林拿起一杯酒洒在地上，边洒边说："神灵保佑，明年年景好、运气好再来拜祭！"然后收拾祭品，放回担内。大家都是在正殿祭完就好了，后殿和偏殿中的"察鉴"廊、花仙庙、胡公殿等没去。据说是祭祷时已经请众神灵一起来此享用了，其他地方不用单独设祭。这样，五圣殿整个祭祀过程持续了半个小时左右。

（二）宗祠拜祖宗

玉华叶氏家族祠堂在村子的西南面，叫"西山祠堂"。始建于宋末元初，经玉华叶氏历代后裔不断拓建整修，其规模比"五圣殿"还大。新中国成立不久，破四旧，废除了祭祖活动，西山祠堂在长达 30 几年的时间里一直是新叶周围几个村子的小学，称为"建德县寿昌区新叶完小"。人数最多时有 500 多学生，30 多个老师，每个年级都有两到三个班级。我小学阶段就在这里上的，当时大的房间当教室，小的房间住老师，中心大堂正好是全校开大会的场所。我清楚地记得里面房房相连，高低错落，雕梁画栋，粉墙石柱，非常大气精致。更有两株宋代的桂花树，至今枝繁叶茂，桂花飘香。新叶村被县里开发旅游后，西山祠堂按原样整修，修旧如旧，成为村里四个需要买门票进入的重要景点之一。当然，本村本家族的后人进去参观或祭祖是不用买票的。

我们一行来到西山祠堂已是下午 4 点多钟。也是老远就能听到阵阵烟花爆竹声音，看到祥烟缭绕。走到宗祠外，见遍地是红红的一片碎纸屑，这是烟花鞭炮放完后留下的。有点奇怪的是，在"五圣殿"，村民基本是放大炮仗、小炮仗，而在这里，是燃放烟花为主，各色升空的烟花开放得灿烂夺目，这是我小时候未曾见过，后来在城里才见过的情景。

我随着叶昭林父子很快进入宗祠，看到迎面门当两侧的木壁上悬挂着许多牌子。有浙江省政府授予的"浙江省历史文化保护区"牌子，有建设部和国家文物局授予的"中国历史文化名村"牌子。还有"清华大学建筑学院教学实习基地""同济大学建筑设计院实验基地""中国美术学院学生写生基地""杭州师范学院美术系教学实习基地""浙江师范大学民俗考察基地"等等。我们经过两侧的门房，穿过种有两株宋代桂花树的天井，就到了大堂。大堂正中上方悬挂着"奕叶偕依"牌匾，意为叶氏子孙世代在一起，内容是旧的，字是原中国美院的教师、族人叶昭忠重新题写的。下面墙上挂着叶氏始祖春秋时期的叶公沈诸梁画像和玉华叶氏始祖宋代的叶坤太公画像。大堂中间六根粗大柱子上三副对联。最里面的一联写的是：

南阳拱道麓端庄毓秀钟灵系出湖岑古族
东谷绍仁山统绪居敬持志诗称柳许通家

从叶氏源出河南南阳，到叶坤从寿昌湖岑迁至道峰山麓新叶村，从三世祖叶克诚（东谷公）延请好友宋末元初大儒金履祥（仁山先生）设计村落布局，开设重乐书院，元代大儒柳贯、许谦前来讲学，形成"耕读传家"的家风，全叙述进去了。

第二联是：

礼乐射御书数枝分派衍
智仁信义忠恕源远流长

讲的是玉华叶氏自宋代以来，共有智、仁、信、义、忠、恕等多个房派分支。

第三联是：

春祀秋尝遵万古圣贤礼乐
左昭右穆序一家世代源流

讲的是玉华叶氏谨遵圣贤礼制，人伦序常，世代相继。这大堂本来是玉华叶氏家族的议事厅，现在仍按古制原样摆设了仿红木的桌案椅子。大堂两侧的墙上挂着在历史上曾为玉华叶氏作出过贡献的祖先画像，整个大堂森严肃穆。本来，大堂便是摆祭的地方，开发旅游后，村民祭祖位置移到了后堂。

我们穿过耳门，又过一处小天井，便来到后堂，俗称"香火前"的位置。抬头看到上方是一块斜挂的横匾，约有两米多长，一米左右宽，黄底黑字大书"和敬"二字。下方就是玉华叶氏祖宗神龛牌位。两旁又有一联：

仰祖德灵气盘旋昌炽祥征千百世
睹孙谋规模闳越荣华瑞气万斯年

新叶村民祭祖

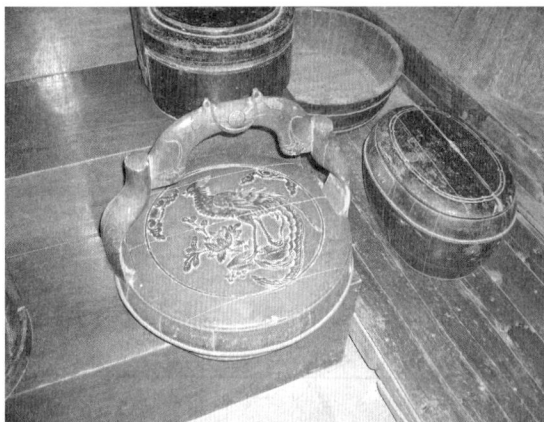
新叶一带特有的祭祀用的祭品盛器：木提启盒

这里也是各自摆祭，叶昭林父子很快摆好祭品。我发现在这里有两样祭品与在"五圣殿"时不一样：猪头换成了"双刀"肋条肉，上面压着用红纸剪成的"福"字。米糕换成了红章馒头[1]。跪拜方式和祝祷辞也不相同。昭林父子在牌位下跪着，以作揖方式拜三拜，然后儿子晓相要将头在牌位神龛下方蹭几下，意思是让祖宗摸摸子孙的头，能给出门在外的子孙带来好运。以至于我看到牌位神龛下方有几处的油漆都被蹭掉了。祝祷辞是："太公太婆来吃年饭，保佑子孙多多发财，平平安安！"内容要亲近现实许多。在这里还有一点特别重要，就是点燃香烛的火种一定要自家的，如果忘了带或带来的一时点不着，就要去小店临时买或回家取来，而绝对不能向别人借要。因为向祖宗敬献的火种就意味着你家"香火"相传的情况，如果向别人"乞火"，就意味

---

[1] 以发酵面粉制成的馒头，非常蓬松，有"握握没一拳，称称没一钱，看看大如盘"之说。中间有一红章，印有福、禄、寿、喜等吉利内容。是金华、兰溪一带常见的面食。在日常办喜事和年终祭祖时必备，取其"发达"之寓意。

着这家断"香火",也就是没后代了。这是大家都很忌讳的。因此,出门前,老人们会针对这点反复叮嘱提醒,祭拜者也会多备几份火种在身。

叶昭林父子祭献完毕走出"西山祠堂",已是下午5点多钟。这时,暮霭已经上来,空气中弥漫着浓浓的香烛纸鞭炮烟花的烟雾,路上的行人已经稀少,但还是有挑着担,提着灯笼去"西山祠堂"祭祖的村民。我们加快脚步,还要赶回家进行"谢年"的最后一道程序。

（三）在家谢年祝福

叶昭林家有五间两层小洋房,外加一个院子。正中一间堂前早已挂好了祖宗画像,是叶昭林的爷爷、奶奶。新叶一带的祖宗画像大多是清朝的穿着,即便是平民人家祖宗也会在男性衣服上画有官服的动物"布贴",女性则是凤冠霞帔,大概是寄托着后人的一种美好愿望吧。一张八仙桌骑在大门门槛上,一半在院里(住老屋的人家,应该是一半在天井里),一半在家里。两侧的门壁上一边上方贴着一张门神像,下方是"开门大吉"的小条幅;另一边上方贴着一个金箔纸剪成的金元宝,下方是"招财进宝"小条幅。两扇朝家里开着的大木门上一幅新贴的门对,写的是意出《周易》的古老内容:

向阳门第春常在

积善人家庆有余

女主人叶友云已经将祝福的祭品摆好。八仙桌上第一排是各种菜肴、糕点、饭和水果盘。第二排是三牲:鸡、肉、鱼,但形式略有不同。杀白鸡一只,鸡头盘放在肚里,鸡翅翻在背上,鸡嘴咬住一只鸡腰子,鸡尾留了几根大鸡毛,旁边放两个熟鸡蛋。猪肋条肉一大块,半熟的。鸡和肉都放在木盘里,再放一把菜刀。活鲤鱼一条,用红绳绑在木盘里,鱼嘴贴上红纸,尾巴还在一翘一翘地动。三牲上也都盖上剪纸花。最外面一排酒杯、筷子,一把酒壶。两边是一对精致的锡制烛台,烛台上贴着用金箔纸剪成的万寿、万福字,烛台上插着一对"一斤通"的大红蜡烛。

傍晚5:30,迎神礼炮放过,在家谢年祝福开始。仍旧是叶昭林带着儿子晓相祭拜。家里女性只能站在旁边看。父子俩先站在家里,面朝院子,点烛、燃香,烧纸锭、斟酒,这算是谢天地众神的。叶昭林持香拜三拜,祝祷:"天地神灵,保佑保佑,明年五谷丰登、合家平安!"晓相接着拜祝。

叶昭林父子又拿起一把香、几张黄纸、两串银锭来到厨房,在新换的灶君神像前焚烧、拜祝:"灶王老爷,吃年夜饭了,保佑我们全家平安吉利!"此时,家里所有人员都过来拜灶王爷,女人也要拜。

最后,昭林父子来到院门外,点香、持灯笼,往祖宗埋葬方向的路边"迎接"祖宗进门,一边侧身往自家院里走,一边在路两边插上点燃的香和小蜡烛,以为指引。

一直引到院里祭桌前，面朝堂前挂着的祖宗像站定。此时的祭桌上，女主人已将酒菜三排位置和其中几样祭品换过。重新点烛、上香后，全家人按长幼次序依次行跪拜礼。男主人持香，拜请："太公太婆回来吃年夜饭，保佑子孙平安发财！"全家人和应："太公太婆回来吃年夜饭，保佑子孙平安发财！"拜毕，斟酒，然后垂手在旁边侍立。酒斟三巡，然后供饭，约十几分钟后，将筷子搁到饭碗上，表示供膳已毕；然后全家人三拜九叩，再次向祖宗祈福，再焚化锭帛，拿酒浇在锭帛灰上。此时，我也跟到门外，这时的天已完全黑了，夜幕中，不时腾起的烟花和大炮仗在村庄的上空炸响，烟花有如爆豆，碎碎点点洒落；大炮仗有如滚雷，震人心脾，耀人眼目。空气中弥漫了更浓的烟味、年味。

谢年结束，撤掉祭品，将八仙桌抬至堂前，摆上年夜饭菜，全家人净手洗脸，换上新衣服，围坐桌前，开始吃年夜饭。年夜饭席上的菜肴随着经济水平的提高而不断变化。有几样菜是必备的：如全鸡寓意大吉大利，全鱼寓意年年有余，还有"青菜豆腐"寓意是清清白白做人。印象很深刻的是小时候大年夜的米饭里谷子特别多，后来才知道，是大人（一般是爷爷奶奶）故意放到米里的。虽然吃年夜饭前，大人会拿张手纸来擦小孩的嘴，以防他们说出不合时宜的话。但有时大人又希望小孩说某些吉利话。因此，大人会故意往做年夜饭的米里放几把没加工过的谷子。当小孩子面对满桌子好菜，拼命吃饭时，偏偏米饭里有很多不爽口的谷子，便会在嘴里嘟哝一句："这么多谷子！"其实这是不满的话。但大人都会接上一句："是啊，是啊，今年年成好，谷子多呀，明年会更多！"大人们正是利用童言无忌的嘴，说出他们想要听的话，以图个吉利。而这也正是那个吃不饱的年代留下的民俗印痕。

六、年初一礼俗

农历新年初一清晨，首先行开门仪式，在门框上贴"开门见喜"红纸条，然后点燃爆竹。早餐吃菜羹和粽子，寓意农家"先耕后种"；吃年糕，表示"一年更比一年高"。接着家中长辈率子女瞻拜祖墓，进香鸣炮挂纸，折松枝柏条回家。除夕夜与年初一有许多新说法，杀鸡杀鸭要叫"圆鸡圆鸭"，熄灯叫"圆灯"，睡觉叫"安脊"，小孩跌倒叫"滚元宝"等。

1. 开门 新叶村开门不必等到零时。早的在晚上10点多就开始了。村里老人说，以前的大户人家开门是很讲究的。老式的房子一般在住房外面都有院子和围墙。围墙院门外才是开门放炮仗的地方。大户人家的院子一般有正门（大门）、耳门（角门、边门）、后门之分，开门时一定要从角门出去，到自家正门前放炮仗，放完后，从角门回院子，再从里面打开正门，而不能直接打开正门。因为大年夜有一些无主游魂野鬼会聚集在正门前，从角门出去到正门前放炮仗，就是为了驱除邪祟，来年才能顺顺利利。现在的住房简捷，开门仪式也比较简单，就是打开大门，放一通大小鞭炮。讲究的人家同时拿些香烛纸锭在门外烧一烧就行了。开门之后是上香。一般是青壮年外出上香，老人、小孩在开门仪式后就可以"圆灯"（熄灯）、"安脊"（睡觉）了。

2.上香 先到五圣庙上香，一路都是人，也有抢烧头香的习俗，只不过没有杭州人到灵隐寺烧头香那么看重，五圣庙回来，就上村里的总厅"有序堂"的太公太婆画像前敬香，然后是去各房派的祠堂。我们是大房，去崇仁堂。崇仁堂后进的香案前挂着本房派始祖——被称为"崇伯老虎"的太公像。崇伯太公一身武人装束，据说生前常年习武，当过"千总"，为人非常强势，四乡八邻都害怕他，故有"崇伯老虎"的绰号。也正是在他手上，使长房成了六个房派中最兴旺的一支。至今人口占全村人口总数一半以上，而作为支派祠堂的"崇仁堂"规模气势都超过总厅"有序堂"。最后到家里，给自家堂前的祖宗像敬香。上香也连带放烟花炮仗、烧纸锭的。

正月初一西山总祠堂祭祖上香

正月初一笔者在本房派家祠崇仁堂上香

因此， 一个晚上，烟花炮仗声几乎没有停过。一圈跑下来，得有几个小时。所以，不是青壮年还不一定吃得消。还有如果动作稍稍慢一点，出发稍稍迟一点，一圈跑下来，已经是天亮吃早饭的时间了，根本用不着刻意守岁。

3.吃羹粽（菜羹和粽子） 新叶人正月初一早上的早饭是特别的，就是吃羹粽，寓意"耕种"。因为正月初一是全体停工休息的，就只能在食品名称里又耕又种，充分体现了农耕民族的时刻不忘本。粽子是大家熟悉的常见食品，不新鲜。而新叶的"菜

新叶村过年菜羹（叶桂昌摄影）

羹"颇具特色,我这么多年来,在其他地方没见过。它是用粳米粉、芥菜叶、豆腐、胡萝卜、白萝卜、野山笋、山菌菇等为主要材料,所以叫"菜羹"。以前是用年前煮鸡、煮肉的汤当水做成,香糯可口。在腊月廿九或年三十就准备好。人多的人家要盛装好几盆,放着正月早餐享用。现在,有些人家略加改良,只用米粉、芥菜、豆腐、胡萝卜、白萝卜、野山笋、山菌菇等素食材料加水,在初一早上临时做成。在前一夜吃多了大鱼大肉后,早上来点素食,清新爽口,很受欢迎,也符合如今人们的健康理念。

4.出案、上坟挂纸 吃完早饭,男女老少齐出动,卜坟拜纸,给祖宗拜年。上坟挂纸就是在祖宗坟前烧完香烛纸锭后,要在坟上挂上一张叠好的黄纸,以表明你给祖宗拜年过了,外人往往只需要看看某个坟上挂了多少纸,就可以知道这个坟下子孙人口是否兴旺。而那些没有挂过纸的坟头被称为"冷坟",显得格外冷清凄凉。崇仁堂房派的人在结伴上坟前,还有一个在崇仁堂门前"出案"的仪式。大约早上八点半左右,本房派的各家各户带着香烛纸锭、烟花炮仗来到崇仁堂大门前的半月塘边,只等本房头首(分族长)设案祭祀完毕(原来的祭祀过程很复杂,可惜已失传),就开始燃放烟花炮仗,一时间万炮齐鸣,万花竞放,场面非常壮观。老人说,老底子时候,还有"放铜铳"的,比大炮仗还响。"铜铳"是一种特制铜管做外壳的火炮,价格昂贵,只有少数地主家才买得起。"铜铳"飞得高,声音响,它只响一声,不像普通火炮响两下,但它这一声响,就把其他所有火炮声都盖住了,特别厉害。所以,平时我们会把某人嗓门大,不善言辞,说一句话就把别人呛着,比喻成"放铜铳"。烟花炮仗放毕,人们便踩着满地的碎红纸开始"见人头,分馒头"。这些馒头由原来族产保障,后来由村里资产提供,有时放在总祖宗的坟前进行。普通人是从头首那里得到一人两个馒头,60岁以上老人是一人两双;如果是小学毕业生便可得到8个馒头,初中生16个,高中生32个,师范生(中专)64个,大学生128个。学历高一级,馒头加一倍。我博士毕业,有一年参加村里大年初一的"见人头,分馒

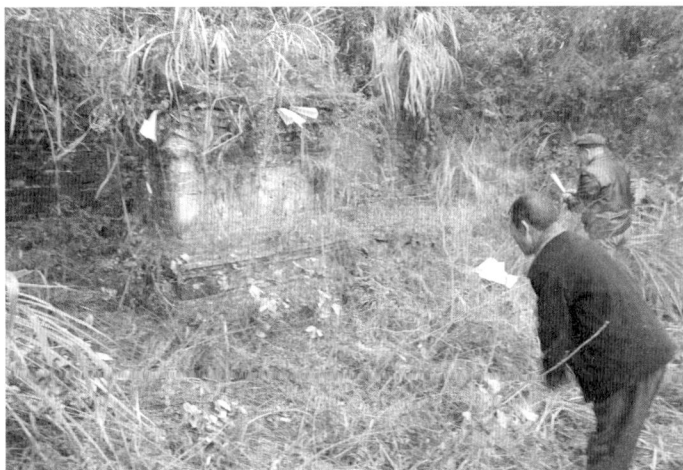

在解放水库附近的祖宗坟头上坟挂纸

头。"所分馒头装了两筐,一担挑回家。这一习俗充分说明叶氏家族重视读书,看重文化人,是"耕读传家"家训的最好体现。

5. 祠堂公祭 有些年头,村里要在有序堂或西山祠堂公祭玉华叶氏的祖宗。祭祀时,厅堂长台(案桌)前,摆一张长方东坡桌,一张八仙桌,或两张八仙桌,供神佛麻帐、酒、茶饭、面。酒盅12～24只,酒壶2把;茶、饭、面各3～5盅;筷子2把。饭是将2盅饭合在一起,饭面上覆盖剪有福字形的红纸花;面用筷子绕成宝塔形,顶端盖寿字剪纸。酒、茶、饭、面的前面依次摆糕点、

雨天祭祖的路上:肩挑启盒,手提灯笼

三牲、果品。盘点有盘龙、如意、双鱼吉庆等印板糖美和寿桃,或用虾干、团子、小圆子,还有元宝形年糕。三牲是鸡、肉、鱼。(杀白鸡一只,鸡头盘放在肚里,鸡翅翻在背上,鸡嘴咬住一只鸡腰子,鸡尾留几根大鸡毛。)猪长肋一大块,烧成半熟。鸡和肉都放在木盘里,再放一把菜刀。大活鲤鱼或花鲢一条,用红绳绑在本盘里,鱼嚼贴上红纸。三牲上也都盖上剪纸花。活鱼木盘也可放在八仙桌旁的一只茶几上。另外,将一条小一点的鲤鱼,在背鳍上穿一根红绳挽个结,再接上一根红绳,把绳的一端固定在梁上或天花板上。桌上摆一副大签,点燃大红蜡烛;两只香炉,分别点燃寿字香和檀香。缎签卜各挂一串面上贴锡箔的黄纸大元宝。桌前围上红绸绣花桌帏。点烛、上香后,人们按长幼次序依次行跪拜礼。礼仪是在晚饭时开始的。半夜过后,围聚吃年糕场,当然也有酒菜。黎明前,放鞭炮、高升、焚化元宝、马符,送神上天,礼毕。

6. 果子茶 新叶村正月初一习俗中还有一个吃"果子茶"的习俗颇有特色。此俗只属于旋庆堂房派,始于旋庆堂派的隆十四公。隆十四公之父丰二十(1604—1679),讳荣英,号继桥,常持斋素食,乐善好施,勤俭持家,颇有积蓄。去世后,子孙为纪念其德行,于正月初一凌晨设果子茶以祭祀。此茶并非用茶叶泡制,其配料主要是脱壳去膜的花生米和红枣,佐以红绿丝(用橘子皮或红萝卜切丝晾干成红丝;用青瓜或蒲瓜切丝晾干作绿丝。也有人家用白萝卜切丝然后用颜色染成红绿丝的),加白糖,最后冲开水而成。其味清香可口,别具一格。果子茶不需每户都搞,而是旋庆派下裔

叶善熙的正月初一果子茶祭品

孙在上一年中添有儿孙之户备之，多则数百盅，少则十几盅不等。

大年初一那天，天刚放亮，各添丁户就将除夕夜已备的果子茶排列在厅上祖宗遗像前，上年第一个添丁的家长必须捧果盒到场，盒内装有染红了的鸡蛋及核桃、荔枝、桂圆、红枣、莲子、花生、葡萄干等七样果子，用作祭祖和族人享用。以示新年吉祥如意，子孙繁荣昌盛，祭拜毕，子孙方可食用。同时，有一个本房派书生文人坐在那里，专门负责登记各户在上一年出生男丁的生辰八字，以备以后修族谱时用。而添丁人家要给登记的文人奉上一个利市红包。

2013年正月初一，笔者在新叶过年，亲历了吃"果子茶"习俗的过程。当日是旋庆堂派一个叫叶善熙的家长在上年第一个添丁，因而由他家准备果子茶，并完成祭祀仪式。而来分享果子茶的人除了旋庆派下裔孙外，也有其他房派的人，还有一些专门过来参观摄影的外乡人，因此，刚刚修葺一新的旋庆堂里非常热闹。

正月初二以后便是上亲戚家拜年。新叶有谣谚："初二上外家，初三走姑家，初四去姨家，初五、初六自由选，拜年拜到六月六。"说的是拜年的次序和时限。在旧时代，次序不能乱。尤其是新娶了媳妇的儿子，如果初二那天没去外婆家而去了丈母娘家，就会被骂"娶了媳妇忘了娘"，以后一年甲都会看妈妈的脸色。而亲戚家的小孩如果在六月六之前第一次来你们家，都要被当作是拜年，给他们包红包。不过，现在没那么多严格的讲究了，大家图的是开心、热闹。

七、正月初六习俗：舞龙灯

正月初六"舞龙灯"①（又叫"接龙灯"）是新叶村过年期间最隆重的民俗活动之一，也是新叶村过年的最后一项活动。因此，"舞龙灯"并不等到元宵节，大概是因为初七、初八以后许多人要外出干活而提前吧，这也应该是乡野特色。旧时也不是一年一度坚持举行"舞龙灯"娱乐活动，而只是在极少数年份举行，在笔者印象中，自打我记事以后，最近几十年都没举行过。很小的时候，倒是见过邻村上吴方正月二十的板凳龙，所以，关于新叶村正月

20世纪90年代上吴方"舞龙灯"夜景

舞龙的情况，只有靠年长的村民回忆介绍，记录在此备考。

据老人们介绍，"舞龙灯"一般由村里的龙灯会组织举行。龙灯会是由村民们参与创造的，旨在为各家各户带来幸福、平安与繁荣。眼下的龙灯会虽不是由党支部或村委会发起的，但至少有一部分经费是由村委会赞助的。正月初六被新叶村村民视为"龙灯节"。这天早晨，先鸣放爆竹；然后将木雕的龙头、龙尾从祠堂仓库里请出来，以酒浇奠，绕村一周后安置在戏台旁边特别准备的架子上或小屋内，以三牲（猪头、鸡和鱼）供祭，再鸣放爆竹。下午4点左右，来自全村各家各户的一段段龙灯，陆陆续续地都集中到村内的戏台广场，意味着各家各户人丁参与的各段龙灯（即所谓"桥板"）彼此连接，并与村里的龙头接在一起，叫做"接龙"，进而形成一条长龙，当地叫做"桥龙"，它常常由200多节（盏）龙灯连成，有时可达数百米长。每段龙灯，叫做"龙节"，通常由新生了儿子的家人新作；想要个男孩的人家，则要抢着去接近龙头。龙节与龙头、龙尾接成长龙后，人们就烧香、放炮，以为祭祀。舞龙灯结束，在将龙头、龙尾送回下龙庙或祠堂仓库里的时候，仍要烧香、鸣炮。村民们认为，年初迎拜龙灯，为的是图个吉利，希望来年收成好，人丁兴旺。也有人说，龙头有灵，可保一年的吉利。大约晚上11点时，全村开始舞龙灯。龙灯点亮后，称为"红灯"。舞耍龙灯的活动包括走马灯、盘灯等程序，并遵循既定的传统路线巡行。先是从戏台出发，在本村盘绕几

---

① 据叶昭镰老人说，"舞龙灯"是新叶邻村上吴方村的传统习俗。上吴方村距新叶村仅1华里，所以完全可以算作是"同一村落群"。

圈,向南一直到李村,向东再往南到三石田,再往西到上塘坞,再经桐山后金。回来,沿雉鸡岗水库绕到村西北的玉泉寺(五圣殿)。大体说来,从新叶村龙灯的巡行路线看,似乎要与西边白山岩的风水龙关系更密切一些。至此停下盘灯祭拜。然后,龙灯回村,再到上后山的龙背盘灯。所谓盘灯,即让龙灯队表演,做出各种转圈及飞舞翻动的动作。龙灯反复在风水龙的龙头、龙背、龙尾处舞动,尤其以在上后山风水龙脊背处的盘龙为高潮,目的是把龙脉之气激活。反复在龙背盘灯后,龙灯便在去村里的途中自动逐节解体,人们各自把自家的龙节带回家去,这可能意味着同时把在龙背聚得的气也同时带到了家里。新叶村村民认为龙灯解体后,越早回家越好,越早到家就越有好运,到家后还得鸣炮。解体后的龙头、龙尾则收起存放在村里。过去,通常是存放在下龙庙。整个龙灯活动需要一个通宵,初七早晨,只让龙头在村内巡行一周后,便把它运送到仓库里存放起来,直到下午同一时间再用。龙灯点燃并巡行村内各处时,沿巡行路线的农户,都要打开大门,在门前支起桌子,以鸡、猪头、肉等为祭品礼拜,龙灯一来便点燃蜡烛和鸣放鞭炮以为迎接,龙灯则暂停让其家人礼拜。不顺路的农户,则在靠近的十字路口支桌供物。各家都给舞龙灯者红包,同时得到来自龙灯的祝福,有时还可得到龙灯上的蜡烛。每年春节前后,由村民们自己发动,推选热心者为会长或会首,组成专门为开展耍龙灯的活动而奔忙的临时性组织。旧时是由三到五位老人组成"龙头会",他们无固定任期,各房轮值担任为首的"龙头",一般是由该房最有威信的老人出任。据说,以前的龙灯会还曾邀请道士参加,做一些仪式。村民们相信,龙就像是皇帝,因此,龙灯队的前面需要有颇为复杂的仪仗,计有上百件之多,主要有火枪开路,灯笼高照,大旗,锣鼓,"肃静"与"回避"牌,彩旗,銮架及刀、斧、枪、蛇矛、笔砚、锤等兵器仪仗,此外,还有八仙1对(汉钟离与铁拐李像),皇扇1对等銮架及龙神的"龙亭",由4人抬着,另加4人护卫,然后是火把队4支,隔50米左右为灯队,计有扁灯2盏,圆灯2盏,提灯2盏,上面写着"风调雨顺""国泰民安"之类字样。最后,还有"高照"1人,他便是紧随其后的龙灯队的指挥。龙灯队的"龙头"全村仅1个。"龙头""銮架"及"仪仗"等,属新叶村公产,旧时由祠堂或下龙庙保管,平时放在专门房间里的架子上。原来的"龙头"已毁于"文革"时期,现在的龙头是1984年重新雕刻的。龙头及銮架等各种道具均为传统样式,据说连色彩也是祖传下来的。龙灯的各段龙节,属私产,由各户自己出资或制作,各自分别保管。过去也曾有过几户人家合出一段龙灯,然后几户轮流参加龙灯会的情形。参加龙灯会的多为青壮年男子,不需任何特别的手续。新叶村龙灯会,外村人只能观看而不能参加。若青壮年劳力不够,可花钱借人;若能请亲戚来则不必花钱。村民家中若生子,尤其是男孩较多时,可多做数节龙灯参加。乡民认为,龙灯的节数越多越好,这样去邻村耍龙灯可显示人多势众。20世纪50年代以前,据说曾有过龙灯多达700余节的盛况。如果父亲年纪大了,可不再参加,但并不传龙灯于儿子;儿子婚后愿参加者,自己做龙灯参加就是了,没有什么特别的限制。一般情况下,龙灯只可借人,而不能送人。舞龙灯，一般妇女不得参加（据说，在邻近的义乌一带，近年也有女子龙灯队出现），但可前往观看。村中若有久婚不育或只生女孩，不生男孩的人家，则有抢背龙头的习俗（婚礼上也有"背龙头"的仪式设计，目的也是为了祈子），相信这样就可生得龙子。新叶村龙灯会的仪式活动，明显地具备着乡民祈嗣求子的追求，其原理便是在日常生活里对"灯""丁"之间谐音①的明确意识，即所谓"龙灯"，实亦即"龙丁"。龙灯会就是龙丁会、壮丁会。"灯"在新叶村村民生活里的意义颇为重要，20 世纪 50 年代前，新叶村还有所谓"猪栏灯"，即在养猪的猪栏挂"灯"的习俗。分家新建炉灶，也有所谓"灶头灯"，皆通过谐音寓意添口进丁（灯）的期待。其实，这在新叶村周围的金华、兰溪一带地方是很常见的。例如，兰溪一带俗语有"出门带灯笼，喜事挂灯笼，元宵举灯笼"的说法，灯为每家必备之物，甚至成为各家门户的标志。

新叶村龙灯会基本在每年正月初六举行，这个日期与邻村的龙灯会日期（初七或初八）有所错开，这种"轮值"似乎是协商或约定俗成的结果，为的是让大家多走动，过好年。在新叶村，人们说初七年就过完了，也有人下地干活了，也有人外出谋生了。但由于社区轮值的此类活动，还是有不少村民去参加。新叶村的龙灯会允许叶姓以外的他姓如张姓、诸姓等参加。同时还由于龙灯会与地缘性的风水龙存在密切关联，所以，可以说新叶村龙灯会实际是一种村落地缘性认同的仪式活动。显然，新叶村龙灯会还是一个更大地域内此类民俗文化现象的一部分。在兰溪、金华、衢州、浦江、义乌等地，也普遍存在着类似的龙灯会活动，其龙灯有两种基本类型，一为"板凳龙"，即每节龙灯都扎在两米左右长短的凳子上，然后连接成龙，另一种便是"布龙"了。人们对"龙灯"的称谓并不完全相同，兰溪、衢州等地叫"板龙"，浦江一带叫"长灯"，此外还有"桥灯"的叫法。作为乡民喜爱的传统娱乐活动，在龙灯会盘龙等节目之外，往往还有由小孩们演出的节目，如"走马灯"。"走马灯"又叫"小脚灯"，是由十余个小孩以戏装打扮，身前身后系挂纸扎的马头和马尾，在一些乐器的伴奏中演唱民歌，翩翩起舞。春节期间，新叶村旧时还曾有新叶村民自己的昆曲班子或邀请职业性的民间婺剧团或越剧班子，来做连续性的演出，增加娱乐项目。

正月初七以后，该外出的人外出工作去了，留在家里的人也开工了，热闹的过年就算结束了。

八、结　语

中华民族传统的"春节"文化从产生到发展，其总根源在于数千年刀耕火种的农耕文明。我们的祖先在"万物有灵"思想影响下，选在一年中的农闲季节，举行一次

---

① 新叶方言"灯""丁"读音完全相同，都读成"den"。

年终的总祭祀和大狂欢。总祭祀是为了感谢众神灵一年来对他们的庇护，并为来年祈福。儒家伦理学说所推崇"尊尊""亲亲""孝义""伦常"是她的理论支撑，赋予了她更多形而上的意义。大狂欢是为了消遣一年来农业劳动的辛苦，挥洒丰收后的喜悦，并借此增进亲友间的情谊。历代文人墨客的文学阐释，又丰富了"春节"文化的社会基础和实用意义，具体完善了"春节"文化实施形式。但一个严酷的现实是：随着近年来我们物质生活水平的逐渐提高，"过年"的年味却显而易见地越来越淡了，不但过年的内容和形式都起了不小的变化，就是人们内心的那种憧憬与期盼也似乎无从捡拾了。这不能不促人思考。

通过对新叶村"过年"习俗的调查，我深深地感觉到：当历史与现实发生强烈碰撞，碎掉的总是历史。在现代文明大潮的冲击下，特别是在近年来不断涌入的洋节日文化的冲击下，我国传统节日的空间日渐窄小，即便是影响最大、最深入人心的"过年"及其有关习俗也是如此。有些原来流传悠久、传播甚广的节日文化习俗也早已风光不再。这种情况在大城市里特别明显，随着一幢幢现代化的高楼大厦拔地而起，许多流传千年的民族文化、民俗传统倒掉了，淹没了。只有在那些比较偏僻的乡村，目前还多少保留有一些原汁原味的节日民俗遗存，有些还遗存在现实生活中，有些则是遗存在一些老人的口头上、记忆中。事实上，中国人还是需要这些充满温馨色彩的民俗传统的，近年来，越来越多的城里人喜欢到乡下去过"春节"，喜欢去体验"农家乐"，应该就是这种"文化寻根"心态的表现。如何抓紧时间，挖掘、抢救这些承载了祖先们光荣与梦想，记录了祖先们心灵脉搏悸动的传统文化？如何发挥这些传统文化的"现代化效应"？如何把"传承传统"和"吸纳先进"结合得更紧密？让她们一起为新时代的文化建设服务，一起为建设现代文明服务，是这个时代赋予我们这些文化工作者的历史使命，这也正是本调查报告的写作目的。

第十一章　新叶村的民间故事

民间故事和民歌都是民间文学的重要体裁，它与劳动百姓的生产生活密切相关，是直接从日常生活中提炼出来的内容，相对于文人作品而言，民歌和民间故事更能反映民间真情，特别是下层百姓的生活状况、精神状态和生命欲求，是中国古代民风民情的活化石，具有重要的民俗学意义。本章只介绍在新叶古村流传的民间故事。

笔者很小的时候就耳濡目染了新叶村的许多民间传说和故事，当时只是觉得很神秘。每到夏天的晚上，掌灯时分，整个乡村一下子安静下来，南塘塍一块块青石板上就或蹲或坐着许多乘凉的人。这时，总是有一个熟悉村里掌故的中老年人在讲故事[①]，他总是被围在中心，周围一大帮好奇的年轻人，有男有女，有大人有小孩，挤挤挨挨，年轻男子和小孩大多光着上身，讲故事的老人嘴里总含着那根好像永远抽不完的旱烟杆，那是一根比老人年龄更大的竹制烟杆，有七八十厘米长，中间垂挂着一个布的烟袋。烟杆表面已被手捂得紫红发亮，烟杆根部和头上（嘴部）都镶着铜皮，在夜色下，伴随着烟嘴窝上那一闪一闪的火星，泛着青光，加上不少离奇恐怖的故事情节，真有些阴森吓人。每当此时，某个或几个姑娘就会发出尖叫声，这并不是因为故事吓人，乡下姑娘的胆子不比男子小，而是因为某个小伙子趁机揩了一下身边姑娘的便宜而引发的抗议声。每当这时，讲故事老人会拿起烟杆朝那小伙子的脑袋敲一下。其他人也会齐声斥责，占了便宜的小伙会故意用手捂着头，嘴里"唉哟，唉哟"乱叫，装着被惩罚得很重模样，然后，一切复归宁静，接着听老人讲故事。听故事期间，完全感觉不到彼此的汗臭，甚至感觉不到蚊子的叮咬。那温馨的场景，本身就是一个让人神往的美妙故事。

在我的记忆中，开理发店的海林师傅，以及年老的英罗爷爷[②]、冬苟爷爷、汤瓶伯

---

①　另外，有序堂的门台底两边的两块大长条石上，各个生产队的晒谷场上、较为宽敞的弄堂石阶上都是年轻人围着长辈乘凉兼听故事的地方。

②　我印象中的英罗爷爷（大致音）是个老单身，住在南塘沿西面的一间屋子里。我七八岁时他已经有七十多岁了。夏天时，他基本上就在有序堂外门台底下的大条石上乘凉，有时连晚上也睡在那里。他的中饭、晚饭基本上靠新叶村东一家、西一家临时捧给他吃。有时我们几个在旁边玩耍的小孩看着他吃，英罗爷爷就会从他碗里用筷子挑给我们吃几口。现在想来，这一送、一分，在那个食物严重不足的年代，都是非常了不起的举动，充分体现了新叶村民淳朴的敬老爱幼传统。我听他讲过很多新叶的掌故传说。他还会用一种很特别的细声细气的声音唱（这大概就是今天人们熟悉的男唱女声、假声。只是当时村民不懂，都觉得很奇怪）很多新叶民歌。

伯、仁标瞎子等曾经在门台底、南塘塍和一些相对宽敞的地方给年轻人讲故事。我的父亲就是擅长讲故事的人。我的父亲叶汝松公，民国高小毕业，在农村绝对是个知识分子，又当过多年的兵、担任过民国兰溪县长的文书，被县长介绍加入国民党，跟随这位县长去过广州、上海等很多大城市，解放前夕，在上海印花厂当过保安队长和上海徐汇区保安警察股长，据说上海临解放前几天，差点跟上司（就是那个当年的兰溪县长，当时上海的保安司令）一起去了台湾。只因回老家跟爸妈（我的爷爷奶奶）告别，结果被我爷爷绑在家里，就永远留在新叶了。解放后吃尽苦头。但家父毕竟出身贫农家庭，又有文化，又闯过世界，见过世面，平时还是很受人尊敬的。家父平时在家对我们兄弟姐妹很是严厉，而每当被一帮年轻人簇拥着出去讲故事时，却是和蔼亲切，简直判若两人。我每次当看到父亲吃过晚饭，被一帮年轻人簇拥着出去时，就匆匆拨拉几口，把饭碗朝灶台上一扔，三步并两步追出去，妈妈的喊声全被扔在脑后，无非是要我干帮助煮猪食之类的家务。父亲的场地有两个：天晴时在晒谷场上，下雨时在生产队里。我追上时，父亲已被围在核心，我从几个大人的两腿中间钻到中心区域，父亲正端坐着，喝着那个爱拍马屁的年轻人奉上的一杯茶（父亲不太抽旱烟，嗜茶如命，那个年轻人后来也能为大家讲故事），准备开讲。看到我满脸油汗的小脑袋挤进来，只是瞪了我一眼，并未责怪，继续管他自己讲。我印象中，家父的肚子里有讲不完的故事，除了讲一些本村历史上的掌故传奇，还会讲"济公和尚的故事""三国故事""秦琼故事"（《隋唐演义》）"梁山故事"（《水浒传》）"三侠五义"等等。但父亲从来都没有专门为我们自家兄弟姐妹讲过一次故事，为此，幼小的我还颇有些嫉妒和怨恨。其实，作为一个有文化，见过世面，本来可以在外面大城市里发展的人，由于我爷爷的原因被迫留在村里、留在乡下做农民，心理上很是压抑。在那个白天体力劳动相当繁重、常年生活压力极其严峻的时代，只有当他面对那一张张崇拜的脸、一双双敬仰的眼神，和一句句奉承拍马的话时，才能找到些许做人的价值和尊严。可当时的我太小了，完全不能理解父亲的内心世界。后来，我上大学了，当年听故事的年轻人也大多外出闯世界了。田地分到各家各户了，生产队没

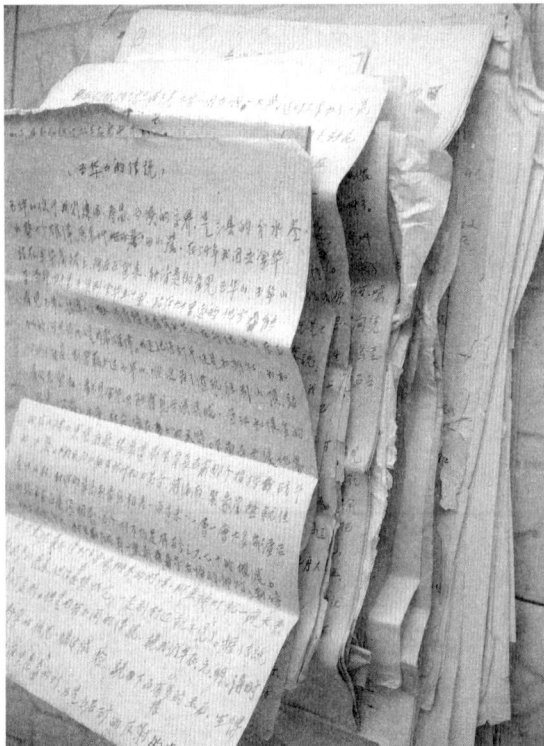

父亲在我读大学期间寄给我的上百页的民间故事手稿

有了，听家父讲故事的人也没有了。我父亲仿佛一下子变老了。不久，便中风半边瘫，右手基本不能动。在我读大学本科的四年里，父亲用左手给我写信，很多次在说完事情后都会附上几则民间故事。他知道我从小喜欢听故事，总算能专门为自己的子女，专门为我一个人讲故事了。我搬过好几次家，但我至今保存着父亲用左手为我写的信和民间故事。每次翻看那些泛黄的字稿，我都无限感慨！本章内容绝大部分是由家父当年写给我的稿子整理而成的新叶民间故事。在家父离开我20多年后，我终于有机会记录下一部分他老人家讲过的故事，也正好以此作为对他老人家的一种纪念。

我每一次回老家乡下，都会专门去看看当年听故事的场所，却发现村头生产队记工分室的大门紧闭。即使夏天的晚上，南塘塍一块块青石板上（当年听故事的地方）也空荡荡的，有序堂的门台底两边的两块大长条石上也没人。问母亲，说是经过这些年的计划生育，小孩减少了，村子规模反而变小了。小伙、姑娘大多外出工作，成家立业在外面，小孩就跟在身边，放在城里读书，很少回家。少数留在村里的年轻人都在家看电视，小孩子则在空调房间里被大人逼着做作业，哪里要听故事，哪里还有人讲故事啦？说完便摇头连连。

无童稚笑语、无朗朗欢声，无讲故事的老爷爷……我这个从乡村小学校经过层层肉搏，冲出去的，进了城的人，反而非常怀念那个时代，那个场景，那些故事，甚至那些汗臭、那些旱烟味和茶香……一幕幕，仿佛就在昨天。就像同村同学叶锡君（现为南京农业大学教授）在一幅有关有序堂的老照片上附的一句话，当时还是供销合作社里的阿标，一句"懒汉，归来哇——"是那么富有年代味和新叶味，一下子就把我的思绪拉回到了那个不可思议的年代。可是，那个年代肯定是回不来了。

德国人本雅明曾经摇头慨叹：那些在壁炉前为子孙们讲故事的人彻底消失了，"哪儿还有正经能讲故事的人？哪儿还有临终者可信的话，那种像戒指一样代代相传的话呢？"本雅明痛感一代人经验的贫乏，他认为那些"在壁炉前讲故事的絮叨者"，"那些弯腰驼背的白发老人"是"文明的传递者"是"乡村孩子的教育者"！如今，这些老人又在哪里？

谨以此章内容，用以纪念亲爱的父亲的同时，也纪念新叶村那些已经去世的讲故事可敬的老人：英罗爷爷、冬苟爷爷、汤瓶伯伯、仁标瞎子等等。在那个文化娱乐生活极其匮乏的年代，老人们的故事犹如甘泉滋润着渴望知识、渴望长大的年轻人。而在信息爆炸、获取知识渠道众多的当今，这些略显零散的山乡民间故事，也许大部分是属于小儿科的内容。但它却承载着一个古村的文化信息，特别是那些富有本村特色的传说，往往能体现出一个家族村落的性格，而中华民族的性格正是由千千万万个这样的村落性格熔铸而成的。特别是从民间文艺研究、村落文化研究的角度来讲，草根的民间故事更是不可或缺的一块。

一、人物类

德甲公轶事
（叶汝松记录）

在我们新叶村，旋庆堂派在清朝初期出了个德甲太公，现在过年时，旋庆堂就挂起他的画像纪念。他出生的家庭不是很富裕，中了秀才后就无法再上进读书了，他满肚子的文章才学无处可用，只能在家务农耕种。他为人很聪明，只是有些怪脾气与众不同。他喜欢和贫苦农民在一起，那富贵的乡绅财主、州县的官府老爷们他都看不顺眼，所以就同他们合不来。因此乡绅财主、官府老爷们都看不起他。就这样他很不透气，但也只能无可奈何地在家里过活。

有一次，兰溪县官调走了，新太爷上任就下乡拜见那些有钱有势的乡绅恶棍，目的是为了饭碗的问题。有一天来到我们新叶，乡绅财主们大开宴席恭请县官。不用说，村里那些喜欢吹牛拍马的人，以及邻近数里的乡绅，都来恭维和送礼。只有德甲先生坐视不理。他心想，你们这帮地头恶棍，欺压穷人太甚。他想，看样子这瘟官爱钱爱势，目中无人，因此就心生一计，想借以此警告县官。至第三天，德甲先生拿了一把剃刀，站在村口总路边——就是小荷塘山脚那株很大的枫树下，过了一时，县太爷由乡绅财主们送着路过小荷塘山枫树底，准备回城。当时德甲先生见他已经走近，故意装模作样，手举剃刀，在砍大枫树。县官看呆了，以为这是个癫子，就开口问话："你在干什么啊。""我在砍大树。""你呆了还是傻了，用这样的刀可以砍树吗？""哼，你们别看这刀小，我每天砍和挖，能挖到树根，哪怕他再大的树，也会把他翻到的。哼！"县官听他话中有话，一群人都目瞪口呆，无话可答。

德甲先生的家虽穷，但是在外面的朋友却很多的。哪个人若有困难，他就尽自己的力量来帮助。在本村群众中的关系很好，就这样他长期很节约地在家生活着。有一年到十二月快过年了，因家中欠债和吃饭都已无法解决了，但是他在外面确有本领的。对于兰溪县衙门里的事情他能完全知道。这年他身穿破衣烂衫，在袖内夹着一片小算盘，来到衙门，要问县官借钱过年。当时县官喝令将他赶出去，这时，堂上人很多，德甲公袖内拿出毛笔算盘，要和县官算账。马上就把全县的收支情况算得清清楚楚，说得有条有理。他把全县农业上有多少收入，工业上有多少收入，其他税收有多少，除去用在农村和城里建设有多少，职员待遇有多少，上交国家有多少，等等，两抵后，县里还有多少存余清清楚楚。他问："这些存余你准备用在哪里呢。"县官知道他确实算得符合实际，无话对付。想了一想，只得说："老先生你缺多少呢，本县当然帮忙。"德甲就将事先算好的包括有多少户难过年的人家需要多少钱，从县太爷那里要了来。

德甲先生就这样每到年底，过年困难时就到衙门借钱过年，也顺便帮助那些穷苦人家解决困难好过年。

再说过了几年后，兰溪东门离城二十五里有个地方叫黄烟溪口村，离金华城里也有二十五里，是金华到兰溪的中心点，地处兰溪江边，村庄很大。有一年的一天，金华有个大财主，因有事前往兰溪，身边带着财物，在溪口村上面被人谋害，尸首被抛入江中，随水冲到溪口村边搁住，当时被村里的人看见，大家动手把尸首拖上岸放在村边，好让人家来认领，免得再冲出去就要无踪影。到第二天，金华财主家人得到信赶来了。要问溪口人的根源，并一口咬定溪口人谋财害命，即时上堂告状，定要溪口村人偿命。因为衙门的腐败，不加调查，打官司看重钱。溪口村人实为冤情，也做状向府级衙门控告，又不起作用。拖了数年还未解决，官司打不赢，用了的钱已不计其数，连溪口村的祠堂公众积累全部用完。全村只要比较能干的人，已经有十多个人被押。所以家家户户都愁眉苦脸，有冤无处可诉。恰好这天，德甲先生有事路过，在村里宿夜，见有很多人流泪啼哭。他问明原因，感到心中不服，就去找来了当事人问明详细经过。就请村里人把上诉的状书拿出来给他看看，他详细看过以后，想了一会儿，在"死人流到溪口与村人无涉"这句的"口"字中间加了一竖，改为"死人流到溪中与村人无涉。"他又对当事的人说，你们拿这诉状继续去告。结果村里人听他的话，继续上诉，官司就打赢了，村里人安居乐业了。要来感谢这位先生，但是德甲先生不要他们的酬谢。之后他再也未去过该村，也未通知名姓，据说，德甲先生像这样的事还做过多次哩。

黄巢的传说
（叶汝松记录）

黄巢造反，非常威名。传说他造反的声势，有八百里的刀风，就是说，他造反的威名，在八百里外的官兵闻名就会吓破了胆，自相斩杀，人头纷纷落地。

寿昌的八鼓桥，八个大鼓原先都在桥上，黄巢造反，在八鼓桥附近斩杀官兵，正在追杀之时，一勇之下，怒气冲冲将桥上大石鼓一脚一个踢到桥下溪中，那些石鼓至今还留在桥下，并没有人搬得动它。黄巢的军师叫皮日休，他的学问很好，只为要帮助老百姓讲话，指责官府，所以考不中功名。皮日休心中不满，就跟别人大谈他志在黎庶，并拿出《鹿门隐书》给人看，因其中有句话，古之置吏也，将以逐盗，今之置吏也，将以为盗。这事被官府知道了，就要下令通缉捉拿他了，他避到家乡的襄阳山中，不敢出来，只是作诗泄恨。后来黄巢造反，就请皮日休做了军师。

相传，一次，黄巢军马在衢州地区追杀官兵，离城还有七八十里，这时衢州附近的官兵就龟缩进城了。当天晚上，有信报到衢州城里，说黄巢军马已团团围住了衢州。据说，这事竟不知何故，城里无数的官兵忽然间就自己杀自己的人，火并起来，到天亮时，黄巢军马来到城下时，见城门还紧闭着，但城里无数的官兵已经自相残杀得一个不留，只见城洞里像泄水般的流出血来，黄巢见此情况，只是仰天哈哈大笑。知情人知道，其实这些都是皮日休军师造声势的功劳。

方腊起义
（叶汝松记录）

方腊是淳安人。家门前原有一口塘，塘边有一株大杨柳树，曾有神人吩咐他说，你若要造反，绝不可太早或过迟，专等这根柳树的枝桠能自己挂进水里，那时造反，就能马到成功，千万记住不必心急。因此，方腊等了一年，看看树丫没有挂下，又过了一年，看看并未挂到水里，就这样等了三年，见树桠枝还未挂进水里。官逼民反，方腊实在耐不住了，他就用石块吊在已挂下的树条枝上，将树枝沉进水里，而后马上举兵，动武造反了。方腊的造反原先力量很强，威名很大，只因他不和梁山联系，反而要同梁山作对。据传说，方腊如果好好联系利用梁山的众将，团结起来，大事一定成功，在七里垅大战中，方腊伤了很多梁山名将。又用铜铡刀安装在七里垅的水下，斩断了武松的一只手。在淳安山区大战，又伤了多名梁山将领，结果方腊在严州附近的乌龙山上还是被梁山的鲁智深武松等人活捉回来。

方腊在淳安山区和鲁智深及一只手的武松等大战了数日数夜，方腊因只剩单枪匹马，后面没有兵力接济上来，肚子又饿了，才逃到严州附近的山区，竟被鲁智深武松捉住。到现在严州和淳安地区流传着武松独手擒方腊的传说。

朱元璋的传说
（叶昭镰叙述）

元末，朱元璋挺进江南，率兵攻打婺州，路过兰溪（从前新叶村为兰溪管辖）留下许多古迹，村民中有许多传说。

据说，当年朱元璋将人马驻扎在距新叶村约一公里外的西山岗下田畈中。因为此地驻扎过军队，村里人将此地取名为军营畈吧。有人说：朱元璋人马只从这里经过，稍事休息而已，不如叫息兵畈吧。有一年老长者说：营也好，兵也罢都是人嘛。不如叫息人畈吧。直至今日此地地名有人叫"军营畈"，有人叫"息人畈"。

新叶第六代祖先礼七公，为迎接朱元璋的到来，特在村东小山坡上筑起鼓楼。槌鼓迎接。之后这小山坡便名为鼓楼岗。岗下溪流上有一石桥，名为鼓楼桥。

鼓楼东有一巨石。一天夜里皓月当空，朱元璋身带佩剑，信步而行，来到巨石旁。暗暗向天祷告：苍天在上，为拯救百姓于水火，我朱元璋起兵反元。日后若能成事，将剑砍石，石应中开。祝毕，挥剑猛力向巨石砍下，巨石一分为二。

后来，此地便名为试剑岗。巨石为试剑石。传说：朱元璋他们当年策马北跑到道峰山东侧一支长矮山冈上，从腰边箭壶里抽出一支特制长箭来，挽袖拉弓如满月，朝南向白夏叶村射去，"嗖"一声响，箭头射中了百米开外池潭中的一尾金色鲤鱼。这就是有名的白夏叶村"试箭（剑）冈"的来历。至今，还有"雉鸡张矢"景点遗存。中箭的道峰脚下的道经塘风水，据传，本来是能涵育太子的，被真命天子朱元璋以射金鲤破了血污，泄了地气和水龙灵气，从此灭了新叶地界的"王气"，据说这都是军师刘伯温的主意。但该处地名，现今仍旧唤作"太子殿后"。

有一天晚上，朱元璋和刘伯温来到道峰山西侧的玉泉寺，看到寺外两株高大挺拔的龙柏，就特意在树底下搞"宿夜"，接受天际紫微北斗叠映玉泉胜地龙廷北斗灵气，以成就王霸大业。风水先生说玉华山东北麓山谷，与其下的凉亭面山岭、长冈围合如勺斗，对面的杨梅园蜿蜒山岭为勺柄。又，北斗星的七星连线形状犹如一把水勺，这与玉泉寺周边山川形胜的龙廷地貌有惊人地一致，且在这个夜晚，上下两北斗，落位垂直、开口朝南、柄环指东都相符，这是百年难遇的地形，也是孕育"王气"的。地北斗拱天北斗，天北斗照地北斗，朱元璋经此一夜"露宿"，紫微魁星灵气醍醐灌顶般地天人相感应，入天灵穴透地涌泉一过，人形北斗真正赫然出世。从此后，朱元璋果然步步顺风，成就了一统江山，君临天下。这些，正是刘伯温的计策。朱元璋灭了白夏叶的王气，自己带走了"玉泉寺"的王气，是新叶村的大损失。但成就了一代开国皇帝的王气，算是白夏叶对大明的极大贡献。

再说，明王朱元璋登上了九五之尊的皇位后，并没忘记白夏叶村的玉泉寺。后来，他派人送去亲自撰写的一副古寺山门大联，用作纪念。其题联曰："古柏参天膏露降，华山胜地玉泉流"。还封那棵老龙柏唤作"柏树将军"（朱元璋与"柏树将军"的故事当年《金华日报》刊载过）。提起这些，新叶人既遗憾又自豪。如今，"道峰山""鼓楼岗""鼓楼桥""试箭冈""玉泉寺"等古迹犹存，只是"柏树将军"在20世纪70年代末被氨水烧死了，实在可惜！

长毛的传说
（叶汝松记录）

新叶西山岗脚的一片田地叫军营畈，原名叫息人畈。当年，明太祖还没当皇帝时带兵经过新叶，曾有十几万大军驻扎在这里。从此新叶叫这里为军营畈。一百多年前闹长毛（太平天国起义）时期，军营畈又发生了一些事情。据传说，当时，从兰溪方向进来一支长毛军队。因在兰溪被清兵打得大败，想从我们这里逃到安徽徽州方向。一支长毛军队开到军营畈驻下营盘。长毛一路杀人放火，抢掠财物，老百姓怕极了恨死了。长毛要来的风一传到，我们临近的老百姓全部都逃到儒源以内的山里。在石柱源、毛七岭、九里坑躲着的老百姓最多。新叶村里只有几个大肚子的女人和一个瞎子没法逃，留在家里。结果，长毛来了，看到瞎子腰里有根皮带，就把他杀掉了。两个大肚子女人被长毛强奸，一个死了，一个疯了。军营畈宿营的长毛找不到东西吃饭，也找不到老百姓问询，只好派了几个兵自己探路，这几个兵一路走到五圣殿下面，看着西北方向全是高山，只有一条路可通，很长时间看不见一个老百姓。好不容易走来一个白发老头子，长毛加快脚步，走到面前厉声问道："喂，我们要到徽州方向，这条路好不好走的。"老人开口说道："噢，你们要上徽州吗？走错了，应该从这村庄向南，走几里再向北。"长毛问道："我们如果从这条路一直向北走，有多少路？经过哪些地方？你要老实告诉我们。"老人说："我在此六七十年了，还不知道吗？从这里进去全都是深山，无人居住，如果你们从这里走也可以，我就详细教你们好啦。从这里走进去，到里八岗、外八岗，过十六个岗，有廿多里路，再爬毛七岭，有七里路，到有名的九里坑，还要过十里长岭，上下各十里，全都没一步好走的路，南面那条路只过一条秋坑垅，再过一个小方岭就到寿昌啦。你从这边走也要经过寿昌啊。"相传，这个和长毛讲话的老人，原来是本地的土地，是因为本地区的百姓，全都逃在石柱源、九里坑等山里。土地是要保百姓生命财产的安全，免受灾难，才和长毛打交道好几天呢！长毛听老头子说得有道理，信以为真。第二天队伍就起程往南走了，军营畈的长毛从麻车岗经大坞、排塘等地。全军进入秋坑垅，一路抢粮食、抢财物，杀人放火烧房屋。接近小方岭的时候，寿昌方向出来一支清兵部队，在小方岭和长毛接触，双方就在小方岭和西边山上大战起来了。南埔清田基是双方打仗最激烈的地方。因为清兵有准备，又有后援部队，长毛虽人数众多，但贼胆心虚，又无后援，长毛被清兵杀得大败，东逃西散。据说，光在小方岭附近被杀掉的长毛就有几百个，那些逃散的长毛逃得十里内到处都有，三五成群。这时的百姓胆壮起来，年轻力壮的，见到长毛就杀。这批长毛结果全部被消灭，一个不留。长毛的武器，一直到现在各村的老百姓家里都还留着，最多的是短铁柄的劈刀，还有一种二尺长铁柄的铁尺。战斗结束后，老百姓在清田基的矮山上挖一个大洞，将所有杀掉的长毛统统堆在洞里，用石块砌一个圆的大坟墓，叫千人池。千人池就在现在的公路东面，离公路只有三丈路。据说，后来在小方岭寿昌地区消灭长毛的清兵，有的开到严州方向，有的到衢州方向，还在继续追杀长毛。

慈禧太后吃饽饽

（叶汝松记录）

话说同治年间，外国人打到北京城下，慈禧太后吓坏了，要同治帝向热河逃难。真个"急急如漏网之鱼，忙忙如丧家之犬"，好不狼狈。一连跑了三天三夜，方敢停下歇息。一停下不要紧，只觉得肚皮饥饿难忍，才想起这三天三夜只顾逃命，竟没吃一点东西。连忙传旨供饭，谁想她跑得太快，只有几个贴身太监和轿夫在身边，后边行李没得跟上。哪里去弄饭吃。可是太后饿得要命。急急传旨到附近农庄去找饭。

几个轿夫和太监来到一家农户，不见一缕炊烟，不见一人走动，好不荒凉。敲了几家大门，都无人答应。半天，方才找见一个老太婆，劈头盖脸冲这个老太婆宣了一道御旨，叫她火速为太后备饭。那老婆婆总算听懂了，吓得半死，踮着小脚从邻家找出半升棒子面和一罐烂腌菜，匆匆忙忙做好了几个玉米腌菜饽饽，说："这是我们这里上好的食粮了。"太监没法，只得将饽饽送到太后跟前。此时，太后都快饿晕了。见了热腾腾的面饽，哪顾得许多，话也没说一句，连吃了三个，边吃边说"好吃，好吃"，把吃剩的几个所谓宝物赏给了大太监李莲英。

后来，太后回到北京，每顿饭花两千两银子，办一百零八样菜，听说还用个会转的盘桌摆着，太后坐在凤椅上，由小太监把菜盘转着，太后不时睁一睁凤眼，看到中意的就让人喂她一小勺，不中意的就那儿闭着眼动也不动。真个是吃尽了龙舌凤胆，熊掌燕窝。可是总觉得不如逃难那阵吃过的黄饽饽好吃。就吩咐御厨照样做些来吃。厨子用上好的面粉，再加几百样金贵的鲜菜制成夹馅饽，献上去，慈禧还说乏味。一想起那老太婆做的饽饽就咽几口涎水。于是，下一道御旨要把那老太婆找到宫来，还真让她找着了。那婆婆战兢兢被弄到宫里，还是照样用棒子面、烂腌菜来制饽饽。慈禧一吃，这哪是饭呀。大动肝火，把那老婆婆赶出了宫，又下御旨，说："谁能做出好吃的饽饽，就赏给荣华富贵。结果，招了几百厨师，没一个能做得合她口味的，大家心思都明白这是怎么回事，可谁也不敢当太后的面去说清楚。为了做这好吃的饽饽，听说还杀了好几个厨子哩。真实冤枉煞人了。

爱青姑娘
（叶汝松记录）

刚解放搞合作社那阵子，前村有户人家的是远近闻名的富户。家里的爱青姑娘又是远近闻名的漂亮姑娘，因此上门求亲的人家有很多。爱青爸爸想要给爱青找一个门当户对的人家，看中了县城里一家居民户的儿子阿德，阿德在邮电所里工作，长着一脸的麻子。可是爱青姑娘死活不答应。对父亲说："现在解放了，男女结婚要自由恋爱了。我自己的男人要自己找。"爱青爸爸气坏了。打了女儿好几次，爱青就是不屈服。原来，爱青自己已经看上一个跟她一起在合作社里劳动的阿庆。阿庆比爱青大一岁，家里比较穷，但人长得好看，平时干活勤快又能干，很照顾爱青。这件事终于让爱青爸爸知道了。他气愤地来责问爱青，说阿庆有什么好。爱青说："阿庆哥哥是我自己欢喜的，他性格好，脾气好，思想好，容貌又好，又能够和我互相学习，互相帮助，我嫁给他，如果阿庆哥哥讨饭，我就做讨饭婆，也要比嫁给那些自高自大，目中无人的麻子好得多。如果麻子做了大官，我做个麻子官太太也觉得不光彩。"父亲大怒道："你这小妖精，我给你读几年书，倒学会了这张利嘴，我怎能容你，哼！我给你两条路，你要死，油麻绳、投水，由你选择。你要活，就只能穿我的一身，吃我的一肚，什么也不准带一点，给我滚出去，跟那穷鬼去好啦，以后永远不准上我的门，哼！"

　　爱青姑娘和阿庆结婚后，真是互敬互爱，相敬如宾，一同劳动，一同吃饭，一起上街，一起赶集，真的甜如蜂蜜。日子未长，只过了两个月，本地区就漫延起一场可怕的天花，不论城里乡下，村里村外到处传染着，来势凶猛。不幸的是阿庆这小伙子，竟也随着出了天花，这可急坏愁坏了爱青姑娘。请郎中啦，跑药店啦，夜里暗暗求告，苍天啊，上帝啊，要保佑我的阿庆哥，出天花顺利，要保佑他千万不会破了相。心想着如果阿庆哥真的破了相，我怎么办呢。白天忙着，夜里求祝着想着，足有三天三夜未吃未睡。三五天后，阿庆的天花算是落脚好了，可是阿庆这个漂亮的小伙子变成了一脸麻子，而且还一条一条大块小块的斑点，难看极了。爱青姑娘哭哭啼啼，又是三天三夜不吃不睡。爱青姑娘在想，怎么办啊，我死了吧，一辈子就落在别人眼里了，我活着吧，人家一定会嘲笑我，讽刺我这是一定的。但又一想，不，我要好好生活，我要好好地安慰我的阿庆哥哥。

　　过了一个月，爱青姑娘的舅父舅母、母亲嫂嫂听到消息商量着，我们今天到她家去看看，打击讽刺她，她如果有所懊悔了，能跟我们回来，那我们就带她回家，以后登报离婚啦，经济上问题啦，我们去解决好了。来到爱青的家，阿庆的母亲听到家里来客人了，泡茶，摆糕饼，烧鸡蛋，烧点心，忙忙碌碌，格外客气奉承。隔壁邻居听说爱青姑娘的舅母和母亲来了，都来看的看，望的望，爱青陪着母亲舅母坐着。母亲问啦，"爱青，你近来好吗。"她回答说，"姆妈，我很好呢。"舅母开口问啦，"爱青，你的丈夫呢，因为我们没见过他，今天来想看看他的人品如何，他人在哪里，为什么不来陪伴我们啊？"爱青姑娘听了心中一急，定了主意，回答说，"舅妈，我丈夫就在村边田里做活，我叫来就是啦。"接着站起身走到门口，喊来了阿庆，又来坐下。舅母又说："噢，咦，就是他啊，哈哈，他也是个麻子。"这时爱青姑娘听到气急了，很响地回答说："舅妈，你不知道，麻子有麻的不同，我阿庆哥哥的麻子麻得我心里爱，今天我就是这样说，永远这样说，他麻得好看，麻得美丽，麻得像风景一样，你们看吧，他左是西湖的三潭印月，右边是有名的上海外滩。"这时爱青姑娘说得旁边的人哈哈大笑一场，只有她舅母、母亲、嫂嫂都不想答话，站起身夹着屁股回家去了。爱青姑娘赶到门口说："姆妈，舅母，你们有空到俄侬格里来戏戏啊。"那个时候的姑娘嫁人都听家里安排的。像爱青姑娘这么大胆的很少见，因此，很出名的。

二、风物名胜类

龙尾茶和凤凰蛋
（叶汝松记录）

　　乾隆皇帝游江南，来到金华府治地界。当时正值江南早春。金华城郊说不尽的花香鸟语，风光如画。乾隆帝雅兴顿起。这天早晨，乾隆帝身穿便服只带数名随从徒步去郊外踏青。来到离城三十多里的大茅山下，不意遇上一伙强人拦路打劫。双方打将起来。乾隆帝偷偷落荒而逃，急不择路，只顾逃命，待他停下来喘息，才发现只身一人，流落在重重山中。山风呼啸，野兽时鸣，不禁暗暗叫苦，心想，孤家想游遍江南，察看民情，重振朝政，不想路上竟这样不顺，如今落到这步田地，如何是好？正着急时，隐隐听得侧面树枝中"呴哩"一声门响，真个是喜出望外，急忙循声找去。只见几颗老松树下一间茅屋，一个农妇正在门外捆柴，看上去不像歹人。乾隆帝急忙上前招呼："大嫂子，我是过路客人，遇上强人，行李皆失，急急逃命到此，大嫂子行个方便，可让我暂且躲藏片刻？"那妇人听了，连忙让他进屋。

　　乾隆帝进得门来，见得这屋子泥巴为壁，茅草作屋顶，一件像样的家具都没有，却也收拾得很干净。那妇人心想，出门人不容易，如今他行李被强盗抢了真是可怜。于是招呼客人坐定，便去烧水。水开了，妇人想：总不能叫客人喝白开水呀！可是家里又没茶叶。想了想，就从屋前摘了几片八角刺嫩叶，揉了揉，放进茶碗，泡好一碗碧绿清茶，双手送到客人面前说"客官吃茶"。乾隆帝喝了两口，顿觉得清新爽口，连称"好茶，好茶"。扭过头去问那妇人说："大嫂，这茶叫啥名字，竟这样清香爽口。"那妇人万万没想到这八角刺叶竟被这客人称作好茶，于是笑了笑说："这是我家当家人自个种的，外人不知道，我们叫它'龙尾茶'，可称得上？"乾隆帝由于大半天劳累，口干舌燥，一碗茶下肚，又回神又长劲。又听这茶有这个别致的名字，连连说："称得上，称得上。"

　　喝茶毕，妇人已经煮好了七个鸡蛋，双手端到客人面前，说："客官一定饿了，这几个鸡蛋是自家的，客官吃吧。"乾隆帝此时真个饿了，闻到香喷喷的鸡蛋味，心里真说不出的感激，谢讨后，拿起鸡蛋剥起来，谁知几块蛋壳剥落，竟露出一个毛茸茸的小鸡脑袋。乾隆帝先是一惊，但终于挡不住饥饿和香味，便吃了起来，谁知那毛茸茸的小鸡吃到嘴里，竟是那么鲜美。那小鸡骨头又嫩又脆，比上好的鲜肉还好吃。乾隆爷把七个鸡蛋一股脑儿吃下肚去，尚觉余香满满，心想：要不是出游江南，哪能吃到如此佳品。没想到这山里产有这样好的东西，莫非是仙蛋么？我倒要问问这位大嫂，到底是啥蛋。那妇人看到客人从鸡蛋中剥出小鸡来，也吓了一跳，才想起自己错把那些雄窝头的鸡蛋（孵蛋中途退出无用的蛋）错当好蛋拿出去煮了。后来，听到客人连连称赞并且问她是仙蛋还是宝蛋？连忙笑着说："这蛋不是宝蛋不是仙蛋，也是我们家的土产，是我为当家人补身子做的，我们俩叫它'凤凰蛋'，可称得上么？"乾隆帝听到这名字也别致恰切，连说："称得上，称得上！"

后来，乾隆帝回到宫里，吃尽了人间山珍海味，总觉得不如那茅屋里的"龙尾茶"清甜，那"凤凰蛋"鲜美。就下一道御旨，派人把那妇人接到京城专门为他作"龙尾茶"和"凤凰蛋"。从此，在民间传开，八角刺沏茶叫"龙尾茶"，退孵的鸡蛋叫"凤凰蛋"。

如今，在上海、杭州、金华都有专门卖"龙尾茶""凤凰蛋"的地方。到江南的人，却不会忘记尝尝这些乾隆帝吃过的佳品。

神仙石、红螃蟹、没尾螺
（叶瑞荣收集整理）

玉泉寺向南偏东约五十米处有一五谷庙，庙前溪水潺潺。有一巨石，有几千百斤重，横在溪桥上，名为"释桥"。据传说是八仙中的铁拐李用草绳系石挑来的。至今巨石有草绳勒石的痕迹，是为仙足迹。另一块巨石落在庙北约半里许的山脚下。石下有一山洞，巨石盖顶，构成一个石屋，称之为石斛。行人遇雨可猫着腰进去避雨。现在因修建公路已被炸掉。现在石斛虽无，但当地人都叫此处为石斛口。

释桥下有一两亩地大的池塘，名为释塘。现已改作良田。

释塘往东过大路五十米处有一龙池。其水甘冽清澈。任何大旱的年份从不干涸。解放前每遇大旱，新叶村人大排仪仗到龙池求神拜雨。

池中有红螃蟹，没有屁股的螺蛳。

相传，在以前还没有新叶村的时候，附近有十八个自然村，当时人称之为十八族。

其时有一农民抓了一些螃蟹、螺蛳，把螺蛳屁股剪掉洗干净。放在锅里煮熟吃。这时门口来了一跛子。见这位大伯在煮螃蟹、螺蛳就说：这位大伯，你何苦呢，为贪一时口福之快，竟伤这许多性命。天有好生之德，不如把它放了吧。大伯抬头一看，原是个跛子。说都煮熟了，放了也不会活。跛子说：你如肯放生，我就能让它们活。大伯不信。跛子说：罪过，罪过。这样吧，你若放了，它们活不转来，我任你怎么处理都行。这大伯听了，果真将它们放到水里。只见那跛子不知念了一些什么咒语。过了一会，只见螃蟹、螺蛳活动起来，慢慢向水深处游走了。大伯回头再看那跛子已不知去向。

当时轰动一时，人们都说那跛子是八仙中的铁拐李点化我们的。所以，现在龙池中的红螃蟹、螺蛳是那时传下来的仙迹。

而今时势变迁，沧海桑田。石屋顶上的巨石、释塘、试剑石、古柏、释斛等都已无存。唯有龙池的红螃蟹、螺蛳和释桥古迹犹存。

崇仁堂的传说

（叶瑞荣收集整理）

公堂里一般都悬挂着"明镜高悬"匾额。崇仁堂因为是"私设公堂"，所以不敢明目张胆地悬挂"明镜高悬"匾额。但崇八公很聪明，他在过厅堂楼两边设置了两口日月天井，天井里有水像镜子一样倒影上去，就把"明镜高悬"的意境给表现出来了。后进中间有"和敬"二字，祖宗要求子孙团结，维护宗族利益，两边是香火案。以前后面的两个天井是水牢，男左女右，用来关押本族犯族规的人在这里对着祖宗牌位面壁思过。

然而，在封建社会私设公堂是要株连九族的。这个远远超越平民规格的祠堂建好了，名声传出去了，崇八公也因此惹上了灾祸。

当时，崇八公有个女儿，生得如花似玉，而且有一手漂亮的女红绝技，并随父学得一些文墨，里里外外处事能干。到了该出阁的年纪，上门提亲的人把家里的石门槛都磨平了。当时兰北有个京官包侍郎，也派了个家奴送来一封信为儿子提亲。家奴仗着主人是侍郎，并不把崇八公放在眼里，上门将帖子一递便说：我家老爷看得上你，决定娶你的女儿做儿媳妇，赶快准备准备，好让我们早些前来迎娶。

崇八公一听这话便火冒三丈，于是便说了句"虎女岂能嫁犬子"，吩咐家人送客。受到如此冷落，该家奴只好怒气冲冲地回去禀报老爷，将老爷比作犬，少爷比作犬子的话添油加醋地说了一遍。这还了得！

包侍郎怒不可遏，就带了一班衙役兵丁前来兴师问罪，直闯崇仁堂。崇仁堂雄伟威严，让侍郎官很是震惊，细心一看，竟是个违规建筑：这崇八公胆大包天，私建公堂，用跟金銮殿地面差不多的大青金砖铺地，分明是藐视朝廷，你的死期到了！包侍郎立即返回家中写了案状上报浙江都督衙门，要求惩办崇八公的宗族。

眼看着新叶村将大祸临头。幸好，在官府的同乡及时通报。崇八公立即命家丁连夜把已经铺好的大青砖地面敲了个粉碎，撒上灰尘做旧。来检查的官差，没看到青砖铺地，也没看到堂内第二、三进有台阶，不是公堂的建筑格局，最后断定这个不是私设公堂。此案最终不了了之。

崇八公以及新叶村虽然免除了一场灭顶之灾，但包侍郎却未善罢甘休，再次带了衙役兵丁来到新叶，将崇八公五花大绑，吊在村外的一棵大枫树上，命令手下轮流射箭，吩咐箭飞身侧，不得射中，以免无法向官府交代。如此折腾几个时辰，被绑树上的崇八公当场昏死过去。包侍郎见此才罢手回去。原来崇八公早有准备，当日被包侍郎绑走的是一个长得像崇八公的长工。可怜这个长工被救下后没几天就死了。崇八公虽然性情刚烈，遭此劫难后，也一病不起，不久便含恨而终……

围绕着私设公堂的是是非非，早已成为过眼云烟，只剩下碎地砖，作为当年那场灾祸的见证。

玉华山的传说

（叶汝松记录）

　　玉华山位于建德、寿昌、兰溪的交界，是三县的分水岭，山势十分雄伟，原名叫白山崖。1954年，我在金华，站在金华高桥上，向西面望来，能清楚地看见玉华山。玉华山至兰溪40里，兰溪到金华50里，站在90里远的地方能看见玉华山，很像一个弯着腰弓着背的老人在寻找什么东西似的。可见得此山是非常雄伟。我还记得1957年，还是初级社，我和三四个社员，割柴禾到玉华山，顺便为了游玩爬到山顶，站着向东望去，看不见金华，只能看见兰溪县城，兰江和很多的小支流、公路、水库、村庄，像画在丝帛上的美景。东南面兰溪地界的底山矮山密密麻麻，很像电影里首长面前那个指挥战斗的沙盘。山的东面山脚有新叶和上吴方，稍偏南紧靠崖壁的是汪山村，江山村的最高到最底处相差一百多米，一层一层大多是屋后的路同前面屋顶相平，整个村平均有百分之六七十的坡度。从古代到今天，村里都存在着一盏稀奇古怪的神灯，到傍晚天黑时，看不清村子里房屋树木的时候，那盏神灯就一整夜都威严地亮着。但你想要找到它，一走到村边就不见了。据传说汪山是灯盏形，但是也有不同的传说，说我们早在元明清时都已有讲科学的祖先，搞过试验，说下面有很多的玉石，生得很深，这盏天天夜里亮着的灯，乃是玉石矿的反射的光，因而取名玉华山。再说，汪山村是在玉华山崖的下面，从村边上行三四百米，就到那宽几百米，高有几百米，无一根树木，长得像生铁铸成的一片大岩前，大岩朝东南竖得像墙壁。高岩脚六十米处岩壁上有一个洞，生得很圆，我们站在壁脚细看，洞的直径有三米多，除了岩鹰或猫头鹰之外，任何动物也进不了这个洞，近看是这样，但站在汪山村里看上去就显得不大了，站到李村再看时，就好像我们站在大樟树下，看那树上的松鼠洞或鸟洞差不多了。自古就有这样传说，洞里住着两条大蛇，一条白的一条黑的，经常作怪。洞里常常起大风，吹进或吹出，村民都叫他洞风。洞风如果往外吹，柴火一片倒向山下的时候，三天之内，天就一定会下大雨发大水了；洞风如果往里吹，树木一片倒向山洞，证明就要长晴久旱了。每次都很准，当地人把它当作气象预报。奇怪的是洞风吹响时，就像飞机飞过一样，五六里路外听得很清楚，现在还是这样。再说说两条蛇。我曾经亲眼看到的一场特别奇怪，又特别危险的大事。还在解放初期，1955年夏天，我记得有一天的下午，我在玉华山偏北的洋罗坂做活，人们都在说着，天气真热啊，热的真难过。不一会儿，玉华山后升起墨黑的乌云，只一会儿时间，天空黑得像夜里，随后刮起大风，像泼水一样的大雨倒下来，在田间做活的人们一个也来不及逃，在村外做活的人真有快被风雨闷死的感觉呢。过几分钟，那大水啊，溪里冲到田里，田里涌到溪里。我刚逃回家，云又散了，即刻又出现大太阳。这时，我们村里赶来几个汪山人，是和新叶有亲戚的人赶来报信，说汪山完啦，出了大灾难了，十多户人家的房子倒掉，人也死掉不少啊。这时大家都急着，凡是汪山有亲戚的人都想马上赶去看看，究竟怎么一回事，我也很快就跑去了，跟着大家跑到上吴方的南面一看。啊啊，真危险哪，这时有几个人对我说，新叶的祠堂也倒掉了，那塔顶上的四个石鼓都吹下来了，还不危险吗？我因为心慌，为了汪山的亲戚，不顾一切地跑。对新叶村里的情况还不知道，我呆住了，又看见上吴方村后面竹岗，那一片有够二人合抱粗细的千年老古松，全部拦腰折断。我走着走着，看见路旁的稻田里，路上和矮山上，有很多的家具、桌、凳、砧板、水桶、尿桶、小孩用的站桶、坐桌等等，到处都有。最奇怪的是矮山上路还有几条三四斤重的鱼。到汪山村边一看，就看见全村的大樟树、大柏树都被折得精光，村里好多人在哭天叫地。啊，原来村上被压死了几个人，倒掉很多房子，我跑到村边，看见村南面（加工厂的地方）、村北面，村东面偏南的那三根大樟树，直径足有 1.5 米粗，全被风拔起来，树被丢出一丈多远。村东偏南的大樟树旁边，还有一根够二人合抱粗细的大柏树，被连根拔起丢到南面的池塘里去了，池塘里有几条死鲢鱼。原来路上矮山上所看到的鱼是从这池塘中跳起来时被风吹出去的，好险啊。我又走到村里，看见全村周围所有的大树，全被腰斩得一根不留，村西北面玉华山那个石洞下面，一片非常大的千年老古松，也全被拦腰折断。有村民说起风下暴雨时，就看见一条乌冬冬的大蛇，有的说，我看见一条漆黑的龙，头像风车，眼睛像灯笼，各人说的不一样。我看到晚上才回家。第二天，跑到本村的塔边，看见塔上吹下来的四个石鼓还在地上，最大的有四五百斤，最小的也有三四百斤。从汪山村后石洞口起，一路从上吴方到新叶祠堂边，胡塘山，塔边，再从花园岗后，一路直到上磨杵的南面为止。五六里路，所有的大树，统统折光，一棵不留，但再远的地方，风就小了，雨也下得少。玉华山的西边，南边，北边，没发生什么事，只不过下了一阵雨。这究竟是怎么一回事呢，我们就问当时政府派来的慰问组人员，"同志，请问这叫什么风，是怎样造成的？"他们也只是吞吞吐吐，讲不出道理来。所以人们到现在还没弄明白这件事，都说是什么两条蛇打架啦，一条什么龙作怪啦，传说不一。用今天的科学解释，应该是非常厉害的龙卷风吧。

三、毕矮仂的故事

说明·毕矮仂是离新叶村十几公里外的女埠镇毕宕人，他幼先风亲，从小跟着叔父和婶婶一起过活。他叔父家不穷也不富裕，是一般的种田人家。叔父自己劳动，最多在农忙的时候雇几天短工。毕矮仂是因他个子很矮而被村民取的绰号，久而久之，其真名反被人遗忘，只知他毕矮仂之名。他自幼聪明伶俐，人人喜欢。长大后又好打抱不平，乐于助人。关于他的故事在我们建德及兰溪、衢县、龙游、淳安一带广为流传，我估计关于毕矮仂的故事不下几十则，这里记的只是我小时候听人说过的几则。毕矮仂故事和阿凡提故事相类似。毕矮仂在我们家乡百姓心目中是智慧的化身，聪明的小巨人。新叶日常俗语中常说"勤奋聪明，再矮也是毕矮伢投生的"，或者说"我又不是毕矮伢军师，会算计""矮脚军师毕矮伢"等等。当然，在长期流传过程中，有些原来不是毕矮伢做的事也加到了毕矮伢身上。他成了智者的化身。现根据家父叶汝松所记，整理几则于后。这一类既算不上"人物"，也不属"风物"，好像也与其他无涉，加上内容不少，篇幅蛮长，就单独列作一类。

两头哨子

毕矮伢与另一人在村边摘柏子。歇力的时候，毕矮伢对另一人说："大哥，我做个两头哨子给你看看，怎样？"那个大哥说："什么两头哨子？""就是两人两头一起吹，咿咿呀呀响的哨子。""吹牛，哪里会有那样的哨子。"那大哥不信，毕矮伢脑袋想了三想，眼珠子转了三转说："那你就等着看吧！"

大家坐在一旁抽旱烟，突然听到毕矮伢大喊："肚里痛，肚里痛。"大家过来一看，只见毕矮伢面孔蜡白，冷汗直流。就问道：

"小子怎么了？"

"我小肠气痛又犯了。"毕矮伢说。

"哼，还做不做两头哨子了？"那个大哥取笑他。

"我得归家去，我得归家去。"毕矮伢说。

"去吧去吧。"那个大哥说。

毕矮伢走回村里。转过一个屋角，就跑了起来。一口气跑到跟他一起摘柏子的大哥家。大喊："嫂嫂哎，嫂嫂哎。"大哥的老婆从楼上下来，毕矮伢"哧"一声在心里笑开了，却苦着脸说："嫂嫂哎，不幸啊，大哥摘柏子从树上跌下来了，快没气了，我回来背块门板去把他抬回来。"说完背起块门板就走。那嫂子看看毕矮伢脸色蜡白，气喘吁吁的样子，已信了八分，毕矮伢走后，便"哇"一声哭开了，边哭边三步一跌向摘柏子的地方跑去。

再说毕矮伢背着一块门板，飞似的跑到大哥面前，气喘吁吁地说："大哥大哥，不好啦，不好啦，你家火烧了，大嫂子不知哪去了，其他东西抢不出来，我只抢出来一块门板，跑来告诉你。"大哥听了，真如五雷轰顶，呆呆地朝村里看，果然黑烟滚滚，原来村子里一户人家正在烧草灰，便信了。"哇呀"一声，大哭起来，便朝村里飞跑。跑出几步，村口转出老婆也哭哭啼啼的，连忙问："烧的咋样了。"老婆惊住了哭声，说："不是说……"一会儿就全明白了，两人眼睛都朝毕矮伢瞪过来。

毕矮伢嬉皮笑脸地说："啊……这就是我为大家做的两头哨子。"

大哥大骂道："格个贼操的东西，格只小畚箕，我敲死你算啦。"这时，毕矮伢早已逃得老远了。

毕矮伢买鸡子

有个倒卖鸡子（鸡蛋）的商贩，专门勒坑穷人。邻近几村的百姓都恨死他。大家商量着来央求毕矮伢呛呛他。毕矮伢想了一下说："好吧，看我呛他个小子。"

这天，毕矮伢打听到那鸡子商要到镇上赶集，就穿得阔阔气气，一大早就来到镇里的一个桥头等。一会儿，那鸡子商来了，毕矮伢迎了上去说："哎，客家，你这鸡子是卖的吧。"商人看见面前站着一个穿得阔绰的人，心想一定是个富人，是个好主顾，就说："嗯，是卖的，是卖的。"

"咋个卖法？"毕矮伢问。

商人说："我这鸡子论个不论斤，大个的两铜子一个，小的三铜子两个。"

"不贵，不贵，好，客家，你这一篮鸡子我全要了，你点点吧。"

"点哪里呀。"商人看看毕矮伢没带东西，有些犹豫了。

"就点这上头。"毕矮伢指指桥边的大石板。

"哎哎，客官勿要玩笑，这上头哪能放鸡子。"

"噫，你这客人也真不通气，大活人能让尿憋死？来，你蹲下，用手臂把石板圈成个圈，我把鸡子点到圈子里，不就好了吗？"

那商人本来一见富人就气短，不敢违拗，就蹲下来，双手在石板上圈成个圈。毕矮伢叼着烟袋，慢条斯理地点着鸡子，"一个、两个、三个……"，看到那人手臂里快满了，就更慢吞吞地这个摇摇，那个晃晃，嘴里不住地说："这鸡子不新鲜的，恐要坏……"快半个时辰了（一个小时）还没点完，那商人蹲得两腿发酸，一头大汗、手都麻了，说："客官，我求求你，快点行不行？"毕矮伢瞪他一看："噫，没见过这样的商家，买东西还不让人挑的……"仍旧慢条斯理地摇呀、看呀……

"哗……"一声，那商人终于扛不住了，松了手臂，一屁股坐在地上，那鸡子一个个扑通通滚到桥下溪里。

"噫……这是咋来？"毕矮伢故作惊讶，看看瘫在地上的恶商，盯了两眼，叹了口气，背起手，迈着方步走了。

偷妇的和尚和赌徒

王村的赵英死了丈夫，邻近山里的几个和尚看她年轻又漂亮，丈夫又不在了，顿起邪心，三番五次来缠她。她只好向毕矮伢求救。毕矮伢听了说："好，今晚，你如此如此就行了。"

晚上，三个和尚一起来到赵英家，正当赵英安排他们坐定，突然传来敲门声，这下可急坏了三个和尚。当地风俗，夜里若碰上和尚、道士跟妇人在一起会被人打死的，何况是在寡妇家。赵英也装着很着急,说:"三位师傅,我家有个大谷柜子,刚好三个格子,师傅们先委屈一下,在里面躲一躲,倒比较合适。"那三个和尚此时也顾不得许多了,一听谷柜里可藏,便马上跳到谷柜里,又把盖子盖好。

赵英开门,进来的是毕矮仂,赵英故意大声喊:"啊呀,是表哥呀。"毕矮仂说:"唉,别提了,这会做生意亏了本,差点讨饭回家了。今晚上想在这里住一个晚上,明儿就走。"赵英说:"这……"毕矮仂大声说:"不碍事,我就在谷柜盖上躺一会儿,你去烧点热水,我洗洗,吃完饭就走。"赵英去烧水,毕矮仂躺到谷柜上。

那三个和尚跳进柜子后,只觉得什么东西扎得慌。原来这柜底放了一些八角刺。因此和尚在柜子里坐又坐不下,站又站不直,窸窸窣窣不断发出响声来。毕矮仂躺了一会儿说:"赵英,你家这谷柜里还有没有谷,怎么那么多耗子,腾腾通通地作乱。"赵英说:"谷子没了,还剩些谷脾子,耗子正常有的。"毕矮仂说:"来,你盛桶开水来,我浇死它。"赵英挑了两桶开水来,毕矮仂打开柜盖就浇了下去,可怜三个和尚在里面闷了半天,那禁得住这样滚烫的开水,全烫死了。

赵英一看惹出人命来了,又怕又急。毕矮仂说:"你不用急。"说着走到街上,正好碰上一个从赌博场出来的赌徒,看样子准是输光了钱。毕矮仂凑上去说:"伙计,干件事,给你五两纹银。"赌鬼红着脸问:"什么事?""你不用管,五两银子,反正不叫你去杀人,干不干?"赌徒正没钱,就答应了。毕矮仂把他领到赵英家,说:"一个和尚作恶,死在这里,你把他背到村外溪滩里丢了,再回来吃饭,再给你银子。"赌徒说:"这个容易。"背起一个死和尚就走,丢到村外大溪滩里,就回来了。这里饭已盛到桌子上,赌鬼坐到椅子上,正准备吃饭,脚一摆,刚好碰在什么东西上,低头一看,桌子下一个死和尚,赌徒惊叫一声,毕矮仂跑过来说:"怎么,你没丢了?"赌徒说:"我明明丢了,莫非他又跑回来了?"毕矮仂连忙说:"对对,我就听人说和尚死了,不比常人,会有许多奇怪事的,或许他真的跑回来了。你再丢一次,反正天还没亮,一定要看着被大水冲走才完事。"赌徒没法子,只得又背起死和尚,丢到村外大溪滩里,看着和尚被水冲走了,然后飞跑回来。一跑到家门里,连忙关上门,结果一关上门,从门后倒过来又一个和尚,赌徒吃惊地说:"好和尚,没想到你比我跑得还快!"只得又背起来向外去,这时天灰蒙蒙地快亮了,赌徒跑到村口一个茅坑边,想了想,就把和尚朝茅坑一丢,只听里面"哎哟"一声,赌徒一看,一个满身粪便的秃子站了起来,连忙冲上前去,大喊一声:"死和尚,你还想跑啊。"一边喊一边把那秃子按到茅坑里,又用手紧紧按住,那秃子挣扎了一阵就不动了,这时外面有人大喊:"出人命咯,出人命咯!"赌徒回头一看,几个后生正朝自己冲来,拔腿就跑。这些后生们紧紧追赶,一直追出村子。赌徒再也没敢进村。

天亮后,局子里来人,发现四具尸体,三个和尚,一个是烧饼铺的光头老板。二个在水里,二个在茅坑里。原来那赌徒朝茅坑里丢和尚时,早起的烧饼铺老板正蹲在那里出恭(大便),忽然"腾"地一声,他吓了一跳,喊了声"哎哟",溅了一身大便,站了起来，赌徒误以为这和尚又跑上来了，就把他按到粪坑闷死了。

局子里发了封通缉文书，要抓那个赌徒。几年后，也没抓住那赌鬼。其实，那局子办事本来就不用心，几年后就把这件事搁起来了。那赵英和毕矮仂倒跟没事人一样，照常过活，别人一点也不知道他们干的事。

打　赌

毕矮仂和几个年轻后生上城里去。半路上看见前面走着几个年轻姑娘。一个同伴说："毕矮仂，你看前面走的几个姑娘多漂亮，要是你能摸摸她们的身子，做个叭（即接吻）我们算服你有本事。""真弗格？"毕矮仂说。"当然真的，你要摸得来，做得叭，我们到城里请你吃酒吃肉。我们还帮你阿叔家做活，你在田塍上坐坐好了。"毕矮仂说："说话要算数，不许赖口。"说完，他走出十几步，就故意跑得很快。气愤愤地挡到姑娘面前说："哼！哼！你们今天总算被我抓到了。没得客气啦，你们在后面路边把我家橘子，边摘边吃，还放些袋里，快点拿出来，没客气说了！"几个姑娘被他这一喊，早已经面孔吓得铁青，都说着："不是我们，不是我们，恐怕你看错了。""哼，我是亲眼看到的，你们还不认账！你们肯让我搜搜吗？"几个大姑娘齐说："那最好，你搜好啦。"接着他就在这个身上摸摸，那个身上摸摸，几个姑娘身上一个一个摸遍了，摸得很仔细。就说："身上是没有，那肯定都让你们吃完了，我要品（闻的意思）一品你们的嘴巴，吃过橘子的嘴巴我品（闻的意思）得出的，让我品一品才行。"姑娘们虽然害羞，但为了证明自己身上没橘子，也没吃过，只好让他摸又让他闻嘴巴。毕矮仂接着就在这个姑娘嘴巴上一品，那个嘴巴上一品。品完了，说："吃是吃过的，不过我已拿不出赃证，没办法，算是便宜你们了。"他边说边一摇一摆地走开了。姑娘们逃也似地走了。

几个小伙子站在后面看得清清楚楚，等毕矮仂走来就说："嘿，毕矮仂，十八力（很有本事的意思），真当十八力！这回服你了。到城里请你吃酒吃肉好啦。"

他们一边走着，说说笑笑来到兰溪西门码头，走到街上，原来城里很多人都认得到他，只是毕矮仂认不到大家，所以这边店里就叫了："毕矮仂，今日侬到城里来嬉戏啊。"毕矮仂装着没有听见。又走了几步，对面店里的一个小伙计又在叫了："毕矮仂，呵，今日介早就到城里来，要买点啥东西？"他听这里叫他毕矮仂，那里又叫毕矮仂，心里早已不耐烦，看也不看他们一眼。又走了一段路，店里那些人又在喊啦："毕矮仂，今日介难得，到城里来戏计啊，噶两日做啥生活啦？"毕矮仂回答说："噶两日交关忙，在悟里（家里）索绳。"店小二又向他说："日日索绳，要索介多噶绳，啥事够用格啦。"毕矮仂说，"索绳分鱼，青鱼乌芝（草鱼，都是好鱼）分到绳（城）外去，那些怂鱼头（即包头鱼，乡下人眼中最差的鱼）统统索在绳（城）内。"店内那些人听了，面面相觑，没有答话。

我叫"刚刚"

有个算命瞎子，专门算命骗钱。毕矮仂很恨他，就想着办法整整他。

有天傍晚，毕矮仂看见瞎子一个人在路上，就迎上去说："算命先生，天要黑了，还不歇夜。"

"嘿，我想到前面再歇，天黑不黑对我不要紧。"瞎子说。

"近处有个庙，我是庙里打水扫地的脚夫。平常我听人说过先生，如果不嫌的话，跟我去歇一夜，顺便给我算算命，好不好？"毕矮仂说。

瞎子一听说："那也好。"就随毕矮仂来到殿里一张案几上睡了。瞎子问毕矮仂："你不是要算命吗，叫啥名字，生辰年月报来。"

毕矮仂说："我妈叫我刚刚，今年廿三岁，八月初一生的。"算完命，就睡觉了。

第二天天还没亮，毕矮仂就来到正殿上拉屎，一泡屎拉得东一点西一点，拉了个满地。拉完就自顾自跑了。

天亮后，小和尚起来扫殿，看上殿上满地臭粪，一听殿后还有呼噜声，走近一看，原来睡着个人，心想这粪一定是他拉得，横起笤帚柄（竹笤帚）就打。瞎子"哎唷哎唷"被打醒，大叫"怎么打我？谁打我？"小和尚边打边骂："哪来的恶狗，在殿上拉屎，快用嘴吃了。"

瞎子一听，明白了。想起临天亮，"刚刚"起来过，肯定是他拉的。就大叫："不是我拉的，是刚刚拉的。"小和尚一听更气了："还管以前拉的，刚刚拉的，你给我吃了，恶狗。"

瞎子凭空遭了一顿好打。

装　狗

毕矮仂给地主冯员外家打零工。恰好这个地主家丢了一只看仓门的狗。冯员外大发雷霆，怪毕矮仂没看好这条狗，到县里告了一状。说毕矮仂帮工不用心，致使主人家丢了东西。按理丢什么，赔什么。可是这看门狗却不好赔。买小的看不了门，买大的在生地待不住。员外心想，丢了狗那就叫他装狗，看守仓门。糊涂县官竟然准了状。从此，毕矮仂白天在地里干活，晚上坐在仓门前代替狗看门。

有一天晚上，毕矮仂实在累得不行，困着了。恰好又在这天晚上，给冯员外拉车的马被人偷走了。冯员外又到县里告了一状，说，马丢了，就得叫毕矮仂装马。员外外出，就得拉车。县官又准了状。毕矮仂这个气呀，可是没处出气，他默默地等待机会，报复这个恶员外。

有一天，员外去外地进香。毕矮仂拉着车。回来的时候，天黑了。毕矮仂想，好，机会来了。他把车拉得很慢很慢，来到一处荒野，毕矮仍突然把车停下了。员外催着他快走，他靠近员外，指着不远处一个黑乎乎的东西说："员外，不能走了，你看前边矮山下蹲了黑东西，不是老虎就是野猪。再走几步，他就会发觉的。幸亏我看见得早，不然，我们今天都得送命。"冯员外朝前面看了看，果然看见有一只老虎形的东西，好像还一动一动的。这可吓坏他了。他哆哆嗦嗦地问毕矮仍怎么办，毕矮仍故意说："这就看老天爷了。看来我们两个平时作恶太多，这回得喂老虎了。"冯员外一听这话更害怕了，他自知自己平时作恶太多，以为这回遭天报了。急忙拉着毕矮仍，要他想办法。毕矮仍装着为难的样子说："办法倒是有一个，只怕员外不肯照办。"冯员外一听有办法，连忙又磕头又流泪地装出付可怜相说："一切照办，一切照办。"毕矮仍说："老虎最怕狗叫，因为有狗叫，后面就一定跟着带枪的猎人。所以，一听到狗叫就会跑走的。我们现在只好趴到地里装狗叫了。"冯员外为了活命，也顾不得其他了，一听完就趴到田里"汪汪""汪汪"叫了起来，还尽量使自己叫得像一点。毕矮仍趁员外叫得欢的时候，回到车上拿了员外的包远走高飞了。

天亮后，员外一看，哪里是什么老虎，原来是一段被雷劈去了顶的老乌桕树。再看看毕矮仍也不知到哪去了。只留自己一个人在原野里。这回又没熟人，又没钱，只得自己当马把车拉回去了。

四、其他类

"屋漏"可怕
（叶汝松记录）

很早以前，兰溪郊区有父子两人睡到半夜，被一阵阵大雨声吵醒，连忙起床。儿子对父亲说："阿爸，我们家刚买的那头小黄牛就关在边上那间破屋子里，如果老虎趁雨夜下山来偷吃小黄牛怎么办？"父亲对儿子说："老虎倒不怎么可怕，屋漏才可怕呢！"这时，正好有一只老虎钻进他们家院子，准备偷吃小黄牛，走错了地方，走进了正屋。听到这家主人说"老虎不可怕，屋漏才可怕"，心想："屋漏"是什么东西？会那么厉害？竟然使这家主人不怕我而怕它？想了一阵，自言自语说，"这屋漏肯定很厉害，不然，这家人不会那么害怕，要是让我碰上屋漏，我可就要倒霉了。"这时，又听那位父亲说："老虎来了，有棍棒、斧子好打它，如果屋漏，这黑灯瞎火的，可就没法子了。"老虎越听越害怕，刚退出正屋门想逃跑，就看见一个毛茸茸的庞然大物闪进院子大门。老虎一紧张，心想："莫非这就是屋漏？我真要倒霉了。"连忙躲进旁边一间没有门的小屋，这正是关小黄牛的破屋。

原来，进来的是一个本村的小偷，他知道这家主人刚买了一头小黄牛，就关在正屋边上的破屋子里，他想趁雨夜来偷。就穿上蓑衣，戴上笠帽，直奔这间破屋。老虎从来没见过这么又扁又大的头（戴着笠帽）和这种毛茸茸的身躯（穿着蓑衣），以为是屋漏，吓得缩在一个角落里。小偷进屋后，由于太黑，他只好边走边摸，刚好摸到缩在屋角的老虎，以为是小黄牛，就两手死死抱着老虎头找牛绳，结果摸了几遍都没摸到牛绳。心想："果然不出所料，这小黄牛还没长角，也没穿鼻穿绳。幸亏我早有准备。"就从怀里拿出一把锥子和一根绳子，用力抓住老虎鼻子（以为是牛鼻子），拿锥子就扎，连扎了好几次。老虎痛得脚乱跳，可就是不敢叫。心想："哎哟，这屋漏太厉害了，看来我今天要没命了。"那小偷把老虎鼻子刺穿后很快穿上牛绳，翻身骑到虎背上，又用锥子在老虎屁股上刺了几下，老虎痛得一步跳出门外，"蹬、蹬、蹬、蹬"死命跑了起来。小偷拼命拉住缰绳想慢一点，老虎就是跑个不停。小偷恨得拿锥子使劲扎，老虎又疼又怕，更加死命跑呀跑呀。也不知跑出了多少路。天渐渐亮了，小偷猛然低头一看，发现自己竟然骑在一只老虎身上，差点吓破了胆。急急忙忙跳到路边的一棵树上，紧紧地抱住大树。

老虎看到屋漏跳到树上，便飞也似地跑回了山上。其他的豺、狼、虎、豹都凑了过来，看到这只老虎全身是血，一副惊恐的神情，都急着打听是怎么回事。山里的其他动物像猴子、狐狸、山兔、山猫等等也都凑过来看好奇。这只老虎就把它如何想趁着雨夜到山下一个村子里觅食，碰到"屋漏"的经过说了一下。它还发抖着说：这"屋漏"的头又扁又大，比我们这里哪个兄弟的头都要大。它全身毛茸茸，它的毛比我们哪个兄弟的毛都要长。最可怕的是它的嘴，又尖又长，咬来那个痛啊。你们看，我就是被"屋漏"的尖嘴咬得全身都是血。大家都觉得从来没听说过"屋漏"是什么呀？原来这么厉害，这么可怕！千万别让我碰上呀！特别是小动物们更是吓得都要瘫在地上了。但也有几只年轻的豺、狼、虎、豹血气方刚，表示想下山去看看"屋漏"到底什么样子。大家七嘴八舌吵了一阵子后，虎大王发话了："我看啦！我的虎兄弟在这一带山乡也算是厉害的。还没碰到过对手。它都伤成这样了，可见这'屋漏'肯定很厉害。我们不能轻敌，不能轻举妄动。"停了一会儿，虎王接着说："我看这样，我们分两拨行动。让我的虎兄弟和猴王先在前面打探情况。虎兄弟不是说那'屋漏'跳到树上去了嘛，猴王最擅长爬树了，就让虎兄弟带着猴王先去打探情况。我亲自率领其他的动物兄弟随后跟上。准备接应。"受伤的老虎虽然不太情愿，但虎王发话又不敢不听，猴子更是不敢违抗虎王号令。只好跟受伤的老虎先行出发了，虎王率领动物大军相隔一里跟在后面。

再说这只受伤的老虎心里很害怕再遇上"屋漏"，只是不敢违抗虎王将令不得已出发的，不一会儿，就看到了"屋漏"跳上去的那棵树，远远看去，毛茸茸的"屋漏"还在树上。原来是那个小偷天亮后看清楚自己骑在老虎身上，吓坏了，很长时间没缓过神来，加上树太高，还没力气下树呢！

老虎看到"屋漏"还在，差点吓破了胆，心里一直在盘算着怎样才能不丧命。想了一会儿，就对猴子说："我看还是你先过去看看，我在这里等你。"猴王也不是傻子，它知道老虎怕死才把它推到前面。就说："还是一起去吧，好有个照应。"老虎生气地瞪了猴王一眼，说："要不，这样。你在前面，你的腿上绑一根藤，一头绑到我腿上，你要是有什么不对就叫，我听到叫声，就拉着你跑。兄弟我绝对不会丢下你不管的。"猴王害怕老虎，只得答应。老虎蹲在原地，猴王绑好长藤后慢慢来到树下，绕着树看到树上的"屋漏"确实是头又扁又大，全身长长的毛。它想看得清楚一点，就开始爬树。这时，那树上的小偷吓得尿都出来了，刚好滴下来的尿落在猴王的眼睛里，猴王觉得难受，就"吱"叫了一声。藤的那头蹲着的老虎一听到猴王叫声，掉头就跑，速度那个快呀。猴王被快跑的老虎拉着腿，身体乱撞，身上撞痛了，就不停地叫。吱——，吱——，叫声越来越急，越来越惨。老虎听得越来越害怕，就跑得越来越快。后来，猴王的叫声停止了，老虎都没觉到。一直跑到虎王率领的动物大军面前才停了下来。上气不接下气地对虎王说："不，不不，不得了，'屋漏'太厉害了。我们打不过。"虎王连忙问："猴王呢？"老虎回头拉过长藤，只看到一只猴腿还绑着。说：猴王被"屋漏"吃了。这下把其他动物都吓坏了。虎王心想，这猴王平时也算是蛮厉害的，没想到竟被可怕的"屋漏"咬得只剩下一条腿。就说：看来这个"屋漏"实在太厉害了，我们还是撤回山上吧。大家都表示同意。纷纷掉头逃回山里去了。

再说那个在树上的小偷，总以为这回自己要没命了。没想到猴子和老虎又往回跑了，就连滚带爬地下树，逃回家去了。从此以后再也不敢偷东西了。

土曲酒醉倒八洞仙
（叶运昌整理）

相传有一年，八洞神仙云游到了大慈岩，见了如此凡间仙境，赞叹不已。若不是地藏王、观音大士捷足先登坐了正殿，真想留下来不走了。游玩多时，看看时辰不早，众仙计议，当夜在陡峭如壁的香亭山巅建一座石亭留念。一可供游人歇息避雨，二来点缀此处景色。

"叮叮当当"的凿石声传入香亭山，遥遥相对的地藏大殿，惊醒了寺内高僧。当他得知是八仙在造石亭时，高僧十分感动，连忙派了个小和尚，挑了两坛白下叶村（今新叶村）施主送的土曲酒给八仙送去。

白下叶土曲酒是一种民间秘方和特制方法所酿制。其味、其色、其口感均属上剩，但你会不知不觉中醉到。

再说八仙初来乍到，不知底细，加上自恃酒量无比，不论天上之间，不论什么好酒，再喝也不会醉倒。因此谦让一番，便你一碗我一碗地开怀痛饮起来。铁拐李、吕洞宾平生尤爱这"杯中之物"，边饮边呼："好酒好酒。"谁知一坛尚未见底，这八洞神仙便个个酩酊大醉，如同吃了"瞌睡虫"一样，呼呼进入梦乡。这一睡直睡到金鸡报晓时才醒转过来。但都感到精神更好，精力更充沛，没有那种酒醉疲倦的感觉。更觉这凡间土酒赛过天庭仙酒，让仙家回味无穷，恋而忘返。无奈，因要在天亮以前赶回天庭，众仙来不及把亭上最后一块石板放正，就匆匆地离去了。直到如今，那块石板仍斜置着，穿空漏天，风雨相通。

因酒醉误事，八神感受到十分惭愧。尤其是铁拐李、吕洞宾最贪杯，也醒得最迟。他们直呼"惭愧，惭愧！"并说此酒连神仙都要醉倒，真是凡间奇酒啊！因而新叶的土曲酒又有了醉八仙的雅称。

土曲酒的传说
（叶运昌搜集整理）

新叶大曲酒（又名土曲酒），至今已有八百余年的历史。

此酒采用当地的一种野生植物蓼草做药引，用当地农家特有的纯香糯米和特有的玉华山泉水酿制而成。此酒色如琥珀，其味醇厚芳香，余味悠长，口感极佳。常年饮用，活血解乏。强身健体，但不能贪杯。曾经不知醉倒过多少慕名而来的文人墨客，豪杰壮士。

说起此酒的来历，却有一段神奇的传说。

传说八百多年前，玉华叶氏始祖叶坤的岳父，夏氏家族就住在玉华山下。村中有一农夫，每年夏天都要到玉华山后的里八岗开山种粮。他天不亮进山，日落天黑回家，带的是妻子做的米饭，而每天中午，都在山上的一个流有涓涓泉水的小水潭边用餐。有一年，久旱无雨，粮食歉收，农夫家中无米。妻子为让丈夫进山种粮，将家中仅有的两斤糯米做成糯米饭，让丈夫带上山去充饥。因天热，农夫怕米饭变质，在小水潭边拔了一把野生蓼草垫在小水潭里，将蒲包装着糯米饭搁在上面，再拔一把蓼草伏盖在蒲包上面。

因天气闷热，农夫劳作一段时间后，突然中暑，生起病来。无奈只好匆匆回家。谁知这一病却病了七八天，直到十多天以后才恢复体力。再次进山劳作。当他走到离劳作处还很远时就闻到一股浓浓的酒香味。开始他还误认为是什么野花的香味。他循着香味寻去，当他走到小水潭时才知酒香味竟来自小水潭。他很觉奇怪，拎起那一蒲包的糯米饭。糯米饭已经发酵，成了一小撮饭渣。再看那小水潭，因久旱无雨，那一涓泉水已经断流，潭中的水已经很少。水中已经变成琥珀颜色，他捧到咀里一尝，其水已成水酒，其味酒香醇厚。虽然带有一些辣味，但口感不错。

回家后，他将奇怪现象告知妻子，妻子也觉奇怪。但她长年在家饲养生猪，蓼草也曾割来喂猪，可当草料。虽然辛辣味苦，但并无毒性。如果此草真能发酵，那它可用于酿酒的药引。为此，两夫妻经过再试后，确定蓼草能做酿酒药引。酿出的酒其味虽香，但辣味太重。为了减轻辣味，两夫妻又用蓼草浸出的水拌以曲粉（不去麦麸），待其发酵后晒干研粹，再拌入糯米饭。这一次酿出的酒终于没有了辣味，成了非常好喝的农家水酒，他们将此酒叫做土曲酒。自此后酿制此酒的方法在村中传开。后来经过了不断的改良，土曲酒终于成了玉华山一带特有的农家美酒。为了此酒的酿制方法不外传，他们虽然年年酿制此酒，但从不出卖。成了规矩。

夏氏家族因瘟疫败落，少部分人外迁。玉华叶氏始祖叶坤从寿昌湖岑迁来玉华定居，土曲酒的酿制方法被承传下来，但也不出卖。酿酒的目的一是招待宾客，二是自家饮用。因此，新叶土曲酒至今仍在玉华山一带的几个村子流传，始终没有进入市场。是一种鲜为人知的民间美酒。

童梅仂败家
（叶汝松记录）

很久以前，兰溪县城里出过一个叫童梅仂的人，他家原来是邻近几县出名的大富翁。因家中人口稀薄，无兄弟姐妹。所以自他出娘胎，父母爱他的程度无法形容。童梅仂从小性格古怪，不学正经，看着家里金银财宝很多，他觉得不满，因父母爱惜他，只要他欢喜的东西，不管是金银财宝还是其他贵重的东西，只要能办到，都是百样百依，使他无意中嘻嘻玩玩，养成了习惯。到五六岁时，他就会做一些败家的事情了。

童梅仂的脾气与众不同，挥金如土，而且不讨别人喜爱。他上街去玩，不喜欢穿好的衣服，穿件宝贵的衣出去会和别个穷孩子换来一身破衣服，他心里才痛快。六七岁时，只要出门跟孩子游戏，就把银子乱丢乱送。

有一次，他上街游玩。身上带了两个五十两银锭（银元宝），用绳子吊起，用一块小棍子挑着玩。玩烦了，看见两个乡下进城挑粪的农民，挑着二担尿粪到他的面前，他随手"咚""咚"两下把二个元宝用尽力气丢进二人的尿桶里，当时尿粪溅得一塌糊涂，臭气难忍，两个农民大发脾气，大骂："你这个小畚箕啦，短命死啦，三年活二岁啦，有娘生没娘教啦。"大骂一顿。这时他咧着小嘴，嘻着笑着跑走了。二个农民挑到地里，倒掉尿粪。发现两个疙瘩，一看，哈，原来是两个元宝。心想，世上哪里有这样的事呢。莫非是童百万的儿子吗？别人哪有这样多的银子。要不，是天赐我们的罢，真是高兴极了。两个农民不声不响，过了几天，又进城挑粪，快要挑到上次的街上，路上又碰到这个孩子了，好像他袋里挂着二块石头一样的东西，沉沉的，跟在二个农民背后，忽然，又听到"咚""咚"两下，这次两个农民心中有数了，肯定是小孩把元宝丢进尿桶里了，农民喜极了，默不作声，而且还朝着这孩子笑笑，挑起尿桶担走了，走了几十步，这小孩子竟跟来了，把二人拖住，说他有元宝丢在他们尿桶里，结果一定要捞回来才算哩。童梅仂的一辈子的行为都是这样奇怪，专门讨人家骂，不要人家欢喜。

后来童梅仂渐渐大了，他那败家方式更多了，讨了老婆之后，他父亲以为他会收敛变好，但他却变本加厉。就这样过了几年之后，他父亲患了急性病，临死前，叫来了儿子，吩咐说："你什么都可以败掉、送掉，只要能把家中那个茅坑粪池留住。还有千万不可把你妻子卖掉。你的妻子她身带财神，你败掉一千，她能挣回八百。过过日子总没问题。"童梅仍没说话，他父亲很快就死了。

童梅仍根本不听父言，先把粪池卖掉了，原来粪池是用金砖砌的，童梅仍不知道的。又接着把妻子卖掉。他妻子临走时，骑着一匹马，对马说："马啊，你跟我多年，我今天要听你了，你跑到哪里我就到哪里歇好了，由你吧，我们走吧。"结果，马沿着兰溪江走了一天，来到马目后面的山坞里停下了。她下马一看，只有一户茅棚，走进去一问，只有一个三十上下的男子。她心想，在这里借宿又不怎么好，怎么办呢？这位汉子说了，你这位嫂子，天快黑了，这里无人家的，在我家宿一夜没要紧的，明天再走吧。他的态度、行为、说话都恭恭敬敬，很有礼貌。童梅仍的妻子想：天又黑了，别无办法，只得借此宿夜了。这汉子客客气气，只是很穷，没好吃的，也没好床铺。这一夜，他只好把自己的床给她睡，他自己只得睡在灶膛边的茅草堆里。第二天，她对他问长问短，看见他家里很穷，但是举止说话都忠厚老实。她就拿出五两银子，送给他叫他买点吃穿东西，作为感谢。他接过手来一看，瞪着眼呆住了。开口说，你这样的银子如果好用，我的屋后山坑里堆着很多呢！都是一些亮晶晶的石头吧。她听了感到不相信，说："你去拿些来给我看看。"过了仅一小会儿时间，男子就装了一袋回来，手上还拿着几块，跑回来给她看，她一看，哈哈，真的是银子！

原来是附在她身上的那个财神，因为她要离开兰溪前就把她的财气带到这里了。从此以后，他们两人就配成夫妻，相敬相爱，造田造屋，办这办那。后来。他们离开山上的茅棚，住到严州城里去了，成了一个大富户。夫妻恩爱，很顺利地生下子女。而那个童梅仍呢，经过数年后，家中败得精光，丝毫不留。到处讨饭，住凉亭宿庙宇，东游西荡。

有一次，童梅仍的妻子在严州得到消息，知道童梅仍穷困潦倒，到处讨饭，已吃尽苦头，近来讨饭来到严州近处。她就想设法救他一把，以尽自己和他有过夫妻的情义。她就想了个办法，向外传出去说，严州人搭架施舍，会给每人一碗粥，两斤白米，目的是好遇见童梅仍，以便赠给他一点钱，以免再去讨饭求乞，好守本分度过余生。但这个倒霉的童梅仍，硬是没这个福气。他第一天到得太迟，排在最后面，结果施到他已没有东西了。第二天，他很早就来，排在最前面，结果这天，施粥的人从后面开始，施到他又没有了。第三天，他来得不迟不早，排在中间，而施主这天改从两头一齐施了，给过两头，施到中间，还差几人的粥和米不够，还是没有施到他。童梅仍的老婆想想有些不信，她另想了个办法，将几根金条做在三个苞米粿里面，交给侍女，对她说，你去找，我就在你身后，看见那个童梅仍的时候你把粿亲手送给他。童梅仍得到这三个粿之后，按理他这辈子就不用讨饭了，不料这个倒运的童梅仍竟将三个粿和别人换点其他吃的东西，转送给别人了。童梅仍的老婆就不再理他了。后来，童梅仍死在讨饭的路上。好心的人用一床破席子把他埋了。直到现在，兰溪一带的人骂败家子都还会说:"你这个童梅仂!"死后都给人骂,真是不值得!年轻人千万别学童梅仂的样子,要勤劳节约,就会过好日子。

三个女婿祝寿
(叶汝松记录)

从前,兰溪郊区有个富翁,有三个女婿。人人都说两个大的女婿不但家里有钱,人又生的十分玲珑聪明。但是他们两个人说话奸刁,欢喜吹牛拍马屁,奉承讨好,看不起一般的人。两个人臭味相投,十分亲密要好。小女婿外表愚笨,其实他不过是为人忠厚老实,家里比较穷,性格又硬,不欢喜吹牛拍马。其实他肚子里的才智要比两个大女婿聪明得多。

一天,富翁做六十大寿,亲戚朋友无不前来恭贺奉承,两个大女婿已经早日来到,帮丈人迎客收礼,说话玲珑,礼貌很周全。因此,众人无不称赞。而小女婿当天才到,丈人因平时不大欢喜他,也就不来理会了。当天傍晚,酒席开宴还早,丈人坐在椅子上。客人多数来到时,他便叫来三个女婿和三个女儿,一齐站在自己面前,心想要试试他们究竟谁最聪明,也就是要听一听他们的奉承好话,三个女婿和三女儿都已来到他的面前。

富翁指着大女婿说:"你先说吧,你看我的寿有多长?"大女婿心想怎么回答呢,接着只得回答说:"丈人的寿像路一样长。"富翁一听,心里感到很欢喜,认为路是走不到尽头的,所以是很讨彩的。

接着他又问二女婿:"你说说吧,丈人的寿有多长?"二女婿想了一想,回答说:"丈人的寿像线一样长。"富翁听了后,心想,也是很讨彩的。

接着又问小女婿:"你也说说,丈人的寿有多长。小女婿很快就很响亮地回答说:"丈人的寿和我的吊(男人生殖器)一样长。"丈人听了,大发雷霆,两脚踹到他身边,打了两个巴掌。骂道:"你这个畜生,今天还要来打我彩头!"

这时小女婿被打得面红耳赤,想想又不好和丈人争吵。此时,大女婿和二女婿站在后面,也跟着丈人骂他,什么呆女婿,又骂他不像畜不像人等等。这时,他的妻子听听气极了,她走到父亲身边,和和气气地对父亲说:"爸爸,你不要以为姐夫他们说的对,依我看来,他们说的都不吉利。你想想,路有困缺,线有线结,所以都要中断的。只有我丈夫说的吊能发子旺孙,世世代代,永远接续。你再想想,到底谁说得讨彩,谁说得不吉利呢?"父亲觉得也有几分道理,也就不响了。

晚上,酒菜上席了。亲戚朋友坐满几桌。三个女婿坐在一张桌上,大家猜拳敬酒,十分热闹。大女婿和二女婿奉承丈人满口连珠,得意洋洋,很看不起木讷的小女婿。二人你瞪一眼,他瞪一眼,并不理小女婿,只顾自己和别人敬酒谈天,吹牛拍马,狗落粪缸似的大吃大喝,闹到半夜。小女婿呢,心中不乐,也吃不下酒菜。虽然他们不来理会，他也满不在乎，坐着在想，你们两个摆什么架子，还不把我当人看待，你们这种无耻下作的举动我真看不惯，怎能算得是什么有钱人、知识人、聪明人！大女婿和二女婿都已吃得大醉了，还在哼五嘿六。但是小女婿并未吃点什么东西，只随便吃一碗饭充饥，就站起身来，说了声众位少陪了，就一人离开酒席睡觉去了。过了一会，两个姐夫醉醺醺摇摇摆摆也来睡了，他们恰睡在同一间客房里，内外两个床铺，小女婿已睡了一铺，还有一铺不用说他两个同铺了，刚睡下就哗哗吐得一塌糊涂，吐了一阵后就像死猪一样地睡去了。这时小女婿因心中不快乐，总睡不着，看见他两个这般样子，真不是人。还要骂我不像畜不像人。他就爬起来把他们的棉被打开一看，他两人屁股对屁股睡在一头，死猪一般样，一想，计上心来，要消消我今天被你们轻视欺侮的气。到屎桶里捞来大粪，倒在二人的屁股后席上，又把他们棉被盖好，自己睡觉去了。快天亮了，二人醒来转身，两个屁股都被大粪粘得一塌糊涂，当然臭气难闻，两人点灯一看。二姐夫心里以为是大姨夫吃了太多东西，拉肚子了。而这个大姐夫也以为是二姨夫吃坏肚子，泄成这样。两个人你怪我我怪你，争了好久无人承认，这时小女婿装睡不响，其实都快将笑出声来。听他们已在争了，他爬起床来还装模作样的，问他们说："二位姨夫，你们有什么事啊？"这二人知道这事反正已瞒他不了，一齐对他直说，并且小姨夫长小姨夫短地央求，让他帮助想法瞒过这场太倒霉的事，给点面子，永不忘恩。小女婿就开口说："二位姨夫，你们原来是这样的人啊，还要骂我不像人是畜，老实讲，我还有面子给你们，想把在这大的场面上瞒了过去吧。不过你们要依我办到，二人一齐得把粪吃掉，但是我也知道真正吃掉是难的，但是也要把嘴凑到粪上做个样子给我看，我就会把你们瞒过去，否则，我就要喊起来了，给这样多的亲戚朋友来看看，而你们以后怎样做人啊。"二人想着这一关恐怕是不会过了，二人实在无法了，只得依他了。哈哈，两个有钱有势，又被人称之玲珑能干的相公，怎会这样呢？因此两人自己越想越不服气了，互相气愤愤地瞪着眼睛，就差相互打起来。坐到天亮时，大的想，这样的臭气，怎么办。站起身走了要回家，第二个起身也很快走了。他们那个老丈母听说两个女婿都要走时，很快地赶上去，口里喊着说，今天要散席的，你们散完席再走吧！他们两个听了，以为老丈母已经知道了，才赶来叫他们二个回去晒席子。所以逃得更快了。接着后面老丈人大喊着，你们这样怎么行啊，一定要等散席的，你们等散完席再回去啊！两个女婿跑得更加快了。最后，只剩下小女婿留下来帮衬老丈人招呼料理散席客人。老丈人觉得还是小女婿孝顺。

陈老虎的豪光
（叶汝松记录）

几百年前，新叶邻村芝堰的陈老虎家里很兴旺，远近闻名，凡他要做的事，百事凑头，无不成功。他平时待穷人很好，专门凶那些有钱人。由于他脾气暴躁，但办事公道，威信很高，人人怕他敬他。芝堰村的南面有一条溪，就在过了溪的南面山边，有一座杨柳庙，离村只有半里路。庙的正殿供着杨柳老爷，是出名的灵。庙边有陈老虎家的田。据说，当时陈老虎正在时旺运济，他的额上有一丈二尺的豪光，为此，神鬼怕他。有一年，庙里的许多小鬼，背后要和陈老虎作对，在一天晚上，一些小鬼将乱石头丢满他家一田，使他家不能耕种。陈老虎看见了，呆站在田边没法，过了会，他自言自语说道："好，好。一块石头抵三担粪，我就怕是破草鞋和烂狗粪。"小鬼们听见了，当天晚上就把田里的石头搬光，将破草鞋、烂狗粪堆满一田。第二天，被陈老虎看见了，连忙叫家里人把田耕了一遍，种上一田最耐肥的毛芋，结果其产量超过往年三倍。又一次，他家要造花厅，要到庙前斫大树用，陈老虎带着烧纸和香，跪在杨柳老爷面前说："我要造花厅，在你庙前斫几棵树，你保佑我，同意我，请讨个信告。连讨了三个告，一个阴告，一个是阳告，最后一个二块都竖着，总讨不出一个信告，这就是菩萨不同意了。他就大胆地说："你是阴，我就是造花厅，你是阳，我斫树做大梁。你要是竖一竖，我就斫去做屋柱，总之是要斫去为止的。"后来，树斫好了，那天雇了二三十人给他扛树，扛到溪边坎上时，菩萨和小鬼都赶来了，准备暗算伤人，树被拖在那个地方，扛了很久，扛不过了，这时陈老虎在家听见，就跑去看，小鬼们看见陈老虎来了，豪光像电一样，马上逃得一个也没有了。后来，知道了这些小鬼原来都是那些平时专门跟陈老虎作对的装扮的，不敢公开，只好装神弄鬼的。

火 龙 衣
（叶汝松记录）

从前兰溪有个大财主，很富足。家里种着很多田地，雇着五六个长工，全家上下有二三十人吃饭。有一年十二月，快过年了，本地有个规矩，凡是长工到了十二月廿五日，财主就要叫长工停工，给他们吃一顿年饭，算清工钱，统统回家过年。这天，长工们吃过年饭后，财主就轮流着一个一个叫去上房算账。这时，其中有一个长工，名叫大明，因未轮到他，坐着心想，我有老婆和三个孩子，别人家都高高兴兴的办年货，走亲戚。而我呢，别说年货，连过年的米还没着落。家里的孩子们已经饿几天了。我自己今年又运气不好，在八月里生了半个月的病，后来才好了起来，就起早摸黑做活，到了今天，财主们已经挂灯结彩，而我还坐在这里。家里老婆孩了在饿着肚皮。唉！这个世道怎会这样不公平呢？他想着想着流下泪来。又想着快轮到算账了，我还有五十斤米的工资没有支清的，等一下东家来叫算账，我就把五十斤米支来带回家，过了年再向东家请求付上期吧（支付第二年的工资叫上期）。怎么办呢？孩子们总要吃的啊。坐了一会，有人来叫他去算账，他站起来走到上房。财主说，大明，你说说准备怎么算？大明说："我准备将五十斤米支来带回家过年啊。"财主说："哼。你倒聪明，我问你，你今年可生过病？十五天没有做生活，还记得吗？"大明说："这我当然记得。"

财主说："那么好了，我就算给你听，每天五斤算吧，半个月该75斤，除去你的工资里的五十斤，那你应该还我二十五斤。这样你总懂得吧？"大明一听，好像头顶打下天雷，嗡一下，险些人都晕了过去。因为大明本想把五十斤大米拿回去过年，现在被这财主如此一说，心里热了一阵又冷了起来，这才开口说："东家，我在八月里生病好了之后，我就起早摸黑。还加上我在月亮地里也做了两个多月的工，难道还顶不过我的十五天吗？"财主说："哼，你倒聪明，老实说，你吃了我的饭是给我做工的，不管是白天黑夜只要能做就是应该的，我雇你回来是长年（长工），你脱了我的工不应该扣吗？如果过年还帮我家做，我们还客客气气的话，那就算了，如果不这样，我还要你赔补米二十五斤给我。你脱我十五天工，每天你只做一斗田的生活吧，你就把一石五斗田给我少做了一遍，不说多的，被你害了每斗田少收二十斤吧，我就得要你赔出粮米三百斤，你算算好了，准备怎么办，你可自己决定。"大明说："东家你也太心黑了，有你这样算账的吗？你完全是在放屁，我就不承认你的做法。你这不是要逼我死吗？"财主说："你这小子死活与我何干？但少我的账就得承认还我。"就这样争了起来。大明心里想，他们有钱人竟如此狠心，我反正也活不下去了，我偏不示弱，和你拼个死活又怎样。这时财主大骂着说，你这小子再强再硬，就给你样子看看。随之走下来，给大明打了一个巴掌，大明也不相让，用力还了一巴掌。财主大叫着说："反了反了！来人，给我关起来！到他认账为止，不要给他吃饭，饿死冻死他。"几个身强力壮的奴才，把大明关在靠北面的一间破磨屋里。

这个磨房刚在修理，还未完成，没有盖瓦，因此风雪都能飘进来。大明被关在里面，身上只有一件旧夹袄，怎能受得了呢！到晚上，大明冻得已不能坚持，一看，里面有一副很好的腰磨，他想到自己凡在冷得狠的时候，就用力做生活，就会热起来，他马上就推起磨来了，推着转着，热起来了。休息一时，冷起来了，又推起磨来，就这样坚持着。临到天亮，推了一夜磨的大明实在累极了，就靠在墙边休息，很快睡着了。可他身上还热烘烘的，而且满头大汗。再说那个财主，他起床后，吃过健身活血又暖骨养神的补酒，手上捧着水烟筒，咕噜咕噜抽着水烟，一边跟管家说："你去看看，昨天那个穷小子冻死了没有，如果死了，你就叫人把他拖出去埋了。如果没有死，你就叫他认账。他还不认，你就把他关着，冻死他算啦。"这个管家奴才去到磨屋门口，打开锁轻轻推进门一看，觉得很奇怪，马上跑回来对财主说："老爷，我看这个人真不简单，我们去看一看你就知道了。"二人很快来到磨屋，轻轻开门，向大明看，大明身上还冒着热气呢！财主和管家都非常惊讶，努努嘴，伸伸舌头。财主轻声对管家说："这人不简单，必有来历。我看他一定有天上的星宿保住他，可不得了。"这时，大明其实早已醒了，装着睡的样子在偷看他们。大明已猜到这个财主的心思。大明故意站起身来，又故意伸伸懒腰，表示很舒服。财主走近说："大明老弟，你怎么了，受苦了吧。昨天，我喝了点酒，酒后糊涂，得罪你了。为这事，我天亮后马上就起来跑来向你赔罪来的。请你原谅我。大明啊，我和你是多年的老朋友啦，来来来，我们一起走，去吃早饭吧。"

大明说:"走就走,你又要怎样。"财主说:"啊,老弟,别提了,都是我错了。"走了一段,他又笑着问:"大明啊,我现在看你为什么不觉得冷?"大明说:"那当然,我昨晚很暖和、很舒服。"来到客堂上,财主吩咐搬上酒菜,特别客气。陪着大明吃起酒来。财主说:"老弟,不要见怪,我们是知心人了。我想请问,你在这么冷的天气反不觉得冷,是啥原因呢?"大明边吃边说:"这个啊,我不能随便对你说的。"并看看四面有没有人,表示很重要,然后很轻声说道:"我对你说出来,但你千万不要讲出去,要保密。你知道我身上穿的是什么?我身上这件夹袄呀是个无价之宝,是我家的传家之宝,它叫'火龙衣',由前代传到后代,再由父亲传给我的。我父亲还再三嘱咐我要珍重,保管好。有了它,总有一天一定会让家里富贵双全的。"这时,财主听得入神,惊讶地说道:"啊,原来这样!"二人吃好酒饭,财主在心中盘算着,如何将"火龙衣"骗到手。又说一些闲话之后,财主说道:"大明老弟,我们现在确实是最知心的人了。我知道你家里目前很困难,老婆孩子在眼前应该让他们快活一点,你说对不对?我看你还是把火龙衣卖给我,我能出高价,你说行不行?"大明说:"这不行,这是我家的传家宝。只要我留着宝衣,日后一定会发达的,这是前代嘱咐下来的。"财主说:"大明老弟,你要想想,我是你多年的老东家、好朋友,现在是最知心人了,你能把宝衣卖给我,你可永远在我家作为我的贴心人,我们在一起,我永远都不会亏待你。我们两人互相不离,我出去你和我一路,我回来你和我一桌,我讲过绝不变心,这样你说行不行。"大明听后,就说:"东家你对我真是太好了。可是……"又故意露出舍不得又没奈何的样子,接着说道:"那你能出多少银子呢?"财主说:"二百两行不行?"大明直摇头,表示差得远。财主又说:"那加一倍行不行?"大明把右手一伸,财主很快说:"啊,原来是五百两,好好,五百两就五百两。"讲好了,财主马上拿来新棉衣叫大明穿上,换下宝衣。大明说:"东家,你要用红缎衬好,要郑重地放着,等到天气冷到极点,再穿上它就觉得更热的。"再说,大明身穿新棉衣,背着五百两银子,回到家中,给老婆小孩做了新衣新裤,又备办年货,和老婆孩子过了个快乐的新年。过了年,大明真的来到财主家中,和他同玩同吃,到了正月十五元宵那天,天气最冷,外面的冰冻得很厚,天上飞着鹅毛大雪,确实冷到极点了。这时财主心想该穿上宝衣了,等下有亲戚拜客来,也好顺便出出风头。他脱下厚厚的棉衣,像大明一样只穿这件宝衣,坐进了手拉车里。大明给他拉着出门去了,出了村后,财主说:"大明,为何这宝衣一点不热呢?"大明说:"东家,等着吧,很快就会热起来的。"大明拉得很快,跑了一段路,财主大叫道:"大明,回去吧,回~去~回~去……"大明没理他,拉到远处,大明听听没有动静,他打开车门帘一看,这财主僵硬着,缩成一圈,冻死啦。

秀才的诺言
（叶汝松记录）

秀才叶郎家住在像脸盆底地形的赤菇坪。他家里穷，每天都和村里的后生翻山越岭，砍柴换米度日。

这天秀才和伙伴在摩岭尖歇力。他仰天号叹说："这该死的摩岭尖，好不可恶，有朝一日我黄榜高中，第一件事便是要把这摩岭尖给扒了。"一个伙伴说："我看你也蛮有学问，要是你真有这份好心，我等几个每人多挑几斤柴，每日给你家送来，你在家用功，再上明年春试，如何？"

从此，秀才在家用功，伙伴给他家送柴送米。两年后，秀才果然中了第廿三名举人，随后被授兰溪知事。他的伙伴别提有多高兴了。可是秀才上任后一直不来家。五年后，秀才回家接老母。恰好在摩岭尖上碰到了正在歇力的挑柴伙伴。后生们拦住轿子，责问："叶郎，你的诺言怎么忘了？"叶郎倒没生气，走出轿子笑笑说："没忘，你们看，我现在坐着轿子，等下我娘也坐轿子，对我来说，这摩岭尖不是已经扒了吗？"后生们一听，差点把肺气炸了。悻悻地说："噢，噢，这就是秀才的诺言啊。"

县官查旱情
（叶汝松记录）

从前有个地区旱灾严重。县官准备亲自下乡，按村查看灾情。消息传到王庄，可急坏了村里管事人了。这王庄离县城最远，坐落在山里，交通不便，文化水平很低，连官话也没有一个人会说，更不懂接待县官该有些什么礼数，这可怎么是好。合计了半天，村里长老决定把村仅有的四个手艺人请回来，负责招待县官。这四个手艺人中一个是做水作的（即蒸馒头、发糕、包子之类的），一个是开裁缝店的，一个是杀猪多年了，一个是钉秤师傅。他们常年在外头奔走，见多识广也会打官腔（普通话）。

这天，县官来到王庄。酒足饭饱之后，县官说到外面去看看灾情。四个师傅陪县官来到村后一个小山坡上。县官说："你们说话要一个一个来，问到自己再回话，听明白了吗？"四个招待着，战战兢兢说："听明白了。"

县官指着身后畈里的垅田问："上垅怎么样？"

"上笼是熟的。"馒头师傅说。

"下垅怎么样？"县官问。

"下笼更熟啊。"

"中间呢？"

"中间有糖啊。"馒头师傅以为问蒸包子哩。

县官心里想，垅田情况还不错，就指指前面的山田问："高田怎么样呢？"

"糕甜糖多啊。"馒头师傅答。

县官心里想，这里情况很不错啊，怎么汇报说这里旱情很严重呢？也不知大小租（田租）问题怎样处理的，就问："你们的大小租是怎样交的？"

杀猪师傅以为问自己，连忙回答，"大猪八折五、九折，小猪七折、七折五。"县官以为大小租都打折扣了，想要个大概的数目，一时自己又算不出来，就问："大估你们说要多少？"

裁缝师傅连忙答道："大裤八尺布，小裤三尺布就行了。"

县官一愣，问："怎么还要补呢？"

裁缝师傅说："大老爷，不用布怎么行，我就是靠布吃饭的呀。"县官听得不耐烦起来，心想大小租打了折扣，还要补给他们，骂道："算什么大惊小怪的！"

"大斤可逢五逢十，小块可一两二两。"钉秤师傅觉得总算问到自己了。县官以为这家伙跟自己捣蛋，大喊："打出去！"

"打出去吗？五十、一百、二百斤都行啊。"钉秤师傅不慌不忙地说。

县官弄得哭笑不得，沉下脸走了。走到村口，自言自语说："真是莫名奇妙。"这时一位老人以为自己听懂了县官的话，连忙回答说："大老爷啊，木马棋庙那边也晒得很厉害呀！"县官白了他一眼，也不答话，径直钻进轿子，打道回府了。

长工和秀才
（叶汝松记录）

从前，有个粗通几个字的长工和一个一肚子学问的秀才同在一个财主家里做事。长工干农活，秀才教书。这秀才对财主一副奴才气，对长工没有好声气。长工心里很讨厌他。那年腊月，年节已近，秀才回家过年，说要个人替他挑行李，财主派长工跟着秀才去。

这天，长工挑着行李跟秀才　道走。心想，就要过年了，这回得对秀才热乎客气点。走到村边，看见两只狗在打雌雄（交配），高兴地说："先生看那，在结狗班（新叶一带土话）哩！""噫，真难听，这应叫'喜相逢'，多好呵，你们种田人太粗俗了。"秀才不高兴地说。

走了三里地，来到一个村庄，看见围着好多人在看热闹。长工眼快，看见是在耍猢狲（猴子）戏，连忙说："先生看那，在做猢狲戏哩。"那秀才板起面孔说："那叫猢狲吗，应当叫它鼻头红，懂吗？"

又走着走着，来到一座山边，看见一户人家出殡，许多人哭哭啼啼在送殡。长工说："先生，前面是葬死人吧？"秀才开口骂道："种田坯，越说越难听了，人家欢喜吗，这叫'神道会'，记着，下次不要这样了，害得我们读书人也跟你一起倒霉。"

再走数里路，到了先生家的村边，远远看去有户人家失火，非常危急。长工说："快点跑去救救，人家天火烧了。"秀才喝道："不要乱说，这叫'满天红'，好兆头呢。"

快到秀才家门口时，正好有个人牵着一头公猪走过去。长工说："先生，这是公猪吧。"秀才说："不！这种猪叫国公，你们种田人讲话总是那样难听。"

秀才到家后，只顾跟先生娘（妻子）说话去了，长工挑了一天担子，又累又饿，好久不见有人来理他，只得自己到外里去吃了碗饭，宿了一夜，第二天早上准备走了，觉得应该去和先生辞别一声。走到秀才房门口，叫了半天，秀才只在跟妻子说说笑笑，并不理他。长工真气极了。顺手拣起一块木炭在秀才家的白墙上写道：

先生回家喜相逢，生个儿子鼻头红。

每年两次神道会，一年一次满天红。

种田老粗在恭喜，祝您先生做国公。

写完后，丢了木炭，上路了。

笑话三则
（叶汝松记录）

（一）

有一只渡船，载着许多人，撑到江中央，忽然漏水了。眼看就要沉下去，大家都慌了手脚，不知如何是好。有一个人却若无其事地坐着对大家说："你们慌什么呀，反正这船又不是我们的。"

（二）

父子两人在糊田（耘田），父亲的一只脚在污泥里一拱一拱的。儿子看了，喊着说："阿爸，阿爸，田里有只乌龟。""快，快用田耙打呀，打呀。"父亲说，儿子用力一田耙扣过去。"哎唷……"父亲痛得说不出话来，弯下腰去，双手护住脚背。儿子一步跳过来说："阿爸，阿爸，不要跟我抢呀，儿会抓的。"

（三）

夫妻俩在谈天。夜深了，丈夫说："都半夜三更了，睡吧。"

妻子说："不是说天亮五更吗？半夜应该是两更半呀，你怎么说三更呢？"

"半夜就是三更，都这么说的，你别跟我讲蛮话了，快睡吧。"

"天亮是五更，半夜是天亮的一半，你算算好了，还说人家讲蛮话。"妻说。

"半夜就是三更！"

"就是两更半！"

夫妻俩争吵起来。"啪"丈夫火了，一巴掌打将过去。妻子面红耳赤，哭着说："天啊，你这短命鬼，半夜三更打人啊。"

"是嘛，你早说半夜是三更，我怎么会打你。"丈夫说。

五、新叶村民智慧保护文物故事三则

合力保护《玉华叶氏宗谱》
（叶瑞荣记录）

20世纪60年代后期，如火如荼的"文化大革命"也波及偏远的新叶，唐村乡（大慈岩镇原名唐村乡）和新叶村的一支造反派队伍，手臂戴着红卫兵的袖套，呼喊口号，誓言扫除新叶"四旧"。

叶洪富介绍，在当时的时代背景下，全国都在横扫封、资、修。红卫兵说要将新叶老祖宗的像和宗谱都烧掉，谁敢反对？新叶叶氏总祠是西山祠堂，下面有11个分支，每个支脉都有一套《玉华叶氏宗谱》，这套家谱每套23本，装在一个箱子里。当天红卫兵收来了8大箱，184本家谱被收到位于双美堂的造反派司令部，红卫兵们将8大箱家谱胡乱地倒在门外空地上，准备将它付之一炬。

叶永禄当时担任新叶大队第10生产小队的小队长，家有4个儿子，家境殷实，在村里威望高。他听说红卫兵要烧家谱一事，心急火燎地来到双美堂，看到家谱已经被扔在地上准备焚烧。叶永禄对红卫兵们说："祖宗留下来的东西，放放好，不要烧掉。我看这样子行不行，要不将这些家谱封存在造反派司令部，省得它毒害下一代。"由于叶永禄在村里很有威望，红卫兵们也惧怕他，于是同意将8套《玉华叶氏宗谱》重新装回箱子，抬回双美堂。"文革"后期，叶氏各支派又将家谱领回家。现在在西山祠堂陈列的一套《玉华叶氏宗谱》就是其中之一。

和《玉华叶氏宗谱》的命运一样，新叶抟云塔也差一点被炸毁。"文革"中，造反派想炸抟云塔，当时村支部书记叶穆姣对红卫兵们说："你们破'四旧'，我没意见。但是炸抟云塔，得多少炸药？炸药爆炸的话，飞石砸到人怎么得了？再说如果炸不倒，压到人谁负责呢？"唐村来的造反派小将们被叶穆姣几句话问倒了，转身走了，抟云塔逃过一劫。

泥水工叶保义智保牛腿
（叶瑞荣记录）

兰溪诸葛村保护、开发比新叶早。有一次，诸葛村负责人诸葛坤亨到新叶村参观考察，看到新叶有序堂等建筑的牛腿等都保存完好时，他问陪同的新叶村负责人："你们的牛腿、木雕是怎么保存下来的？"文革"中，诸葛的丞相祠堂被破坏得一塌糊涂，牛腿都被敲掉，新叶是靠什么办法保存下来的？"

诸葛坤亨的疑问不无道理。在史无前例的"文革"中，不光是诸葛，在全国各地，

351

扫除封、资、修，一切封建、古老的东西都是腐朽的，要彻底铲除。红卫兵们提出要将新叶厅堂的牛腿、木雕等予以铲除。

当时新叶村有个泥水工叫叶保义，文化程度不高，但手艺精湛。他听说红卫兵要铲除牛腿、木雕，心想牛腿又不好拆卸，如果拆卸下来，房子也要倒的。怎么办呢？叶保义灵机一动，笑嘻嘻地对红卫兵小将们说："新叶村十几个厅，百把幢房子，铲掉要花多少功夫。不如想个办法，将这些牛腿、木雕包起来，眼不见为净，看不见了，这些腐朽的东西就不会毒害老百姓了。"于是，叶保义就挑来黄泥、石灰，将稻草剁碎拌和其中，拌出黄泥浆，然后一桶一桶挑去，将有序堂等各大厅堂的牛腿、木雕统统用黄泥糊掉。叶保义是老泥水匠，他知道石灰是碱性的，糊上去以后木头不会烂掉。叶保义以自己的智慧保住了新叶古建筑的牛腿，使之逃脱"文化大革命"的浩劫。

1978年，新叶供销社搬出有序堂后，村民们将糊在牛腿上面的黄泥慢慢弄掉，用布清洗干净。现在，当你到有序堂游览，还能看到牛腿上面黄泥糊过的痕迹，它是一个时代留下的印迹，也折射出叶保义保护古建筑的智慧。

"赎回"有序堂
（叶瑞荣记录）

叶洪富说，解放后土地改革时，很多地方的厅堂都改掉了，分给没有房子的农户住。1951年，土地改革时新叶村也有一些村民没有房子住的，但新叶的厅堂都没有改，新叶所有大大小小的厅堂都保存下来了。如果一个厅堂被分割成几块，住进农户，这里拆一下，那里动一下，肯定保护不好的。

1953年初，新叶供销社成立，此后一直占据有序堂经营，面积也逐渐扩大，戏台也被拆走。20世纪70年代担任新叶村支部书记的叶荣贵亲历了新叶村收回有序堂的过程。他向记者介绍道："有序堂是新叶叶氏的总厅，是整个村的活动中心，开个会的话，千把人也坐得下。当时因形势所迫，有序堂作为新叶供销社的营业场所。叶氏子孙一直想将有序堂弄回来。"

时间到了70年代末，建德县大力加强基层供销社建设，其他没有占用祠堂的地方，都是县里拨款造新的供销社。新叶叶氏子孙要回有序堂的愿望在这时迎来了转机。村里向县供销合作总社提出，由村里无偿提供一块土地，无偿提供木头，建造新的供销社，以换回有序堂。当时村里提出了三个地点供选择，最后选定现在"青年旅社"地址，用地一亩多，并将旁边一个小山坡劈平，唐村第二建工队进场施工。叶荣贵说，当时新叶山上有树木，村里出劳力一共砍伐了30多立方米木头无偿提供建造供销社。

1978年，新的供销社建造好以后，就从有序堂搬出去了。供销社搬出以后，新叶各支派首事人一起商量修厅，资金由大队里出，对损坏的墙进行了整修，并做了戏台。按照风俗，厅修好以后一定要演戏，村里请剧团演了6天6夜大戏，有序堂也正式回归叶氏子孙。

新叶人对乡土建筑的保护，缘于新叶是一个叶氏占压倒性多数的宗族血缘聚落群体。解放前，外姓人根本不可能在新叶生根，就是现在新叶叶氏人口仍然占全村人口的95％，正是新叶人根深蒂固的宗族理念，让"祖宗留下来的东西不能轻易废弃"的观念在叶氏子孙头脑中扎下了根，使耕读文化一脉传承，也为我们留下了民族的记忆。让我们记住他们的名字：叶保义、叶永禄、叶荣贵……

六、新叶村传统儿童游戏

说明：新叶村的儿童游戏在其他地方并未见到过，也不见于文献记载，在新叶村长大的人，小时候肯定玩过，它们同新叶民间故事一样陪伴着我们度过难忘的童年、少年时期，现根据叶荫昌回忆，叶志衡整理，录于此。

老虎背羊伢

前一人扮羊妈妈站着，后面扮小羊的一个个分别拉着前羊蹲在地上；一人作虎，念："叮叮当，彭彭当，一斤米伢一斤糠，十八佬伢管西岗。羊妈妈，羊伢生几个？"众答："生一个"。站起来一个。重念。念至最后一个个都站起来了为止。"羊妈妈，蓑衣箬帽借我用记"，众答："让老虎背去作窝了"。于是老虎就背起小羊来。羊妈妈撑开双手拦阻。虎绕着一大串羊拼命追捕。追到一个就捉去一只羊，直到把羊全部捉完为止，一场游戏结束。

这种游戏能看出一个人的应变能力。

（评：此游戏有点类似老鹰捉小鸡，但比老鹰捉小鸡复杂，有念白、有蹲下、有站立、有跑动、有防守。更加锻炼综合能力）

掴鸭子伢

一群孩子，并排坐在一场地上。由一人用手指指着大家的脚，叫："点点乌乌，蜢叶作窠，交之你包朋老包"，当叫到最后一个"包"字时，刚好点在某个人的脚背上，这个小孩就作为鸭子。随后由一人用布蒙住鸭子的眼睛。由于看不见人，大家就用手掴鸭子的屁股。当鸭子拉住某一个掴屁股的人，这个人就得扮演鸭子，让大家来掴屁股。按这规律一直玩下去，直到大家不愿玩了为止。这种游戏能考察一个人在黑暗中的判断能力。

老虎护仔伬

一群孩子坐在石条上，伸出双脚。选出一人，口念"踢脚彭彭，手臂拦截，拦截不得，自来公将，要地卖地光光，显赫容掉抽一脚"。当念到"抽一脚"时马上用手指去碰某人一脚背。如果某人被碰到了，就得当老虎。老虎把五颗石子放在地上，四肢落地保护石子，不致被他人抢去。若是抢者不小心被老虎踢到一脚，抢者为输，该人应扮老虎。若五个石子被抢光，则护者继续当老虎。如此循环。

得石仔伬

几个小孩找来若干颗小石放在地上，围在一起玩石子。由某人捡一石子，先是向上抛出一石，手心马上朝地抓石子，以抓得全部石子为胜。如果抓不完，需将抓起的石子继续往上抛，抛后再抓地上剩余石子，直至抓光为止。轮到第二人，第三人……比一比谁是赢家。这个游戏是考测一个人的眼力和敏捷能力。

称 仔 伬

找来废瓦片或陶瓷片，做成五个小圆片。放在手心上，向上抛一片，如果能掉在手背上不落地为胜。连续抛出二颗、三颗、四颗、五颗则全胜。这游戏难度很大。

踢 毽 子

踢毽子有两种：一种是谁踢得次数多；另一种是谁踢得最远（俗称攻长年伬），一人踢，其他人用手或帽子接，无人接到则可继续踢，接到者优先踢。一人踢时，其他人不断跑动跟踪去接毽子。毽子的制法也有两种：一种是扎紧羽毛尖，套上铜钿的毽子；另一种是扎紧根部，套上铜钿的毽子。这种游戏很有技巧性，毽子落在脚的何处和使力方向都是关键。

（评：这种踢法与城里的只在原地讲究花色踢法不同，活动区域很大，活动量更大，也同时锻炼人的应变能力。）

走 棍 伬

八颗小石子、八根小棍子，两人对走。（图一）

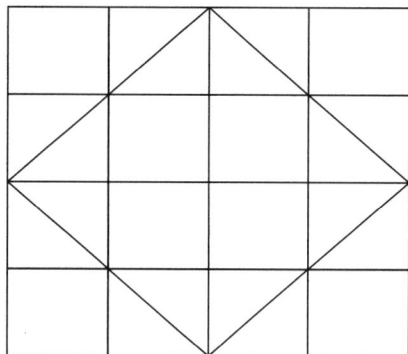

图一

走 和 尚

一颗小石子、十六根小棒。

二人对走，要把和尚赶到粪缸里
才算赢（图二）

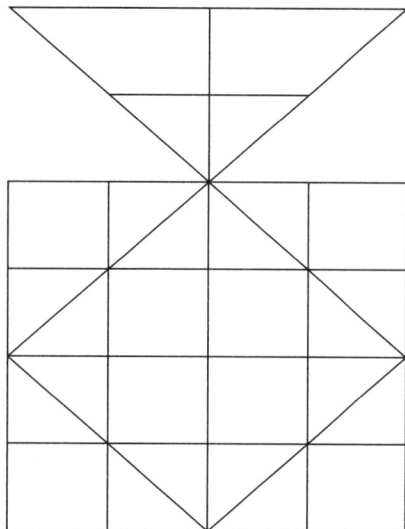

图二

七、谜语数则

1. 外面牛皮石灰壳，内穿羊毛贴身衣。
   瞧瞧皮肤像年老，看看衣着还年轻。

2. 外面罩麻布，内穿红布裤。
   露出细白肉，人人欢喜我。

3. 爷娘常年都赤脚，儿子五台削了发。
   老妈发怒大声骂，五郎无话来回答。

4. 可怜父母蓬头，儿子面皮老厚。
   肚里空着无货，还会这样翠头。

5. 头戴平顶帽，腰身多苗条。
   丝多锦难织，无虫孔又多。

6. 头戴青丝凉帽，身穿铁甲龙袍。
　　不怕严寒酷暑，只怕动火动刀。

7. 小长江毛贼造反，伍子胥急急点兵。
　　铁将军攻打头阵，初一打起十六进京。

8. 轻轻巧巧武艺高，千金小姐任我调。
　　五个将军来拿我，一个筋斗无影了。

9. 高山很多箭，射来看不见。
　　班子节目好，演出火焰山。

10. 四四方方田一畦，农民看见心里愁。
　　种种荸荠还可以，庄稼样样种不茂。

11. 走着像赶鸡赶鸭，站着像大堂菩萨。
　　坐着是天灵地灵。其实是五谷不分。

12. 此人行动好狠心，动手动脚难为情。
　　呼天叫地叫不应，害我守寡到如今。

13. 幼时一根草，大来一棵树。
　　树上一只鸟，鸟上一撮毛。

14. 白布色古壮，丢在海中央。
　　听见潮声响，忙把铁网张。

15. 高山平地都像菜，有人不喜有人爱。
　　爱的人人都亲近，不爱它因不许睡。

16. 坐在深山里，木匠撵我起。
　　轻轻放落地，千斤拿不起。

17. 小小三块板，做成一个仓。
　　用来装装粉，从来不装糖。

18. 姐妹二人很要好，样样事情一起到。

　　有时来回跑得忙，有时双双睡大觉。

19. 高山叠高山，山中乱石滩。

　　山下潮水发，下层喷火山。

谜底：1. 毛栗子、2. 花生肉、3. 母鸡生蛋、4. 竹笋、5. 藕、6. 松树、7. 十六两的杆秤、8. 跳蚤、9. 松针、10. 算盘、11. 瞎子算命、12. 阉猪、13. 玉米、14. 铁锚、15. 茶叶、16. 谷碾、17. 荞麦、18. 筷子、19. 蒸馒头

第十二章　新叶村的民歌谣谚

　　民歌是民族音乐的重要体裁之一，其曲调和歌词都直接反映一个民族的风土人情、爱情婚姻、日常生活等。是广大下层百姓交流情感、传播知识、娱乐消遣的重要形式，也是认识一个民族的历史、社会、民风民俗的宝贵资料。在民俗学界，民歌具有活化石般的研究价值。我国民歌有着悠久的历史传统，现存第一部诗歌总集《诗经》就是一部民歌集，它反映了从西周到春秋中叶（前 11 世纪到前 6 世纪）各阶层人民的社会生活状况和思想情感。我国民歌的搜集、整理也是从公元前 6 世纪的《诗经》开始逐步发展起来的，其后，又涌现出了如汉代乐府民歌、南北朝乐府民歌、唐宋竹枝词这样的优秀民歌作品，宋代郭茂倩整理的《乐府诗集》、明代冯梦龙整理的《山歌》、清代醉月子整理的《明清民歌选》等为古代民歌的收集整理作出了贡献，直至现代各地出版的众多"民歌集"等，都搜集和整理了不同时期的民歌，使之成为中华民族艺术宝库的重要组成部分。在人类生产力不断发展的历史进程中，民歌伴随着历史的步伐，反映各个时期的社会政治、生产劳动、人民的生活风貌和思想感情，民歌这种艺术形式也随之日渐发展完善。改革开放以来，各地的文艺工作者在各级文化部门的组织下，精心编辑出版了以各省、市、自治区为单位，独立成卷的《中国民歌集成》《中国歌谣集成》，并多次举办了全国民族音乐学术研讨会，大力促进了各民族民歌的搜集、整理和研究工作。

　　民歌研究工作者根据不同区域，不同的民族文化背景，以及民歌的不同风格色彩，将中国民歌大体分为七个不同的风格色彩区：① 北方草原文化民歌区；② 西部受伊斯兰文化影响的新疆民歌区；③ 西部受佛教文化影响的藏族民歌区；④ 西南高原多民族古老原始文化民歌区；⑤ 东北受萨满教影响的狩猎文化民歌区；⑥ 西北高原多民族半农半牧文化民歌区；⑦ 中原及东部沿海有着古老传统文化的广大汉族民歌区。其中，汉族民歌区在七个区中属于最大的一个。从寒冷的北方到亚热带的南方，从西北高原、西南高原到东部沿海平原，地理条件、风俗习惯、生活、生产方式多种多样。语言虽同属汉语，但各地方言不同。东、西、南、北差异很大，民歌的风格特点也呈现出多种特征。另一方面汉族在北方草原民歌区、西北半农半牧民歌区以及西南高原多民族民歌区都有千万以上的人口，因此，民歌区部分重叠的现象也是存在的，基于以上情况，民歌研究工作者将汉族民歌区又分为十个支区和一个特区：① 东北部平原民歌支区；

② 西北部高原民歌支区；③ 江淮民歌支区；④ 江浙平原民歌支区；⑤ 闽、台民歌支区；⑥ 粤民歌支区；⑦ 江汉平原民歌支区；⑧ 湘民歌支区；⑨ 赣民歌支区；⑩ 西南高原民歌支区，⑪ 客家民歌特区。

新叶村属于中国东南沿海汉族民歌区的江浙平原民歌支区。新叶这个有着 800 多年历史的古村的民歌资源非常丰富，主要的民歌体式如：山歌、小调、田歌、渔歌、茶歌、秧歌、风俗歌、儿歌等应有尽有。使用曲调最多的是田歌、小调、风俗歌，内容上则以爱情、婚姻、家庭生活类为主。早在 20 世纪 70 年代，笔者还只有十几岁时，就接触并喜欢上了在新叶村传唱的民歌。当时，我利用学校放假时间，经常代替姐姐去放牛。那时给生产队放牛的都是一些体力较弱的姑娘和老头，我姐姐承包了生产队的一头大黄牛来养，这样比直接参加生产队日常劳动挣的工分多，还比较自由。我代替姐姐去放牛，姐姐就可以去采猪草和帮妈妈干家务。另外的姑娘和老头也很喜欢跟我一起放牛。因为小男孩腿脚快，在路上，我会一个人拿着竹鞭一起赶着所有的十几头牛。到山上，我也会一个人管着所有的牛。而这时，姑娘们则会催着、哄着几个老头唱山歌（民歌），往往是老头们粗犷沙哑的嗓门唱着，姑娘们尖声尖气的嗓子跟着、学着。我赶着、管着牛听着，但在心里默默地记着。好多次，老头第二遍第三遍教唱同一首山歌时，好几个姑娘还不会唱，我却能在远远地跟老头同时唱出来。此时，老头就骂姑娘们笨死了，夸我聪明。并要我给姑娘们当老师，教她们唱。当我用稚气的童声唱出那些内容比较色情的歌词时，姑娘们一个个羞得脸红、扭头、偷笑，不敢看我的脸。老头们

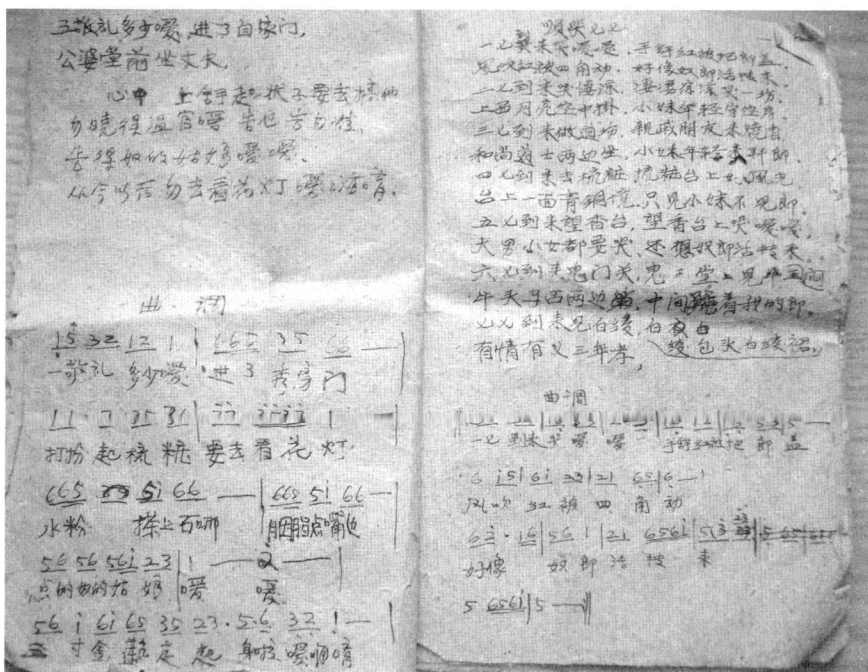

20世纪50年代的新叶民歌手抄本（叶顺良供稿）

359

则像牛叫似地朗声大笑，而我由于不懂内容而全然不觉，还一个劲地卖弄自己的记忆能力。常常是歌声、笑声、牛鸣声洒满了路上、田野、山坡。那牧歌式的放牛生活让我知道了新叶的很多民歌，美妙的时光宛如昨天的事情。这次为了写作本书，我又专门寻访了几位比较擅长唱新叶民歌的村民，记录下一些比较有特色的民歌，并选择几首加以简单的分析（其中的楷体字）。笔者也查阅了由中国民间文学集成浙江卷编辑委员会编辑的《中国歌谣集成•浙江卷》（中国 ISBN 中心出版，1995 年 12 月第一版），发现新叶一带流传的民歌基本没被收入。这可能是当年编书者做浙江民歌普查时因条件所限，尚未涉及一些像新叶村这样的偏僻乡村。而往往是在这些偏僻的乡村，却保留着一些比较古老和纯正的民歌。随着一批批会唱古老民歌的老人的去世，特别是随着改革开放和商品经济的雄风日益吹进像新叶这样的山村，这些尚未被记录和整理的古老民歌正面临着永远湮没消失的危险。因此，记录新叶民歌不仅对于民间文学研究、民歌研究具有拾遗补阙的作用，也是对濒临消亡的偏僻乡村民歌资源的一种抢救。

一、新叶民歌选录

十八想郎

一想郎，一支花，姐姐头上一朵花，
头也光来脚也俏，鲫鱼口来鸭眉毛。

二想郎，到姐家，姐姐房中吃香茶，
冷水炖茶难得滚，滚汤泡茶难得凉。

三想郎，三月三，姐姐十三郎十三，
配个丈夫又十三，好象芙蓉配牡丹。

四想郎，郎要来，爬山越坞穿鞋来，
鞋子穿破姐会做，只要郎仍有本钱。

五想郎，坞坞高，山又高来水又深，
山又高来有横路，水又深来好过渡。

六想郎，路路通，青天白云响雷公，
雷公不得打花枝，天天如此姐房中。

七想郎，七枝花，姐姐爱我我爱她，
姐姐爱我年纪小，我爱姐姐一朵花。

八想郎，八八通，先烧点心后搭葱，
一碗点心捧郎吃，好象妻子敬老公。

九想郎，九知心，我郎骑马去当兵，
当兵当到南京去，退了敌兵再回家。

十想郎，点灯光，一顶花轿摆厅堂，
姐见花轿哀哀哭，郎仍看见好心伤。

十一想郎，郎要来，我的婆婆很厉害，
门上加起三把青铜锁，锁上加起纸皮封。

十二想郎，郎要来，不怕你的婆婆再厉害，
双手扭掉青铜锁，双脚踢开绣花门。

十三想郎，郎要来，我的丈夫很厉害，
前面摆起杀猪刀，后面架起杀牛叉。

十四想郎，郎要来，不怕我的丈夫最厉害，
双脚踢开杀猪刀，双手甩掉杀牛叉。

十五想郎，郎要来，姐姐的房门半扇开，
只怕隔壁老妈妈，轻手轻脚隐进来。

十六想郎，郎要来，头上带起草凉帽，
脚上穿起草蒲鞋，不让熟人识我郎。

十七想郎，郎要来，姐姐问我几时回，
郎爱姐姐难分舍，只想常住不分开。

十八想郎，郎要来，姐姐问我几时来，
黄鳝出角鳗出须，铁树开花再相会。

（演唱者：叶翠云）

廿岁姐仂嫁给七岁郎

此曲描写一个穷人家的20岁女青年被迫嫁给一个富裕人家的七岁男孩。她受尽一切辛劳，像妈妈一样将七岁郎拉扯大，等到七岁郎终于长成二十几岁的大丈夫，总以为苦日子到头了。结果，当年的"七岁郎"考取功名后，骑着白马衣锦还乡。却另娶年轻女子，狠心薄情地抛弃并侮辱了已经年老色衰的当年的"廿岁大姐"。"廿岁大姐"万念俱灰，最终在尼姑庵的后堂上吊自尽。这是一首旧时代穷人家女子的血泪曲，唱词、唱腔都非常凄婉，听来不禁叫人潸然泪下。

刘赛月（右）和家母汪翠尧（左）演唱民歌后合影

笔者孩童时代就听家母吟唱过，家母一边烧饭一边吟唱一边流泪，那苦难年代的辛酸场景让我印象深刻。前几年我有心请家母再吟唱一遍，准备记录。奈何80多岁高龄的家母已记不完整。后来，家母与同村的涌远妈妈刘赛月一起吟唱回忆，刘赛月是村中健在老人中较为擅长唱民歌的人，但她对这首歌也记不完整了。我又请堂嫂汪仙兰也帮助吟唱回忆，终于将此曲记录完整。

1995年版的《中国歌谣集成·浙江卷》260页收有一首浙江庆元县流传的《十八女子难等七岁郎》，只有四句词，同一页还有一首玉环县流传的《十八大姐七岁郎》，共有十四句，主题与新叶的《廿岁姐仂嫁给七岁郎》相似，都是感叹大女嫁幼夫的辛酸，歌词内容则完全不同。相比之下，新叶的《廿岁姐仂嫁给七岁郎》篇幅最长，细节和情感描述最细致，句式整齐，段落匀称，具有更高的艺术性，堪称是新叶民歌中的经典曲目之一。

廿岁姐仂嫁给七岁郎，

开轿门，看新娘。开房门，看新郎。

看看新郎什么样？看到新郎跟我的绣花枕头一色一样长（高）。

放在床头睡，不像样。放在脚后睡，又怕让老鼠拖去做栋梁。

放在床中睡，一泡尿拉得水洋洋。

想想真是气人相，床作板上拍三掌。

隔壁妈妈问我啥西（什么）响。"风吹来，窗门响！"

湿被晒到前道院，过路客人看到不像样。

湿被晒到后道院，牵牛小孩看到恶心相。

这种日子怎么过？后头日子忒叻长！

嫂嫂劝我勿多想。

日子说短又短，说长又长。

十岁以内难难长，十岁以外快快长。

溪里沙子夜夜长，一晃就是后生样。

想想看，没心相。服侍小郎像做娘。

日里备好书包送学堂，夜里脱鞋脱袜携上床。

日日熬，夜夜熬，熬到七岁郎长成十八郎。

备好行装细叮嘱，送郎出门赶考场。

日出东山好赶路，日落西山进店房，

有空往家捎个信，免我姐伩空思想。

考了一场又一场，一晃过了三年上。

想郎不见郎来信，姐在家里像坐牢房。

无心吃饭无心睡，日想夜盼不见郎。

满心委屈诉向姑：

"姑啊姑，我此生难见大丈夫？还是削发去做尼姑。"

殿门口，人声响，出门看，青年郎，骑着白马回家乡。

东看看，像我的七岁郎，西看看，像我的七岁郎，

喜出望外大声嚷："七岁郎，七岁郎，快快带你廿岁姐伩回家乡！"

青年转身朝我看，说话几句像雷响：

"我有十八大姐坐厅堂，十六小姐在绣房。

谁要你这个老货臭婆娘！"

五雷轰顶天地转，我这一生到底为哪样？

想想实在气人相，一索放在后厅堂。

（演唱者：刘赛月、汪翠尧、汪仙兰）

采 桑 歌

天开日月地知（哪）情，男儿风飘为女人。

女儿风飘为那因，啊呀姑娘呀，

不要坐在绣房暗思忖。

快快梳妆搽红粉，面带微笑看后生，

一堵围墙出红杏，哪怕后生君子不近身。

三月阳春闹洋洋，二八姑娘去采桑，

大手拿了采桑钩，小手拿了采桑（呀）篮，

迈步走到桑园中，白面书生闯进园。

白面书生进桑园，采桑姑娘心里慌。

书生：啊哟问声美姑娘，书生愿意帮你忙，

　　　　往日采桑独自采，今日采桑凑成双。

女：书生呀，你为何不在书房做文章，到此桑园为哪桩？

书生：姑娘呀，我哪有心事做文章，一心想到姐姐房中央。

女：书生呀，要到姐（仍）房中并不难，买点什么东西送姐姐？

书生：请问买点什么东西送给姐？要点什么送卧房？

女：天上锣鼓要一面，月里龙须要几根，天上红云要四两，天上白云要半斤。

书生：姑娘呀，天上锣鼓买不到，月里龙须难找寻。

　　　　天上红云无分量，天上白云不好秤。

女：书生呀，锣鼓就是梳妆青铜镜，龙须就是绣花针，

　　　　红云就是嘴唇膏，白云就是奴的搽面粉。

书生：姑娘呀，四样东西容易办，我与姐姐的事会成。

女：头上青天当不了奴的帐，地上的青草当不了奴的床。

书生：姑娘呀，园中有块青石板，糊里糊涂做一场。

嫂嫂：往日采桑早早归，今日采桑为何迟迟还？

女：往日采桑在近处，今日采桑路遥远。

嫂嫂：你脸上水粉哪里去？头上青丝为何散？

女：脸上水粉汗流掉，头上青丝风飘散。

嫂嫂：口边的胭脂哪里去？八幅罗裙为何宽？

女：喝水喝掉嘴上粉，肚子饥饿宽了八幅裙。

嫂嫂：你裤上坭土哪里来，肩背为何泥一身？

女：山又高来路又滑，一脚溜去泥粘身。
母亲：别人家中有姑娘，不像我家姑嫂两个人。

（演唱者：汪翠翠）

五更五送

一（哪）更里来跳粉墙，手把栏杆脚踩墙，看见小妹立那花楼上，
十指尖尖绣鸳鸯，十指尖尖绣鸳鸯。

二（哪）更里来引进门，双手泡茶送郎饮，
十六亲哥叫何名，十六亲哥叫何名。

三（哪）更里来进绣房，眉毛横横坐在床，双手打开红绿帐，
红绿帐里胭脂水粉满床香，红绿帐里胭脂水粉满床香。

四（哪）更里来月转西，爹娘生我十六岁，细皮白肉给情哥困，
情哥困困不要出外去讲明，情哥困困不要出外去讲明。

五（哪）更里来东方亮，家家金鸡早早啼，
一对鸳鸯各自飞，一对鸳鸯各自飞。

一送送到楼梯头，姐仍打郎三拳头，别人打郎郎不肯，
姐姐打郎乐悠悠，姐姐打郎乐悠悠。

二送送到锅灶边，姐仍点火郎吸烟，别人点火郎不吸，
姐姐点火吸筒添，姐姐点火吸筒添。

三送送到天井边，一块乌云盖顶不见天，天上雷公轰轰响，
天空落雨宿夜添，天空落雨留你亲哥呀宿夜添。

四送送到大门口，一对黄狗在门口，
姐仍赶狗郎过路，姐仍赶狗郎过路。

五送送到墙角头，墙角石头碰额头，额头碰得血污流，

365

花花手帕包额头，花花手帕包额头。

（演唱者：叶寿华）

农 夫 歌

渔家住在水中央，水中央。
两岸芦花似围墙，似围墙。
撑开船儿撒下网，一网鱼虾一网粮，一网粮。

农夫之人不得闲，面朝黄土背朝天，背朝天。
手上砍斧有一把，肩背扁担上山岗，
砍担柴儿上街卖，卖柴买粮度时光，度时光。

读书之人坐寒窗，
勤学苦思昼夜忙。
天文地理都通晓，男儿志气在四方，在四方。

（演唱者：叶瑞荣）

姐夫小姨歌

日头落山乌云盖，过山过水请小姨，
丈人许格小花厅，丈母许格万两银。
姐夫不要丈人小花厅，姐夫不要丈母万两银。
只要小姨的一片心。
小姨坐在花花楼上绣花衣，
听到姐夫说话音，换了花衣起了身。
姐夫嗳，今日啥风吹来嬉，
有事有由你要来，没事没由小妹也要你来嬉。
你格姐姐唷，三病四痛病在床，
日里没个亲戚六眷来过往，夜里没个亲姐亲妹煎药汤，
要你小姨前去走一趟。
小姨俏，小姨好，小姨青丝头发光如镜。
姐夫好，姐夫俏，白面书生好相貌。

小姨好，小姨俏，小姨三寸金莲像菱角。

姐夫好，姐夫俏，姐夫云头鞋仿象油皂。

妹妹嗳，今日啥风吹侬到姐家，

姐姐哎，姐夫要我来服侍侬，愿姐的毛病早点好。

妹妹嗳，姐姐毛病不会好。大小外甥托妹来带好。姐夫的生活托妹来照料，

妹妹来到了姐床前，姐姐的上身冰冰冷，姐姐的下身冷冰冰，

两脚笔直命归阴。

（演唱者：叶寿华）

荡湖船（十八摸）

说明：全国各地有多个版本的"十八摸"民歌。有人说"十八摸"是中国古代民间性教育和性启蒙的教本。这自然有些牵强。但"十八摸"在全国各地广为流传却是不争的事实。连金庸武侠小说《鹿鼎记》中韦小宝也能低声哼唱"十八摸"小调："一百零七摸，摸到姊姊妹妹七只手……一百零八摸，摸到姊姊妹妹八只脚……"正在七手八脚之际，忽听得一个娇柔的声音低声道："不……不要……郑……郑公子……是你么？"对于"十八摸"的最初起源，研究者说法不一。

客家民谣有著名九腔十八调之曲，其中有一调就是"十八摸"。民俗专家认为，既然《十八摸》在有一千多年历史的客家民谣里已经形成了调系，并且是以"十八摸"命名的，所以有人认为，《十八摸》的起源很有可能来自于客家民谣，而且年代远远早于陕北信天游。

还有一种说法，据说史载《十八摸》来源于淮河中游，江苏西北部的洪泽县洪泽湖畔。是当地土产的小调，这种小调内容很丰富，包括今天能传唱的《十八摸》《手扶栏杆》《十二月调》《鸳鸯枕上》这几首。大部分已经失传了。

新叶村流传的《十八摸》内容文字与笔者所见的其他地方流传的文字版本完全不同，估计是长时间在新叶村本地流传，经过多人改造后形成的。其唱腔更是独具新叶村特色，必须用新叶方言唱出来才有味道。

东一摸，西一摸，摸到姐姐格头发边仍唷，

咿唷，哎嗨唷，

姐姐头发像个啥东西仍唷，

姐姐头发好像乌云盖青天仍唷，

咿唷，哎嗨唷，咿唷哎唷真哎唷，

三个烂铜钿哎嗨唷。

东一摸，西一摸，摸到姐姐格额头边仍唷，
咿唷，哎嗨唷，
姐姐额头像个啥东西仍唷，
姐姐额头好像天亮晓仍唷，
咿唷，哎嗨唷，咿唷哎唷真哎唷，
三个烂铜钿哎嗨唷。

东一摸，西一摸，摸到姐姐格眉毛边仍唷，
咿唷，哎嗨唷，
姐姐眉毛像个啥东西仍唷，
姐姐眉毛好像初三初四眉毛月仍唷，
咿唷，哎嗨唷，咿唷哎唷真哎唷，
三个烂铜钿哎嗨唷。

东一摸，西一摸，摸到姐姐格耳朵边仍唷，
咿唷，哎嗨唷，
姐姐耳朵像个啥东西仍唷，
姐姐耳朵好像江西老表馄饨皮仍唷，
咿唷，哎嗨唷，咿唷哎唷真哎唷，
三个烂铜钿哎嗨唷。

东一摸，西一摸，摸到姐姐格眼睛边仍唷，
咿唷，哎嗨唷，
姐姐眼睛像个啥东西仍唷，
姐姐眼睛好像画眉眼仍唷，
咿唷，哎嗨唷，咿唷哎唷真哎唷，
三个烂铜钿哎嗨唷。

东一摸，西一摸，摸到姐姐格鼻头边仍唷，
咿唷，哎嗨唷，
姐姐鼻头像个啥东西仍唷，
姐姐鼻头好像白玉悬胆仍唷，
咿唷，哎嗨唷，咿唷哎唷真哎唷，

三个烂铜钿哎嗨唷。

东一摸，西一摸，摸到姐姐格嘴巴边伢唷，
咿唷，哎嗨唷，
姐姐嘴巴像个啥东西伢唷，
姐姐嘴巴好像鲫鱼口伢唷，
咿唷，哎嗨唷，咿唷哎唷真哎唷，
三个烂铜钿哎嗨唷。

东一摸，西一摸，摸到姐姐格手臂边伢唷，
咿唷，哎嗨唷，
姐姐手臂像个啥东西伢唷，
姐姐手臂好像又白又壮雪藕伢唷，
咿唷，哎嗨唷，咿唷哎唷真哎唷，
三个烂铜钿哎嗨唷。

东一摸，西一摸，摸到姐姐格手指上边伢唷，
咿唷，哎嗨唷，
姐姐手指上像个啥东西伢唷，
姐姐手指十指尖尖好像春笋伢唷，
咿唷，哎嗨唷，咿唷哎唷真哎唷，
三个烂铜钿哎嗨唷。

东一摸，西一摸，摸到姐姐格奶奶边伢唷，
咿唷，哎嗨唷，
姐姐奶奶像个啥东西伢唷，
姐姐奶奶好像蒸饼肉馒头伢唷，
咿唷，哎嗨唷，咿唷哎唷真哎唷，
三个烂铜钿哎嗨唷。

东一摸，西一摸，摸到姐姐格腰肚边伢唷，
咿唷，哎嗨唷，
姐姐腰肚像个啥东西伢唷，
姐姐腰肚好像杨柳东风舞伢唷，
咿唷，哎嗨唷，咿唷哎唷真哎唷，

三个烂铜钿哎嗨唷。

东一摸，西一摸，摸到姐姐格肚脐边仂唷
咿唷，哎嗨唷，
姐姐肚脐像个啥东西仂唷，
姐姐肚脐像个青铜钿仂唷，
咿唷，哎嗨唷，咿唷哎唷真哎唷，
三个烂铜钿哎嗨唷。

东一摸，西一摸，摸到姐姐格屁股边仂唷，
咿唷，哎嗨唷，
姐姐屁股像个啥东西仂唷，
姐姐屁股好像又白又嫩剥壳熟鸡子仂唷，
咿唷，哎嗨唷，咿唷哎唷真哎唷，
三个烂铜钿哎嗨唷。

东一摸，西一摸，摸到姐姐格大腿夹里边仂唷，
咿唷，哎嗨唷，
姐姐大腿夹里像个啥东西仂唷，
姐姐大腿夹里好像一堆又黑又密毛仂唷，
咿唷，哎嗨唷，咿唷哎唷真哎唷，
三个烂铜钿哎嗨唷。

东一摸，西一摸，摸到姐姐格大腿夹里毛毛里边仂唷，
咿唷，哎嗨唷，
姐姐大腿夹里毛毛里边像个啥东西仂唷，
毛毛里边还有一只小划船仂唷，
咿唷，哎嗨唷，咿唷哎唷真哎唷，
三个烂铜钿哎嗨唷。

东一摸，西一摸，摸到姐姐格大腿边仂唷，
咿唷，哎嗨唷，
姐姐大腿像个啥东西仂唷，
姐姐大腿好像一对白玉软枕头仂唷，
咿唷，哎嗨唷，咿唷哎唷真哎唷，

三个烂铜钿哎嗨唷。

东一摸，西一摸，摸到姐姐格脚骨肚边伢唷，
咿唷，哎嗨唷，
姐姐脚肚像个啥东西伢唷，
姐姐脚肚好像雪白肉弹锤伢唷，
咿唷，哎嗨唷，咿唷哎唷真哎唷，
三个烂铜钿哎嗨唷。

东一摸，西一摸，摸到姐姐格三寸金莲边伢唷，
咿唷，哎嗨唷，
姐姐三寸金莲像个啥东西伢唷，
姐姐三寸金莲好像七八月里嫩菱角伢唷，
咿唷，哎嗨唷，咿唷哎唷真哎唷，
三个烂铜钿哎嗨唷。

（演唱者：叶昭镳）

花 菜 歌

合唱：一个小小娘子喏，开开园门格摘了花菜。
　　　三寸菱角脚喏搁了畦背，八幅罗裙喏风飘开，雪白格皮肉么露了出来。
　　　一个小小后生喏闯喏进来，看见姐姐雪白的大腿露出来。
男：你格小姐姐喏，阿侬要对侬格阿爹阿妈讲起来。
女：你格小弟弟喏，勿要对我阿爹阿妈讲起来。阿侬要送你花花肚兜绣花烟袋。
男：你的小姐姐喏，阿侬不要侬格花花肚兜绣花烟袋。只要姐姐大腿跟头好宝贝。
女：你格小弟弟喏，你要姐姐大腿跟头好喏宝贝，只要侬吃吃夜粥夜饭早早来。
女：一等等到一更鼓噢格还吆勿来，苔喏帚靠门格风吹开。
　　　二等等到二更鼓噢格还吆勿来，矮喏凳靠门格狗撬开。
　　　三等等到三更鼓噢格还吆勿来，壶瓶炖酒溢三回。
　　　四等等到四更鼓噢格还吆勿来，沙罐煨肉脱脱开。
　　　五等等到五更鼓噢格还吆勿来，
　　　阿侬格想想拍拍大腿哭了起来。
　　　阿妈阿爸问我为啥东西拍拍大腿哭了起来，
　　　阿侬喏做了一个恶梦，梦见阿格阿爹阿妈死了一棺材。

阿侬哟拍拍大腿哭了起来。

男：小小娘子噢，勿要怪了阿侬勿过来。阿侬勿来勿来了三回。

夜里天黑十个田缺九个开，脚骨跌断那个来赔。

碰见熟人要啦避开，恶狗赶来棍喏赶开，请侬姐姐勿要怪阿侬没呀有来。

（演唱者：汪翠翠）

四 季 歌

春季到来绿满窗，大姑娘窗下绣鸳鸯，

忽然一阵无情棒，打散鸳鸯各一方。

夏季到来柳丝长，大姑娘漂泊到长江，

江南江北风光好，怎及青山起高梁。

秋季到来荷花香，大姑娘夜夜梦家乡，

醒来不见爹娘面，只见床前明月光。

冬季到来雪花扬，寒衣做起送情郎，

爱情筑起长城长，愿做当年小孟姜。

（演唱者：叶寿华）

二姑娘相思

姆白：转弯抹角，来来去去，去去来来，今日太阳这么高，

二姑娘还没有下绣楼，啊呀姑娘啊呀奴的妈妈哎。

姑唱：日出东山上，奴在东楼上，昏昏沉沉一夜到天亮。

呀嘟里依之喂，奴的妈妈哎。

姆白：老妈妈到上街头，接个老嫩先生给你看看毛病好勿好？

姑唱：接个嫩先生呀，摸手摸脚，接个老先生呀开方白吃药，

老嫩先生奴奴不喜欢。呀嘟里依之喂，奴的妈妈哎。

姆白：老妈妈到下街头接个和尚道士念念经好不好？

姑唱：接个道士来哟，铜鼓乒乓响哟，接个和尚来哟头上净净光哟，

和尚道士奴奴不喜欢。呀嘟里依依喂，奴的妈妈哎。

姆白：老妈妈到街坊上接个老奶奶服侍你几天好不好？

姑唱：接个老妈妈哟，年纪八十八呀，不是耳朵聋，就是眼睛花，她来服侍我，

我要服侍她，老奶奶奴奴不喜欢。呀嘟里依之喂，奴的妈妈哎。

姆白：这个勿喜欢，那个勿喜欢，二姑娘到底喜欢啥？

姑唱：三月是清明呀，桃花朵朵开；杨柳一支青，奴家下楼来。

　　　王孙公子骑马去游春，呀嘟里依之喂，奴的妈妈哎。

姆白：王孙公子看来看去看你有毛病。

姑唱：我的妈妈呀，不要多口舌呀，公子看奴家呀，奴家一支花呀，

　　　公子爱奴奴最喜欢呀。呀嘟里依之喂，奴的妈妈哎。

姆白：你爸爸怕不怕？

姑唱：奴的老爸爸呀天天搓麻将哪呀。

姆白：阿嫂你怕不怕？

姑唱：奴的阿嫂呀天天在娘家呀，奴的小妹妹呀年纪比我小呀，

　　　奴奴的事情奴奴自己管。呀嘟里依之喂，奴的妈妈哎。

（演唱者：叶寿华）

看灯歌

一更里咯大嫂哎，要去看花灯，十八岁大姐哎跟去看花灯，梳妆打扮双双出了门。
金钗插头上，水粉搽面庞，胭脂点咀边，点得奴的姑娘哎，嗳！
三寸金莲走呀走出来哎嗨哟。三寸金莲慢呀慢慢走来哎嗨哟。

二更里咯大嫂哎，出了个自家门啦，前面狮子滚球灯啦，红红绿绿百子灯，
叽叽格格桥皮灯啦，叫声奴的姑娘哎，嗳！
还有一串喜炮带流星来格哎嗨哟。还有一串喜炮带流星来格哎嗨哟。

三更里咯大嫂哎，进了个寺庙门哟，十八的罗汉哎咀巴笑盈盈，
叫声奴的姑娘哎，嗳！
还有一尊格童子拜观音来哎嗨哟，还有一尊格童子拜观音来哎嗨哟。

四更里咯大嫂哎，出了寺庙门，路上一帮油头光棍哟站在路中等，
头发一把拎啦，八幅罗裙两边分，里边大红的裤子拉得干干净，
拉得奴的姑娘哎，嗳！
披头散发实在难为情来哎嗨哟，披头散发实在难为情来哎嗨哟。

五更里咯大嫂哎，进了个自家门，公婆坐堂前啦，面孔黑沉沉哪，丈夫很伤心啦，
手拿一张大红状子要去告他们，不晓得瘟官哎告勿告得准哪，

告得奴的姑娘艾，嗳！
从今以后不去看花灯来哎嗨哟，从今以后不去看花灯来哎嗨哟。

（演唱者：叶寿华）

十二月劝郎

正月劝郎喏劝郎心，劝你后生君子要喏用心，
用心做做，大仓小仓仓仓满，春夏秋冬省求人。

二月劝郎喏兰花雨，劝你后生君子勿要外家嬉，
外家嬉嬉多是非，害得隔壁妈妈陪眼泪。

三月劝郎喏是清明，别家后生君子都出门，
奴家田里长哪青草，种人家良田良地要喏租金。

四月劝郎喏满树花，别喏人妻子眼喏前花，
头痛冷热谁服侍，还靠家里这朵花。

五月劝郎喏石榴红，劝了格后生君子不要困到日头红，
困到日头红事事要么落空，三个早工抵一工。

六月劝郎喏荷花水面清，劝君勿要赌博上了瘾，
游手赌博没哪好处，快快改掉坏脑筋，用心做做好讨亲。

七月劝郎喏鸡冠花开有高低，别家后生君子田里地里忙不停，
奴看郎仍在家困觉在家嬉，劝你用心做工种喏田地。

八月劝郎喏桂花香，劝你后生君子勿要外出拖喏婆娘；
勿是拷打就是剥衣裳，剥了衣裳倒霉相。

九月劝郎橘子黄，劝你后生君子勿要外面去拆墙，
墙壁里面有人坐，墙头外面有长枪，被枪戳死勿见妻儿勿见娘。

十月劝郎十月中，冷水洗脚寒冻冻，

恨娘恨爹不必恨，老来无子哪万事空。

十一月劝郎雪花飞，劝你勿要亲戚朋友家里骗东西，
骗来十七八斤白哪大米，养了自介又饿死了爹。

十二月劝郎腊梅开得鲜，富户人家杀猪杀羊迎新年，
好吃懒做年难过哟，勤俭节约日子才过得甜。

（演唱者：叶寿华）

小 弟 歌

合：十二月腊梅开得奇，小姐打扮梳妆上街嬉，
　　上街嬉来下街嬉，嬉到十字街口碰小弟。
女：你格小弟弟，别人廿五廿六都回去，只有你廿五廿六上街嬉。
男：你格小姐姐，可怜俺侬身边没有三分铜钿当盘费，只好喏廿五廿六上街嬉。
女：你格小弟弟，俺侬没有碎银子带喏街嬉，
　　只好喏头上金钗银环当当去，当来铜钿两千四，送把小弟做盘费。
男：你个小姐姐，俺侬不要你的铜钿银子当盘费，只要小姐八幅罗裙底下好东西。
女：你要俺侬八幅罗裙底下好东西，只要小弟明年再来俺侬家里种田地。

女：正月梅花喏开得早，你格小弟弟哪日到？
男：初三不到初四到，布笼铺盖自挑到。
女：姐仍双手浓茶就泡到，四盘糕饼摆摆好，一盘鸡子就端到。
　　姐来问小弟，四样糕饼那样好？
男：四盆糕饼样样好。
女：姐来问你格小弟犁耙耕耖会不会？
男：犁耙耕耖样样会。
女：姐来问你格小弟，碾谷筛米合不合？
男：碾谷筛米样样会。
女：姐来问你格小弟，麻车水碓会不会？
男：麻车水碓样样会。
女：姐来问你格小弟，聪明伶俐哪里来？
男：勤勤俭俭学起来。

女：二月兰花开得早，小弟挑水起得早。

　　枣木扁担铜皮包，黑漆水桶金钩吊，

　　小弟挑水性子躁，三脚踏步两步跳，

　　挑到姐仑家中水缸边，花花水缸平腰高。

　　头桶水，自介倒，姐见小弟年小力薄两人扛，两人扛水眯眯笑。

　　三寸金莲摆摆好，一脚溜去要跌跤，

　　里损骨头外损腰，只怕还要让人笑。

男：三月桃花开得早，小弟晚饭吃过困得早。

　　被头被角没塞好，三月寒风飘上身，头痛发热感了冒。

　　小弟苦头都吃尽，外面郎中都请到。

女：四月蔷薇开得早，小弟做工淋湿了，

　　到姐房中换衣服，姐弟干柴烈火烧。

　　软手软脚难出门，姐用铜钿银子雇零工，阿爹阿妈晓得不得了。

男：五月石榴开得早，小弟肩背锄头看田稻，

　　上畈看到下畈好，今年田稻要比头年好，

　　姐到娘亲面前来讨好，巴不得小弟留到老。

女：六月荷花开得早，小弟肩背锄头铲棉草。

　　六月太阳真正焦，小弟雪白皮肤晒起泡，

　　杨柳树底歇歇好，姐的点心就送到，

　　雪白麻糕粽裹好，雪白糖霜满口甜，

　　小弟你吃得味道不味道。

男：七月鸡冠开得早，

　　小弟肩背稻桶去割稻，一邦绍兴客人不入调，

　　重重谷子小弟挑，桑木扁担两头翘，

　　八根箩绳咕咕叫，麦秆凉帽往后翘，

　　花花手巾随风飘，飘到姐家晒谷场，

　　姐送一碗桂圆汤儿冲南枣，小弟吃吃上补肩头下补腰。

女：八月桂花开得盛，小弟陪姐看戏文。

　　姐看戏文前半本，三太煎药玉蜻蜓；

　　再看戏文后半本，水漫金山白蛇精，

　　看看许仙无良心，法海和尚太狠心。

男：九月菊花开得早，绣房姐弟两相抱。

　　上面凑起口对口，下面凑起乐逍遥，

　　小弟好比金刚将，金毛狮子披红袍。

女：十月百合开得早，小弟买布要姐缝。

上面挑起龙凤配，下面绣起鸳鸯对，

问起花花手巾哪里来？小弟一时聪明一时呆，

小小几句说话回不来，杭州街上小小裁缝做起来。

男：十一月雪花飞，小弟与姐配夫妻。

一拜天来二拜地，三拜爹娘笑嘻嘻，四拜有情有义好夫妻。

（演唱者：汪翠翠）

水 桶 歌

（十八大姐）

合：十八那个大姐守青梅，

十六郎仍在墙外头，手把石头打青梅。

女：郎哎郎哎要吃青梅自己采，

嗳，要吃姐姐心头肉青梅，脚踏墙头手把梅枝跳进来。

男：姐嗳姐嗳郎仍要来是想来，可怜郎仍身边没有三分铜钿四分财。

女：郎哎郎哎姐仍爱郎不爱财，

姐如爱你郎仍三分铜钿四分财，铜钿不够含口撮药买棺材。

男：姐嗳姐嗳，姐仍爱郎不爱财，

姐仍头上金钗银环哪里来，身上白白绸衫哪里来。

女：你个要死的鬼，你个短命的鬼，

我的大哥杭州来，我的二哥苏州来，

上上落落带归来，身上白白绸衫裁缝师傅做起来，我的阿爹阿妈亲手裁。

隔壁一个爱财姐哎死在后花园，三年另六个月来没棺材。

上身哪个烂烂剩点青丝头发盘龙髻哎，

下身烂烂还有三寸金莲玉盆台。

合：头箍水桶二箍圆，竹棍挑水吱格响，

一肩挑到塘岸边，二肩挑到姐仍黑漆家门后花园，

三肩挑到姐仍锅灶屋里一只花花水缸边，

头桶那个水吆郎自倒，姐仍看见郎仍年小力薄两人抬，两人抬水味道相。

女：郎仍哪个来抱柴，姐仍烧汤哎郎仍洗脚姐倒汤。

冷水烧汤难得滚哎，滚汤泡茶难得凉。

双手挑开绣房门哎，大手推门郎在外，小手关门郎在房。

男：双手撩开红绿帐哎，红绿帐里胭脂水粉满床香。

一对花花枕头放两向，一床荷花被来放中央。

377

　　　　郎仍脱了上身衣服紫檀色哎，姐仍脱了下身八幅罗裙白如霜。

女：不必急来不必慌，携携双手上牙床，
　　郎仍抱头姐抱腰，郎仍抖来姐味道，
　　恩恩爱爱嫌夜短，哎，鸾颠凤倒已破晓，
　　开开花园后门送郎走哎，难解难分不忍离。
　　郎仍有事情，郎赶来哎，姐仍有事姐仍传书来。

合：隔壁一个热心妈哎，知道十六郎仍跌到起病传信来，
　　杀只那个鸡来格看看郎，拔净鸡毛炖炖烊，
　　小篮拎拎难看相哎，荷叶包包没有汤，
　　一走走到上溪头，走不过哎，
　　一走走到下溪头，走过去哎，
　　一走走到格，十六郎仍房门口哎，
　　叫了三声十六郎仍没回音，
　　上身那个摸摸冷冰冰哎，下身摸摸冰冰凉。

女：不必急来格不必慌，洗手洗面诉城隍，
　　杀只猪头杀只羊，一刀高纸一筒香，
　　一本千仔足四两，一对斤通蜡烛一样长。
　　城隍老爷格哎，城隍菩萨格，
　　封点灵丹妙药救救奴的郎。
　　第一味哎天上玉皇大帝磨墨水哎，
　　第二味哎空中天鹅一个屁，
　　第三味哎东海龙王眼泪水，
　　第四味哎鲤鱼跌子一点尿。
　　一路走到大路口哎，一只乌老鸦仍当头叫哎，
　　四味药来办勿到哎，知道奴的十六郎格勿会好。
　　一走走到下厅堂，一走走到上厅堂，
　　只见棺材不见郎，黑漆棺材两头黄，
　　哭声苍天哭声郎。
　　请了阴阳先生定定向哎，哪块金山银山安葬奴的郎。
　　你个牵牛格表哥哎，你个牵牛格表弟哎，
　　黄牛踩坟有则可，水牛踩坟一扫光，
　　哭声苍天哭声郎，外面麻布里红妆，
　　俺的阿爹阿妈说我不怕羞，人家看奴作孽相。

（演唱者：汪翠翠）

来 姐 歌

城乡爱女正月正，来姐年将二八春，
孝顺爹娘不在心，女儿长大不配婚。
天上何仙姑、吕洞宾，
爹娘早去自配婚，来姐自有心上人。

闺时正月哪正月正，来姐打扮梳妆看戏文。
青丝头发梳起盘龙髻，刘海发仍齐齐整。
杭州水粉面上搽，苏州胭脂点咀边。
两边耳环叮当响，金丝钗子插两边。
大红夹袄小玉裙，小玉裙边挂响铃。
风飘响铃叮当响，三搭围巾带在身。
花花手帕手上飘，三寸金莲脚又小。
一走走到台州城，一千八百烟灶都比尽。
看来看去还是来姐俏三分。

一走走到戏场中，笑盈盈，好像南海活观音。
来姐看戏前半本，三太煎药玉蜻蜓。
来姐看戏后半本，水漫金山白蛇精。
来姐看看许仙无良心，法海和尚太狠心。

兰花爱女哪二月旺，叫他三弟去上工。
来姐亲陪三弟弟，吃了三盅上工酒，
来姐陪同好相逢。
杨柳青，百花旺，来姐房中小银床。
少年不做风流事，老来爱花无用场。

桃花爱女三月黄，叫他三弟游绣房。
房中一朵海棠花，不知三弟采不采？
还有一碗上时菜，不知三弟爱不爱？
还有一把乌骨金玉锁，要给三弟亲自开。

蔷薇爱女四月旺，叫他三弟进绣房。

没啥东西送三弟，绣花肚搭送三弟。

三弟没啥东西回来姐，三尺大红四尺呢。

来姐不要你的三尺大红四尺呢，

只要三弟常到来姐绣房嬉。

二人做了有情义，只怕隔壁妈妈多是非。

石榴爱女五月黄，

来姐陪同三弟吃了三盅雄黄酒，

红绿双双摆桌上，情投意合抱成双。

只怕爹娘闯进来。

爹娘闯进我不怕，兄弟闯进我来挡。

荷花爱女六月黄，天旱地白车水忙。

三弟车水很难当，绣花肚搭落外边。

别人难做花肚搭，只有来姐做得来。

三弟一世聪明一时呆，几句说话回不来。

外面有个亲姐妹，做得起来送得来。

读书子，笔头呆，有了铜钱银子买得来。

鸡冠爱女七月黄，爹娘面前亲弟奏了本。

奏了一本真伤心。

一块板，四个钉，钉在板上见分明。

桂花爱女八月黄，请来三弟进绣房。

三百两银子来拿去，早请媒人早定婚，

早生儿子早生孙，生起儿子享儿福。

回去之后要放心，不要常常挂在心，

常记心头要起病。

菊花爱女九月黄，来姐思想三弟很难当。

翻出三尺大红绫，一索吊死牡丹亭，

两点眼泪滴淋淋。

吾娘别的事情都赶到，这样事情不亲临。

百花爱女十月黄，亲戚朋友来烧香，

问他阿爹阿妈啥毛病，一时起意血泡身，
大小郎中无药灵。

十一月来雪花飞，一对天鹅半空飞。
好像来姐同三弟，姐弟相会非容易。
三更梦中诉情义。

十二月来腊梅花，油头光棍无事做，
把来姐故事编新闻。
唱起新闻真好听，台州六县都闻名。

（演唱者：叶寿华）

男无情（大）

女：前堂急步站门首哪，远看的情哥为何不到奴家嬉哪，
　　奴奴的家中未曾得罪你哪，耳闻情哥讨了一个俏俏的眉毛妻哪，
　　十指尖尖像春笋哪，好像南海活观音哪。
男：背枪打鸟千人爱哪，好像高山石头缝里一朵花哪，
　　还不是算哪，比你姐姐还要巧三分哪，
　　我不去爱哪，有人爱哪，我不去采哪有人采哪，
　　东坑没水西坑有哪，西坑没水东坑有哪。
女：姐姐说来年郎听哪，一年到头浆洗缝补到如今哪，
　　还不是算哪，果籽文袋不离身哪。
男：年郎说来姐姐听哪，一年到头花线钢针好几包哪，
　　还不是算哪，胭脂水粉不离身哪。
女：姐姐说来年郎听哪，一年到头公婆打骂都为你哪，
　　还不是算哪，丈夫拷打很伤心哪。
男：年郎说来姐姐听哪，一年到头爬山过岭都为你哪，
　　还不是算哪，寒冰冷冻很伤心哪。
女：姐姐问你年郎讲哪，今日别去哪日会哪。
男：今日别去说不定哪，各自道路各自走哪，
　　黄鳝出角鳗出须哪，铁树开花再相会哪。

（演唱者：汪翠翠）

381

十八传郎

一传郎，一支花，姐姐头上一朵花，头也光来，脚也俏，鲫鱼口来，画眉格毛。

二传郎，到姐家，姐姐房中吃香茶，冷水炖茶难得滚，滚汤泡茶难得凉。

三传郎，三月三，姐姐十三郎十三，配个夫妻又十三,三个十三三十九。

四传郎，郎又来，越山越坞穿鞋来，鞋子穿破姐会做，只有郎仍本钱多。

五传郎，坞坞高，山又高来水有深，山有高来有横路，水有深来好过渡。

六传郎，路路通，青天白云向雷公，雷公不得打花枝，天天如此姐房中，

七传郎，七枝花，姐姐爱我我爱她，姐姐爱我年纪小，我爱姐姐一朵花。

八传郎，八八通，先烧点心后搭葱，一碗点心捧郎吃，好像瞎子想老公。

九传郎，九支星，我郎骑马去当兵，当兵当到到南京，退了后退再入城。

十传郎，点灯光，一顶花轿摆厅堂，姐姐看见花轿爱爱哭，郎仍看见花轿送爱花。

十一传郎，郎呀来，我的婆婆很厉害，门上加起三个青铜锁，锁上加起猪皮封。

十二传郎，郎呀来，不怕我的婆婆再厉害，双手扭掉青铜锁，双脚踢开猪皮封。

十三传郎，郎呀来，我的丈夫很厉害，前面架起杀牛叉，后面摆起白银槛。

十四传郎，郎呀来，不怕我的丈夫再厉害，双手扭掉杀牛叉，双脚横过白银槛。

十五传郎，郎呀来，姐姐的房门半扇开，只怕隔壁老妈妈，轻手轻脚隐进来。

十六传郎，郎呀来，头上带起草凉帽，脚上穿起蒲草鞋。

十七传郎，郎呀来，姐姐问我几时回，十八相送再相会，

十八传郎，郎呀来，郎不问我几时回，黄鳝出角马出须，铁树开花再相会。

（演唱者：叶寿华）

孟 姜 女

正月里来是新春，家家户户点红灯，
别家丈夫团圆聚，孟姜女丈夫筑长城。

二月里来暖洋洋，燕子双双到南方，
燕窝做得端端正，对对成双在画梁。

三月里来是清明，桃红柳绿百草青，
家家坟上飘白纸，喜良家坟前冷清清。

四月里来养蚕忙，姑嫂双双去采桑，
桑篮挂在桑枝上，一把眼泪一把桑。

五月里来是黄梅，黄梅果子满树红，
别家田中把秧栽，孟家田中青草长。

六月里来热难挡，蚊子飞来咀巴长，
宁可叮我千口血，莫叮我夫万喜良。

七月里来秋风凉，家家户户做衣裳，
红红绿绿都裁到，孟姜女家中是空箱。

八月里来雁门开，孤雁足上带书来，
闲人是说闲人话，哪有别人寄书来。

九月里来是重阳，重阳美酒菊花香，
别家双双度佳节，孟姜女独自坐空房。

十月里来稻子黄，奴苦做做为谁忙，
家家都有余谷粮，孟姜女家中是空仓。

十一月里来雪花飘，孟姜女出外送寒衣，
前面乌鸦来领路，喜良长城冷兮兮。

十二月里来过年忙，杀猪宰羊闹洋洋，
家家都有猪羊杀，孟姜女家中空荡荡。

（演唱者：刘赛月）

十房媳妇

说明：演唱者琳昌娘。此曲是1986年录音的，如今，演唱者已去世多年，只知道演唱者叫琳昌娘，不知道她的真实姓名。婆媳关系是家庭关系中较难处理好的关系，官家民间都是如此。媳妇一多，又居住于一宅，妯娌之间也难免会有矛盾。《十房媳妇》是人们的愿景和期盼。此题目的民歌也流传于南方各地，版本内容与新叶村的稍有不同。

（念白）：新郎房，新郎房，新郎房里闹洋洋。（众：好哇）

天上无云不下雨，地上无媒不成婚。（众：好哇）

阁老丞相做媒人，花花轿儿八仙抬。（众：好哇）

花花轿里一个黄花女，新科状元请出来。（众：好哇）

一拜天，二拜地，三拜公婆年千岁，（众：好哇）

四拜夫妻同到老，五拜五子同登科，（众：好哇）

六拜六国做丞相，七拜七子做状元，（众：好哇）

八拜八幅罗裙下地拖，下地拖。（众：好哇）

下地拖，下地拖，罗裙角上一个绣鹦哥。（众：好哇）

这鹦哥口里讲了四句话。（众：哪四句话？）

七个大进士，黄花仙女请出来扫地。（众：好哇）

铁打门槛玉石门，铁打橡木铜瓦盖。（众：好哇）

金打屋柱银包梁，铜打阶沿石，（众：好哇）

厨房铁明堂，四块金砖镶明堂，（众：好哇）

八块银砖铺明堂。

脚踏银砖喜洋洋，福禄寿喜挂中央，（众：好哇）

一对龙凤斤通蜡烛一样长，

金丝扫帚扫厅堂，银丝扫帚扫明堂。（众：好哇）

四块金砖垫桌脚，八个金杯摆到台盘上。（众：好哇）

门官是门官，客官是客官，（众：好哇）

厨房里还有三十六个走堂官。（众：好哇）

后面还有一对老厨官，厨官手艺高，（众：好哇）

手拿一把紫金刀。

十六碗海菜满满装，一直送到台盘上，（众：好哇）

八个金杯叮当响，八双银筷两头镶。（众：好哇）

金打壶瓶银包盖，银打壶瓶凑成双，（众：好哇）

吃了绍兴老酒桂花香。（众：好哇）

大员外吃了赞美手段高，二员外吃了延寿长。（众：延寿长，延寿长，）

一送送到西边红漆箱，（众：好哇）

红漆箱里金银财宝满满装。（众：好哇）

一照照到西边金丝帐，金丝帐里一对好鸳鸯。（众：好哇）

鸳鸯是鸳鸯，好男生五个，好女生一双。（众：好哇）

大公子当朝一品为宰相，二公子吏部尚书郎，（众：好哇）

三公子山西为布政，四公子两榜中进士，（众：好哇）

五公子年纪虽小，十三岁招驸马，

万岁亲笔点我状元郎。（众：好哇）

大姐姐选为正宫娘娘，二姐姐许配（唱）状元郎。（众：好哇）

凤仙花，凤仙一枝花开呵花哪开，

唱：一房媳妇一枝花，聪明伶俐会当家，客人来到就泡茶。
（凤仙花，凤仙花开呵花郎，哎嗨哩哩哩唻花吱花）。
四盘糕饼摆摆好，一盘鸡子满满装，请出公婆来陪客，叫声厨师烧点心。
（凤仙花，凤仙花开呵花郎，哎嗨哩哩哩唻花吱花）。

二房媳妇爱春风，身穿霞帔是龙凤，头上带起凤冠双飘带，龙凤金钗插两边。
（凤仙花，凤仙花开呵花郎，哎嗨哩哩哩唻花吱花）。

三房媳妇娘家好，珍珠玛瑙用斗量，公婆看见真欢喜，
（凤仙花，凤仙花开呵花郎，哎嗨哩哩哩唻花吱花）。
四块金砖垫箱脚，八块银砖垫床脚，上面一张龙凤床。
（凤仙花，凤仙花开呵花郎，哎嗨哩哩哩唻花吱花）。

四房媳妇真聪明，最为勤快起床早，头上梳起云头笄，手拎红灯出房门。
（凤仙花，凤仙花开呵花郎，哎嗨哩哩哩唻花吱花）。

五房媳妇是鸳鸯，乾坤六合配成双。请出公婆来拜寿，拜得公婆千万岁。
（凤仙花，凤仙花开呵花郎，哎嗨哩哩哩唻花吱花）。

六房媳妇闹央央，孝顺公婆像爹娘。四五六月扇风凉，九冬十月烘棉床。
（凤仙花，凤仙花开呵花郎，哎嗨哩哩哩唻花吱花）。

七房媳妇真聪明，八套衣服自会做，做起土布自己穿。绸缎软匹公婆穿。
（凤仙花，凤仙花开呵花郎，哎嗨哩哩哩唻花吱花）

八房媳妇八字好，开到箱底都是绸，绣起枕头十分正，背面绣的是双鸳鸯，
孝敬公婆穿锦袍。
（凤仙花，凤仙花开呵花郎，哎嗨哩哩哩唻花吱花）

九房媳妇真聪明，日日房中挑线针，上面挑起龙凤配，下面挑起芙蓉配牡丹。
（凤仙花，凤仙花开呵花郎，哎嗨哩哩哩唻花吱花）

十房媳妇都团圆，坐在房中都操练。算盘笔头样样会，荣华富贵万万年。
（凤仙花，凤仙花开呵花郎，哎嗨哩哩哩唻花吱花）

附：《十房媳妇》唱词的其他版本

一房媳妇一枝花，聪明伶俐会当家。
端茶倒水敬公婆，客人一到就泡茶。
二房媳妇爱穿红，穿红戴绿路路通。
头戴凤冠双螺带，丈夫做官朝里红。
三房媳妇年纪轻，天公未亮就起身。
手拿梳子梳发髻，三寸金莲出房门。
四房媳妇娘家好，珍珠玛瑙用斗量。
四块金砖垫墙角，八块银砖铺底箱。
五房媳妇事当先，接来公婆拜寿年。
一拜公婆千千岁，二拜公婆福寿长。
六房媳妇喜洋洋，敬重公婆赛爹娘。
五月六月大凉扇，九月十月铺棉床。
七房媳妇人聪明，绣花绣朵省求人。
挑起神龙伸出爪，绣起金鸡赛凤凰。
八房媳妇桂花香，娘家送来好嫁妆。
三十六杠箱箱满，金银珠宝装满箱。
绸缎软片嫁姑娘，姑娘心里喜洋洋。
九房媳妇九重阳，丈夫读书做文章。
篇篇文章用心做，做起文章状元郎。
十房媳妇房房好，先做媳妇后做婆。
前做媳妇真贤惠，后做婆婆儿满堂。
廿年媳妇廿年婆，再过廿年做太婆。
手抱儿孙福禄长，子子孙孙状元郎。

哭七丧（哭七关）

新叶地区旧俗，传说人死后要过七关才能到达阴间，死者的亲属要帮亡魂用哭声来指引其前行，这样可以缩短亡魂到达目的地的时间。就叫哭七关或哭七丧。这七关分别是：望乡关、饿鬼关、金鸡关、饿狗关、阎王关、衙差关、黄泉关。

一路哭来一路引，叫声公婆最要紧，
不要怪我媳妇无良心，只怨你儿命归阴。

二路哭来二路引，回头叫声好婆婆，
把我孩儿要当心，带好就是你的孙。

三路哭来三路引，回头叫声三岁孩儿也要紧，
跟我还是跟奶好，只怕继父两样心。

四路哭来四路引，回头叫声姑娘也要紧，
衣服鞋袜交给姑娘放，侄儿鞋子要当心。

五路哭来五路引，回头叫声伯伯叔叔也要紧，
田地山场交给伯伯叔叔种，侄儿大起要娶亲。

六路哭来六路引，回头叫声隔壁妈妈也要紧，
把我孩儿多照顾，好比南海活观音。

七路哭来七路引，回头到夫坟上也要紧，
莫怪为妻无良心，只怪我夫你太短命。

（演唱者：刘赛月）

哭 七 七

　　新叶一带老人去世后，每隔七天叫"一七"，祭祀一次，分别叫头七、二七、三七、四七、五七、六七、七七。总共四十九天。《哭七七》是每次祭祀时的哭词。同名的歌谣在浙江其他地方也有。1995年版的《中国歌谣集成·浙江卷》273页收有一首天台县流传的寡妇《哭七七》，内容与新叶版《哭七七》完全不同。

一七到来哭哀哀，手拿红被将郎盖，
风飘红被四角动，好象奴郎活转来。

二七到来哭凄凉，凄凄凉凉哭一场，
月亮底下当头坐，小妹年轻守空房。

三七到来做道场，亲戚朋友都来往，
和尚道士乒乓响，小妹就去烧纸香。

四七到来换素装，梳妆台上好风光，
眼前一面青铜镜，只照小妹不照郎。

五七到来望乡台，望乡台上哭哀哀，
大男小女啼啼哭，思想奴郎活转来。

六七到来鬼门关，鬼门关上见阎王，
牛头马面两边站，中间跪的是我郎。

七七到来哭灵堂，白衣白裙诉我郎，
有情待我三年服，无情待我就弃郎。

去了白裙换红裙，有人给我做媒去，
做媒非为吃媒酒，要比前夫好几分。

（演唱者：刘赛月）

七 哭 灵

此篇写一对年轻人两情相悦，私自通情。依依不舍分开一年以后，女方因相思成病，托人捎信给男方。男方心急火燎赶回来，虽然见上女方最后一面，但未能留住女方性命。男方尽心竭力为女方办完丧事，烧完七七，终因伤心过度，心理憔悴，也一病不起。最后经过与阎王判官的抗争，终于赢得判官答应：让这对有情人来世再成婚。此首民歌煌煌三千多字，虽有一些教化文字，但总体上主要在表达年轻人对爱情的追求和忠贞。关键文字反复多次，回环往复，读来颇为感人。

远看三姐一枝花，心中思想爱了她。
三姐爱我年纪小，我爱三姐一枝花。
好花本当树上开，带回花好表心意。
二十情哥话喳喳，句句言语说奴家。
三姐说话真聪明，一要钱来二要银。

银子买得绫罗缎，做件衣裳三姐穿。
二十情哥礼仪多，一心叫姐穿绫罗。
绫罗只怕风飘雨，三姐年小怕见郎。
姐姐说话大放心，我郎也是读书人。
人人都是父母生，还要将心比我心。
哥哥说话良心好，一句言语值千金。
天上下雨地上凉，将手带到有情郎。
把郎带到三五步，将郎带到绣房门。
房里点灯房外明，青铜镜上照郎身。
世上只有弥陀好，郎比弥陀好十分。
三姐看见心中愿，愿脱衣衫愿脱裙。
男脱衣裤白如雪，女脱衣衫白如霜。
二人抱手上牙床，今晚陪郎睡一夜。

一更点来一枝神，满舟头上小弹进。
二更点来二枝神，好比猛虎出山林。
三更点来三枝神，一只金鸡叫五更。
你只金鸡狐狸叫，未到五更吵闹人。
我郎听到金鸡叫，一时慌张就动身。
叫声情哥勿急性，等我起来看晓星。
晓星到了高万丈，翻身带郎起牙床。
不要慌来不要忙，不要穿错姐衣裳。
我郎衣衫莲花扣，姐姐衣衫缎子桑。
二人衣衫都穿好，右手挽郎出绣房。

一程送郎房门边，将于拿到二串钱。
二串钱来莫嫌少，带到路上吃点心。
二程送郎厅堂边，手拿花鞋给郎穿。
低头揣鞋看见姐，以后记得做牲人。
三程送郎大门边，双眼泪流挂面前。
百样事情都舍得，难舍情哥一夜恩。
四程送郎后花园，日出东山红半天。
日出东山来出店，日落西山早进店。
五程送郎父子亭，父子亭中说事情。
本当同郎说几句，又怕墙外有人听。

六程送郎大畈中，门前花屋有几种。
风流女子都来看，手拿纸笔画芙蓉。
七程送郎小河边，情哥要听小妹言。
坐船要坐中仓里，船头船尾要小心。
你要安身姐放心，只怕船夫起黑心。
将你一把推下水，并无消息到姐边。
姐有麻衣不敢穿，火烧乌龟痛在心。
虽然不是亲丈夫，也是心中爱慕人。
八程送郎八角亭，二人搀手进庙门。
保佑保佑多保佑，保佑我郎早回程。
若着我郎早回家，先修庙宇后描金。
如若我郎不回程，先烧庙宇后烧神。
九程送郎桥头边，情哥要听小妹言。
以后勿把心来变，一脚勿踏两头船。
十程送郎有十里，再送十里转家门。
本当送郎二十里，鞋尖脚小路难行。
日起东山又转西，我同情哥二分离。
情哥不愿往前去，三姐不愿转家门。
行路莫把姐来想，坐船莫把姐思量。
看见情哥往前去，三姐轻轻转家门。

一想情哥日落西，想起情哥真苦凄。
想起情哥情义好，如何叫我不伤心。
二想情哥转绣房，回头不见我情哥。
昨日两人同说话，今日不知在哪方。
三想情哥上牙床，打开金被不见郎。
昨日两人同床睡，可怜今夜守空房。
四想情哥得一梦，梦见情哥在床中。
双手抱郎胸前睡，醒来不见梦中人。
五想情哥金鸡啼，想起情哥真孤凄。
男人孤凄已是苦，女人孤凄真难挡。
六想情哥大天明，三姐不愿起牙床。
十指尖尖包小脚，三寸金莲闭绣房。
七想情哥到厨房，只见哥嫂不见郎。
哥嫂叫我吃早饭，眼泪汪汪转绣房。

八想情哥到厅堂，一眼看到大路上。
路上走过千千万，并无哪个像我郎。
九想情哥不是人，一去杭州不回程。
往日生病已很苦，今日得病苦十分。
十想情哥有一年，并无音讯到姐边。
三姐心里无主意，便拿纸笔写书信。
上街有个做笔店，下街有个开纸行。
羊毛笔来买一支，油连光纸买两张。
咬破中指写书信，字字行行写分明。
上写拜上多拜上，盼望情哥早回家。
姐在家中得了病，哥在杭州不知情。
往日生病已很苦，今日得病苦十分。
早来三天好相会，迟来三天难相逢。

写好血书无人带，外面来了算命人。
算命先生厅堂坐，报过八字讲你听。
姐姐今年十八岁，二月花朝子时生。
算命先生算得灵，烧茶烫酒烧点心。
算命先生算不灵，叫你生平弹不成。
叫声姐姐立身听，我查八字以节论。
算你姐姐没别病，时时刻刻念亲人。
算命先生可真灵，端茶摆酒送点心。
拿条板凳门前坐，从头到脚说你听：
"一问先生哪里住，二问先生哪里人？"
"我家住在临安县，杭州城里有家门。
我家有个亲哥哥，就在杭州开纸行。"
"姐在家中得了病，哥在杭州不知情。
往日生病已很苦，今日得病苦十分。
早来三天好相会，迟来三天难相逢。
写起书信无人带，忧忧闷闷挂在身。
有人带得书信到，多谢他人百两银。"
"书信带到哪里去，书信带的是何人？"
"书信带到杭州去，带到杭州七哭灵。"
先生看见银子重，要带书信访亲人。
日出东山忙出店，三天三夜到杭城。

上街寻遍下街寻，日落西山来进店。

进了饭店来问讯，饭店内有一书人。

"一问书人哪里住，二问书人哪里人？"

算命先生上前坐，先人砍树先盘根。

"我家住在杭州城，取名叫做哭七灵。"

"你家有个好姐姐，有封书信在我身。"

"多谢先生带书信，我谢先生两百银。"

先生送到城门外，拆开书信看分明。

书信本是我姐写，字字行行写分明。

"上写拜上多拜上，盼望情哥早回家。

姐在家中得了病，哥在杭州不知情。

往日生病已很苦，今日得病苦十分。

早来三天好相会，迟来三天难相逢。"

情哥看完姐的信，三魂七魄不在身。

三姐说了短头话，必定病得不见轻。

我郎看了这些话，收拾行李就动身。

日出东山连忙走，三天三夜到家门。

行李雨伞门外放，慌忙连步进房门。

双手劈开红罗帐，右手搀姐起牙床。

我问三姐什么病，伤风咳嗽到如今。

三姐看到情哥到，就把情哥骂几声。

"骂情哥不是人，一去杭州不回程。

姐在家中得了病，哥在杭州不知情。

往日生病已很苦，今日得病苦十分。

早来三天好相会，迟来三天难相逢。

三姐得病因为你，如何叫我不伤心！

再要想我同相会，除非神仙下凡尘。

若要和我同床睡，就要皇帝转南京。

情哥想我同相会，三更梦中再相逢！"

刚刚说完三句话，三姐一命见阎君。

我郎见了姐姐死，三魂查查不在身。

不要慌来不要忙，等我穿街买棺材。

檀香棺材买一口，绫罗缎匹买几样。

上身做起三五件，下身做起四五身。

上身下身都做起，打扮恩姐下棺材。

莫把龙口来封好，请出厅堂做好香。
恩姐在时情义好，死后无法报姐恩。
多买香烛来烧你，烧给恩姐好安心。
花花灵户买一个，烧给恩姐来哭灵。
恩姐本是因为我，想起恩姐总伤心。

一七哭姐一七灵，安排客人请道人。
一日五朝来拜佛，超度恩姐上天庭。
恩姐在时情义好，死后无法报姐恩。
今日不见姐姐面，造起灵屋也枉然。
二七哭姐二七灵，提起恩姐苦懔懔。
眼泪汪汪看姐坟，睡在两处不成双。
姐在阳间情义好，死后仙界报郎恩。
金钱银纸多买些，超度恩姐好安神。
三七哭姐三七灵，想起恩姐苦伶仃。
三魂庙里归阴府，七魄忙忙见阎王。
本当姐姐要超度，上有哥来下有郎。
等我父母百年后，再来超度报姐恩。
四七哭姐四七灵，想起姐姐哭懔懔。
郎在阳间不见姐，鬼门殿上再相逢。
纸钱化得变成灰，万贯家财化为尘。
五七哭姐五七灵，姐在阴间受苦刑。
做起功德超度你，拜上阎君早开恩。
造起灵户来送姐，一府二厢八字门。
左边造起柒亭阁，右边造起百花园。
百花园里样样有，只少恩姐一个人。
姐姐身配灵户内，金童玉女在两旁。
六七哭姐六七灵，提起恩姐哭几声。
郎在三更得一梦，看见姐姐到房中。
口口声声无别事，劝郎早早要结亲。
"郎不讨亲是好汉，姐不重婚是节人。"
醒转不见姐姐面，只见衣衫不见人。
想起姐姐情义好，春秋二季拜亲坟。
七七哭姐七七灵，郎在阳间乱纷纷。
姐在阴间无音讯，阴阳隔断枉费心。

情郎哭姐空流泪，永不回头一场空。

恩姐七七恩来报，下世与你再成双。
想起恩姐真心哭，郎身得病在牙床。
先生开药也无用，枉费银子一框框。
父母来到书房内，就把孩子问一声。
你今得病哪日好？面上黄皮不像人。
母亲刚问没几句，一声不响见阎君。
开言就把阎王叫，阎王你太不公平！
世上老少都好死，我却为何年少亡？
阎王耳听二人说，叫声判官查查清。
判官打开生死簿，字字行行写分明。
当初配你王公子，不该私自两通情。
前世夫妻已圆满，一夜夫妻百日恩。
今夜寿满归阴府，来世放你配成婚。

（叶志衡根据叶顺良所藏手抄本整理）

乾隆皇帝十六年

正月里来是新春，小小后生别样山歌不要唱，
要唱唱唱大晒东方乾隆皇帝十六年。

二月里来是惊蛰，没有过了惊蛰，
雷公轰轰响，落雨落了六七四十二天云不开。
没柴烧，没火烘，没柴没火有则可，
没米下锅苦哀哀。

三月里来见清明，日长夜短无思想，
去到深山冷坞采点草根树皮救救荒。
救活亲娘饿死爹，救活爹爹饿死娘。

四月里来入立夏，黄疸打麦有则苦，
水疸打麦一扫光。
十把麦子打打没四两。

救活爷爷饿死孙儿，救活孙儿饿死爷。

五月里来归钱粮，令通乡保有则苦，
令达百姓爬壁墙。
卖儿卖女泪涟涟，卖了儿女难团圆。

六月里来拜龙王，要请大小官府求龙王。
日拜日头夜拜风，哪拜到东方红光腾腾起，
拜到西方五谷稻头瘪叮当。

七月里来秋风凉，天空下了几天狂暴雨，
溪坑两沿都冲光，颗粒无收泪汪汪。

八月里来桂花香，种坵青菜救救荒，
雨打菜瘟有则苦，虫吃菜叶一扫光。

九月里来是霜降，未过霜降就下霜，
霜打荞麦一扫光，十把荞麦打打没四两。

十月里来瘟病降，瘟牛瘟马一扫光，
脚踏泥块有则可，肩背牛枙喊天皇。

十一月里来催钱粮，家家户户哭哀哀，
自己肚皮饿得苦，哪有五谷交钱粮。

十二月里来是过年，三杯清水敬苍天，
三岁孩童叫可怜，养了荒年有熟年，
养了荒年有熟年。

（演唱者：叶寿华）

十字莲花（倒序版）

顺唱十字都唱成，倒唱十字君子听。
十字头上加一撇，千里迢迢来相会。

九字中间加一点，九天玄女下凡来。

八字底下加刀字，祖先分枝传下来。

七字头上加白字，做官皂白要分明。

六字底下加个义，交结朋友要忠诚。

五字底下加个口，吾皇登基万万年。

四字底下加个贝，买卖生意要公平。

三字中间加一竖，王莽登基十八年。

二字中间加一竖，学农工商都齐全。

一字中间加了字，子子孙孙万万年。

（演唱者：叶寿华）

十字莲花（顺序版）

一字写起一条龙，前朝出了赵子龙，
子龙本是英雄将，单枪匹马保江山。

二字写起隔条河，前朝出个何仙姑，
前拜师傅汉钟离，后拜师傅吕洞宾。

三字写起分长短，桃园结义三兄弟，
大哥本是刘玄德，二哥云长小张飞。

四字写起四角方，孔明用计借东风，
一时三刻东风起，哪怕曹操百万兵。

五字写起盘龙髻，前朝出了伍子胥，
三十二岁过昭关，七天七夜白了发。

六字写起分高低，前朝出了包龙图，
日审阳来夜审阴，阴阳审得蛮公平。

七字写起金钩带，宋朝出了杨七郎，
勇冠三军无人敌，万箭穿身一命亡。

八字写起两边分，前朝出了姜太公，
八十高龄遇文王，战略兵书有几本。

九字写起九条龙，唐朝出了李元霸，
手拿钢锤八百斤，保住江山万万里。

十字写起四角张，刘秀逃难到潼关，
排棋马夫双救驾，二十八宿闹坤阳。

（演唱者：叶寿华）

（浙江东阳一带也有：十字莲花唱东阳民歌，如"莲花朵朵飘清香，十字莲花唱东阳，一字飞起一条龙，歌山画水好风光"等等，内容更加贴近时代，贴近生活，达到了古为今用的目的。《凤仙花》则把传统的民族唱法与现代的通俗唱法相融合，可谓"别出心裁，新人耳目"。）

送郎参军

哥哥你去参军，妹妹来送行。上前线，杀敌人。为了中国要拼命。
唉嗨唉嗨吆，我的哥。

哥哥你好英勇，妹妹把寒衣缝。我们两人合力同心，我们家里多么光荣。
唉嗨唉嗨吆，我的哥。

哥哥你上前方，妹妹我在后方。前方呀后方呀，消灭蒋匪再回家。
唉嗨唉嗨吆，我的哥。

（演唱者：刘赛月）

二、新叶民谣

新叶童谣

在旧时代，广大农村都没有"幼儿园"这种教育场所。让幼儿练习数数、计数，以及说话能力的培养，基本依靠童谣。新叶人的祖先早就编了一些利于幼儿练习数数说话的歌谣，这些童谣用新叶方言读，都朗朗上口，容易记忆，且兴趣盎然。兹收集数首以飨读者。

识字歌

亲哥哥，卖柴桩①，买个烧饼接妈妈。

妈妈嫌少，囥②这里接嫂嫂。

嫂嫂在楼上挽头笄，碰着红帝。

红帝烧香，碰着梅香。

梅香打火，碰着老虎。

老虎放尿（suí），碰着雄鸡。

雄鸡啄蚱蜢，碰着两个小鬼囡③。

吃吃咽咽一顿打④。

注：①桩：柴草树木，砍去地上部分，留下的部分叫桩。

②囥：新叶方言，藏起来。

③小鬼囡：方言即小姑娘。

④吃吃咽咽：互打发出的声音。

本童谣供幼儿认识部分常见的人、事、物。

识字童谣

开头词（两遍）

啶啶、嘭嘭、欧哩、吆吆！

问：城门、城门有多高？答：八十二丈高。

合：千军万马都经过，有钱只管过，没钱吃大刀。

问：什么刀？答：春秋刀。

问：什么春？答：草木春。

问：什么草？答：铁线草。

问：什么铁？答：两环铁。

问：什么两？答：秤斤两。

问：什么秤？答：光阴秤。

问：什么光①？答：判官。

问：什么判？答：死判。

问：什么死？答：糠筛。

问：什么糠？答：老鼠掉到猪食缸。

哐、哐、哐，哐、哐、哐！

敲锣打鼓，进城门。

注：①光：新叶话"光""官"同音。

识 数 歌

一、二①，头酒对滂滂②；

三、四，豆腐滚虾皮；

五、六，鸡炒肉；

七、八，鸡炒鸭；

九、十，猫仂③烧大十。

注：①二，新叶方言读作"两"。

　　②头酒对滂滂：新叶人用糯米，土曲酿成的酒，第一次榨出的酒叫头酒；酒糟冲水后再榨出的叫滂滂。

　　③猫仂：新叶方言，即猫儿。

　　本童谣供幼儿练习数数。

接 看 戏

轿轿飞哟，接小姨哟，小姨在哪里？小姨在桥头。

桥头啥干①？桥头生儿。生儿啥干？生儿砟柴。

砟柴啥干？砟柴烧火。烧火啥干？烧火点灯。

点灯啥干？点灯搭台。搭台啥干？搭台做戏。

啥行头②？麻布衫。啥锣鼓？破缸爿。

啥号喇？稻秆芯。做本啥里戏？做本花花戏。

注：①啥干：新叶方言，即做什么的意思。

　　②啥行头：行头即做戏用的服装。

　　本童谣的一问一答，层次渐进，目的在于使儿童说话养成有条不紊的良好习惯。

另版注音接看（mong）戏

轿轿飞，接小（Xiān）姨（yì）。"小姨在（juā）哪里？""小姨在桥头。""桥头啥（Shā）干（goù）？""桥头生（San）儿（dè）""生儿啥干？""生儿斫（zé）柴（Shā）。""斫柴啥干？""斫柴烧火。""烧火啥干？""烧火点（diè）灯。""点灯啥干？""点灯搭台。""搭台啥干？""搭台做戏。""做本啥里戏？""做本花花戏。""接你（diǔ）格娘与（dei）爷（yǎ）去（kě）看（mong）戏"。

民谣杂事

新叶村民善于将日常生活中的杂事编成顺口溜，形象易记，有利于小孩掌握，大人记忆。

十二个月农事歌二则

正月拜拜年，二月耕秧田。三月荠菜大，四月有麦磨。五月麦磨了，六月割早稻。七月秋风起，八月渐渐凉。九月过重阳，十月还钱粮。十一月柏子白，十二月没策划。
一月陪陪客，二月铲铲麦。三月饿一饿，四月有麦磨。五月苦一苦，六月解放肚。七月扇荡荡，八月戏唱唱。九月拖拖鞋，十月扒扒柴。十一月买东买西，十二月做皇帝。

十二个月水果歌

正月甘蔗节节长，二月甘蔗两头黄。三月樱桃来接熟，四月枇杷月黄黄。五月杨梅红如火，六月莲籽水中央。七月青枣挂叮当，八月菱角如刀枪。九月大栗如弹子，十月橙橘满园香。十一月焙笼焙香榧，十二月荔枝桂圆满街坊。

指纹谣

一箩穷，二箩富，三箩开当铺，四箩磨豆腐，五箩卖缸钵，六箩讨饭骨，七箩骑白马，八箩管天下，九箩动刀枪，十箩气爹娘。

麻雀娘

麻雀娘，背龙糠，一背背到我家田中央，摘张荷叶铺铺床，姐妹两个睡一床。

讨 媳 妇

太阳下山红兮兮，讨来媳妇坐红轿，大伯挑盒两头翘，小叔抓鸡叽叽叫，大嫂斟茶屁股翘，公公婆婆吃酒眯眯笑。

娘家归来

日头落山乌云盖，十八大姐娘家归，一头金钗一头髻，谁人捡到还我家，我家就在竹林后，黑漆大门是我家。

月亮生毛

月亮生毛，赖冤（冤枉）媳妇偷桃；桃有核，赖冤媳妇偷萝卜；萝卜有皮，赖冤媳妇偷梨；梨有籽，赖冤媳妇偷鸡仔（鸡蛋）；鸡仔有壳，赖冤媳妇偷菱角；菱角两头尖，姐姐妹妹做神仙。

天 亮 光

喔喔喔，天亮光，婆婆起来烧米汤，媳妇睡下添（再睡一下），生个儿，白兮兮；生个囡，放在鸡舍背，让老鹰叼去当点心。

弯 弯 鸟

弯弯鸟，弯弯飞，一飞飞到我家后家园，大嫂嫂看见姑娘来嬉，扫地擦桌来不及；二嫂嫂看见姑娘来嬉，点火烧茶烧点心；三嫂嫂看见姑娘来嬉，大手抱伢小手关门来不及。

新 媳 妇

新媳妇，新娘子，问你讨个红鸡仔（鸡蛋）；凤冠戴得高，问你讨块鸡仔糕；凤冠戴得低，问你讨块添（再讨一块）。

贺 新 婚

一脚踏进新娘房，新娘房里闹洋洋，新娘房里金丝帐，里面有对好鸳鸯，闹洋洋，喜洋洋，生个儿子状元郎。

三、新叶民间谚语

过了重阳无时节，不是雨来就是雪。

吃了端午粽，棉衣棉裤拿来送。

六月六，晒红绿。

过了七月半，苍蝇蚊子去一半。

懵里懵懂（稀里糊涂的意思），清明下种。

六月盖棉被，有稻无米吃。

干净冬至邋遢年，邋遢冬至干净年。

夏雨隔条线，秋雨隔田塍。

七月半有雨，十月十五有霜。

云向东，要刮风，

云向西，着蓑衣，

云向南，雨绵绵，

云向北，好晒谷。

雨打五更，雨伞不撑。

日照中，两头空。

一夜天雷，七日雨。

白山岩上一条线，落雨落得满世界。

白山岩上戴个帽，落雨落不大（音驮）。

第十三章　新叶昆曲研究

　　2006 年，原新叶昆剧团的演员叶昭勤的儿子在整理父亲遗物时，发现了一大包手抄本。后经本村叶昭镰、叶鸿富等老人辨认，是消失多年的原新叶昆剧团演出戏本。经整理，有完整昆曲戏本 11 本，折子戏残本 10 多段。据村里尚健在的当年昆剧团的演员回忆，新叶昆剧团最后一次演出是在 1964 年，一晃已过去 43 年，经历了"文化大革命"这场文化浩劫，如此完整且众多的旧戏本被发现，无疑是个很大的奇迹。村里老年协会的一些退休教师和退休返乡的干部化大力气进行了整理。并不断向各级文化部门介绍、呼吁重视这些古董。2008 年，浙江省文化厅组织有关专家对新叶村发现的这批戏本进行价值鉴定。由专家组浙江大学著名戏曲史专家徐宏图教授牵头，专家们在简陋的条件下，经过长时间翻阅、研究，并听了叶昭镰老人亮嗓子唱了一段《断桥》唱腔，纷纷感到意外和惊喜。一致认为，新叶村发现的这批昆曲戏本很有价值，其中有些本子在全省乃至全国都已失传。并认为，新叶昆曲的唱腔不同于传统的市镇戏班演唱的唱法，是一种经过改造的适合农村、农民欣赏的"草根昆曲"[①]，非常珍贵。从此后，

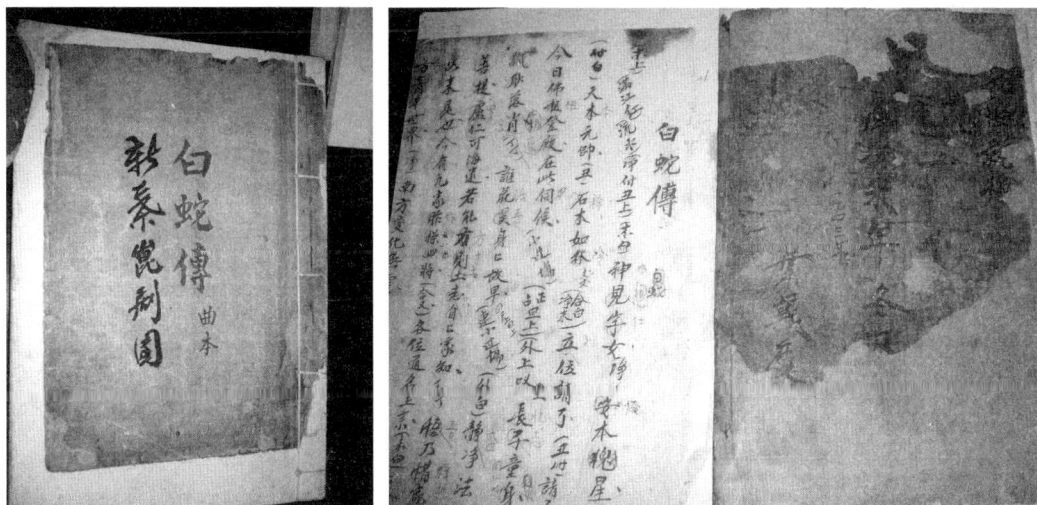

2006年在一户农家发现的"新叶草昆"曲本

---

① 此后，人们就将新叶昆曲叫作"新叶草昆"。并有许多人对它进行专门研究。

《浙江日报》、凤凰卫视等各路媒体纷至沓来，各地专家学者和昆曲爱好者也纷纷来到新叶，一睹老戏本尊容，交流昆曲唱法。新叶村在老年协会的努力下，得到村干部的支持，重新成立了习唱昆曲的学习班，邀请叶昭镰等尚健在的当年昆剧团的演员做老师，教志愿者排练昆曲的唱、念、做、打等套路。新叶昆曲在沉寂了近半个世纪之后重新出现，并逐渐引起多方关注。

2009年，"新叶草昆"被浙江省文化厅选定为浙江省"十大文化遗产发现"之一，同年，被收入浙江省第三批"非物质文化遗产"名录，并拨专项资金加以发掘、整理、保护。2009年，81岁的叶昭镰老人被确定为"浙江省非物质文化遗产：新叶昆曲传承人"。从此，新叶昆曲步入恢复、发展的良性轨道。

2014年6月12日，由浙江省文化厅主办，永康市人民政府承办的"浙江好腔调——'浙风越韵'专场"在永康市三江广场举行，浙江省的地方剧种：永康醒感戏、包山花鼓戏、临海车灯戏、平阳南湖马灯戏、永嘉溪下马灯戏、衢江茶灯戏（唱灯）、衢江马灯戏、庆元菇民戏、淳安三脚戏、金华徽戏、龙游徽戏、苍南八仙戏、东阳傩戏、温州南戏、平阳和剧、海盐腔、缙云杂剧、永嘉昆曲、武义昆曲、建德新叶昆曲等20多个戏班参加了演出比赛。

新叶昆曲作为建德市唯一一支参演曲目在此次系列展演中亮相。此次参演的剧目为《火焰山·狐思》，题材取自《西游记》中的一个故事，剧情是：摩云洞内有只修炼千年的狐狸名唤玉面公主，因见牛魔王英俊，终日茶饭不思，怏怏成病。仆妇欢婆见

新叶昆曲年轻一代演员在永康演出《狐思》剧照

此情况，便说愿意去说合婚姻，玉面公主豁然病愈。本折戏自清代中期至清末常常演出，民国以来演出极少。1929 年，苏州昆曲班"传字辈"弟子姚传芗曾跟从老艺人钱宝卿学戏，当时，钱宝卿已病重，姚传芗在钱宝卿的病榻前学习《寻梦》《题曲》及《狐思》三折戏，可惜《狐思》未学完，钱宝卿便病故了。苏州昆曲中《狐思》一折便成绝响。好在金华昆曲中此剧仍存，民国年间，最早一批新叶昆曲传人学会了金华昆曲中《狐思》唱段。1949 年以后，由于种种原因，金华昆曲的其他戏班纷纷解散，《狐思》唱段也告失传。目前，仅有新叶村新成立的昆曲班能将此剧恢复到舞台上演出。这次演出《火焰山·狐思》节目的是叶晓蕊、叶素珍、倪修凤三人，由叶昭镳指导。最后，建德新叶昆曲夺得了大奖："浙江好腔调"奖。这给刚刚恢复的新叶昆剧班以极大的鼓舞和信心。同时，关心和关注新叶昆曲的人更多了。但新叶昆曲要想在今天商品经济的时代中生存，发扬光大，并非一帆风顺。为了让更多关心新叶昆曲的人了解"新叶昆曲"这一省级非物质文化遗产项目，本章将对新叶昆曲的发展历史、新叶昆曲的特点、新叶昆曲的现状等进行介绍。

一、新叶昆曲发展小史

据新叶草昆传人叶昭镳老人介绍，新叶昆曲的前身是"义庆会昆腔坐唱班"。始创于清末光绪年间。当时是一种由村里的昆剧爱好者自己出资、自己延师、自由参加的自由组织。所学的也仅仅是一些折子戏，如《金钗记》中的《行路逼钗》，《琵琶记》中的《吃饭糟糠》，《闹枯山》中的《悔嫁痴梦》《马前覆水》，《醉菩提》中的《打坐吃斋》《石洞伏虎》，《西厢记》中的《佳期拷红》，《摘桂记》中的《赏桂调情》《打肚产子》，以及大花脸主唱的《训子下书》《单刀赴会》，老生主唱的《寄子》，花旦主唱的《思凡》等等，唱词较多，而且是悦耳动听的乐曲。成员人数也只有十余人。他们都能边唱边自己敲打着打击乐器。这时期只能说是自娱自乐阶段。在他们的影响下，村里爱好昆曲的人越来越多了。到民国初期就有了第二代传人的涌现，学员人数也多了，学唱的范围也扩大了。他们的声音不但唱遍了本村，连大慈岩、小方岩（兰溪殿山）等处的庙会也曾几次送唱上门，深受佛门和香客的赞誉。

新叶人的祖辈们对昆曲有着独特的感情。每逢一年一度的传统节日"二月二"，总是要邀请昆剧团来村演出，以增添节日的气氛。后来，因为昆剧这个剧种渐渐地濒临灭绝。为适应"三月三"演出的需要，族中有识之士，第一代"昆腔坐唱班"老前辈叶海丰（1896—1975）倡议，准备将原"昆腔坐唱班"发展成合演唱为一体的昆剧团。此举深受族中父老的赞同和大力支持。民国二十六年（1937）元宵节刚过，即以原坐唱班学员为主，招收了一批年仅 10—15 岁的新学员，组成了"叶义庆昆剧团"，后来人们称为"太子班"。"太子班"邀请上吴方已退休的昆剧老演员方初明（原演花旦）、

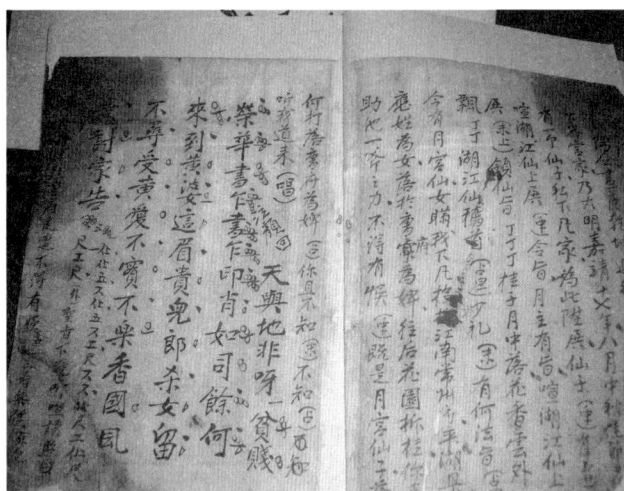

"新叶草昆"曲本正文

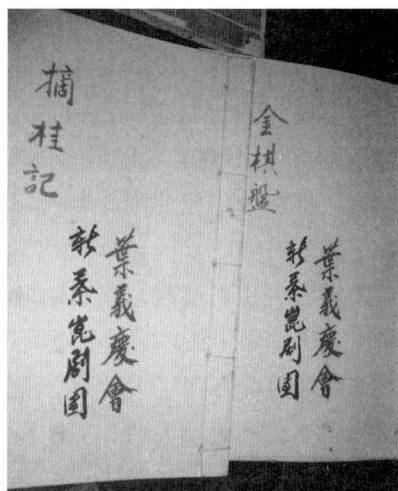

2006年在一户农家发现的
"新叶草昆"曲本封面

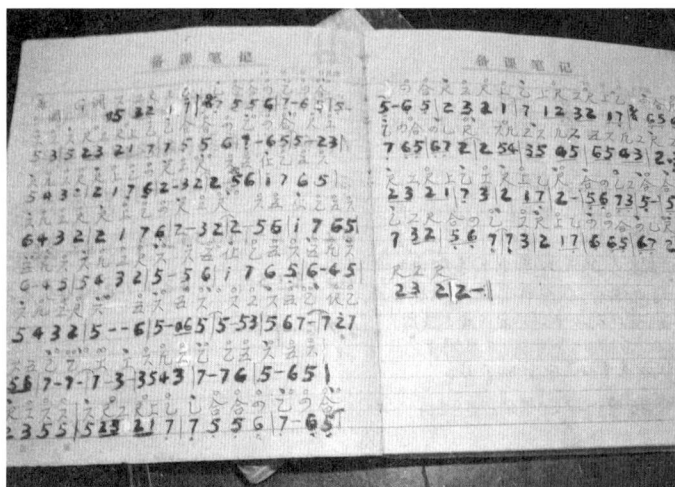

"新叶草昆"旧式工尺
曲谱(叶昭镰提供)

方汝根(原演正旦)、方银银(原演老生)等为教师兼导演,进行排练。通过新老学员夜以继日的勤学苦练,只用了十四个月的工夫,到翌年"三月三"就在"雍睦堂"登台演出了。

当时,虽然服饰道具等都很简陋,但演员的表演和乐队的演奏都受到广大观众的赞扬。第一次演出的成功,给"叶义庆昆剧团"的发扬光大树立了坚强的信念。以后,通过不断的延师访友,先后学会了《火焰山》《通天河》《九曲珠》《摘桂记》《花尾龙》《金棋盘》《白蛇传》《飞龙凤》《铁冠图》《蝴蝶梦》《十五贯》等十一个正月和几十阁折子戏,足足可演上五昼六夜不致重复。一时间,"义庆昆剧团"声名远播,方圆百里慕名前来邀请演出者很多。据叶昭镰老人介绍,如此有名的"叶义庆昆剧团"的乐队正吹叶佩铨(1910—1943)和副吹叶土仂(1911—1977)竟然是两个大字不识一个的文盲大

"新叶草昆" 2014年在有序堂的演出照

老粗。照理是难以胜任的，但他们在坚韧的信心和兴趣作用下，终于学成，坐上了正吹和副吹两把交椅。叶土仍的提琴拉得特别出色，那怕是专业的昆剧团来村演出，他也能充当副吹，且受喝采。据说这种不识字但能演唱昆剧的情况在"叶义庆昆剧团"还比较普遍。这一方面说明当时的演员聪明和努力，另一方面表明当时"叶义庆昆剧团"成员的文化底子较差，但这正好符合了同样文化底子很差的村民的需要。这也正是新叶昆曲会将高雅难懂的"正昆"改造成通俗易懂的"草昆"的原因。

新叶草昆班子主要成员

新叶村在 1951 年前长期属于兰溪县管辖，兰溪属于婺州地界。所以，学者们认为新叶昆曲本属于金华昆曲系统。杭州市群艺馆的蒋羽乾[①]对新叶昆曲进行了长时间的调查研究，并写有《田野调查：新叶昆班——金华昆腔坐唱班到业余剧团的发展典型》[②]一文，对新叶草昆与金华昆曲（简称"金昆"）的关系、金昆的由来和衰落、新叶昆曲的发展及其特点作了比较详细的考察梳理。据蒋羽乾调查考证，新叶昆曲属于金华昆曲系统。特别是早期的"坐唱班"和"太子班"完全是金华昆曲的发展模式。文中引用吴新雷主编的《中国昆剧大辞典》这样介绍"金华昆腔"："金华昆曲，亦称'婺州昆腔''金华草昆'，系昆山腔支流。流行于旧婺州（金华）、处州（丽水）、衢州、严州（建德）府属各县。前辈艺人传说，金昆为苏州昆腔艺人因避兵灾，逃转金华，带来传播。清道光十九年（1839）前已很盛行，班社多达二十余副，称为'金昆大班'，影响浙西远及浙南。至民国初年，尚全存黄金玉（金华）、徐春聚（浦江）、钱春聚（义乌）、蒋春聚（金华乡下）、周春聚（衢州）、方春聚（建德）、胡春聚（金华）、何金玉（义乌）、金联玉（义乌佛堂）、蒋金玉（金华马门头）、北金玉、金聚玉、周春玉（浦江通化乡）等十四副大班。中华人民共和国成立前夕，仅剩下何金玉挣扎苟延。最后于 1951 年，勉强拼凑行当，演出几场《白蛇传》作为最后的'伙食戏'后，自动解体，从此金昆湮没。"[③]历史上金昆的职业昆班虽已全部解散，但是因为金昆在民间有很深的影响力，农村中的业余活动却不绝如缕。金昆的农村活动中心有两地，一是兰溪，一是武义。兰溪农村中的昆腔业余活动主要是以坐唱班和太子班形式存在着，新叶村昆腔班是其中的一个典型。《中国昆剧大辞典》对新叶昆曲也有介绍："新叶村属建德县寿昌区唐村乡管辖，该村有三千多户人家[④]，也是金华昆班的流播地区。村上有个昆腔坐唱班，叫作'义庆会'，具有比较长久的演唱历史。1931 年间，曾聘请徐春聚昆班的艺人来村上教戏。解放前从兰溪伍家圩昆腔班购得一批戏装道具，在 1958 年成立了新叶昆剧团，戏码有正目六个，折子戏二十多出，演出于建德和兰溪等地的农村，颇得观众好评。1965 年解散，戏装在'文革'中被毁。郑西村在 1985 年 7 月曾去访问，写出调查报告《浙西金华建德一带流传的昆腔》。"[⑤]

对于新叶昆曲早期的"坐唱班"和"太子班"情况，蒋羽乾的文章介绍说：

坐唱班为金衢严旧州府所属农村小集镇农民小商自娱的演唱组织，又称十响班、

[①] 蒋羽乾，建德乾潭人，杭州师范大学人文学院文艺学专业硕士毕业，儒雅聪慧，通多种民族乐器，专门研究民间文艺。对新叶昆曲关注时间较长。

[②] 木章内容多有参考蒋羽乾《田野调查：新叶昆班——金华昆腔坐唱班到业余剧团的发展典型》一文的地方，特此说明并致谢。

[③] 吴新雷主编：《中国昆剧大辞典》，南京大学出版社，2002 年 5 月版，第 13 页。

[④] 此处的"有三千多户人家"应该是"有三千多人口"之误。

[⑤] 吴新雷主编：《中国昆剧大辞典》，南京大学出版社，2002 年 5 月版，第 253 页。

锣鼓班。一般由十人组成，少则九人，多则十二人。有笙、琵琶、笛等管乐，大多由自然村组成，学唱大多在晚上，活动以本村本乡为主，参加庙会斗台时例外。（中国戏曲志·浙江卷P593）坐唱班参与者冬春农闲学练，逢节日或盛会时演出，民家逢喜事诞辰有请班助兴之俗。素衣便服，不化妆、不登台演出。新叶村的坐唱班名叫义庆班，也有义庆会的叫法，出现时间已不可考。据《兰溪市志》（1988年）记载，明末昆曲在兰溪一带流行，乾隆时期就有金家班。市志中记载的明确只唱昆腔的坐唱班多达十二副。《建德县志》（1985年）中也有知识界的"寿昌昆曲清唱班"的记载。所以，新叶村一带习唱昆曲的风气一向很兴盛，据新叶村昆曲传人叶昭耿老人回忆，20世纪二三十年代附近的上吴方、李村等村都有坐唱班。各村之间的坐唱班之间也经常相互之间有交流，新叶村的坐唱班曾经聘请附近的上方村的方初明（工花旦）、方旭根（工正旦）、方明根（工老生）等人来村中教授拍曲，其中方明根为半职业艺人，曾经参加过职业昆班，拍曲地点就设在村中旋庆堂。由于新叶村坐唱班的演出水平较高，还经常被邀请到其他各村示范演出。

太子班大多由坐唱班发展而成，坐唱班是坐着唱，太子班是上台演。班内有严格的纪律制度，一经加入，不准沾染吃喝嫖赌等恶习，专心学戏，家长颇为拥护。太子班和坐唱班一样，都是农村农民自娱的组织，所需经费大半由宗族支付、小半由参与者分摊。据老人们说，因为要入太子班的人往往需要一定的家庭财力才能支付戏服、化妆等费用，所以参加者往往是乡村中的富家子弟，被人视为"太子"，故有太子班之说。但后来往往只要爱好，并有一定演出能力就能加入。新叶村第一批的太子班成员大约有十二人，据老人回忆，教唱功的教师和教身段的教师不是同一批。上吴方村庙里原有老昆剧班，教唱的是上吴方村的老师。踏戏的老师请的是徐春聚的艺人。这批成员都是在原坐唱班中相对有较高演唱水平的子弟中选拔出来的。现在这批成员大多已经故去，只有年龄最小的工小生的叶先戴在世，现年96岁[①]。首演时间为1931年，地点为村中的旋庆堂中所设的戏台。

在第一批的演出过程中，由于金昆剧目演出时要求场面热闹的特殊性，往往需要比较多的场上人员，十二个人远远不足以支持正常演出。因此新叶村很注重第二代太子班人员的培养。第二代跳过坐唱班，直接进入太子班。第二代将近二十人左右，和第一代人大约相差十五岁。其中叶肇奎工正旦，擅演折子戏《吃糠》；作旦叶昭耿，后也演花旦，为新叶村昆班的重要演员，擅演剧目有《断桥》《雪里梅》；老生叶品元；叶昭镰工二花脸；叶昭勤工小花脸。演员只剩下工花旦的叶昭耿（现已去世）和工二花脸的叶昭镰。这批演员因相对年轻，扮相漂亮，到1937年基本取代第一代演员，成为舞台上的主力。演出的剧目有《折桂记》《金棋盘》《通天河》《火焰山》

---

① 先戴老人已于2011年去世。

《九曲珠》《白蛇传》《花尾龙》①等十一个整本大戏以及《雪里梅》《石洞伏虎》等折子戏。偶尔也演出《糟糠》《寄子》《刺虎》等正昆常演的折子戏，曾经把这些剧目连续演出五天六夜。但是正昆常演的相对较完整的《牡丹亭》《长生殿》等，因为不合农民口味，新叶村昆班基本不会、不演。这时，新叶村昆班已经发展到了相当规模。前台十二人。有花脸：大花脸、二花脸、小花脸（实际为丑）；生：老生、小生、老外（兼末）；旦：老旦、正旦、花旦、作旦、彩旦、贴旦（应有二人，但只设一人）；场面五人，有鼓板一人；正吹一人，司笛；副吹一人，管唢呐、先锋（长号，开始演出时吹奏，和婺剧的叫法相同）等；弦锣一人，还兼其他一些乐器，如三弦等。还有茶锣一名，掌大锣，还要兼烧茶水，又叫茶水。原应该有三副吹一人呼笙，虽然新叶村昆班中有笙，但是因为没有人会呼，所以这一场面一直是空缺的。后台五人头箱（盔头），二箱（服装），三箱（刀枪把子），炊事员，打杂各一人。

场面排列示意图：

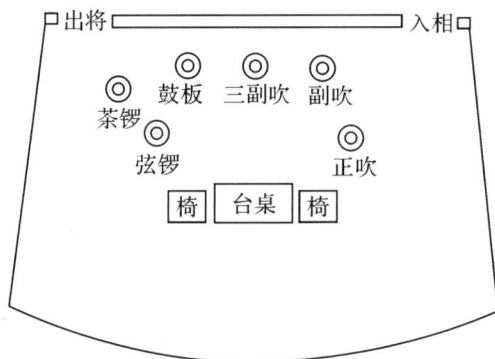

随着规模和艺术的不断提高，渐渐附近有农村上门来约请演出，并付给戏金，太子班纯粹的自娱自乐的成分发生了变化。新叶村昆班以"义庆"为名，开始向半职业化剧团发展，并在此阶段添置了十多个戏箱，演出实力大为增强。演出范围从建德兰溪交界扩大到建德梅城、衢州龙游、金华汤溪等三个旧州府。一年中演出时间并不固定，其中农忙时节还要回乡务农。演出前后有专人负责，称为"写戏"，专由能说会道，交际能力强的人充任，负责各地演出的事前联络，戏金多少，演出日程、甚至演出剧目也由他和邀戏人共同议定。戏金一般是每场十三到十五担大米，每次演出一般演两天三夜。

解放后，"叶义庆昆剧团"继续为村民演出。1951 年 7 月，白下叶村改为新叶村，

---

① 蒋羽乾怀疑《花尾龙》是金昆中的《花飞龙》，因为在新叶方言中，"尾"和"飞"同音，但老艺人坚称是《花尾龙》。

划给寿昌县管辖，"叶义庆昆剧团"也随之改名为"新叶昆剧团"。1956年冬，寿昌县举办首届民间音乐舞蹈会演，"新叶昆剧团"以旦角叶昭耿演出《雪里梅》荣获二等奖①。1958年，唐村公社开始建造解放水库，新叶村民全力投入造水库工程，新叶昆剧团演员当然也不例外。在水库工程指挥部统一安排下，以原新叶昆剧团老演员为主，并在工地上招收了20多个青年人（叶金香、叶土荣等人），成立了"解放昆剧团"，这应该算是新叶昆曲的第四代传人，当时剧团总人数达到30多人，还有一些临时学唱的人。有些角色可以有两三个人一起学和演，也就是有了专业剧团中的"AB角"。这是新叶昆剧团人数最多的时候，也是最辉煌的时候。这些演员白天干活，晚上学戏，还经常为工地上的人员唱戏，有声有色。1960年冬，建德县举办农村文娱大汇演。解放昆剧团以自编自演的《人民公社好》《社会主义万岁》等新编节目参加比赛，结果荣获集体一等奖，这是新叶昆剧团历史上获得的最高荣誉。然而，好景不长。1966年"文化大革命"开始后，新叶昆剧被打成封建文化，被认为是宣扬帝王将相、才子佳人的糟粕，很多演员就不敢再演出了。剧团所有的行头、服饰、道具、乐器等都被红卫兵

新叶昆曲小字辈在双美堂前训练

---

① 蒋羽乾的文章认为，叶昭耿演出《雪里梅》获奖是1958年寿昌县并入建德县后，到建德梅城参加比赛时获得的，奖级是三等奖。当时演员之一的叶昭镰认为蒋羽乾表述有误。

抄走,不知道放在哪里,最终散失无存。不久,新叶村昆剧团正式解散,演出剧本失踪。之后几十年里,"新叶昆剧团"一直湮没无闻,无人提起。直到2006年,新叶昆曲的老戏本被发现,又重新唤起了人们对新叶昆曲的记忆。2009年10月,新叶昆曲入选浙江省第三批非物质文化遗产名录。2010年3月,"新叶小星星昆剧社团"在新叶小学成立,聘请了"新叶昆剧"第三代传人叶昭镳和第四代传人叶金香为指导老师,培养爱昆剧、学昆剧的接班人。目前,"新叶昆剧"的传承已经成为该校文化建设的一个品牌活动,主要以社团的形式开展。学校为了普及"新叶昆剧",开发了《新叶昆剧》校本课程,还挑选了浅显易唱的《凤阳花鼓》选段作为全校学生的必学曲目。后来,又将大慈岩中心小学确定为浙江省非遗项目:新叶昆曲的教学传承基地。新叶昆曲有希望迎来新生。

二、新叶昆曲的特色

新叶昆曲被称为"草昆",其最大特色当然是散发着泥土味的"草根性"。蒋羽乾的《田野调查:新叶昆班——金华昆腔坐唱班到业余剧团的发展典型》一文中说:流传在浙江金华地区的昆腔,唱工不像正昆那样严谨细腻,浙江著名戏曲理论家洛地先生在《戏曲与浙江》中将其称为"草昆",是昆山腔流传至金华一带的一个支派。吴新雷先生在《浙江三大昆曲支派初探》一文中提到"自清代乾、嘉以来,在宁波、金华和温州三个地域,却出现了当地土生土长的演员组成的昆班,形成了具有地方文化特色的通俗化的'甬昆''金昆'和'永昆'。这三大昆曲支派生根于民间,与杭、嘉、湖地区的'正昆'分庭抗礼;由于它主要是在农村乡民中流传,搭草台演出"[1]。如此可知,所谓"草昆"至少有三个意思:演员草根出身,听众多为草根农民,演出场所多临时搭草台演出。此处的"草"字应该是底层、通俗、简单之意。《田野调查:新叶昆班——金华昆腔坐唱班到业余剧团的发展典型》一文,对新叶昆曲在演出剧目、音乐、念白等方面的特点作了比较详细的考察梳理,现转录于下。

(一)演出剧目

在演出剧目上,全为典型的金昆戏,重整本大戏,轻折子戏。在兰溪建德一带农村演出观众要求场上人多,多翻多打,场面热闹,演出《金棋盘》《花飞龙》《通天河》《火焰山》《九曲珠》《翻天印》等神怪戏,如《翻天印》一戏中人物多达四五十个,每个演员都要扮演好几个人物。这些神怪戏多出自《封神》《西游》等故事。一些折子戏也同样讲究热闹、诙谐有趣,如新叶村昆班擅演的《雪里梅》和婺剧中早期的《哑背

---

① 吴新雷《浙江三大昆曲支派初探》,《东南大学学报》2002年1月。

疯》是一样的情节。叶昭耿花旦应工，一人扮两角，上半身演风瘫之妻，下半身演聋哑之夫。将夫的假头和上半身绑在身前，下罩短裙，成男子形状。身后装风瘫之妻已萎缩的双腿。看上去就像男子背负女子行路。在行路过程中要表现翻山越岭种种情况，并且边走边唱。要求上半身演花旦身法，下半身走老生步法。这出戏正昆中极少见到，有可能是金昆自己编演的剧目。同样还有《石室伏虎》一折，由小生应工扮演济公和尚，演出济公将一伤人恶虎降服的故事。演出也要求热闹，并且做出种种滑稽可笑的动作。

当然，新叶村昆班偶尔也会演出一些正昆折子。如《糟糠》《寄子》等，但是这些剧目都不受重视，只作为找戏，当作开场前的铺垫；或者用老艺人的说法是"这些细的找戏都是给懂戏的人和楼上的小姐看看的"。虽然被称为细曲子，有相对严格的格律，但是这些曲子唱法也不完全是正昆的风格，速度很快，不够讲究吐字归韵。

（二）音　乐

音乐上，新叶村昆班的音乐和坐唱班一样。坐唱班主要是演唱金昆剧目中的曲子，讲究热闹。因为主要听众是农民，和正昆不一样，有着自己的独特风格。新叶村演唱昆曲时不讲究"平上去入""字头字腹字尾"等要求，曲调简单，节奏很快，显得质朴、粗犷。如《断桥》中的《金络索》"曾同鸾凤衾"一曲，叶昭耿和叶昭镳唱完用了2分25秒，从现存世唱片上听，朱传茗先生唱了4分55秒，王奉梅唱了6分36秒。可见新叶村昆班演员所唱的速度大大快于正昆演员所唱的速度。

新叶村昆班和金昆其他剧团也有着频繁的音乐上的交流，老艺人说，剧团场面中的正吹（主笛）专门到武义宣平学习过吹笛技巧和曲牌。也有人就近在兰溪金家昆班学过。1959年《十五贯》兴起后，武义宣平昆剧团向浙昆学得此戏，可能因两团向有来往，新叶昆剧团曾派人到宣平学演《十五贯》。在学戏回来的排演过程中，有的曲子没有记住，考虑到每个曲牌都有相对固定的主旋律，于是用原有的曲牌的旋律套用上去，如果实在没有相应的曲牌，那这支曲子就直接跳过不唱，或者用念白来代替。叶昭镳老人还提到，这种情况不仅仅发生在新叶村昆班一个班社里，兰溪金家昆班也有这样的情况，有时还更甚；在照剧本排演新戏过程中，如果有新的曲牌没有学过，就找一支相近的曲牌，依腔填字，把这支曲子唱完。同时，金家昆班和新叶村昆班都请过著名金昆艺人伍竹庚来教戏。伍竹庚（1901—1985），《中国昆剧大辞典》中有其词条，为兰溪佑家圩昆腔班领班，金家昆腔班艺师。1959年兰溪金家昆班请其到金家村教戏，帮他们排演了《火焰山》《九曲珠》《通天河》《花飞龙》等戏，后来又两次到金家村作指导[1]。新叶村昆班也曾请到伍竹庚到村指导拍戏，去年刚刚发现的剧本上就有伍竹庚作的要点讲解。

新叶村昆班过去曾有多个剧本，存放在工小花脸的叶昭勤家中。"文革"初期，

---

[1]　吴新雷主编：《中国昆剧大辞典》，南京大学出版社，2002年5月版，第352页。

戏箱戏服戏具都被烧，手抄剧本在很长时间内不知所在。2007年3月，叶昭镳等老人经过多方寻找，重新找到《火焰山》《通天河》《花飞龙》及《蝴蝶梦》等12个剧本。笔者所见这批手抄剧本中，金昆特有的剧目只有唱词和板眼，没有工尺。因为金昆讲究场面，对音乐不是很重视，加上曲牌有一定通用性，所以没有工尺，但是艺人能基本掌握大概唱腔。但是《铁冠图·刺虎》等折的"端正好""滚绣球""脱布衫带叨叨令"的几支曲子有完整的工尺，而且和《粟庐曲谱》上的工尺基本相近。在该剧本上还有"伍竹庚"三字，叶昭镳老人说该剧本就是伍竹庚所抄。经过浙昆的张世铮先生等人的鉴定，这些剧本在浙江昆剧团的资料室都已经有相应的剧本保存。这些剧本目前保存在叶昭镳老人处，老人想通过电脑打印等手段，将这批剧本加以整理。

在曲牌上，新叶村昆班艺人认为曲牌定下了这支曲子的基调，在什么场合唱，是欢乐还是悲哀。例如叶昭镳在示范演唱《折桂记》中《产子》一折中的"山坡羊"和《十五贯》苏戌娟所唱的"山坡羊""心悲酸"时告诉笔者，因为晚上羊在山坡上没有回家，天冷了，所以是很可怜的。在正昆中，"山坡羊"确实是适合表现一些缠绵、悲伤的情绪，但是新叶村昆班艺人理解成羊很可怜，很明显对曲牌的望文生义。考虑到金昆主要观众是农民，演出的艺人也不像家班艺人那样，有知识分子的调教指导，有相对较高的文化水平，识字能力。在新叶村昆班大多数人只具备初步的断文识字的能力。所以，这种就曲牌望文生义的情况估计不仅仅是新叶村昆班独有，很多金昆戏班都有这种情况存在的可能。

（三）念　白

在念白上，为了能让农民听懂，韵白基本上用的是带有明显金华口音的中州韵。但是小花脸还是坚持用"苏州白"，叶昭镳老人表示，因为昆腔是从苏州传过来的，所以小花脸讲话还是要用苏州话。但是就笔者听到的老人所念的"苏州白"中只有一些很明显的并且容易让观众记住的人称代词如"倷（你）""俚（他）"，方位代词"落搭（哪里）"才近似于正昆中的"苏州白"，其余的已经完全被本地方言所同化，听不出苏州白的特点了。这点和《中国昆剧大辞典》中"金华昆曲"条中所示"金昆艺人早期与苏昆过从甚密，金昆艺人常去苏州搭班演出，配合默契，也向苏昆拜师学艺……在金昆学昆腔满五年后，无论什么行当，都要到苏州的昆班去跑龙套，以便能模仿苏州的唱做，一年后才能回金华上台正式演唱"基本契合[①]。由于新叶村昆班已经到了20世纪早期，这种赴苏学戏的传统已经消失，小花脸所学的苏州话是师傅所教。因为没有苏州话的语言环境，在一次又一次的口口相传中，"苏州白"从变味到改观也是在情理之中。但是他们对传统的坚持和对昆曲发源地苏州的尊敬是值得我们今人思考和学习的。

---

① 叶浅予：《细叙沧桑记流年》，中国社会科学出版社，2006年2月版，第17页。

三、新叶村昆班能够出现、发展的原因

新叶昆曲能够在清末民国初期至"文革"前的半个多世纪里从无到有,发生、发展,并一度兴旺,自然有其长期以来的文化因素和地缘性原因。蒋羽乾的《田野调查:新叶昆班——金华昆腔坐唱班到业余剧团的发展典型》一文对有关原因也作了分析,比较专业,也转录于下。

（一）新叶村一带昆曲基础深厚

金华、衢州、旧处州（今丽水）、旧严州（今建德、淳安、桐庐一带）历来是金昆活动的主要地区,昆腔一直受到重视。过去的新叶村民非常爱好昆腔,大家都爱将唱昆腔作为自己的业余爱好。加上参加坐唱班、太子班对个人行为有一定的约束力,因此也受到家长、甚至族长的支持。当地人喜好昆腔并且没有太多的功利意识,也少有人想到会将其作为自己主业。担任主吹副吹的笛师[1],参加坐唱班前没有上过学,一字不识,也不识工尺。平时以打柴为业,傍晚打柴回来,先到旋庆堂学吹一段曲牌,再回家吃饭。所有的能吹的曲牌都依赖于坐唱班时期相互交流,口传心授。当地的人非常喜欢昆腔,并且推崇昆腔,喜欢看昆班演出。画家叶浅予先生（1907—1995）为旧严州府下属的桐庐县人,据他回忆,他幼年时期"在长期的看戏过程中,也懂得了地方剧种的不同和演技,其中有杭州的徽班、绍兴的高腔和乱弹、金华的昆腔和三腔（三合班,也就是婺剧）。看昆腔时最感兴趣的是《西游记》里的孙悟空,一个跟斗,一把火,变成了一个白骨精"[2]。著名戏曲理论家戴不凡（1922—1980）先生为旧严州府治所在地梅城人,据他回忆:"我的故乡建德,在抗战以前,每逢迎神赛会需要做戏时,往往不惜派人远道重金礼聘昆腔班。那时在我乡一般人的心目中,只有昆班是'大班子',其余乱弹、徽班、三合等戏,似乎是'小班子'。记得我十多岁时,越剧初兴,筱丹桂曾在建德上演,观众看了以后都说:这种'哀拉哀'的调子也算是戏?比起'大班子'（昆戏）真不及一根毛呢! 由此可见金华昆腔被人崇尚之一斑。"[3]

同样,昆曲在当地受推崇也可以从演出看出来。当地主要流行婺剧,婺剧包含了昆腔、高腔、徽戏、乱弹、滩簧、时调六种声腔的多声腔剧种。是由能唱"高、昆、乱"的"三合班"和能唱"昆、乱、徽"的"两合半"发展而来,不论"三合班"还是"两合半",都需要能唱十八本昆腔大戏。如果有专门唱昆腔的班社在庙会上和唱其他声腔

---

[1]　就数前文介绍过的"叶义庆昆剧团"的乐队正吹叶佩铨（1910—1943）和副吹叶土仉（1911—1977）竟然是两个大字不识一个的文盲大老粗。

[2]　吴新雷主编:《中国昆剧大辞典》,南京大学出版社,2002年5月版,第253页。

[3]　戴不凡:《金华昆腔戏》,戏曲报,1950年3月,转引自傅谨《婺剧:腔调与定名》,浙江艺术职业学院学报,2004年3月。

的班社同时出现也就是当地说所说的"斗台演出"时，其他班社必定要等昆腔班老大哥先开锣，其他班社才能开锣。叶昭镰老人说："我们这一带的祖宗爱好昆腔，地位很高的，到了三月三（当地庙会），能请到昆腔班就请昆腔班，请不到昆腔班，才请那些乱弹班的。"

（二）特殊原因

新叶村昆班出现后一直演出到"文革"前夕才解散也有特殊原因。新叶村昆班是由坐唱班发展而来的。当地有李村、上吴方、赤姑坪、儒源等村，这些村和新叶村一样，过去都有坐唱班。但是这些村的坐唱班在上世纪初所唱的声腔不是昆腔，而是徽戏、乱弹等更受农民欢迎的声腔。昆曲曲高和寡的情况在当地也存在，老人们认为，乱弹多、昆腔少的原因是昆腔太过文雅，不像乱弹那样容易听懂。相对于其他村，新叶村的文化水平明显要比其他村落高出许多。所以，当其他村的坐唱班慢慢由唱昆腔改为唱乱弹、唱徽戏的过程中，其他村的昆腔水平相对较高的还被延请到新叶村来教唱昆腔。实际上，新叶村也确实是个文化相对发达的村落。新叶村历来注重文教，叶氏第三世祖叶克诚主持重乐书院时，这座书院曾请著名的理学家金履祥来讲学，叶克诚也和金讨论理学；到明代，曾有叶文山和叶一清父子就学于王阳明；清代康熙年间曾有进士叶元锡。除了书院外，新叶村中还有私塾、义学。义学由宗族创办，有序堂、荣寿堂的书房都曾经是义学的场所。后又在西山祠堂建起华山小学，该场地一直沿用到90年代。为鼓励读书进阶，叶氏宗族对读书有成就者给以多种形式的奖励。赴考发给盘费，考中功名分级奖赏，并记入宗谱。县试给银三钱，府试给银四钱，院试给银五钱。举人每年能获谷六石、银十二两，进士获谷八石、银二十两。同时新叶村还在村口建有抟云塔和文昌阁。用抟云塔来作文笔峰，称村后玉华山为砚山，称村中南塘为墨池，以鼓励村中子弟读书上进。抟云塔下的文昌阁也是读书人祈求文运的场地。在新叶村附近，文昌阁和抟云塔是最高大华丽的建筑，充分反映了村民对文化的尊重。具有相对较高的文化水平的新叶村不经意间就成了昆腔在当地最后的一块生存之地。

和附近其他村相比，新叶村是个单姓大村，昆班中所有成员都是叶姓人，且为同族，每一批学员间论辈分也多是兄弟相称，如第一批艺人多是"世"字辈；第二批艺人多为"昭"字辈。这些人自小一起长大，召集议事、排戏练功极为便利，人与人之间的种种关系较易处理。剧团也是由自娱自乐性质的坐唱班发展而来，到最后的半职业剧团时也没有完全脱离农业生产，所以较少经济上的利益冲突，与其他职业剧团相比，较少内讧内斗。所以没有外来的原因的"文革"等冲击，新叶村昆班可能还会在一定长的时间里延续下来。

对于新叶昆曲的价值，《田野调查：新叶昆班——金华昆腔坐唱班到业余剧团的发展典型》一文最后总结道：

新叶村昆班所唱的昆腔虽然源自苏州，但是它适应当地农民的审美需求，从唱词到音乐、到表演，所有方面从正昆转化成了草昆，演出在金衢严三府的乡村草台或庙台上，具备着金昆浓郁的地方色彩和独特的艺术风格。当国风苏昆剧团在江浙一带苦苦挣扎时，新叶村昆班却进入了四处被抢着邀请的时期，这体现金昆顽强的生命力。这是昆曲发展史上一个相对奇特的现象。金昆能在农村长期扎根的原因，主要是它们能化雅为俗，能适应本地农民的欣赏习惯。在语音上改用本地乡音。由于长期和婺剧一起演出，也融合其中的曲调来演唱，比如乱弹、高腔；场面的配备也基本和婺剧相同。在剧目方面编演了的通俗易懂的戏码。在表演艺术上，金昆艺人在长期磨炼中创造了一系列富于生活气息的形体动作，如《雪里梅》表现在田间地头行走的种种步法，完全可以和苏州正昆的演技相提并论。

昆曲被誉为戏曲中的幽兰，为士大夫们中意的阳春白雪的艺术，唱腔流丽、悠远、轻柔、妙曼，表演细腻优雅。正是过于雕琢的词句配上回环婉转的曲调，几近消尽人间烟火气，曼声的歌吟，缓慢的节奏让缺少雅人深致的普通观众越来越难以忍耐，所以昆曲才会变成"非物质文化遗产"。但是从新叶村昆班的实际情况来看，昆曲有着很强的生命力，在四处流布的过程中，和各地的观众的审美结合，形成新的支派，并出现自己的剧目。在认识昆曲"雅"的一面中，也不能忘记昆曲还有它能"俗"的一面。

四、谈谈新叶昆曲的保护和传承

如上文所说，新叶昆曲具有重要价值，需要有效地加以保护和传承。但是，就目前来看，新叶昆曲的前景很令人担忧。由于昆曲本身难唱难懂、节奏慢等特点和经费来源没保障等原因，新叶昆曲训练班中学员很不稳定，练习也时断时续，成效不明显。因此，对新叶昆曲的保护和传承仍然任重道远。要做好这件事，笔者认为必须做好以下几点。

（一）充分认识保护昆剧的重要性

昆曲又称昆剧、昆腔、昆山腔，元末明初产生于苏州昆山一带，距今已有600多年历史。它与起源于浙江的海盐腔、余姚腔和江西的弋阳腔，被称为明代"南戏"四大声腔，是中国最古老的剧种之一。昆曲唱腔华丽婉转、念白儒雅、表演细腻、舞蹈飘逸、深受文人雅士喜爱。加上完美的舞台置景，可以说在戏曲表演的各个方面都达到了最高境界，被誉为戏曲中的"阳春白雪"。正因如此，许多地方剧种，如京剧、沪剧、杭剧、晋剧、蒲剧、湘剧、川剧、赣剧、桂剧、越剧、闽剧等地方剧种，都受到过昆剧艺术多方面的哺育和滋养。故昆曲有"百戏之祖""中国地方戏活化石"之称。

18世纪之前的400年，是昆曲逐渐成熟并日趋鼎盛的时期。18世纪后期，其他地方戏开始兴起，它们的出现打破了长期以来形成的地方戏演出格局，戏曲的发展也由贵族化（昆曲为代表）向大众化过渡，昆曲至此开始走下坡路。进入20世纪之后，

浙江省非遗项目"新叶昆曲"传承人叶昭镰老人

外国列强蚕食中国,当时国运衰微,昆曲的败落也更加明显,许多昆曲艺人转行演出流行的京剧。1949 年新中国成立以后,国家政策大力扶持,振兴中国传统的戏曲,昆曲一度重获新生。1956 年,浙江昆剧团改编演出的《十五贯》在京演出成功,受到周恩来总理的高度评价,很快在全国产生广泛的影响,各地纷纷成立昆曲班。这种辉煌一直持续到"文革"开始。随着"革命现代京剧"样板戏的流行,昆曲跟其他地方戏一样彻底衰落。

改革开放以后,许多地方想恢复地方戏曲,但苦于没有基础,难以如愿。因此,当新叶昆剧早期的 10 余个唱本被发现,很快就引起了全省乃至全国戏曲界的关注。中央电视台、光明日报、人民画报、浙江电视台、浙江日报、杭州电视台、都市快报等媒体相继报导了新叶昆曲的发现情况和剧目内容。2009 年,新叶昆剧被列入了浙江省非遗普查十大新发现,之后又被列入了浙江省级非物质文化遗产保护项目,叶昭镰等人被确定为新叶昆剧省非遗项目"新叶昆曲传人"。在建德市、大慈岩镇和新叶村三级机构的支持下,新叶村重新成立了昆曲班,排练新曲目。新叶昆剧的唱功和表演有它的独特性,其特点是通俗化,抒情娱乐性强,唱演的身段结合与农民的特点结合得巧妙而和谐,故被称为"草昆"。是将高雅冷峻的"贵族艺术""阳春白雪"变为通俗易懂的"民间艺术""农民艺术"的典范。新叶昆剧在不少地方是对苏州昆剧演技的发展和创新。2008 年,日本昆剧研究人员专门到新叶观看新叶昆剧的演出,并给予了很高的评价。2009 年 9 月 27 日,全国第二次古建筑抢救与保护会议在建德召开,参加会议的都是国内外著名的文化专家,他们在观赏了新叶昆剧演出后,认为这是"非常有地方特色的民间昆曲",并提出了抢救与保护的建议和意见。因此保护好新叶昆曲已不仅仅是新叶村的事,研究新叶昆曲可以从中找出如何将"阳春白雪"变为通俗的"农民艺术"的路径,因而具有普遍意义。

(二)清醒认识新叶昆曲保护传承所面临的问题

1. 人员问题

目前,新叶昆曲的第四代传人平均年龄在 60 岁以上,能全部掌握新叶昆曲表演特点的也只有叶昭镛老人，而他的年龄已经是89岁了。

新叶的大部分年轻人不要说表演，就是唱起来给他们听，也听不懂，给他们工资也不愿意来学。从2013年开始，叶昭镛等老一辈昆曲演员在村委支持下，想恢复成立新叶

新叶昆曲老一辈成员在练习曲目（后排第一人为叶昭镛老师）

昆曲演出班子，张贴了招生广告，几个月来报名者寥寥无几。好不容易收进来的七八个成年人，学了两天嫌太苦就走人了。后来，又从新叶小学里物色了三五个小女孩来学了一段时间，她们充满好奇，坚持学了一段时间，掌握得也快。一个暑假后就能表演了，而且多次参加了各种演出，并获得了建德市市级展演二等奖。然而让人忧虑的是这批学生一到初中毕业，就去各地的高中读书，学戏不得不停下来，那这几年辛苦也就白费了，再想把他们召集到一起来，几乎是不可能的。如今，新叶昆曲班里从八十多岁到十几岁之间的年龄跨度很大，真正能把新叶昆剧的豪放特点表现出来的应该是在20—50岁之间年龄段，而恰恰在这个年龄之间的人没有，形成断代局面，因此人员问题是新叶昆曲传承的首要问题。

2. 场地问题

新叶村的场地虽多，但没有一个是新叶昆剧班的安身之所，几个主要祠堂，村民婚丧喜事都要用，加上部分古建筑在改造维修之中。有段时间，只能寄居在村图书室里排练学习。必须要有相对固定的排练和演出舞台场所，才能保证排练水平的提高。

3. 资金问题

新叶昆曲虽已列入省级非物质文化遗产保护项目，但上级部门给予的支持经费有限，当然也不能只依靠上级来养活。新叶村两委在发掘新叶昆曲，组织昆剧班训练、演出以来，已经投入了十余万元资金。这对于一个没有固定收入的村子来说，是一笔不小的数目。俗话说拳不离手，曲不离口，要使昆剧更好地传承下来，昆剧座唱班人员必须经常在一起练习排演，后续的投入必不可少。叶昭镛老师已经把原来的昆曲"工尺谱"翻译成现在的简谱，还要把记忆中的表演形式用文字记录下来，最好能整理出版，这都需要资金。

另外，还要继续招生、排练、配装，所有这些都要很多的人力和物力。时间久了，村两委也感到有些力不从心了。想要让新叶昆剧更好地传承下去，能组团演出，并非一朝一夕之事，需要长时间的坚持，而资金投入可想而知。所以，资金来源也是一个必须考虑的问题。

4. 文献资料抢救性保存

目前，新叶昆曲的资料保存工作都没有完成。应该在尚能演出部分曲目的昆曲老人还健在的时候，争取尽快将新叶昆曲所能演出的所有曲目全部录像存档，将每一个传承人甚至每一位演员的唱腔全部录音和录像保存。尽快将新叶村发现的 11 个昆曲剧本影印出版，将叶昭镰老人手上的新叶昆曲"工尺谱本"和他翻译的"简谱本"正式出版，以供专业的昆曲研究人员和昆曲爱好者参考研究。

（三）积极探索有效的保护和传承途径

1. 新叶昆曲的传承对象

新叶昆剧的传承不但是书写剧本的传承，还有最主要的表演特色技能方面的传承，因此，选择合适的传承对象是最为关键的。如前面所说，人员问题很麻烦。那么如何才能解决人员问题呢？本人认为有三个途径：第一，在村范围内招收 30—45 岁的男女青年若干人，订立招聘协议，给予一定的的工资报酬，这样教者有劲，学者安心。第二，继续在初中、小学物色人员，培养好小字辈。第三，组建或引进外来的剧团，由叶昭镰等老一代演员执教排演剧目。这样通过排练和实际演出，新叶昆剧才能自然地传承下来。

"新叶草昆"最年轻的传人在排练

2. 要有传承的平台

新叶昆曲过去的历史是辉煌的，因为它不但组建了一个"叶义庆会"，而且"三月三"庙会各祠堂的演出非其莫属。在 20 世纪 40 年代被推荐到外地演出比赛还获过大奖，这就是昆剧能展出自我的平台。然而近几年来，由于历史诸多原因，新叶昆曲已极度荒废，是最近几年新叶村民居保护工程中，翻出了几本原始的剧本才又勾起了昆曲第四代传人的兴趣的。随着国家对非物质遗产的重视，新叶几个老人似乎看到了昆曲班重生的希望。经过他们的努力坐唱班很快组建，昆曲也被列入了省级非遗保护项目。如今要继续很好地传承下去，我认为还有一个传承的平台，这个传承平台需要在原来的基础上加以突破：第一、要与本村的古建筑开发旅游结合起来。把昆剧表演作为一项旅游品牌内容，让它为旅游产业服务，这就是一个既展示又能继承的平台。第二把当地婺剧团引进改革，利用其现有的演职人员在新叶第四代传人的指导下把有剧本的昆戏都编排进去，在外地演出时打出新叶昆剧团的名号，这样就能扩大新叶昆曲的知名度，又为剧团增加了内容，获得了利益，而剧团演出人员的平均年龄正是新叶昆曲的断代年龄。通过这样的互补新叶昆曲的传承才有希望。

3. 形式多样地进行传承

在成立剧团的同时，新叶村两委、旅游公司、新叶网站等可以编写出各种宣传资料进行宣传；继续在中、小学开办新叶昆曲校本课程。请叶昭镳老师等为学生授课；也可以把昆曲刻录出影像光碟发给新叶村各家各户，让昆曲在新叶村村民脑子中占有一定的地位。同时与昆山、金华、杭州、兰溪等有关昆剧团及专家进行沟通，成立昆剧研究会，让更多的人来了解昆曲，学习新叶昆曲，指导新叶昆曲。

4. 建立传承基地确保传承经费

新叶昆剧虽然已经被列入了省级非遗保护项目，而相对固定的传承基地却不完善。要解决这一问题，关键还是在于经费问题。要有效解决传承经费问题，一方面要继续积极主动向上级有关部门争取更多的扶持资金，另一方面，新叶村要把新叶昆曲的传承列入主要的工作议事日程中去，在财政允许的前提下，要常年配有专项经费作支撑。同时，可以尝试让昆曲在新叶旅游中形成自己的产业，比如实行股份制，借用外来力量做好昆曲表演产业。这样自己养活自己才最有保障。

五、旧时舞台崇拜（祭新台）礼仪习俗三则

（浙江省非物质文化遗产"新叶昆曲"传承人叶昭镳初稿，叶志衡整理）

在过去信奉鬼神的社会里，大凡戏台落成或修葺之后，都要先举行隆重的祭台仪式方可进行演戏。古时戏台大多采用较粗大而古老的树木做成，凡大树都有树神守护着。一旦被伐，树神就会化作凶神恶煞来危害人们，人们为了求得平安吉利才想出祭台驱煞

的美招。一般而言，戏台多建在厅堂中。所以戏台也就随着厅堂的建成而建成、厅堂的修葺而修葺。因此"祭新台"这种隆重的仪式也都放在所谓"浪新厅"（新厅开用）这个喜庆日子里，演戏开台之前举行。这里需要特别指出的是祭新台有两种形式。一种是武祭，一种是文祭。其实"文祭"不过是武祭里面的一个部分。究竟采用哪种祭法，必须由东家选择决定。

（一）五叉降临[①]

电影《西游降魔篇》中的驱魔"五煞"

五叉：必须由较年轻的演员扮演，武器是钢叉。

配角：由祭台东家安排俩壮年男子担任，一个拿烧点，一个拿大锣。

暮色降临，五叉带着各自用的装束和武器，跟随俩配角到村庄附近坟茔较多之处进行化妆、开面。脸谱不作规定，总的是越吓人越好。化妆前，由配角烧拜后方可动手，化妆完毕，由五叉之王者发令："弟兄们一同上马"。配角在前带路，并敲起大锣往厅堂进发（以小跑的步伐进行）。几乎是在五叉化妆的同时，新台上也敲响了常年锣鼓，台上左右侧两个耆老（利市老人）焚香以待，表示迎接五叉到来。五叉从侧门进入，此时台上改用阴锣，并尖号连连。五叉先在台前天井中走8字阵，然后向中厅四个大擎柱进发，每柱必须作顺三圈反三圈的绕跑，以示驱煞护柱。绕柱毕又回到天井中走8字阵。随后五叉依次一个一个地登上戏台（王者最后，配角暂时歇息）。这里要特别注意的是尖号要配合密切，每登上一个，吹尖号一声。登台的动作要敏捷，当第一步跨上台之前沿要略停，待伺候者将红包塞进你的嘴中你即便衔牢红包，并迅速扭转上半身，两手张开向观众回看一眼，以示威武。然后走向台之一侧，面朝里。其余四个也以同样的姿势登台。登台完毕，驾在台前沿之楼梯应立即移去。五叉在台上走8字阵，弯门进，最后在离台前沿约两市尺处作下马状，并排成一字，将钢叉戳在台板上，面朝前，五人分两边退入后台，不准开口说话。

---

① 笔者怀疑这里的"五叉"应该是"五煞"之误。新叶话"叉""煞"近音。"五煞"是中国传统民俗中的五位善于降魔捉妖的神灵。"五煞"时正时邪，有时也会危害人类。在古代文学作品中多有描述，在地方戏中也经常出现，扮相凶恶吓人，故有"凶神恶煞"之说。"五煞降临"与后面的"韦陀驱煞"常常在正戏开始前单独表演，与"蹈八仙""点魁星"单独表演一样，都是为了讨彩头、图吉利。

（二）鲁班祭台

台上响起常年锣鼓，鲁班与两个耆老焚香拜揖，香插在四台柱上及箱房中老唐菩萨和头箱盔箱上，礼毕。锣鼓暂停。

鲁班（白）：伏以伏以，日吉时良，天地开疆（丈丁丈①），今日开台，万事吉祥（丈丁丈），维××年×月×日，案奉××省××府××县××乡××村首事人×××等邀请鲁班先师下凡，起造万年戏台。要配天地合其德，日月合其明，四时合其序，鬼神合其吉凶，倘有所犯者，天煞、地煞、年煞、月煞、日煞、时煞、兴工煞、动土煞、斧头煞、裹绳煞、吊脚煞、披麻煞、雌雄煞、三十六班大煞、七十二班小煞，吾神一到，尽皆消灭（常年锣鼓）（拿斧介）（斧倒竖台新桌之中）（白）敕令，东南西北四大天尊，天、地、人、和四大元君，年、月、日、时四大功曹，使弟子金锤下凡驱疫（丈丁丈），金锤一响天门开（丈），凶星恶煞不敢来（丈丁丈），金锤二响地门闭（丈），凶星恶煞走如飞（丈丁丈），金锤三响到贵庄（丈），凶星恶煞走边旁（丈丁丈），五行相克（丈丁丈），按定五方（丈丁丈），东方甲乙木（丈），南方丙丁火（丈），西方庚辛金（丈），北方壬癸水（丈），中间戊巳土（丈丁丈），吉日吉时，准备三牲，化箔焚香，众代表叩跪叩拜（常年锣鼓）（放下斧头）（化箔焚香介）（续白）伏以伏以，六丁六甲快马骑，三皇五帝到瑶池（丈嗒丈），九重八卦定方向，一只金鸡手中提（丈丁丈），金鸡是金鸡，吾人手中非凡鸡，乃是昆仑山上王母跟前报晓鸡（丈嗒丈），凡人将来无用处，弟子拿来遣煞鸡（杀介锣）（咬鸡头，先后将鸡血涂于四台柱、台板、乐器及台房戏箱……等处）（续白）：敕令，金鸡头上血淋淋，凶星恶煞上天庭（丈嗒丈），金鸡头上血茫茫，凶星恶煞入地藏（丈丁丈），祭台以后，出煞已昏，祈保家家清洁，户户安康，男臻百福，女纳千祥（丈嗒丈），种田地五谷丰登，六畜兴旺（丈丁丈），做生意财源茂盛，利达三江（丈嗒丈），读书人功名成就，前途无量（丈丁丈），老年人健康长寿，五世同堂（丈嗒丈），本班弟子万事吉祥，手足轻爽（丈丁丈），上台如龙，下台如虎，个个喉咙响亮。（流水锣）（抛鸡介）（鸡抛向后台，有专人接住）（拿茶叶米介）（续白）：供奉，东方青帝，南方赤帝，西方白帝，北方黑帝，中间黄帝，前朱雀，后玄武，左青龙，右白虎，正中万年戏台（茶叶米按口白抛向五方），天无忌，地无忌，阴阳无忌，姜太公在此，童叟谣言，百无禁忌。（常年锣鼓，拜揖介，与两耆老互拜，耆老下）（注，若用文祭，鲁班亦同下，若武祭，即鲁班续白）伏以伏以，祭台已毕，叩首奉请三天门上伏魔大帝速降。（流水下）（趁此间隙五叉将台上各自的钢叉拿到手中再入后台。特别注意用脚踩牢台板，免得台板翘起）

---

① 下列文中（）里的"丈""丁""嗒"是代表锣鼓等后台配合乐器的声响。"丈"代表大锣；"丁"代表小锣；"嗒"代表鼓。另外"常年锣鼓""流水""杀介"等都是锣鼓特定的敲法。

（三）韦陀驱煞

（三不出）（韦陀出场）（白①）三十三天天上天，玉帝赠我降魔鞭（丈嗒丈），护保人间民安乐，要灭（流水）凶星恶煞灾（丈丁丈），俺（丈），三天门上伏魔大帝韦陀是也。今有××省××府××县××乡××村，起造万年戏台，奉玉帝旨意，前去降魔、不免走遭也。（流水下）（尖号三不出）（出雄煞）（上台两次：第一次由台之右后方奔向左前方，碎步低头，面朝里，待伺候者将红包塞进口中便衔牢红包，即转身向外，然后以原姿势奔回原来上台的地方；第二次上台尖号一声，动作相同，方向相反，红包要再来一个）（流水下）（尖号三不出）（出雌煞）（上台次数、动作、姿势、锣鼓、红包全部同雄煞）（流水转杀介锣）（五叉与雌、雄煞大战，各有胜负，最后韦陀在上台角出现，俩煞一见，立即从后台穿场，五叉、韦陀随后穿场，两煞至台之前沿跳下，奔向大门而逃。五叉随后追逐。韦陀追跳下台，即从台底入箱房。关公扫台。此刻，厅门口火把通明，照耀如同白昼，锣声钢叉声响成一片，直追至村之水口外才歇息。）

---

① 念白，是配合乐器节奏的说话，与一般人日常说话不一样。

第十四章　新叶村古楹联选辑

说明：《玉华叶氏宗谱》中保留着许多有关新叶村的古诗、词、文、赋、牌、匾、联、额等文学作品，大部分为新叶村的祖先所创作，也有少量是与新叶村有交往的文人所作。其中不少作品不仅具有很高的文学价值，可当作一般文学作品来欣赏，而且对于认识新叶村的人物、历史事件、风俗掌故，对考察研究中国古村落文化都有很大帮助。如果将它们单独梳理出来将是一本厚厚的书，这在目前，尚不具备现实条件。笔者只能先选择其中的楹联、诗词、古文三部分内容，做一些断句、简单注释的处理，以助读者窥见新叶古村的文化底蕴。其中又因为"新叶古代散文"一块仅做了初步断句，未及注释，故放在"附录三：新叶村古代散文选辑"保存。本章精选了篇幅较短小的新叶古楹联八十余对，做了简单分类，并加以注释分析。楹联内容为我玉华叶氏历代族人撰拟，近年陆续邀请了一些书法家重新用宣纸以各种字体进行书写以利保存，并编有《新叶村古匾联汇编》一书，较全面，可参看。其中部分注释参考了原寿昌文化馆工作人员方根发等人编的《新叶村古匾联汇编》的文字，有所修正。特此说明。

一、总厅有序堂楹联选

门迎吉曜春光溥
第列文章佳气多

[**注释**]　此联原挂于有序堂门台大门。有序堂，全村唯一的公共中心，是景观最开阔，最有生气，最多变化，也最完整的地方。堂门面对道峰山。每逢晴天丽日，整天承受着道峰山泛映的阳光，给粉墙、给南塘、给浣女染上一层迷人的色彩，分外令人神往。此联摘于散页手抄本。注有"乾隆八年岁次癸亥仁接"字样。

曜：本义日光，同"耀"，光明照耀；日、月、星都叫曜；日、月、火、水、木、金、土合称七曜，旧时分别用来称一个星期的七天，如日曜日、月曜日、火曜日等。　溥：本义水之大，泛指广大。　第：音 dì，本义次第、次序；第宅，旧指上层人物的住宅。

嘉会山川弥焕彩

良辰景物自生新

[注释] 此联原挂于有序堂中厅檐柱上。众美景致会聚一起,山岳江河焕发异彩;美好时光绝佳景物,欣逢机遇自当更新。好上加好固然好,新中添新更加新。这就是缘分。

嘉会:谓众美相聚,多指美好的宴集。 山川:山岳、江河,借指景色。 弥:音 mí,本义放松弓弦,此作充满解,到处都是。 焕彩:焕发光彩,放射光芒。焕,音 huàn,本义火光照耀,此作蔓延、满溢解。 良辰景物:美好的时光和景物。

秀钟华麓光甲第

文迎道岳振家声

[注释] 此联原挂于有序堂大门台檐柱。聚集玉华山灵秀之气光耀叶氏门第;文(为人处事做文章)遵儒学振兴祖宗事业、播扬本族名声。

华麓:指玉华山麓。 道岳:指道峰山,暗喻元大儒金仁山。 振:振兴、整顿、震撼等意。

保黎民千秋有庆

安社稷万寿无疆

[注释] 此联原挂于有序堂通往门台的大门。保得黎民,安得社稷,必是人们尊崇的人,心仪的神。

一年花市九分九

千古兰亭三月三

[注释] 此联原挂于有序堂东侧门。会稽兰亭修禊,玉华叶氏也定在每年三月初三,雅会祭祀,文友会聚,传兰亭曲水流觞之遗韵。

遵贤尚功派衍湖岑源自远

金昆玉友名高华麓泽弥长

[注释] 此联原挂于有序堂通往后堂大门两侧。顺沿才德之人崇尚功业之途,从祖地湖岑一路行来,渊源久远;同宗兄弟几折桂枝,名振瀫水享禄沐恩,岁月绵长。

金昆玉友：金昆，指银子；“银”字拆开为“金”“艮”，“艮”又近“昆”，故讹作“金昆”。友、昆，指兄弟，对他人兄弟的美称。北朝·魏·崔鸿《十六国春秋·前凉录·辛攀》：“辛攀，字怀远，陇西狄道人也。兄鉴旷，弟宝迅，皆以才识闻名。秦、雍为之谚曰：‘三龙一门，金友玉昆。’”

曲水泛觞柳绿桃红春多色
惠风修褉气清天朗月三朝

［注释］ 此联原挂于有序堂中进柱上。古时文人多情善感，也很会制造互娱良机。在万物复苏、春心躁动的季节，于环曲的水流边流觞、聚饮，投壶、吟对。既娱人，又娱己，更添促学情趣。一举几得。

曲水泛觞：古代习俗，每逢夏历三月上旬的巳日（三国魏以后定为夏历三月初三），人们于水边相聚宴饮，认为可祓除不祥。后人仿行，于环曲的水流旁宴集，在水的上流放置酒杯，任其顺流而下，杯停在谁的面前，谁就取饮，称为“流觞曲水”。　惠风：柔和的风，比喻仁爱。　修褉：古代于春秋两季在水边举行的一种祭礼。每逢农历三月初三到水边嬉戏，以拔除不详，称为修褉。

曲是曲也曲尽人情愈曲愈明
戏是戏也戏推物理越戏越真

［注释］ 此联原挂于有序堂戏台第一对侧柱。此联利用了一字多义的特点，做了些“多音法”文章。联中“曲、戏”皆是一字多义。上联四个“曲”，第一、三“曲”是名词，曲调的曲；二、四“曲”是动词，弯曲的曲。下联“戏”相同，一、三“戏”是名词，戏文的戏，二、四“戏”是动词，嬉戏的戏。从前，艺人多是口传为主，有些曲调会传偏，偏就偏了，曲调唱完尽了人情，知道偏了才会纠偏；戏文故事并不全真，但有许多道理在其中，越去研究是非越能辨明。

文中有戏戏中有文识文者看文不识文者看戏
音里藏调调里藏音懂调者听调不懂调者听音

［注释］ 此联原挂于有序堂戏台靠天井两旁柱上。此联采用了不严格的“倒顺法”和“添字法”制连手法，颇具意味情趣。

演以往若正若邪宜认真也
看将来受福受祸毋视戏焉

[**注释**] 此联原挂于有序堂戏台侧檐柱。戏是人生，人生如戏。演戏时，演正演邪都该认真去演,曰为敬业；做人时,是福是祸更应正确对待,莫当儿戏。人人皆能如此,社会自是井然有序。

凤舞龙飞苞符协应升太平
珠联璧合人同物游熙皓天

[**注释**] 此联原挂于有序堂戏台侧檐柱。此联为四四三结构。戏台上,凤求凰、折桂枝,本是寻常事；戏台下,觅知己、叙衷肠,何止二三家。这就是电视未普及以前,平民寻欢娱自得乐的最好途径之一。

凤舞龙飞:形容书法笔势有力,灵活舒展。凤凰,中国古代传说中的百鸟之王。常用来象征祥瑞。雄的叫凤,雌的叫凰。龙飞,旧时比喻升官提职。　苞符:苞,欲放的花朵。符,本义是古代朝廷传达命令或调兵将用的凭证,双方各执一半,以验真假,此作"符合"解,意为相同。　珠联璧合:语出《汉书·律历志上》"日月如合璧,五星如连珠",本指一种天象,后用来比喻美好的事物聚集在一起。　熙:本义曝晒,晒太阳,光明、明亮之意。熙天:明朗的天空。　皓天:天的泛称,苍天。

禊修周及晋少长咸集古人觞咏叙幽情
撰在浴和风童冠皆讴今俗祓除传轶事

[**注释**] 此联原挂于有序堂。此联以轻快的笔锋,十分精彩地描述了新叶村举行"三月三"祭祀活动的由来和活跃场面。"三月三"举行修禊活动,在周和晋时就开始了。新叶建造了重乐书院,也就聚集了许多贤人[金仁山（履祥）、许白云（谦）、叶东谷（克诚）、柳道传（贯）等],模东晋王羲之和谢安、孙绰等"修禊兰亭,临流赋诗"一样的盛事,以叙隐居山野的情趣。年轻后辈们在丽日春光、和风拂面的美好环境里,齐声赞颂着、编写着先人传下的"崇尚知识、除灾求福"活动,并留下不少让人怀念的事情。

禊修:见前面"修禊"注释。　少长:年轻人和年长者。　浴和风:浴,洗澡,清除污垢,沐浴；和风,温和的风,多指春风,如和风丽日,和风拂面等。　童冠:童指少年,冠指青年。语出《论语·先进》:"莫春者,春服既成,冠者五、六人,童子六、七人,浴乎沂,风乎舞雩,咏而归。"　祓:音fú,本义是古代为除灾求福而举行的一种仪式；祓禊,古代民俗,到水滨洗濯,洗去宿垢。

耳有声目有色验出兴废存亡看破古今空世界
行且舞拜且歌做尽忠孝节义方知宇宙自人心

[注释]　此联原挂于有序堂戏台前檐柱上。新叶村的祠堂，既是祭祀中心，也是礼仪活动中心，更重要的还是娱乐中心。在乡村里，请戏班子演戏，是群众娱乐活动主要的内容。耳声目色，行舞动歌，既能从中悟出国之兴、家之盛的大道理，也可点明友须义、子必孝的好举行。一个"娱"字，演绎了许许多多动人的故事，熏陶出一代一代纯朴的乡民。此联虽"禅"味较足，但多少年来，在中国农村里，儒释不分家的情况比比皆是，倒也不足为怪。

一渊春水纵鱼跃

万迭崇山任鸟飞

[注释]　此联原挂于有序堂西侧门。散页手抄本为：一泓春水凭鱼跃，万迭山云任鸟飞。另还有"一池春水""一塘春水"，"万迭高山""万仞崇山"等多种版本。其实，都是说明一个问题：当权者要创造一个宽松的环境氛围，让"鱼""鸟"们充分发挥主观能动性，朝着有利方向发展。

纵：本义松缓，此作随心所欲，不受约束解。

南国族推先玉叶金枝世谱

西曹光启后春重黄甲人文

[注释]　此联原挂于有序堂中厅侧柱（第一对）。此联由叶元锡长子叶士策（1671—1745）所撰，叶元锡孙子叶维泰（1721—1784）于乾隆廿四年（1758）二月十一日，为当年的三月三村庆而书。是日，共书写了几十对，另新撰了诸多新楹联。玉华叶氏发展史的前期，虽然艰苦，却像田园牧歌一样的创业时期。第八代之后，开始出现分化。十一个支派开始自建分祠堂。叶希龙属崇智派，被招郡马，迁河南，族人称为南国，其余留在原籍的，也就自称为西曹。

玉叶金枝：指明万历年间崇智堂派的叶希龙（1563—1605）被万历帝赐婚京山王孙女，受诰封为郡马之事。　西曹：曹，古代指诉讼的原告和被告，即两曹，也作群、辈解。此与"南国"相对，即迁往河南洛阳居住的崇智堂派族人（南国），仍居住原籍的玉华叶氏族人（西曹）。　黄甲：科举甲科进士及第者的名单。因用黄纸书写，故名，此指叶元锡（1647—1707）考中进士事。

春色宜人李白桃红无媚态

神光满宇族飘香凫有余威

[**注释**] 此联原挂于有序堂中厅侧柱（第二对）。春天来了，李花白，桃花红，尽显自然风姿，绝无半点做作之态。沐浴祖恩，业有成，族兴盛，时闻学语之声，该有世代再振余威。唐朝大诗人白居易《念金銮子》诗二首之一"况念夭化时，呕哑初学语"中，将"呕哑"形容为小儿学语声。宋代著名诗人文同也曾有《咏凫诗》："雨归别岛呕哯语，风度前滩翕呷飞。"把"呕哯"作为状声词，用来形容凫的鸣声。撰联者巧妙地借用"香凫"来形容本族人丁兴旺。虽有"绕"喻之嫌，却也应属不凡妙句。

媚态：故意做出的引人喜爱的姿态。　神：会意，从示申，"申"是天空中闪电形，古人以为闪电变化莫测，威力无穷，故称之为神，本义神灵。　凫（fú）：俗名野鸭，鸟纲，雁鸭目，雁鸭科，体长60余厘米，喙宽而扁平且短，除繁殖期外，都过群集生活。

岂真有云为旗灵为驾霞为裳赫赫严威降庭止
尔唯是忠于国孝于家慈于严昭昭正气耸人心

[**注释**]　此联原挂于有序堂中厅侧柱（第三对）。莫相信真的有腾云驾雾、凛凛威风的神兵天将会降临你家，只能是诚心做忠孝节义、光明美好的实际小事才能感动别人。世人不要充满幻想、好高骛远，只有脚踏实地精心处事，方是正路。上、下联重了个"严"字，稍逊。

严：对父亲的尊称。

二、祖庙万萃堂楹联选

系出湖岑千载馨香永存
派居华麓一堂孝友同登

[**注释**]　此联原挂于祖庙万萃堂正堂第一对中柱。此联为四四二结构。道出了新叶人不忘先人，追求和睦相处平和宁静生活的心愿。

系出湖岑：据《玉华叶氏宗谱》载，玉华叶氏的始祖叶坤，"居寿昌湖岑，宋宁宗嘉定年间迁玉华，赘夏氏"。　派居华麓：派居，指叶氏由湖岑分居之事；华麓，玉华山，又名砚山，由仙霞岭逶迤而来，在新叶村西面，海拔652米。

道统程朱东谷家声何远
学宗唐宋南阳世泽弥长

[**注释**]　此联原挂于祖庙万萃堂正堂第二对中柱。新叶村的古民居有现在这等规

模，源于第三代世祖叶克诚的努力。他毕生奋斗，为社会和家族做了许多大事。与其子叶震，共同办了决定整个家族命运的四件大事：选定村落位置；整修水利；修建祠堂；兴建书院。勘舆地，营村落，勤耕作，俭持家，重礼仪，兴教育，在物质上和精神上都给后代留下了难以计价的遗产。

　　道统程朱：道，指理学。程，指程颢、程颐兄弟，也称"二程"。二程十五六岁时受学于理学创始人周敦颐。宋神宗赵顼时，建立起自己的理学体系。朱，指朱熹，南宋理学家，继承、发展了二程学说，成为"程朱"学派。　　东谷：玉华叶氏第三代世祖叶克诚（1250—1323）。据《兰溪县志·儒林传》记载："号东谷居士，延仁山金先生而师事之。公幼不伍群儿，长嗜濂洛之学，以《春秋》应乡荐不偶，绝意进取，筑室于道峰山北，延仁山金先生讲学。仁山为颜其室曰重乐精舍，金华许谦、浦阳柳贯，皆聚讲于此。后人因名之曰儒源。"

礼乐射御书数枝分派衍
智仁信义忠恕源远流长

　　[注释]　此联原挂于祖庙万萃堂正堂第三对中柱（因靠天井，为石材柱子上）。祖尊儒，孙尊儒，言遵儒，行遵儒。这是新叶先人给后代确定的人生路。正确处理好人际关系，万事容易成，因为人和才是根本。

　　礼乐射御书数：中国古代儒家要求学生掌握的六种基本才能。源出自《周礼·保氏》。也称六艺。　　智仁信义忠恕：是儒家学说的主要内容和道德标准。孔子提出中庸之道，具体内容主要包括五达道，三达德，九经等。五达道就是天下通行的君臣、父子、夫妻、兄弟、朋友五种人际关系。如何调节这些人际关系，靠的是人们内心的品德和智慧，也就有了三达德——智、仁、勇。智、仁、勇必须靠诚实、善良的品德意识来培植加固。

春祀秋尝遵万古圣贤礼乐
左昭右穆序一家世代源流

　　[注释]　此联原挂于祖庙万萃堂后进东谷太公神位侧柱（居中第一对）。此联为四一六结构。一个"遵"和一个"序"，把玉华叶氏世代相传尊崇儒学的信念表达的明明白白。

　　左昭右穆：《礼记·中庸》"宗庙之礼，所以序昭穆也"，所谓昭、穆，是指宗庙中的排列次序，古人认为自始祖以后，父称为昭，子称为穆。即始祖之庙居于正中，始祖以下，第一世居左，朝南，称昭，第二世居右，朝北，称穆。以下凡三世、五世、七世等奇数后代皆为昭，而四世、六世、八世等偶数后代则皆为穆。以此类推，使得

431

祖宗与子孙后代亲疏长幼关系的排列顺序变得井井有条，丝毫不乱。

遵达乎穆俎豆千秋隆旧典

善同于国蒸尝四季仰先烈

[注释] 此联原挂于祖庙万萃堂后进东谷太公神位侧柱（第二对）。古人礼多，祭祀要讲究档次，先人的排位要正确（左昭右穆），祭祀时间要正确（春蒸秋尝），盛祭品的器具要正确（陶俎陶豆）。现代人可就没有如此讲究了。其实，心诚才是真正到位的纪念。

俎：音 zu，古代祭祀时盛牛羊等祭品的器具。 豆：古代盛食物的器具，有点像带高座的盘。 蒸尝：本指秋冬二祭，后泛指祭祀，《后汉书·冯衍传下》有"春秋蒸尝，昭穆之列"。

仰祖德灵气盘旋昌炽祥征千百世

睹孙谋规模罔越荣华瑞气万斯年

[注释] 此联原挂于祖庙万萃堂正堂侧壁柱。祖先名声好，衍续后代千百世；谋划顺人心，传留人间几万年。愿望再好，还须人谋。

灵气：一、指人对外物感受和理解的能力；二、聪慧或秀美的气质；三、仙人的气质；四、指仙灵之气；五、犹王气；六、指美好的名声。 昌炽：形容人口增长。昌，兴旺、兴盛。炽，形容词，炽热。 孙谋：顺应天下人心的谋略。孙，通"逊"，语出《诗·大雅·文王有声》："诒厥孙谋，以燕翼子。"郑玄笺"孙，顺也……传其所以顺天下之谋，以安其敬事之子孙。"一说，"孙谋"是为子孙筹划的意思。 罔越：不远离。罔，无、没有、不；越，远。

东谷守儒风涧水梅花名士高踪今继否

南阳开讲席存诚主敬先贤正学岂难之

[注释] 此联原挂于祖庙万萃堂正堂侧壁柱。东谷先生信守儒风，在道峰山北创建了重乐书院。元代大儒金仁山、柳贯、许谦等，相继受邀，聚集一起。边传授儒学，边陶情山野。从柳贯诗中可以悟出，其情、其境、其乐、其形，何等令人向往。

涧水梅花：元著名理学家柳贯在儒源讲学时，曾在新叶玉泉寺墙壁上题写过一首诗："山高残雪冻云根，笋轿咿呀村复村，莫道山中无乐事，梅花涧水日黄昏"。 南阳开讲席：指在儒源村开设重乐书院。

432

南阳拱道麓端庄毓秀钟灵系出湖岑古族
东谷绍仁山统绪居敬持志诗称柳许通家

[**注释**]　此联原挂于祖庙万萃堂后进东谷太公神位侧柱（第三对）。玉华叶氏始祖叶坤，于六岁或八岁时（宋宁宗嘉定元年，1208），单身一人自寿昌湖岑迁入新叶，距今 800 多年。当年，若能预料而今的新叶村，后代人口将近四千，其态该是何样？

东谷：玉华叶氏第三代世祖叶克诚（1250—1323），号东谷。　绍：继承。　仁山，宋朝人，元代大儒，金履祥（1232—1303），字吉父，号仁山，现兰溪铜山后金村人，距新叶村约 3 公里。入元后隐居故乡，被叶克诚延聘在儒源主持重乐书院，教授学生，曾作《尚书注》20 卷，事迹具《元史·儒学传》。　柳许通家：指东谷先生继承金仁山先生的风范，与柳贯、许谦两家交情深厚，像一家人一样。

大夫不敢祖诸侯表海雄风莫问遥遥华胄
途人其初本一体敬宗攸族当思密密连枝

[**注释**]　此联原挂于祖庙万萃堂正堂侧壁柱。古时，诸侯地位高于大夫，大夫故不敢妄自称大。即有远亲在京，也莫自夸出于名门；路人来之各处，其实都像流水在河中攸游，虽然各有相异，当知共属近族连枝。"士大夫"是中国古代社会中一个极为重要的群体，它介于帝王与庶民之间，构成统治阶级的主体，操作着庞大的国家机器，发挥着不可或缺又无可替代的政治功能，从而使中国古代社会在许多方面表现出独特的性质和传统。各朝各代都会演绎出他们独特的故事。

诸侯：本是西周、春秋时分封的各国国君。必须服从王命，交纳贡赋和捍卫王室。在其封土内世袭占有封地及居民，世代掌握统治权。也借指掌握军政大权的地方长官，苟全生命于乱世，不求闻达于诸侯。　表海：表，与里相对，表面。表海（临海，滨海）。雄风：强劲的风，威风。　遥遥华胄：谓名人的远裔。嘲人自夸出于名门。

数百年祖宗之德自我统承必以忠厚为本
亿万载子孙之业承前启后唯思忍让为先

[**注释**]　此联原挂于祖庙万萃堂正堂侧壁柱。此联为叶维泰所撰。数百年祖宗基业的继承，靠的是忠厚为本；几万载子孙前途的延续，终还须忍让为先。

东谷绍洙泗之风理学相承一脉绳其祖武
南阳钟华峰之秀诗书媲美千秋统绪翼谋

[**注释**] 此联原挂于祖庙万萃堂侧壁柱。东谷公继承孔子之学，一脉相承光扬先人事业；世系家族聚集灵秀之气，诗书传家佑及子孙后人。

洙泗：洙水和泗水。古时二水自今山东省泗水县北合流而下，至曲阜北，又分为二水，洙水在北，泗水在南。春秋时属鲁国地。孔子在洙泗之间聚徒讲学。《礼记·檀弓上》："吾与女事夫子于洙泗之间。"后因以"洙泗"代称孔子及儒家。　绳其祖武：继承先人事业。绳，本义绳子，引申为准则、法度之意，此处通"承"。　武：足迹，先人的遗迹、事业。　钟华峰之秀：聚集华彩、灵秀之气。　媲美千秋：媲美，两者之间美的、好的程度差不多；两者比美。千秋，形容时间很长。　统绪翼谋：统绪，系统、世系，泛指宗族系统。翼，翅，指护佑。谋，谋及子孙。

迁移自杭睦寿而来氏族清嘉斯地奠安称梓里
裔嗣绳宋元明以后诗书启绍先人腾达颂华山

[**注释**] 此联原挂于祖庙万萃堂侧壁柱。据《玉华叶氏宗谱》，其祖先早年居杭州，后迁睦州，再迁寿昌湖岑，直至始祖叶坤迁新叶。现寿昌仍是叶氏的主要居住地。

杭睦寿：杭州、睦州（今淳安）、寿昌三地简称。　清嘉：美好。　奠安：安定。　裔嗣：子孙后代。　腾达：指地位上升很快，飞黄腾达。　华山：玉华山。

东谷流传想当年左昭右穆万福攸同高祖发祥欣济美
南阳泽道喜今日春露秋霜百礼既洽曾孙奏格美相辉

[**注释**] 此联原挂于祖庙万萃堂侧壁柱。玉华叶氏之有今天，始祖当然是首提之人。但在形成时期，还要首推叶克诚父子。叶克诚出谷济赈而"辟任婺州路判官"，被推举为"乡贤"，成为玉华叶氏家族历史上最声名显赫的人物。其子叶震，也是家族繁荣发展的重要人物。先后历任江西安福县县尹，课最，擢刑部郎中，升河南廉访副使。

高祖，指玉华叶氏始祖叶坤（约在 1200—1202 年出生）。　济美：谓在以前的基础上使美好的东西发扬光大。语出《左传·文公十八年》："世济其美，不陨其名。"杜预注："济，成也。"孔颖达疏："世济其美，后世承前世之美。"　曾孙：指叶氏三世祖东谷公叶克诚（1250—1323）之子叶震（1277—1360）。父子两人曾办了决定整个宗族命运的四件大事：选定玉华叶氏聚落的位置；整修水利；修造祠堂；兴建书院。

一堂孝友敦雍睦
千载蒸尝报本源

[注释]　此联原挂于祖庙万萃堂正堂祖宗画像两侧。人对人，实应奉行"尊人、敬人"之法，做到了，也就收到了"人尊、人敬"之效。记住别人好的，忘记别人坏的，心就能宽，体也能健。

敦：敦厚，厚道。　雍睦：雍，原指水被壅塞而成的池沼。睦，和好，亲近；此作"团结，和谐"解，亦作"雍穆"。

春露秋霜本支衍百世
苹荣廉洁俎豆祝千秋

[注释]　此联原挂于祖庙万萃堂侧柱。此联为四五结构。春去秋来，多少岁月，叶氏繁衍近百代；人丁衍续，正直清白，族人理应共祭祝。悠悠历史，绵绵相连。就看能在其间占得几许？

苹荣：苹，多年生水生蕨类植物，茎横卧在浅水的泥中，四片小叶，像"田"字，也叫"田字草"；荣，草木茂盛，此喻人丁兴旺。

春祀秋尝遵万古圣贤礼乐
左昭右穆序一家世代源流

[注释]　此联原挂于祖庙万萃堂侧柱。对仗非常工整。主要叙写严谨家风，在其他姓氏宗谱上也见过。

春露秋霜遵载礼遗规钦崇祀典
父慈子孝式文公懿训笃念伦常

[注释]　此联原挂于祖庙万萃堂侧柱。多少年来，祭祀仪礼均按照先辈记载的典籍，及留下来的法度、规则进行的；为人处事遵从朱文公的儒学伦理道德规矩，深深思考，不敢忘记。

载礼遗规：载，本义乘坐，又有担负承受、祭祀等意；礼，本义举行仪礼，祭神求福，又有礼节、礼法等意；遗规，先前留下来的法度、规则。　钦崇祀典：钦，本义打呵欠的样子，旧时对帝王的决定、命令或其所做的事冠以"钦"字，以示崇高与尊敬，此处作敬佩，恭敬解；祀典，记载祭祀仪礼的典籍。　式：本义法度、规矩，又作榜样，楷模和效法解。　文公懿训：朱熹贤士留下来的华美而典雅纯正的教导。文公，即朱熹，字符晦，又字仲晦，号晦庵，祖籍安徽黎源（今属江西），定居建阳（今属福建）。生于宋高宗建炎四年（1130）农历九月十五日，卒于宋宁宗庆元六年（1200）三月九日，葬于建阳唐石理大林谷(今黄坑乡后塘村)。朱熹一生除为官9年外，其余都是钻研学术、著书立说、讲学论道的。一生著述 70 多部,凡 460 卷。创办书院 27 所,学生达几千人。最大成就,就是继承、发扬了"二程"理学。 笃念伦常:深深思念伦理道德。笃,本义,马行迟顿,作甚、深解。伦常,封建宗法社会的伦理道德。即父子有亲,君臣有义,夫妇有别,长幼有序,朋友有信。这五伦为不可改变的常道,故称"伦常"。

三、崇仁堂楹联选

潕水波流彭泽远

华阳风景永和长

[注释] 此联原挂于崇仁堂正门。此联由叶维泰撰写于乾隆廿四年二月十一日。对仗还算工整。华阳对潕水,风景对波流,后三字在词性上稍逊色。彭泽是名词,永和也应是名词,如作"永久和煦"解,则只能是宽对。但从立意而言,不失为联苑佳对。

潕水:钱塘江上游兰江、衢江,旧时称为潕水。 彭泽:即今鄱阳湖,在江西省北部,又名彭湖、彭蠡,也是县名,汉代始设,在今江西省北部,晋陶潜曾为彭泽令,因以"彭泽"借指陶潜。

玉屏秀钟联东壁

道巘祥凝映紫垣

[注释] 此联原挂于崇仁堂东。

玉屏:乃玉华山上一巨大石壁,却连着天下图书之秘府,不是仙家也是贤家。东壁《晋书·天文志上》:"东壁二星,主文章,天下图书之秘府也。"因以称皇宫藏书之所。 道巘:是道峰山麓环四野山脉,可辉映浩渺宇宙之宫阇,貌似天龙更似填龙。

紫垣:三垣之一。紫微垣、太微垣、天市垣合称三垣。每垣都是一个比较大的天区,内含若干(小)星官(或称为星座),据《清会典》所载,甘氏、石氏、巫氏(甘德、石申、巫咸)的划分互有不同。各垣都有东、西两藩的星,左右环列,其形如墙垣,故曰为"垣"。紫微垣是三垣的中垣,居于北天中央,所以又称中宫,或紫微宫。紫微宫即皇宫的意思,各星多数以官名命名。它以北极为中枢,东、西两藩共 15 颗星。两弓相合,环抱成垣,整个紫微垣据宋皇佑年间的观测记录,共合 37 个星座,附座 2 个,正星 163 颗,增星 181 颗。它的天区大致相当于现今国际通用的小熊、大熊、天龙、猎犬、牧夫、武仙、仙王、仙后、英仙、鹿豹等星座。

日融春丽迎祥霭

风送花香作瑞烟

[**注释**] 此联原挂于崇仁堂西侧门。春日融融，万物芳鲜茂盛，昭示年丰仓满；和风习习，百花吐霞餐云，先报风调雨顺。晨祈晚祝，终是为了多收。

祥霭：呈现出芳鲜茂盛的景象。祥，本义凶吉的预兆，预先显露出来的迹象。霭，音 ǎi，树木生长繁茂，如霭彩，芳鲜茂盛的样子。 瑞烟：吉祥、美丽的烟雾缭绕景色。瑞，本义玉制的符信，作凭证用，又指吉祥的事物，如瑞桢（吉祥）；还指征兆，如祥瑞。烟，本义物质因燃烧而产生的气体。

一泓春水凭鱼跃

万迭山云任鸟飞

[**注释**] 此联原挂于崇仁堂正堂中柱。现此联《玉华叶氏宗谱》中未收录，摘于散页手抄本。参照探究同一页其他对联，该是叶又舒（士策）撰，叶维泰（岱峰）于乾隆廿四年二月十一日书。

丽日繁华觞曲水

芳辰献祝颂南山

[**注释**] 此联原挂于崇仁堂正堂中柱。艳阳轻抚，四野繁盛，泛觞于水，饮出几多春词秋诗，鸿胪文魁；吉时芳辰，设几摆席，祷祝先贤，叩来满族仓盈库溢，插笔簪缨。

献祝：谓古祭礼中主人向司祭人进酒，进献祝词。 南山：泛指南面的山，此指寿比南山。典出《诗·小雅·天保》："如南山之寿，不骞不崩。"孔颖达疏："天定其基业长久，且又坚固，如南山之寿。"后用为人祝寿之词。

圣德俨日星仰之弥高巍巍乎乃春西顷

神恩如江汉无远勿届洋洋乎泽我南阳

[**注释**] 此联原挂于崇仁堂侧壁柱。现原词为乾隆八年，叶士策撰写。孔孟先师如日月，其德之高，俨如年增月长的西倾山；先祖恩德赛江河，其渊之长，恰似日流夜逝的江汉水。

圣德：犹言至高无上的道德。一般用于古之称圣人者。也用以称帝德。 春西顷：春色中的西倾山。西倾山是传说中的神山。 江汉：通常称长江与汉水。此作"源远流长"解。汉，又指银河，也称云汉、银汉、天汉。 届：本义人行路不便，此作"到达"解；

出处《书·大禹谟》无远弗届。　南阳：郡名，秦置，包括河南省旧南阳府和湖北省旧襄阳府。

重乐倡儒风涧水梅花名士高踪绳祖武
华阳开讲席存诚主敬先贤心学翼孙谋

　　[注释]　此联原挂于崇仁堂侧壁柱。

　　重乐倡儒风：指叶氏三世祖叶克诚在儒源村创办的重乐书院。玉华叶氏在叶克诚执掌族务的时候，其重点是立基、扬名。立基为安族，做了确定村落位置，兴修水利，兴建祠堂等大事，其绩明显。扬名为振兴，做了建造重乐书院，延聘名流，赈捐谋官之事，泽被后世。新叶的发展，叶克诚功不可没。　涧水梅花：指留连山野，竹梅作伴的隐居情趣。语出元代著名理学家柳贯题写在新叶五圣庙墙上的一首诗："山高残雪冻云根，笋桥咿呀村复村，莫道山中无乐事，梅花涧水日黄昏。"　绳祖武：谓继承祖先业迹。语出《诗·大雅·下武》："昭兹来许，绳其祖武。"　华阳开讲席：指约请金仁山等诸多贤士名人在重乐书院传授儒学。

东谷流芳试看堂上仁让蔼然总是和风甘雨
南阳传世共道庭前渊源远矣不啻哲近宋儒

　　[注释]　此联原挂于崇仁堂侧壁柱。此联摘于散页手抄本，《玉华叶氏宗谱》未收录。联后接"乾隆八年岁次癸亥仁接"字样。克诚公遗风世代流传，族人仁爱谦让和善，整个家族一派融和氛围；叶氏家族传玉华百世，其源之长其渊之悠，所奉理学基于宋时先贤。　仁让：仁爱谦让。　蔼然：和气，和善；蔼然可亲。　宋儒：宋代的儒者，常指宋代理学家二程、朱熹等。　不啻：不仅，何止。

大德炳千秋颂乃圣乃神颂乃武乃文允矣临下有赫
鸿庥福四境俾而昌而大俾而耆而艾信乎惠我无松

　　[注释]　此联原挂于崇仁堂侧壁柱。由杭州市书法家协会会员、建德市书法协会理事兰河践书写。先贤高洁出众的品德光照万代千秋，像关圣、孔圣般的高尚、赫焕，训导着后人；先祖的鸿运庇荫、保佑着乡邻四境，使之昌盛祥瑞，健康长寿，其诚信真是世间罕有。

　　赫：本义泛指赤色，此作赫焕（光华炫耀的样子）解。　鸿庥：鸿，大雁，此作鸿运解。庥，本义覆盖，此作庇荫、保护解。　耆（qí）艾：老人的通称。五十称艾，六十称耆。　无松：此指无双树，即琼花木，琼花木极少见，比喻珍异。

崇德以忠信为先登斯堂内不欺己外不欺人肫肫恳恳至诚自可动物
仁道唯孝悌最大行其庭入善事父出善事兄融融洽洽藏恕因之喻人

　　[注释]　此联原挂于崇仁堂侧壁柱。此联为"二五三四四四六"结构。意到位：劝人认真以儒学之理待人接物。联工整：上下联对仗十分工整。孝悌对忠信，入出对内外。其妙妙在将"崇仁"二字不显山不露水地嵌在上下联的第一个字中。孝悌忠信，礼义廉耻，乃儒家"四行"与"四维"，分别皆为一个整体。讲道德，以忠信为最，只要走进此堂（步入社会），就要相互以忠义、诚信对待，做到不欺骗自己，不欺负别人，自然可让社会环境发生好的变化。人与人，遵孝悌是大，但凡叶氏子孙，必须遵循儒学"五达道"。回家尽心奉养、服从父母，出门和气对待朋友、弟兄，把"宽恕"之理多多相告于人。教谕，在于潜移默化。走进祠堂，抬头细读，经久，终能得到灵魂的静化、净化。

　　肫肫恳恳：诚厚恳挚。　　动物：感动众人，使社会环境发生变化。

时气蔼林皋家集祯祥默赞千秋沾圣泽
和风拂华谷户垂丰阜灵昭万叶戴神庥

　　[注释]　此联原挂于崇仁堂侧壁柱。
　　林皋：林，本义丛聚的树木或竹子；皋，本义泽边地，泛指水旁陆地。　　祯祥：吉祥的征兆。　　华谷：光彩绚丽的山谷，此指玉华山下一带区域。华，音huā，本义花，又音huá，华丽，光彩，美丽。谷，两山之间狭长而有出口的低地，往往包含一个流域，又是庄稼和粮食的总称。　　丰阜：富饶。丰，本义古代盛酒器的托盘，此按《广韵》"丰，茂也，盛也"解。

绣甸簇琼葩万紫千红掩映绮筵辉今节
锦堂森宝炬三台五律燮谐玉烛畅芳辰

　　[注释]　此联原挂于崇仁堂侧壁柱。此联为五四四三结构。以散文式的笔调，叙述了在崇仁堂里摆设家宴的豪华场面。这场家宴，可能是叶元锡中进士的琼林筵，也可能是叶希龙招为郡马的赐婚筵，更可能是普通族人的生诞嫁娶喜宴。看：繁花芳草盛开在新叶村里，千红万紫，与华丽丰盛的宴席，互相辉映，不正是为今天的喜事增辉添色么？布置精美华贵的厅堂上，聚集了许多有名望的，有知识的，年高辈长的，初出茅庐的，富的穷的，尽情地享受着太平盛世和畅幸福的美好时光。这可谓是一幅那么安逸、祥和且又浓彩淡墨总相宜的山居图。

绣甸簇琼葩：长满繁花芳草的原野（此指县城外的新叶村）。　锦堂森宝炬：布置华贵的厅堂里，聚集了诸多象征智慧的理念。　三台：星名。天空中明亮而接近的三星，有参宿三星，心宿三星，河鼓三星。三星在天，为男女婚期之典。又指福、禄、寿三福神。还喻三公，指权贵显宦。　五徫：徫同徔，走路的样子。　燮谐玉烛：燮谐和谐。

瑞蔼华山琪树光摇锦绣

云浮道岳霞杯色映芙蓉

　　［注释］　此联原挂于崇仁堂侧壁柱。此联犹如一幅清新、秀巧的彩墨画。先从远山着眼，再引至人们的脸上，处处让人感觉到一股强烈的幸福、安逸的乡村情趣。（晨曦中）雾霭弥漫在玉华山中，树枝摇曳，光影斑斓，把整座山妆扮得犹如仙境；（厅堂里）庆贺考取功名的喜宴正酣，盛着腊酒的酒碗，劝红了人们的笑脸。

　　琪树：仙境中的玉树。　云浮道岳：喻仕途上取得功名。

东谷绍洙泗之传理学相承一脉心傅堪贻厥

南阳钟华峰之秀诗书继美千秋统绪允绳其

　　［注释］　此联原挂于崇仁堂侧壁柱。此联摘之散页手抄本。联前有"乾隆八年岁次癸亥仁接"。该年应是1743年。照此算来，该出之叶维泰的手笔。

　　贻厥：指留传、遗留。语出《书·五子之歌》："明明我祖，万邦之君，有典有则，贻厥子孙。"

忠诚耿耿于日月之上德必食报美必传芳是用享祀罔斁

威灵赫赫于华岱之巅土以洁蠲民以俨恪从兹赐福无疆

　　［注释］　此联原挂于崇仁堂侧壁柱。真心诚意，尽心尽力，其品其德高如日月，报恩是美德，是美自传扬，留传万世永无休止；声名显著，显赫盛大，其威其势立于崇山之顶，领地须洁净，子民应尊重，从此族康民福绵绵。

　　罔斁（wǎng yì）：罔，本义渔猎用的网，又作"无"解；斁，解除、厌倦、结束。全句意为经历万世，永无休止。　威灵：神灵显耀的声威。　洁蠲：清洁，明洁。蠲，音 juān。虫名，又名"马蠲""马陆"，俗称"香油虫"。　俨恪：庄严、尊敬。

元巳启良辰积千载之精诚斯日告庆诓仅循修褉乐事

永和沿胜迹观万方之显赫此邦是贝俾增我威赫罄宜

[注释] 此联原挂于崇仁堂侧壁柱。上巳吉日乃美好时光和景物开始，积累千年的真诚，这一天举行祭祀活动，是件求祀平安的好事；永久和煦从先祖遗芳传世而来，阅看各地的显耀，这一方热土令人神往，尽把本族庄严显赫展示无遗。

元巳：即上巳，阴历三月上旬的巳日，旧俗于此日临水祓除不祥，叫做"修禊"。讵：岂，难道，用于表示反问，此作"曾经"解。 胜迹：有名的古迹、遗迹。 威赫：比喻威势或威权。 馨宜：馨，本义器中空;《尔雅》：馨，尽也。宜，本义合适、适宜。

绩绍发隆安耕鏊敦诗书率由勤俭

气淳祥应位天地育万物不外中和

[注释] 此联原挂于崇仁堂侧壁柱。继承先业发扬光大，务农精耕细作，习文多加敦促，勤俭是标准；社会风气朴实敦厚，顺应天时地利，培植花草稼穑，中和为核心。

绩绍：谓继承业绩。 鏊：在金石上雕刻，鏊字、鏊金。 中和：中庸之道的主要内涵，儒家认为能"致中和"，则天地万物均能各得其所，达于和谐境界。

四、旋庆堂楹联选

半部鲁论堪治国

百余忍事可传家

[注释] 此联原挂于旋庆堂四对正堂中柱。赵普可用半部《论语》辅助宋太祖打下天下,再用半部《论语》协助宋太宗治理国家,只缘《论语》使人要学会做人,要"诚意、正心、修身",必须"吾日三省吾身"。人人都这样做，心正了，身也修了，家就齐了，国也就能治了。

守中庸子臣弟友

法大学格致正诚

[注释] 此联原挂于旋庆堂四对正堂中柱。《中庸》提出：有德之人必须好"三达德"，实行"五达道"，才能达到"中庸"的境界。所谓"五达道"即"君臣也，父子也，夫妇也，昆弟也，朋友之交也"。处理这五方面关系的准则是："君惠臣忠""父慈子孝""夫义妇顺""兄友弟恭""朋友友信"。"五达道"的实行，要靠"三达德"：智、仁、勇。而要做好"三达德"，达到中庸的境界，就要靠"诚"。教育的目的，就是要人们努力进行主观心性的养成，以达到"至诚"的境界。

霁月光风初见天时转泰

桃红柳绿又逢人事重新

[注释] 此联原挂于旋庆堂四对正堂中柱。人们安居乐业,欣逢国泰民安,春景千红万紫,人情世事变迁。是国是家,是情是景,尽显美好,源出于变也。

霁月光风:指雨过天晴后清风明月的景象,比喻胸怀宽广,心地坦白。亦称"光风霁月"。 天时转泰:天时,天道运行的规律,指时序,宜于做某事的自然气候条件,犹天命。

池开半月先看鱼跃春风

门迎道岳共听鹿鸣秋色

[注释] 此联原挂于旋庆堂四对正堂中柱。好一处风和日丽的桃源福地。开门先见半月池中鱼跃,再闻道峰山上鹿鸣。生于斯,长于斯,终老于斯,一世无悔。

天锡纯喜五徫三台辉迎云蒸霞蔚

地钟淑气千祥百福瑞征桃红柳绿

[注释] 此联原挂于旋庆堂侧壁柱。此联为四四六结构。上天赐予大喜事,五徫(又作五征、五象——雨阳暖寒风)三台(又作三星——福禄寿)辉映绚丽多彩,蔚为壮观;大地汇集温和之气,千祥百福祥瑞征兆满目春景,万紫千红。

天锡纯喜:天锡即天赐,上天赐予。纯,本义蚕丝,此作大解,如,纯德(大德)。喜,本义快乐、高兴,喜事,值得庆贺、令人高兴的事。 云蒸霞蔚:比喻绚丽多彩,形容事物蓬勃兴起,蔚为大观。 地钟淑气:地钟,大地汇集,钟萃(汇集);淑气,温和之气,也指天地间神灵之气。

祗父恭兄孝友聚一堂瑞气

敦诗说礼文章开五代书香

[注释] 此联原挂于旋庆堂侧壁柱。与人相处,须遵仁义道德,习文论理,自当世代流传。

籍三时雨洽风和岂但天心春西顷

祈四境民康物阜依然圣德思南阳

[注释]　此联原挂于旋庆堂侧壁柱。一年四季风调雨顺，倒不是天心要偏向春色中的玉华山（西倾山）；乡里四邻富裕太平，自当要常思先贤、先祖的高贵品德和护佑。

籍：通"借"。　三时：指春、夏、秋三季农作之时。也指早、午、晚。　雨洽风和：雨及时，风和畅。　天心：天空的中心。　春西顷：春色中的西倾山。西倾山，地处青海省东南部，位于青藏高原东南部边缘，属于昆仑山系东端的支脉。《书·禹贡》"西倾因桓是来"。《汉书·地理志》作西顷。《北史·吐谷浑传》作西疆。《水经注》引《沙州记》作罍台，番名鲁察布拉。《金履祥尚书注》谓之西倾，则其西地势反而下，水皆西流入黑水矣。《清一统志》西倾山番名罗插普喇山，凡黄河以南诸山，无大于此山。

玉烛元调曰雨曰阳帜媚顺行天道
泰偕运转若灵若秀聿征瑞气人文

[注释]　此联原挂于旋庆堂侧壁柱。一年四季气候调和一派太平盛世，标志顺应自然界变化规律；天地万物清秀美好纷呈康泰好运，象征遵循人世间各种文化现象。

玉烛元调：谓四季气候调和，四时之气和畅，形容太平盛世。　帜媚：帜，旗帜的通称，此作"标记"解；媚，本义爱、喜爱，媚景，谓春景、美好的景物。　聿征：聿，循。征，本义征召，征兆；迹象之意。　瑞气：瑞应之气，泛指吉祥之气。　人文：指礼乐教化。

万国衣冠拜冕旒自生民未有夫子也
三分事业绌筹策知我者其唯春秋乎

[注释]　此联原挂于旋庆堂侧壁柱。商施暴政，大失人心，任谁取而代之皆是顺理成章、众皆称快的事。时周文王最具与商王朝分庭抗礼之实力，却仍"以服事殷"。此等不合常理之事，倒让孔圣人赞为"至德"，因而众人评说不一。杨树达先生在《论语疏证》里有一说："《论语》称至德者二，一赞泰伯，一赞文王，皆以其能让天下也。此孔子赞和平，非武力之义也。"我倒十分赞同杨树达先生的观点。此论从一个方面说明了孔老先生是和平主义者、非暴力主义者。他有着大一统的国家观念，又有着安居乐业的社会观念，对实力很强却避免战乱和生灵涂炭的周文王自然颂扬不已。世界和平，天下大同谁不希冀呢？

喜六一重逢物阜民康歌玉烛
美三春始至桃红柳绿庆芳辉

443

[注释] 此联原挂于旋庆堂侧壁柱。此联从侧面告诫人们：享受荣华富贵，常思六一居士之劝；沐浴绚丽春色，当报慈母抚育之恩。

六一：指北宋文学家、史学家，唐宋八大家之一的欧阳修。欧阳修（1007—1072），字永叔，号醉翁，晚年号六一居士。 三春：初春、仲春、暮春，泛指春。

秉烛春秋大节至今昭日月

满腔忠义美风亘古振纲常

[注释] 此联原挂于旋庆堂侧壁柱。

秉烛春秋：民间盛传武圣关云长"深夜秉烛观《春秋》"深明大义的故事。关羽的身世以前一直不甚清楚。直到清初康熙年间，解州守王朱旦在浚修古井的时候，发掘出关羽的墓砖。上面刻有关羽祖、父两世的表字、生卒年月等，资料比较详细，还略有提到关羽的家庭状况。他因此写了《关侯祖墓碑记》。才让人们稍有了解。但关于他桃园结义；斩颜良、诛文丑；挂印封金；过五关斩六将；刮骨疗毒等。在中国，很少有人不知道这些故事。关羽在民间就是"忠义"的化身，其地位越抬越高，"由侯而王"，"旋而进帝"，最后被尊为"武圣人"。虽说，这都是历代封建统治阶级，出于巩固自己的统治地位的目的。其实，任何团体都需要信仰，任何朝代都需要偶像。

届花月以称觞设几肆筵谁是荐馨祈鉴格

际仲春而献颂迎来送往无非明德达精神

[注释] 此联原挂于旋庆堂侧避壁柱。摆几设席，迎来送往，一为祭祀，二为交流。年年如此，只为表达某种"情结"。这不是无奈，从中尽可显出农民的淳朴之心。

风和景美曲水流觞聊助此邦春色

气清天朗红桃绿柳足添列圣神风

[注释] 此联原挂于旋庆堂侧壁柱。

和畅春风吹拂着绚丽的原野，一帮文人聚集一起吟诗作对，可见这里的人十分注重礼仪，尊崇知识；吉祥瑞气弥漫在晴朗的天际，万物复苏还添新色，足可证明后人又给先贤增添光彩。

仰祖德宏敷四境奠安崇祈保

伏神麻永荷三时不害乐和风

　　[**注释**]　此联原挂于旋庆堂侧壁柱。此联为五四三结构。仰仗祖宗的恩德广布，四邻乡境稳定平安，更兴祈求保佑；接受神灵的永久护佑，一年四季没有灾难，享受安逸和平。中国的老百姓是最容易满足的。有吃有穿即是幸福，无灾无难便是康宁，一身无所求也。

　　宏敷：广布。　永荷：永远承受。

西山爽气妥先灵脉承华岳

北阙恩光福后嗣瑞兆文峰

　　[**注释**]　此联原挂于旋庆堂侧壁柱。此联为四三四结构。西山祠堂安置先祖神灵，一脉相承玉华叶氏；朝廷恩泽护佑子孙后代，兆示吉祥折桂蟾宫。

　　西山：叶氏祖庙西山祠堂，指新叶村。　爽气：明朗开豁的自然景象。　北阙：古代官殿北面的门楼，是臣子等候朝见或上书奏事之处。　恩光：犹恩泽。

淑气蔼林皋家集祯祥默赞千秋沾圣泽

和风拂华谷户垂丰阜灵昭万祺戴神庥

　　[**注释**]　此联原挂于旋庆堂侧壁柱。天地神灵之气弥漫在山林溪头村里，家家聚集幸福吉祥，岁月悄悄流逝，默默承受朝廷恩泽；和畅温煦春风抚慰着玉华山下人家，户户垂佑丰盛富有，年年增添祺福，深深感激先祖护佑。

　　淑气：温和之气，天地间神灵之气。　灵昭：明白。　万祺：很多的吉祥、幸福。祺，本义幸福、吉祥。

族分华麓忆祖庭诗礼连枝花萼美相辉

衍派湖岑阅宗器裳衣奕叶兰荪欣济美

　　[**注释**]　此联原挂于旋庆堂侧壁柱。玉华叶氏分住新叶，想祖上知书识理的同宗层出不穷、竞相辉映；溯源先祖定居湖岑，查族谱锦衣碧带的弟子世代皆有、欣然媲美。

周旋中折旋中凛凛然规矩自持百事攸宜遵礼义

重庆下具庆下雍雍然子孙相继一堂豫顺见经纶

　　[**注释**]　此联原挂于旋庆堂侧壁柱。官场也罢，民事也罢，总应严以待己，循规蹈矩，凡事遵奉礼法道义；三代同欢，君臣同欢，还是和睦相处，世代留传，一派和顺才是根本。

折旋：古代行礼时的动作。　凛凛然：严肃，严正有威势。凛，刺骨的寒冷。
重庆：指祖父母与父母俱存，再度庆祝。　具庆：《诗·小雅·楚茨》"尔殽既将，莫
怨具庆"，郑玄笺"同姓之臣，无有怨者，而皆庆君，是其欢也"，后以"具庆"称君
臣同欢。　雍雍然：和谐，和睦。《新五代史》：雍睦亲族。雍，水被壅塞而成的池沼。
豫顺：犹言安乐和顺。　经论：喻政治规划。

五、存心堂楹联选

身范克端绳祖武
家规垂训翼孙谋

[注释]　此联原挂于存心堂中堂柱。自身的行为规范要立得牢，站得直，才可继
承先人的事业；家族的规矩法则要留得住，传得下，方能顺应天下人心的谋略。
身范：自身行为的规范。　克端：克，本义胜任、能够之意。端，本义站得直，端
本澄源（犹言正本清源）。　绳祖武：绳，继承，通"承"。武，足迹，先人的遗迹、事业。
垂训：垂示教训。　翼孙谋：翼，本义翅，凭借之意。孙谋，顺应天下人心的谋略。孙，
通"逊"。语出《诗·大雅·文王有声》："诒厥孙谋，以燕翼子。"郑玄笺"孙，顺也
……传其所以顺天下之谋，以安其敬事之子孙。"一说，"孙谋"是为子孙筹划的意思。
朱熹集传："谋及其孙，则子可以无事矣。"

箕裘勉绍先人业
夙夜无忘孝子心

[注释]　此联原挂于存心堂中堂侧柱。各祖有各业，子弟自当努力发扬光大先人
业绩；昼夜复昼夜，后辈不可怠忽常怀侍奉父母之心。
箕裘：《礼记·学记》"良冶之子，必学为裘，良弓之子，必学为箕"，孔颖达疏"积
世善冶之家，其子弟见其父兄世业镕铸金铁，使之柔合以补治破器，皆令全好，故此
子弟仍能学为袍裘，补续兽皮，片片相合，以至完全也……善为弓之家，使干角挠屈
调和成其弓，故其子弟亦睹其父兄世业，仍学取柳和软挠之成箕也"。良冶、良弓，
指善于冶金、造弓的人。意谓子弟由于耳濡目染，往往继承父兄之业。后因以"箕裘"
比喻祖上的事业。　勉绍：勉，本义力所不及而强作，此作尽力（用尽所有力量）解；绍，
本义继承、紧密连续，此作绍兴（继续发扬光大）解。　夙夜：朝夕，日夜。

缓见忾闻孝思不匮

秋尝春祀初事孔明

[注释]　此联原挂于存心堂中堂侧柱。缓缓观察忾然受教，孝亲之思不竭不缺；秋祭缅祖春祀求福，惯例成规完备明晰。

缓见：缓，本义宽松、宽大；见，观察、知道、了解。　忾闻：忾，本义叹息、感慨；闻，本义听到，此作接受解，如闻教（受教、领教）。　孝思：孝亲之思。　不匮：不竭，不缺乏。　秋尝春祀：秋尝，古代天子与诸侯于秋季举行的宗庙之祭；春祀，古代春秋两季在水边举行的祈求福佑的祭礼。　初事：犹故事，惯例成规。　孔明：很鲜明，很明晰。

继祖宗一脉真传克勤克俭
教子孙两行正道惟读惟耕

[注释]　此联原挂于存心堂靠门边侧柱。新叶先祖为后人留下最有价值的物质遗产，就是古民居村落。最宝贵的精神遗产就是两行正道——耕读传家。做人做到既勤又俭，不追功求利，两袖清爽爽，心底坦荡荡。终年修行，何愁不成"贤"。

秀稷馨香嘉荐愿向
文章德业洪祚载辉

[注释]　此联原挂于存心堂正门。稷谷扬花吐穗，真诚期望能选作祭品，这才是一生最好的归属；做成五色文章，颂扬取得的德行功业，就能为隆盛的国运增添色彩。

秀稷：秀，谷物抽穗扬花；稷，稷谷，泛指五谷。　馨香：芳香、香气，此作"馨香祷祝"解。语本《书·酒诰》："弗惟德馨香，祀登闻于天。"后以"馨香祷祝"表示真诚期望。　嘉荐：祭品。　洪祚：隆盛的国运。

遵祖敬宗孝孙有庆
敦诗说理明德惟馨

[注释]　此联原挂于存心堂中堂侧柱。尊崇祖先敬重贤良，先贤好，子孙才得长宁久安；崇尚知识明辨事理，德性美，其行就能芳香清纯。

尊祖敬宗：尊崇敬重祖先。　孝孙有庆：孝孙，祭祖时对祖先的自称；有庆，《书·吕刑》："一人有庆，兆民赖之，其宁惟永。"孔传："天子有善，则兆民赖之，其乃安宁长久之道。"后常用为歌颂帝王德政之词。　敦诗说理：敦诗，义推崇、崇尚；说理，说道理，不蛮横。　明德惟馨：完美的德性才是芳香清醇的。

凡今之人不如我同性

聿修厥德无为尔所生

[注释]　此联原挂于存心堂中堂侧柱。当今世人的本性，不会完全符合你我的情感、理性；承继先人德业，遵循自然的法则切莫妄为。

凡今：犹如今，当今。　性：人的本性，人所具有的正常的感情或理性。　聿修厥德：聿修，谓继承发扬先人的德业。　无为：谓顺应自然，不求有所作为。

一堂孝友堪称雍睦

百世余庆多羡馨香

[注释]　此联原挂于存心堂中堂最里正壁柱上。一群以"事父母孝顺、对兄弟友爱"美称的人，和和睦睦地聚集在一起；先祖留传给子孙后代的德泽，世世代代向四处散发着芳香。

堪称：堪，本义地面高起，此作能够解；称，本义秤量物体轻重的器具，此作尊称、敬称、美称解。　余庆：留存的福祉，留给子孙后代的德泽。　多羡：羡，本义羡慕，因喜爱而希望得到；另有富余，足够而多余，超过，盖过等意。

六、荣寿堂楹联选

草堂关野意

甲族擅书香

[注释]　此联原挂于荣寿堂大门。此联写雅居中充满了山野意趣，大族里世代有读书家风。

草堂：茅草盖的堂屋，旧时文人常以"草堂"名其所居，以标风操之高雅。　关：本义门闩，合拢之意。　野意：山野意趣、乡村风味的食品等。　甲族：指世家大族。

擅：本义独揽、专权，善于、专长于之意。　书香：古人用芸香草防书蛀虫，因称其香为书香，后用来称世代读书的家风。

居近田园无伪辙

家承阀阅有藏书

　　[注释]　此联原挂于荣寿堂边门。居住山野临近田园，没有留下半点虚假的踪迹；世代继承功勋人家，终是缘于书香门第的熏陶。

　　伪辙：本义欺诈、虚假，不真实；辙，本义车迹，车轮碾过的痕迹。　阀阅：用于标榜功勋世家而装饰于大门外的构筑物。《史记》载："人臣功有五品，……明其等曰阀，积日曰阅。"就是说，有五品功名的官员家即可设立。位于门左的柱子曰阀，喻意建有功劳；右边的称阅，象征经历久远，即世代官居高。　藏书：私人收藏的图书，通指书香门第。

　　漫夸仕宦便为荣要在勋业文章光史册
　　维护期颐孔即寿究归仁义道德亘古今

　　[注释]　此联原挂于荣寿堂。莫认为当官作吏就是荣耀，总应实实在在做事才会光垂史册；欲想颐享天年好好保养才能长寿，归结起来只有仁义道德才能亘古通今。

　　勋业文章：勋业，功业；文章，比喻可做的事、可用的办法。　期颐：一百岁。语本《礼记·曲礼上》："百年曰期、颐。"郑玄注："期，犹要也；颐，养也。不知衣服食味，孝子要尽养道而已。"孙希旦集解："百年者饮食、居处、动作，无所不待于养。方氏悫曰：'人生以百年为期，故百年以期名之。'"　孔：本义甚、很，另有嘉、美、大等意。

　　祖父振家声丕显丕承孝友诗书荣万载
　　云仍绵统绪肯堂肯构元魁簪笔寿千秋

　　[注释]　此联原挂于荣寿堂。祖祖辈辈振兴家业，伟大显明，代代承继；孝顺友爱，研读诗书，荣耀一万代。子子孙孙绵延不绝，营造殿堂，建造屋宇，殿试第一，冠笏插笔，延寿几千年。

　　丕显：伟大而显明。丕，本义大；显，本义头上的装饰品。　丕承：很好地继承。承，本义捧着、承授（承继传授）。　云仍：亦作"云礽"、远孙，喻指后继者。　绵统绪：指宗族系统绵延不断。统绪，头绪、系统，此指宗族系统。　肯堂肯构：堂，立堂基；构：盖屋。原意是儿子连建房打地基的事都不肯做，哪里还谈得上肯盖房子。后反其意而用之，比喻儿子能继承父亲的事业。

　　修禊事曷足观乎但观红桃绿柳，千枝万叶闹芳丛便是兰亭真景色
　　仰神麻无地望也惟望紫陌麦畦，十雨五风迎时降冈非列圣沛恩膏

　　[注释]　此联原挂于荣寿堂正堂后壁柱。春秋祭祀难道只是给人看的？要看尽可看春天的景色。仗仰神灵的护佑不是没有希望，只须看看郊野的道路和长满庄稼的田

野。凡事讲究心诚。心诚土变金，心诚意相近。心诚了，万物也就和协了，庄稼也就丰收了，春天的景色也就特别美了。世世代代俨如绍兴兰亭，春季修禊，曲水流觞，繁花锦簇。年年岁岁尽是顺时应节，日丽风和，列圣护佑，恩泽绵长。一片赞词，道出身居乡野的知识分子的清高和意趣。钟情于耕读，满足于细微。人无奢望，社会自然安定。全联文意、对仗、韵律均好。

曷足：曷，音 hé，意为何、什么，相当于岂、难道；足，本义脚，充实、完备、够、富裕之意。　芳丛：丛生的繁花。　　无地：无，没有；地，本义大地、地方。　十雨五风：喻风调雨顺。　迎时：迎合时势。　降：投降败逃。　沛恩膏：盛大的恩泽。沛，沛水，充沛。恩膏，犹恩泽。

先人早掇魁名科甲宫墙齐北斗

后昆勉承义训文章声价振南金

[注释]　此联原挂于荣寿堂侧壁柱。玉华叶氏的科举其实还算成功的。科举制从隋朝大业元年（605）开始实行，到清朝光绪三十一年（1905）举行最后一科进士考试为止，绵绵一千三百年，产生的进士也就近十万，新叶一个村还出了两位呢。举人、秀才也出了不少。

先人早掇魁名：指列代被朝廷选用的叶氏先祖，如叶伯章、叶希龙等。　后昆勉承义训：指叶氏后人（清康乾时期）也几折桂枝的事，如叶元锡、叶士策等。

经学传家一脉梓里祈接武

文词华国福堂金玉喜文辉

[注释]　此联原挂于荣寿堂侧壁柱。此联写玉华叶氏代传儒学经典，前后连贯，乡里继承；光耀文词报国，才学华彩，福德满堂。

经学：把儒家经典当作研究对象的学问，内容包括哲学、史学、语言文字学等。一脉：原意河流或山脉的一支。此指亲族、师兄弟、诗文等前后相承的一系。　接武：步履相接、前后相承。　文词华国：以文词光耀国家。　福堂金玉：满堂福德、才学、美富。

前贤绵百代书香想去青黎犹吐焰

春日收四郊烟景归来丹桂早开花

[注释]　此联原挂于荣寿堂外门台两侧。先贤绵绵代传书香，玉墨丹青闪烁华彩是根本；春日洋洋云霭缭绕，馨香溢宇早折桂枝方如愿。

450

青黎：青黑色，也指土色。　吐焰：亦作"吐爓"，吐出火焰，发出光焰。　烟景：春天的美景，如云烟缭绕的景色。

七、永锡堂、启佑堂①楹联选

道岳灿文芒孝悌诗书永世泽
华峰辉福曜文魁簪笔锡天恩

[注释]　此联原挂于永锡堂中堂侧柱。此联对仗十分工整，将"永锡"两字巧妙地嵌在联中。只是联中重了个"文"字，乃制联之禁忌，稍有逊色。说的是叶廷梓之事。叶廷梓（1687—1767）出生于康熙朝，求学于雍正朝，成业于乾隆朝。康雍乾三朝是清朝盛世期。国强民则安，国富文则盛。清时，生员长久不能中举，便逐步由附生升增生，由增生升廪生，由廪生选贡生。贡生分拔贡（每一、二年考选一次）、岁贡（每年选一次，按在学时间依次选补）、恩贡（无定期）、优贡（无定期）、副贡（每三年举选一次，由乡试取得副榜的生员中选送）。贡生就可到国子监学习和等待分配工作。叶廷梓拔贡出身。一生经历了"当时一个考不上进士的举人，要经过三、四十年才能当上州学学正或者县学教谕"的全过程。在他步入古稀之年后，才等到了台州府天台县学教谕的实职。也才有了75岁回乡祭祖，一夜挥毫作联，惊羡四邻八乡的故事。此联道出了一个文人辛苦追求的甘，也道出了通过追求有了结果的家族荣耀。

儒门孝友历多年乃卜桂芳槐茂
科第声华缠百世当留玉轴牙签

[注释]　此联原挂于启佑堂侧壁柱。"槐花黄举子忙"这句俗谚，在科举时代流行很广。十分形象地概括了各地举子奔波于各地，向州、府要员、公贵投献诗文词赋，以博"拔解"（也就是拔贡的意思）的可能。经历多年才有可能得"中"，得"中"了，总还得留点东西给后人。这就是考功名的人的写照。

声华：犹言声誉荣耀。　玉轴牙签：卷型古书的标签和卷轴，借指书籍。牙，象牙；玉，美玉。形容书籍之精美。

---

①　启佑堂在1949年清明节毁于火灾，解放后，其地基已被人造了新房，难以完全恢复。如今，仅剩古联，甚可叹也。

帝德启簪缨

神恩佑阀阅

[**注释**]　此联原挂于启佑堂中堂最里一对柱上。天子垂赐授予功名;祖宗护佑功勋世家。人有本事,还得要有机会,还得要有好的社会秩序,才能发挥作用。没有和谐,怎谈成事?

帝德:天子的德性。　启:本义开,打开。此处指官家传来的信件,官信曰启。　簪缨:古代官吏的冠饰,比喻显贵,旧指显贵人家。　神恩:神灵的护佑恩德。神,泛指神灵。　佑:神灵护佑。　阀阅:指有功勋的世家。仕官人家自序功状而树立在门外的柱子,在左曰阀,在右曰阅。

千载勋庸天地并

四时俎豆古今同

[**注释**]　此联原挂于启佑堂中堂第二对柱子。先祖创立的功勋,与天地般永久,如日月般光耀;后人祭祀祖先,岁月有变,规矩相同。

勋庸:特别大的功劳。

合神圣文武而兼至

贯天地古今以常存

[**注释**]　此联原挂于启佑堂中堂靠天井柱子。此联为(增一)四三结构。对仗工整,词意准确,符合对联的"平仄合律、对仗工整、文意切题"三个基本要求。只惜赞赏对象不是十分明确。

神圣文武:《书·大禹谟》"帝德广运,乃圣乃神,乃武乃文",孔传"圣,无所不通;神,妙无方;文,经天地;武,定祸乱",后以"圣神文武"为称颂帝王或杰出人物之词。　天地古今:天地,天和地,指自然界或社会,犹天下,也指天地神灵;古今,古代和现今。

雨洽风和籍神明之幽赞

人安物阜荷帝力之诞敷

[**注释**]　此联原挂于启佑堂侧壁柱。雨顺风调幸得神明暗中佐助,安定富庶还需皇权才能遍及。人与自然的PK,绝不是借助神灵来祈求平衡的,必须顺应大自然的规律。

顺则安，逆终害。

幽赞：谓暗中受神明佐助。语出《易·说卦》："昔者圣人之作《易》也，幽赞于神明而生蓍。"高亨注："言圣人作《易》，暗中受神明之赞助，故生蓍草，以为占筮之用。"　帝力：帝王的作用或恩德。　诞敷：遍布。

受先帝之荣封至今如在

享群黎之禋祀奕世无疆

［注释］　此联原挂于启佑堂侧壁柱。新叶村的先祖曾有多人受到朝廷的封赐，尽管处在不同的社会，不同的制度，不同的年代，皆因为民做了好事，应受到人们的尊重。

禋祀：古代祭天的一种礼仪。先燔柴升烟，再加牲体或玉帛于柴上焚烧，此泛指祭祀。　奕世无疆：形容年代久远。奕世，累世、世代；无疆，谓没有终界。

万古不磨存大节

千秋共祝永同尊

［注释］　此联原挂于启佑堂边门。大节，万物之准则。国无基本法纪、纲纪不成国，族无临难不苟的节操难凝族，官无高远的气节不配当官，民无公认的品行不是良民。古今往来皆是此理。

大节：一指基本的法纪、纲纪、基本法则等，也可指临难不苟的节操、高远宏大的志节、品德操守等。

日融春丽迎祥蔼

风送花香作瑞烟

［注释］　此联原挂于启佑堂大门。说的是逢时顺节，树木繁茂，一派春光明媚；和风吹拂，万花芳芬，漫溢吉祥云烟。

融：形声，从鬲，虫省声。鬲（lì），古代一种烹饪器，与鼎相似，本义炊气上升。

祥蔼：祥，凶吉的预兆，预先显露出来的迹象；蔼，树木生长繁茂，芳鲜茂盛的样子。

瑞烟：吉祥的云气。

德媲坤乾群沐阜安征圣力

礼缘酌苇惟凭歌舞颂神功

［注释］　此联原挂于启佑堂侧壁柱。高尚的品德可以与天地媲美，黎民百姓蒙享

453

富足安宁象征帝王的恩泽；隆重的祭祀需要缩酌用茅（用箐茅过滤酒中的渣滓），有了歌舞热闹场面就能赞颂帝王的功绩和教化。

德媲：德，本义登高、攀登，道德修养；媲，媲美。　坤乾：即乾坤，指天地，世界等。　群沐阜安：群，众的意思；沐，本义洗头发，引申为蒙受、受润泽；阜安，富足安宁。　礼缘：礼，举行仪礼，祭神求福。缘，本义器物的边沿；有因缘、攀缘、牵连、顺着等意。　酌苇：酌，本义斟酒；苇，芦苇。

时际三春遥瞻圣德如天祝瑞日祥云和风甘雨
家迎五福常仰神恩布地祯聿登岁稔海晏河清

[注释]　此联原挂于启佑堂侧壁柱。四季如春遥望先人的德行浩瀚如天，祝愿祈盼吉祥的阳光、吉祥的云彩、温和的春风、适时的好雨；家迎五福常想先贤的教诲润泽四方，至诚期望五谷丰登、年成丰熟、黄河水清、大海无浪。

三春：指春天的孟春、仲春、季春。　五福：五种幸福。《书·洪范》上所记载的五福是：一曰寿、二曰富、三曰康宁、四曰修好德、五曰考终命（善终）。如今，民间常祈祷"五福临门"。　祯：以至诚感动神灵而得福佑。　聿登：聿，本义毛笔。《说文》：聿，所以书也。郁聿：蕴积。登，本义上车；有成熟、丰收之意。　岁稔：年成丰熟。　海晏河清：黄河水清了，大海没有浪了。比喻天下太平。典出唐·郑锡《日中有王子赋》："河清海晏，时和岁丰。"

圣节届芳辰福国宁家位镇华山常享千秋俎豆
神功多默赞诚民阜物灵昭道岳永歆万祺馨香

[注释]　此联原挂于启佑堂侧壁柱。"三月三"村庆正逢春天美好的时光，先人选择在幸福的地域——玉华山下安家立业，享受千秋万代的祭祀；神灵暗中赞助护佑，使诚实的百姓有了丰富的物产，人们清楚地明白，所有神灵应世代享受后人祭祀的祭品、香火。

芳辰：美好的时光，多指春季。　福国宁家：幸福的地域，安定的家庭。　默赞：暗中赞助。　歆：古指祭祀时鬼神享受祭品的香气。

第十五章　新叶村古诗选辑

　　说明：但凡与新叶古村及其周边景物有关的诗歌内容皆属收录范围，本章内容除采收了《玉华叶氏宗谱》中所录诗歌外，还从他处辑得佚诗6首，补录在此。对各首诗均做了标点和文字核对考定，并对大部分诗歌作了简单注释。

一、录自《玉华叶氏宗谱》的古诗[①]

挽仁山金先生用许益之韵
叶克诚

泪竭眸因眊，思沉恨莫舒。
前编断尧典，表注及虞书。
格致传虽的，匡扶志竟虚。
斯文梁木坏，怅怅欲何如。

兢兢逻绰士，凛凛主人翁。
正拟培元气，那堪撼夜风。
寻行虽有迹，实践已无功。
悲忆令人绝，瞻依惟故宫。

　　[注]　仁山：即金仁山，名金履祥（1232—1320），字吉父，号次农，邻村桐山后金人，宋末元初著名理学家、教育家，叶克诚师友。
　　叶克城（1250—1323）：字敬之，号东谷居士，行季六，玉华叶氏第三代祖先，

---

　　① 这部分诗作原文及诗后的注文基本采录自2002年版《玉华叶氏宗谱》卷一第137—154页，笔者新加了标点，并主要对作者及题中涉及人名稍加注释。限于本书体例和篇幅，进一步的注释只能留待以后。

曾受诰赠奉政大夫、刑部河南清吏司郎中。崇礼向贤，著有《格致录》《春秋发微》等。

题瀫东书院
叶震

碧云深处启窗棂，追忆当时旧典刑。
不特丰标清绝世，更夸授受远趋庭。
气钟灵洞千年间，会雅兰溪一脉馨。
我愿此庐常翼翼，可忘此念永猩猩。

[注] 瀫东书院：院址在兰溪云山下鸬鹚坞中，宋乾道进士叶诞创建的书院。
叶震（1277—1360）：字雷甫，号云庵，叶克诚子，曾就读于兰溪瀫东书院，叶震曾出任河南廉访副使，受封中宪大夫。

题重乐书院
柳贯道传

山高残雪冻云根，笋轿咿哑村复村。
莫道山中无乐事，梅花涧水月黄昏。

[注] 重乐书院：院址在今新叶村西北三华里的儒源解放水库，是叶克诚以叶氏族人名义建造的书院。延请金履祥为主讲，许谦、柳贯等追随金履祥在书院研习理学。
柳贯（1270—1342）：字道传，号乌山道人，兰溪横溪人。《元史》有传。

题重乐书院
徐钧秉国

山水苍茫松竹幽，幽人寻访趑清秋。
鱼从池面穿云影，鸟向枝头拨露沤。
径不着埃秋月皎，室藏深石暖烟浮。
会须共结山中社，顿忘生封万户侯。

[注] 徐钧：字秉国，号见心，兰溪人。生活在宋末元初。以父荫为定远尉。宋亡不仕。乡人金履祥尝延以为仁山书院、重乐书院教授。精于史学，曾据《资治通鉴》

所记史实,为史咏一千五百三十首。今存《史咏集》二卷,五代部分已佚失。清光绪《兰溪县志》卷五有传。

题汪坞叶廷辉寿藏
北园郑瑾

天生修短定,昧者爱恶分。
侈心营居室,胶口讳言坟。
邴卿真达士,生死如昏昕。
寿藏预营构,图像何辛勤。
百岁寿亦罕,千古名犹闻。
伊谁步高躅,今见廷辉君。
廷辉性旷达,阔略无边垠。
王坞山郁郁,溪流走沄沄。
佳城据山腹,精舍屹溪濆。
幽明各有宅,生死何悲欣。
境胜稀人迹,心远绝世纷。
静坐溪头石,动逐山上云。
响屐惊睡鸟,醉巾侧残曛。
尘途多汨没,戚促劳骸筋。
炎炎欲火炽,未死心已焚。
仰视吾廷辉,独鹤在鸡群。
剩欲传君美,刻石纪以文。
何时策羸马,汪坞成微醺。

[**注**] 廷辉:崇仁派竹分始祖,名太璋,行尚二四。 郑瑾:明孝宗弘治三年(1490)进士,弘治五年(1492)任长州县知县,后升任楚雄通判。 "羸马":原文作"赢马",今据文意改。

题重乐书院
唐龙

识破三生一梦虚,道峰山下筑幽居。
乾坤遗老无他事,动看山云静看书。

［注］唐龙（1477—1546）：字虞佐，号渔石，兰溪城北三泉人。明代状元唐汝楫（1512—？）之父。少时师事章懋，正德三年（1508）进士，授郯城知县。后历任陕西提学副使、山西按察使、太仆寺卿、吏部侍郎、兵部尚书、刑部尚书、吏部尚书等职。为官38年，官声卓著。著有《易经大旨》《群忠录》《黔南集》《江右集》《关中集》《晋阳集》及《淮阳集》，今存《渔石集》四卷。

相见金之陵赠乡丈叶廷用
章懋

与君相见金之陵，握手谈咲酬平生。
高怀浩浩不可测，直气凛凛谁能京。
挥金济人等瓦砾，挽法律已如渊冰。
衣冠古雅鄙时俗，议论确卓超上乘。
江湖襟度山林选，今人会见古刑典。
彦芳黾勉许同归，太丘彷佛相游衍。

［注］廷用：名太佩，崇德派，尚三一，白崖之祖父。　章懋（1436—1521）：字德懋，号闇然翁，晚年又号瀫滨遗老，兰溪渡渎村人。自幼读书强于记忆。明成化二年（1466）会试第一，入进士第，选为庶吉士，授翰林编修。曾讲学于枫木山，后称"枫山书院"。四方从者如云，张昊、董遵、凌瀚、陆震、姜麟、姜芳、唐龙、黄傅、郑绪、寒溪子、俞涝、黄迪等兰邑贤达士，多出其门下。任南京国子监祭酒等职，终身因直言进谏而仕途坎坷，逝后追赠太子太保，谥文懿。著作有《枫山语录》《枫山集》及附录。所纂《兰溪县志》，为兰溪现存最早方志。

京口遇妹丈叶廷用
徐庄

郎舅年来会晤疏，偶逢京口若相濡。
泉烹中冷何须酒，脍切鲟鳇不羡鲈。
君返家园程日近，我趋京国道还迂。
夜谈达旦情犹耿，厌听钟声到客舻。

［注］徐庄：乌石源人，字枫林，时任北京中书员外郎。

贺叶君廷用五十寿
王华

烨烨祥光近少微，玉华寿域喜翚飞。

买臣此日沾新宠，伯玉今年觉旧非。

贺客当筵传玉斝，佳儿绕膝舞斑衣。

长生有诀君须记，兴到行吟兴尽归。

［注］　王华：字海日，南京吏部尚书，余姚人。

梅一幅题寄文山先生
蔡宗兖

山人卧雪不出户，忽报寒梅足下开。

起看梅花对山月，遥知春信暗中来。

［注］　蔡宗兖：号我斋，会稽山阴人，正德十二年（1517）进士，官至四川提学金事。曾任白鹿洞书院洞主。《明史·列传》第一百七十《儒林》有传。　文山：即叶良觐，字时异，号文山。崇德派，行暹三三，构中正堂，白崖之父。

叶子惟乾学于我斋，过予，言别，得绝句附归呈乃翁文山先生
汪应轸

我踏郪溪溪上月，君酤瀫水水边春。

何时踏月探春去，同作乾坤浩荡人。

［注］　汪应轸：字子宿，号清湖，会稽山阴人。明正德十二年（1517）进士，嘉靖三年（1524）春，出任江西提学金事。去世后被乡人私谥为清献先生。著有《青湖文集》十四卷，《四库总目》行于世。　惟乾：即惟虔，名一清，号白崖山人，玉华叶氏第十一世祖先。　我斋：指蔡宗兖。　过，拜访。

扇一握题寄文山先生
杨钦

富家教子仰贤兄，愧我衰年白发松。
指日青云生足下，与君沉醉哄谈中。

[注] 杨钦：号石溪，建德人，曾任荆州太守。 哄：古语，同"笑"。也存于现代日语中。

颂文山先生
鲍道明

紫崖诸葛先生颂文山老翁盛德，且吾三子皆从翁子游，诗以寄之。

养浩熙熙灉水湄，相闻未及一追随。
因逢令子知承考，为课顽儿喜得师。
道脉传来邹鲁小，俗尘挥去海天丕。
何须更向君平卜，种德如君报必奇。

[注] 鲍道明：字行之，号三峰，安徽歙县人。嘉靖十七年（1538）进士。历任户科给事中、刑科都给事中、浙江按察使、四川右布政、云南左使，进应天府尹，转右副都抚贵州，官至南京户部尚书。

即我斋席赠文山叶先生
王琥

旋盖倾来越水滨，如君真可与论心。
买书教子金珠贱，发粟周邻惠爱深。
论不殉时惟侃侃，念专谋道每钦钦。
何时共蹈严滩月，直上高台一朗吟。

[注] 王琥：号芳湖，山阴高士。

白沙言别惟乾
顾问

江边分手几时同，江外山青数忆公。

握手那知分手苦，春愁刚与别愁逢。

安排长日书三复，却遣闲愁酒一钟。

此去故人须努力，秋风万里驾长空。

[注] 顾问：字日严，蕲州人，明世宗戊戌嘉靖十七年（1538）进士，寿昌令。

金华赠行惟乾
顾问

分得金华春正酞，壮君行色去攀龙。

高堂虽则垂双白，金殿还须上九重。

驿路骓骓朝遇马，江舡隐隐夜闻钟。

故人倾耳三千里，得意须先附便鸿。

[注] 谱中原注"前人，分巡浙东时作"，故作者应该仍旧是顾问。

题有序堂
鲁时化

唐宋衣冠旧，皇明化育新。

堂开名有序，帘卷静无尘。

孚犬追陈寔，登龙羡李膺。

更期深入室，犹有景庞淳。

[注] 谱中原注"奉督学乔老先生宪允迎白崖翁乡饮，因登此堂，目击其盛，故不能已，于有言"。乔老先生，名应阜，陕西人。 鲁时化：字南泉，全椒人，时任兰溪县学教谕。

别白崖翁

鲁时化

驰慕余三载，相逢气味深。
诗能追杜句，义复感田荆。
泉石闲中趣，簪袍足底尘。
正思随杖履，别遽恨难禁。

[注] 谱中原署作者为"前人"，故作者应该仍旧是鲁时化。

和黄警斋夜坐

竹斋

雨过千山后，风来满院凉。
吟残半窗月，坐尽一炉香。
京国原无梦，林泉旧有狂。
堪堪见东白，犹未罢壶觞。

[注] 竹斋：崇仁派竹分，名良狮，字时俊，号竹斋。行暹三七，明成化九年（1473）生。

晚　眺

竹斋

短筇扶老步迟迟，望里风光事事奇。
斜日映川金镜昗，晚山凝霭翠鬓披。
回鞭倦马嘶衰柳，卸轭残牛淡落莪。
灯火前村时错落，野人乘醉正赓诗。

山居和兰轩弟韵

竹斋

盟幽结屋水云村，阒寂赢无吏打门。
一榻清风醒午梦，半窗晴日盎春温。

462

缓扶竹杖过荒境，新出松醪注瓦盆。
醉后倚栏歌一曲，柴扉深掩月黄昏。

新春和竹斋兄韵
梅月斋

细数年华倍惨神，又惊爆竹报先春。
饮余杖履行吟处，点点青山色色新。

[注]　良鲸：字时渊，号梅月斋，行暹三九，明成化十一年（1475）生。

自　咏
梅月斋

筑傍幽林爱养真，种梅留月助诗神。
清辉溢处琴由润，疏影横时句得新。
太液池边光彻夜，罗浮梦里暖回春。
调羹天上休相问，留待黄昏伴隐身。

送惟乾侄赴北京乡试
兰轩居士

游子携书上帝乡，自惭无物赆行囊。
今朝别去春三月，异日思来天一方。
剑气冲开云路远，马蹄踏破陌尘香。
锦标若遂男儿愿，须忆高堂鬓已霜。

[注]　兰轩居士：名良耀（1482—1552），字时辉，号兰轩居士。崇德派，行暹五十，无后，墓在今诸坞岗后。

赠邑侯五台徐翁
兰轩居士

便把兰溪作武城，弦歌声里雨初晴。
及门桃李恩新沐，敛迹豺狼梦亦惊。

樊革一时称绝唱，化行百里颂同声。
五台位接三台近，拭目行看四海平。

春日与弟一濂侄茂春登玉华
兰轩居士

鹤氅鸠筇布谷天，登登直上玉华巅。
兰肥夹径香随足，竹长平冈阴及肩。
西顾目应穷禹穴，东凭缨欲濯吴川。
跻扳未尽升高兴，拟向匡庐更结缘。

[注] 一濂：字惟静，号泽山，崇智派。 茂春：字子才，号儒源，旋庆派，邑庠生。

玉华十咏
白崖山人

仁山道脉

越角古称邹鲁小，仁山遥与紫阳联。
月临绝顶秋千壑，风转平阿春一天。
呼吸定时昭实按，切磨明处见真传。
白云冉冉延东谷，一脉相承雅更绵。

[注] 讲的是道峰山后的桐山后金村是叶克诚老师——金履祥的家，金先生是宋朝末年的理学大师，"道学"是指理学，有序堂内有"道学正传"的横匾，金先生对叶氏的贡献是很大的，他帮助设计了新叶村村落，并长期在叶氏"重乐书院"授学，他是新叶村耕读文化的传播者。所以，新叶村的后代永远记住他。

儒谷书声

足音蛩处启缁帷，夜读潜厅枕数欹。
拟向根源求肯綮，岂从章句说支离。
高吟只许松涛和，绝响那容野潦追。
手捧遗编心耿耿，耳边犹觉有唔咿。

[注]　儒谷：即儒源，原来叫"里陈桥"，是叶氏"重乐书院"的旧址，明朝状元唐汝楫的父亲唐龙题重乐书院诗"识破三生一梦虚，道峰山下筑幽居，乾坤遗老无他事，动看山云静看书"。因为是传播儒家文化的地方，所以那里就叫"儒源"。

道峰卓笔

一峰高卓与天联，毛颖从空出自然。
星斗夜横凭指点，风云时变任题甄。
花生绝顶千年梦，兔走悬虚万丈笺。
安得巨灵为一秉，从头细把道真研。

[注]　道峰山，是新叶村的朝山，原名"道经山"，山后是金仁山先生的家。是叶克诚学道的必经之地。道峰山的名字是明太祖朱元璋取的，倒影在南塘水中的道峰山像一支毛笔，它实现了老祖宗的耕读梦想。

歌阜横琴

有阜横张俨若琴，乾坤遗我指余琛。
日当空处金徽见，露浥林时玉轸森。
过鹤不翔因谙调，潜蛟起舞为闻音。
何时民物当殷阜，移入虞庭杂佩珩。

[注]　歌阜横琴：是指新叶村南面的一座山，因山的形状像一把古琴，下雨天的流水像琴弦，所以这座山叫"唱歌山"。

龙池浴砚

一泓清沏有龙潜，时出端材手自渐。
旧墨随流云黯黯，新波入掬雨灪灪。
涤明鹦鸰穿霄眼，濯净骅骝躁雪礛。
伫看移归青玉案，凭虚浮动紫虺髯。

[注]　龙池：位于村北的鲤鱼背，一孔泉水长年不断，可能是因当年朱元璋屯兵于玉泉寺，取泉水饮用的缘故，就把这一口泉水称作"龙池"。　浴砚：唐韩愈登天坛，得石如马蹄，因作砚号马蹄。

雉冈张弧

会猎文明向雉冈，桑弧满引矢飞霜。
发同疾雨机锋捷，破取连云羽翮香。
拟为九重充鼎实，喜逢三嗅起山梁。
还期弋彼真麟凤，始信王良毂率臧。

[注] 雉冈：今名雉鸡岗，原来应该叫试剑岗。在道峰山的脚下，一说因唐末农民起义领袖黄巢在此试过剑而得名。新叶人则传说是元末朱元璋过新叶时，在此砍石试剑而得名。此诗表达的是古人在此狩猎的心情。

鼓楼倡义

危楼杰构片时间，伐鼓扬旗力拔山。
为翊真龙归大海，因全涸鲋闭重关。
櫓楹煨烬英声烈，莽荻蓁芜口碣斑。
莫讶乡民忘功德，先生已领丈夫还。

[注] 鼓楼：元朝末年，朱元璋途经新叶村，叶氏第六世礼七公在村东面的小山岗上建鼓楼，击鼓助威，后来朱元璋连打胜仗。礼七公升任为婺、睦要冲总管。所以，这个山岗就叫"鼓楼岗"，山岗边上的桥叫"鼓楼桥"。百年后，礼七公塑像被奉供在新叶村的玉泉寺内。

云塔标英

一柱平蹲玉嶂东，亭亭直上插苍穹。
名题不羡当时雁，迹奋还期此日龙。
欲并鼎钟垂盛美，岂同竹帛纪遭逢。
胜霸未必皆天设，人力从来赞化功。

[注] 云塔标英：指村口抟云塔的壮观，它作为新叶村的地标。要求后代积极向上，能多出人才。

赤姑炫锦

玉华转脚有奇峰，蜀锦天裁为壮容。
雨涤凤埃昭凤彩，日烘新艳起猩茸。
半空特献天孙巧，绝壁遥呈海蜃踪。
几度举头看恍惚，衮裳初出上衣封。

[注] 赤姑：村西有座山叫赤姑山，山上有一块山岩石像姑娘的红裙子，非常漂亮。故又名红裙崖。叶氏有一分支住在那里，不过与新叶村的玉华叶氏没有关系。

三峰联镳

三峰雄恃势翩翩，俨若天闲纵骥然。
霞作繁缨资日烜，虹垂缰绋杖风骞。
依稀载捷帝阍献，仿佛将威帅阃宣。
不是河清常彻底，胡为永驻华山前。

[注] 三峰山：是新叶村总祠堂"万萃堂"的朝山，它由主峰和三个山峰组成，是一组孝文化的组合，主峰是母亲，边上跪着的是三个儿子。先祖命名此山是要求子孙后代能够孝敬长辈。

明嘉靖丙午予卒业成均秋潦弥二月京师病湿世宗毅皇帝遗锦衣卫堂官陆炳赉丸乐赐诸生惑而有咏
白崖山人

仙剂颁天阙，回生及腐儒。
发缄星烂烂，入口露濡濡。
效欲培元气，方因断庙谟。
何人能饮药，报国誓捐躯。

新天子履极改元隆庆不胜忭跃而赋此
白崖

万国齐声称快睹，龙乘云雨向天飞。
车书一统尊无对，礼乐重新制有规。

先绪敬承应易辙，神谟丕显要增辉。

庙堂更喜逢伊吕，庆莫隆于天下肥。

寿泽山弟五旬诗
白崖

泽山与予同为东谷翁八世孙，少曾执易侍座隅，兹倏已五旬受贺客矣，光阴之迅速如此哉！予重其情，入而愈敦，年向迈而学不废，为小诗一章，倚醉而歌，以充寿觥之侑，何如。

买臣此日遇，伯玉始觉非。

吾弟当斯辰，非前伯玉知。

遇虽差买臣，冠袍亦猗猗。

日对圣贤书，达命正斯时。

谆谆作人善，历历肝胆披。

更寻向上去，五旬安足稀。

我情虽伯仲，分忝为师模。

不特托衣钵，所资在门楣。

长生别无诀，吾心有希夷。

赠白崖兄
叶璧

远观一片云，近观一片玉。

石上多清霜，岩头无繁菉。

中有一君子，芙蓉巾馥郁。

望之闲如云，就之良如玉。

[注] 叶璧、厚堂（后塘）宗人，容县知县。

思 亲
白崖

母年三十六，获我如珙璧。

含哺肉粒肥，与衣针线密。

甫长教读书，睁睁望成轶。
四十老科场，终未睹天日。
驯空我母囊，成均了咕哗。
落魄归未能，母已捐慈室。
归来欲即死，随母九泉膝。
八十老椿庭，阿谁付锣鞞。
依违生死间，孺衣泪溢溢。

五十忆先君
一濂

五十行年鬓已丝，难禁初度泪沾衣。
蓼莪口诵心如割，弧矢手张志若违。
世事无凭荷上露，浮生易过树头珲。
无缘起我堂前老，身着斑烂献寿卮。

[注] 一濂（1524—1605）：字惟静，号泽山，行蕃一二三。

悼竹斋伯乐
一濂

少微一夜坠东洋，里闬人闻倍感伤。
夜咏坛边闲笔砚，春游花底冷壶觞。
无缘再接超凡论，有酒难求不死方。
追忆音容在何许，几回恍惚见羹墙。

感白崖兄教益
一濂

深荷儒天化雨均，枯株一沐顿回春。
勾萌甲折区区别，绿盎红滋色色新。
正叔忍忘明道德，颖滨岂昧子瞻仁。
联飞霄汉心虽耿，两字良知认更真。

训子读书
一濂

重乐相承旧有声，儿曹诵读必三更。
要除尘世十分俗，须觅遗编一段清。
有限光阴凭我惜，无穷义理任人寻。
但看今古奇男子，何者不从书里成。

述科考诗十三首
玉峰

南宫喜捷

蹉跎岁月叹徒劳，高挂良弓未解韬。
侠气常冲频鏖战，奇文莫辨似阴陶。
春风此际多披拂，花雨今朝忽泛涛。
倚市不如还刺绣，名标试看是吾曹。

午门谢恩

帝城佳气正葱隆，浩大乾坤绕汉宫。
每对尧天思拜手，乃逢舜日得呼嵩。
恩高望阙终难报，学浅扬言恐未工。
蹴踖归来惊梦寐，止谋一点向丹枫。

殿　试

自分鲰生非仲舒，欲呈三策恐迂疏。
筹边无术歌清晏，足国何能效绪余。
渊岳高深真莫量，涓埃万一敢藏诸。
君明白应臣多直，聊献刍荛滴砚蜍。

传　胪

仪仗森森拥紫宸，雅音迭奏太和臻。
侍臣鹄立班联盛，下士凫趋气象新。
胪唱声高咸喜起，恩纶宣罢共生黉。
云开五色知祥瑞，放出瑶枝满地春。

赐　晏

昨承纶脖五云开，夹道欢呼进士来。
斜插金花遥拜宠，共沾玉液喜倾罍。
香烟带露浮春色，锦帐流霞映日枚。
漫说曲江传盛典，熙朝恩意在遴才。

赐 钞 币

莫说寒儒异样穷，今朝恩赐若难逢。
珠盘铺锦辉丹凤，金错蒸云映彩虹。
踊跃随班呼帝德，欢忻归第感苍穹。
寸心自许惟清白，惭愧三申初命隆。

上 谢 表

深知帝眷甚绵绵，欲报何能意万千。
响佩鸣珂鸧鹊丽，疏星散影玉华姘。
丹心结就龙蛇篆，墨雨纷披锦绣联。
戴日依光辉槁木，恭呈明表谢尧天。

衍　礼

经曲由来三百千，五伦君父最为先。
采齐矩步须娴律，绵丛森笼莫陨颠。
明日天颜重拜睹，今朝翰苑乐周旋。
太平礼乐真堪羡，但恐经生学未全。

引　见

宫殿巍峨出汉霄，草茅何幸得趋朝。
暖风引入香飘袖，旭日先迎柳映苔。
彩凤欲鸣丹阁静，金狮对立玉门标。
天颜咫尺无容越，拜手扬言颂舜尧。

释　褐

廿年跋涉叹风尘，圣主深怜席上珍。
柳汁已弹衣自染，蜀江可濯茧成彬。
头颅如许原非旧，骨格常峥不觉新。
漫道寒儒多百结，今朝尽是读书人。

谒　圣

自愧才庸非宿儒，执经敢托圣贤徒。
名碑环列星辰焕，石鼓含和天地俞。
草木沾恩思化雨，榆枋振翼感苍雯。
鞠躬入庙衣冠济，报国酬师总一区。

游　街

春光铺锦乐天街，五色花旗对对排。
轻疾马蹄尘不扰，飘摇车毂喜无涯。
恩浓感佩风云会，名劣深惭斗柄偕。
但愿文章能护国，赓歌千载六符阶。

钦　假

天恩浩大喜蓬蓬，暂假庸儒返故庐。
柳陌丝长牵马足，花堤香暖拂衣裾。
睠兹民瘼情何极，密迩亲颜快未疏。
壮志欲酬知有日，田园荒芜莫欷歔。

[注] 玉峰（1647—1707）：叶元锡，字子祚，号玉峰，行丰二二九。清康熙辛未进士，授文林郎。

辛未望月华有感
玉峰

君不见，西山绝顶游，帷观车马喧闻十里谨。余非阛阓豪杰辈，午夜搴帘对广寒，广寒四彻明如镜。一碧当空谁练净，披襟接爽且衔杯。忽讶绛河彩色映，谓是神女弄明珠。紫绿万状烂冰壶，琼宫铺缀麒麟帐。七宝瑶光柘影殊，欲向蟾蜍乞药，惭愧丹台名未灼。且学匏巴鼓素丝，谢渚风流匪落漠。岂无邻女夜砧声，冷韵凄然音不平。惟侬幽思临风远，兴溢庾楼浩气横。浩气由来不可牿，望郎焖焖才堪录。乔炱飞入蕊珠宫，彩幄幔亭紫霞褥。今寻短句胜踏歌，挥毫不问夜如何。盈盈桂露天香袭，万叠云霄谁得过。

春王三日过儒源访重乐书院并看庐刺史遗像
玉峰

雨歇峰鬟露，泥泞杖履强。
梅花寒碧涧，松浪咽荒庄。
先哲遗容在，鸿儒道脉长。
一经犹可续，何忍说沧桑。

与起生兄游塔后山
玉峰

玉嶂崔巍甚，鳞墨几百家。
源深流鉴彩，秀结韵松霞。
塔影辉云表，亭空乱树花。
登临惟尔我，把酒兴犹奢。
共坐华山麓，几忘尔我心。
云空薄高树，鸟倦鸣孤岑。
花落有消息，水流无古今。
此中真意足，欣赏托知音。

勉儿曹
玉峰

四时不惜轮流转，恳恳勤勤惟念典。
养就头角得峥嵘，男儿立志当早办。
鲰生所畏在临场，风檐寸晷难施展。
人到忙时我独闲，看题立意如抽茧。
精神直与圣贤通，踌踌满志莫轻演。
思入云梦气偏豪，百万貔貅何足喘。
抉尽蔓草楠梓荣，凿破浑沌光耀显。
九天咳唾落珠玑，三峡激湍骇心眼。
贾之醇，董之茂，韩之潮，苏之海。
千变万化总无端，要在一一能合欵。
自古文章有定评，针芥相投如印板。
刺绣何烦倚市忙，若个青钱不中选。
熙朝所重在真才，壮学幼行宜自勉。

鼓楼头闲眺
素园

义勇闻天语，龙蛇发地英。
密松围似砌，叠巘列如城。
塔势冲霄出，溪流绕石坪。
人家烟火接，仙宇鼓钟清。
不厌香风过，还宜好鸟鸣。
古今频吊览，俯仰有余情。

[注] 素园（1663—1705）讳乾，字柱廷，旋庆派邑庠生。

己卯端阳后三日游上吴山过上屋故趾
素园

偶来游上屋，寥洛一荒圱。
枯木穿藤出，寒泉绕石流。
野花随地布，苦竹傍墙抽。
屈曲高低路，行吟到陇头。

辛巳秋同诸友游玉华

素园

玉华名胜擅吾乡，今日欣逢仙客傍。
举首已知霄汉近，俯身惟见水云长。
万家烟火眸中列，千里关山指下藏。
绝顶登临情不倦，归来时觉喷天香。

壁　箴

文山

一曰事非理不行，二曰物非义不受。
三曰酒非义不饮，四曰人非义不交。

颂玉峰政德

应城阖邑绅士公颂

"百年还遇叶公来"，效首尾吟，有仙人名赵童儿，留碑于上蔡祠，曾有此句。

其　一

百年还遇叶公来，淘美丝纶补衮才。
北海凤知推保障，东山他日起蒿莱。
满城桃李应无恙，税驾棠阴忆旧培。
自是皇仁垂轸念，百年还遇叶公来。

其　二

百年还遇叶公来，仙碣留踪岂妄裁。
父母恩多留湘汉，辒轩望里重徘徊。
雕虫应谡清河颂，竹马争迎献寿杯。
借冠尔民称快睹，百年还遇叶公来。

其 三

百年还遇叶公来，宣室悬知惜贾才。

山斗遥遥瞻北阙，文星朗朗接三台。

飘飘旧录怀私淑，狂简诸生费浪裁。

他日持衡开藻鉴，百年还遇叶公来。

其 四

百年还遇叶公来，顿地愁添读礼哀。

瀫水暮云红日近，汉阳春树德星回。

缘知翰苑金门客，终是调羹鼎铉才。

雨露宁忘旧民社，百年还遇叶公来。

二、增补古诗六首

题 祠 堂
叶壁

祠堂隐隐西山村，祠外云深华岳尊。

推毂一朝雄镇节，牵裾百代盛儒门。

五陵自古多豪贵，诸院从来俊子孙。

由汉入江江入睦，源流永与谢家伦。

[注] 叶壁：厚堂人，全村叶姓。厚堂今属建德县，在更楼附近，20世纪50年代改名后塘，叶壁曾任容县知事。所咏祠堂为新叶最古祠堂西山祠堂。此诗附在《玉华叶氏第十一次续修宗谱》卷一：蔡宗衮所撰的《玉华叶氏西山祠堂记》文后，没有收入卷一的"诗词类"，今移录至此。

玉华樵隐
赵佑卿

玉华峰顶是君扉，峭壁藤萝客到稀。

自有黄精销白发，不将野服换朱衣。

身随麋鹿仙家远，路入烟霞鸟道微。

欸乃声中云满壑，烂柯一局已忘归。

［注］ 赵佑卿：字汝伸,号东苹,浙江兰溪人。明嘉靖年间中举人,曾任兰溪县主簿、雷州同知、建平县知县等职。办事公正，不徇私情，精明能干，政绩卓著。今兰溪城里有"告天台"名胜古迹，为赵佑卿当年所建。

玉华樵诗
胡森

结宅红尘远，行歌紫翠斜。
山藏愚谷里，花隐武陵家。
丹液分琼开，晴烟起玉华。
只因贪看弈，容易误生涯。

［注］ 胡森（1493—1564）：字秀夫,号九峰,又号太末山人,金华汤溪人。明正德十六年（1521）进士,曾任南京刑部主事、太常少卿、南京鸿卢寺卿等职。以爱民节用,清廉刚正、不阿权贵著称。晚年辞官归里,隐居九峰山。以游览浙地名胜为务。著有《九峰文集》。估计本诗当为胡森晚年隐居期间游览兰溪名山玉华山时所作。

咏玉泉寺古柏
王世懋

何年古柏尚青青，曾是高皇玉辇停。
不倍圣恩偏雨露，枝枝都作老龙形。

［注］ 王世懋（1536－1588）：字敬美,别号麟州,时称少美,江苏太仓人。明嘉靖进士，历任祠祭司、尚宝县丞、江西参议、陕西学政、福建提学等职，终于南京太常少卿。王世懋出生于以衣冠诗书著称的江苏太仓王氏家族，是明后七子领袖王世贞之弟。好学，善诗文，文名不如其兄。此诗为王世懋游览兰溪名胜玉泉寺（新叶五圣殿）时所作。

重建宗祠赞
叶溥

建祠任远，物议易生。
谨严出入，防伪防身。

勿谓我智，独断独行。

勿谓我愚，诡遇因循。

指责任众，公慎惟殷。

装聋作哑，忍气吞声。

历年不替，邪正自分。

重新论定，世世瞻恩。

[注] 此诗为四言体，原文附在《玉华叶氏宗谱》卷一叶溥写的《重建宗祠小引》一文之后。叶溥是叶元锡之父。据《玉华叶氏宗谱》卷六第63页载：叶溥，又名叶尚恩，字普侯，行泰三百四，号易庵，崇智荣寿派。万历庚申（1620）生，康熙丙戌（1706）终。治《易经》，邑庠生，渊源易学，训子成名，郡邑屡举乡饮大宾。以子元锡贵赠文林郎，葬童大坞。

赠叶桐诗
郭辂

揭晓遥知笑语禅，蓬山此去路非赊。

文章彩绚机中锦，姓字香生榜上化。

岂少明珠遗海市，凭将良玉贡天家。

殷勤寄语平原客，勉植清修蔚国华。

[注] 此诗录自"新叶文化研究会"QQ群中，一乡人所发铜盘图片部契文。作者生平不详。叶桐：据《玉华叶氏宗谱》卷六第63页载：叶桐，又名叶肃芦，字叔藩，别署青躬道人，行肃百九九，崇仁松派。日本东京法政大学法律系法学士。曾任浙江绍兴地方审判厅推事、浙江九省宪法会议制宪议员、浙江省长公署谘议、浙江实业厅谘议苏常清乡督办公署谘议、宁波警察厅秘书兼卫生科科长、国民革命军新编第十四师兼第七军南京司令部少校参谋、泰顺县县政府第一科科长、代理泰顺县长、福建第二区行政督察专员公署秘书等职。本书第三章"玉华叶氏的发展沿革"中有叶金、叶桐二人留学日本的详细考证和介绍。

第十六章　玉华叶氏宗谱

一、谱牒溯源

"谱"字原来写作"普",表示全、遍之义。《易·乾卦·象辞》:"见龙在田,德施普也。"《墨子·尚贤》中篇:"圣人之德,若天之高,若地之普。"赵岐《孟子·万章上》注云:"普,遍。"都是全部、普遍的意思。后来引申出文献、簿籍的意思,就加了个"言"字旁,成了形声字的"谱"。这种情况属于文字学中的"派生字"现象,在汉语中很普遍。如:"供"原作"共","值"原作"直","债"原作"责",等等,前者都是后者的派生字。现存最早的字典《说文解字》中原来未收"谱"字,宋初徐铉奉旨校订《说文解字》,新编《说文新附》,才增收"谱"字。《释名》《广韵》中均有"谱"字。《释名·释典艺》云:"谱,布也。"《史记·三代世表序》有"自殷以前诸侯不可得而谱"句,张守节《史记正义》释"谱,布也,布列其事也"(见《史记》卷十三《三代世表》正义)。《汉书·艺文志》云:"历谱者,序四时之位。"《汉书·刘歆传》说:"考定律历,著三统历谱。"所以,作为一种文献体裁的"谱",大致可以理解为将规定范围内的同类事物,不加选择或遗漏,全部、普遍地布列出来,可称之为"谱"。比如常见的年谱、历谱、家谱、宗谱、族谱、姓氏谱、乐谱、曲谱、棋谱、画谱、菜谱、食谱等等。凡是未被这个范围罗列包括进去,或离开了某种正规的表述或规定的人或事,就称之为"不靠谱""离谱"。所以,中国古代的人将能够"入宗谱""进祠堂"看作是人生的终极追求,入不了家谱则死不瞑目。而有些家族也常常将"革除谱籍"作为对族中败类和叛徒的严厉惩罚。

"谱"字常常跟"牒"字连用,合称"谱牒"。其实,"牒"字原来也是个单独训释的字。它是个形声字,从片,从枼(yè),枼,亦声。"枼"本指记载有家世的薄木片。"片"指"竹片"或"木片"。"片"与"枼"联合起来表示编连在一起的竹木短简。古人习惯将小简曰牒,大简曰册;薄者曰牒,厚者曰牍。《说文·片部》:"牒,札也。"《说文·木部》:"札,牒也。"《释名·释器》:"牒,板也。"可见,牒、札、板三字可互训,王充《论衡·量知》篇有"截竹为筒,破以为牒","断木为椠,析之为板"等句,可知,"牒"字的本义是指用竹、木片编成的文书,如通牒、度牒等。所以,谱指文献的体裁、格式,牒指文献的书写对象、材料(载体),"谱"和"牒"合在一起,是体裁和载体的结合,也可以说是内容和形式的结合。因为谱牒产生时尚未发明和使用纸张,亦无书于帛的习惯，也可能是将文字书于帛的成本太高，故而，"谱"是写在"牒"上的，所以这种文献就叫做谱牒。我们今天通常讲的谱牒，是指专门记录家庭、家族内部血缘关系的文献、簿籍。

中国是个历史悠久的农业国，农业民族习惯于群居共处，为了维系家族的繁荣和稳定，逐渐形成了完善的宗法制管理模式，形成了宗法式的家族群体和政权。这种宗法式家族是一种以血缘关系为纽带的组织，内部的血缘关系远近亲疏必须十分清楚，这种组织才能够维持和发展。即使原来的家族分裂成许多新家族后，以及新家族再分裂之后，各家族之间的血缘关系也必须十分清楚。用来理清这种血缘关系的方法就是编修谱牒。因此，中国的谱牒历史很悠久。至迟在商朝就有谱牒性质的文字了。殷商甲骨卜辞中有多条家谱内容（可参见陈梦家《殷墟卜辞综述》），现存商末的青铜器中也有几件是专门记载殷商家族世系的家谱性质的文字。如被文物界称为"商三句兵"的三件青铜戈上记载了一个家族八代的世系。周朝更是普遍喜欢将家族世系铸在钟鼎彝器上。如1976年在陕西扶风庄伯村同一个窖中出土的"墙盘"和"㝬钟"两件青铜器上共380个字，记载了从周文王到周穆王100多年间微氏家族连续7代的世系。出土的《世本》残篇就是周人整理编写的记录自黄帝到春秋时期帝王公侯卿大夫的家族世系。相传，荀子编有《春秋公子血脉》，可惜已失传，连司马迁也没有见到过。尽管司马迁说过，周代谱牒"乃颇可著"（《史记》卷十三《三代世表序》）。并说他写作《史记》时，大量参考了春秋以前的《谱牒》《牒记》："维三代尚矣，年纪不可考，盖取之谱牒旧闻"（《史记·太史公自序》）。但是，秦以前的谱牒，完整地传到今天的一种也没有。汉代谱牒已相当成熟。见诸文献记载的如《帝王诸侯世谱》《扬雄家谱》《邓氏官谱》等。东汉的碑文更是将叙述家世谱系当作必写的内容。魏晋南北朝门阀士族势力强大，因此，编写家族谱系之风更是盛行，完整家谱不见传世，但有些资料散存在其他文献之中。隋唐年间，门阀士族势力只有少量存在，官僚士大夫中多有通过科举取得身份地位者，并不唯出身门第。所以，以新的标准要求来重新编写谱牒成了当务之急。所以，唐代编写传至今天的《元和姓纂》《唐皇玉牒》《皇室永泰谱》《氏族志》《姓氏录》等姓氏

1937年版的《玉华叶氏宗谱》

书都具有明显的政治目的，略具谱牒功效，对维系现有官僚集团的稳定，保障既得利益者的权益有重要作用。唐末农民起义，才彻底摧毁了门阀士族势力。一批新权贵基本凭军功立世，包括宋代开国之君赵匡胤，都是军人出身。往上几代就有可能是亦贫的穷人。因此，人们修家谱时，不再喜欢说到祖宗十八代了。而是一般提到往上的第五代高祖为止。五代一连，形

成模式，后人称为"五代世谱"或"五代谱"。我们新叶的《玉华叶氏宗谱》的主体格式和内容，最初就属于"五代世谱"。一般认为，这种格式始于欧阳修为自己家族编写的《欧阳家谱》和苏洵的《苏氏族谱》。有人称这种体例格式为"小宗之法"，多用于编写普通家谱。以区别于编写帝王或豪门宗谱的"大宗之法"。有了"小宗之法"，就能有效避免修家谱时追溯几代祖宗连续贫贱的尴尬。因此，不仅帝王及官僚士大夫家族乐于修家谱，甚至连普通平民家庭也喜欢修家谱，以示自己不忘祖宗。因此，宋代修的家谱应该是很多的，但由于修家谱时有修新谱毁老谱的习惯，使得完整的宋代家谱未能像其他文献一样传到今天，就连辽、金、元时期的家谱原物也全部失传。今天能看到的较早的家谱是明清时期的。明清两代，尤其是清代，是家谱发展的高峰时期。相比宋元家谱的内容体例，明清家谱多采用"大宗之法"，动辄上溯几十代，甚至上百代。喜欢自我标榜，生拉硬扯，必定要抬出一个古帝王或大名人为始祖。《玉华叶氏宗谱》的民国版和 2002 年版都有这种现象。明清家谱除了照例排列家族世系外，还增加了名人传记、著述、祠堂、家规、祖训、田地、祀产等内容。人物的记述方面增加了子女、婚嫁、岳家等方面的情况。行文也更注重文采，更具可读性。

二、家谱的内容

从各地现存的宗谱来看，其卷帙篇幅差异较大。长的多达几十卷、上百卷。短的三五卷，甚至一两卷也有。但其内容却大同小异。无非是：追述家族历史渊源，详列世系图和血缘关系图表，表彰本家族著名人物、记录家族特色名胜建筑和匾额、题记、楹联、诗、文等文学作品以及家规家训等，刊载本族祠堂和祖茔图籍等等与家族历史有关的内容。下面稍稍分述之。

其一，追述家族历史渊源。每个家族的家谱，都必有一篇或数篇叫做"宗族源流"或"族姓渊源"的小序冠于谱首，叙述本族姓氏的由来，始祖的渊源，迁徙的经过，兴盛的始末，祖宗的事迹等等。家族历史既是家族势力向族众进行宗法思想教育的工具，又是核查家族的系统源流的依据。如《玉华叶氏第十一次续修宗谱》的卷首，便收录了 30 多篇历次修谱累积起来的序、跋、引、记类文字，基本属于这块内容。

其二，是全族的世系图和血缘关系图表，这是家谱中最主要的内容，一般都要占到 80％以上的篇幅。《玉华叶氏第十一次续修宗谱》共 22 卷，有 19 卷基本是这方面内容。其中有 5 卷记载本家族世系图，卷三从始祖叶公沈诸梁开始追溯，一直介绍到寿昌湖岑我玉华叶氏始祖叶坤公的祖地世系。卷四主要记录我玉华叶氏外宅各房派世系传承情况，从中可查出各房派不断分支出小房派的情况。卷五至卷十八（共 14 卷）是记载各房派世系和血缘关系的"五代世谱"。记载了从始祖坤公至修谱之年为止所有家族成员的情况。世系图表中详细记载着全族男子的名讳、字号、行辈、生卒年月、

新叶文昌阁立面图（引自陈志华、
楼庆西、李秋香著《新叶村》）

《玉华叶氏宗谱》卷首封面

葬地、配偶姓氏及生卒年月等，以及生几子几女、子何名、女适何地何姓等信息。

其三，刊载家规家训、名人简历、文学作品等。《玉华叶氏第十一次续修宗谱》卷
一和卷二是这方面内容。其中卷一有"历代诰命""祠堂记""祖先行状""诗词类"和"杂
载文类"。就刊载了本族有史以来制订的各种家法族规、家训家范、祖宗留下的各种
文学作品等。"谱列家箴、家礼、庭训，立宗法实伸国法也。"（《康熙潜阳吴氏宗谱》
卷一凡例）在卷首的"敕封""大小宗问""勉族勤俭""析谱遗嘱"等也属于此类。

其四，是刊载本族祠堂、祖茔、族产公田的坐落方位、形胜地图，以及义田记、
墓志铭、买地契等等。"其各支家祠、条规、祭产地图，小宜详载，以见报本追远之
意，并使后便翻检"（《道光吴江王氏宗谱》卷首载乾隆间订《续修家谱凡例》）。我《玉
华叶氏第十一次续修宗谱》第二十二卷就是记载"坟墓图籍"，并附载墓志碑铭记的。
卷首的"玉华叶氏住宅图制""玉华叶氏旧祠堂图""玉华叶氏家庙图""新叶村现状图"

等也属于此类。

为便于了解我《玉华叶氏宗谱》的全貌，特将最近一次 2002 年修成的《玉华叶氏第十一次续修宗谱目录》附录下面。

附：玉华叶氏第十一次续修宗谱目录①

---

① 据此，可概略看出我《玉华叶氏宗谱》的内容。也可为需要查阅有关资料者提供线索。后面的页码是《玉华叶氏第十一次续修宗谱》各卷中的页码。

三、家谱的体例

明清时期，涌现出了一批专门考究谱牒起源、沿革、作用，以及分析评论以往谱牒优劣，论述谱牒格式、体例的谱牒学家。现代谱牒学便是在清代和民国时期章学诚等人的谱牒纂修理论基础上发展起来的。因此，现代谱牒编修的体例规范也是总结前人谱牒纂修理论而成。根据研究，谱牒类文献的名称有很多，比如：家谱、族谱、年谱、历谱、宗谱、世谱、姓氏谱、脉谱、家乘、家牒、家史、家志、家记、世家、世本、世纪、世谱、世传、帝系、世系录、族系录、玉牒、辨宗录、百家集谱、族姓昭穆记、氏族要状、枝分谱、通谱、总谱、合谱、会谱等等。修撰家谱最基本的义例是"隐恶扬善"，因此，在叙述事实时往往"为亲者讳"。这是家谱修订的基本原则。"谱以正宗派，笃恩义，故独以书善也"（《嘉庆桐城黄氏宗谱》卷一《凡例》）。"凡有干谱例，当削不书，违者许房长（即族长）鸣祠处治"（《道光无为查林徐氏家谱》卷首载乾隆间订《规条》）。《玉华叶氏宗谱》属于普通家谱类。因此，《玉华叶氏宗谱》的形式和体例虽为个案，但在众多家谱中具有一定的普遍性和代表性。个案研究是为了规律的呈现，故将《玉华叶氏宗谱》有关体例备述于下。

（一）玉华叶氏宗谱凡例

（说明：此凡例载于2002版《玉华叶氏宗谱》卷首第74—78页，未注明何时何人所定，据文中提及大明律如何如何，应该是明代修谱时所定。但我《玉华叶氏宗谱》在明代修过两次。又据后面一篇晋桐公于中华民国二十六年（1937）写的《玉华叶氏第十次重修宗谱参照祖遗凡例新增凡例十四条》文中有："自前明万历间，十一世祖白崖公重修时，始蚕蛹欧苏二氏之法，以为子孙修谱成规。"基本可以判定此凡例当出自为我玉华叶氏留下最多文字的十一世祖白崖公一清先生之手。原凡例无标点和条目序号，为方便查阅，笔者录入时增加了标点，并增加了各条序号。此凡例内容除了规定本谱应录内容和方法外，特别重视立嗣（过继子）过程的血统纯正问题，也体现了古代宗法制社会血缘宗族势力的强盛。）

（1）族谱之法，宋有庐陵欧阳氏，眉山苏氏，欧阳氏则世经而人纬，取法于史氏之年表；苏氏则由亲以逮疏，有类于礼（当作"理"）家之宗图，旧谱皆尝法之而未有定制。今参用欧苏两氏之法，并以五世为一图，上四世详，下一世略。略者所以承上而接下，庶不重复，以世次行第为经，以兄弟长幼为纬。大书名讳为纲，小书字、行、号、迹为目，庶几宗法明而五服备云。

（2）家无谱牒，则先世源流不能知，祖宗名讳不能识，生卒坟墓不能考，宗族疏戚不能辨，此孝子慈孙所当用心最先者也。族之贤子孙，幸世修而宝藏之，庶尽尊祖、敬宗、睦族之意云。

（3）本家正寝、祠堂、书院，暨有名祖茔，皆各为一图，仍具间架山形，以备查核祭祀。缉历代像容并传赞。祀产、役产皆具亩分土名，非惟冀以永洁粢盛，恪供赋敛而已，亦欲后世子孙视此产与此心同也。若此心不可昧，则此产不可易。祖宗有灵，鬼神无私，可不念哉？可不畏哉？元旦谒祠，春秋祭祀，及新主入祠，男女冠笄，嫁娶参谒，皆别有仪注。

（4）所存先世诰命及士夫名笔，过为奖借者，固不敢援以为高，亦岂敢遂忘其鸿恩美意也哉？录为外集以永箴感。其本家先辈绪论，及后来著作有关风教者，录为内集。虽存千百于十一，亦不忘先美歆起后贤之意云。

（5）子孙命名取字，必先查考谱书，除二名不偏讳外，其余皆宜过回避。或有陷于不知而犯祖讳者，速谕令改；若知而故犯与晓谕而不速改者，并于谱内犯者名下旁注犯某祖讳，涂作方墨，以正不孝不悌之罪。

（6）族中得子者，举浴后即赴家长处申报年月日时，随与取名，登载繁昌簿，庶后日排行不致失次，满月后谅取喜钱。女许嫁之日，亦谅取喜钱，则付公正之人收掌，以备再来修谱之费。其不报不出者，谱中并不收录。

（7）行第必合一族排之，方见一本之意。予家自熙字行起，里外宅遂不相通，至今凡八世。里宅日向稀微，若失此不与联合，必至视为途人。议自泰字行起，复与合排，亦隆族之一端也。

（8）行第虽选一字为主，其俗音同者亦须回避。如真之于正、升之于胜、金之于敬之类，音颇相同，后当精择，不可苟且。

（9）子孙年及十六以上，冠则字之，虽未婚娶亦与排行。

（10）族谱以明源派、正姓氏为主。凡无子立后者，必以亲侄及堂从侄乃可。钦遵大明律内一款："其乞养异姓子以乱宗族者，杖六十。"若以子与异姓人为嗣者，罪同，其子归宗。若立嗣虽系同宗而尊卑失序者，罪亦如之，子亦归宗，改立应继之人，钦此宗族有犯此律者，照依旧律，并不入谱。况立异姓继宗祀，则神不歆非类。北溪陈氏论之详矣。北溪陈氏曰："神不歆非类，民不祀非族。古人继嗣：大宗无子则以小宗之子续之，取其气脉相为感通，可以嗣续无间，此亦至正大公之举，而圣人所不讳也。后世义理不明，人家以无嗣为讳，不肯显立同宗应继之子，而每每潜养异姓不明之儿，阳若有继而阴已绝矣。"盖自《春秋》鄣子取莒公子为后，故圣人直书曰莒人灭鄣。非莒人灭之也，以异姓主祭祀，灭亡之道也。秦以吕政绝，晋以牛浚绝，皆此类也。又仲舒《繁露》载一事，有人家用祝降神，祭毕，语人曰："适所见甚怪，有官员玄冠盛服，欲进门而踟蹰不果。有一鬼，蓬头袒裼，手提屠刀，踊跃而前，歆其祭是何神也？"主人不晓其由。有长老言："其家旧无嗣，乃取异姓屠家之子为嗣，即今主祭者，屠家子也，所以止。感召屠家之祖宗，其本家之祖非其气类，无交接感通之理矣，故踟蹰不进。"由是观之，则非类固不可立，须择近亲有来历者立之，则一气所感，祖宗不致失祀。今世有以女之子为后者，以姓虽异而气类犹相近然。贾充以外甥韩谧为后，当时太常博士秦秀已议其昏乱纪度。是则气类虽近而姓氏实异，此说亦断不可行。

（11）凡子孙为兄弟后者，不复大书其名于兄弟之行，止于所生父下。书曰第几子某出，继兄某，或弟某，或堂从兄弟某嗣，却于其所继父下，收之如例。

（12）夫妇人伦之大纲，以礼聘许门户相当者虽微，必录其姓氏。吾家若贪聘财而苟与者，事或可以保其无贪妆奁而苟娶者，世代既远、族属又繁，间或不免。故于谱中，男则不书其名，妇则不书其氏。

（13）娶妻以嗣续为重，故谱法：女虽长不得先男。然女主乎内，故见于父名之下，而不使混于兄弟之列。

（14）宗族既繁，贤不肖异齐，其名行著闻者，固有像、有赞，或像赞不及而寸长片善，亦有可嘉者，不分男女，皆有传以附谱后。庶俾后之人知所激劝，其又有自作不典、贻玷先人者，并于谱内削其名，但存其行，以昭永戒。

（15）本家伙佃男妇，约以千计。祖宗四百余年以来，各房分管驱使，俱有定式，其遇族有嫁娶起造等事，莫不合力奔走服役。但历世既远，迁易靡常，其间不免有贫而思逃、富而思叛者，今将住址、姓名、口数亦附录卷后，不惟便于查究呼唤，使百世之后亦知其为吾家祖宗相传之仆从，而上下之分永为之不可紊焉。

（二）玉华叶氏第十次重修宗谱参照祖遗凡例新增凡例十四条

说明：此凡例载于2002版《玉华叶氏宗谱》卷首第79页至84页，末尾明确注明是二十三世裔孙晋桐于中华民国二十六年（1937），岁次丁丑季冬所写。内容在原体例基础上，增加十四条规定，对修谱注意事项定得更加细致和可操作。值得注意的是，其中特别指出，要记录那些"咸备四德，恪守妇道"的妇人，要求"于生女项下，凡有名者皆书之，有可传者则传之，不惟适应潮流，为现代男女平权之义，亦正合先儒章实斋先生为女子作内外传之意也。"足见留洋归来的晋桐公已经具备了重视妇女的进步思想，也可见出时代之进步也。原凡例也无标点及条目序号，同样为方便查阅，笔者录入时增加了标点，并于各条开头增加了序号。

（1）家族之有谱系，肇于何时，世说纷纭，莫衷一是。自宋庐陵欧阳永叔、眉山苏老泉两先生先后著成家谱后，后世民间纂辑家乘，皆以欧苏两氏为法。欧式则世经而人纬，取法于史氏之年表；苏氏则由亲以逮疏，有类于理家之宗图。予家三世太祖东谷公初次申辑家谱，及八世祖崇馨公重修谱牒，皆尝法之而未有定制。自前明万历间，十一世祖白崖公重修时，始参用欧苏二氏之法，以为子孙修谱成规。其图说已详载旧谱凡例中，兹不复述。至清代乾隆乙巳年重修时，菉溪公潜心谱学，复增行谱一册，以免排行重叠失次、或颠倒遗漏等弊。其用意至为深厚，嗣自而后，吾族之谱牒咸备诸法，可谓尽善尽美。今兹第十次重修，仍依据旧制编辑，愿将来修辑家乘贤子令孙，世世遵循先代成规可也。

（2）谱牒所书名讳行第等项，应承旧法，先书名；次书字号、行第、事迹；次书婚配某姓某人之女；生子几人、女几人，某女适某姓某人之子；其次书生卒年月日时；再书合葬某处，其各葬或附葬者分书之；无考者阙之。

（3）仕达贤哲以及硕耆，其生平德行有关风化，足为乡间表率者，始得备登述赞、传序、遗像。至若妇人，果能咸备四德，恪守妇道，或有节孝志略，人无闲言者，亦当附录述赞、传状而表彰之。非惟藉光家乘，亦令后人之所矜式也。

（4）凡有出身官职，无论新制旧规，须当据实诠著，不得袭虚猥滥以取厌薄。至如辟举不应，谦德足风，祖有遗规，兹不多赘。

（5）今世出身悉由学校，为旧例所无。兹凡在正式中学校卒业或肄业者得书之。高级小学则为公民教育，似不应滥书（上款仿今年龙游余氏家谱序例）。惟顾本族风气未开，文化落后，非惟中学卒业者不多，即高级小学卒业者亦属寥寥。兹为勉励后进起见，凡在高级小学卒业者亦书之。

（6）旧例于女子不书名仅书适，不载事迹。兹则于生女项下，凡有名者皆书之，有可传者则传之，不惟适应潮流，为现代男女平权之义，亦正合先儒章实斋先生为女子作内外传之意也。（此条仿近年龙游余氏家谱序例）

（7）案稽史册、科目始于诸生，其监生，产生于明代中叶。有清入关，袭承明制，于正式考举外，附以监生及各职官空衔之捐纳。兹承旧牒之法，据实次第登载。

（8）历来庠校、书院、学堂，皆为教化之源，培植人才之所。故一族之兴衰，以教化进退为转移，推而至于一县、一省、一国，莫不皆然。予家在宋有濲东书院，至元有重乐书院，明清两朝又有居敬、云起等书院，迨后世俗陵夷，学风不振，书院亦随而废弛。民国肇兴，学制变更，凡城镇乡村，皆奉令兴办学校，俾教育普及法，至善也。吾族华山初级小学校创于民国二年，其一切经历，兹皆附录前代书院记载之后，以备掌故，深望将来修谱者，毋将学校一类历史遗漏可也。

（9）遗像起于周秦之间，其备登家乘，未知创始何时。其详不可得而考，有之亦所以寄祖先音容，俾子姓之瞻仰，用意至为深远。予家自始迁祖千五一府君以下，凡足以绳太翁之武者，皆有遗像。惟瞻视历代遗像，或署排行，或署官衔，甚或有署别号者，名讳、房分皆付缺如。孰为太祖，孰为某分、某房祖，孰为本房祖，一时殊难识别。故今兹检校后，于遗像上署名，格内附注名讳、字号、房分、派别，以便后人披阅，一目了然。

（10）祠堂为历世先灵寄托之所，总厅为一族聚会之场所，有旧制新规以及历代修造沿革，均须按图就事，叙说原委，以俾后人观览。其捐款捐基以备修造，与夫任事经营者，亦应次第附录，藉免功绩湮没不传。

（11）予家宗谱创辑于三世太祖东谷公、四世祖云庵公，继辑于八世祖崇馨公。然皆散佚不传，自明代万历年间，白崖公汇成后，重修于有清康熙庚寅年、乾隆乙巳年，续修于嘉庆癸酉年，重修于道光壬寅年、光绪乙亥年、光绪丁酉年。除嘉庆间所修续谱烧毁不传外，余自白崖公集成起至光绪丁酉年重修，止六次，旧谱完全存在。惟康熙庚寅年所修谱者缺，少祠产一册。历观诸谱，编纂组织当推白崖公主编者为最善，余皆参错失次，先后无序。今兹重修，大部仍仿白崖公法，纂辑惟不分内外集，恐混乱目录也。

（12）予家谱自三世太祖东谷公创辑后，迄至光绪丁酉年重修，已经九次。检观历次旧谱修辑年岁，或曰某某甲子，或曰某某岁次，或曰某某年，向无定例，徒令后人省记为难。故今兹题明第十次重修宗谱，嗣后重修即依次称第几次重修可也。又观历次修谱人名表，除前明白崖公与康熙朝玉铉公所修宗谱内次第登载外，余皆未录，深感缺陷。今兹重修，谨为补录列表，以符先例。

（13）历观乾隆以降，每次修宗谱，曾将前明与康熙朝旧牒中内外传序、诗文以及杂载等类混淆颠倒，舛误百出，并遗漏不少。今择其要者编次补录，意在保存一族之古今文献，俾资后人观感，非敢踵事增华也。

（14）此次所辑谱稿，经一再修整后，增补卷首一册，五代世谱二册，总行一册，为目七十二，为图五，为表二，为卷二十一（连卷首共二十二册）。造端于孟春，告厥于仲秋，仰副合族长老谆委之殷，稍尽子孙应负之责，悉心钻纸，暑往寒来，寝馈俱忘，程期是赴。虽云劳止，岂敢自多？然阖族之掌故无穷，·人之精神有限，金銮玉岘，光气难免多湮，淮两别风，谬讹于焉滋惧，尚冀将来贤达者，匡予今日之不逮。

时在中华民国二十六年，岁次丁丑季冬之吉

二十三世裔孙晋桐谨识

（三）玉华叶氏第十一次续修宗谱再增凡例十条

（说明：此凡例载于2002版《玉华叶氏宗谱》卷首第85页至86页，是唯一一篇有标点的文字。内容在原体例基础上，增加十条规定，也明显可看出新时代特征。原凡例也无条目序号，为方便查阅，笔者录入时于各条开头增加了序号。）

（1）世事沧桑，男女平权，旧谱陈规无法遵循。人各有志，今按时下法规仪礼以入谱牒，方可免于纠纷。

（2）新谱乃旧谱之延续，凡一九三七年以后出生的男女或娶归的媳妇都需登记入谱，一九三七年第十次修谱后去世的，其逝世年月日时也应翔实记入。万一遗忘，其名讳下的生日之后，应书遗忘或卒缺字样。

（3）有个别不愿出钱入谱的，其房下除按旧谱如实录入新谱外，其余新增人口概不登入。尚冀该房后世子孙谅解。

（4）除男丁照旧外，此次妇女也一概以真实姓名上谱。有学历职称者，也同样写明。已出嫁女儿应写明夫家地址，丈夫姓名，有职称的也注明。

（5）文化学历，初中乃九年制义务教育，不再书上。此次定为高中和职业学校或高中以上学校卒业的男女才在其名讳下书明。

（6）女儿无兄弟，在家赘婿所生儿女，如生来即姓叶，可作为下一代入谱；若出生后为父姓则不许入谱。如原来为父姓，为了入谱，今又改随母姓要求入谱，一般也不允许。除非由公安部门在其身份证上改姓叶，原则上许其入谱。养来义子，素来叶姓的亦许入谱。

（7）遗像一项，此次公议：凡对家族有重大贡献或曾获国家褒奖者，可将遗像登入，备供瞻仰，激励后人，效其所为。

（8）因土地属国有和集体所有，既无私产，更无祀产。故祀产谱一卷，新谱中随之废除。

（9）以往修谱，凡新谱成后，旧谱即行焚毁，"文革"浩劫，各处家谱大多劫毁。我族幸得有识者阻止，尚留数部至今，喜有依据。兹决定将仅有旧谱择其完整者五部保留，冀后人珍惜之。

（10）为求查阅方便，此次在卷首首页即有目录标明各卷内容，以免胡乱翻找。
本凡例经修谱委商议通过。

（四）大小宗问

（说明：自《大小宗问》以下，包括《玉华叶氏析谱遗嘱》《谱成欢声》及《玉华叶氏修谱定例》三则皆为明万历年间第三次修谱时白崖山人一清公所作，载于2002版《玉华叶氏宗谱》卷首第91页至92页，内容多及修谱体例，故并于凡例之后，笔者录入时增加了标点。）

一濂弟问大宗小宗之法，山人曰：此本诸侯之礼，姑借予家言之。

如千五一府君来自寿昌，湖岑是则别于彼族之子，而为兰溪白下之始祖，故《礼》曰：

"别子为祖元"。三府君乃千五一府君之长子，便是继别子者，谓之大宗。故《礼》曰："继别为宗"。此二人者，皆百世不迁，子继别者而后，则世以嫡长为大宗，以嫡长子主祭，是为大宗之子。此自原狙委，更不容间断者也。

曷为小宗？且如元四迪功便是。别于元三府君而为小宗者，季六判官则继高祖而为小宗之子矣。季六判官既继元四迪功而为小宗，则茂二副使便是继曾祖而为小宗之子。茂二副使既继元四迪功而为小宗，则福三府君便是继祖而为小宗之子。熙十五府君既继福三府君而为小宗，则崇二十府君便是继祢者而为小宗之子。此大宗小宗之法也。

曰：高曾祖祢者，自第五世孙推而上之父曰祢，祢之父曰祖，祖之父曰曾祖，曾祖之父曰高祖也。曾祖便是继高祖之小宗，祖便是继曾祖之小宗，祢便是继祖之小宗，本身便是继祢之小宗，故曰"身事五宗，若无大宗，则事四宗而已"。

（五）玉华叶氏析谱遗嘱

谱以缀族，既成当归诸长而藏之。

宗祠缘派别蕃滋，日有稽核，深惟遗逸损坏是惧，用是一十三部，部各四本，任一十三分均收谅各有知事者，宜慎守而永传之。惟至亲厚士欲赐览阅，宜即出而请教。若遇眼空论刻之辈，窃勿轻示以取诋訾。其姓同而偶跻显要者，查非的裔，当清素自安，决不可夤缘扳附，此盖无耻之甚者也。至于不弃寒微者，来历苟明，谨当收录。

白崖人一清谨嘱。

（六）谱成欢声

前有所启，后有所承。苟无谱系，曷由以明，惟我纂辑，不援诸远，不忽诸今。务从实录，业兹落成。旄倪聚观，笑言沸腾。既告之。

祖仍命之孙，后有作者，此其准绳。

裔孙一清百拜扬言。

（七）玉华叶氏修谱定例

（说明：《玉华叶氏修谱定例》一则载于2002版《玉华叶氏宗谱》卷首第93页，文首及文末皆未注明作者，笔者咨询过村中长者，有人认为前一篇《玉华叶氏析谱遗嘱》注明作者是"一清"，此篇也可能是一清公所作。但此文中说及"前明万历甲戌""我朝康熙庚寅旧谱"云云，可断此文绝非明代一清公手笔。应是乾隆之后修谱者所为，其名失载。又据文中有"至乾隆乙巳"之

言，笔者疑此文为第五次修谱人得甲公或逢新公所作。其文明言为"玉华叶氏修谱定例"，今一并录各篇于凡例之后，以便后来者查阅，笔者录入时加了标点。）

古者官有簿状，家凭谱系。由是名门巨族，莫不有谱赞成，子孙皆奉祖宗之良法而已。余叶氏家乘，始于三世祖东谷公，嗣后修辑并敬承其旧。至乾隆乙巳，又断自文字行起，另增行谱一册。其法之兼备，则更有胜焉者，及按前明万历甲戌与我朝康熙庚寅旧谱，至支派接续提处，并以五世为一图，如茂字提毕，始得成接别行。其间辨房次、别尊卑、序长幼，每图皆由始要终。于大小宗法已井井有条而不紊，可以称良于一家后世矣。今复大修翻刻，因酌义而复遵行之。后之修谱者，谓是耶？谓否耶？然于敬宗收族之义，不重有赖于斯，而世世作指南针耶？

四、《玉华叶氏宗谱》序跋选录

说明：在《玉华叶氏第十一次续修宗谱》卷首中，收有29篇历次修谱的序跋，其内容不仅保存了修撰《玉华叶氏宗谱》的珍贵信息，其中不少内容对研究我国民间乡村谱牒史，甚至对于研究中国古代历史风俗和民间文化都有一定的资料性价值。如：由玉华叶氏裔孙凤诰在大清光绪元年（1875）写的《重修玉华叶氏宗谱序》中就记叙了"粤逆（按：指起于广东的太平天国军）扰乱，纵横数省，垂十有余年"的大致情况，特别对"咸丰戊午，贼围衢旁，窜龙寿诸邑，吾乡皆与接壤。时方聚民团堵诸隘，与贼接仗"至"同治元年冬，大兵云集，贼始退而疫大作。旱，奇荒，米至石万钱，饥民割蕳草以食，饿殍道相藉，乡人远窜，归者或尽，室俎无遗育"等历史叙述翔实，有时间、地点事件，完全可作为正史和各地方志记录有关这段历史的补充。这些文字的作者部分为我玉华叶氏历次主持修谱人所撰，但也有不少出自外人之手，甚至不乏出自像宋末元初大儒"金华四先生"之一的金履祥之手的文字，故而选录其中部分篇章，非特为关心和研究玉华叶氏和新叶文化之用，也可作为研究中国古代民间文化之用。所选谱序跋文一仍原来次序，原文无标点，为便于阅读，笔者加上了标点，极少数地方加了注释，完整注释还有待以后完成。对其中明显的错讹字进行了修正。

玉华叶氏谱序

尝谓：国者，家之推。以国，则有志；以家，则有谱。惟国之所据也胜，所积也厚，则其所产必多伟人，所书必多令绩，志可以称良于天下后世矣。家之所据也胜，所积也厚，则其所产必多孝子、慈孙，所书必多奇行义举，谱可以称良于一家后世矣。是故，周之后稷务耕桑，文武先鳏寡，积之厚也。及卜濂涧东、洛涧西，则所据者胜矣，相继为圣君贤相，伟人之多也。历年八百至汉初，犹闻弦歌之声，令绩之遗也。故志之称良于天下后世者，惟周为独盛。至于家势，虽与国悬殊，其理则一而已。《孟子》曰："纣之去武丁未远也，其故家遗俗犹有存者。"[①] 亦自其善之积者言之。《诗》曰："维岳降灵"[②]。胜之据于家也。曰："生甫及申"，灵斯钟于仁矣。曰："匡此王国"[③]，则族由以振。至于汉之荀必称朗陵，唐之张必称寿张，宋之陈必称江州者，皆本其所积之厚，而及其所据之胜。吾兰玉华叶氏，其先寿昌湖岑人，湖岑谱所载有讳矴者，仕唐为左仆射。矴之后讳彦璠者，始自睦迁寿昌之湖岑，按此则湖岑之叶，改始终唐。及宋，左丞相叶梦得公序括苍石林谱，则曰望以后有讳硕者居寿昌，此则自汉而言。寿昌指湖岑也，叶梦鼎公序雪川乌程谱，则曰："乌程叶氏之祖，自讳尤者，以至于俭，则得于睦州之谱，亦自汉而言"。所指睦州亦湖岑也。独湖岑谱不及括苍乌程二族，或者唐以前之谱今不传欤？及载玉华之叶，则自彦璠翁以后，凡十世有讳坤者，与铜关同析与湖岑之新市，赘兰之玉华。仅三阅世，坵垅阡陌之存于寿者犹十九焉。信斯言也，则湖岑之谱，旧贯犹可仍也。叶子敬之乃遇申而缉之，得非以兰与寿异对，寿既为大宗，则兰当为别祖。培养灌溉之下，业有亢其宗者出焉。则湖岑之谱，又将由玉华而益有光。且相视如途人之叹，庶几可以少免矣。此固敬之之心，要不失为所积之厚，矧予尝蹑玉华之巅，见其脉从闽中发来，过仙霞，历三衢以北。诸山起真武，经紫云、金台，及过排塘，突为慈岩，畜为衙峰，特拥为玉华。则巍然瀫西巨镇矣。居其下者，惟敬之一家。且道峰面其前，秀削云表。歌山环其右，翕众流而聚之。所据之胜，虽未可拟古之陕区，其在吾乡，亦可以称不凡矣。且敬之承世家之后，能自抑冀穷濂洛之源，不鄙区区每从而问津焉，志之卓也。凡乡里中，惠有可博者，必倾囊以为之，行之懿也。犹之为所积之厚。《孟子》曰："苟为善，后世子孙必有王者。"此则自祚土者言之。敬之，有家者也。《易》曰："积善之家，必有余庆。"夫庆至于有余，山水之胜，又从而萃聚之，则斯谱之记载，将来为敬之发潜德之光，衍不替之庆者，岂特为湖岑增同姓之国，与石林乌程同其盛而已耶？谱既成，欲得予言以序谱首，予与敬之不惟长先一日，且里居相接，又联姻娅，于分义皆不可辞，既乐承之矣。及接宋史，欧阳永叔，江西庐陵人也。乃考崇公卒葬里之泷冈，既贵迁颖。先正短其自居颖后，再无一言及于泷冈之松楸。湖岑，敬之志庐陵也。寿之诸先陇，敬之之泷冈也。永叔其他可取法者固种种。此则当为永叔讳者，敬之其念诸？

至元二十八年岁次辛卯矩簨之吉（按：1291 年）

次农金履祥撰

---

① 语出《孟子·公孙丑上》，此处引文有错漏，原文作"纣之去武丁未久也，其故家遗俗、流风、善政，犹有存者。"

② 语出《诗经·大雅·崧高》，此处引文有误，原文作"崧高维岳，峻极于天。惟岳降神，生甫及申。"

③ 语出《诗经·大雅·皇矣》。

玉华叶氏宗谱引

《玉华叶氏宗谱》成，云庵公欲得予言以引诸首，因展而阅之。其初乃一人之身耳，虽然，今而后当千百其人矣。谱失此不修，则兰之叶孰知其原？于寿老苏相视如途人之叹所不免矣久之，则兰之族属既蕃，亦不免相视如途人矣。云庵公有见于此，承乃考东谷翁之志而重缉之，以明孝也。但予谱所载有讳昌世者徙兰，即其城之中居之。生子逢，逢生臻，卒葬县之清江里应氏坞，至今人称之曰叶府君墓者是也。东莱吕成公为之志铭。臻子诞，宋乾道五年进士，曾当邑之南鸬鹚坞中筑瀫东书院，以居四方来学之士。则府君之墓与瀫东之书院，云庵公宜时展而朝暮诵读于其中者也。岂可置之度外耶？此又谱中有余不尽之意。君子当修之于心者。

元延祐丁巳年菊月望日之吉（按：元仁宗四年，1317年）

寿昌新市宗人弥坚撰

玉华叶氏族谱后跋

江南之叶皆祖望，此自汉而言也。由汉而唐有讳砀者，居杭之西山下。砀之后又讳彦璠者，自杭迁睦。讳承超者，自睦迁寿居湖岑。由是一析于新市，居河之西；一析于庙前，居宅之右；一析于宅之阳，居南山常满；一析于铜关，吾始迁之祖也；一析于兰之玉华崇衍，始迁之祖也。相去仅八世，缌服始穷。予叨第后，告给归。因返湖岑展墓，遂过玉华申同宗之雅。崇衍乃出谱书相与订证，惟铜关与玉华犹为切近，乃尾诸乡先生后而为之跋。复因崇衍燕予于拥翠之楼，既乐书其扁，乃广其义以助之。夫曰：拥翠者，假其翠于楼之外而拥之也。孰若拖其蓝于楼之内乎？又孰若纾其紫乎？又孰若为五彩斑斓之戏乎？凡此皆楼之所能容也，亦斯谱之所由以增重者。

岂

成化丁酉年仲秋之吉（按：成化十三年，1477年）

奉直大夫礼部员外郎铜关宗人政撰

玉华叶氏族谱序

予既失内子，幼儿呱呱，请于朝，得抱送还乡里。时杜门于枫林之别墅，适妹婿叶子廷用捧乃叔崇馨翁所缉家谱过予，乞言以引诸首。固以无文辞不可，乃展阅焉。知叶氏之先亦吾寿人也。乡先达论次井井，予复何言哉！虽然，不有振家久远之道乎？横渠张子有云："贤才出，国将昌。子孙才，族乃大。"叶在寿，掇巍科、筮膴仕，出入将相者固彬彬多闻人。及自寿徙兰，凡三阅世，遂得东谷翁受业于仁山金先生之门，与闻居敬立志之论，且善友白云许公，渐磨淬砺卓有所造。如《格致录》《春秋发微》诸书，皆其手笔论者。谓仁山之学得先生而益明理，或然也。但东谷翁往矣，作于前者，贵述于后叶氏子姓，能不以其蕃且滋者为谱荣。惟以斯文之克振者为己责。储书饬业，延明师，缔良友，群族之子弟而教育之，谆谆恳恳，务底厥成，则实意既孚，厥效斯着。始之，必有如东谷翁其人者出焉。叶氏之族将复振矣。继之必有如云庵公者出焉，叶氏之族将益振矣。是岂特蕃且滋而已乎？噫！三命有礼，君子知孔氏之将兴；三迁不惮，烦而壁立万仞者由兹以出。然则圣贤亦吾人分内事也，可不懋哉！此则辑谱者之志也。敬为表而出之，以酬崇馨翁之耿耿云。

　　岂

　　成化戊戌年季春之吉（成化十四年，1478 年）

　　赐进士出身中书科眷生枫林居士徐庄书

重修玉华叶氏家乘序

　　皇明嘉靖丙午（按：1546），适当浙江乡试之期，予忝备中式九十人员数。及归，而婶氏之翁叶姓号友松者枉驾焉。既而，过翁申谢私，获睹其家所藏之乘。仁山金先生首为之序，于其时已有续貂之意，竟以北上未果。及庚戌举进士，出令婺源，归辞家，严友松仍枉驾焉。行边复过翁申谢私。正值其家乘重缉之秋，敬以序文为请，遂诺之，乃夙志也。既履任，簿书鞅掌志之未酬者，首尾足三载，直至膺钦简入京师，便舟行之隙而始为之言曰：

　　"乘者，载也。谓之家乘者，悉家之所有而载之也。岂特纪宗支而已哉？是故作者，贵实不贵浮。序者，贵黾勉不贵张大。近见好名之家，多曲引旁援以增乘之光辉，而每为有识者之所诋訾，是恶足以称令乘也哉？兹观叶氏之所辑，则断自始迁之祖讳坤字德载行千五十一者，以前咸委之湖岑之旧。已得孔子阙文之意矣。及接谱之所载，有东谷翁者，实仁山高弟，白云许公乃其莫逆之友。暨道传柳公、秉国徐公，皆有切偲之雅，则其人品已瞠乎不可及矣。又有讳震号云庵者，迹奋贤科，仕登阃府，赫然有声，则接武者又未尝乏人也。况近代以来，内而鸿胪，外而庠校，彬彬辈出，则叶氏之盛，视昔不替。而斯乘之作，岂不巍然称伟于瀫西也哉？虽然，友松能益振奋，率族之人亦益肆其振奋焉。则人之助，天之佑，将骈然交集其子姓之楚楚，诗礼之雍雍，科第之绵绵，所以济美前修而肇休后昆。为斯谱作金璧者，当汹汹未艾，是则黾勉之意也。此序之成，乃于古润之京口，顺携以入京师。及给事兵科，而友松之冢孙曰："遇春者，来致贺忱，固辞以南归，逐以遗之，俾献诸乃祖云。"

　　岂

　　嘉靖乙卯孟春之吉（按：1555 年）

　　赐进士出身兵科给事中眷生越渠郑国宾顿首拜撰

玉华叶氏谱序

予读横渠张子之书曰："子孙才，族乃大"。则知所谓大族者，不徒于其所据之胜于其人也。我国朝列胜相承，泽施宇内最深且久。吾兰实东浙名邑，凡士庶家，涵濡圣化，才贤辈出，蔚然为一乡钜望者，何可胜数。惟古官有簿状以纪姓氏，今既无之，即郡邑志所载人物世族亦多缺略，文献几无征，可慨已故。夫家各有谱，遡本始而叙伦次，并着其世之亢宗者以为一家实录，是亦足为文献之一征而氏族之故可从而考也。玉华叶氏先世有讳矾者，仕唐为左仆射，始居杭之西山。矾之后迁睦之城闉，又自睦迁寿昌之湖岑，传十四世。则讳坤者，徙居玉华之下，是为千五一府君，兰叶氏祖也。府君次子曰光隆，以耆行授迪功朗爵。生子克诚，字敬之，号东谷。自幼颖异不群，明《春秋》。屡应乡荐不偶，乃绝意进取，师事仁山金先生，与闻居敬，持志之论，性尤好施。尝捐粟二千斛以振乡大饥。监州义其所为，辟授本州岛教谕，寻升婺州路判，辄辞去。甘处林壑，一时友善如白云许公、道传柳公咸雅重焉。则玉华叶氏之盛盖自东谷翁启之矣。更宋元以入国朝，历年四百代，有闻人长者、所务者、本实所敦者，行谊孝友，和睦蔼乎！诗礼之习也。而族日以盛，此非前人厚积所致乎？抑亦圣世之光泽滋衍于故家遗族而乎？乃白崖叶君东谷后人也。至是，率族人重修族谱，成。来告于予，曰："某不敏，自蚤岁问学，则当志于用世矣。然不及于科第发轫，而出身冑监，需选铨曹，非不可以窃升斗米之禄也，但不乐与龌龊无耻者同流。故宁就例叨授鸿胪职衔，归以毕吾志。今老矣，每思进步获少售于世，退亦可见之于家者。兹所述谱事，上不敢忘其先，下不敢遗其后，愿公一言以彰之。"予辱叶君交厚，不容以不文辞。阅其谱，则源流、世次、名讳、实迹，昭然载目。其义例盖参之欧苏二谱，以扩东谷翁之绪而损益之，弥纶曲尽，至慎且备也。予不觉喟然曰："仁矣哉，叶君之用心乎！"人孰不本乎祖而支分派别，皆其一人之身也。愿世远则情疏，分殊则谊薄，虽以一姓同祖之亲而视为途人甚。至于相欺相轧者，往往有之。叶氏其免于是否耶？则是谱也所以尊祖而收族也。可以观仁矣。夫叶君凤志将以天下为一家，议论文辞不啻泉涌河决，皆伦理是重而欲见之施行。既而以其志乎天下者，约而修之于家。盖曰："祖先，吾所自出也。吾念之曷有穷已？是故葺宗祠，省阡域，拓祀产，洁牲俎。凡分量有可为者，必竭心力而为之。宗族，吾一体也。吾睦之曷有穷已？是故急周而疾抚，生庆而死吊，强抑而弱扶。凡分量有可为者，则亦竭心力而为之，犹未也。"又以防紊淆之源，弘爱敬之实，非谱不可，故汲汲乎因旧谱而加辑之，以寄无穷已之心。世系以明群情，以萃庶乎同族。一姓之人，其疏者薄者可继之，而使厚也；其相欺相轧者，亦有所感，而相亲相辅共趋于善矣。若叶君者，虽出而未试，而以仁教家如此，则其有裨于世道亦甚大矣。讵独一乡之伟人已乎？信乎，族之大，大于人也。予故于其谱而特书之，叶氏之贤子孙尚克绍之，以无坠其家声也哉！

大明万历二年岁载甲戌长志之吉（按：1574 年）

赐进士出身吏科左给事中前南京户科给事中兰野耕夫陆凤仪撰

玉华叶氏族谱序

粤稽《礼》曰："先祖有善而不传，是不仁也；无善而传之，是诬之也。诬之不可，不仁尤不可也。"再观宗人梦鼎公作叶氏谱序，谓："睦州之谱为详。"所指睦州，乃吾家也。始祖矾以唐左仆射渡江，至彦璠作室于睦之湖岑城，今更名厚堂。湖岑城，叶氏之丰沛也。一迁于河之西，曰新市；再迁于家之右，曰庙前；三迁于宅之阳，曰南山。常满畈，建之铜关，出自新市，由小宗而分者也。今日，兰之玉华亦自新市出赘，源流与铜关同。凡五迁相为一本，合厚堂祖居而六之，姓近繁庶，庙前少不逮。而常满已墟矣，地里与玉华接，祖传由此而迁，势或宜然。今玉华祖坤，行千字五十一，谱载入新市，当从以为正。然则玉华裔湖岑派，新市断断乎为不惑矣。若丹阳汉大中大夫望，为吾始祖所自出之祖也。石林居士之括苍，梦鼎公至雪川，亦吾祖兄弟之国也。忠简厘米居于邑之西，族属不远，又吾祖同室之亲也。其余疏而远僻而微未之寻考者，皆所不录。吾门拜相者四，为大将军者一，解冠归隐者亦一，郎署卿校不及遍数。锡姓授氏以来，德业文章，有宋中叶号为特盛。延裹我朝，登甲科者一，乙科者四，入中书科者一，贡之天子者以十，上计未为中衰。日者，玉华虽历年四百传世十五，相去不为甚远，而充拓宏衍，实吾宗之巨擘也，非独公超以耆行举于宋。云庵公以宪副显于元。入我国朝，内鸿胪，外藩僚，下逮郡邑、庠补、弟子员，多称名士。家于塾者，尤种种不群，则杜陵多才，阮宗多俊，吾党共兴矣乎？未百年前尚往来不绝，先人发科时，往贺者尽耆旧，庆吊礼犹行，近觉疏阔，甚有忧焉。今翕然大正谱牒，予适谢政归田，过玉华，访宗兄白崖，故得共订宗盟。上起汉唐，下迄今世，续成一家之史。然溯流者必穷源，强枝者不弱干，周人缀食合族，于吾宗不亦大有望哉！窃尝议之，谱者，记也。记之而不忘也。不忘者，毋忘祖德而已。范文正公曰："由祖宗而视之，皆其子孙也。"遂置义田以赡宗族。今之有财力者，不肯出粒粟缕帛以周宗人之乏，甚至视若邻人，又甚若途人，斯炱炱矣。独何心哉？易忘之故而？是以君子思其食则祭之，思其居则祠之，思其无穷则谱之。谱之者，近于不忘者也。吾祖忠训公，驰驱军旅，没于王事，邑志以忠名寸。忠公乡荐后不复应会试，著有《思家录》焉。人以清名，玉华嫡祖东谷翁，亲受业于仁山金先生之门，得其正传。今人以学名，是其所当不忘者也，故能不忘其忠，可以为臣；不忘其清，可以立节；不忘其学，可以立心。克肖之道归焉耳。是作谱之初志也，不然，亦空羊之寄于礼，何补吾愿，与后之为子孙共相传于不忘不仁，吾知其免夫。

岂

皇明隆庆戊辰季冬之吉（按：隆庆二年，1568年）
文林朗知广西梧州府容县事厚堂宗人燕峰叶璧顿首拜撰

玉华叶氏重缉谱系序

谱之为言，普也。系则从丝，取其出有序而不可乱也。曷言乎其普也？上原得姓之始，而下不遗于所姓之同。何其普耶？易言乎，其不可乱也。林总之间，而有条理者在。何其不可乱耶。此仁人孝子所以拳拳于谱系也。兹曰："玉华叶氏谱系者，本其土著，自迁祖千五一府君始也。然则，顿与湖岑不相蒙欤。噫！恶乎忍哉！"予之素性虽惮于远引旁合，及接湖岑旧谱，则见其宗实同者也。梁开平间有讳彦璠者，由杭之西山下迁睦之城闉。彦璠之子承超，由睦迁寿昌之湖岑，历养、文通、敞、允忠，至端由湖岑迁山厚。生二子，长世能，迁于河之西，曰新市。次世仁，承祖居山厚，历邦彦轰，至坤凡十四世，始赘兰之夏氏，居玉华铜关。宗人讳政者，成化初举进士，授内阁中书。因告给归觐，亲至予家，以谱系相亲，切则曰："叶氏五枝，皆析于寿之湖岑，惟铜关与玉华相去仅八世，缌服始穷，更为密尔。"近日，厚堂宗人讳璧号燕峰者则曰："睦湖岑，诚叶氏之丰沛也。一迁于河之西，曰新市；再迁于建之铜关，五迁于兰溪之玉华。"铜关由新市而分，玉华亦自新市出赘，源流与铜关同，则其论虽与中书公相符合，而与弥坚公所序则少有龃龉，何者？不及山厚也。且燕峰亲尝予言，寿昌之叶，惟山厚非吾同宗。予因细按旧谱，则同宗人也。彦峰或作恶于其间耶？抑别有所见而然耶？果如燕峰之论，则旧谱所载似不足据。然则将何所衷也哉？

予则以为燕峰之论虽凿凿，若新市旧谱则有文字可稽考，且经梓刻，编残简断，传且五百余年矣，岂可遂捐，以为不足尽信之书乎？虽然，予不敢自源祖委，一一登录，止断自玉华始迁祖千五十一府君，而上至矶，另为序次以俟知者。由府君而下，其讳、字、号、行、配、嗣、生、卒，暨生之所业，卒之所葬，始备录之，是岂有所忽于前，而独致详于后耶？从其所可凭者，志在传信而已。后之子姓果能因其所传。于某也、某也，不惑一世祖也、二世祖也、三世祖也；而不封域之辑，岁祀之修，其心自有所不能已矣。于某也、某也，不惑为堂兄弟也、从兄弟也、族兄弟也；而饮食之缀，急难之周，其心自有所不能已矣。于某也、某也，不惑其为吾侄也、吾侄之孙也、吾孙之服穷，而宗同者也。而抚摩匡翼相视以一体者，其心又岂容以自己耶？如是，则一族之中，千百人之痒疴，千百人之逸乐，合而为一人之逸乐。斯谱之作，岂特明从出之源，序昭穆之次，侈生指之繁已哉？所以为祖宗存不死之心者，此也；为子孙敦一本之仁者，此也；为圣贤昭明明之教者，此也。如之何可以视为不急之务也耶？故于隆庆季春之暇，纠弟一濂，侄铭、茂春辈，出崇馨翁所缉旧谱而重新之，附录正寝、宗祠、书院基址，间架及祖宗遗像、坟墓、祀役二产、亩段、伙田、姓命、住址，题曰砧基。暨本宗前修诗文遗书卷数，题曰内集，冀世守也。其先朝诰命及诸名公大笔，过为奖借寒门者，题曰外集,识珍感也。是皆于义不可或遗,迨万历甲戌始托诸梓,冀以垂诸不朽!何如。

峕

大明万历甲戌仲夏之吉(按:万历二年,1574年)

鸿胪寺序班裔孙一清顿首百拜撰

重辑玉华叶氏谱后序

予家由湖岑徙玉华,历世十五,经年四百有奇。谱牒之仍其旧者,固皆有可考也。但服穷亲尽而其初乃一人之身者,间不免有相视如途人之叹矣。白崖叔父乃独有慨于斯焉,从而重辑之以寿诸梓,盖亦尊祖敬宗、联疏为戚之甚盛心也。创始于隆庆庚午(按:1570年)之季,落成于万历甲戌之冬,则见其源委之相承、昭穆之攸叙、义例之谨严,诚有秩秩然、彬彬然,准今传后勒成一家之史矣。春也,幸前修之有赖,又何一词之能赞乎?然而,命之以编次,属之以胜写,五易寒暑而竟得效其微劳者实春之,窃以自居而不容缓诿焉者也。继是而后有业其绪者,绳绳而迭作焉,当必有迥拔出群以增斯谱之金璧矣。岂直如春之徒事乎?笔札而已哉。

峕

大明万历二年孟冬望日(按:万历二年,1574年)

十二世孙茂春百拜谨撰

玉华叶氏家乘跋

凡称跋者,终竟之辞也。故他传集皆有跋,以其皆有终竟也,若家之谱牒则欲其传之无有穷已。呜乎!跋殊不知翁者辟之机。吾家谱牒,兹固落成矣,实由前闻人所积之厚者,有以致之而今,而后积更加厚焉。则今日之终,竟安知非将来之愈昌大者乎?谨跋。

峕

皇明万历二年岁次甲戌孟冬望日之吉(按:万历二年,1574年)

十一世孙一濂顿首百拜撰

又　跋

跋,从足。足,本卑,有从而拔起之意,故谓之跋。予家谱书,既荷前闻人作之家庙百官矣,又荷诸名公为之宏其门墙矣。兹惟敬而承之,乃其分也。奚其跋然,而鳖虽跛,思恒千里床,足未及支而更欲撞破烟楼者,痴人之常态也。窃谓吾家之谱书,虽跋矣,当不止于如斯焉而已也。

皇明万历二年岁次甲戌孟冬吉日（按：万历二年，1574年）

十三世孙希诏顿首百拜撰

重修玉华叶氏宗谱序

康熙四十有八年，岁在己丑秋八月，玉粒已登，农功告毕，诸父昆弟有重修家乘之议。金曰："此吾族前辈之所欲为而未及为者，失此犹不为。上不能承其先，下无以启夫后。寝至昭穆，不辨支派，不明根源之地，漠然相视，负罪不滋甚耶！遂择吉于次月二十四日举其事。"老成者又曰："事之成也，必先定其规模。谱之缉也，必先属以草创。顾视燨，谓尔实擅其长，可委是任。"又恐功之难于速奏也，以侄祖禧佐之。燨既承命，遂屏彻家务，专心定庐。殚昼夜之勤，手不停书，不敢使之有所遗，尤不敢使之有所误，唯详与慎凛凛于衷。阅两月，而谱草悉录成编。夫修明谱系，族之盛举也。其间表扬大节，鸿篇巨制，非有学者不能斟酌简繁适宜书善，非有识者不达区区缮写之勤抑未也。而燨自分愚鲁，于兹盛举，得先奏其功之末者，可不谓幸焉。虽然此非燨之功，而实吾祖玉铉之功，有以贻之也。盖吾叶氏自白崖翁与泽山翁修谱而后，派衍丁繁，又历百有余年之远，灰劫沧桑，且经更变，而况人事之代谢者，可得而指数耶？当此绝续相交之际，使非早有人焉，为之绍述而搜缉之。居今日而欲一一按其名求其实，几何其不遗且误也。赖吾祖识远而虑深，独留意于是焉。曰："及吾身不能修明谱系，而目所及见与所不及见，皆可细加考订。笔之于书，使前无所失，后有所资，吾无憾矣。"而燨也，出其所藏以从事，览是书者莫不交相感叹曰："乃祖心之厚于仁也如此，功之及于族也如此。"兹于谱既成，谨述其成绩以见先人根源之地，周详笃至而燨之不敢辞笔墨之劳者，耿耿此衷，其亦庶几少继吾祖之志也夫！

峕

康熙四十九年岁次庚寅仲冬月谷旦（按：1710年）

十六世孙士燨顿首百拜撰

重修玉华叶氏宗谱序

粤自开辟以来，受姓命氏盖亦粲然众矣。周小史定系世，辨昭穆。太史公因周谱明世家。魏晋间，官有世胄，谱有世官，由是谱局行焉，然犹在上也。隋唐而上官以簿状为选举，家凭谱系为婚姻，有家状者官为考定而藏之秘阁，私有滥笔纠以官籍。官籍不及稽之，私言是上，与下犹相须也。迨史失而谱湮，仁人君子不忍亲亲等于陌路，于是乎家各自为谱。然寒门素族既罕见于世，而故家大姓又苦于汗漫难收。且莫为之前，虽美勿彰也；莫为之后，虽盛勿传也。为谱难，而谱之克修更难也。其故有二。世远则人愈繁，繁则事大功倍，有力之家，势不能以吾之有人人而济其不足；茕茕者，惟朝夕是，谋急之力有所不暇缓，又不足以集事。譬犹思兼匠石巧若公输，假无楩楠之才，绳墨斧斤之具，亦且相顾而不前，其难一也。老成者，宗之领袖，权归一，则事易成，今局无定所，人无一心，众喙纷然，条章不立，徒各抒己见，杂沓于其中，所谓十羊九牧，其意难行。一国三公适从，焉在总事？委劳于众，分任不急，其公坐变炎凉，徒延岁月，其难二也。吾玉华叶氏旧谱始缉于元之祐，再成于明之万历，上下四百年间，了然如指。诸掌大约合欧阳、苏氏之长，其法最为尽善。今又阅百有余年，支流愈远，其间积功累行见重乡邦，博物通儒蜚声艺苑，乃若作宾天府，布衣伉俪，王孙甲榜，胪传政绩，垂名竹帛，以至闺闱之淑可贲，宸章柏舟之贞宜膺，表里咸足，光被吾宗。施于无穷，不有阐之，何以似之。先文林玉峰公，欲修缉者屡矣。适两膺民牧王事靡监，有志未就。兹族中父老众谋佥同，爰师前人旧法而缵乘之旧者一新。新者，继旧命名、列字、行派井然，像墓祀田，有美必录，虽宽勿滥，宁实勿夸。庶亲者无失其为亲，不至有相视如途人之叹。吾知览是谱者，感发兴起，欣然动世德之思。族之中，父与父言慈，子与子言孝，兄与兄言友，弟与弟言恭，夫妇有礼，长幼有节。朴者勤耕凿而安享太平，秀者读诗书而为王桢干用，能振振绳绳，益光宗牒。斯举也，岂非长世之征而昌后之券也耶？虽然，以一人之身衍而为百千万人之身，然则百千万人之心，必如一人之心，而后可也夫？培其根者，勿戕其枝，茂其枝者，斯固其根，以迓天庥，以承先贶，其必有以潜孚而默相之矣。徙谱云乎哉？爰沐手而为之序。

岂

康熙四十九年岁次庚寅仲冬月谷旦（按：1710 年）

十六世孙士策顿首百拜撰

重修玉华叶氏宗谱序

今圣人天子化民成俗，颁行十六条谆谆劝谕。其次即曰"笃宗族以昭雍睦"，盖使比闾、族党之间，亲逊成风，无由嚣矜陵竞之习，将欲跻万方于变时。雍之盛也，而下之沐其教者，耳濡目染于型仁讲让之中，岂不思有以革薄从忠、兴起其向道之心也哉？数十年来，风趋淳朴，尽力农桑、诗书。弦诵声闻穷僻，而又各勤修谱系，彼此相率，不啻家喻户晓。化行俗美，郅隆之治，于斯可征。

窃闻先儒有言曰："管摄天下人心，收宗族、厚风俗，使人不忘本，须是明谱系。"谱之中于世也久矣。老泉苏氏作《族谱引》，其忧在于相视如途人。而吾谓可忧有甚焉者，富贵忧其相轧，贫贱忧其相欺，强弱忧其相凌，众寡忧其相暴，才智忧其相忌，骨肉忧其相间。宗党之中，睚眦反复，忿怨相寻，造端构衅，争质公庭，习俗蹈此风，斯下矣。

不知形分类聚，而后其分虽殊，其本则一。以一人之身，别而为千万人之身，而千万人之身实始于一人之身。试取谱牒一，按籍而求，未有不赧然愧、悚然反者矣。

507

苏子又曰："观吾之谱者，孝悌之心可油然而生，论世辙、谓古今，人不相及，然世虽变而道不变。安知今必有异于古之所云哉？"是故谱之不可以不作，有作之于前，而不可不继之于后，顾不急欤。

我叶氏播居玉华，不数传而理学振兴，簪缨接武有其人，立言足以不朽，此宗牒之垂所由始也。嗣是而降，族日益繁，绍述者辈出。承先人之令绪而增，扩之纂修再举，规模大备，条章灿然。览其书，元元本本，按图得以知人，因名遂可核实，世泽流长，起敬起孝，于兹是赖。

曾日月之几何，而又历百有余年矣。考之于文，不无残缺废坠之虞，征之于献，几有成凋谢之叹。由前而论，其数不至云过；由后而观，信时之不可失者哉。是以重缉之意蓄之有素，众志皆同，不谋而合，遂殷然从事焉。

始于康熙己丑菊月，阅期岁，而后告成体裁，悉遵夫旧，记载益登以新。其大者，固光明俊伟，书之亦不胜其书矣。而其次，一长足称，一行足录，亦不忍埋没而不彰。婚姻以正，内外以别，上下以辨，尊卑以严。凡所以维名教而植纲常者，凛凛乎郑重于其间，而支分、派析、亲疏、长幼，一寓目而森然具列。使既明于分之殊，复晓然于本之一。举凡习俗之可忧，绝于已往，戒于将来，五服经矣，九族章矣。人心既摄，风俗子厚，协和之道其在斯乎？

由是而合族之众情意日浃，恩义益明。春有荐而秋有享，不忒燕饮齿序之仪，喜必庆而哀必吊，永联疾痛疴痒之体，务使嚚矜陵竞之习潜消默化。雍雍睦睦于仰副、化民、成俗之意，用能保世，滋大共绵，瓜瓞勿替，不于吾族有厚望乎哉？

斯谱之修，即以为有亢宗者，出珥笔彤庭，歌咏太平，赓扬盛治之先声也可。

岂

康熙四十九年岁次庚寅仲冬月谷旦。

十六世孙士筠顿首百拜撰。

重修玉华叶氏宗谱序

父子相继曰世，世所自出曰系，世系之籍曰谱。谱者，普也，亦曰布也。所以普及支派于无穷，而因布行第，使不乱也。故有支谱，有行谱。支以厘宗，行以收族，一纵一横，而长幼森然，尊卑秩然，尽之矣。此外何多求焉？

予《玉华叶氏谱》经始于东谷公，仁山金先生为之序，汇成于白崖公，阳山陆先生为之序。其间支分派别，端绪历历，固无遗议矣。第时代更易，礼务各殊，而修辑之人动多掣肘，大约因仍递踵，一传再传，以致尸祝代庖，樽俎凌越。邯郸度曲，托名李奇，欲力为芟薙而相延。既久，则群起环攻，此市井人之所以不能不叹恨于方来也。

今奉功令昭彰，详为指示，许凡有谱家，如有违碍犯讳等字句，删定改正，斯诚仰体皇仁好生之心。欲偕斯民于寡过之地，而同游熙皞之天也，岂不休哉？爰告族长，谕族众莫不昭若发蒙，翕然鼓舞。岁壬寅冬至，会议将谱，逐一翻阅，既删既改，遵例校定。惟是祠乏公储，户悉贫苦，欲速付梓，而薪米工值之费，靡所取给。直至甲辰孟冬，始得重刊刷印。迄乙巳季秋告竣。竣之日，取诸原谱烧毁，岂敢有所龃龉于前人哉？

礼时为大，孔子曰："吾学周礼，今用之，吾从周。"夫孔子，殷人也，而曰从周，时也。时之所在，虽孔子必从。然则斯谱之修也，于以保锡极，于以武宪章。起我祖宗而质之，当亦应声诺诺也。是为序。

峕

大清乾隆五十年季秋之吉。

派下裔孙逢新谨撰。

玉华叶氏续谱跋

癸酉仲冬，族梓新续谱牒告成，昌字行，见峰叔既为之序。先辈父老复命桐志数言，愚思书不二序，而续简事微力，省吾用费词。且吾《玉华叶氏谱》权兴于三世太祖东谷公，集成于十一世祖白崖公。体例参用欧苏，以明世系，以别支派，制良善也。

入我国朝，屡次踵修，乾隆年间，功令申严。凡谱家字句有违碍者，俱令翻改。乙巳岁族中大修谱牒，吾父菉溪公潜心检校之余，另增行谱一册，以补收宗睦族之例，而谱籍之法于焉大备。惟当谨守前法而慎行之可耳，复何言哉？

所不能已于言者，今此续谱之作，实因不得已而然，非敢改易前辙。嗣后苟有重修者，尚其全部翻刊为上，慎毋惜费另续，以致纷繁重叠之误，是区区所厚望也。

书不尽言，是为跋。

峕

大清嘉庆十八年岁次癸酉阳月下浣之吉

廿一世裔孙万桐谨撰

重修玉华叶氏宗谱序

重修宗谱凡十二部，部分十二本，总十二卷，世系、排行、支派、坟图、祀产皆备。刷印于辛丑之仲冬，至壬寅仲夏告竣。序曰：

吾族谱牒创始于三世祖东谷公，嗣后修者七次，其题材、条例莫不尽善，无庸置喙。惟嘉庆癸酉有续谱之作，不得已也。其缘由，予既序之。刚行罜亭，复跋之矣。乃以今视昔，殆有甚焉。而必汲汲从事焉者，更不得已也。盖昔日之续，所以待今日之修，今日之修，所以成昔日之续。向使续而复续，重叠既多，必致错误。敬宗收族之谓何？故经费虽然繁，势不容已。

矧三十年来，宗祠萃宗两祀，颇有余饶，甚可倚仗。加以可人敛新丁，集事稍易，何惮而弗为？于是酌义遂定，乃告族中之读书明理、小心谨慎者校雠之、增订之。取前之续谱，而合一之。无重叠、无错误，有条不繁，夫然后披阅之下，庶几展卷了然。孰为世系，孰为排行，孰为支派，孰为坟图、祀产，一一可数。至于片言双字之讹，或未能免，后人其谅之哉！

大清道光廿二年仲夏之吉

派下裔孙登青敬撰

重修玉华叶氏宗谱序

吾《玉华叶氏宗谱》经始于东谷公，汇成于白崖公，踵而增修者凡八次矣。历世既远，族日繁，齿日众，服穷亲尽，其不至相视如途人者于此焉。

赖今天子纪元之岁，族中耆耈慨然有志于续修。虑经费之无出也，料丁釀焉，其未登谱者出钱千己；列者半之。议既，翁乃鸠工庀材，或经之，或纬之，阅数月而告成。行第则书，生卒则书，嫁娶迁徙则书，懿行节烈孝秀则书。善有劝，恶有惩，凡所以尊祖敬宗收族者，犹前志也。虽然，吾于是役也，重有感焉。

昔仁山金先生之叙吾族谱也，曰："国者家之推，以国则有史，以家则有谱。"而其得以兴起久远者，必推原于"所据之胜"与"所积之厚"，呜呼！其弗信矣乎？

盖自粤逆扰乱，纵横数省，垂十有余年。吾乡受害较迟，而流毒最酷。咸丰戊午，贼围衢旁，窜龙寿诸邑，吾乡皆与接壤。时方聚民团堵诸隘，与贼接仗，死者数百人。贼以不入，衢城解严，贼竟遁吾乡，人方共庆幸。甫二年，而金陵长围解，贼陷。苏松诸大帅以江浙委，诸贼祸至无日矣。辛酉春，贼大至，邻邑皆属贼民。团堵如初，相拒月余，至四月十九日而府城陷矣。逾五日，邑城陷矣，濲以西防守如故也。然人心皇皇，迄无固志。五月午日，有微功者挑贼于寿界，败贼。从小反岭入民团，溃贼。甚憾民团所至，窃焚之，掳杀无算。吾乡人东奔西窜，靡有定所，庐舍荡为灰烬，老弱转于沟壑，流离琐尾，所不忍言。而吾族以据玉华之胜，絜眷裹粮，构庐山树，恃以无恐。贼稍稍诱集逃亡，劝民耕作，熟，窃掠之，民仍乏食。吾族距邑远，野于获山，于积贼无所得，赖以活。时全浙皆贼踞，衢城独固守，贼悉众，围衢濲西，固取孔道，连营数十里。民益困，逃匿山谷、白鹭山。至聚众十余万，嚣过城市，若锦屏、三峰、慈岩，亦不下十万。兰民之孑遗者，尽此矣。

同治元年冬，大兵云集，贼始退而疫大作。旱，奇荒，米至石万钱，饥民割蓾草以食，饿馑道相藉，乡人远窜，归者或尽，室殂无遗育。而吾族以稍有积蓄，得凤饱，疫不甚杀人。噫！非祖宗之世德流泽，未衰而克徵，天之幸耶？自贼平以来，迄今十余稔矣。以国家之休养，岁之屡丰，吾侪小人乐业安居，元气已复然。向之巨家大族，丁以千计者，或十不得一焉，或十不得二三焉。寝庙邱墟，谱牒散失，比比也。而吾族乃得修举废坠，从容搜其以成斯谱。何其幸钦！非所据之胜，所积之厚而能若是钦？然则吾族世世子孙，必无或轻去乡，益力于善，孝友姻睦，门为通德，以永绵先泽于勿替，岂惟历劫所不败，必将有发祥奋起如石林、乌程光大吾宗者。是则兹谱之成，实其嚆矢，所愿为吾族敬告之而以为厚，幸也夫。

　　峕

大清光绪元年岁次乙亥（1875）仲秋之吉

裔孙凤诰谨叙

重修玉华叶氏谱序

　　岁在壬申，农事告毕，智分枳村侄偕嫡弟鸣冈、族昆弟华溪辈，慨然有志修谱。将谋及族中老成人，特诣馆而酌议。余曰："自壬寅后，春秋已历三旬，父子相承一世，其间人移物换者不知几更。且大难久平，于他务遑，必亟亟从事于斯也宜矣，而况孝子仁人分内事乎？若获宗族在天之灵，克倡是举，余又何敢辞其责。"

　　议成已，爰取诸前谱而展阅之，遂专心殚虑，不烦笔墨之劳，履不出户庭者，越数月之久而汇草始成。待明年授梓，将谓投鞭可以断流。奈十羊九牧，寝其事者倏忽三年，延至于今，始开雕局杏春刷印，桂月告成。因序曰：

　　吾叶氏谱始于郎中祖，缵辑于副使公，继历四朝重修八次，仿欧苏之体制，知经纬之备明。迨自白崖公汇成而后，条例一新，在后嗣孙，奚庸赘述。然而，今谱之修较前更有难焉者。昔也群资公币，踊跃即可奏功；今也共破私囊，条章讫无定则于焉。输钱谷莫关要事，视谱牒直为缓图。凡我同人，不几束手无策耶？虽考厥生终，幸获玉铉公之遗意，乃睹兹风气，实符耐庵公之永叹也。今竟何如？权不归于领袖，议实出于纷纭，遂至若此，其难之甚者，谱将何以为？

　　夫以今日之难，畏其难而遂却其难，事之所以鲜克有终也；因其难而必任其难，今之所以并担钜肩也。孟子曰："以其数，则过矣；以其时考之，则可矣。"此固急于世治之心与辑家乘之志，势虽殊，其理则一二已。故曰："倡是举，不敢辞其责。"大亦为其分内之所当为，于不任过，不任功焉耳。由是增损之，校订之，并取真草而参考之，则庶乎灰劫者复，简脱者全。而慨然修谱之志，聊且与董事诸君，将对越在天而憾可少免矣。爰是直书，以为序。

　　峕

大清光绪元年岁次乙亥仲秋之吉

二十世孙文梓敬撰

重修玉华叶氏宗谱序

自乙亥修辑宗谱迄今，历年未远，而其间户口日增，丁男日盛。现在者，凡有七代于此时，而犹不重加纂辑，必至世远年隔。而始谋及于续修之事，其不至苦于浑漫而难收者几希矣。爰谋诸族中长老以论，族众无不欣然唯诺而惟命是从。

岁在乙未孟夏，会议将家谱逐一披阅，或增之，或修之，参考既定，急欲授梓以成厥功。无奈数岁不登，民生不遂，即一丝一粟，无所取给。直待明年丙申仲秋，始得重刊刷印，至今岁丁酉暮春告竣。竣之日，族中父老命予小子为之序。予曰：

吾玉华叶氏家谱，创始于东谷公，落成于白崖公，其间源流世次，名讳实迹无不昭然若揭。迄我国朝乾隆间，及有隶溪公，其人出则去祖远而族益甚大矣。隶溪公惧夫日久而失其本源也，于是另增行谱一册，以示后之子孙。而谱牒之法于焉大备，事也幸前修之有赖，又何一辞之能赞乎？亦聊以所知者直书焉已耳。祖宗而有知也，应亦无罪焉尔已。

光绪丁酉暮春之吉

裔孙中华谨叙

重修玉华叶氏宗谱序

且夫国者，家之推戴；家者，国之率领。故在国则称史，在家则称谱。史与谱，事同而名异也。为其后者，岂可邈视夫谱牒哉？

予族自唐中叶由睦州之城闉迁寿昌之湖岑，迄赵宋南渡，由湖岑迁兰之玉华，三世祖东谷公始乘此谱。厥后重修继辑凡九次矣。其间历代孝行节义、缙绅乡宾、榜甲贡士、芹宫廪饩以及居址舆图、来龙起伏、左右盘旋、朝峰挺秀者一概载在前序。至于兵燹之后，所修最难，存亡不易追究，况死生时日乎？幸考其成，至今又二十余年矣。

生者繁，育者众，少者壮，老者亡，年远流长，不无失误，所以族祖父培森、胞叔诰文、族叔寿康等于乙未年五月通族公议。先集草谱，于丙申八月始请雕刷，至第三年三月告竣。由是尊卑复明，长幼复序，一时之伦理，莫不焕然一新矣。所谓扬先德、裕后昆者，不已尽于此乎？

若夫经费部数，俱因前式，但雕刷伊始，不料族祖父培森楚公遽归道山，后人替其成功，始得幽明两裨。幽可不失其祭享，而孝敬如生；明可不紊其伦常，而爱敬宛在。将见文人蔚起，贤俊迭兴，山川灵秀之气，祖宗爱育之恩，不由此又其耶？则此修也不独于源流支派复有所明，且于人心风教之系尤不容忽。若之何视为不急之务也？予故特书之以传将来，观于此，孝弟之心可以油然而生矣。是为序。

峕

大清光绪二十三年岁次丁酉季春之吉

廿三世孙肃芸敬撰

玉华叶氏第十次重修宗谱序

玉华之有谱，自元代三世祖东谷公、四世祖云庵公始也。明成化朝崇馨公、万历朝白崖公重修之谱，例始灿然大备。逊清自康熙而乾隆而嘉庆而道光光绪历五朝，先后修辑总计凡九次，惟自清光绪丁酉至于今丁丑，屈指已四十有三年。宗谱之续修，又实亟亟也。

州司马荣春先生为之倡，而命冢嗣晋桐主其事。晋桐号叔藩，金华中校之高材生也。余掌教时，所于共晨夕者。民元，余长吴兴法院，叔藩任绍兴推官，于谊为僚，采嗣后奔驰南北不相闻问者二十余年。今春，公暇回里，过永昌小憩，叔藩要于路曰："师归矣，幸甚。桐屏居里门，奉严命襄谱事，足不赴镇者二年。今谱已属稿付梓，将成求一序弁其端，以为族光宠，可乎？"余曰："诺"。

窃惟谱也者，所以敬宗而收族也。有谱而尊卑有别，长幼有序，昭穆有等，源流有考，由云礽而溯高曾，自里党而稽疏属，若网在纲，了如指掌。后之子孙，观于谱而孝弟忠信、睦姻任恤之意油然以生，则苏子相视如途人之叹，吾知免矣。而况丁乱离之季乎？抑族之兴且大也，其来必有自。

金仁山先生序云："国家所据者胜，所积者厚，则其所产必多伟人，所书必多令绩。"余按叶氏宅图道峰，三峰列其前砚山。东岩屏其后，双溪水之萦带左右，形势之胜甲于邑。西又玉华山脉发源于仙霞，历三衢。以北诸山经紫云，金台、慈岩、衢峰，蜿蜒而来，峰峦秀发，巍然挺峙。余从里门望之，犹隐隐可指，盖所据之胜也。理学有东谷公，科第循吏有副使公、玉峰公、菉溪公，隐逸有熙十五公、养吾公，人文蔚起，代不绝书，盖所积之厚也。殷殷隆隆，方兴未艾，将必有魁奇伟杰之士屡崛起其间，以迪前光而昌厥后者。

余又有说焉。有元至季，明太祖起兵淮甸，由徽入金，立营叶姓西山之下。有伯章公者，竖旗擂鼓楼头军营坂，犹想见先人之英风伟绩垂于无穷。今者倭寇方深，金衢危急，国人裂眦嚼齿，已群起而击之矣，又安得有伯章公其人者出？与子同仇，执戈卫社，以与强敌相周旋耶？跂予望之。

至若国体既更，礼制随改，兹谱之修，斟酌新旧，顺应潮流，诸多可采者新增，凡例中详言之矣。不复赘。是为序。

时在

中华民国二十有七年岁次戊寅季春之月谷旦

监察院福建浙江区监察使署秘书主任邑人祝谏谨撰

玉华叶氏第十次重修宗谱小引

谨按：吾族宗谱创辑于元代三世太祖东谷公与四世祖云庵公，继辑于前明八世祖崇馨公，汇成于万历朝白崖公，重修于康熙庚寅年、乾隆乙巳年，续修于嘉庆癸酉年，重修于道光壬寅年、光绪乙亥年、光绪丁酉年，前后辑修凡经九次。

溯自丁酉年重修后，距今又四十三年，更遭民国肇兴，时会变易，星野、山川、田园、庐舍历时虽久，或不过相逕庭而建置，选举教化礼仪与夫生齿，频繁流亡迁徙诸端，则固随时有异，今夕悬殊。若不及时修辑，勉企前芬，恐世远年湮，人事代谢，族中故实稽考无从，识者每以为念。

今春族长其蓁、朝苏、禄昆等多人，慨然有志重修。谋诸族众，金曰善。爰即签立任事五十八人，议照前次修谱成规，计丁敛费，设馆于有序堂客厅，并公推其蓁叔族、茂林、银槐、润枝诸兄编辑谱稿，桐亦辱被邀之列。顾桐半生栗鹿，未尝学问，而于谱学尤无心得，惧勿能胜，踟蹰未决。旋奉家君教勉，谓前人所为有益于后人者，弗可以莫之继修辑，宗谱所以为祖宗存，不死之心为子孙敦，一本之义。承既往，启将来，一族之大事，莫要乎是。矧今海宇不宁，世变莫测，则失此不为，后将益难。若文字之工拙，在所不计，小子何谢？

为用是不揣庸陋，参攻旧牒，检堪新稿，博访广咨，搜遗补阙。昼则怀铅握椠，夜而陈箧发书。所幸同馆其蓁叔祖茂林兄辈，年事学识皆长胜于桐，集益孔多，凡五阅月而粗稿具。

仲秋八月农事告毕，设局宗祠，付诸剞劂，其蓁叔祖、茂林兄既不辞劳瘁，悉心雠校。而任事诸人复能随时随事，多方赞助。刊印数月，诸臻顺手，讵自芦案发生，中日构衅。烟尘突起，风鹤频惊，意外波折迭作，事几截于半途。赖合族父老与同事主任，力持镇静，排除万难，将谱局迁移玉泉寺，继续进行。盖玉泉寺僻处山中，幽胜绝尘。值此遍地军兴之际，较之宗祠似为安谧，故自添工赶印以来，时仅二阅月而全部新谱竟告厥成，亦云幸甚！

虽然急就多漏略，校勘难免疏虞，惟差堪自慰者，生于斯、长于斯、聚族于斯，无党无偏，不敢蹈魏收之秽。所见世，所闻世，所传闻世阙疑，殆未尝为干宝之搜，庶几告无罪焉。至于义例之未精，文词之未雅，绳其愆而纠其谬，踵其事而增其华，是有待于后之贤达者。

岜在

中华民国二十六年岁次丁丑季冬月之吉

二十三世裔孙晋桐谨识

叶氏世谱前序

　　叶氏出自姬姓，至周武王有天下，周公为太宰，康叔为司空，乃封周公于鲁，封康叔于卫，厥弟聃季载则食采于沈。其地在汝南，为平舆之沈亭，后因以沈为氏，世次莫可纪。至其裔孙尹寿，为楚桓王令尹，有功。尹寿之族兄弟曰尹射、尹赤、尹戌、尹重、尹朱，皆相继用于楚。其尹戌之子曰诸梁者，字子高，楚灵王时为叶县尹。叶公委事于子西，而退老于叶，更以其地为姓，始别于沈。

　　叶氏受封自叶公始，而《春秋》不载其故。或曰：楚康王猎而堕诸泥，且死，叶公以独汤饮而苏。其将苗侃谋弑王，乃曰："事万乘主而可以独汤饮哉？请以牛羹进，阴置毒焉。"叶公知之，目王，王投羹于地。有獒噬之毙，遂诛侃而封公于叶。

　　叶，楚地也。及秦灭楚，叶之子孙因以微。至汉有讳尤者，为太尉。尤生大中大夫祐，祐生长乐太守嘉，嘉生二子，光为侍中，愿（一名元）为武陵令。愿生南顿太守宗，宗生雁门太守仲，仲生云梦令颖，颖生大中大夫望。自尤而下，嘉、光、宗、仲，皆别为祖，合叶氏之后为六族，皆葬南阳。以南阳郡楚叶县南顿乡高贵里为定着，望因汉末天下乱以建安，二年渡江，侨居丹阳句容，子孙庸是有居丹阳者。望之夫人陈氏生一子，曰遂。遂生成允，成允生二子，长曰琚，次曰璲。琚生四子，长曰硕，次曰游，次曰俭，次曰愿。硕生二子，长曰旷，次曰豫。豫生二子，长曰绩，次曰续。自琚而下，各以其族散居四方，派别始不一。凡居湖州之乌程者，皆承璲之后也；居睦之寿昌者，皆承硕之后也；居建置建安者，皆承游之后也；居衢之西安者，皆承愿之后也；居歙之新安者，皆承绩之后也；而处之族，实出于俭。俭事晋，为折冲将军，苍梧太守徙居缙云。俭十二世孙曰乾昱，昱四世孙为法善，以方技显于唐。世居缙云，乃括苍永嘉郡也。唐大历十四年，更括苍为处州，故叶氏居处州者，皆祖俭，而以松阳某乡某里为定着。自法善后，世次复亡，而梦得之七世祖讳霭，乃复见于家牒，是生赠刑部侍郎讳逵，事吴越。刑部侍郎之夫人，封永嘉县太君羊氏，葬湖州，由是叶氏又有自枞阳迁湖州者。凡再世，梦得之曾祖有赠，金紫光禄大夫讳纲者，葬苏州，由是叶氏又有自湖州迁苏州者。今居苏州者，以长州道义里为定着也。

　　呜呼，世谱备矣！

　　自秦汉迄唐千有余岁，皆无显人。尤以卜寸吏俱尤见，仅列可惜；其们事亦不可考，名氏载于史者，惟法善一人而已。岂更无其人欤？抑不幸不得传欤？抑隐德不耀待于久而后兴欤？

　　自古贤人君子不得著现于后世，与其微而不续者多矣，岂废之与兴不在其先、各在其子孙之贤不肖哉？或自有数欤？不然，何其微也。兴废隐显，君子所不论。若夫积善积不善之报，圣人盖尝言之矣。然善而必显，显而必传，固道指常而无疑者耳。

　　凡吾同姓，自是枝分派别，虽为数十族，更数百世，远数百里，苟能详其宗系之

515

所自出，知其初乃一人之身，而念方来之不可忽，则亦强于为善。不忘一本，将有力量极其盛大者，而迭作于各族之中矣。其虑微而不显，远而不相蒙也哉。

宋少师左丞相裔孙梦得顿首拜撰

以上为《处州松阳叶氏谱序》，宋丞相梦得公笔也。内云居睦之寿昌者，承硕之后也。彼则承俭之后，其初非一家而何？且旧谱尝等载是序，谅当时曾有同宗之会也。兹不敢遗，亦不改，冠之于首，乃载之玉华谱序之后。倘后之子孙，或彼此相过，得与论其世次，将此而有赖也。

叶氏世谱前序

楚沈尹戌生诸梁，字子高，食采也，因氏焉。则自三代以来，其为名世也远矣。皓然翘然，天下知有叶之氏叶。秦汉之时，裂而复合，合而复涣，其间四布而不可纪矣。传之唐之太宗，奏天下谱牒，退新门，进望族，左膏粱，右寒微，合一百九十姓，六千五十二家。而叶乃于首称焉合自唐。银青光禄大夫封越国公，法善为奕世之祖。传至我皇宋，崇信军节度使梦得公，国子直讲，至远龙图阁侍制提举崇禧观，致仕涛公尚书左仆射，同中书门下平章事。开国公、颐公，枢密院事义，问公开府，仪同三司。文康时公，著作郎，贺孙公，故天下称为名族。而又有谱牒以贻后人，当时海内世臣，乔木之家而咸莫与之京。

嗟夫，士之名世也有数，人品于家世而已。人品不足而家世尤，足以振之，以显耀于时，况人品既高与家世之表表者，其在当时又何如也？故今称叶氏有名世之美者，以谱牒之具村，家世人品之森然也。岂待显于一世而已耶？其中迁徙不一，而支派之繁衍者，盖别有所存也。谨序。

嘉定三年六月廿二日。（按：南宋宁宗嘉定三年，岁次庚午，1210年）

赐进士及第朝请大夫刑部尚书宝谟阁直学士黄田顿首序

叶氏谱序

叶本摄音，讹为今称，不知始何。既久，遂不可考。盖古今相承，如鄩为曾，霍为郭之类甚多。梦鼎论次家谱，悯其湮微不显，遍求于历代姓氏之书，皆莫可见。盖自晋魏以下，世以门第相高，以爵秩为甲乙。有其人，则谱随以详；无其人，则谱随以略，势使之然也。

叶氏自唐以来，始仅得于有道及歙州之碑，然本末亦不完备。既获睦州谱，而后可推焉。今图之所在，凡再续，皆因其书文而为存亡。自尤以至于俭，则得于睦州之谱；自俭至于元尚，则得于有道及歙州之碑；自九世祖而下，则得之于家牒。睦州谱虽详，间亦有残缺，文字多牴牾。其载叶公二子，曰尹射、尹重。尹射为沈氏所承，尹重为叶氏所存。考之《春秋》，尹射用于楚在叶公之前，疑非其子。又别出雍州京兆郡谱曰：讳猷子玉赵魏共分晋，由是子孙有仕赵者，食采于叶，遂以为氏。叶非赵所封，曰出京兆，其妄盖知。今世传唐姓氏谱一卷，列河南八姓，叶乃居其一，不知河南叶氏又何所承。其尤曰周太尉，太尉非周官；由望推而上，至尤为七世。望以汉末渡江，尤宜仕汉，故定为汉，此皆可得而考者也。

其历载上世坟墓，所在则云：大汉有颍川太守重，同州刺史乐安侯参墓。冀州有辅国将军，冀州刺史章武侯择镇北将军，北平郡太守绍林别驾，伏波将军仰墓在近。祖有幽州光禄大夫关内侯、幽州刺史陵墓，则叶氏盖尝有徙此者。荆州武陵县又有奉二代墓，南康郡又有迺九代墓，而歙州之碑又载其三从祖仪，同三司善生朝议郎、婺州武义县丞君操等，皆莫知其世次。《元和姓纂》诸书，皆载吴郡尉雄，谱与碑乃独无此，其不可考者也。惟叶氏受封与望渡江之事略可据，故取之以补缺文。而不可考者，不敢尽没，复存之以俟后之知者。前乎此二谱不立，吾竟不知其由，抑有之而今亡欤。后乎此而谱不立，则吾同姓于子若孙之罪也。凡吾同姓与子若孙视此，宜加意焉。

夫古者教民为亲睦之道五。尊祖敬宗居其一，以井田受地而居其二，有常产仕者居其三，世禄而嫡众不相乱居其四，自公卿大夫至于士，皆有庙而不忽，其先死而葬之，志其坟墓而昭穆先后皆可辩，五者备矣。大小宗法行乎其间，是以不待劝率尔孝友和睦之化自成。后世士既轻乡里，而在官者又拘阀阅庙，制不立而葬者，各从其所。欲其相与绳，聊使之亲，亲而不忘者，已荡然而无所统。幸而使远近亲疏之别，尊卑长幼之序，仅有所著见者，惟谱籍而已。其所因当厚者推之，以率天下之俗，亦学士大夫之事也。可不念哉？

宋少傅右丞相兼枢密使，裔孙梦鼎百拜撰

以上为湖州乌程谱序也，内云："自尤至俭，则得于睦州之谱"，所指睦州，亦以寿昌之湖岑而言。然则睦于湖之叶，其宗之同也可知矣。吾玉华实自湖岑析，且旧谱尝登载是序，谅当时亦曾相会也。兹亦仍旧贯，以俟后日或过乌程、或乌程有过吾玉华者，便于论其世次云。

卯峰谱云：此序亦梦得公再撰其谱，在此序文后还有好几颗梦得公之印章，有阴文也有阳文。

廿四孙海标拜识

五、家谱的保管

目前所见家谱，多习用旧版式繁体字竖排刻印，即便是近几年新刻印的家谱也如此。家谱刻印出来以后，要分发给本族各房派保存，以备族人必要时查询。古人编修家谱的目的，主要在于防止因年代久远或异姓及同姓异族者迁入本村而造成家族血缘关系的混乱，从而达到"收族"的目的。因此，家谱首先是确认族众的血缘关系亲疏、防止血缘关系混乱的依据。因此，家谱的保管很重要。家谱一般一房一部，不得多印，掌谱人一般由各房派头首充任，也有的家族规定推选本房贤能者为掌谱人。掌谱人领取、保管家谱时，要在族长处登记造册，注明所领家谱字号，以便于检查家谱保存好坏，以分清责任。一个家族，往往在家法族规中对家谱的收藏、保管提出严格的要求。如必须将家谱装进特制板木匣，供于祖龛之上，或藏于书室之中，不得随意乱放，以致亵渎家谱。

木匣不准移作他用，家谱不准鼠蚀虫蛀、污损油浸、腐败霉烂、遗失散落、私自誊录或借给外姓人观看，违者依家法处罚。如果领谱人敢于瞒众觅利、鬻谱卖宗、出卖家谱者，则视为不孝，从重惩治。我《玉华叶氏第十一次续修宗谱》共印了12套,在卷首的最后载有"领谱房分字号"，兹录于下：

知字号：崇仁派松常领收
仁字号：崇仁派竹常领收
圣字号：崇义派旋庆领收
义字号：崇义派积庆领收
忠字号：崇智派永锡领收
和字号：崇智派泽山领收
孝字号：崇智派荣寿领收
友字号：崇智派射房领收
睦字号：崇智派书房领收
嫺字号：崇德派炳银领收
任字号：余庆派雍睦领收
恤字号：新叶村委会领收

笔者以前回家乡翻阅家谱时，就被保管人要求先净手、洗脸，焚香祭拜过祖宗像之后，恭恭敬敬地"请"出（不能说"拿"出）家谱。小心翼翼地翻阅。阅毕恭恭敬敬"请"回。当然，现在开放了，早已不需要这种仪式。甚至，外村外姓的人如有需要，或有本村人介绍，也可查阅本族家谱。为掌握家谱的收藏、保管情况，家族管事人一般每隔几年要检查一次或数次保管情况。检查时，由领谱人携带原发字号的家谱，到祠堂集中，先由各领谱人相互检查，后由族长评判，保管好者表扬奖励，保管不善者批评处罚。另外，家谱一般是每隔一个甲子60年（三代左右）就要重修一次，但也有不到60年或超过60年的情况，这要看此家族在人力、财力方面的储备情况。常言说"盛世修志"，物泰民丰的年份往往会想到修谱，而乱世灾年会延误修谱时间，这在《玉华叶氏宗谱》的编修时间上也可反映出来。特将我《玉华叶氏宗谱》迄今为止共十一次修谱时间及主持人、主要参与人情况列于下。

《玉华叶氏宗谱》历次编修时间及主事人员一览表[1]

第一次修谱

时间：元世宗至元二十八年（1291）始，延祐丁巳年，元仁宗四年（1317）修完成[2]。

主持修谱人：克诚、震

第二次修谱

时间：明成化十三年至十四年（1477—1478）

主持修谱人：永芝、良鲸

第三次修谱

时间：明隆庆四年岁次庚午（1570）始，万历二年岁次甲戌（1574）成

主持修谱人：一清、一濂、铭、茂春、德禧、一阳、朝赏

第四次修谱

时间：康熙四十九年，岁次庚寅（1710）

主持修谱人：应鼎、溥、湑、祺、时晃、元锡、时晃、士燹、士轩、士策、士筠、祖禧、时晿、可星、可起、士璜、士㧾、士籍、士玱、其蕙

第五次修谱

时间：乾隆四十九年甲辰（1784）年始，乾隆五十一年岁次丙午①（1786）年完成

主持修谱人：得甲、逢新

第六次修谱

时间：嘉庆十八年，岁次癸酉（1813）

主持修谱人：万桐、登青

第七次修谱

时间：道光二十二年，岁次壬寅（1842）

主持修谱人：登青

第八次修谱

时间：光绪元年，岁次乙亥（1875年）

主持修谱人：文梓、凤诰、凤梧

第九次修谱

时间：光绪二十三年，岁次丁酉（1897）

主持修谱人：文梓、诰文、晋封、茂林、中华、肃云

第十次修谱

时间：民国二十六年（1937），岁次丁丑年开始，民国二十七年（1938）完成

主持修谱人：燮臣、诰文、茂林、晋桐、银槐、润枝、儒林、家骝、志庭、正芳

赞成人（参与人）：大庆、树福、喜青、春寿、春宝、金鸣、昭富、志钊、鸿彩、凤仪、

---

① 《玉华叶氏第十一次重修宗谱》中说第五次修谱完成时间是"乾隆五十年岁次丙午"今据考证，"岁次丙午"的应该是"乾隆五十一年"，恐是原修谱者笔误，今改之。

南根、金庚、毅星、永玉、裕谦、选根、彩根、在铨、在铿、卸宗、朝苏、在昆、缉熙、昭亨、润宾、燕宾、松寿、蛟宝、苟仂、寿彭、应三、文华、润庚、润兰、海莪、海峰、肃根、和奎、钦仁、绍先、寿怅、毓培、长和、秋尧、金喜、卸富、彩林、金汝、品安、培根、崇贵、卸根

第十一次修谱

时间：岁次辛巳（2001）始，壬午（2002）年完成

主要修谱人：培华、鸿富、凤新、照镛、文康、建良、庆标、惠芳、荫昌、正富、质彬、海春、元贵、永芳

工作组

仁分：永禄、果仙、昭春、向荣、银标、志旺、兆金、土平、文正、惠昌、林芳、运昌、裕昌、肃元、寿华、向君、富荣

义分：瑞荣、涌君、昭昌、涌泉、顺良、正昌、玉标、玉衡、意昌、建明。

智分：荣发、昭谦、林忠、田发、飞、兴元、大平、会春、昭忠、柏林、桂华、荣昌、昭荣、寿清、柏正、昭林、素芳、康忠、志庭、彩贵、秀标、田钦、肃元、志均、连通、志标、庆祥

雍睦派：兴棠、志昌、肃祥

崇德派：炳银

附：介绍几种家谱、年谱类文献工具书

一、杨殿珣的《中国历代年谱总录》（增订本），书目文献出版社 1996 年出版。该书收集年谱资料丰富翔实，编排严密，便于查考。全书共收入年谱 3000 余种，反映谱主 1800 余人，并附录了参考书及文章篇目近 300 条。另外，杨殿珣的《中国年谱概论》《中国历代年谱综录续录》《中国年谱目录述评》等著作也可参看。

二、黄秀文主编，印永清，周启富，江文忠副主编的《中国年谱辞典》百家出版社 1997 年出版。该辞典涵盖内容丰富，包括年表、年略、岁略、岁时纪、随年录、编年、纪年、行述、学谱、诗谱、图谱、校书谱、著述系年等。收录了中国（包括港澳台地区）自先秦至 1993 年底以前的人物年谱共计 1115 种，涉及谱主 2431 人，值得一提的是该辞典收录了不少年谱中的珍本、善本，殊为难得。

三、上海图书馆王鹤鸣主编《中国家谱总目》（共 10 册），上海古籍出版社 2009 年 7 月出版。

上海图书馆是收藏中国家谱最多的地方，号称"中国家谱半壁江山"。《中国家谱总目》在馆藏基础上又得到了国内外 600 多家机构的支持。全书收集了从先秦到 2003 年为止，共 52401 种家谱，全世界现存的华人家谱文献被收集殆尽，可以说是迄今为

止收录中国家谱最多、著录内容最为丰富的一部专题性家谱文献联合目录。《中国家谱总目》不仅著录了家谱的谱名、责任者、版本年代、册数等，而且还撰写了该家族的始祖、始迁祖、迁徙路线、历代名人等项内容，以及该谱的特色、谱中有价值资料等，信息量巨大。值得指出的是该书最后附录了谱名索引、谱籍索引、纂修者索引、堂号索引、先祖索引、名人索引、姓氏拼音检索七个索引，极方便读者查阅。还准备出电子版，到时就更容易检索了。

另外，还可参阅：国家档案馆、南开大学历史系、中国社会科学院历史研究所图书馆合编的《中国家谱综合目录》，中华书局 1997 年出版，该书收录了中国大陆 400多家文献收藏机构的谱牒文献 14719 种。王鹤鸣等主编《上海图书馆馆藏家谱提要》，上海古籍出版社 2005 年出版。该书收录家谱 11700 种。

第十七章　对新叶古村保护和开发的思考

人类文明的根基在农村。人类历史都经历了从乡村到城市的发展过程。世界各地无数个传统村落共同承载着人类生存演进的痕迹。古老的乡村具有多元的历史文化价值、考古研究价值、史鉴认识价值、史貌审美价值和旅游经济价值。因而，世界上一些发达国家都很早就开始重视传统村落中的优秀乡土建筑保护。在欧美发达国家，对传统村落和古文化的保护至少已经有 200 年的历史了。从 20 世纪初开始，陆续有相关的保护宪章条例出台。英国、荷兰、瑞典等欧洲国家最先制定出针对本国的保护政策。1964 年 5 月通过的《国际乡土建筑遗产宪章》（又称《威尼斯宪章》）使历史建筑的保护扩展到历史街区和乡村遗址。1999 年 10 月在墨西哥又通过了《关于乡土建筑遗产的宪章》。对《威尼斯宪章》作了补充，进一步明确了管理和保护乡土建筑遗产的原则。联合国教科文组织启动了"世界物质文化遗产"和"世界非物质文化遗产"的申报程序，投入巨资用作一些特别有代表性的优秀人类文化遗产的保护。力图保存人类不同时期文明演进的信息。因此，保护乡土建筑已成为国际性的共识。

从 20 世纪初期开始，一批走出国门、睁开眼睛看世界的中国学者开始接触西方发达国家的农村发展经验，着手对中国的乡村进行调查研究。出现了以费孝通的《乡土中国》（1944 年著作）为代表的研究中国基层农村状况的重要成果。进入改革开放的20 世纪 80 年代以后，我国的社会学、文化学专家学者重新关注农村发展问题，开始研究和借鉴西方发达国家在现代化进程中注意保护历史遗迹的经验，并在作了大量田野考察的基础上，向有关部分提出了对我国优秀乡土建筑的保护问题，引起了从中央到地方各级职能部门的重视，并纷纷制订政策措施，提出具体要求。《中共中央、国务院关于推进社会主义新农村建设的若干意见》明确提出要"保护和发展有地方和民族特色的优秀传统文化"，"村庄治理要突出乡村特色、地方特色和民族特色，保护有历史文化价值的古村落和古民宅"。同时，《国务院关于加强文化遗产保护的通知》也特别强调："要把保护优秀的乡土建筑等文化遗产作为城镇化发展战略的重要内容。"

中国是世界"四大文明古国"中唯一一个文化传承从未中断过的国家。学术界已充分论证了中国是典型的农耕民族，我国的历史便是从乡村群落发展起来的，而那些散落在各个自然生态村落的古民宅、古祠堂、古戏台、古牌坊、古桥、古道、古渠、古堰坝、古井泉、古街巷、古会馆、古城堡等优秀乡土建筑实物，是中国人创造的灿烂物质文化的重要组成部分，它们和世界各地众多的婚嫁、祭典、节庆、饮食、风物、戏曲、民间音乐舞蹈、工艺等非物质文化遗产一样，都是当今不可再生的历史文化资源，是人类文明史的重要物证。是当今众多城市人的血缘根脉和"乡愁"记忆。

但是，我国在最近几十年来，伴随着"农业现代化、乡村城镇化、郊区城市化"以及"旧城改造""新农村建设""乡村旅游开发"的多重挑战和冲击，传统村落快速消亡。片面追求经济效应，以及"毁土屋，建洋房""千村一面、万村一貌"的"特色危机"已成为让专家们痛心疾首的共性问题。著名作家和乡土文化专家冯骥才就发出了这样的质问："灿烂多样的历史创造、文化景观、乡土建筑、农耕时代的物质见证，遭遇到了泯灭，大量从属于村落的非物质文化遗产也随之灰飞烟灭。如果这些东西都没有了，都消失了，我们到哪里去寻找乡愁？"而且不少传统村落仍在遭受"持续性破坏"，甚至濒临消亡。据国家统计局公布的统计数据，我国在 2000 年还拥有 363 万个自然村，但到 2010 年只剩下 271 万个，10 年共消失 90 万个自然村，到 2012 年，调查显示，全国还有传统村落 230 万个，两年间又减少 41 万个。而全国除港澳台以外的 31 个省、市、自治区共登记上报具有传统村落条件的仅为 11567 个。传统村落是乡土建筑的母体，优秀乡土建筑是点缀在传统村落中的颗颗珍珠。调查表明，最近几十年中，优秀乡土建筑的大量毁坏、废弃是传统村落消失的主要呈现。

在最近几年的全国两会上，有多名全国政协委员联名提案建议：要加强新农村建设中的文化遗产保护工作，受到全国政协和有关部门的高度重视。2012 年，全国政协考察团在对浙江、江西两省的新农村建设中文化遗产保护的专题调研报告中明确指出："大批乡土建筑的安全正面临着极大的威胁，其遭受破坏、走向消亡的进度正逐渐加快"，"保护好农村地区珍贵的文化遗产，特别是乡土建筑这一独特而丰富的文化遗产，是新形势下赋予各级政府和有关部门的不可推卸的历史责任"。未来 10 年中，我国新型城镇化建设将出现快速发展的趋势，在这特殊历史时期，"切实加强对传统村落乡土建筑保护，对非物质文化遗产抢救，对民间文学的挖掘和记录，对自然环境生态资源保护，迫在眉睫，意义深远"。

随着近年来我国经济总量的迅速增加，物质生活水平的提高，从上层管理者，到基层老百姓，对文化，包括对古代文化的热情越来越高涨。对各种有关古代文化事象的挖掘、整理、研究、开发、传承和创新等一系列问题的关注和讨论也越来越深入。近几十年来，文化工作者们一直在思考一个问题：如何让传统文化现代化！我们不仅要重视对包括古村落在内的古代文化载体的过去进行回忆，我们更应该直视她们的现在、现状，而且要规划思考她们的未来！这不仅仅是文化工作者的责任，也是每一个现代中国人的责任。

一、新叶村的保护现状

就是在这样的大背景下，新叶村这个藏在深山的古村落逐渐受到社会各界的关注和重视，经历了 800 多年历史沧桑的新叶古村终于等来了前所未有的发展机遇。1985 年 7 月，新叶"抟云塔—文昌阁"建筑群被列为建德县文物保护单位，拉开了新叶村古建筑保护的序幕。1989 年秋，清华大学古建筑研究所所长陈志华教授一行人到新叶考察古民居，不久，出版了《中国乡土建筑丛书：新叶村》。将原本藏在深闺的新叶古村展现在世人面前，并开始引起了外界的反响和关注。2000 年 2 月，浙江省人民政府将整个新叶村的明清古建筑群列为"浙江省历史文化保护区"。新叶古村保护踏上了省级层面的台阶，并为后来继续升级奠定了基础。

2002 年 11 月 1 日，杭州长途汽车西站开通杭州至新叶的班车，一下子拉近了偏僻新叶与省城的距离。2006 年开始，建德市政府正式启动对新叶古村的保护与开发工作。将对新叶古建筑的保护维修经费列入市级财政预算。2008 年 6 月 8 日，建德市人民政府发布《建德市人民政府令》，以政令形式颁布《建德市新叶古民居保护办法》。新叶古村的保护与开发走上正轨。

2009 年 9 月 27 日，由杭州市人民政府、中国战略与管理研究会、中国文物学会联合举办，由建德市人民政府承办的"2009 第二届中国乡土建筑文化抢救与保护暨建德·新叶古村研讨会"在建德县城新安江隆重召开。包括中国文物学会名誉会长、国家文物局顾问谢辰生，全国政协常委、中国社科院博导叶廷芳，清华大学建筑学院教授陈志华，浙江省历史文化名城保护专家委员会主任委员毛昭晰，中国考古学会理事长徐苹芳等在内的 20 余位全国文保界顶尖专家、全国古村落文化研究著名专家汇集建德，专程到新叶考察、研讨。许多专家对新叶古村保存完好的明清古建筑群以及丰富的古文化资源表示惊讶和叹服，认为是"全国罕见"。这次会议进一步强调了《苏州宣言》的精神，并最终形成《建德新叶共识》的文件，用以指导新叶乃至全国乡土建筑及文化的抢救与保护工作。同时，包括香港凤凰卫视、中央电视台、光明日报、中国法制报在内的各地多家媒体赶到新叶村采访报道。这次会议，以及 2010 年 4 月 16 日，建德市人民政府利用新叶村"三月三"传统节日，在新叶村举办了"新叶古村农耕文化节"。这两次重要活动是新叶古村保护和发展的关键步骤。此后，新叶古村的保护与开发真正步入了良性循环的发展通道。

接下来的几年里，新叶古村的知名度越来越高，荣誉称号一个接一个地获得，喜事、大事一件接一件出现。2009 年 10 月，新叶昆曲入选浙江省第三批"非物质文化遗产"名录，及浙江省非遗十大新发现。2010 年 7 月 22 日，新叶村获中华人民共和国住房和城乡建设部、国家文物局授予第五批"中国历史文化名村"荣誉称号。拨专款加以保护。2011 年 4 月，建德市人民政府颁布《建德市大慈岩风景名胜区新叶区域保护管理办法》。2012年10月,新叶"三月三"被纳入浙江省第四批"非物质文化遗产"名录。2012年4月,中国住房和城乡建设部、文化部、国家文物局、财政部四部委联合下发《关于开展传统村落调查的通知》,中国传统村落文化正式纳入国家历史文化保护战略。同年12月,住房和城乡建设部、文化部、财政部先后公布了首批646个"中国传统村落"名单。新叶村入选首批中国传统村落名录。2013年5月3日,国务院核定并印发了《关于核定并公布第七批全国重点文物保护单位的通知》(国发〔2013〕13号),正式公布了第七批全国重点文物保护单位1943处,新叶村名列其中。从此,新叶村成为"国家重点文物保护单位"。2013年9月30日,新叶村被国家文物局确定为全国6处"具有代表性的古村落"之一。国家文物局下发专门文件,在全国范围内选取河北鸡鸣驿村、山西湘峪村、浙江新叶村、安徽呈坎村、贵州地扪村和陕西党家村6处具有代表性的古村落,开展古村落保护利用综合试点工作。投入巨款用于开展古村落保护工作。为此,浙江省文化厅、杭州市文广新局、建德市文广新局专门成立了相对应的"非遗办"及有关工作领导小组专门负责实施此项工作。2014年7月1日,浙江省历史文化村落保护利用工作现场会暨全省促进农民增收工作会议在建德召开。下午,副省长王辉忠及会议代表到新叶村考察。这是至今为止到过新叶村的最高级别的本省领导。可见浙江省对新叶村的重视。会议确定建德新叶古村落群要作为全省考察学习的样板。新叶古村保护受到空前地重视。

2014年11月26日,由杭州市规划局、建德市市委、市政府主办,杭州市规划展览馆、大慈岩镇政府承办的"留住乡愁——走进新叶古村主题展"在杭州正式开展,此次展览重点介绍了新叶村深厚的文化底蕴、秀丽的自然风光、独特的民居风格。2014年10月22日至10月29日,中央电视台百集大型纪录片《走遍中国,记住乡愁》节目组走进新叶古村,拍摄纪录片《记住乡愁——浙江建德新叶村》。2015年2月27日,新叶村被评为"长三角最具内涵和特色的'江南传统村落'"。2015年4月22日,农历三月三,中央电视台4频道(国际频道)《远方的家·江河万里行》栏目组再次走进新叶古村拍摄节目。新叶古村被关注、被宣传的广度和力度前所未有。这也将新叶古村的保护工作置于全社会的监督之下,这将更有利于提高保护的质量。

当然,在新叶古村保护过程中,抓得最多,做实际工作的当然是建德市、大慈岩镇和新叶村三级党政部门和新叶村民。建德市的历届领导都非常重视新叶古村的保护,特别是建德市文广新局作为具体事务的实施机构做了大量工作。他们连同大慈岩镇和新叶村以及文保所一起组织实施具体保护项目。从建德市各部门,到大慈岩镇,到新叶村,大家都想着紧紧抓住新叶古村被评为"全国重点文物保护单位"和被选为全国传统村落综合保护试点单位的大好机遇,本着对历史负责,对文物负责的高度责任感,实施全县动员,化大力气探索,逐渐摸索出了一条优秀乡土建筑保护与城镇化融合发展的实用性做法:确定了"历史真实性、风貌完整性、生活延续性"的总目标。先保护核心景区,后整治周边环境,留住和迁出共享,保护、利用、开发同行。以新叶古村为中心，以民俗、文化、休闲、运动、乡村旅游为重点，依托周边环境资源，组建大新叶景区，按照"高起点策划、高水平规划、高强度投入、高标准建设、高效益利用"的思路，打造集文化、休闲、运动、民俗为一体的休闲文化体验圈，最后综合发展休闲养生旅游业，努力将古老新叶村建设成独具特色的新农村。

几年来，新叶村共有100多处古建筑实体得到挂牌保护。建德市财政投入新叶古建保护、维修资金6000多万元，完成了95处重点公共建筑的修缮和350多处民居的翻修翻漏，整修总面积超过10万平方米。主要建筑"文昌阁""有序堂""双美堂""崇仁堂""旋庆堂""是亦居""贻燕堂""万萃堂""进士第""郡马府第"10大景点全部修复原貌。新叶村"青砖灰瓦马头墙，肥梁胖柱小闺房"的"古村风貌"基本恢复。村内核心保护区道路恢复为砖石和青石板路。主要道路两侧装上了古色古香的路灯。凡古村范围涉及建筑、文物、环境以及古村落所属的山脉、水库、溪流和田地均纳入保护范围。新叶的建筑艺术、先贤名士的生平传记、教育训导、诗词歌赋匾联、民间小曲、地方掌故，和村民生产生活的习俗等传统文化被同步保留下来。"中国最大的明清建筑露天博物馆"更加名副其实，内涵更加充实了。

在这过程中，建德市逐步制定和完善了有建德特色的科学保护条规，建立了市、镇、村三级联动的长效管理机制和监督机制，对村里现存的古建筑在充分摸排的基础上，实行分级挂牌保护，以保障现有的、已修的乡土建筑不再毁坏和永久维护。经过近10年的努力，新叶古村重现了"水清流，绿掩映，路整洁，房古朴，人安逸"古村风貌。逐渐摸索出了被专家肯定的"新叶模式"。新叶村的范例在建德市产生了强大的拉动效应。一些原先对乡土建筑保护比较消极的村镇大受鼓舞。像严州古城、寿昌老街保护与开发这些比新叶村大的项目，用新叶这根杠杆撬动了。像李村、上吴方、汪山、石泉、大店口、里叶这些跟新叶同等的村子，也在新叶村的影响下，保护优秀乡土建筑的热情空前高涨，古建筑保护和开发的工作走上了良性发展的道路。并带动和促进了其他相关工作的健康有序开展，取得了综合性的成效。有效配合了全省的"千村示范，万村整治"和"秀美乡村"工作，使优秀乡土建筑保护与城镇化融合发展真正成了造福百姓的文化惠民工程，得到专家的肯定和老百姓的称赞，收到了明显的成效。

如今，新叶村里的路比以前平坦整洁多了，门口小沟里的水比以前干净多了，村里池塘中的水比以前清澈多了，村里的祠堂等公共建筑得到保护了，村民住的房子比以前舒心多了，大家的总体生活水平提高了，大家的脸上笑颜多了，这个藏在深山之中，拥有800多年历史的新叶古村终于以崭新的面貌为世人所认识，并可以说是名扬海内外了。

二、新叶古村的旅游开发

如上文所说，我国优秀传统文化的根基在农村。每一个古村落都体现着当地的传统文化、建筑艺术和村镇生态格局，反映着村落与周边自然环境的和谐关系，都是活着的文化与自然遗产，体现了一种人与自然和谐相处的文化精髓和空间记忆，是具有不可再生性和潜在利用价值的重要旅游资源。近年来，随着国家经济的增长，国民生活水平的提高，风景名胜旅游和休闲养生旅游在我国也正蓬勃兴起。而古村落作为一种具有特殊景观形态和文化内涵的乡村人文景观，更是越来越受到人们的青睐。以访古探幽为主要目的的古村落旅游随着乡村旅游的开发而逐渐成为旅游市场中的一朵奇葩。我国古村落数量多，有价值的传统村落就有 5000 多处，这些村落分布地域广，历史文化价值高，古朴的民俗民风与美丽如画的乡村田园风光交织在一起，表现出独特的旅游观赏价值。从旅游的角度来看，古村落的景观无疑是一种不可多得、内涵丰富、能较好满足当代都市人景观需求的人文旅游资源。各地政府主管部门也顺势而动，大力开发和建设有关旅游项目。新叶古村在加强保护的前提下，也逐渐进行了旅游开发。

新叶古村的旅游开发开始于 21 世纪初，2001 年 5 月，叶利生、刘树辉成立了"新叶明古屋旅游有限责任公司"，搞旅游开发，试行对外开放。这是新叶村搞旅游开发的初次试水。2002 年 4 月 17 日，以佐佐木雄三为团长的日本岛根樱花友谊林访中团来新叶村参观，并提出要求，听听新叶的昆剧腔调。这是日本人自抗日战争期间以后，首次来到新叶这个偏僻的山村。开了外籍游客到新叶古村旅游的先河。2002 年 11 月 1 日，杭州长途汽车西站开通杭州至新叶的班车。杭州市旅游局联合长途汽车站组织杭州至新叶古村探访一日游。第一批 40 多名游客来新叶旅游。拉开了团体游客到新叶古村旅游的序幕。此后的十几年时间里，到新叶旅游的大多为访古探幽的少数"驴友"（野营旅游爱好者）和拿着"长枪短炮"的好摄之徒（摄影爱好者）。单纯的游客不多，团队很少。与临近的"诸葛八卦村"的游客量没法比。新叶旅游就这样长时间处在温吞水状态。

建德市有关新叶旅游开发的部门多方设法，寻找突破，终于找到了契机。经过努力争取，2014 年 5 月 24 日至 26 日，湖南卫视在新叶村拍摄《爸爸去哪儿》第二季的第三、四集内容。7 月 4 日和 11 日晚 10 点在湖南卫视综合频道首播。借助湖南卫视《爸爸去哪儿》的高收视率。新叶村一时成为各种媒体报道和人们日常议论的热门话题。新叶村的旅游借风乘势，旅游人数一下子由原来的每天几十人、几百人攀升到每天至少五六千人，2014 年国庆假期和 2015 年春节期间，进村游客一般每天都有一万多人，游客最多时，甚至达每天数万人（包括大量不买门票，只看村容的游客）。"明星效应"真是不得了，明星父子住过的地方、玩过的道具都成为游客探奇仿效的新旅游项目。新叶村的名声带来了超旺的人气，为乡村旅游开发迎来了契机。新叶村的农家乐餐饮兼小旅馆一下子由原来的 6 家发展为 40 余家，餐宿经营收入，加上给游客出售农产品收入相当可观，仅 2014 年国庆期间，新叶接待游客达 2.5 万人次，同比增长 22 倍，实现营业收入 120 多万元，同比增长 33 倍。这种"明星效应"持续了一年多，2015 年暑假以后，新叶的游客量开始减少。2015 年国庆期间，新叶的游客人数只有 2014 年国庆的三分之二。这种情况引起了管理者的重视和思考。喧闹时期的新叶暴露出了很多事先没有估计到的问题。沉静下来后的新叶正好给人们以整理思绪，好好总结的时间。未来的新叶该往哪里走，如何保证已经有很多基础，很好开头的新叶旅游开发健康永续发展，这的确需要好好思考，严谨规划。这不仅是政府管理者的责任，也是每一个新叶人和关心热爱新叶古村的人们应该思考的严峻问题。

三、对新叶古村未来发展的思考

中国作为一个农业大国，农业、农村、农民这"三农"问题是长期困扰我们，亟待解决的重要问题，政府历届领导都非常重视，专家学者都进行过认真探讨，城乡一体化、新农村建设、美丽乡村建设都是重要的尝试实践，其中取得了一些成功经验，也留下了一些遗憾和教训。最近几十年，许多地方借鉴国际经验，在人类投向大自然的热情中，开展乡村风情旅游就成了旧村改造和旅游开发的热门做法。纵观国内各地的主要做法：那种"求新求洋""全拆全建"的"旧村改造"模式已被众多学者专家抨击摒弃；那种修旧如旧，全景保护、杜绝其他的单一保护模式举步维艰，常常因资金短缺而难以为继；而那种保留外壳，改动内饰的"旧瓶装新酒模式"也因其失去本真而备受诟病；还有仿古造新、租赁经营的全商业驱动模式，让众多优秀乡土建筑变成"四不像"，也越来越受到质疑。

新叶这个 800 多年的古村未来该怎么走，怎样才能走得好？走得远？在一次有关新叶古村保护的座谈会上，陈志华教授动情地说："动物园要卖门票，就先要把动物养好，动物都饿死了，还卖什么门票？古村落保护好了就可以赚钱，旅游的潜力很大，但要有序，首先要保护好。要保持村落的真实性、完整性。"陈先生的这段话主要是从一个建筑学家的角度表达他对保护新叶村古建筑的希望，这自然是不错的。但对陈先生这段话的理解，不同的人却未必相同。有些理解是不全面的。

作为一个从新叶古村走进城市生活的玉华叶氏后裔，笔者本人一直在思考新叶该往何处去的问题。为了探寻答案，近几年，笔者本人参观走访了国内许多著名的传统古村落。如湘西凤凰城，云南丽江古城，安徽的西递、宏村，江苏的同里、周庄，广东和福建的客家土楼围屋，江西的婺源、安义、流坑、黄陂古村、龙南围屋等。有了很多感受。同时，一些从新叶村走出去，在各地工作的有点文化的新叶人也一直在关注家乡的发展，都在思考这问题。比如，在寿昌中学工作的叶桂昌多次利用他和寿中另外几个新叶籍教师创办"新叶古村网"这个窗口，发表自己的看法。还利用他所在的建德市民革这个平台参政议政的机会多次提出有关新叶未来发展规划的建议。在"新叶古村网"上还进行过有关新叶未来发展的讨论，让大家献计献策。很多人提出了很好的设想和建议。

根据本人近几年的思考，觉得新叶村的问题说复杂也复杂，说简单其实也很简单：那就是思路问题，工作方向定位问题。新叶古村的魅力首先在"古"字。在确定了"保护优先，合理开发"的原则后，目前，有关各方对新叶的保护和开发主要集中在古建筑方面，这方面的工作已经做得比较多了，而且还在继续做。在旅游开发方面也只是围绕古建筑展开，四、五处需凭票进入的景点都是古建筑。这固然是不错的和应该的。但笔者以为这远远不够。一个传统村落的生生不息，靠的不仅仅是那几幢房子，更重要的是其文化精神。费孝通说过："文化是乡村之魂。"如果说新叶村众多明清古建筑是硬质文化的话，那么，那些附着在这个古老村庄中的民俗文化，人文精神就是软文化，这更是新叶古村文化之魂。在保护与修缮这些乡土建筑的过程中，我们一定要注意挖掘保护新叶村丰富的民俗文化。注重历史文化传承，探索合理利用这些文化遗产的手段。这是在规划新叶村未来发展中应该加强考虑的问题。

就说旅游开发一项，现在的新叶村只靠几处古建筑景点在吸引游客，当然缺乏更多魅力，也留不住游客。旅游附加值较高的食、住场所仅限于几处农家乐，档次很低，而购、娱设施基本没有，这样的旅游目的地只能利润最低化，效益最差化。新叶的旅游开发必须考虑怎样做足"过程"文章，做好"文化"的文章。如何让旅游者在新叶吃、在新叶住、在新叶购、在新叶娱。同时让游客感受新叶的文化产品，使旅游者享受到文化的熏陶和审美体验，让旅游者在浓浓的文化主题中得到体验，这是总体要考虑的思路。概括地讲，就是要从"硬件整合"和软件提升两方面来作具体工作。下面就从几个方面来谈谈本人的看法。

（一）核心区域布局的整合调整

2009年9月，建德市文广新局、市建设局、市旅游商贸局、大慈岩镇政府就新叶古村落整体保护制定了一套完整的《建德大慈岩风景名胜区新叶区域保护管理办法》，并报市政府常务会议通过。该《办法》将新叶古村落的保护范围确定为檀新公路两侧第一山脊线内，包括新叶、汪山、李村、上吴方等村庄，总面积642公顷。新叶古村落分三个层次进行保护：

一是核心保护区，即由新兰公路、檀儒公路和两条内溪所包围的新叶古建筑集中区域，面积约11公顷。该区域内的所有建筑应严格按照文物古迹和历史文化保护区的要求，保护新叶古村的完整性。要求对影响古村落景观的建筑进行拆除、降层改造，以和古建筑协调一致。

二是外围控制区，东、南到环村公路，西至檀儒公路以西100米之内（玉华山脚），北至新兰公路以北200米（道峰山山脚），以及环村公路以东现状外宅少量居住用地，新兰公路以北檀儒公路两侧至山脚的用地，总面积30.36公顷。该区内各种修建性活动应根据《保护规划》的要求实施。

三是农耕风貌保护区，檀新公路檀村到新叶公路沿线两侧视力所及范围，总面积582.64公顷。保护乡村田园整体风貌的完整性，不得随意改变土地使用性质，不得在田园内乱搭乱建，或常年抛荒，鼓励农民春季多种油菜，夏季多栽荷花等富有当地特色的农作物。保护大慈岩后山、红裙山、玉华山、道峰山等山岳景观的完整性，在景区范围内不得开山采石、采矿、挖沙取土。保护区范围内山林植被应当按规划要求进行抚育管理，不得砍伐。任何单位和个人不得建设工厂、墓地、垃圾堆场、危险物品仓库等项目。保护有重要历史价值的古建筑及其环境，对上吴方、汪山、李村、下金刘、麻车岗、三石田等区内古建筑由文物管理部门进行统一注册登记保护，并分等级进行上报。任何个人和单位不得随意拆除区内的古建筑，享有其所有权的个人和单位有保护和修缮的义务。对区内村庄进行统一的规划和管理。由市建设部门协助大慈岩镇政府编制各村的规划，并提供民居建设的图纸，保证区内乡土建筑风貌的统一性，并对色彩、用材、高度等进行统一控制。区内交通道路建设、电力通讯架线、排污设施建设等，应该严格执行景区的保护要求，不得影响大慈岩、玉华山山岳景观。

这份保护《办法》在宏观上具有指导作用。但在微观上，还需要具体的操作细则相配套。例如，在新叶核心区域，如何布局，怎样整合现有景观？除了已经开放的几处古建景点外，如何增加有文化含量的内容，以展示新叶古村的古文化，吸引和延长游客在村里停留的时间，这些都有待于多方探讨。参照国内外乡村旅游的成功经验，笔者以为，重点还是要调整打造核心区。在核心区，还是应该从吃、住、赏、玩几方面考虑。

1. 吃　目前新叶只有农民自己随意经营的小型农家乐。量倒不少，有40多家，但质却不高，且比较乱，在菜品、价格等方面存在恶性竞争的情况。尚没有一家有档次的饭馆酒店，以至于比较高档次的旅游团队在新叶游玩后，仍回到新安江吃饭，甚至去诸葛村吃饭。因此，新叶旅游在吃方面还有很大的潜力可挖。必须加强管理，要有组织，有秩序，适当提高入行门槛。整顿和提高土菜、土酒、土点心的质量。自身工作做到位了，不怕留不住游客。

菜品方面，新叶村曾经评选出"八大碗"土菜，在卫生质量过关的前提下，要突出一个"土"字，以适应城里游客乡野寻根的心理需求。要土菜、土货、土酒唱主角。可以由市旅投公司出面，培训和扶植几家条件较好的农家乐店家。大力开发（甚至种植）鱼腥草、蟹爪兰、马兰头、山栀花、茅草菇、糖安、野莓、石衣、地衣等山野风味的食材。必须常年有人去采集（或种植）、收购、加工制作。有经过培训的专门烹饪这类土菜的厨师。一户农家乐可以有一两个招牌菜，做出特色和名气以吸引客人。

为保证新叶土曲酒的高质和纯正，应该挑选村里的酿制土曲酒能手，扶植一两家常年酿制土曲酒的作坊。以现在的醉仙居为依托，土曲酒的酿制过程也可供游客参观，以增加直观感性体验，引起畅饮的欲望。酿制的土酒既可以长年供应本村的农家乐，又可以包装后（必须用瓷器瓶装，尽量不用塑料瓶装）以"新叶土曲酒"为品牌进行销售。

可以考虑官方出面，提高新叶水米糕、汤圆、粽子、麻糍、麦糊饼、南瓜饼、肉圆、鸡蛋馃、艾叶馃等点心类食品的卫生和质量，研究各种点心的保鲜技术、包装形制，让游客吃完还可以带走。这些点心除了在农家乐供应外，还可以在游客必经的路边设立连片的新叶美食铺面销售，这些店铺可同时出售新叶土曲酒、土菜油以及番薯粉、野葛粉、莲藕粉、土蜂蜜等土特产。逐步形成新叶美食一条街。

2. 住 目前新叶村的住宿主要是与农家乐一起的农宿，也没有一家上档次的旅馆。要求比较高的旅游团队在新叶游玩后，仍回到新安江住宿。据说建德市旅游管委会已经准备在新叶村开设两家有三星级配置的旅馆。但目前还没开设。以前，旅游管委会曾经利用原新叶供销社的二层平房，稍加装修，开设了"青年旅社"，规模虽然比任何一家农家乐都大，但总体档次跟农家乐差不多。仍旧留不住游客。因此，新叶旅游在住宿吃方面也有很大的潜力可挖。在保证卫生条件的前提下，新叶民宿应该具有新叶文化意蕴，最好也能体现野趣和土味，像明香园这样农居住宿点就很有特色，可以适当加以引导提高。像欧洲的荷兰、瑞典的民宿，日本的民宿在世界上很有名气。最近几年，在国内的许多地方，特别是少数民族地区就建设了一些具有民族文化色彩的民宿（如蒙古包、吊脚楼），很受游客欢迎。在浙江的安吉、桐庐等地也出现了文化民宿，在富阳有王澍的农居房[①]，这些都值得参考。新叶民宿一定要调整改造，必须要有不同档次和各具特色的住宿设施，要充分考虑接待普通游客的、接待实习和考察的学生社团的、接待文人墨客摄友艺人的、甚至是接待外国游客的特点和需要，做出特色，私营和国营的都有提供，以满足不同层面游客的需要。这样才能留得住游客。

3. 赏 可以从新叶民间工艺入手，现场与图片相结合进行展示。寻访和集中幸存的民间艺人，在比较宽敞的地方（如现有的某几个祠堂）对剪纸、编草鞋（蒲草鞋）、编草帽、编麦秆扇、织布、纺纱、手工裁缝、做布鞋、纳鞋底、篾匠、箍桶匠、泥塑、木雕、根雕、葫芦雕、南瓜雕、西瓜雕、钉秤、铸铜、打铁铺等民间工艺的进行现场表演性展示，这些工匠制作的工艺品应该与时俱进，既要保留制作一些传统的器具，又要探索制作一些现代人用得着的日常工艺品（如篾制小手提包、热水瓶壳，木制各种小盒子，木雕面具，工艺铁花等）。在种德堂展示和介绍具有新叶特色的（新叶山上能采集到的）土草药，如果能申请到药品经营许可证，可以考虑同时销售土草药，配合城里人的养生需求，开拓土草药市场。现有的碾坊要开放，增加榨油坊。工艺表演展示场所还可以布置悬挂一些介绍某种民间工艺的图片和文字，文字内容可参

---

① 王澍，中国美院校长，中国当代著明建筑学家，普利策奖获得者。

照央视《中国大工匠》栏目和浙江卫视《浙江匠人》栏目的文字内容组织结构。对民间工匠手艺的挖掘保护既是对一些行将消失的民间工艺的挖掘保护、传承，又是很能满足游客好奇心的旅游观赏项目。这些项目如果能做好，意义重大，很可能会引起上级有关部门的关注和重视。现有的在有序堂、永锡堂等处的新叶民俗文化（如三月三）摄影图片展和西山祠堂的家谱文化介绍可以继续坚持，丰富内容，并可以考虑增加播放视频资料等形式，让游客在任何时间来到新叶都能领略到新叶最具特色民俗的魅力，以增加游客的感性认识。这样，配合外围的一些专题欣赏和娱乐项目，游客就不可能只在新叶停留一两个小时就走了。

4. 玩　就是娱乐。现代人出来游玩，主要是为了排遣平时上班的压力，放松自己的神经。因此在旅游场所充分考虑轻松愉悦，甚至直接安排一些娱乐设施是很有必要的。上面说的吃、住、赏三个方面设施的布置就要在考虑实用性和知识性的同时，适当考虑其娱乐性，而不能太严肃。特别是对第三块"赏"的内容，其中部分项目还可以让游客现场动手体验（参与玩）。如剪纸、编草鞋（蒲草鞋）、编草帽、编麦秆扇、手工裁缝、做布鞋、纳鞋底等都是简单轻巧，可以让游客参与玩的项目。这样将会大大激发游客的热情和兴趣。在玩方面同样可以充分利用现有的设施，只是在管理利用上稍作调整即可。如：荣寿堂安排现场书画练习，有人指导，供游客特别是学生参与。文昌阁内设置拜孔子、拜文昌老爷（文曲星）的场所，供学生和家长祈愿。有序堂内可常年设参与式古装戏台，既演习新叶昆曲，又供游客戏装摄影。利用"花轿子"展示农家婚俗，放在南塘、西山祠堂附近（坐轿子照相、抬人等服务性收费与展示相结合，可以鼓励村民投入），崇仁堂布置"公堂审案"的摆设，还原古人升堂审案过程。可以让游客扮演审案官、原告、被告等各种角色。在旋庆堂内安排民间婚礼场景，设置花轿、古式床供游客体验拍照。可想的办法很多，关键是要结合新叶古村落文化特色，体现民俗文化特征。而不是设置一些现代感太强的游乐项目，避免与整个古村文化的不协调。

（二）外围景观的打造

这里讲的"外围"是指新叶村周边三到五华里范围内那些新叶村所属的土地，与《建德大慈岩风景名胜区新叶区域保护管理办法》讲的"外围"概念有所不同。在新叶村所属的土地上打造新景观，而不太需要与周边村庄发生土地纠纷可以减少矛盾，好办事。

前面已经说过，目前新叶村的旅游主要靠核心区的几处古建在吸引游客。核心区的文化旅游设施还太少，可大力挖掘开发。至于外围地区，目前可以称得上景点或对游客有吸引力的场所则几乎空白。因此，也大有可为。其实，新叶村的外围山环水绕，水清山秀，风景绝佳。早在明代，玉华叶氏的第十一世祖白崖山人叶一清就曾经对新叶村落外围归纳出"玉华十景"，并作诗歌咏。新叶历代先贤屡有诗文描述新叶外围环境和意蕴，表达农耕文明时代农民的生活理想和审美情趣。而具有现代眼光的我们，将更能有效欣赏和利用这些景观。参照国内外的成功经验，笔者认为，可以从新叶村的东、南、北三个方向开辟三条"特色农业"景观路线。

其一，南边开发成"观光农园"。观光农园主要是开放成熟的果园、花园、茶园等，让游客入内摘果、赏花、采茶，享受田园乐趣，在国内有些地方叫"生态采摘游"。现在的客运中心方向就可以搞生态水果采摘游。具体在红瓜坞、大石岩山、小石岩山、诸坞垅到三石田一线近山上，包括部分东边和北边的浅山，如杨梅园、翁坞岗、道经堂里等。种植四季鲜果（精选适宜的品种），搞体验式采摘游。多年后，如果开展得好，场地不够，还可考虑在黄泥岗、石壳垅到铁炉头一线的中距离山上拓展果园，搞采摘游。这种样式虽然其他地方已有很多，但对游客还是有吸引力的，关键是看精选的水果品种、质量、价格及经营等。这条线上的田里，目前已经开始种植的春季油菜、夏季荷花是摄影爱好者的最爱。可以继续改良品种，调整布局，突出效果，争取成为名副其实的华东地区最佳油菜花摄影基地之一。如果到时能加上不同季节里的山花烂漫、水果飘香，那就不仅仅对摄影爱好者有吸引力了。

其二，东边开发成"农业公园"，搞有机蔬菜种植体验游。在金昌里、雉鸡岗、挂网山为主，包括西边的石灰泡顶、北边的前山岗和道经堂脚等适合种植蔬菜的麦地（旱地）上种植四季蔬菜。叶建军在雉鸡岗有大棚蔬菜基地，有一定的基础。蔬菜种植体验游不是一般地种蔬菜和卖蔬菜。而是将麦地（旱地）根据地形地势分成大小不一的块状，专门提供给（不是出租）游客来亲自种植体验，组织者负责提供地块前期平整，负责提供蔬菜种苗的采购或培育。负责种植技术指导。规定好，谁种的地块蔬菜可以做上标记（根据自愿可以标牌插在地头，也可以不插标牌而专门记录在案）。游客种好后，蔬菜的施肥、除草、浇水等日常管理工作仍然由组织者负责。说好等到蔬菜成熟采摘季，原来的种植者可以回来用适当的价格买走一部分自己亲手种植的蔬菜。游客当然也可以中途（未到采摘季节）多次回来参与蔬菜管理。如果有可能，还可以增加"牛耕田犁"参观和体验。这种蔬菜种植体验游又叫田园劳动游，或叫乡野风情游，在国外挺流行。在浙江临安，有将整片田地以一定价格租给一个城里的单位搞种植体验的。但还没有向个人开展种植体验的情况。我相信这对于向往农耕生活、希望吃到有机蔬菜的城里人是有吸引力的。

其三，在北边打造"休闲农场"。就是在北边的道经山以及偏西北的五圣庙、张师山、解放水库、石柱源一线发展休闲养生游。随着人口老龄化现象的日益突出，再加上城市环境特别是空气的恶化。到农村休闲养生成了许多中老年人的追求。新叶古村空气好是游客的共同感觉。我们一方面要继续保护好我们的环境，保持清新的空气，另一方面要在这方面做做文章。综合考虑之后，我觉得北线应该是最适宜进行休闲养生游开发的

道经山对新叶村来说是神圣又神秘的，离村子不算远，如果能把车子直接开到山

下甚至山上，在这里听听传说，吸吸森林氧气，那将是多么美妙的事情！

五圣庙是一座以佛教为主，又具有中国农村所特有的儒道佛多神崇拜性质的宗教场所。它有着悠久的历史，更有着许多神秘的传说（神仙石、无尾螺蛳、红壳蟹、朱元璋与柏树将军等），目前的香火就已经挺盛。如能加以扶植管理，定能吸引更多宗教爱好者（特别是附近的香客）前来礼拜祈愿。

张师山（新叶人误说成张支山）是道教圣地。据传说是道教祖师爷张天师曾经落脚炼丹的场所之一（全国有多处张天师炼丹处）。当年，张天师从洛阳北邙山南下江西龙虎山的过程中，路过此地，见此山有龙虎状，遂停下筑坛炼丹。一年后继续南下往龙虎山而去。现有香炉峰、天师椅等遗迹。可作为宣传道教养生理论之用。

解放水库加上东面的雏鸡岗水库可以用作垂钓场所。垂钓可以颐养性情，城里的垂钓爱好者往往苦于找不到好的垂钓处。城郊人工开辟的垂钓乐园之类场所往往水质差，周边空气差。如果能够在一处水质清澈、空气清新的水域钓钓鱼，那对垂钓爱好者是何其荣幸之事！

石柱源本是个很好的野生植物园，是很好的养生和猎奇之处。它地处建德和兰溪两县辖区交界处，因谷中深处有一天然柱状巨石而得名，此石高六十余丈，周长二十余丈（据《兰溪县志》载）。其形颇似男性阳物，故有当地人曾膜拜此石以求子嗣。石柱源主山谷长达十几公里，有多处出口。既与源心、大源相连（石柱源山谷的一部分是现在芝堰水库的上段），又通邓家，沿着山谷岔道还可到达大洋、麻车，甚至到达更楼。所以，此山谷当年曾是兰溪过建德，通往安徽的古道，很值得驴友们去猎奇探险。石柱源由于山高谷深，在近谷底处一线形成局地湿润恒温的气候，致使谷中的原生态植被保护很好，有很多其他山上没有的植物（其中有不少名贵中草药），还生长着一些江南丘陵地带的野生动物如黄麂、野狐狸、豺狗、偷狗豹（一种小花豹），野猪就更多了。由于恒温，谷中有些天然山洞成了旧时代当地财主夏天避暑、冬天躲寒的场所。直至20世纪80年代之前，还是当地人砍柴、狩猎、拔笋、打猪草，采草药的好去处，以及种玉米、高粱等山地作物的重要场所。山谷中原来景点很多，除了那根神秘巨大的天然石柱外，还有如上位头（新叶人叫上完头）、三叠石、香炉瀑、双石柱、笠帽尖、神仙潭（能根据潭水深浅清浊预报天气）、十响锣鼓、棺材畚斗、锅底滑（新叶人"锅"读"阿"，"滑"读"戏"，叫"阿底戏"），神仙脚盆，神仙交椅，神仙担石，螺蛳洞，长踏埠头，皇帝帽，蜂筒坞，风斗坞等天然景点，都是有大自然鬼斧神工，在新叶还有许多神秘故事流传。由于新建了石柱源水库，有些景点已经淹到水下，但蓄水后也会形成一些新的景观。总的来看，石柱源可开发利用的资源很丰富。其地离新叶村不到5公里，为了修水库，已有公路至山脚大坝下。开发有一定基础。一直热心新叶发展的叶桂昌族弟在几年前曾撰文建议对石柱源的开发利用进行专家论证，并提出过一些开发设想。如果要规划新叶村未来的永续发展之路，对石柱源进行科学开发将大有可为。

（三）周边旅游资源的拓展和联络

新叶村的未来要想发展得好，开发旅游之路要想走得远，就不能只考虑新叶村本身，坐井观天，螺蛳壳里做道场是不行的。必须充分利用周边的资源。在2009年，笔者就提出了"古村落群"的概念，强调古村落连片发展的重要性和必要性。因为，新叶村正好处在保存完好的古村落非常密集的区域。周边3公里内，就有兰溪县芝堰村这个国家级文物保护单位，还有本县的李村、上吴方两个省级文物保护单位（同时也是国家及传统村落）。10公里圈内，又有诸葛八卦村和长乐村两个著名古村（都是国家级文物保护单位）。如果范围再大一点，50公里圈，基本可以包括建德市、兰溪市的绝大部分区域，以及衢州龙游的部分区域。在这个区域内，仅仅建德市就有58处市级以上文物保护单位，1217处受保护历史建筑。还有像梅城古镇、七里扬帆、新安江水电站、大慈岩悬空寺等国家4A级以上风景旅游区。邻县有龙游石窟、兰溪地下长河、芝堰水库、东风水库等景点。目前我国保存完好的古村落有5000多个，浙江是保存最多、分布最密集，也最具整体保护价值的地区之一。在新叶村100公里圈内，就能把杭州、临安、富阳、桐庐、金华、义乌、东阳、永康、武义、衢州、开化、松阳等市县，以及安徽黄山市、歙县等地包括进来，而这个圈内，正是"保存完好的古村落最密集的区域"，如果这个区域内的古村落联合互动，统筹规划，完全可以打造成"中国东南部的古村落集群"。这当然非一日之功，而需要多方协调，全面统筹方能奏效。可作为长远愿景。

就目前来看，确立"大新叶"概念，以新叶为核心，创建特色小镇应该是可行的。新叶附近的三石田、儒源、余坞山自然村已经并入新叶行政村，新叶与上吴方自然村地脉事实上已相连在一起，与李村、汪山、赤菇坪最多也只相距2公里。这些村不是国家级传统村落，就是省级以上历史文物保护单位。几个村加起来有近万人口，既是人口密集区，也是农村历史建筑密集区，完全可以组合为一体，形成"历史建筑特色城镇"。其实，上级管理部分也已经有过这类设想。据建德市农办提供的资料，2010年，杭州市确定了13个村（镇）为首批"风情小镇"创建点，新叶村就是其中之一。建德市农办曾与多个部门接洽，委托规划设计单位，根据新叶村的特点，编制了"风情小镇"实施规划，提出了"大新叶"的概念。准备将新叶及周边村落共同打造成"宜居、宜业、宜游、宜文"的"风情小镇"。该规划坚持道法自然和特色至上的原则，挖掘当地历史遗迹和风土人情，把风情和文化融入"山、水、村"中，体现新叶的个性魅力，通过产业发展、生态环境、基础设施、公共服务、旅游交通等的合理布局，力求使新叶"风情小镇"成为农村居民创业就业的基地，国内外游客休闲旅游的胜地，展示新农村建设成就的窗口。笔者以为，既然是创建"风情小镇"，就要突出新叶一带的乡野风情。新叶的三月三迎神庙会和草昆演出、李村的二月二迎翘仙（抬阁）、上吴方正月二十的龙灯会（板凳龙）、汪山正月十八的婺剧会演都是很有乡野风情的文化盛会，应该化大力气整理保护。

　　发展向乡村休闲旅游，从经济效益角度来看，"绿水青山就是金山银山"是最好的表述。从社会效益角度看，让那些已经离开乡村的城市人"看得见青山绿水，听得到淳朴乡音，品得到乡野美味，留得住乡情乡愁"是对现代工业社会的贡献。因此，国内外有识之士都非常重视，也有许多成功的范例。像欧洲的乡村农庄、美国农场（如南部著名的黑莓农场）、日本的古村庄都是城市家庭首选的度假休闲去处。国内云南的丽江古城，湖南的凤凰古城、山西的晋阳古城，以及安徽宏村、西递，不管是大镇还是小村，游客持续火爆。本省的安吉以全省2％的竹资源取得了20％经济效益，靠的就是抓住特色，规模发展，产业化运作。只要新叶村能定位准确，全面统筹，做好长远规划。那么新叶除了古建筑之外，其天然的生态资源也必将会带来极为丰厚的回报。

　　总之，要规划新叶未来，开展乡村旅游是不二选择。而发展新叶旅游是一项长期性的艰难工作。要真正做到游、购、娱相配合，实现食、住、行有保障。不是一朝一夕能完成的，本来可以慢慢进行，但是当湖南卫视在新叶村拍摄的《爸爸去哪儿》第二季节目播出后，更多人知道了这个藏在深山中的文化古村，众多怀着各种心态和目的的游客如潮水般蜂拥而至。一时间，交通停车、接待质量、食品定价、餐饮卫生、文化服务等方面都出现了问题，网络上开始出现一些负面的评论。这就让一些原来隐性的问题暴露出来了，有些本来在计划中可以慢慢解决的问题非得要尽快解决不可。从而使尽快建立长效发展机制的重要性和紧迫性一下子凸现出来。不然，新叶的旅游发展就会变味，就会衰退甚至停滞。因为单靠"媒体宣传""明星效应"来集聚人气，只能暂时的，注定不会长久；如果因为人流众多而降低服务质量，那等于自绝后路。要想新叶品牌屹立不倒，效应永续，就必须在自身软硬件上下足功夫。因此，我们一定要拓展新项目，灌注新内容，一方面继续夯实硬件基础，让游客永远有新鲜感、收获感，从内心感到不虚此行；一方面改造和加强软件结构，提升从业者的素质，增加产品附着的文化内涵，营造综合人文氛围，让游客真正宾至如归、流连忘返。打造"宜居、宜游、宜业、宜文"的新叶旅游新风貌。同时，以品牌景点为龙头，以产业布局为主干，串点成链、以线扩面，真正实施多方联合，多条旅游线路的综合互动，最终助推新叶村休闲旅游产业发展，在展现美丽乡村建设成果的同时，提升新叶村的旅游品质，确保永续发展态势。

四、关于"乡绅回村"问题的思考

另外，要实现新叶未来发展的宏伟目标，需要众多的人才参与。特别是本地、本村的人才。而目前的状况是新叶村的大部分劳动力，尤其是青壮年大多通过种种途径，如读书升学、参军就业和外出打工创业离开了新叶村。这些人只在"过年"等重大节日回村。笔者曾在平常时间回村几次。感觉村子里非常冷清，除了少数几处开农家乐的人家，有游客，比较热闹外，整个村子空荡荡的，基本上只有老人，连小孩都很少，更不用说青壮年。这就使得一些具体规划的实施变得比较困难。这又使我想到了近年来文化界开始热烈讨论的"乡绅回村"话题。

"乡绅"本来指的是旧时代那些生活在农村里的有文化有地位的人。长期作为农业国的中国古代，许多有文化有知识的人在乡村买田置地，安家立业。这使得很多偏僻乡村也拥有一些大文化人，这对于乡村文化的形成和延续是非常有利和非常必要的。就中国古代农村而言，乡绅是中国传统文化的主要维系力量。他们深受儒家文化教诲，知书达礼。同时也热心于乡村公益事务，尽职尽力，得到乡亲们的尊重。如果说，贵族文化是英国文化可以骄傲的地方，那么也可以说，乡绅文化是中国文化可以骄傲的资源。比如我们新叶古村在历史上，就曾经这样因为出现过东谷公、白崖翁这样的乡村文化人，才为我们留下了那么多的文化遗产，才使得新叶村有了"文化古村"的美誉。如果离开了文化人的参与，完全不可能有今天新叶村的样子。

我们曾经多次在影视作品中或老照片中见到这样的乡绅标配形象：长衫、眼镜、瓜皮帽，儒雅、和善加迂腐。如《白鹿原》中的朱先生、冷先生；《青木川》中的施先生都属于乡绅的代表。他们有学问，懂大道理，看得了天下事，也解得开家长里短、婆媳纷争、鸡毛蒜皮、邻里纠纷的闲杂事，更能主导乡村的铺路修桥、兴资建学、扶贫济困诸多善举。他们可能顽固迂腐，但是他们的智慧对稳定乡村秩序起着不可或缺的作用。可惜，我们现在农村中已经见不到这类人了。

如今，在全国绝大部分的农村中，文化人都离村外出了，甚至绝大部分的青壮年人都外出打工了。不少古老的村庄真的成了"空壳村""老人村"甚至"无人村"。这是一个非常严重的问题。在一些西方发达国家，也经历了农民由农村流动到城市，最后又因为农村生态和业态的改善而回归乡村的逆城市化过程。如何让村民回归，如何吸引高端人才进村创业，是当今农村发展的重大课题，这应该是中国梦体系中乡村梦的未来模式。

最近几十年，有不少新叶籍的退休教师和国家干部回村定居生活，"新叶老年协会"主要就是由他们组成。他们为新叶村的发展所起到的重要推动作用是有目共睹的。大到主导乡村的铺路修桥、兴资建学、扶贫济困诸多善举，甚至参与村里的重大决策。小到家长里短、婆媳纷争、鸡毛蒜皮、邻里纠纷等闲杂事，都有他们的身影。这已能说明一些问题，已能体现返村乡绅的作用。最近两年，曾经通过参军或考大学跳出农门，离开新叶村到外地工作的几个年轻人开始回村创业：叶晓宁在村里开设文化茶吧；西山人家农家乐业主叶木央的儿子叶永琪回家子承父业，着手打造"新叶水米糕"特色品牌；大学毕业在杭州工作多年的叶磊回村开了新叶村淘宝店，为推销新叶农民土特产辛勤忙活……使新叶村多少有了一些活力。但这还远远不够。

最近几年,学术界提出了社会主义农村的"红乡绅"这一新概念。认为这些"红乡绅"主要由以下几部分人组成：乡镇党政部门与村委会里有政治资本的党政干部及其亲属；有功勋荣誉、海外关系、上层社会关系等社会资本的乡村退休官员、复退军人、知名人士、乡镇村民及其家属等一批有社会影响的人物；受过专业训练立志回乡发展，有文化资本、独到眼光和较高技能的知识分子和专业人才；执行改革开放政策后，乡村中首先富裕起来的有经济资本的乡镇民营企业家，外出经商、创业、务工致富的返乡农民等。这些新乡绅应该是中国特色社会主义新农村建设的带头人。他们和村里的党支部、村委会，以及村代会，并不存在什么矛盾。而且还是有效补充。也许，他们中有不少人本身就是新乡绅的成员，比如，他可以是村党支部支书、村委会主任，或者村民代表。他们大多受过良好教育，大多上过大学，见过世面。这些人拥有一定的文化知识，又善于学习，善于接受新事物和研究新问题，视野广阔，富有理想，勇于创新。同时，他们本身生活在乡村或来自乡村，他们热爱乡村，有建设乡村的热情。

但就目前情况看，部分已从乡村走出去，最后又返回乡村的"红乡绅""新乡绅"要想在故土上扎根生存还有诸多阻力障碍，首先是户口问题和住房问题。笔者就在想，就新叶村来说，能否允许祖籍新叶，后来外出的新叶文化人在村里建房生活，或者至少给予一定的优惠政策，或者在新叶村选定一块地方，建造一处乡村别墅，卖给那些户籍不在新叶村的新叶文化人，多余的再卖给城里的文化人。用以吸引大批文化人回归新叶，生活在新叶，重新成为新叶一分子。让他们也能设身处地地为新叶的未来发展献计献策，重现历史上乡绅居住农村，建设农村的场景。那该多好哇！当然这要涉及许多政策性的问题，恐怕目前不是仅仅新叶村能做得了主的，这问题就不是一朝一夕能解决的。但是作为一个具有全国普遍性的问题，如果新叶村能走在全国前面，探索出一条切实可行的实施之路，这对于新叶未来的发展是何等的幸事！建德市已经在乡土建筑保护利用方面取得了突出成效，探索出了"新叶模式""建德做法"，并受到众多专家的好评。那么，在处理"乡绅回村"问题上，再进行一次大胆尝试，探索出了一套"新叶模式""建德做法"，也是完全可能的。这也是笔者对于故乡新叶古村未来发展的又一愿景！

附录一：新叶村大事编年

说明：限于本书体例，有些关于新叶历史的内容未能在各章正文中体现，就在本《大事编年》中适当加以补充，所以，本编年的条目文字有些繁杂，特此说明。本编年内容历经近10年的收集，全书截稿后又根据新叶村发展的最新动态，陆续补充了一些新条目，故而记事截至付梓前夕的2015年底。

[1] 南朝齐、梁年间，新叶村及周边区域内，开始有不少姓氏的住户散居（20世纪70年代，在三峰殿口、芝堰、新叶村及周边曾挖出不少古代碎陶器、瓦片等，经鉴定，最早的是南朝齐梁年间的瓷器和陶器）。其民大多因中原"五胡乱华"（西晋"八王之乱"）南逃后，几百年间陆续迁至此地的。

[2] 隋唐年间，佛教鼎盛，玉华山下大致有十八个姓氏的住户共同建造寺庙，人称"十八造"（《兰溪县志》载玉华山下"玉泉寺"为"隋代古刹"。"玉泉寺"原名"十八造"，因元末朱元璋经过此地题诗后，村民依诗所改）。香火很盛。

[3] 五代后唐年间（923—936），厚堂人叶屏由寿昌东乡厚堂迁居至玉华山侧红裙岩下的山间平台之地，逐渐繁衍成村，因红裙岩又名赤姑山，故村名赤姑坪。据明代万历间所刻《寿昌县志》载："红裙岩旧称赤姑山，岩色皆赤，岩石折叠，其纹如裙，故名。"这说明，在玉华叶氏到来之前，新叶村周边已有叶姓人在此生活。

[4] 唐宋年间，新叶村周边十八姓中，以白姓和夏姓家族力量较强，白家人遂将村西最高的玉华山改称为"白山"，建有"白山庙"，又称"白山殿"，旧址在汪山到李村的路上。据《兰溪县志》，李村在历史上很长时间都叫"白下"或"白下李"村。元明之际，"白下李"附近有两个小村子叫"上叶"和"下叶"（"上叶"村后来消失，"下叶"至今还是个小村）。当时的新叶村就被叫作"白下里叶"就是因为在"上叶"和"下叶"里面。后来简称"白下叶"。曾经一段时间，夏族人势力强大，就将玉华山改称为"夏山""夏之山"。所以，外地人也一度称这一带村名为"白夏"。

[5] 南宋嘉泰二年（1202），玉华叶氏始祖叶坤（字德载，行千五一）出生于寿昌湖岑畈叶家。父名叶轰。

[6] 南宋嘉定元年（1208），玉华叶氏始祖叶坤7岁，进入玉华夏氏娘舅家，为过继子。

[7] 南宋嘉定十一年（1218）左右，叶坤17岁，娶表妹夏氏，赘夏家。

540

［8］南宋宝庆元年（1225）左右，叶坤逃回寿昌湖岑畈。

［9］南宋瑞平元年（1234）左右，叶坤之子："放牛小孩"光赞、光隆两兄弟，遇神秘道士王氏，道士在夏家住一年，教两兄弟读书识字。瑞平二年（1235）左右，道士离开夏家。

［10］南宋嘉熙四年（1240），夏秋大旱。次年春，民食橡蕨，饿殍枕藉（据《建德县志》）。玉华山下原十八姓住户大批外迁逃荒。

［11］南宋淳祐末至开庆初（约1252—1259），玉华叶氏第一次分支，嫡长子光赞及后代为"里宅"，次子光隆之后为"外宅"。各自建屋居住。

［12］南宋理宗淳祐十年农历9月11日（农历庚戌年，1250），玉华叶氏三世祖东谷公叶克诚（号东谷居士，为玉华叶氏最关键人物）出生，为"外宅"光隆之子。

［13］南宋宝祐年间（1253—1258），神秘的王道士重回夏家，为玉华叶氏二世祖光赞、光隆两兄弟精堪风水，光赞、光隆兄弟从寿昌湖岑畈迁父亲叶坤遗骨至玉华山下郭门牛台孔，与母夏氏合葬。

［14］南宋景炎二年（1277），叶克诚之子叶震出生。叶震（1277—1350，字雷甫，行茂二，号云庵居士），经过在瀫东书院等地的系统学习，博通经史，学问等身，荣登元代皇庆壬子年（1312）乡荐。被朝廷授任江西福安县尹（从七品）。几年后因其政绩卓越又被朝廷擢升为刑部河南清吏司郎中（从五品）。叶震在河南任职期间政绩更为突出、众口一词。天历元年（1328）正月，元文宗皇帝特颁发圣旨褒奖：敕命晋升他为中宪大夫，兼任河南肃政廉访司副使。中宪大夫为元朝文职官员，魏晋以来，对御史一职又称作"宪"，后世的按察史亦称为"宪"，"中宪"为国家级巡抚或按察御史，相当今中纪委委员。官从正四品。正使留驻京城，副使按时分巡辖区内的民政、财政、百官奸邪违纪事件，或劝课农桑。

［15］元至元二十七年（1290）左右，东谷公叶克诚在距新叶村三、四公里的山间建造书院，延请归乡隐居的邻村理学家金履祥（仁山先生）主持。仁山先生为书院题名"重乐精舍"，许谦、柳贯等名人学者追随金履祥来到"重乐精舍"，书屋扩充为"重乐书院"。东谷公与一众文人诗文唱和，在"十八造"前小溪流中效仿当年王羲之兰亭"曲水流觞"雅趣，此为新叶"三月三"之由来。

［16］元世宗至元二十八年（1291），叶克诚、叶震父子共同主持开始第一次编修《玉华叶氏宗谱》，并请大儒金履祥为宗谱与作序。由于是初次编修，工作量巨大，加上人手不够，历时二十多年至1317年才编成。从此，叶克诚家族50余人开始自称"玉华叶氏"，开始有村子的归属感。外人则称玉华叶氏为"白下里叶""白下叶"，官方也开始认可玉华叶氏所建的村子称谓，归辖则不同朝代稍有变化。

［17］元世宗至元三十年（1293），玉华叶氏外宅派族长叶克诚因出谷济赈灾民（东谷公克诚慷慨出谷二千石以赈济灾民），朝廷为表彰他的义举，加上东谷公的学问和

名声，被辟任婺州路判官①，东谷公辞不就②。被推为"乡贤"。

[18] 元成宗元贞元年（1295）左右，东谷公请仁山先生金履祥为外宅派居地再作实地勘察、占卜，初步选定住地，规划了玉华叶氏村落的位置和朝向。

[19] 元成宗元贞二年（1296）左右，东谷公率玉华叶氏在正对道峰山的位置，修建了外宅派总祠"有序堂"。

[20] 元成宗元贞三年（1297），东谷公率玉华叶氏重修五圣庙（原名"十八造"，后名玉泉寺）。

[21] 元成宗大德五年（1301），叶克诚、叶震父子共同主持在村东南西山岗建成祖庙"西山祠堂"。当时家庙还比较简陋，只有一进一间的规模。

[22] 元仁宗延祐四年（1317）秋，叶克诚、叶震父子主持第一次编修的《玉华叶氏宗谱》最终完成。叶震（云庵公）延请寿昌新市宗人叶弥坚作《玉华叶氏宗谱引》，今据和金履祥序文，知此次修谱时间是"元仁宗四年，延祐丁巳年菊月"。

[23] 元至治年间（1321—1323），叶克诚、叶震父子组织玉华叶氏族人从玉华山引来山泉水，开辟绕村双溪，在村里修建人工沟渠。为新叶村的长久发展奠定了基础。

[24] 元至治三年（1323）七月二十日，玉华叶氏三世祖东谷公叶克诚去世。东谷公叶克诚是当时著名乡贤名流，是奠定新叶村发展基础的关键人物，是玉华叶氏家族历史上最声名显赫的人物之一。《兰邑县志》有传。

[25] 元泰定三年（1326），泰定帝下圣旨褒奖叶克诚及妻唐氏。

[26] 元致和元年（1328）正月，叶震登乡荐，授江西安福县县尹。成为叶氏家族中的又一个重要人物。

[27] 元天历元年（1328），元文宗敕命叶震为河南肃政廉访司副使，并褒奖其妻金氏。

[28] 元末明初，玉华叶氏六世祖叶仙璩为"九思公"（族长），创"祀会""九思会"制度。新叶三月三文人雅集及祭祀庙会传统及部分仪式初步形成，以后渐成惯例。

[29] 元朝末期，叶伯章率叶氏族人在村北一浅山冈上建成一座具有警示及防御性功能的建筑：鼓楼。

[30] 元朝末期，朱元璋率义军驻扎新叶村东南山冈下，村民后来称此地为"军营

---

① 判官，通常是正职官长助手或僚属，相当于今天的"某某长助理"。隋朝使君府始置判官一职。唐制，特派担任临时职务的大臣可自选中级官员奏请充任判官，以资佐理。中唐睿宗以后，节度、观察、防御、团练等使皆有判官辅助处理事务，亦由本使选充，非正官而为僚佐。五代州府亦置判官，权位渐重。宋代于各州府沿置，常常选派京官充任，称"签书判官厅公事"，简称"签判"；宋朝各路经略、宣抚、转运使和中央的三司、群牧也设判官。宋代还设有"通判"一职，是州府副职（苏轼曾任杭州通判，相当于副知府），与"判官"不同。元代各路总管府、散府及州皆设有判官。婺州路相当于金华府。路判官为从七品。

② 叶克诚辞元朝官职不就，与他跟金履祥相契有关，也体现了当时大宋遗民的普遍心态和气节。

畈"。

[31] 元朝末期，朱元璋及刘伯温等要员夜宿五圣庙前的两棵大柏树（为宋代栽下的柏树）下，天降雨，多赖柏遮挡，朱元璋遂封两株宋柏为"柏树将军"，并为五圣庙题联"古柏参天膏露降，华山胜地玉泉流"，后来村民将五圣庙又称作"玉泉寺"。

[32] 元朝末期，朱元璋率军进驻新叶村时，叶伯章率叶氏乡勇在鼓楼擂鼓壮威，捍卫乡里。后来，明太祖朱元璋诰封叶伯章为婺睦要冲总管。

[33] 明宣德年间（1426—1435），玉华叶氏外宅派壮大，先后建起多座分厅。以建于道院山之下的崇仁堂规模最大。

[34] 明成化十三年至十四年（1477—1478），八世祖崇馨公叶永芝等人主持第二次修订《玉华叶氏宗谱》。

[35] 明成化年间（1465—1487），叶文山建成东园。

[36] 明成化年间（1465—1487），叶良鲸在梅园内建书斋，取名梅月斋，自号梅月斋翁。

[37] 明成化后期，新叶村落发展达到鼎盛，叶天祥（1486—1561）执掌"九思公"之职12年，是叶氏宗族中又一重要人物。

[38] 明弘治年间（1488—1505），外宅崇智派长房智寰公及尚三十九智宪公、尚四十四智实公兄弟三人始迁居三石田，建成新宅，并在三石田重建崇智堂。

[39] 明正德年间（1506—1521），玉华叶氏扩建有序堂。

[40] 明正德二年（1507），叶一清（号白崖山人，1507—1583）出生。

[41] 明嘉靖五年（1526），叶一清19岁，始游寿昌，补邑庠廪生。后改入兰溪籍，应列入北监，复应大工，例授鸿胪寺序班。

[42] 明嘉靖年间，叶一清任族中"九思公"之职，与叔父叶天祥一起主持兴修渠道，并整顿原有水渠，修建桥梁，铺设村中道路。

[43] 明嘉靖十年（1531），将祖庙西山祠堂迁至花园里村边（后来，此地建拎云塔，故村民习惯称此次迁建祖庙为"迁到塔下"），取名"万萃堂"。

[44] 明隆庆元年（1567）在村东南巽位上建造一座文峰塔，一座水口亭。用以培植文运。

[45] 明隆庆四年（1570），叶一清主持第三次重修叶氏宗谱，并派人去徽州，使玉华叶氏与徽州、歙州叶氏联宗。整理完成新叶三月三的全部仪规。万历二年（1574），谱修成。

[46] 明万历六年（1578），玉华叶氏属兰溪县瑞山乡。

[47] 明万历十一年（1583），叶一清卒。

[48] 明万历十二年（1584），天祥公之子叶遇春（1530—1619）揭皇榜，用草药治好了皇太后的病，全家受到奖赏。当年，明神宗朱翊钧将侄孙女（河南周藩京山王孙女）赐婚叶遇春之子叶希龙（天祥公之孙），准许招为郡马，并传圣旨到新叶，封

匾为"国戚第"。同时，皇太后和皇帝各赏赐文銮驾、武銮驾一副，皇后赏赐文銮驾、武銮驾半副（即现存崇仁堂、崇智堂各一副，旋庆堂半副）。新叶三月三祭祀銮驾源出于此。叶希龙诰封朝列大夫，宗人府仪宾，并配以竹冈郡君。奉例冠带荣身，皇恩圣旨悬挂存心堂中堂。因而存心堂改称"郡马府""国戚第"。为了荣耀，叶氏家族的总厅"有序堂"也被称为"国戚第"。

[49] 明万历年间，叶氏族人修缮在村西北玉华、道峰两山之间的玉泉寺（五圣殿），装潢厅堂，重塑神像。

[50] 明万历十三年（1585），叶希龙前往开封为官，带了一部分族人迁往河南开封陈留集定居。

[51] 明代中后期，村中建成"居敬书院"（又名"居敬轩"。据叶晋桐《第十次重修宗谱新增凡例十四条》之第八条所述，用作颐养鳏寡老人以及教育族中弟子之学校。清末至民国年间，"居敬轩"一度作为玉华叶氏"官学堂"所在地。1951年土地改革中，被分给几户村民居住。2007年，重新腾出，稍作修缮，挂上"居敬轩"匾额）。

[52] 清顺治十一年（1654）前后，丰廿公叶可文建成旋庆堂。

[53] 清康熙二年（1663）前后，行裕二八七学纶公建成永锡堂。

[54] 清康熙九年（1670），叶氏族人将叶氏祖庙"万萃堂"由塔下重新迁回西山岗故址，并恢复原名"西山祠堂"。

[55] 清康熙三十年（1691），荣寿派叶元锡中康熙辛未科进士，后历任湖广德安府应城县、河南开封府阳武县县尹等职。

[56] 清康熙四十九年（1710），叶应鼎、叶溥、叶元锡、叶士燨、叶士策、叶士筠等人主持第四次重修《玉华叶氏宗谱》。

[57] 清雍正六年（1728），玉华叶氏隶属兰溪县玉华庄管辖。

[58] 清乾隆十一年（1746），叶氏族人决定扩建祖庙"西山祠堂"规模，历时三年完工。此次修祖庙主要由得甲公（属崇义派旋庆堂）等人全力主持。

[59] 清乾隆四十九年（1784），得甲公、逢新公等人主持第五次重修《玉华叶氏宗谱》，至乾隆五十一年（1786）完成。隶溪公叶逢新倡议增《行谱》一册，避免纷繁重叠，并完善三月三迎神祭祀仪规。此法延至今日。

[60] 清嘉庆十二年（1807），有序堂派下仁、义、智、德四分派所属子孙800余人齐心协力建成有序堂"回"字形后厅。

[61] 清嘉庆十三年（1808），族人将有序堂由两进大厅扩建成三进大厅，并建有戏台。

[62] 清嘉庆十八年（1813），叶万桐、叶登青主持第六次重修《玉华叶氏宗谱》。

[63] 清道光二十二年（1842），叶登青组织叶氏后人第七次重修《玉华叶氏宗谱》。

[64] 清同治六年（1867），有序堂遭火灾。1901限于当时财力，仅重建后厅香火房三间，前厅及戏台仍荒废。

[65] 清同治年间（1862—1874），玉华叶氏集资修缮抟云塔下文昌阁。

[66] 清同治年间（1862—1874），玉华叶氏修缮、改造玉泉寺旁的白云庵和五谷祠。

[67] 清同治年间（1862—1874），白下叶村建"云起书院"（据叶晋桐《第十次重修宗谱新增凡例十四条》之第八条所述），作为教育族中子弟的学校。同时，原"居敬轩"仍用作颐养鳏寡老人。

[68] 清光绪元年（1875），叶凤诰、叶凤梧、叶文梓等人发起并主持，第八次重修《玉华叶氏宗谱》。

[69] 清光绪八年（1882），玉华叶氏白下叶村属兰溪县廿二都一图所辖。

[70] 光绪二十三年（1897），叶文梓、叶诰文、叶晋封、叶茂林、叶肃芸、叶中华等主持第九次重修《玉华叶氏宗谱》。

[71] 清宣统二年（1910），白下叶村建成第一座官学堂，一度以"居敬轩"作校舍。

[72] 清朝末年，白下叶村重修玉泉寺，将原先的白云庵、五谷祠、玉泉寺连通。重新封迎五圣。玉泉寺从此成为儒、道、佛等多神共处一堂的场所。这是中国古代农村多神信仰的典型体现。

[73] 清末至民国初期，叶肃茗（1881—1955。行肃百六六，学校注册名"叶晋金"，又名"叶金"，为叶晋桐堂兄），浙江初级师范毕业，留学日本，初入同文书院，毕业后考升日本法政大学法律系，毕业获法学学士学位，经司法部核准，给予律师资格凭证，获得执业律师资格。并曾在日本参与办案，为人辩护，有当年的辩护文稿传世。

[74] 清末至民国初期，叶肃芦（行肃百九九，1887 年出生。学校注册名"叶晋桐"，又名"叶桐"，字叔蕃，号清躬道人。为叶晋金堂弟），留学日本东京法政大学，获法学学士学位。回国后任绍兴地方审判庭推事、浙江九省宪法会议制宪议员、浙江省长公署谘议、浙江实业厅谘议苏常清乡督办公署谘议、国民革命军新编第十四师暨第七军南京司令部少校参谋、宁波警察厅秘书兼卫生科科长、泰顺县政府第一科科长、代理县长、福建第二区行政督察专员公署秘书等职务。

[75] 1913 年 [①]（民国二年），村里开办华山初级小学。全面实施新式教育。

[76] 1919 年（民国八年），玉华叶氏再次修缮文昌阁，并顺便修缮紧靠文昌阁侧的土地祠。

[77] 1925 年（民国十四年），有序堂同治年间火毁后，全面重建。前面两进主厅和戏台重建完工后，在旁边又修了五间配房。

[78] 1928 年（民国十七年）7 月，新叶村成立村农民协会，并成立中国共产党新叶村支部，当时有 22 人加入中国共产党。

[79] 1928 年 8 月 13 日晚，新叶村农民协会参加由共产党领导的寿南农民暴动，攻打永昌失败后，共产党员叶正修、叶肃钊、叶益谦及叶景松的母亲等人不幸被捕，坚

---

① 1911年辛亥革命以后，我国开始采用国际通用的公元纪年，此条以下，改用公元纪年为序。

贞不屈。叶正修于1928年（民国十七年）8月底被国民党枪杀在新叶南塘塍，景松母亲以纵子串共罪判刑二年，其他人被训诫后释放。叶景松化名叶志明流亡江西，后避往上海等地，继续开展革命工作。1953年，叶正修被寿昌县人民政府追认为革命烈士。正修烈士墓在进士第至文昌阁的路边。

［80］1933年（民国二十二年），叶景松在江西受到红十军军长方志敏接见，被委任为特种情报员兼财政处筹款干事，秘密回衢州搞地下工作。

［81］1937年（民国二十六年）春，叶燮臣、叶诰文、叶茂林、叶晋桐等人主持玉华叶氏第十次重修《玉华叶氏宗谱》。修谱处始设在有序堂，是年中日战争爆发，淞沪激战，金衢告急，为安全起见，修谱处移至玉泉寺。

［82］1937年（民国二十六年）正月，白下叶村昆曲坐唱班"义庆会"延师排练，成立"义庆昆剧团"，第二年三月三，首次在雍睦堂登台演出，大获成功。

［83］1938年（民国二十七年）农历10月，第十次重修《玉华叶氏宗谱》完工，举行祭谱大典。

［84］1939年（民国二十八年），叶景松受中共委派，调任兰溪县游埠区委书记，住游埠潦溪桥，以经商为掩护，继续进行地下工作。

［85］1939年（民国二十八年）冬，村中管事人开始筹办私立"儒源小学"。

［86］1940年（民国二十九年）春，私立"儒源小学"成立，叶佩茵首任校长。

［87］1941年至1945年（民国三十年至三十四年），玉华叶氏仍称为白下叶村，改属兰溪县厚仁区玉华乡所辖。

［88］1941年（民国三十年）秋，日军一支小分队由寿昌、排塘，经大坞里、麻车岗、李村、上吴方，第一次至白下叶，看到村口挂着日本法政大学一位教授的题字和"东京法政大学法学士"匾，日军并未进新叶村，而是直接从祠堂后，经三石田往兰溪方向去了。但村里百姓已四处逃难，很久都不敢回家。

［89］1942年（民国三十一年）夏，日军共两次进村（分别是农历四月十三和六月初一）扰掠。其中，日军第二次至新叶村是从兰溪出动，经芝堰突袭当时在汪山的兰溪县政府，由于玉华山的屏障，日军无法攻汪山，转而杀进白下叶，此次日军占领全村，村中房屋毁坏，财物遭劫掠严重，有两位村民被抓，一人被当场处死，一人受重伤。一名妇女被强奸。村中大部分村民事前已逃到石柱源、五里坞和白山后等地躲避。部分财主逃到更远的大源里、长岭上躲避。

［90］1945年（民国三十四年）8月31日，驻扎在金华、兰溪一带的日军向国民党军队缴械投降，白下叶村同时光复。

［91］1946年（民国三十五年），村民大修文昌阁。

［92］1946年至1949年（民国三十五年至三十八年），白下叶村，属兰溪县三峰乡所辖。

［93］1949年清明节前夜，启佑祠堂后进毁于大火。基址无存。

[94] 1949 年 5 月 11 日，解放军一部由兰溪经殿口进入白下叶，新叶从此解放。

[95] 1949 年 6 月，新政府工作组入驻白下叶，开展工作。

[96] 1949 年夏，当时任兰溪县游埠区委书记、厚仁区长的叶景松（又名叶锦松）被土匪章立华杀害于游埠圣山庙。1953 年，经寿昌县人民政府申报，由中央民政部批准，追认为革命烈士。

[97] 1949 年 8 月，新政府工作组发动村里贫下中农家庭的青年男女参加民兵连，负责看管关押地主、富农，并守夜维护治安。同时成立白下叶农民互助协作会（俗称"老农会"）。参加过 1928 年寿南暴动和永昌起义的老党员叶正方任白下叶农民互助协作会主任。

[98] 1949 年 10 月，当时有白下叶（新叶村）村民被"假农会"、顽固地主蛊惑利用，去厚仁参加反革命的"爆动求粮"，打死中国人民解放军战士李三立同志，后有多人被捕，被判刑、镇压。

[99] 1950 年 10 月，白下叶村有 12 人参加中国人民志愿军，赴朝鲜参战。

[100] 1950 年 11 月，土改工作组进驻白下叶村，原白夏叶农民互助协作会改称"白夏叶农民协会"（俗称"新农会"）叶崇坤任会长。开始分房产和土改工作。至 1951 年春，土改基本完成。

[101] 1951 年夏天，玉华叶氏总厅有序堂被收归国家所有，并长期作为供销合作社商场。直至 1985 年交回新叶村所有。

[102] 1951 年 7 月，白下叶村由原来的兰溪县三峰乡管辖划归寿昌县城镇区玉华乡管辖，当时寿昌县县长叫张文楷，县政府在寿昌镇。

[103] 1951 年 7 月，"白下叶"改名"新叶村"，寓"万象更新"之意，辖新叶、诸坞、花园里三个自然村。这是现在新叶村名的由来。同年，玉华叶氏私立儒源小学改名为寿昌县玉华中心小学。

[104] 1951 年 10 月，改组和加强新叶农民协会，简称"新叶农会"，开始按居住区片下设四个分会，负责处理日常事务。

[105] 1951 年 11 月，新叶村进行第二次土改，由寿昌县负责。

[106] 1951 年 12 月，给村民颁发房产证和土地证。

[107] 1952 年 3 月，设寿昌县更楼区新叶乡，乡政府设在新叶"双美堂"（据建德档案馆资料）。

[108] 1953 年 8 月，成立新叶农业生产合作社（初级社），并首次成立新叶党支部。叶肃富任社长兼党支部书记。

[109] 1954 年 4 月，取消新叶乡，改称唐村公社新叶农业生产合作社（据建德档案馆资料）。叶肃富继续任社长兼新叶村党支部书记。

[110] 1955 年，叶穆姣接替叶肃富担任新叶村党支部书记，叶兴棠任副书记。

[111] 1955 年 7 月 7 日，新叶村遭受特大飓风（龙卷风）袭击，抟云塔被雷击，

塔顶被击毁，塔顶的圆石和其他装饰物被击落，以后再也没有按原样修复。新叶总祠堂西山祠堂和村中许多老建筑受损严重。

[112] 1956年，新叶村开始修建雉鸡岗水库，至1957年建成。

[113] 1956年，新叶村成立高级社。叶穆蛟继续担任新叶村党支部书记，兼任新叶高级社主任。

[114] 1956年春，新叶村昆剧团参加寿昌县首届民间音乐舞蹈会演，叶昭耿以旦角演《雪里梅》，获二等奖。

[115] 1957年，新叶村民参加由唐村公社组织的解放水库建设。

[116] 1958年，新叶村响应党的号召，组成新叶人民公社食堂，开始吃大锅饭。最初，全村四个分会，共分四个食堂。后来，合并成两个食堂。开始有饿死人的情况发生。

[117] 1958年夏，新叶村响应上级号召，用土锅炉土法大炼钢铁，各家平时烧饭用的锅也被贡献出来炼钢铁，结果炼成一块块铁粪（新叶人叫"铁兀"）。山上和村周边大批古树木被砍来当柴火烧。塔下和花园里一带的大片古老柏树和樟树被砍来炼油和烧炭。

[118] 1958年11月20日，寿昌县并入建德县，新叶村划归建德县，称建德县唐村公社新叶生产大队。同时，原寿昌县玉华中心小学改名为建德县唐村公社新叶中心小学。

[119] 1960年3月，新叶村专门设立小孩食堂。派专人在今天庭忠家下面的位置（宝银宝良兄弟的房子和原来万发家老房子的位置）烧小孩吃的饭。新叶人在最艰难的岁月为了下一代也做出了努力。

[120] 1961年，新叶村始称为唐村公社新叶大队。叶穆姣任党支部书记，叶琴坤任大队长

[121] 1961年5月，越冬的春粮收上来时，新叶村食堂解散。各家重新自己做饭。有些人家甚至一时间连烧饭的锅都没有。

[122] 1961年下半年，新叶村首次通电，开始装电灯，通广播。

[123] 1962年，新叶村开始推广栽种矮化早稻，称"矮脚南特早稻"，简称"矮脚南稻"，开始种双季稻。

[124] 1962年，解放水库竣工（据《建德县志》）。

[125] 1965年，叶荣桂接替叶琴坤任新叶大队大队长，新叶村全面推开种双季稻。

[126] 1965年，新叶村昆剧团最后一次演出，此后剧团基本停止活动。

[127] 1966年春，建德县唐村公社新叶中心小学增设初中部，为临近的新叶片区学生念完初中课程提供了方便。由于教室不够，崇仁堂后进的两边厢房（现在的牌位房）被临时用作小学一年级教室。

[128] 1966年，"文化大革命"开始，大破"四旧"，大立"四新"。大批古文物被毁，但家谱被保留下来，主要建筑上的雕刻保存完好。"文革"中，贫下中农管理委员会

进驻学校，新叶初中部停办，小学持续，改五年制小学，称"新叶完小"，处半工半读状态。

〔129〕1966年，"文化大革命"开始不久，新叶村设立造反派指挥部，向村党支部夺权。叶穆蛟等领导一度被夺权靠边。

〔130〕1966年，新叶村昆剧团正式解散，演出剧本失踪。

〔131〕1967年，配合当时形势，并根据上级布置，成立中国共产党新叶大队革命委员会取代原来的新叶大队党支部。叶穆姣任新叶大队革命委员会主任，叶荣桂任副主任。

〔132〕1968年2月11日，新叶大队革命委员会主任叶穆姣去山西大寨参观，开始农业学大寨，同年11月30日，新叶大队革委会副主任叶荣桂再去山西大寨参观。

〔133〕1969年，新叶村开始轰轰烈烈学大寨，在附近山岭改田100亩，造田200亩。

〔134〕1969年12月12日，第一批杭州知识青年来村插队落户，新叶村专门建造第一批知识青年住房。

〔135〕1969年，新叶村建立农村合作医疗站，培养赤脚医生。

〔136〕1969年，新叶村开始在附近山坡上种植柑橘、红心李子、黄花菜等经济植物。

〔137〕1970年2月2日，恢复新叶村党支部，叶穆姣继续担任党支部书记。7月设立贫下中农管理委员会，随之进驻学校。

〔138〕1970年，根据上级推广小水电的布置，在牛台孔附近建造新叶村水电站。

〔139〕1970年，新叶村大做山上文章，先后建起了石柱源杉木基地、东坞里毛竹基地、张师山杉木苗木基地、荷塘山和西山岗黄花菜基地。

〔140〕1970年，新叶村开始实行计划生育，但推广艰难。

〔141〕1971年，当时的唐村公社计划修建九里坑水库，为了运输材料方便，修建新叶至儒源的简易公路。

〔142〕1971年，新叶村兴办拖拉机站，选派四名青年学开手扶拖拉机，拖拉机既可耕田，农闲时又可以搞运输。

〔143〕1972年，新叶村党支部重新改称新叶大队党支部革命委员会，叶穆姣任主任。

〔144〕1972年，响应上级号召，新叶村推广春粮—早稻—晚稻新三熟制。

〔145〕1973年春，在雉鸡岗农业学大寨平山改田。劳动中，七小队叶文高挖土被压死，叶陆标等多人受伤。村民农业学大寨的热情受到影响。公社召开现场会，公社蔡鑫明书记亲自来做农业学大寨动员。并召开批判地主坏分子破坏农业学大寨的斗争大会。

〔146〕1975年，新叶村在附近矮山坡上种植茶叶。

〔147〕1976年秋，新叶村在原建德县唐村公社新叶完小基础上，恢复初中设置，为两年制初中。教师多为原来小学部的优秀教师。并在西山祠堂后面，兴建一排六间平房作教室。后来，新叶初中并入檀村镇初中（原唐村公社初级中学），新叶只留小学部。

[148] 1977 年，在新叶村担任了 20 多年主要领导的叶穆姣去唐村公社任职，叶荣桂接任新叶大队党支部革委会主任。

[149] 1977 年，新叶村推广种植杂交水稻"南优 2 号""矮优 2 号"，部分优质田的水稻亩产首次达到 800 ～ 900 斤。

[150] 1978 年，新叶村开始实行殡葬改革，试行火葬，遭到村民强烈抵制，无法实行。

[151] 1979 年 2 月 17 日至 3 月 5 日，叶友庆（小名兰干里）参加对越自卫还击战，并荣立三等功。

[152] 1979 年夏，玉泉寺前的隋朝古柏被当时茶叶厂氨水池的氨水熏枯，后来枯死。

[153] 1981 年 7 月，新叶村有 4 人考上大学本科，3 人考上大专，6 人考上中专。为近年来高考成绩最好的一年。村里为此在村东、西、南、北四个方向建造了四个凉亭，以志纪念。

[154] 1981 年 10 月，唐村公社更名檀村公社，新叶村称檀村公社新叶大队。

[155] 1983 年 2 月开始，新叶村开始将大田承包到户。随后，旱地及柑橘、茶叶、黄花菜基地也于 1983—1986 年间陆续分到户。原来的集体财产也陆续折价卖给个人。

[156] 1983 年 11 月，檀村公社改称檀村乡，新叶大队改称新叶村。新叶村仍旧归属檀村乡所辖。叶荣桂任新叶村党支部书记。

[157] 1984 年，叶正列任新叶村党支部书记。

[158] 1985 年，叶文康担任新叶村村长。

[159] 1985 年正月初五，新叶牛台孔祖坟前的千年古樟树被一个绰号叫"三毛"的傻子点火烧死。排塘部队的消防兵赶到，由于缺乏取水源而无能为力。许多老人为此落泪。

[160] 1985 年春，新叶村民用后山岗地基（现在青年旅社位置）和部分杉木作交换，将总厅"有序堂"从供销社换回产权，重新归新叶村民所有。

[161] 1985 年 4 月。新叶三月三庙会活动重新恢复。有序堂、崇仁堂、旋庆堂、荣寿堂同时演戏，夜放烟花、盛况空前、轰动邻村。

[162] 1985 年 10 月，新叶"抟云塔—文昌阁"古建筑群被列为建德县文物保护单位。同年，开始抢修玉泉寺。

[163] 1985 年，新叶村开始安装自来水，在原新叶水电站下游 300 米处重建新叶水电站，以保障村民用电。

[164] 1986 年，叶正列调往公社地毯厂任职，叶昭铨（千仍）接任新叶村党支部书记。叶文康任村长。

[165] 1989 年，叶文康任新叶村党支部书记，同时卸任村长。叶永芳任新叶村村长。

[166] 1989 年秋，由新叶村人，在建德旅游局工作的叶同宽牵线，联合国教科文组织成员、清华大学古建筑研究所所长陈志华教授到新叶考察古民居。当时的檀村乡

文化站文化员李友彬陪同并作介绍。新叶村开始引起外界关注。

[167] 1990 年正月，上海东方电视台在新叶村拍摄"过大年"民俗专题。

[168] 1991 年元月，成立新叶村老年协会。叶早平（又名叶昭朋，新叶人尊称其为乡长）任会长。当年抢修鼓楼桥二座和睦邻桥，并在道经塘口建新桥一座，修机耕路两公里。

[169] 1991 年，杭州电视台在新叶村拍摄"严州三部曲"，其中的"御医、白蛇洞"内容在新叶村拍摄，提到了明代叶遇春治好皇后怪病的事，以及玉华山半山腰上那个神秘的山洞。

[170] 1991 年 11 月 15 日，浙江省人大常委会主任陈安羽到新叶村考察，对古村的保护作了批示："我们到建德新叶考察，发现这里有很多古建筑，保护基本完整，要学日本保留一、二处这样的古村落，发展旅游，经济效益、社会效益必然很好"。

[171] 1992 年 5 月，檀村乡改称檀村镇。新叶村仍旧归属檀村镇。

[172] 1994 年 8 月，陈志华教授等人著《中国乡土建筑丛书：新叶村》在台湾出版。

[173] 1992 年 10 月，浙江电视台拍摄的有关新叶村风土人情的专题片"一艘停泊在大地上的船"在"钱江潮"栏目播出。

[174] 1995 年，开始抢修文昌阁，建德县政府拨款 2 万元维修。部分村民参与集资筹款。

[175] 1995 年，新叶村开通程控电话和闭路电视。

[176] 1996 年 5 月 23 日晚，文昌阁建筑中四块雕有"八仙"图案的牛腿被盗。

[177] 1996 年 6 月 26 日，《人民日报》的"大地周刊"栏目刊登介绍新叶村精美古建筑的文字和图片，称新叶村的古建筑是"中华民族民间文化瑰宝"。

[178] 1997 年秋，成立古新叶资料撰写小组，收集有关资料，刻印《新叶古民居简介》小册子。

[179] 1997 年 10 月，新叶村重新推行火葬，逐步被人接受。

[180] 1998 年 1 月 16 日晚，有序堂内两块镂空雕狮子牛腿被盗。

[181] 1998 年，叶建良接替叶永芳担任新叶村村长。

[182] 1998 年 2 月 16 日，檀村镇施国清书记带领新叶村干部去安徽宏村、西递参观。筹划研究新叶古村保护和开发事项。

[183] 1998 年 6 月 26 日，《人民日报》"大地周刊"栏目刊文介绍新叶村，称新叶古民居集工艺、美术、文字、雕刻、园林、文物于一体，是中国民间文化中不可多得的宝贵遗产。新叶村在外影响力逐渐扩大。

[184] 1998 年秋，《古村新叶》一书刊印（属内部印刷资料，非正式出版）。

[185] 1998 年，新叶村出资 20.7 万元赎回产权后山岗上原国有财产的供销大楼及其他营业房、停车场等。并将原新叶加工厂、果品公司、锯板厂等集体资产出让给个人。

[186] 1998年，新叶村开始用水泥浇铸塔下渠道，因资金短缺，工程断断续续，直至2006年，渠道最后浇筑完成。

[187] 1999年，第二次抢修抟云塔，政府拨款2万元，旅游局5000元、村民及在外工作的叶氏族人集资3万余元。

[188] 1999年7月，陈志华教授等人著《中国乡土建筑丛书：新叶村》，由重庆出版社出版。

[189] 2000年2月，浙江省人民政府将整个新叶村的明清古建筑群列为"浙江省历史文化保护区"。

[190] 2000年4月10日，浙江省委副书记、省政协主席刘枫来新叶村视察，并题词"新叶古村、美不胜收"。

[191] 2000年5月，杭州西湖明珠电视台拍摄"新叶古村"专题节目。

[192] 2000年秋，大慈岩风景区叶利生个人投资20万元对新叶村古建筑进行抢救性的修葺和开发，取名"明清建筑博物馆"。整理有序堂、大修崇仁堂、巷砌砖道、清洁池塘，复原旧貌。

[193] 2001年4月26日，杭州市副市长杨戌标一行来新叶村考察。

[194] 2001年4月，叶培华牵头，联合新叶村老年协会开始第十一次重修《玉华叶氏宗谱》。

[195] 2001年5月，叶利生、刘树辉成立"新叶明古屋旅游有限责任公司"，搞旅游开发，试行对外开放。

[196] 2001年8月15日，浙江电视台"风雅钱塘"栏目播放介绍新叶古村的内容。

[197] 2001年8月16日，首批德国客人来新叶旅游，新叶古村开始被外国人认识。

[198] 2001年10月，檀村镇改称大慈岩镇，新叶村属大慈岩镇管辖。

[199] 2002年2月，建德县将新叶村古建筑群向浙江省人民政府申报"历史文化保护区"。

[200] 2002年4月17日，以佐佐木雄三为团长的日本岛根樱花友谊林访中团来新叶村参观，并请求听了新叶的昆剧腔调。这是日本人自抗日战争以后，首次来到新叶这个偏僻的山村。

[201] 2002年8月，在原西山岗操场的位置动工兴建新叶小学教学大楼。

[202] 2002年10月17日早晨，南塘边棋盘上的叶昭光家发生大火，女儿、儿子被烧死。房屋坍塌，南塘周边的完整古建筑受到严重破坏（直到2010年，才由村里出资将此屋修复）。

[203] 2002年10月21日，建德市人大常委会组织有关部门及部分人大代表，在市委副书记梁建华、副市长章舜年的带领下到新叶村考察。并现场商讨保护开发事项。

[204] 2002年11月1日，杭州长途汽车站开通杭州至新叶的班车。杭州市旅游局联合长途汽车站组织杭州至新叶古村探访一日游。第一批40多名游客来新叶旅游。

[205] 2002 年 11 月，经浙江省人民政府批准，新叶村被确定为"省级历史文化保护区"。

[206] 2002 年冬至，第十一次重修《玉华叶氏宗谱》完成。村民集资组织祭谱大典，村谱共印十二套，村委会藏一套，其余十一套由十一个房派的头首或代表负责收藏保管。

[207] 2002 年，浙江电视台再次来新叶拍摄有关新叶村专题节目。进一步扩大新叶村的影响力。

[208] 2003 年 1 月，陈志华教授等人著《中国古村落丛书：新叶村》，由河北教育出版社出版。

[209] 2003 年春，新叶村民集资 3 万余元，维修重建村口文昌阁侧房。并开始荣寿堂后进重建工作和雍睦堂前进重建工作。

[210] 2003 年，雉鸡岗水库列入"省千库保安工程"，共投资 100 多万元搞土建，到 2004 年上半年完工。

[211] 2003 年 11 月 15 日，新叶村环村公路开始建设，设计道路宽 7 米，投资 40 万元（于 2006 年 8 月完成水泥路面浇筑工程，建成实际路宽 5 米左右的环村公路，耗资约 50 万元，大大便利了村民的出行和村里的总体环境）。

[212] 2004 年 10 月，西山祠堂再次修缮，这次由政府拨款 10 万元，按照崇义派旋庆堂又庵公所定形制修缮。

[213] 2005 年，建德市政府责成有关部门编制完成了第一稿《新叶古村保护规划》，构筑了三个层次保护体系。首先是核心保护区，包括最有价值的历史建筑、河流水系、街巷布局；其次是建设控制区，可以适量建设，但体量、高度、色彩、形式等都要按照保护规划控制；最后是外围的环境协调区，保证村落整体的协调。

[214] 2005 年，为了加强西山祠堂维修质量，建德县政府再次拨款 16 万元，新叶村也出资 1 万多元。

[215] 2005 年，轮到崇仁派负责三月三庆典，崇仁派是目前在玉华叶氏宗族中人口最多，实力最强的房派，崇仁派齐心协力，精心筹划，正值"大年"，其规模热闹程度为近几十年之最，方圆数十里百姓都来赶集看热闹，大大提高了新叶村的影响力。

[216] 2006 年，洪庆华任建德市长，多次来新叶考察，很重视古村落的保护工作、着力保护和开发新叶古村。多次召开专题会议，督促有关责任部门联合制订《新叶古村保护规划》。

[217] 2006 年 7 月底，从松梅岗到小榔头的水泥公路浇筑完工。

[218] 2006 年 10 月 16 日，新叶村老年协会去兰溪上叶村参加"新塘叶氏"家谱续修仪式。"新塘叶氏"原由新叶里宅派外迁发展而成，自迁出后已繁衍 21 代，是礼七公的后代，以前不和新叶来往。李家镇诸家村西园叶氏是从新塘迁去的。新叶村原有一口水塘叫"新塘"，地址在叶照贤家门口的水塘。上叶村叫"新塘叶氏"说明他

们念旧不忘本。

[219] 2006 年 10 月 17 日下午，全国政协原副主席王文元到新叶村视察，并题写："千年古村、万象更新"。市委书记陈春雷等陪同视察。

[220] 2006 年 10 月 20 日，新叶村牛台孔至鼓楼岗水泥路浇筑完成。

[221] 2006 年 10 月底，檀村至新叶公路开始整修并部分铺设沥青。

[222] 2006 年 11 月 7 日，新叶主村至西山岗村小共 1100 米村道路浇筑水泥路完工，村里自己投资 13 万元，充分体现新叶村重视教育的传统。

[223] 2006 年 12 月 23 日，举行叶一清（白崖山人）诞辰 500 年祭祀仪式，叶瑞荣老师为首，重修白崖山人坟墓。地点在三石田村后面山上。

[224] 2006 年 12 月 25 日，新叶村开始地面水系改造，下新屋开始做水坑。

[225] 2006 年 12 月，叶志衡申请浙江省文化工程重点课题《新叶古村落研究》，并获批准立项。同年，浙江师范大学安旭老师为首的课题组也获得一个有关新叶村的文化工程立项。足见浙江省文化厅对新叶村的重视。

[226] 2007 年 1 月 5 日，大慈岩镇镇长钟利平带领杭州市规划设计院的叶院长到新叶村考察古民居，继续帮助新叶村保护和开发。

[227] 2007 年 1 月 8 日，《钱江晚报》四版刊登记者调查文章《800 年古村的明天在哪里？》，反映了新叶村遭遇当代文明冲击的尴尬局面。引起当时建德市领导的重视。

[228] 2007 年 1 月 10 日、11 日，建德市商贸旅游局局长郑均、沈光炎副局长、朱红霞科长，市文化广播新闻出版局局长叶志忠、副局长饶志刚，大慈岩镇钟利平镇长、徐朝忠副镇长、陈志昌，新叶村叶文康书记、叶建良村长等一行 13 人，到安徽省黟县宏村、西递村考察、取经（宏村、西递于 1986 年对外开放，至 2006 年，仅门票收入就达 2800 多万元和 1800 多万元，旅游成为当地的支柱产业。宏村、西递从 1991 年成为安徽省文物保护单位，2000 年成功申报世界文化遗产，2001 年成为全国重点文物保护单位）。

[229] 2007 年 1 月 19 日，市商贸旅游局局长郑钧、朱红霞，文化局饶志刚，大慈岩镇何来信书记、钟利平镇长，新叶村叶文康书记、叶建良村长去富阳龙门镇考察取经。

[230] 2007 年 1 月 24 日，建德市市长洪庆华、市委副书记梁建华赶到北京，邀请清华大学陈志华教授再来新叶村，对新叶村的开发和保护进行全面策划。

[231] 2007 年 7 月，原里陈桥（儒源）、余坞山、三石田自然村划归新叶，新的新叶行政村辖儒源（里陈桥）、余坞山、新叶、诸坞、花园里、三石田 6 个自然村。

[232] 2007 年 7 月 31 日下午，来自瑞典、葡萄牙、希腊三国的驻华大使夫妇及比利时驻华大使夫人来到新叶村参观访问，随行的还有 2006 年世界杰出华人贡献奖获得者约瑟夫·冯先生。新叶村党总支副书记兼村长叶建良陪同参观。

［233］2008 年 2 月，叶建良担任新叶村党总支书记，叶向滨任村长。

［234］2008 年 6 月 8 日，建德市人民政府发布《建德市人民政府令》，正式颁布《建德市新叶古民居保护办法》。

［235］2009 年 3 月，新叶族人寿昌中学老师叶桂昌负责创建了"新叶古村"网（网址：http：//www.xinyecun.net），此后，叶桂昌为此网站耗费了大量精力，至今仍是有关新叶村信息最全面的专门网站，也成了凝聚新叶村在外工作人员的场所。

［236］2009 年 3 月，石柱源水库开工建设，由叶文康现场负责。

［237］2009 年 8 月，建德市人大十四届二十次常务会议审议通过《建德市新叶景区保护管理办法》。

［238］2009 年 9 月 27 日，2009 年"第二届中国乡土建筑文化抢救与保护暨建德·新叶古村研讨会"召开。大批古村落文化研究专家到新叶考察。最终形成文件《建德新叶共识》用以指导新叶及全国乡土建筑文化抢救与保护工作。同时，包括香港凤凰卫视、中央电视台、光明日报、中国法制报在内的各地多家媒体赶到新叶村采访报道，叶志衡作为从新叶村走出去的本乡专家出席研讨会。27 日下午，叶志衡接受中央电视台 4 频道（国际频道）记者采访，介绍新叶村的保护价值。将新叶村的价值概括成：三个"罕见"、三个"典型"（新叶古村以一村之力建造了一个书院：重乐书院，全国罕见；一个村子，1000 多人建起一座七层宝塔，全国罕见；新叶"三月三"庙会在汉族地区已十分罕见。新叶古村是中国古代农村"耕可致富，读可荣身"的"耕读传家"理念具体实践的典型；新叶古村是中国古代农村血缘宗族管理模式的典型；新叶古村是中国东南部明清乡土建筑的典型。）

［239］2009 年 10 月，新叶昆曲入选浙江省第三批"非物质文化遗产"名录，及浙江省非遗十大新发现。同时，叶昭镳被确定为省非遗：新叶昆曲传承人。

［240］2009 年 12 月，叶志衡著作《战国学术文化编年》被浙江省人民政府授予"浙江省优秀社科成果一等奖"。

［241］2010 年 2 月 14 日（农历正月初一）下午，在新叶村会议室召开新叶籍在外工作人员座谈会，共 80 余人参加，村长叶向滨主持，共商新叶发展大计。

［242］2010 年 3 月，"新叶小星星昆剧社团"在新叶小学成立，聘请了"新叶昆剧"第三代传人叶昭镳和第四代传人叶金香为指导老师，培养爱昆剧、学昆剧的接班人。目前，"新叶昆剧"的传承已经成为该校文化建设的一个品牌活动，主要以社团的形式开展。学校为了普及"新叶昆剧"，开发了《新叶昆剧》校本课程，还挑选了浅显易唱的《凤阳花鼓》选段作为全校学生的必学曲目。

［243］2010 年 4 月 16 日，建德市人民政府利用新叶村"三月三"传统节日，在新叶村举办了"新叶古村农耕文化节"。

［244］2010 年 5 月 5 日，建德市政府办公室发布建政办函〔2010〕104 号文件，将经过市政府研究同意的《建德市历史建筑保护管理实施办法》以函件方式印发给各

镇、乡人民政府，各街道办事处，市政府各部门、单位贯彻执行。新叶古建筑保护有了更具体的地方性法规保驾护航。

[245] 2010 年 5 月 21 日，牛台孔叶坤太公墓为代表的新叶村叶氏家族墓被列入建德市第六批市级文物保护单位。

[246] 2010 年 7 月 22 日，新叶村获中华人民共和国住房和城乡建设部、国家文物局授予第五批"中国历史文化名村"荣誉称号。拨专款加以保护。

[247] 2010 年 7 月，新叶古村旅游区整合后重新开放。西山祠堂、文昌阁、有序堂、双美堂四处景点卖票参观。

[248] 2010 年 8 月 1 日，新叶客运中心经三石田至李村与檀新公路汇合的旅游公路开始浇筑水泥路。

[249] 2010 年 8 月至 9 月，新叶村核心区块南塘塍周围一些较破旧的古民居进行抢救性维修。

[250] 2010 年 8 月，电影《当小河流经沙漠时》剧组一行 10 余人在新叶村拍摄外景。

[251] 2010 年 9 月 5 日，浙江建德叶氏研究会成立。叶运昌任会长。

[252] 2011 年 3 月 30 日，8 个日本媒体旅游考察团在杭州参加完"西湖国际茶叶博览会"之后来到新叶村观光考察。

[253] 2011 年 4 月，建德市人民政府颁布《建德市大慈岩风景名胜区新叶区域保护管理办法》。

[254] 2011 年 8 月，旋庆堂维修工程开始。

[255] 2011 年 9 月。新叶村启动五圣殿及周边道路整修保护工程。

[256] 2011 年 10 月，由新叶村至兰溪市上塘村经冬青岭、石壳垅的东线道路新叶段的水泥浇筑工程开工。该段道路总长 1300 米，预计投资 50 万元左右。至 12 月底，水泥浇筑工程完工。至此，新叶村通往儒源、芝堰、三石田的水泥路全部建成，连同原先的檀新线县级公路，新叶村已实现四周道路全部水泥浇筑，大大有利于村民交通出行。

[257] 2011—2012 年，新叶新区路面水泥浇筑工程基本完工。该工程由义乌宏胜市政工程公司中标承包施工，2011 年秋季动工，预计投资 100 万元左右。

[258] 2011 年 11 月 23 日，由杭州市非物质文化遗产保护中心主办的"杭州市第一批专家领衔非物质文化遗产项目保护工程"和"杭州市非物质文化遗产项目保护师徒传承工程"启动仪式在杭州孔庙举行。在现场采用最传统的拜师方式，举行了包括振兴祥中式服装制作技艺、新叶昆曲、八都麻绣等在内的 10 项非遗代表性传承人收徒仪式。大慈岩镇文化站站长陈志昌，浙江省非遗传承人叶昭镳、新叶昆曲新秀诸葛燕飞参加了拜师仪式。叶昭镳与诸葛燕飞成为首批名师高徒。

[259] 2012 年 1 月 23 日（农历壬辰年正月初一），兰溪市上叶村 100 多位村民来到新叶村寻根祭祖，新叶宗亲热情接待。上叶村是玉华叶氏第六代礼七公叶祯（伯章）

的后代，在明宣德九年（1434）迁至兰溪后仁镇新塘上叶村，至今已580多年，如今已繁衍成有600多人的大村。

[260] 2012年3月，大慈岩中心小学被列为浙江省第二批非物质文化遗产传承教学基地，学校挑起了传承"新叶昆剧"的重担。

[261] 2012年4月11日，中共浙江省委办公厅浙江省人民政府办公厅就加强历史文化村落保护利用问题，颁发了"浙委办〔2012〕38号关于加强历史文化村落保护利用的若干意见"的文件。

[262] 2012年4月，中央电视台4频道（国际频道）"北纬30度——远方的家"栏目组来到新叶村拍摄。

[263] 2012年4月，浙江师范大学教师安旭先生著《宗族政治的理想标本：新叶村》由浙江大学出版社出版。

[264] 2012年7月，浙江省档案局公布审批通过了35家"乡村记忆示范基地"试点单位名单，新叶村榜上有名。"乡村记忆示范基地"是一个集旅游资源、历史传承、档案文化于一体的教育基地。简而言之，就是选择一个村，将各种文化进行图片或实物展示，并联合周边的文物古迹、旅游资源进行共同开发。建成后的新叶村"乡村记忆示范基地"，将不仅是一个拥有多种形式元素的档案文化阵地，也是一个集档案文化、历史传承、旅游资源于一体的教育基地。不仅能够丰富百姓的文化生活、提升乡村的文化品位，也能带动乡村第三产业的发展。

[265] 2012年8月20日，"世界叶氏联谊总会"（简称"世叶总会"）副会长兼秘书长叶天才及"世叶总会"浙江分会部分宗亲来到新叶村参观考察。

[266] 2012年10月，新叶"三月三"被纳入浙江省第四批"非物质文化遗产"名录。

[267] 2012年秋，新叶古村入选浙江省文化厅、省旅游局公布第二批浙江省非物质文化遗产旅游景区（属于民俗文化旅游村）。

[268] 2012年11月5日夜，新叶五圣殿失火，后进观音堂等处被烧毁，过火面积近百平方米。

[269] 2012年12月，新叶村入选首批中国传统村落名录。根据国家住建部网站消息，住房城乡建设部、文化部、财政部于12月20日公布第一批被列入中国传统村落名录的村落名单，全国共有646个村落列入首批中国传统村落名录，新叶村名列其中。

[270] 2013年4月20日，新叶五圣殿修复失火被烧毁的后进观音堂等处建筑。历时半年，村委会和热心村民共筹资10余万元终于使五圣殿得以修复。

[271] 2013年4月25日下午，文化部副部长、国家文物局局长励小捷考察新叶村。励小捷一行在浙江省文化厅巡视员鲍贤伦和建德市委书记董悦、建德市文广新局副局长李友彬等领导陪同下先后参观新叶村西山祠堂、抟云塔、文昌阁等10多处文物点。励小捷充分肯定建德市政府重视新叶村的保护工作，并支持当地政府在加大保护的同时，着手适度的开发利用。他还表示："新叶村即将被国务院公布为第七批全国重点文

物保护单位，国家层面上也将加大投入力度，并督促地方政府在继续做好保护工作的同时，注重挖掘、继承和发扬非物质文化，积极探寻文物村落保护事业与合理开发利用的发展模式。注意避免唯利是图的商业文化对于地方固有物质和非物质历史文化遗产的侵害。"

[272] 2013 年 4 月，国家文物局印发了《关于做好第七批全国重点文物保护单位保护工作的通知》（文物保发〔2013〕7 号），要求各地尽快依法完善第七批全国重点文物保护单位"四有"工作，实现保护管理工作的日常化、规范化和制度化。并将"第七批全国重点文物保护单位"有关材料上报国务院核定。

[273] 2013 年 5 月 3 日，国务院核定并印发了《关于核定并公布第七批全国重点文物保护单位的通知》（国发〔2013〕13 号），正式公布了第七批全国重点文物保护单位 1943 处，新叶村名列其中。另有 47 处项目与原有全国重点文物保护单位合并。

[274] 2013 年 9 月 30 日，国家文物局下发专门文件，在全国范围内选取：河北鸡鸣驿村、山西湘峪村、浙江新叶村、安徽呈坎村、贵州地扪村和陕西党家村 6 处具有代表性的古村落，开展古村落保护利用综合试点工作。投入巨款用于开展古村落保护工作。为此，浙江省文化厅、杭州市文广新局、建德市文广新局专门成立了相对应的"非遗办"及有关工作领导小组专门负责实施此项工作。此后，新叶村的名声越来越大，关注新叶古村的人越来越多。

[275] 2013 年 11 月，叶向滨任新叶村党总支书记，叶伟君任村长。

[276] 2013 年，开始修复古建筑"郡马府第"。"郡马府第"原名"存心堂"，又称"国戚第"。"存心堂"最早为玉华叶氏十世祖叶天祥所建，面积约有 300 余平方米。现存建筑有二进一天井，每进三开间，上进比下进高出一米左右，两进互不相连。在下进中间筑有 6 级台阶，可供人登上进，达到上下相通。台阶两侧是两口方形的小天井。下进前面是一座小院子，约 70 平方米，院落前正中建门台一座，为八字门楼，据老人们回忆厅前院子八字楼台两旁有石狮子一对，张牙半蹲，貌似迎宾送客姿态，院子两侧和门台两边，砖砌矮墙护卫着整座厅堂，围墙外侧粉刷红色，宫殿式样。

[277] 2014 年 1 月 29 日，市委、市政府召开新叶村全国古村落保护利用综合试点工作专题会议，市领导戴建平、陈震山、童定干、汪华瑛、周友红、叶万生、祝军、尤荣福出席会议，市委办、市府办、统筹办、财政局、住建局、交通运输局、风景旅游局、文广新局、环保局、国资公司、大慈岩镇等单位负责人参加了会议。会议专题听取了新叶村全国古村落保护利用综合试点工作情况的汇报，并进行了认真分析研究。

[278] 2014 年 4 月 21 日，建德市委副书记兼市长童定干、副市长祝军主持召开新叶古村落保护利用综合试点工作推进会议，发改局、财政局、风景旅游局、文广新局、审管办和大慈岩镇等部门单位负责人参加了会议。会议强调，各相关单位要按照《新叶全国古村落保护利用综合试点工作专题会议纪要》（〔2014〕1 号）的要求，加强沟通，互相支持，提高效率，确保整体保护与基础设施建设同步推进。按照"政府主导、

民众参与、让利于民"的思路，深化前期调研，想方设法调动当地村民积极性，动员他们主动参与、支持保护和开发，并让老百姓真正能够通过试点工作得到实惠。同意由浙江古建设计研究院编制新叶古村落保护利用文物本体技术设计方案；同意由北京清华同衡规划设计研究院乡土建筑研究所编制《新叶古村落保护利用综合试点规划》。争取把新叶村打造成：古村文化游、休闲运动、民俗民耕体验为一体的5A级休闲景区。

[279] 2014年5月24日至26日，湖南卫视在新叶村拍摄《爸爸去哪儿》第二季的第三、四集内容。和第一季不同，第二季的家庭采用的是"5+X"模式，所以，在新叶古村的明星爸爸，除了曹格、陆毅、吴镇宇、黄磊和杨威外，还有"X-Man"姚明。姚明是25日下午来到新叶村，导演安排姚明先藏在崇仁堂一群新叶人中间，"代理村长"安排陆毅女儿贝儿和曹格女儿"姐姐"去找村里最高的人到双美堂前摘枇杷，把姚明找出来，然后，与五位"爸爸"分成两组在进士第前面空地上比了一场篮球。然后由杨威带姚明来到南塘沿看他的住处"水云间"。晚上，姚明在新叶品尝由五位爸爸下厨做的晚饭后离开，不在新叶住（新叶实在没有这么大的床）。新叶村支书叶向滨拿出两个篮球让姚明签了名。曹格、陆毅、吴镇宇、黄磊和杨威则在新叶村住了三天两夜。陆毅住双美堂、黄磊住翰墨轩、吴镇宇住醉仙居、曹格住种德堂、杨威住"水云间"。

[280] 2014年6月12日，在永康市三江广场举行由浙江省文化厅主办，永康市人民政府承办的"浙江好腔调——'浙风越韵'专场"演出，浙江省的地方剧种：永康醒感戏、包山花鼓戏、临海车灯戏、平阳南湖马灯戏、永嘉溪下马灯戏、衢江茶灯戏（唱灯）、衢江马灯戏、庆元菇民戏、淳安三脚戏、金华徽戏、龙游徽戏、苍南八仙戏、东阳傩戏、温州南戏、平阳和剧、海盐腔、缙云杂剧、永嘉昆曲、武义昆曲、建德新叶昆曲等20多个戏班参加了演出比赛。新叶昆曲作为建德市唯一一支参演曲目在此次系列展演中亮相。最后，建德新叶昆曲夺得了大奖："浙江好腔调"奖。这次演出《火焰山·狐思》节目的是叶晓蕊、叶素珍、倪修凤三人，由叶昭镛指导。

[281] 2014年7月1日，浙江省历史文化村落保护利用工作现场会暨全省促进农民增收工作会议在建德召开。下午，副省长王辉忠及会议代表到新叶村考察。建德新叶古村落群，作为全省考察学习的样板。王辉忠在现场会上说："非物质文化遗产是历史文化村落的魂，在保护有形物质文化遗产的同时，要更加重视无形的非物质文化遗产保护，不能让历史文化村落只留下一个'空壳'。"

[282] 2014年7月，湖南卫视《爸爸去哪儿》第二季节目组5月份在新叶村拍摄的内容分两期分别于7月4日和11日晚10点在湖南卫视综合频道首播。因为之前有预告，这两个晚上，新叶村民和与新叶村有关的人竞相收看。借着《爸爸去哪儿》的高收视率。新叶村一时成为各种媒体报道和人们日常议论的热门话题。新叶村的旅游更是借风乘势，旅游人数一下子由原来的每天几十人、几百人攀升到每天至少五六千人，一般都有每天一万多人，双休日最多时甚至达数万人之多。"明星效应"真是不得了，明星父子住过的地方、玩过的道具都成为游客探奇仿效的新旅游项目。旅游的人多了，

在管理上就出现了一些不如人意之处,网上开始出现游客的牢骚不满。许多问题需要有关领导和管理人员重视和解决,才能保障新叶村的发展健康有序。

[283] 2014 年 10 月 22 日至 10 月 29 日,中央电视台百集大型纪录片《走遍中国,记住乡愁》节目组走进新叶古村,拍摄纪录片《记住乡愁——浙江建德新叶村》。从中国传习几千年的"耕读"文化入手,突出新叶村"崇文重教"传统,揭示古村厚重的文化元素。《走遍中国,记住乡愁》是以弘扬中华优秀传统文化为宗旨,展现传统村落风貌,梳理古村落文明基因,唤醒海内外华人记忆中的乡愁为宗旨。新叶古村从全国 3000 多个中国传统古村落、中国历史文化名村、中国民族特色村寨中脱颖而出,被选中成为全国 100 个拍摄村落之一。摄制完成后将在中央电视台多个频道和地方卫视频道播出。

[284] 2014 年 11 月 26 日,由杭州市规划局、建德市市委和市政府主办,杭州市规划展览馆、大慈岩镇政府承办的"留住乡愁——走进新叶古村主题展"在杭州正式开展,此次展览重点介绍了新叶村深厚的文化底蕴、秀丽的自然风光、独特的民居风格。

[285] 2014 年 12 月 4 日,2014 中国杭州(临安)生态养生旅游招商洽谈会暨第十届浙西旅游合作峰会在临安召开。来自杭州市和两区五县市政府领导、浙赣皖闽地区旅游部门负责人、旅游投资商、国际及长三角地区旅行商、国内知名旅游电商、养生专家、旅游企业代表等近 500 人齐聚一堂,围绕"生态杭州·养生浙西"主题,开展旅游产业商务洽谈、专家主题演讲、旅游线路发布、养生旅游体验等活动。其中马来西亚神州国际旅游(马)有限公司、印度尼西亚 168TOUR、德国途易旅游有限公司等国际旅行商,巅峰智业集团、隐居集团、杭州商旅集团、杭州东方文化园旅业集团、金成集团、滨江房产集团等大型旅游产业投资运营商,同程网、驴妈妈、携程网、途牛网、阿里去啊、品橙、游侠客等国内知名旅游电商参会。本次峰会特别推出"2014 浙西生态养生旅游目的地评选"活动。经过精心筛选,杭州 7 个区县市共有 34 个景点景区及酒店参与评选。11 月 13 日,34 个候选目的地图文并茂地亮相公众面前,引起强烈反响。短短一周时间,投票总数达 68 万余票。结合公众投票和专家评审,最后决出了临安天目山景区等 21 个获奖目的地,新叶古村名列其中。会上,新叶古村被授予"浙西生态养生旅游目的地"称号。

[286] 2015 年 2 月 27 日,新叶村被评为"长三角最具内涵和特色的'江南传统村落'"。上海交通大学城市科学研究院的住房和城乡建设部"传统村落文化特征分析与评价研究"课题组负责人刘士林及其课题组成员:于炜、苏晓静、王晓静、张书成、马娜、朱宁嘉、孔铎、盛蓉、周之澄、周继洋联合在《光明日报》5 版上发表调查报告《长三角"中国传统村落"调查报告》,选出 10 个"长三角最具内涵和特色的'江南传统村落'"。新叶村位列第一名。课题组对新叶村的评价词是:"物质文化方面规划精致,村落发展成熟且保存相对完整;社会文化方面仍保持有序的宗族结构和鲜活的文化传统;人文文化方面非物质文化遗产丰富多样。"该课题组联合研制了中国传统村落评价

指标体系，并在苏浙沪 26 个中国传统村落开展大型调研，通过理论研究和田野调查，并充分运用聚类分析法和主成分分析法，参照开放访谈、参与性和非参与性观察，经综合评价与反复筛选，课题组认为新叶村、河阳村、儒里村、明月湾村、长乐村、家斜村、宫头村、杨湾村、岩头村、彭渡村，堪称是长三角最具内涵和特色的"江南传统村落"。

[287] 2015 年 3 月 11 日，阿里巴巴"农村淘宝"建德服务中心举行启动仪式，为本市首批 20 个村级服务站授牌。新叶村和同为大慈岩镇的李村村、汪山村成功入选成为建德市首批 20 个农村淘宝服务站。"农村发展战略"是阿里巴巴在海外上市后确定的三大战略之一。美国成功上市之后，阿里巴巴启动了千县万村计划，准备在三至五年投资 100 亿元，建立 1000 个县级运营中心和 10 万个村级服务站。2014 年 10 月，阿里巴巴集团"千村万县"计划的全国第一个县级运营中心在杭州桐庐正式启动。随后，第一个村级服务站——桐庐县富春江镇金家村服务站揭牌后，诞生了农村淘宝的第一单，这也标志着阿里巴巴"农村发展战略项目"正式开始运行。秉承"企业主体、政府推动、市场运作、合作共赢"的宗旨，近年来，建德市委市政府搭建一系列电商服务平台，如阿里巴巴农食馆、阿里巴巴建德产业带、逸龙电商基地等。2014 年，产业带线上交易额 5000 万元，带动线下交易 1 亿元；农食馆线上交易额 3172 万元，带动线下交易 2.2 亿元；电商基地正式入园企业 62 家，实现产值 4 亿元。新叶村及时赶上了新潮，相信搭载上"阿里巴巴"的梦想列车，新叶村会发展得更快、更好。

[288] 2015 年 3 月 31 日，由华东旅游媒体联盟组织的"第二届华东十大油菜花观赏地最终评定及颁奖仪式"在浙江开化举行。新叶古村成功入选"华东十大油菜花观赏地"。自 2014 年起，华东旅游媒体联盟开始第二届华东十大油菜花观赏地推荐评选活动。此次评选推荐范围以苏、沪、浙为主，兼顾周边省市，以景点（村镇）为评选单位，要求油菜花资源丰厚，有一定的栽培历史和规模，并在市场上有一定知名度和影响力，旅游环境优良，基础设施完善。华东第二届十大油菜花观赏地评选活动经过数月推荐、体验、调查，经百家旅行社和百家媒体投票评出十五强。于 3 月 30 日晚进行第二轮角逐最终评出第二届华东十大油菜花观赏地。开化国家公园夺得本届花魁，其次是南京高淳桠溪慢城、仙居双庙、婺源篁岭、遂昌南尖岩、上海奉贤花米庄行、苏州阳澄湖莲花岛、上虞覆卮山、建德新叶村、江西安义。

[289] 2015 年 4 月 6 日，新叶硕公祠举行落成典礼及祭祀大典。世界叶氏宗亲联谊总会常务副会长和建德市政协副主席叶志高为硕公塑像揭幕，随后进行了隆重的祭祖仪式。来自世界叶氏宗亲联谊总会浙江分会的负责人以及建德、兰溪、桐庐、浦江、义乌、松阳、永嘉、金华等地的叶氏宗亲代表 300 多人参加大典。综合多处叶氏族谱资料：叶硕，字孟洪，约生于西晋太康丁未八年（287），卒于东晋永和壬子（352），享年 66 岁。硕公为叶公沈诸梁之后叶氏的第 26 代，叶氏南迁始祖叶望公的第 4 代后人（玄孙）。西晋永嘉年间（307—312）曾为大将军、会稽太守、新安（今淳安一带）郡守。古新安、

睦州等地的叶氏族人一般认硕公为始祖。《玉华叶氏宗谱》载，"硕生二子：曰旷、曰豫。豫生二子：长曰绩，次曰续。自琚、瑶而下，各以其族散居四方：凡居湖州之乌程者，承绩之后也；居睦之寿昌者，承硕之后也；居建之建安者，承游之后也；居衢之西安者，承愿之后也；居歙之新安者，承续之后也；而处（丽水）之族，实出于俭"。既然"居睦之寿昌者，承硕之后也"，源自寿昌湖岑的玉华叶氏自然是硕公后人，建硕公祠以缅怀先人很有必要。新叶硕公祠建于三石田村边，2014年动工，至2015年4月建成。

[290] 2015年4月11日，新叶文化体验入选杭州最具品质体验点。杭州网等媒体经过为期一个多月的公开征集和评审，最后从2600多个候选点中评出："时间的印记""栖居的诗意""服务的细节""创意的灵感""悦学的乐趣""食养的活力""行走的时尚"7个主题板块共80个体验点。新叶文化体验入选"栖居的诗意"品质体验点。

[291] 2015年4月14日，杭州市旅游委员会宣布：为期三周的"2015大杭州十佳亲子出游景区"评选活动结束。杭州野生动物世界、杭州极地海洋公园、千岛湖、杭州烂苹果乐园、巴比松米勒庄园、杨溪忠孝学堂、青山湖、农夫乐园、杭州乐园、新叶古村十处景区成功入选。新叶古村入选的理由是：明清建筑保存完好，留有传统耕读文化的影子，《爸爸去哪儿2》取景地。

[292] 2015年4月22日，农历三月三，中央电视台4频道（国际频道）《远方的家·江河万里行》栏目组再次走进新叶古村拍摄节目。这次，央视剧组将从新叶传承八百年的"三月三祭祖大典"入手，以民俗文化为主题，揭示古村厚重的文化元素。栏目组在建德进行7天的拍摄，除新叶古村外，还对建德市其他地方的特色文化进行了拍摄，摄制完成后，在中央电视台多个频道和地方频道播出。

[293] 2015年4月25日，2015首届杭州建德市"新叶古民居山地车挑战赛"在新叶古村成功举办。本次活动由建德市人民政府主办，建德市风景旅游局、建德市体育局、大慈岩镇人民政府承办。本次山地自行车挑战赛分男子精英组、男子大众组、女子组三个组别，来自全国各地的132名选手参加了比赛。比赛线路：从新叶古村旅游集散中心出发，经过汪山村、白山后村、岳家村，回到新叶古村旅游集散中心。全程约18公里。

[294] 2015年5月6日，国家城乡住房建设部专家到新叶村调研。随后，住建部城乡规划司组织中国城市规划设计研究院等五个院所的专家赴我省开展"十二五"历史文化名城名镇名村保护设施建设规划实施情况调研，5月6日，调研组来到新叶村进行实地走访调研，了解新叶村的保护设施建设、资金落实使用、居民生活环境改善等情况。随后召开座谈会，听取了有关情况汇报。调研组充分肯定了我市在新叶村保护设施建设规划实施方面的成绩，也看到了新叶村保护发展中面临的资金、土地、体制等方面的难题。调研结果将会成为制定《"十三五"历史文化名城名镇名村保护基础设施规划》的依据，也将助推新叶村的继续发展。

[295] 2015年7月24日，新叶村淘宝点的24小时自助银行农村信用社ATM机试

营业，新叶自此日开始可以自主存取款了，这是继年初阿里巴巴农村淘宝点落户新叶之后又一项方便村民的重要举措。8 月 10 日，正式营业。从此，一个涵盖了医院、车站、大卖场、银行的新叶村级小商圈终于实现了。村民们可以跟城里人一样，足不出村就能完成存取款、购物、送货上门等便利服务。

[296] 2015 年 10 月 15 日至 17 日，"中国首届传统村落保护利用国际高层研讨会"在新安江凯豪大酒店召开，这是建德市在 2009 年"第二届中国乡土建筑文化抢救与保护暨建德·新叶古村研讨会"之后的几年来主办的最高级别文化文物论坛，会议由中国文物保护基金会、联合国教科文组织亚太地区世界遗产培训与研究中心建筑保护联盟提供支持，共有原国家文物局顾问谢辰生等近 40 余名国内外知名专家、学者参加，本村的叶桐宽、叶志衡参加了会议。会议主要讨论传统村落的保护利用，为新叶古村等古村落的保护利用提出可资借鉴的思路和方法。此次研讨会，新华社、人民日报、光明日报等 10 余家国内知名媒体进行宣传报道。10 月 16 日上午，参加"中国首届传统村落保护利用国际高层研讨会"的 40 余名国内外知名专家、学者走进新叶古村，并听取了近几年新叶古村保护利用有关情况的介绍，对新叶古村近几年的保护利用工作给予了高度评价。此次会议的举办，有助于探索"政府主导、公司运作、百姓参与"的传统村落保护模式，理清古村落保护利用思路，对提高新叶古村等一批传统村落的国际知名度，全力打造建德"乡土建筑"金名片会有帮助。

[297] 2015 年 11 月 12 日，中央电视台科教频道（CCTV10）《探索·发现》栏目摄制组走进新叶古村，进行为期 7 天的拍摄。该栏目从家训的源流脉络、传统家庭文化传承等角度，对新叶叶氏家族后人的家风特质进行解读和展示。

[298] 2015 年 11 月 16 日，郑戈摄影的《新叶古村》（俯拍新叶全景）作品获 2015 年第十届美国《国家地理》全球摄影大赛中国区地方类作品优秀奖。本届大赛从国家地理中文网、手机微信平台、外部合作平台等渠道共征集到 21.8 万余幅精彩作品，经过专业评委公平、公正的层层筛选，各个类别的获奖作品脱颖而出。《新叶古村》摄影作品为俯拍新叶南塘塍周围的建筑，图面除了南塘为绿色外，其余全是青灰色民房的屋顶，其厚重古雅的色彩和高密度的排列像在向人们诉说着中国古老村落的沧桑历史。

[299] 2015 年 11 月 25 至 26 日，2015 第十一届杭州·浙西旅游合作峰会在萧山召开，会上，新叶民宿荣获浙西"十佳"民宿荣誉。同时，建德·新叶古村荣获 2015 浙西休闲度假旅游目的地荣誉称号。

[300] 2015 年 11 月 25 日，杭州市人大常委会副主任朱金坤一行来建德调研传统村落保护与传承工作，建德市人大常委会副主任赵志荣陪同朱金坤一行实地考察了新叶古村。朱金坤看了新叶古村后，对古村落的保护利用表示赞许，他说："新叶古村保护得很好，有历史，有文化，影响大"。他同时指出，要在保护好的基础上增加投入，把传统村落建设好、利用好，努力增加群众收入，实现代代传承、代代受益；要把相

对分散的古村落及与其他景点串珠成链，打造有影响的特色乡村旅游，丰富群众精神文化生活，提升建德文化软实力。

［301］2015 年 12 月 10 日至 12 日，叶志衡参加在杭州黄龙饭店举行的"文化在城市可持续发展中的角色"国际会议。会议由联合国教科文组织委托杭州市政府承办。来自世界 30 多个国家和地区的官员和专家代表出席会议。会议提出了"城市发展应该向农村学习"的主旨议题。

［302］2015 年 12 月 20 日，杭州市文化广电新闻出版局和杭州市旅游委员会联合公布了首批杭州市非物质文化遗产旅游经典景区名单，新叶古村名列其中。第一批杭州市非物质文化遗产旅游经典景区申报工作于 2015 年 5 月启动，除了要求申报景区满足面积不少于 1 平方公里，非遗宣传展示场所不低于 300 平方米，每年游客数量不低于 5 万人，无重大安全问题等硬性条件外，还对景区非遗项目的影响力，非遗资源保护是否尊重其原真性和文化内涵，是否有健全的保护管理制度和投入等五大方面进行考察。7—9 月，经各地申报，当地文化和旅游主管部门推荐，该市组织专家确定了考察评估名单，并逐一到各景区进行实地评估。最终评出 11 家"杭州市非物质文化遗产旅游经典景区"。这次评选的目的是为了充分挖掘和合理利用杭州市优秀非物质文化遗产资源，促进非物质文化遗产进一步融入生活，促进发展旅游业，扩大非物质文化遗产影响力。

附录二：苏州宣言与新叶共识

一、苏州宣言

说明：中国乡土建筑文化保护研讨会于2005年8月29日至31日在苏州东山举行。面对乡土建筑文化遗产遭受来自城市化浪潮冲击的现实，一批文物古建专家和文化学者联合发布了《苏州宣言》，呼吁保护和抢救中国优秀的乡土建筑文化。这是我国第一次向全社会发出了抢救和保护中国优秀乡土建筑的宣言，谢辰生、陈志华、毛昭晰、郑孝燮、罗哲文、冯瑞渡、徐苹芳、梁从诫等40多位文物保护专家、建筑专家和文化学者共同签名。

2005年8月29日至31日,中国战略与管理研究会和苏州市政协联合举办的"2005'中国乡土建筑文化暨苏州太湖古村落保护研讨会"在苏州东山举行。代表们考虑到保护优秀的乡土建筑文化遗产在中国现代化城乡建设中的重要意义；考虑到保护中国优秀的乡土建筑文化遗产有助于世界各民族历史文明的相互了解，并有利于促进国际文化交流及和平事业的发展；考虑到当前乡土建筑文化遗产正受到来自城市化建设浪潮的冲击，同时也考虑到实质上保护乡土建筑文化遗产和城乡现代化建设的根本利益的一致性，认为对优秀乡土建筑遗产实施保护应该作为制定城乡经济文化发展规划的基本要素。因此，来自国内外的与会专家就以下问题达成共识：

乡土建筑文化遗产不仅是历史上不同文明背景和文化传统所凝结的物质载体，也见证和体现了中华民族长期农耕文明时期建筑文化的基本特征，构成了各地风格多样的乡村面貌和特点。中国的乡土建筑文化遗产凝聚了数千年人类的辛勤劳动和无穷智慧，沉淀了中华民族世代相传的文明资源和信息。保护和抢救这些优秀的历史文化遗产，并将其作为一种精神力量是支撑中国乡村居民构筑新世纪美好家园的文化信心和理念。

在经济快速发展和城市化浪潮下，中国各地乡土建筑文化遗产正遭受到前所未有的冲击，在一些地方甚至已破坏殆尽。同时，随着农业人口的转移和农村产业结构的调整，昔日的乡村历史文化风貌正在迅速改变，许多具有丰富历史文化信息的传统村落的历史真实性正在消失。面对这种严峻的形势，要及时抢救和妥善保护优秀的乡土

图为中国优秀乡土建筑文化遗产保护呼唤的专家学者（左起）蔡德城、叶廷芳、谢辰生、毛昭晰、陈志华、胡亚东、梁从诫。2005年在苏州

建筑文化及其非物质文化遗产，就必须正视理论和实践中的矛盾和问题，并采取行之有效的措施和实施有针对性的政策。为此，我们呼吁：

全社会应进一步认识到，保护好优秀的民族乡土建筑文化遗产，对于经济、社会、文化全面协调、可持续发展的重要性和紧迫性。各级政府应把保护优秀的乡土建筑文化遗产工作列入地方城乡发展规划。依据《中华人民共和国文物保护法》，敦请各级人大和行政主管部门进一步制定优秀乡土建筑文化遗存保护的法律法规，将优秀的乡土建筑文化遗产保护纳入法治的轨道。

各地的实践证明，乡土建筑文化遗产的保护工作是一项复杂的系统工程，具有动态变化大和与人紧密联系的特点，其保护工作必须遵循文物保护工作"保护为主，抢救第一，合理利用，加强管理"的方针，坚持"以人为本"，通过理顺管理体制和创新机制，探索多层面和多元化的运行机制和投资方式，以能动员和依靠全社会的力量，把这项复杂艰巨的工作做好。

当前亟须对全国范围尚存的乡土建筑文化遗产进行普查，对其历史文化价值的真实性和完整性进行评估认定和分类，并应用现代化信息技术手段收集、保存有关资料。为使各地具有历史文化价值的优秀乡土建筑文化遗产不再继续遭到人为的破坏和自然流失，应在保证居民生活水平不断提高、生活环境不断改善的前提下，有重点和有针对性地制定保护规划和实施方案。

重视和尊重专家学者的意见和广大民众的意愿，充分发挥其作用，并加强对这一领域的研究和技术人员的培养。

在乡土建筑文化遗产保护工作中，应重视地区差异性。中国的乡土建筑文化遗产存在着浓厚的地方特色，每种建筑类型有地域性、时代性的差别，以及社会功能、材质和形制、艺术风格等方面的差别，各有其时代和地区的特色。在不同经济发展水平的地区，乡土建筑文化遗产流失的速度和保护的基础条件也不相同。应分清轻重缓急，因地制宜，分类指导。在保护工作中应重视当地群众生活水平的提高和生活环境的改善，同时要禁止那些违背保护原则的商业和旅游开发，避免这类开发对于历史环境的真实性和文化价值所造成的破坏。

我们希望广大民众和各级政府以及更多的社会力量参与到保护和抢救优秀的中国乡土建筑文化遗产工作中来，新闻媒体在民族乡土建筑文化遗产保护工作中担负着重要的职责，要鼓励和支持新闻工作者的工作，以形成强大的社会公众舆论。让我们共同努力，通过我们的工作使中华文明的瑰宝——中国乡土建筑文化遗产，不至于在我们这一代消失，并得以在现代化进程中永世流传。

2005'中国乡土建筑文化暨苏州太湖古村落保护研讨会

二〇〇五年八月三十一日于苏州

签 名：

郑孝燮　谢辰生　罗哲文　毛昭晰　陈志华　叶廷芳　徐苹芳　梁从诫　蔡德诚

冯瑞渡　刘序盾　胡亚东　蔡镜浩　孙中浩　顾莹慧　史文（瑞典）　张一兵

郑太白　杜晓帆　张书恒　银光灿　诸葛坤亨　王澄荣

二、新叶共识

说明：第二届中国乡土建筑文化抢救与保护暨建德新叶古民居研讨会于9月26日在新叶召开。据悉，中国文物学会名誉会长、国家文物局顾问谢辰生，浙大教授、浙江省历史文化名城保护专家委员会主任委员毛昭晰，清华大学建筑学院教授、乡土建筑保护专家陈志华，中国考古学会理事长徐苹芳，全国政协常委、中国社科院博导叶廷芳，国家文物局文保司副司长陆琼等近30位知名人士与会，中央电视台、人民日报、光明日报、农民日报等中央媒体和省市多家新闻媒体参与报道。

2009年9月27日至29日，由杭州市人民政府、中国战略与管理研究会和中国文物学会联合举办，由建德市人民政府承办的第二届中国乡土建筑文化抢救与保护暨建德·新叶古村研讨会在浙江省建德市举行。

刘序盾先生（左）与谢辰生先生（右）在谢老家里斟酌、修改"新叶共识"

　　会议回顾了自 2005 年第一届苏州会议以来，中国乡土建筑文化遗产保护的态势和现状。在科学发展观指导下，《国务院关于加强文化遗产保护的通知》（国发〔2005〕42 号文件）里明确提出，"在城镇化过程中，要切实保护好历史文化环境，把保护优秀的乡土建筑等文化遗产作为城镇化发展战略的重要内容，"为全国乡土建筑文化遗产保护工作的进一步开展奠定了坚实的思想基础。

　　与会者充分意识到，在全球经济一体化和向后工业文明时代转型的大趋势、大背景下，保护优秀乡土建筑文化不仅是中国在建设现代化进程中对于物质文化遗产保护的重视，同时也是对于中国乡村自然、社会和人文生态和谐发展的重视，这对于保持中华民族文化传统以及保持世界文化多样性都具有重要意义。同时对于中国优秀传统文明的传承，以及中国城乡一体化平衡发展，以至于探索具有中国特色的城镇化发展道路，促进我国社会发展进步和生态文明建设，都具有极其重要的意义。

　　会议期间，与会者实地考察了新叶村和诸葛村，一致肯定了地方政府和当地居民为文化遗产保护所做的大量工作，对建德市、大慈岩镇和新叶村各级领导的人类文化遗产保护意识和保护方法表示高度肯定，并归纳出以下几点具有典型推广意义的认识和经验：

　　1. 古村落保护由政府引导、社会参与，把遗产保护和民生建设工程结合起来。古村综合保护工作既是文化工程，又是民生工程。在加强文化遗产保护的同时，注意做到自然、社会和文化三个生态环境的和谐。注意保障群众的利益，调动群众保护和建设自己美好家园的积极性。

2. 地方各级政府发布的法规和乡规民约可以相互补充，以人性化的、符合中国乡村文化心态的细致方法，逐步建立起以适应乡村村民自主管理为基础、地方政府以政策配套为支持的古村落保护法治环境。

3. 把古村落保护与 21 世纪中国乡村建设相结合、与提高和改善村民居住条件相结合、与满足城乡人民群众日益增长的物质和精神文化需求相结合，实现当地社会、环境和经济的综合协调可持续发展。在认识上将切实做好保护优秀的乡土建筑文化遗产的工作，上升到深入贯彻落实科学发展观、建设国家生态文明的宏观高度。与会者认为，新叶村的保护工作在转变政府工作方式、转变地方发展方式上，都具有实践和示范的意义。

4. 古村落保护要以严肃的学术研究为基础。在保护物质文化遗产的同时，注重挖掘和整理非物质文化内容，积极探寻古村落保护与经济社会和生态环境协调发展的模式。严格注意避免那种为了促进旅游而"创新"的伪文化、伪民俗、伪传统的渗透和玷污，避免唯利是图的商业文化对于地方固有物质和非物质历史文化遗产的侵害。

5. 古村落是中国传统文化的重要载体，它对中国的文明发展具有十分重要的认识和传承作用。建议全国各级教育行政机构和各类学校都要重视乡土文化的教育，可将有关中国乡土文化的内容编进相应的教科书，并在课堂上为中国乡土文化的认识和教育开辟一席之地。

第二届中国乡土建筑抢救与保护研讨会全体代表
2009 年 9 月 29 日于中国浙江省建德市签署

签名：（排名不分先后）

谢辰生　陈志华　毛昭晰　徐苹芳　刘序盾　叶廷芳　晋宏逵　蔡德诚　陈春雷
洪庆华　李秋香　杜晓帆　张一兵　程方平　陈建忠　诸葛坤亨　叶志衡
方贤忠　陈凌广

附录三：新叶村古代散文选辑

说明：本章所录散文主要选自《玉华叶氏宗谱》卷首。虽文体多样，实多为书、序、传、状等应答、应酬类文字，然古人遗笔，一可见我玉华叶氏祖先名人之事迹，祖宗厅堂基业之兴废，也可部分映见当时历史情况，对于研究我玉华叶氏文化乃至我国古代乡村文化也多有裨益。其作者多为玉华叶氏先人，也有与玉华叶氏交往的外人。原文未分类，也无标点，为便于阅读，笔者初步作了分类和断句，未及仔细推敲。至于注释，篇幅浩瀚，非一时所能奏功，或待笔者日后完善之，或俟后之贤明者更为之。故先以附录形式存于此。

一、金履祥、叶克诚书信

答东谷翁书
金履祥

不相晤言者倏二月余，室迩人远，怀思更切切也。

兹承手教下问曰："尧以天下与舜，于舜则终陟元后矣。如丹之难为情何？"

予曰："善哉，问也。盖尧以天下为心者，故视天下皆吾子也，何亲疏也？乐以天下与舜，冀以安天下也。曾何择于舜与丹朱耶？又何丹朱之难为情是顾耶？故曰：'尧之心，天之心也。'孔子曰：'惟天为大，惟尧则之。'盖知尧之深者也。"

曰："至舜之禅禹，或者其践尧之迹乎？不屑尧独豪其举于天下后世乎？"

曰："商均果胜禹耶？则舜不免为践迹为妒。尧苟不如禹，则舜之心，即尧之心也。尧视天下之人皆吾子，则舜视之，人亦皆吾子也。苟可以安天下者，胥而迁之矣。曾何择于禹与商均耶？孔子曰：'重华协于帝，则尧与舜皆天矣。'"

曰："然则先儒何以曰尧行天道以治人，舜行人道以奉天？"

予曰："善言天道者，以人事是。故尧命羲和，钦若昊天，行天道也。则敬授人时者，非人道而何？天与人一也。舜叙百揆，行人道也。则烈风、累雨勿迷者，非天道而何？人与天一也。"

曰："尧舜之禅受，则既闻命矣。若汤之放桀，亦为天下除残虐也。而商人乃曰：'我后不惜我，众舍我穑事而割夏正。'人心犹若有未归者。"

曰："商人以穑事为念，一人之私心也。汤以正夏为急，天下之公心也。汤以天下之公心，伐天下之同害，犹不免有惭德于天下者。遭天下之不幸，任天下之至疑，而为至难为之事耳。是心也，惟仲虺知之，独真故作诰以释之。首言天乃锡王勇智，表正万邦。次言夏王有罪，帝用不藏，是天意舍夏眷汤，汤可以仰无愧于天矣。又言汤克宽克仁，彰信兆民，攸徂之民相庆徯至，是人心去夏而归汤，汤可以俯无怍于人矣。然汤之所以不宁如此者，不忘戒惧之心也。故虽抚有天下，犹诞告于四方，惟恐获戾于上，下凛凛然若陨于深渊。由汤此言而观之，则人心之难得，更有甚于天意者。在汤且然、而况去汤万万者乎？"

曰："汤指放桀，有从而不然之者，特有夏之细民耳。至武王伐纣，则伯夷叔齐乃古之贤人也，亦尝被纣之虐者，不先商人迎之，则义矣。何至叩马而谏？及天下宗周，耻不食其粟，遂饥饿而死，果不知纣之不道烈于水火耶？抑知而不欲民避之耶？"

予曰："武王将天命易昏以明，使四海之赤子脱陷阱而就枕席。孔子于数百载之后称之曰尽美者，悲商末之民穷也。夷、齐生于其时，目击其流毒海内，岂不知纣之当伐耶？其心以为臣之伐君，道指甚逆者也。君至纣固当伐，臣至武王固可伐。后有乱贼之臣，借之以为口实，乃曰：'武王圣人也，而伐纣。当时无一人非之者，则臣之伐君，乃圣人所尝行之事，其于篡夺必多有之。'故于武王仗钺之初，夷、齐叩马陈谏，所以明君臣之大分也。至不从，则又耻而去之，必饿死不悔，盖志在杀身以弥后世之乱，使后世之人皆曰武王伐商当也，而夷、齐犹非之，况去武王万万者乎？则所以如夷、齐之非之者，又当何如。虽有篡夺之志，必潜消而不敢窃发矣。夷、齐之本心也，初非真以武王为非，此商周交代之，大闲正易，所谓革之时义大矣哉。前辈论之固详，兹因敬之之问而更悉之，冀敬之自得之，复申说于同志之士。愚意仍欲起尧终东周，按《书》：典、谟、训、诰之辞作为一书，以补通鉴。周威烈王以前一编之缺，志有哉而笔犹未有下处，敬之素相爱者。故承问奉答殊为草草，兼以鄙志相闻，欲敬之为我助也。"

答许益之书
叶克诚

别来不觉半载余，落月屋梁颜色。时在日者，承手教论及春秋三传。某不敏，何足以知之。但尝历观三传，及抱圣人之遗经而究之，始知笔削之精意不明于天下后世者，三传乱之也，且如终也。

故孔子曰："于此而不用吾情，恶乎用吾情？"孟子曰："惟送死可以当大事。"故始死则附于身者，必诚必信。而歠粥面墨乃其哀痛，自然之情也。至葬则附于棺者，必诚必信。庐守枕块者，乃其思忆，自然之情也。此之古人皆行之，今之人所当遵之者也。

顾思之以为迁，初丧则乘机以嫁娶，作乐以娱尸、以吊客之多，寡为名誉之隆杀而竭资力以迎之。至附于身者之诚与信，则付之若罔闻知也。及葬则盛，路祭饰舆马、震钟鼓、扬旗幡，以烨耀观德之耳目。至附于棺者之诚与信，则付之若罔闻知也。所谓时事之深有可慨者，此其三也。

祭之为礼，人子之所以追其亲之远也。《易》曰："孚乃利用禴。"言有其诚，则物虽薄，亦可以祭也。《礼》曰："祭之日，思其笑语，思其居处。"言思当先于祭也。《语》曰："子之所慎，齐战疾"。言祭之不可忽也。故古人惟不祭则已，祭则必先期沐浴、斋戒、更衣、易味，及祭必澄心、肃容，真若祖考之临乎！上所以动，有所格梦。昧不至于恍惚，步履不致倾敧，身获寿考而子孙用昌者，皆祖宗锡之福履也。

今之祭者，力量有余之人，则不惟其制惟其物，不惟其物惟其丰，以庶人则踰士，以士则踰大夫，以大夫则踰诸侯。力不足者，则不唯其礼唯其己，不唯其己唯其俭，以诸侯大夫则降以庶人，则废至于淫祈、渎祀。侥幸报应者，则各尽心力而为之，虽至于悉资扫室，弗靳也。所谓时事之深有可慨者，此其四也。四者之弊，日已就深，欲顿举而厘革之，未易也。

兹唯缘古礼经，附以程朱二先生家礼，酌之时宜，刊为四礼。《通典》私与兄辈勉而行之，久之则吾乡诸大家必有闻风而兴起者矣。顾非易俗之一机耶？兹以所缉四礼，《通典》录奉充览仍希，指其讹谬，使区区一念与人之淑因以不泯。则虽触犯忌讳，亦所不惜。而兄之惠我良多矣。临楮不胜耿耿之至。

二、玉华叶氏祖先名人传

伯章翁传（里宅派礼七公）
乡人叶正撰

公讳旗，一名祯，字伯章，伟貌长身，胆气过人。尝忿元季民不堪命。欲自奋以靖时艰，而厄塞于势分。闻太祖兵起淮甸，几欲奋勇从之，绊于亲老及亲终。太祖已驻跸徽州，因孙炎知刘伯温先生名。乃由徽入金华，迎之。立营西山之下。翁时未谅太祖之心。先期纠集乡众，据险架鼓竖旗为号，大书"守御乡井"四字，擂鼓振旅，以相向者。太祖遥见而壮之，招以手札，曰："汝来，当与共成大事。若负，固必招后悔。"翁得札，喜曰："云龙风虎，此其时矣"。即执所竖旗归之。太祖一见，与之语，欢如平生，以翁所居地实徽、歙、淳、遂之冲。即授翁总管之职，俾镇摄之一乡。赖不血刃，乡人感，尸而祝之，因名其竖旗之地曰"鼓楼头"。太祖驻兵之地曰"军营畈"，噫！若翁者，亦尝为万人敌矣，可顿忘其雄豪而不为之传耶？

熙十五府君传（讳仙璈，字子敬，即俗称九思公）
六世孙一清百拜撰

府君生于元之季明之初，时方右武，以读书为讳，讬于佛以逃。每岁正七、十月，必不御酒肉，焚香诵梵氏语，盖自有所见也。家颇饶裕，所用秤以九十八斤归，以百斤出。斗以九斗八升归，以足石出。其秤无尾，斗缺边。

清尝及见之家长者曰："太公手泽也，平生以含忍之力胜人。"遇夏秋间，水涸而则枯，见虾鱼之不能自潜其形者，必徙之深处；乌雀之投其园林者，不许妄弋。火尝焚其族人之庐，焰将及府君，乡人不忍府君之好善而被灼，欲为悉室中之有而速徙之，府君谢之曰："天也。"徐曰："虽徙必为族之强有力者得之，孰若顺天而付之煨烬。"言未已，风遂返，火缘以灭。乡人以为积善之报，因以佛名之。

尝于阄分外拔腴田一百六十亩，零以充祀役之费。后访方外之士于金陵，坐化于雨花台，兴二十府君。府君之冢子也，时年十六，扶其枢以归葬于里之伏虎形。尝闻之先祖尚三一府君之口，授如此云。

兴二十一府君传（崇德派叔鼎公）
五世孙一清百拜撰

府君讳宗佲，字叔鼎，少负奇气。雅言不越孝弟，追忆怙恃早失，遂终身不色服。凡遇寿诞辰，必奠哭尽哀，与兄叔大殊。每出，蔼若同胞。析居时，尝取腴田二十五亩，稽其值，得三百余金，人从竟其由，徐应之曰："兄子多故也"。且手署其券，尾曰："此吾嫂氏方奁资所贸"，志在息后人不均之论，其义让每每如此。

国初，大工洊兴，乡丁壮以力役赴京师者，比不生还。府君怜之，阴为斡旋者，数莫胜计。建文改元，正洪武之末年，举胡元，服役之不便于民者而悉厘之。推府君之兄为方石长，颇难之。府君毅然其间，曰："是不我责，而其细民之所能堪乎？"遂身任之，征科称平后，因会稽粮，数诣京师，面听太宗皇帝宣谕，曰："你们是天下第一等百姓，亦不凡矣。"有司由是益加礼重。

年三十八卒于家。志有在而绪未就者尚种种，惟是里乐书院未及修缮，乃其易责时谆谆语也。计闻无疏戚，合贤不肖，皆为挥泪。一清，府君五世孙也。幼闻其详于大父廷用翁，兹则行年六十有七矣，失此部位翁传，不几于忘乃祖攸行乎？不孝孰大焉！故不胜其永，感而为之云云。

崇十九府君传（崇德派崇华公）
曾孙一清百拜撰

府君年六岁而孤，鞠于母夫人。幼而宁馨，以母夫人早寡，聚百顺以事之。及逝去，哀毁逾节，至葬，庐于墓者三年。有兔驯雉伏之异，乡里人欲闻之，官以旌之。府君力阻之，曰："用情于父母，人子之分也。缘是而得美名，是以父母为奇货，不孝孰为大焉？"由是深自韬晦，平生好读书不求闻达；好施与不欲人德己。服御饮食，动有常矩。与人接，无疾言遽色。虽人以横逆加之，惟自反以至于忠。

尝有白金二十两，徒为有力者所攫，视之若遗人，骇而问其故，府君曰："若欲完金，必至官府。官府，吾平生所畏者也，宁捐金不愿犯吾所畏。"雅言"失于明必得于暗，屈于人者必伸于天"，又雅言曰"凡为人者，一生之计在于广种心田，莫图眼前；一年之计在于早纳粮、勤盖墙，鞭辟近里，每每如此"。

年四十八而卒。仁者寿，圣人之言也。独于府君为不然，或者其然于府君之子孙乎？是为传。

崇馨翁传（崇智派崇二二）
少崖何子良撰

翁为熙十五府君之嫡孙，故所为动类府君。信佛能忍，好施与。翁悉绳其祖武府君，尝切近回禄之灾，呼天而祷，遂风反焰灭。翁亦尝遭之如府君所为，兼举礼佛之炉而覆之，火寻息，是固翁之修德所致而覆炉之举必有所授而然也。当俟博古者稽焉，女适清湖包泰侍郎，翁之长孙也，绝不援之以为声势，乡人甚雅之。多男子而能约之以礼，多寿而强于步履。传五世子孙至百亿，儒椽彬彬，皆起庆之余也。

家牒自东谷翁后，翁尝再缉，孝举也。予忝为翁四世孙，一濂之师，乃因其请而乐为之传。

尚三一府君传（崇德派廷用公）
孙一清百拜撰

府君生于大明景泰之壬申，长于天顺，卓立于成化、弘治之间，鼓缶而歌于正德，考终命于嘉靖。龙飞之五载，讳佩，字廷用。生平以不及见大父母为深恨，兼怙恃之养早捐，且不得伯兄心，每诵及《蓼莪》《鹡鸰》之什，必惨然发悲。

起家时，人不堪其凉菲，府君处指裕如。所谓非其道也，非其义也。一介不以取诸人者，实以之晚岁若饶裕，揆之理有不可者，断不妄授，所谓非其道也，非其义也。

574

一介不以与人者，实以之尝指五谷，而别名之曰国之精粮，世之大实。

谓人之养身，一日不可无此物也。指六经而别名之曰"圣贤之命脉，义理之渊薮"。谓人之养心，一日不可无此物也。指法律而别名之曰"煅顽之炉锤，直曲之绳墨"。谓人之处世，一日不可犯此物也。与人辩诘，必自居以不敏；与人较盈谦，必以馁自处。征科于乡者，动千百缗，民不病其扰。转运入京师者，凡四十余年，官未尝以逋督。寿跻七十，正人生行乐时也，忽潜然出涕呼先君。

语曰："夫人之生，有不免于襁褓者。吾兹寿陟古稀，顾乃不胜伤感者，非自悼也，悼吾祖父之丘墓尚在蓁莽中。先是欲合兄弟之力而芟缮之，竟弗克。既而欲图成于诸侄，愿益左。今复怠所有事，则绪日益隳。吾之景日益暮矣，何以见先人于地下。"遂欣然出己之有，纠材命工，如其意整饬之。告完之日，俯墓而号，声震林木，惨如也。

时府君外侄徐子，号曹山者，大学生中达礼人也。职在襄事，因怃然为问曰："舜年五十而慕，孟子若甚伟之；府君盖已七十矣，犹忆忆若兹。使生丁其时，宁非舜之徒欤？"噫，可谓深知府君者矣。故并录其言于传。

石坡翁传（崇智派尚三六）
道山章拯撰

翁为宗馨处士之仲子，性率直，有力量，而不侮人。由是，族党之人虽夫妇兄弟有不平，必向翁求平之。凡见人所为顺理，不特啧啧称赏，且奖之使不倦。见不善必面其人斥之，不悛，则申其斥于稠人广坐之间，虽至亲骨肉，亦不为少讳。

尝有邻之豪，欲夺其切居之民以为奴。翁时掌一乡之板籍，以爱甥女赂翁，欲上下其手，翁矢之曰："宁儿无妇，不可使我无天理。"豪之计竟不行，而忿忿之气未平。翁恐重其祸于欲夺之民，私为置酒礼以谢之，不惟不责其偿，且不欲使之闻之也。

及有同堂之弟，为负粮，欲连坐于宗同再从之侄，已鸣于官矣。官惟欲其负之速完也，遂以法行，翁毅然曰："我弟无赖，负粮坐及无辜之侄，天理安在哉？"遂公言于官而曲为之处，负因以完而侄亦缘以不坠。如此类者甚多，此则举其概也。

崇寿考，蕃孙枝子虽一能扩翁之基绪，而十倍之，皆天之报也。谨传。

文山翁传（崇德派暹三三）
侄一濂百拜撰

翁为人负气而据理，故所如沛然少有龃龉，必反而求诸己。事怙恃以孝闻，处宗族惟恩。遇力之至微而服属之知疏者，犹恳恳焉。推之以处乡党，凡三发赈饥之粟，硕以千计而不责其偿，至今人称其惠。

授子以经不必冀得举，曰："能无负子所颂读之言，斯足矣。"雅言："惟此心，不可欺。”曰：“子孙衣食，尽系于斯。”至题其壁以自箴，曰：“事非理不行，物非义不授，酒非义不饮，人非义不交。”又尝诲其子若孙曰：“饥者紧紧束其裙带，不可食嗟来，及甘味不可啖中毒之牛炙，盖有所况也。”

尝有同祖之弟，素不慊于翁者，以经收不亲切致谪戍，翁阴为布置得脱，去彼竟不知其由。有密迩人叩翁，翁曰：“求以安吾祖之心耳，初不欲渠知也。”太安人有婢老且死，翁亦其曾经事，乃达人为服腮麻，令其家皆缟素。凡此皆翁之隐德也。

平生与越我斋蔡先生为宾主，清湖汪先生为朋侪，因二翁尝往还阳明先生光霁中，故江左名士多雅重翁者，扑庵章先生亲为文以寿翁六十；三峰鲍先生亦有诗歌自京师见寄，皆翁之行义有以致之也。

翁为一濂伯父，最钟爱一濂，且自幼得侍翁子一清笔砚，故不特知公之大凡，且能悉翁德之隐忍，义当得围翁传以附诸名笔之后。

兰轩居士传（崇德派暹五一）

侄一清拜撰

居士讳耀，字时辉，崇德堂中人也，为廷议公第六子。公厌，欲弃之，乃窃举于嶓氏尚三一安人哺抚。衣披教学、婚娶一如己出，以成其人。既长，竟于族之有力者而龃龉于甚，有得者之子至不欲与之共天。予龆年时不敢仰视，被亦颙颙卬卬，不欲俯视巳也。

及予人事稍通，居士亦渐有年矣。窃视其所为，非不善人也。继得其所吟咏者而紬绎之，乃知其识理人也，胡为乎至此极哉？因求与之往来而以天亲之爱、道义之论陈之彼巳，欣然若有所契。因益以天亲之爱、道义之论竟其说，彼此怅焉如梦之觉。既乃执予之手而挥泪以相语曰：“谗夫之离间人如此哉？”乃历数其所以肤受者如此如此，因口号以自悼云，悔杀从前见识差，反将骨肉作仇家。而今正拟谐通气，无奈西山日又斜。无咎之震，其在兹乎？

时年五十有六矣，乃与向之不共天者同启处，同逸乐，怡怡如也。居士之一变，至鲁如此哉？由是遂遗落世故，一意疏散而人以落魄嗤之，乃自歌曰：“世人笑我多落魄，我笑世人少斟酌。扶人未必上青云，推人岂便填沟壑？”以其无催促也，而名之为大水鹅。歌曰：“谁叱吾名大水鹅，自游自漾逐时过。清风明月皆知己，四海为家乐更多。”以其无定见也，而名之为车擂头。歌曰：“谁叱吾名车擂头，用之则出舍之休。经纶顷刻胸中展，沛泽从教到处流。”如此者不一而足，好事辈多忆而诵之。

寿跻七秩有余而卒。卒之日，相识者皆坠涕焉。予则相识中之相戚者也，既悲其永去，而复惜其泯没，乃从而为之传，如此云。

友松翁传（崇智派暹六二）
越渠郑国宾撰

翁负气颐卬，望之虽能使人疏，然及语话，既投蔼如也。为人谋，无不尽心，与人宴饮，己虽不胜杯酌，必竭欢。择术贻季子孟孙，皆授之以经。凡宗族中有公举，翁身任之。尝以祠堂之费不继出，乃尊四十余年之凤券，绝无人知者。先输以为好义者倡，有祖茔近有力者，蓦起侵界之讼，翁主其事一十有二载，理必求直而后已。

及有嫡祖之墓，翁不忍其芜秽，乃如意殚力为之费，当公独责诸己，宗族称其孝焉。族有顿忘其门第，惟囊橐是利而苟且其婚者，翁正颜斥之，不许入祠，事遂寝。性好丽，能不畜妾，与其配刘自结缡以至盖棺，足六十余年，未尝一反其目。刘之昆弟暨侄有过翁者，必饱之酒肉，礼貌不衰。初不知其频，数与家事之不如前也。乡党称其义焉。

邑侯五台徐公、南湄李公申行乡约，推公为之长，以公克胜其任，皆锡旌之，此则翁之行谊，人所共闻。其德之隐而弗彰者，犹不啻若所闻而已也。当付后人之笔，谨撰。

白崖山人自传
一清

山人生于兰溪，备寿庠弟子员，承祖贯也。时年十九，寿邑侯许公耿济偿命偶然耳，论季山人考，因奇之，遂资遣学于余姚之邵翁号双柏者。群馆下之士试之，得山人《圣人先本而后末论》，批曰："以幼学之后生，达本末之奥旨。勉而进之，虽在吾姚，亦当优等。"先生以是秋荐于乡。

临北上，谓予曰："吾之语汝者，文艺也。山阴我斋蔡先生，乃道德之师也。汝可往师事之。"因作书为先容。山人因求我斋之门，及焉，一见欢如平生，谓曰："学术尚口耳，斯文之不振也久矣。模范殉时俗，师道之不立也甚矣。辱子远来，吾平生所造，在《大学》一书，而格物一言，又《大学》工夫之至为吃紧者也。然物者，非他也，即吾心所发之念头。格者，正也，通也。犹今人所谓格眼格式皆正于此而通于彼。格物云者，随吾心念头之发，格其不正者，以归于正，此念之发，既无有乎？不正则能以明觉，为自然而知至矣。知既至，则诚正，修齐治国平天下皆举此而措之耳。故曰格物一言，《大学》工夫至为吃紧者也。"

居无何，顾谓山人曰："吾之语汝者，造道之言也。有有德之言焉？"阳明王先生实吾党先觉，我当偕汝从之，不然则此生虚矣。乃斋沐，越宿，随先生造王先生门下。

时在侍者，皆海内名辈；论及人者，以天地万物为一体，先生曰："天，非吾一体，则日月何以与吾目相为明暗？雷霆何以与吾耳相为震惊？四时何以与吾身相为寒暑？

灾祥何以与吾心相为是非？地，非吾一体，则海内不扬波，何以知中国有圣人？谷洛溢，何以责及当事者？万物非吾一体，则见善何以嘉，见不能何以矜？遇高年何以悚然起敬？遇无告何以恻然与悲？见东家之赤子，匍匐将入井，何以皆有怵惕恻隐之心？闻西家之处子蒙不洁，何以皆欲掩鼻而过之？以至马之代步，牛之代耕，舟楫济人之不通，宫室蔽人之风雨，谷麦充人之饥，絮丝御人之寒，药饵却人之病，膏烛继人之明者，何也？一体故也。凡体之一者，有所感于外而觉于中者，知也。不虑而知者，良知也。因是知之，良扩而充之，不以情欲扰，不以势力屈。不自画于中道，必求无太过。不及自然之分量，而诣其极焉，夫是之谓致良知也。良知既致，则吾心之所发，自无不实而正矣。吾心既正，则吾气自顺。吾气既顺，则天地之气亦顺。三光明，七曜正，五行顺轨，四时错行，景星见，庆云出，风祥雨耳，而天位于上矣。五岳镇、四渎宁、九环不陂，入荒称寿。醴泉出，璞玉生，东渐西被，而地位于下矣。民，吾同胞也；物，吾同与也。万物之气亦顺，老者安、少者怀、朋友信，四夷来王，八蛮通道；凤凰仪，麒麟游，芝草生，嘉谷成，朝无幸位，野无遗贤，草木鱼鳖咸若，而万物育于中矣。至此而后，可谓之仁者；至此而后，可谓与天地万物为一体。盖学问之极功，圣人之能事，尧、舜、禹、汤、文、武致此良知而为万世君。天下者，立人极，皋、夔、伊、傅、周、召致此良知而为万世相。天下者，立人极，孔、颜、思、孟致良知而为万世师。天下者，立人极，此知之外，则更无知矣。”

山人闻之，始信有德之论诚觉梦之呼，正欲就梳栉整冠托绅、矗矗聆醒时语。先生适以王命督戎入两广、平田夷，从先生行者甚众。山人以亲老辞归，睦守陈翁三溪讳焕者，先生高弟也。时比六邑之士，而乐育于麻西之玄妙观。山人与焉一试，而批其卷曰：“知学士也。”进而叩其所从来，山人以实对。翁喟然为问曰：“乃吾师之徒欤？”因礼异之。

嘉靖辛卯春，白泉汪公来督学，试先严三溪，首以山人荐，而白泉深以三溪为知人。由是凡七试于主司，山人皆信手铺叙，每叩上第至芹山陈先生，策问时务而及河套。山人之对独曰：“谓之套者，以黄河入吾内地也。”历陈其所以失去，与其所以可复及其不复置蔽。先生批曰：“子居邑，能知天下之大衅。”因亲书古风一篇遗之，有“谁谓十室陋，忠信皆吾徒”之句。嗣是而蒙溪张先生、文谷孔先生皆居山人以一等一人。先是日岩故先生以少年伟学登名进士，来牧斋一试，得山人卷，批曰：“文字如水之平，而波澜自见。一论尤奇策，知时务之要，盖货之奇者也。”遂录之门下，俨然家人父子也。及公改官去，山人悼际遇之左，遂自陈于文谷孔翁，愿卒业于兰翁，允之。

及至兰，山人当次贡，因自念曰：“食廪于寿而起贡于兰，人情乎？”慨然应边饷，列入胄监。时陕右三衢王先生为国子师，适当嘉靖丙午宾兴之期，群六馆之士试之，山人亦与上第。至合三辅之士较其艺于场屋。时紫崖诸葛先生正给事刑科令，善书者侯山人，出辄录其文，以去三场。如之，持以示掌科三峰鲍先生，先生曰：“有文如此，当在必取。”遂预为置贺，礼竟弗偶于有司，二翁为之怃然者良久。因设帐以迎，遣二氏子弟受学焉。至次年五月，山人以公事毕，言归，二翁为诗歌具，祖酌拉所相识者饯之南还。

山人以七赴浙闱，一试京邑，竟无知己者，自分为烟霞中人矣。于是杜门于白崖之麓，深追平昔奔驰之非及所闻师说，曰："既不能举而措之，以兼善于天下，独不可笔之于书以俟后来学乎？"乃取《四书》《周易》而玩索之，各为录，以贻厥孙。又以范辞八十一首，旧无注释，皆借为之，附以揲法，盖欲人缘此而知吉凶、成天下之亹亹也。又有便录若干卷，乃随便而录者也。又尝欲据《玉髓经》而删其繁芜，撮其枢要，附《赖文进催官》四篇，取选择诸书而条其谬妄误人之实，请于朝而黜之。惟以大明一统之历，为四海嫁娶；起造殡葬之规，使赃术妖言不得以惑乱黔首。

仁人孝子得以及时用情于所亲，盖亦先师一体之遗意也。志有在而绪未久，使天假之年，当不为弃井也。山人之伎俩止于如斯焉而已耳？适大工荐兴，许太学生入赀补京职，继室诸曰："失此不为，则子之头巾益老矣。"乃赞之北上，时存斋徐翁当国，天资高而学力更当骎进者也。因谒见焉，翁曰："子有别图，则来已晚。若为身荣，惟有鸿胪序班可授，盖地虽寒而职清贵也。"遂授之，及告给归，惟日事吟咏不求甚工，好饮酒不能多，好周人急而力不能副使所需，好劝人为善而不能必人之从。平生无笃好之物，惟读书，则老而忘倦，每遭妻孥之诮让，少间，则复读如此。承祖父饶裕之余，常处自以不给坦如也，视当同笔砚之掇，巍簏膴若越人之肥脊也。

行年六十有八，未尝以非义取人一介，亦未尝以非义一言加诸人。量能抗王公，惟恐得罪于嗟来之贫士，力能制强御恒，凛凛于切身之子婢；辨能敌万口，惟不敢饰其说于自知之一念。

或曰："山人不几于自颂耶？"

曰："非自颂也，自道也。"

或曰："奚为自道？"

曰："古之人有为之者，无名公传是也。"

或曰："山人能自道于六十八年之前，然则六十八年之后，为山人道者谁耶？"

口："有可道者亦付之山人而已矣。如山人既老而不能戒之，在得至有不足道者，则付之途之人传。"

泽山母舅传（崇智派繁三六）
甥郑国元顿首拜撰

泽山为吾母同胞第五人，少攻举子业，敏甚。时以童生应府考，别驾太谷张公深器之。既而宗主屴峰阮公拔入邑庠，声称籍籍。乃兄白崖闻阳明王先生良知之论，每亲视炙焉，幡然有悟，曰："学问之道无他，小悌而已矣。"

居常黾勉，固见称于宗族。及外祖友松翁尝患疽剧在肩背，召医视之，曰："恐无生理矣。"泽山号泣仆地，至口尝秽物以验之。先是与长次二舅异居外祖母，惜其幼，出私以百金遗之，毅然不受，曰："岂可因此而伤吾母之至公乎？"

时俗师徒惟循其名于进讲之须臾而已耳。既退，则相底訾、相亵笑者，将无所不至。泽山自垂髫师白崖，今年且五十有一矣。隅坐随行，不少逾越，非深有慕于道德者，能若是乎？

当圣天子履极之初，诏求海内庠校，累试不第，行义之士而实年五十以上者，锡之冠带。庠友戴嘉言辈，举其实于明伦之堂，而教谕彭公万全训道，何公儒、吴公腾乃书褒扬德行之匾以赠之。

兹复为之传者，以国元曾亲受业于泽山，知泽山更切也。惟冀功与日而加，积德与年而弥邵，不以获称于人者自足，而以求快于心者自勉，则笃实之后光辉著焉。驯将闻之藩阃。朝宁其所以褒而宠之者，又当何如耶？谨传。

泽塘公传（崇智派繁九一）
兄白崖一清拜撰

泽塘，予再从弟，讳荣长，为友松翁长子。翁尝以祖茔经界受妄讼于宪府，每诵必首翁名，志在箝伏，泽塘毅然当之，凡十二载，无倦容。翁竟得完浩，讼亦驯直，事虽涉用气而代劳养志，泽塘实以之嗣。

翁为乡长，解纷息争，不惟乡人宜之。邑侯南湄李公省吾传公，皆雅重之。尝有义男良七易妻得赂，泽塘诘其所由，以半为良七纾夙负，半为良七再娶资，逾年，为合其室家如初。

庄奴黄卸记嫁女致馈，乡之常例也。泽塘以记弟遭讼，失此不援，则命在必倾，即以记所馈者，移以活其弟。仆者天付久逃而忽归，惧无以免谴责，献白金一锭。泽塘叱之曰："逃奴，安得此物？其来必不明甚，无浼我。"遂并逐之。

凡此皆人所难能者，予尝闻其概，兹则申其核于宗族乡党之人，皆曰："然至于今，获以侯门教读荣其身，厥子遇春，官河南唐府中护卫，经历是虽一时之遇，亦泽塘有以致之也。虽然，苟能由此而充之，则天之所以报泽塘者，又岂特如今日焉已耶？谨传。

尚四一安人传
从侄孙一清顿首撰

安人，姓陈氏，邑下江人，适从叔祖智宏，实崇馨翁第四子妇也。叔祖谢世时，安人年方二十二，柏舟自誓，扶一子一女，皆在襁褓，形影相吊。至衣食有不充则纺织以自给，叔祖所遗事产虽不丰，而能使旧物一毫不失。

年逾八十，冰蘖愈坚，若子若孙，不惟不能为安人表而扬之，且几于无噍类矣。

失此不为安人传，则安人虽女中凛凛人，而后之人竟不知其为何如人也。于戏悲哉！

白崖孺人传
侄茂春顿首撰

孺人，方姓，邑上方人。生二柔淑，年十六归白崖叔氏，事叔祖文山翁暨安人洪，务竭孝养，安人尝患头疽，脓成未溃，医以其年高，既不敢施砭剂，左右人又不知所为，势甚急。孺人泣告于天，愿移其毒于身，因萦思者良久，曰："惟以舌砥之，庶患者不至于瞑眩，而脓亦可因以出。"遂如其所思者为之，果得脓因少苏。时白崖叔氏正卒业胄监，孺人不忘其临行之嘱，故惟之尽瘁如此，抑亦其性质纯孝者，天有以植之而然也。

茂春母与孺人分本姒娌，虽亲姐妹弗如也。知孺人之孝最详，归以语茂春。冀得为孺人不泯也。孺人美懿，可笔数者，固不止此，此则孺人之所能，千百人未之或能者也。故特为之传，使天下后世反唇诤语者，与闻之其所以愧而欲死者，当何如。

衍廿八孺人传
白崖山人撰

孺人，姓刘，寿昌上金人。适从侄讳沛者，行衍，字廿八，故称廿八孺人。沛患恶疾，须眉尽脱及其鼻，虽亲兄弟不相面者，几二十年。孺人执妇道不衰，虽历隆冬盛暑，有人所不能堪者，孺人能堪之。未尝自以为异人，亦未尝有以孺人之所为为异告予者。

孺人之姑有老婢，为予言其事于数年之前，此心终不忘。至于今俗日益渝，虽强宗华胄佳妇佳儿，反有狗彘之不若者，益以见孺人之难得也。安得不为之传，使宗族人知之？因以及乡之人、国之人也。

曾祖迂斋公传略（讳芳字明初，荣寿派）
曾孙士策谨撰

公天资颖异，早游黉序有声，席望华公丰厚之余，日惟闭户读书，不事家人产，于诸经、子、史抉神髓、涤糟粕。今究其施，讵为掇青紫如拾芥，楼成白玉赋就，修文仅著《易经明解》存稿，云植性孝友德器粹然。

尝闻先大父为余言，公奉治命与曾仲季析爨而居时，悒怏不乐，睹鹡鸰之戢翼翼，荆枝之复荣也。族与某姓有隙，习兵忿、捐亲义、薄性命，公辰夜吁天，庶几一番风雨，解仇释譬也。赴郡试时，适平民六人被盗，诬将毙于非罪。公侦知为力，白其冤，得不死。

呜呼！公效顺于家，植德于乡，未可枚举。即此三者，亦足以征其大概，而可以约略公之为人矣。天报善人不于其身，必于其子孙，其或有由然者耶？谨传。

华山公传（讳有文，字焕宇，永锡派）

华山公，石林公之后，东谷先生之裔也。先生游仁山金先生之门，与东阳许氏称莫逆交，相与倡明正学。凡存心修身，一以返华就朴、崇实黜浮为兢兢，后举贤良方正出，授兰州教谕，寻升婺判。即以得之师者，见之治，及退林泉。又以得之师者传之家，故云庵公举于乡宰安福，随擢中州廉访使，惟敬承厥考之志焉。及有明代兴，或官鸿胪，或官藩吏，或官仪宾，亦罔不恪遵先训，而道学之遗风骎骎乎，益昌益炽。

十有四世而公生，公秉性醇厚，方总角时，具丈夫概。及稍成立，闻东谷存心修身之论，每欣欣有得，自是师其志，效其为人而深体其言论于持躬，涉世之间，尝曰："人生斯世，当为宇宙完人，独行不愧，独卧不愧，斯无奈忝耳。"苟惟是碌碌蝇头，为子孙计长久，其处心积虑，先不可问也。爰师重乐之意，而建云起山房并合璧书屋，延当世鸿儒钜公，讲明仁山之学，东谷之遗，旁及举子业。至其居家，虽多厚积而义以持之，礼以节之，仁以居之，为天地留其有余，为生人补其不足。

玉华之南二十里有市曰永昌，百货聚集，道路崎岖，兼之津梁圮坏，负贩恒艰，公甚悯之。悉甃路以石，独建桥梁，名曰永安。所费甚巨，比独成焉。岁辛亥大饥，谷价腾涌，民多艰食，公喟曰："所贵饶于财者，非徒自瞻，为其能拯危济困，使人缓急有赖也。"遂悉出其所蓄，散诸贫，焚其券，不责所偿。邑侯刘公闻之，高其义，以耆德作宾于乡。夫公之行事，光明磊落，无在不以返华就朴、崇实黜浮之意相体验。而其度量之宽洪，规模之远大，使人可亲而不可玩。夫岂当世寻章摘句、儒其人而不儒其行者所能及其万一哉？公诚无负于东谷家学也矣。

公讳有文，字焕宇，号即华山，配诸葛氏。生子四，长三具膺宾，兴盛典，次与季各蜚声黉序，赫赫有名。孙行十四五人，或采芹于泮水，或授业于太学，皆年甫弱冠而名登天府。其功名事业，讵可量哉？《易》曰："积善之家，必有余庆。"《诗》曰："不愆不忘，率由旧章。"以公之率祖，攸行如是，将衍石林之庆，而绍东谷之遗。公之后裔，其可拭目待而操券必也。余是以乐溯其家学之渊源，食报之靡既不胜，临楮满志而为之传。

皆康熙四十九年岁次庚寅孟春月

年家眷晚生陈运淇拜撰

钟华公传（讳可英，字绍闻，友竹派）

公之讳与字与行暨所配及子孙，曾元俱已详载，而公之行谊殊略未具，予不胜低徊感慕曰："夫人一言一行之善，即传颂于人不衰，矧吾兄事事足媲古人，皆堪称述耶！"

平居乡党间，恂恂怡怡，未尝有疾言，未尝有愠色。族中有纷争求平者，论之以义，联之以情。俾强弱各相输服而告贷者，计家之所有，出以资之，毫无吝色。偶有非礼之干，惟是正己，反求不存计较，时人号之为老佛焉。予童时既知敬慕，与先大人分属叔侄，谊若有朋，每岁时朔望，常以古人美恶相法戒，故自少至老，益相契合也。

先大人又尝告余曰："汝弟知兄长，乐善好施，温柔敦厚，为世称扬，抑末也。其大者，庭闱中孝于亲，友于弟，尤人所难甫，垂髫辄失所持，每清夜潸然泪下。时以罔极难酬为憾。迨事继母，晨昏定省，依依罔懈，得二老欢心，偕诸匹者。"余尝志之，至丁卯之秋，时年六十有五，重建家庙，伐石抡材，度支颇广。余见兄身任其经营，不以老而倦勤，祖宗灵爽式凭之际，永赖以安。

夫吾族中，行谊卓卓可纪者固多其人，而兄可为醇乎其醇者矣。余故特举其大概，以为来兹昭示，而于兄之善言善行难以殚述者，概从略云。

小弟时晃拜撰

叶朴庵先生传赞（讳士敏，隆十四，崇义派）

公讳政，字亦鲁，朴庵其别号也。忆昔明季，予友唐丙皇绩学能文，负当世之望。时先君子退居林下，敦延西席教读子侄，出其门者皆斐然有文声，而公子尊人继桥公，为丙皇好友。时过馆舍，气宇端凝，德心醇粹。先君子一见倾倒，推情送抱，盘桓累日，不忍舍去，因得稔。

公天姿颖异，少负大志，年甫弱冠辄声名籍籍。既入太学读书，成均其学，与日俱进，意取青紫如拾芥。继而幡然曰："夫士，贵适用于世耳，安能郁郁守此章句，局促为辕下驹哉？"乃循资考，授州司马，冀大展所学，无何，需次待选。岁月遥深而秋发已缤纷披肩矣。

居平乐善好施，拯人之危，赈人之急，惟恐不及，人咸德之。以故郡诸侯邑大夫交相引重，折节式庐，屡主宾席，式光俎豆，以风示方国，称乡祭酒云。笃生象贤二惠，竞爽掞英振藻，弁冕宫墙，蛰蛰文孙，媲美荀氏。杨子曰："其根深者其叶茂，其膏厚者其光曜。"殆公之谓也欤。

岁庚寅初夏，予友令嗣唐圣雏过我，称道公世德家学，娓娓不置，并属予为传赞，乃追忆先君子与公之尊人。畴昔谋面之欢，胜情流溢，恍然在目，不觉跃然奋笔而为之赞。赞曰："孰武其先公则式之，孰脯其后公则迪之，世德积累，声华麓而乡称祭酒大夫，式庐后先济美，衿佩逶迤，天眷懿德，宜尔子孙振振兮。

皆康熙岁次庚寅孟夏麦秋 吉旦

岁进士候选司训　年家眷弟毛可威（时年八十有九）拜撰

三、新叶祠堂记选录

玉华叶氏西山祠堂记

蔡宗衮

《礼》曰："祭用生者之禄。"盖以分所当得者致孝享也。故自卿大夫以至官师，皆得立庙以祭，世有田禄故也。秦汉而降，则仕者之禄不复以世始，下同于庶人而祭于寝，则歌与哭浑为一堂，而吉与凶淆矣。故曰："俗经秦汉，其可哀者多率此类耳。"

有宋大儒若程朱诸先生辈，深有慨于斯焉。乃创为祠堂，自天子诸侯之外，则合贵贱，皆得以申追，报之诚于其中。兹制之便而甚有裨于风教者，宜无弗遵而承之可也。然力量有余者，每格于义理之未明、孝思孔殷者，又阻于力量之不逮，是以如吾之越，亦浙以西之闻邦，金华之为治，则素擅小邹鲁之称，特立祠以祀其先者。义门郑氏数家外亦未之多见。

兹兰溪叶翁文山兄弟辈，乃能因旧图新，毅然以祠堂之建为己任，经斯营斯，则于嘉靖之岁在辛卯，凡四易寒暑而工始落成。中奉始迁之千五一府君为祖。或有议其与礼不相当者，翁则曰："人之有始祖，犹臣之有大统之君。人之春秋之祭，必追及其始祖，犹臣之觐未尝遗于幕职之微也。且由己而上，祀及曾高。"或又有议其与礼不相当者，翁则曰："士之祭止于先者，以无田故也。今则大夫亦无田矣，虽然，无田者无公田也。己之田，则亩千百矣，祀止于先，于心安乎？于礼得乎？"

工既完，议亦定，乃遣其子一清来乞予言以为记，予虽寡昧，素乐人之知所重，至如翁者得之矣，乌可无文辞然？而妥主有堂，奠献有仪，出入有门，烹割有所，致斋有室，供正有预，役使有力，退燕有度，悉已具于家之乘矣，复何俟于予之言哉？俟于予之言者，冀以托诸石也，噫与其托诸石？曷若铭诸心与其铭诸一人之心，曷若铭诸祠下千百人之心？惟祠下千百人之心同，则凡所以有事于此祠者，当日振而起矣。祠之翼翼，必与玉华同其巍巍。业复有其人如玉者出焉，以上润其既往，下润其将来者。

嘉靖岁在乙未八月季望

赐进士出身、南京礼部主事，奉勅提督四川学校前主、白鹿洞教事国子监监丞、古越我斋蔡宗衮撰

重建宗祠小引
叶溥

　　万物本乎天，人本乎祖，故自卿大夫、士以及庶人皆有祖庙，敦厥本也。吾祖千五一公迁居白下逮三世，东谷翁乃卜地于西山之阳建家庙焉。一本隆于斯，昭穆亦序于斯，盛哉！

　　东谷翁之有裨于后世子孙，而后世之为子若孙者，可以祗承而勿替也。虽然，栋宇之隆不能百年不敝，而堂构之肯犹在。奕世维新，则所谓孝子慈孙者，非徒规规焉；仅守成迹以无改于其旧者，为足表孝思也。

　　己酉秋，时和年丰岁，书大有梓材之丹艧，兹其时矣。爰是谋诸族人，从新是议，乃踊跃争赴者，比比皆是焉。弟行远者，必自迩；登高者，必自卑。以浩大之功而欲责成于旦夕，岂曰能？然因斟酌众议，参考异同，于族内殷实者，设乐输之；条丁繁者，出鼋分之。榖且婚姻诞育，则举庆有差；男冠女笄，则捐输有等。以一日之持筹为十年之规画，则是举也。虽不敢谓即能扩前人之业，而所以隆一本、序昭穆者，不于此有厚望乎哉？

　　议既成，因乐而为之序。

大清康熙八年重九日书，辛亥暑月溥再识

　　建祠任远，物议易生。谨严出入，防伪防身。勿谓我智，独断独行。勿谓我愚，诡遇因循。指责任众，公慎惟殷。装聋作哑，忍气吞声。历年不替，邪正自分。重新论定，世世瞻恩。

重修西山祠堂记
得甲

　　祠以万萃名，上以聚祖宗之灵爽，下以联子孙之繁衍者也。故达萧香于墙屋，非徒饰为美观，而思户牖之绸缪。当深筹其久远，吾祖之祠，前代原基于此，弟惜规模卑狭，广不容车，是以泰字行易庵公特迁新基于塔下。设两庑，建中亭，左省牲，右涤器，恢廓前图，允足妥先灵而庇后人矣。无何岁久倾颓，乏人继序，堪舆家又言，旧基愈于新基，于是丙申年仍移于旧处。尔时人事未齐，百度草创，非特贻讥固陋，且恐风雨飘摇，予与同志每心焉悼之，屡与族中能事者酌修理之，方奈无常资而止。

　　今岁己卯年登大有族叔祖士夙、祖祜等，有志修葺，倡议将冬租停祭数年，助祠以为修理之费。商之族中，无不踊跃趋跄，并积欠祠中旧账，俱愿照本而偿。各堂亦复欢欣乐助，因签管事数人，必欲予辈肩其任。予思是举也，先世之灵，后代之泽，皆于是乎萃之矣。予敢辞其责哉？爰是为治记。

皇清乾隆二十四年己卯闰六月中旬

裔孙得甲谨识

有序堂记

白崖

予家自唐中叶，由睦州之城闉迁寿昌之湖岑，自赵宋南渡后，由湖岑迁兰溪之玉华。三世祖东谷翁始作堂，以聚族属。匾曰"有序"，柳先生道传尝为文以记之。堂经回禄之变，记竟随以不存，所存者惟有序之名耳。先人辈不忍其名之久虚也，于正德改元，乃纠族之众而重新之匾。

始有所丽，而记则犹缺焉，当乞诸位崇而辞有辉者，既限于力量之不充，而区区犬马之齿，又日以向迈，岂可复置之以俟后之人耶？顿忘其固陋而为之。曷言乎序？天所秩者是也。既曰天秩似无，假于人为，兹曰有序，是合族之老幼、远近而群聚于斯。以言乎父，则欲其慈于上；以言乎子，则欲其孝于下；以言乎伯叔，则欲其尊并乎父；以言乎诸侄，则欲其顺同乎子；以言乎兄，则欲其先而友；以言乎弟，则欲其后而恭；以言乎夫，则欲其倡于外；以言乎妇，则欲其随于内。夫然后为有序，而无忝于斯堂。如之何能无假于人耶？何者不惟太朴，既漓而抑，且上失其道，民之散也，岂一日哉？

是故男女之婚姻合，而父母之将承者疏矣，况于伯叔乎？财利之源窦开，而手足之怡愉者息矣，况于堂从乎？以至妾媵偏听，则夫妇失谐，不有假于人为，则所谓太朴者，何由而复序，何自而有耶？要之，不外足衣食、明教诲而已矣。彼秉彝之良，惟人所固有，不从而充裕其口，体则孝弟友恭。倡随之心何自而与，不从而开启其志意，则孝弟友恭倡随之旨何自而明？是衣食固所当足，教诲固所当明，必也。家之长老悉其心以拟议之，竭其力以成就之，然后生可遂、性可复、序可有，而堂始不虚灵矣。

是可责之堂乎？堂中人之责也。尊而有年、贤而有力者，既专任其责，堂中之人又各分任其责焉，则心同者事克，济力协者功必倍。不数年间，凡同处于斯堂者，将骎骎然、奕奕然，莫不以慈父、孝子、令伯、肖侄、难兄弟、刑夫妇自勖，而堂中之序曰井井然、灿灿然，无忝乎天秩之初矣。是故作堂者之志也，推而及于国与天下，未必非此志之兼。然而分既有限，感且无基，故惟有其序于斯堂有已矣。

姑惟有其序于斯堂而已矣，苐不知柳先生当时之论如之何，令人之所以追而思之者，常耿耿云。

有序堂后厅记

见峰

有序堂之后厅，前明文山公之己厅中正堂也。自乾隆四年遭回禄之变，堂遂不存，而地已别售矣，义分旋庆堂之燕山祀得三之二，其一归于九思，因犬牙相错，故不得创建而荒芜者六十余年。往者尝有堪舆家过吾叶氏，游斯堂而叹曰："香火之后不宜空虚，族之不振，职此之由。"

夫族之不振，或盛衰之运使然，而谓职此之由，其说固未可信。至谓香火之后不宜空虚，则其言之近理者也。诸父老闻而是之谋，欲建焉，不果。

嘉庆十二年正月元旦，谒祖于祠，拜奠既毕。伯父、伯兄、仲叔、季弟、幼子、童孙咸在于庭，共议此事，未成而罢。既而二月复议，幸赖祖宗之灵，子孙和睦，燕山之基址乐助焉。斯时父老壮其义，举而不肯虚其功，复议每年春秋二祭，允其支胙六股，所以酬其庸也。

既成之后，乃立合议，乃计众丁，每丁输青蚨四百。吾族仁义智德四分，通计共八百余口，得钱三百余千，其工食之费，在外照分，分派亦如丁之数，选任事人等以总其成。请良工、探名材，石以百计，木以千计，陶瓦以万计。朝夕兴作，是构是营，坦然而广者，堂也；焕然而名者，庭也；巍然而周绕者，垣墉也。深四丈有奇，阔三丈有奇，其后三间为妥先灵之所，上下左右两厢五间为子孙序立之所，庭之大概已如此。至于默垩其地，丹漆其堂，方将因渐以加。今虽未之备焉，而向之数十年芜秽不治者，兹则一转盼而堂构维新矣。于戏盛事哉！

落成之日，飨以祭奠于诸祖。父老顾而乐之，恐后人不识其所，以爱命予记其事，以永其传。夫有盛事而不传，不足以劝善，姑不敢以不文辞，且予更有说焉？昔曹子建有言：创业难，守成亦难，难上难。斯厅之建已任其难矣，而吾族之难焉者，讵止此事乎？将来之责尚未艾也。究其要，在得人而已。得其人，则百废具举，上念祖德，下裕孙谋。振纲常，饬伦纪，使农业其耕，士勤其读，风俗以淳，人心以古。敢请为在斯厅者相共勉焉。既以质于父老，因书以为记。

此记前道光壬寅修谱，未及刊入，今检校翻刻自白崖翁所作前厅记，特检付梓以并传。奈于同治丁卯菊月望前一日，斯堂前后并遭回禄，（厂火）刖无遗，徒读遗编而增叹息。愿将来贤达者，出其孝心而恢复之，是又今之所深望者。祖宗有灵，自然福庇。

重建有序堂记

语文

从来祖宗有未遂之志愿，欲赖子孙力为之。相继成就者，或事已成而遭变故废坠，希望子孙早为之恢复者，此固为子孙分所当为，非可以推诿而容缓也。至于岁事之艰难，工程之浩大，有惟恐不胜其任者若等。于十年以往，重建有序堂，窃不禁有感而不能无言以纪其事焉。

尝读家谱厅宇记载篇，知吾族总厅有序堂创建于元代三世祖东谷公，后经回禄。至前明正德改元而重新建之，逮夫逊清乾隆四年，又遭回禄之变。至嘉庆十二年，又复重建。讵至同治丁卯菊月，斯堂前后再遭祝融之虐，嗣是而后历数十寒暑无人兴举。迄至光绪二十七年，有智分作潮，与仁分顺连、义分肇经等，有志恢复祖业，毅然以重构为己任。然限于财力，因陋就简，构成后厅寝室三间而已。其中庭、前厅仍属墟址，厥后二十余年中，族众热心者每拟接踵重建，而又往往因岁事艰难，工程浩繁，弗敢肩其任，以故屡议屡辍。

民国十三年秋，岁登大有，农事告毕。族中诸父老旧事重提，而热心兴举废坠者，若其萊、见宾、肇苏、作潮、秋菊诸公，复日夜怂恿，必欲担任艰巨，渠辈愿相助为理，以成先人未遂之志。闻诸公之言，蹶然起曰："此固之宿志，今诸公既乐为赞助，事或可为。矧区区犬马之齿，日以向迈，岂可推诿容缓而复以俟后之人耶？"于是顿忘衰朽，勉为其难，计议既成，签立任事四十余人。筹集款项，鸠工庀材，分任其劳，则躬董厥役，殚心竭虑，经之营之，无间寒暑。

至民国十四年季冬之月，中庭、前厅上下六间，暨左右两厢前沿楼宇三间，皆告落成。十五年春，复于厅之右侧，先达白崖公所助之东园基地创建客室五楹两厢，其前隙地，围以墙垣。

统计是役，自经始以至完竣，费时近三年，需款将巨万。同事一心，合族一德，遂致数十年败瓦颓垣之地，一转瞬间而堂构维新。祖业恢复，先灵寄托之所有之，子孙序立之所有之，公众接待宾客之所有之，固皆叨祖宗之灵，默助于冥冥中，不啻监督之、阴指挥之也。而与其萊等，以垂暮之年，得共斯役，以观厥成，则私心欣幸为何如哉？爰不辞固陋追述，巅末附载谱牒，以垂永久。

皆民国二十六年季冬之吉

崇仁堂记
文梓

古者天子七庙，诸侯五庙，大夫三适，士二，官师一，皆得立庙以祀先人。予家自四世祖副使公作庙于西山之阳，以祀始祖，所以敦厥本也，厥后子孙繁衍。逮八世祖崇字行并克扩恢弘，接踵建厅，各聚其族属，凡有十一焉。予太祖崇八公，乃副使公五世孙，实为兴二十祖之元子，循木主归，长之例于前。

明宣德年间，建斯厅于道院山之侠额，其堂曰崇仁，亦所以敦厥本以明仁孝之义也。于时祖武并绳不且，为难兄而难弟耶？《诗》云："相其阴阳，观其流泉。"《孟子》曰："为巨室则必使工师、求大木。"《诗》又曰："经之营之，吾祖取乎而已。"特不知几费精神，屡迁寒暑而后成斯大业。始可迪维前人，光登其堂，栋宇巍然。入其室厨竈，依然庶几哉？

自仁率亲，乃备五常之德，自义率祖，实瞻百世之依。朱子格言，内外严于宫寝。窦翁垂训，父子凛于官师，然则太祖之名，其匾者隐然法兼二氏而参一家之政也。可知当年庭前槐树成林，阶下兰荪罗列，一堂庆豫顺之休。父言慈，子言孝，兄友弟恭，夫妇和顺，而我祖且娱晚景于斯堂矣。

由明而来，至于今五百有余岁。去吾祖之世若此，其未远也。观吾祖之居若此，其在望也。何今日之子孙，罔识本源重地，徒谓斯堂为可恃，而吾实谓斯堂为可忧。报之诚，莫为燕雀在堂而不顾斯燃眉之急矣。孔子曰："人无远虑，必有近忧。"岂以瓦为不漏，遂有当于对越在天，骏奔走、执俎笾而谓目前之不足患哉？

愿将来为子若孙者，须念垂创之艰难，决守成之筹划，共勤补葺之劳，勿吝橐囊之费。上以光前烈，下以裕后昆，共相勉！夫祖孙一体之心，斯亦可以称能，继而敦厥本矣。是为记。

时清光绪元年岁在乙亥孟秋既望之吉

十三世裔孙文梓百拜撰

永锡堂记
元锡

天之报施于人，而人之所以承天者，自有其本焉。孟子曰："事亲，事之本也。"人能事亲孝，则忠可移于君，顺可移于长，万善具备，和气充满，而祯祥福禄之报自天锡之矣！又何不永之有哉？

余观汉之金章许史，一时朱轩华冕，声光赫耀，海内莫不啧啧称羡。曾不瞬息而富贵，歇绝家业，荡然靡复有存者。史册所载，若张若陈若郑数大家，其初不过农事、布衣，无大通显。乃同居和爨，世世恪守，勿替食指，累百盈千，内外毫无间隔，以致天子旌其门，公卿式其庐。非其一门孝义，绳绳不绝，乌能卜世永长有如是乎？

我祖宗以忠厚开基，自千五一府君，由睦迁兰，居于玉华山之麓。不数传而衍，为雍睦余庆；又不数传，而衍为仁义礼智信。德一、德二、德三，虽族分上下，派列九思，而出入相友，守望相助，岁时伏腊相往来。正月之吉，复大合其族于一堂，行聚拜之礼。祀有产，祭有时，一本孝敬之，诚以联合其祖宗，因而联合其孙、子。凡居之必有堂者，亦取世世联合之意，皆孝之事也。

迨曾伯祖十九府君生四子，长曰八七府君，挥豁大度，勤敏干练，有克家之才。八七府君一子曰五七府君，材亦甚大，而谨慎过之。初居泽塘山地，以人满复构一堂于有序堂之侧，颜其额曰永锡。久未有记，余系从侄孙，何敢自附于珥笔之列第，思百行之原，莫大于孝。孔子曰："夫孝，天之经也，地之义也。"天地之道恒久而不已，则孝子获报亦恒久而不已者也。故既醉之。

《诗》曰："孝子不匮，永锡尔类。"东莱吕氏解之，谓君子既孝，而嗣子又孝，可谓源源不歇矣。由是而锡以善未已也，又锡其室家未已也，又锡及其孙、子，莫不被以福禄。而一则曰万年，再则曰万年，是永锡之意。何其大而所以致其永锡者，又乌可不深思其本哉？后之兴者，诚能仰体祖父命名之意，而兢兢焉，惟孝之是图。吾知景命有仆，亦将源源不竭如《诗》所云者。

五七府君生四子，长曰时暠，字尔志；次曰时晟，字子宜；又次曰时晿，字子懋；季曰时晃，字子昭。时暠、时晿，品行重于乡邦，俱得与宾筵之选；时晟、时晃，蜚声黉序，赫赫有名。诸兄弟之子，又各五六不等，将来寖昌寖炽，正未有艾。

余故特记之，俾世世子孙，各知本源之所在，而奉行不倦云。

昔康熙四十一年岁次壬午孟春月

从侄孙元锡拜撰

荣寿堂记
元锡

苏子曰："问世之治乱，必观其人之贤不肖，必以其世考之。"考其世者，考其前人之积德流庆，而世世勿替也。余家由寿迁兰，丁繁派衍，寖昌寖炽，而以古先圣贤忠厚之德永显家声。

自东谷翁延仁山金先生于重乐书院，昌明格物、致知之学，与许白云柳道传诸先辈称莫逆交，所著有《春秋发微》《集思录》行世。其为人浑庞端厚，敦孝弟，重名节。冠婚丧祭，独依古礼；奖善迪恶，睦族好施；流风余韵，炳蔚当时，照耀千古！不但声施玉华已也，嗣是以后，吾族愈盛而习尚愈醇。畏犯法、乐输将、重氏族、习礼让，朴者毕力畎亩，秀者振起宫庠。弦歌诵读之声，翕然相接。无事则各守其业，有事则互相劝勉。乡评月旦有古三老啬夫之遗风，亲爱雍睦至数十年无双。字入公，庭且有终身不见长吏者，其岁时伏腊皆得，鼓舞闲暇，以游以泳。

《诗》曰："百室盈止，妇子宁止。杀时犉牡，有捄其角。以似以续，续之古人。"吾族有焉，谓非祖宗之积德流庆、世世毋替者，能如是乎？虽历代相承，道德着闻，行谊名世，文章事业不乏其人。然食先人之旧德，振奕嗣之宏规，光前裕后，则予曾祖望华公更有足称者。曾祖以农事克勤于家，提躬范俗，从不脱忠厚二字。事高祖备极孝养，抚伯叔诸孤如己出。与邻里乡党平宽恕，无戾气，亦无惰容。遗诫曰"忠孝持身"，承祖训行藏，履正守家规。又日书不负三世，德必积百年。呜呼！吾祖之诒谋如是！

是故又不华衮而荣，不金石而寿者，则后之子孙，倘能实体此意，修之于家，达之于国，布之于天下，于以黼黻皇猷，风励万姓。俾功烈赫耀，德业永垂不朽。又孰有荣于此而寿于此者哉？此吾祖荣寿之堂所由名也。

孟子曰："仁则荣。"孔子曰："仁者寿。"仁，惟有德者能行之；则荣与寿，亦惟有德者能享之。予不肖深，惟勿迪厥德以不克，负荷是惧。然承先人之泽，生于斯、长于斯、日俯仰于斯堂，而必为之记者，匪徒使后之子孙。勿朽尔橃楠，毋怠尔蒸尝，盖必有所，以振作光显俾斯堂。振古维新，且与韩公之醉白，卫公之画锦，同荣史策，并寿千古。是余之望也，夫是余之望也夫。

曾孙元锡谨撰

余太祖玉峰公作是记，载入康熙庚寅谱中，但留存之谱久不见载。忽从兄枳村出其所藏之散佚者，披阅之下，始知有是记一编。伏而诵之，实名实兼该有，斯堂不可无是记。但斯堂于辛酉冬痛遭兵燹，竟成瓦砾之场。所幸派下子孙同心协力，岁届己巳，喜托祖宗福庇之灵，备极经营之。况越三年，前、中两层始告成。虽堂构不足壮前观，而妥先灵于焉有托，所可虑者，寝室尚然墟址，而土木之兴不容缓者已。

裔孙凤梧笔记

抟云塔记
白崖山人

塔之所由设也，始创于天方之阿育王，而沿入中国则有唐贞观十七年也。太宗建浮屠于明州开宝寺。盖浮屠者，塔之别名也。于是东南亦有是法象矣。制本不经，厥后钱江之上有六和之建，则缘海潮之冲突而资之以镇奠焉。其说又自堪舆家来。故凡通都大邑，巨聚伟集于山川起缺之处，每每藉此以充填挽之助。虽假人之力以俾天之功，而崒然嵂然，凌霄耸兀，实壮厥观。

一日，予族叔氏友松翁，暨弟侄辈拟于所居之东，叠级而层垣焉。使天柱之高标与玉华道峰相鼎峙，以补巽方之不足。

予曰："举则盛矣，其如经费之浩，何佥？"

曰："苟协力同心，虽事之艰难者可为，功之巨者可成也。"遂欣然从事焉。

经始于隆庆丙寅二月三日，落成于万历甲戌八月六日。高凡一百四十尺有奇，围得高之三一。外辟通明之户者三，内为升高之梯者六。下作周廊，视其围倍之。是役也，虽曰仿浮屠之制万一，堪舆之左券可执，则将来之题名纪捷者，当籍籍乎，其蝉联而骥附也。如是，则古所称雁塔者，岂得专其美于前耶？故兹之名抟云者，亦曰于方为巽取象则风当。夫秋飙迅发，彼鹍跃鹏起者，负垂天之云，抟扶摇而上九万里，将拭目俟之也。所谓举则盛者，诚盛矣哉！

固当不没诸执事者之绩，而永其名于石，然犹未也。予家旧有祠在西山之阳，灵爽于兹，式凭今日就歆矣。诸执事能修之葺之，亦若是之崒然嵂然乎？则先人之乐尔于冥冥之中，不有愈于路人之誉尔于巍巍之下者乎？予于是而殷有望也。故既为抟云记。

纪其巅末复集，弟侄之知所重者，以此第一义。诏之白崖翁，此记前谱所未载，忽得之于残编断简中，亟为等入。且其敦本崇源之意，盎然流露于言表，一则不可磨灭之文，岂曰有数存乎其间哉？迄今百有余年而巍然在望者，复有祠翼然于其旁。伟哉，吾祖易庵公！倡率之功，使其及身见之，其踊跃鼓舞当何若也？自古在昔，先民有作，展阅之余，不胜低徊慨慕云。

大清康熙庚寅年仲冬月。士策考录。

四、祝 寿 文

赠文山叶先生暨安人洪氏齐登六旬言

先生世居婺之兰溪，文山其字外称也，嘉靖庚寅，月当二阳十有三日，六旬喜初度焉，乃安人明年正月哉，生魄寿与君齐。其子一清之有纽伟辈，从予乞言，以祝先生与安人之不老，惟一清夙抱其所，疑以就质于予。文山亦尝相经过，以叙宾主之雅意，岂容以不诺？但久生之术，非予之所能知。予之所能知者，久生之理而已耳。何也？彼耽乐于情之无所纪极，而索获于力之所可能，为富室之恒事也。

闻吾文山则精慎以检身，好施以资德，尝三发私廪以给待哺之民，未始居以为惠，嘻嘻于十斛之有余而反唇于一言之不合，此内人之贞疾也。闻吾洪母，则肃以作仪，俭以节费，缀宗族以饮食，而联姻娌以恩信者，不以久暂而或渝，然犹未也。

授子以经，不责效于章句之区区，每令从拙人以游，因得以与升阳明之堂而已，亦时追吟弄于光霁之余，顾其子乃能承考，得师其为器也，不特称利于浙之场屋，骎骎然、卓卓然，将来吾道之寄也。

文山与安人相视而相爱也，必曰："尔内助我刑家，其乐固陶陶然矣。"相与而视其子也，必曰："我有嗣，尔有续，其乐之陶陶又当何如耶？"夫了生于心之和也，心和则气和，气和则形和，形和则天地之和应之。文山将同久远于彭乔，安人将与麻姑王母逍遥于瑶池、玉枢之胜，而忘其岁月于天地间矣。六旬奚便为寿哉？是则予之所能知者，二三子以为然乎？皆曰然，遂书以归之，而俾其朗诵于称觞之日。

峕嘉靖庚寅季冬之吉

赐进士出身奉直大夫奉勅提督四川学校前白鹿洞教授南京国子监监丞古越蔡宗兖撰

庆文山叶君夫妇七秩齐寿文

兰治西北四十里有山隆然拔起，曰白岩。白岩之麓，惟隐君子文山叶翁居焉。庚子季冬十有三日，君寿七十；明年正月十有八日，配洪寿亦齐君。于时，君子之友赵子信卿、何子遂，夫撝君行纪，谓予曰：

君，伟人也。其派出寿昌新市，八代祖东谷翁者，实师仁山、友白云，家世敦厚，自君益弘浚。配洪，协德诩襄，用居积致富而英毅好义，籍籍然称光兹乡久矣。正德戊辰，岁大歉，君为粥以食贫民；嘉靖丙戌复饥，官命和籴，民多赖之；己亥潦旱相仍，民大困，君复慨然捐私粟六百斛以苏之。

俗事浮屠，尚勇力，君惟礼处家、经教子，故一清业弘誉播，推重郡邑，由君教义方焉。海内名士硕儒，如越王阳明、蔡我斋、汪清湖咸与君为宾友。尝书壁以自箴曰："物非义不受，事非理不行。酒非义不饮，人非义不交。"名其堂曰中正，户曰仁义，盖以自曷也。夫狂澜之中，实虽难定石；曲木之上，恒鲜直枝。计今乡邑，得如君者岂易哉？

兹夫妇齐寿，某等往贺焉。愿得一言未称觞侑，予曰："其然乎，尚奚言哉？"夫仁以济众，义以检身，敬以亲贤，善以淑后，有一于是，吾将扬之。矧慕其全也，且儒名跖行，义摽利趋，吾辈或不免焉。君任资性，乃克树立强善，特行迥出流俗。近见一清，才具弘毅，所以大君之德训，而昌其后者，益有望矣。

夫作善降祥，积德余庆，天之命也，人之道也。君寿不宜乎？语曰富而好礼，又曰仁者寿，如君夫妇，近之矣！

昔游白岩，奇其巍耸高绝，意其下必有伟丈人生焉，其或君乎？抑善靡穷，功靡限，君惟乐其已。能滋修其所未至，如卫武公年踰九十，求谏益顿，兹善弥大，年弥高而增休。叶氏垂裕后昆者，益靡既矣，岂直夸期颐尔哉？然在君不在人也。夫善惟君，予尚奚言哉？因咏四言二章，章六句，俾歌以为寿。

歌曰：

瞻彼北谷，维石岩岩。瞻彼北麓，维石巉巉。愿言寿考，山高石坚。

山高伊何，曰积惟久。石坚伊何，曰质惟厚。愿崇令德，保艾尔后。

皆嘉靖辛丑孟冬之吉

赐进士第资善大夫工部侍郎尚书眷生朴庵章拯撰

庆玉华友松叶卿丈双寿七秩序

曩余未第时，尝结社柱竿之巅，读书谈道，自以为乐。既而登高远眺，则玉华峙其西，道峰联其北，大慈巍岩，雄踞于其后，余欣然欲遍游焉。乃率同会诸君子，天霁风轻，棹歌缓步，由赤孤小崖攀扶而上，约进屿四五里许，直抵慈岩，当是行也。上以接乎鸢背，俯以临乎平芜。余遂一跻一转眄，但见层崖叠嶂，苍郁悬空，怪石崇峦，纡回秀时，烟霞堆比，丽若游鳞，云物飞升，行若布阵，乃知古昔称奇观，斯非其概欤？于是旷然兴思，以谓天地至气融结为大山，灵莹为真人一焉耳已，岂其生斯长斯，而乃乏不贰之老乎？

余庶几将遇之。明日，偕诸友循山趾道，往白崖叶子家，贺其乃翁寿。时则友松氏深衣博带，整整前趋，相与雍容，揖让接杯酒之余欢，因获睹其状貌，倾其言议。默视其所起居，于余心窃嘉焉，而求永年之兆，盖已卜之一见间矣。

今年春三月辛未，友松寿七十，厥配刘夫人则以夏五月七日届诞，适相齐也。于是乡姻士笃同休之谊，效嘉乐之情，酌春酒以称觞。聚琼桃而戒献，先期持绣轴至，常告余，属为之叙，予曰："夫夫也，固予宿所接见而今也犹不忘识忆于心者，矧慈岩之乐复萌，桑梓之供弥切。顾安能默默已哉？"

予惟友兰北望族人也，厥族婺州判，东谷翁尝游仁山金先生门。至厘筑室以为仁山先生讲学之所，而其地遂以儒源著名，即今世远族繁，咸彬彬诗书称礼义，犹有先判公之遗风焉。是以友松氏沿习家教，行无越思叩其中。虽性资沉毅，若负豪气，揖其外则乐易谦恭，蔼然可掬，族之人有不平事，公出一言断是非，彼既唯唯而退，无扰辞焉。邑侯南湄李公申行乡约，不可谓非盛举也。公得进为约长，布其教于一乡，纪善规恶，不踰年而民讼颇息，俗颇移。至蒙优奖之惠，亦贤矣哉！且籍累世之资，克自树立，益恢张而拓大之，而家日以饶，逮其宾贤礼士，则殷勤纳款，油然如恐不及。厥子一濂、孙遇春，皆延师授经纬，庠誉髦将，骎骎乎有科之选矣。

癸丑春，圣天子覃恩海内，诏年高有德者例赐冠带，以荣其身。公实与焉，盖虽驰封之典，固自有待，较今日之宠光，不犹锡之在天而难必者耶？夫世之谈寿者，类征诸福，夫福非有他也，百顺之谓也。繇公而观，即号于人曰："百顺咸聚，夫何愧然？"则公之偕臻寿域，乐观厥成，信非偶然也已。

故予畴昔之思，若谓玉华诸山，英精磅礴，灵气熏蒸，于此培成不贰之老，其既也。则又如松之茂贯，四时而不改柯易叶意者，其在友松也耶。予不佞，不能侈为颂祝之辞，以腆光于俎豆，姑述公之履迹与其所以获福之既繁且昌者，如此试以质之乡姻士，将必有谅其说之非诬者，于是乎叙。

皆皇明嘉靖三十五年季春之吉

赐进士第中顺大夫知常州府事前南京广东道监察御史前淙金豪撰

贺友松叶翁、安人刘氏齐寿七十序

维岁丙辰，余戚丈友松叶翁与安人刘并臻七十寿，三月十二日，乃翁悬弧旦；五月七日，安人设帨辰也。至日，厥子若孙偕少长，具洗腆觞朋酒，造膝拜舞上寿毕，罗绮肆筵亲宾贺。余叔母实翁之冢息，携吾弟国元备礼，载醑归祝千岁寿，余以入觐，便道归省，将赴职不获，随以贺国元曰："吾外王，父母之德兄所悉也，言赠可乎？"乃言曰：

七十之寿，自古谓稀，而佳偶齐寿，则又稀之。稀者，翁母得此夫，岂偶然？而钟气之美者，与他产必异。狙来之材，昆吾之纩，终古所珍，以是焉耳，夫物且然，矧于人乎？吾邑固繁山而峰峦崒崒，岩岫硌砑，荣祥毓秀，陡兀霞表者，惟玉华为最胜，所以乡名瑞山焉。翁之所居，正在其阳，生于斯长于斯，游息啸咏于斯，所谓降岳乐山者，翁擅之矣。故翁容德动履，无一不与兹山似。

观其长身伟貌，玉立金贞，似山之峙。刚介正直，高尚弗抑，似山之隆。慎言谨行，动静不苟，似山之重。而静勤敏干，家赀丰用裕，似山之蓊而丛。义重乡评，官推约长，似山之作镇。斯士亲贤乐善，矜愚恤昧，似山之材垢。兼容界辩分明，不妄取与，似山之廉。隅而千仞壁立，解纷息讼，乡邦敬服，似山之耸异。而众巘朝宗，且盈庭兰玉，训以义方，嗣业家庭者，肖德象贤；育才庠序者，储器待用。

若吾叔母，不幸早娶，凛然志节，承家训子，宛然翁之家法。又似山之钟灵竞秀，怀宝育珍，而所出皆美者矣。翁之独得乎山若此，而安人淑德内相，天合好述，正若双峦之并秀。其寿之如山，不言可指，冈陵之福亦且骈至，固无俟于亲而爱之者赘，愿祝之矣。

唯侑觞之际，不容无辞，乃从而歌之曰："玉华之阳，瑞山有乡。爰有君子，如岳降祥。德音孔彰，黄发齯齿，茀禄无疆。"以此为叶翁寿。

又从而歌之曰："玉华维奇，迁居孔夷。爰有寿母，令德令仪。令德令仪，君子攸宜。永言克配，茀禄无涯。"以此为叶母寿。

旹嘉靖三十五年春王三月上浣日

赐进士出身文林郎知婺源县事眷生越渠郑国宾撰

赠叶迟妻李氏暨子一阳节孝序

自古开设学校，莫不以教化为大务，而教化之所以当先者，闺门孝弟而已。慨夫关雎之化湮，陟岵之风熄，求其母以节、子以孝，而为士论之所揄扬者，夫故藐乎？其未闻也。

我国家立学储才，惇典庸礼而振起斯民之盹瞆者，彬彬然二百年于兹矣。予也获睹其盛，而署教于兰诸士子，之归于乐育者，訚訚如，侃侃如。各着夫有道之气象，盖不徒以文艺相先也。一日，于校文之暇，郑生国元，方生国靖、园，跪而请，曰：

至戚叶迟妻李氏者，少之时在家从父，养幽贞之德，克尽女道焉。长之时，适人从夫，力敦内则，克尽妇道焉。及其夫逝，而年在二十之内，乃柏舟自誓，四十余年雅操愈饬在家。人之利女贞者，李氏以之。厥子一阳，孩抱而孤，天性至孝，恢扩基裘，勉全子道，在易之乾母蛊者，一阳有焉。乡耆李克，矩方应德辈，举其实于有司，盖出于舆论之公也。

邑侯薛君，固尝匾以节孝而旌其闾矣。今之岁，叶母寿届六旬，生辈寔其甥也，往称觞焉，敢取乞一言未侑，亦民秉之彝也。予乃作而言曰：

李氏之寿，称而祝之者，固多其人矣。但彼节于孝者，其有关于风化也，岂浅浅哉？斯不容以无言也。尝闻妇人从一而终者也，操井臼而讬苹蘩者，不过适其常而已耳。惟李氏之爱失所天，而变膺孔棘，乃克苦其节，抚孤幼以底称立，幽冀不愧于亡灵。明欲裨于世教，诚足以楦妇道之纲常，而所以懋享遐龄、渥绥福履者，固其天报之必然而亦其盛德之自致也。若一阳者，又可岂自足乎哉？必也，宜肆其力于际天蟠地之道，授诸子以跨灶亢宗之术，如是则母之节日益着，子之孝日益敦。薛侯之所以旌而表者，行将转而沐天子之耿光，节孝之名垂诸竹帛而不朽矣。比固一阳之责而亦赠言者之一也。

二三子以为然乎，否耶？于是乎序。

时嘉靖龙集岁在昭阳大渊献季冬之吉

南畿乡贡进士，署兰溪署学教谕事，无锡中州施阳得撰

寿大鸿胪叶君白崖七秩序

瀫以西又山曰玉华者，当万岳中独挺拔，与金华相挹如主宾然。麓山而家者为叶氏，厥先东谷翁为仁山金先生道义之契，而冢子云庵亲侍笔砚于白云许公，家学渊源，代有闻人。至玄孙曰白崖者，予得而友之，顾兹八月六日，七旬初度，正将命斤车往寿，适兰源戴嘉、石峰、唐治辈，征辞为君祝，其举固与予若有夙契者，辞奚以哉？

金曰：惟先生与白崖相知最深且久，则其辞当出诸先生。廓源氏让之再三，不获允，乃作而言曰：

夫寿有源也，源贵浚也，浚贵衍也。始予与白崖通肄进士业，而君之时髦聿起，年十九即廪食于寿庠，每试必冠群士。既不欲以远贯取近功，毅然请卒业于兰，又不欲顿先兰士之贡期也，遂输资入胄监。时陕右三衢王先生为胄子师，一试辄遇君以奇士，由是文名籍甚。大司寇三峰鲍公辈，争礼致为弟子师，人或谓君借此以取青紫，可唾手也。而顾澹如以自居，虽九顿场屋，当道指相雅重者，至录其文以兴刘蕡之叹。而君则每以艺之不精自咎也。竟应例补鸿胪序班，奉身而归，杜门著书，《周易》《四书》皆有贴孙。又有便录若干卷，从游者日众，誉重遐迩。

邑侯宾阳金翁慕君之高举，饮于乡，凡两见以大宾礼，皆强之而后，可使其当盛年。掇巍科以究所学，则其见重于君；相垂法作，则于国与天下者，又当如何耶？虽然，兹固君之志，有在焉而未之酬？今入其乡，则见其男女井井焉；践其里，则见其长幼秩秩焉；履其庭，则见其父子蒸蒸焉，兄弟怡怡焉。此非君之志酬于小试者乎？况乌纱银刺当祀先，合族之际，肃恭雍雅，望之俨瑶池琼岛中人。其视皓首，班行迟回于钟鼓刻漏之下。求林泉一日之乐而不可得者，相去何千百哉？此可以卜君之不老矣。

且厥考文山翁，种德好施，鉴有明征，寿之源也。君尝执难于我斋蔡翁之门，遂因以登阳明王先生之堂，所与聚论皆海内名流，卒获心学之传源之浚也。厥子朝赏、朝日、朝阅，厥孙见曾、见道、见喜、见云、见星，厥孙应夏、应秋，与将来之振振者，

皆能先意承志以永君之箕裘，此又浚而能衍者也。

戴子唐子悚然为间，曰："翁诚善惟白崖寿矣。"廓源氏复作而言曰："概焉耳矣！尝闻白崖量能抗王公，而惟恐得罪于嗟来之贫士；辨能折万口，而不肯少负于自知之一念。不敢以非义取人之一介，亦不敢以非义之一事加诸人，是则白崖之生虽后东谷二百有余岁，而家学之渊源则由之而益振，以故身寓寰中而心超万物外。精完神萃而彼苍者，不能为之限量，将不与玉华而同其悠久也哉，即是为寿觞侑，斯得白崖之渊矣。然友朋交儆之义，尚未之及也。

昔卫武公年踰九十而犹恐国人之弃，于今白崖甫登七秩，其求儆于同志者，宁肯在武公后耶？宁肯在武公后耶？是为序。

昔皇明万历四年仲秋吉旦

赐进士第大中大夫太仆寺卿前礼科右给事中眷生廓源徐应撰

恭祝大荣封叶母陈太夫人八十荣寿序

余尝读《禹贡》诸书，而知扬州古域，天文牛女分野，春秋时为越西界，郡曰宝婺，盖在兰阴香山间。层峦列巘，拱卫四维。有灵洞焉，上曰白云，中曰紫霞，下曰涌雪，是为仙灵窟宅，故其地多产兰蕙。而龙门玉华诸山，皆有道长者居焉，理学儒宗，苦节峻行，羽化之迹甚彰彰也。生其地者，率神王而多寿，至于坤德之笃厚，尤为诸福所式凭焉。

兹于潋水陈太夫人见之。太夫人，本岩陵名族大姬胡公族姓，肇兴婵媛，而来世有名德。太夫人少于归叶公迁斋，叶故婺州之望族也。迁斋公为邑诸生，性方正，不慕贵势，日惟闭户读书，涵养德器。太夫人实相与同操鸣佩，适寝以佐孝养。时纫针篝灯昧旦，交儆遂相。夫子为名儒，闾里咸称其有冀妻梁妇之风已。而迁斋公即世太夫人，茹饮冰霜，不刚不柔，以慈母而兼严师，训成令子易庵。易庵公仍能绍述箕裘，克世其家，以文章道义推重乡邑，则太夫人之教居多焉。

予于是羡太夫人之必多福且寿也。《诗》云："无非无仪。"太夫人之无非固已，而且有仪也，皆势至事起不得已。而操持训诲显然，道肃后人而事不出于门内，则仍然无仪而已。《易》曰："地势坤，君子以厚德载物。"惟太夫人之德厚如此，斯何福之不除，岂非古所称女君子者哉？

壬子秋，太夫人之兰孙玉峰举于乡。仲冬之月，为太夫人八十大齐，余乃益羡太夫人之垂教远大，且食报方未央也。于是同郡戴子判玉其次，公与玉峰有冰玉之谊，遂为首倡。诸孝廉与玉峰同榜者，偕谋所以寿太夫人者，客或以为介寿以酒，侑爵以文。适余解组归里，咸造余请一言以颂太夫人之德，予愧无文而乐扬善。休为国家人瑞之征，则于诸君子雅有同好，且戴子与余属中表，而予又与玉峰同婿，赵氏称亚婿焉。遂授简援笔，予弗敢谢。即戴子所称太夫人志节义方同孟母，勤思跻敬姜，则柳仲郢

597

李令伯之流，奚足以议万一也哉？虽然，以叶氏之积善余庆而发，于玉峰行且珥笔彤庭，调羹大鼎，龙章叠赐，赫奕光宠。

特计日事太夫人之膺荣未艾，则太夫人之寿亦政为有艾也。是故将以煦温食和年，过数百绀发青庐，凌洞天而观大化，与古来诸仙者游，是琐琐乎？献觞陈辞又何足以尽太夫人也哉。

语既，因系之歌，歌曰：

兰阴之山兮，漱纹之水。笃生淑令兮，太君之以。秉志守贞兮，勤劬靡已。善鞠善教兮，施于孙子。云軿朱幰兮，冠褉絪纵。既寿且康兮，以繁而祉。

玉峰其为太夫人歌之，使太夫人闻之也，其必粲然而笑，而更为进觞。

赐进士出身，殿大学士兼吏部尚书、前户礼二部尚书左右侍郎、兼内国史院侍读学士、詹事府左春坊、左庶子、右春坊、右庶子，辛丑会试統知贡举官奉命纂修。

圣训、大训、太祖、太宗实录，统通鉴全书纂修官总理

诰勒辛卯，江南主考陈言称

旨特赐蟒服，考满

恩荣三代荫子入监，历任弘文院侍读、左春坊、左中允、翰林院编修庶吉士

年家眷生黄机顿首拜撰

恭祝太封翁易翁叶老年伯先生七秩荣寿序

尝闻金华为道书三十六洞天，双龙、冰壶、涌雪间类多仙人奇士，炼性修真，服食道气，世之欲驻颜返少以求长生之书者，咸愿过鹿田登访。皇初平，故事而希接其芳，躅顾非余之所取也，曷取乎？尔取其理学迭兴。名贤辈出，邹鲁之称于今为烈。而兰之仁山金先生，尤为道学之冠。叶氏东谷翁，盖其高弟也。亲炙授受，得春秋不传之秘，与许氏白云诸先辈同切磋于重乐书院，以此号其地位儒源，则叶氏之以道学名家，由来旧矣。

东谷之后，子姓百亿，或以文章显，或以道德推，忠厚诗书之泽，愈流愈远，愈发愈光。迨至迂斋公，潜修嗜古，行谊醇美，克绳祖武而振起之。

易翁，老年伯先生其次君也。先生本家学渊源为词坛祭酒，显微阐幽，更粹于《易》。其学务笃实力行，内求诸己，秉性最孝。太夫人寿享百龄，凡饮食起居，靡不承先养，志纤悉，必亲孺，慕之忱，老而弥笃且敦。同气而能推让，既分之产，而重本支能，倡建不祧之祠。遇荒则设法劝赈，逢急则尽情解纷，诚积于中义，形于色，谔谔侃侃，境过怡然。乡里化之，不知雀角为何事，而刑章可以不设矣。其课子也，倍燕山之岩，得万石之法，尝曰：士先德行而后文艺。

朝廷以经义取士，亦假此以窥德器、定材品，非直取其饰银黄、绣鞶悦已也。此诚有本之学，为俗儒所不屑道者。故其令嗣俱能恪遵庭训，雍雍睦睦，处世惟谨，无

叫嚚浮薄之态，而长君子祚，遂称伟器焉。且诸孙林立，跻美八龙，又良又舒，英姿绝异。方髫髫时，便能读遍五经，摛毫撷彩，不特蜚声黉序，自尔并奋云霄。况若曾若元，绳绳绕膝，蒸蒸未艾，合四代而聚顺一堂，乐齐眉而同享五福，真可为宝婺之光，兰江之瑞，石林之昌。而总之为祖德之流长，先生之后庆也欤。

余与子祚，壬子举于乡，同寿知于青藜马夫子。盖其年最少，其文最佳，其为人温醇尔雅，而余交又甚久，故知先生厚德实行，独亲切着明也。岁己巳孟秋月，为先生悬弧令节，适同年陈子紫驭司铎于兰，偕亲友赵子丙、三吴子以敬等，特介余一言以为祝。自惟备员，禁近不获，登堂称长者觞。然亦尝棹钱塘、溯瀫水，徘徊览胜，深信金华之秀萃于玉华。爰此为之歌曰：

嵩高维岳，笃生大良。恺悌君子，如圭如璋。鸿渐羽仪，四方之纲。奕奕绵绵，福禄攸降。

则所谓忠厚诗书之泽，愈流愈远、愈发愈光者，皆于先生见之矣。

异日，圣天子行宪老乞言之典，先生出而应，召其子孙拥安车、推蒲轮，使斑无于庭者，复跄济于朝紫。诰貤章百朋锡宠，煌煌显赫，垂誉不朽，是即予之所以寿先生者。彼夫驻颜返少洞天长生之说浮而不实，不敢以进。是为叙。

赐进士出身，翰林院春坊，起居注日讲官，奉命纂修明史，东宫侍讲，己未会场同考试官，甲子江南典试兼翰林院检讨庶吉士，门年眷侄徐潮顿首拜撰

恭祝大诰封即一品易翁叶太老先生老大人八秩荣寿序

邑有循良辄比之以慈父，盖曰"抚育生成，如保赤子"，不啻其父我，而遂相与爱之戴之、遮道歌颂之，此其风非不近古俗，非不云厚。独是人知慈父父我，而不知更有其父慈父者父我，是何异于姻河含糇而群然忘其所由来也，可乎哉？在昔贤豪之笃生也，貌不肖坤乾，望重朝野迹，其生平，文章事业大都得力于过庭者居多。所以政必有谱，学必有源，其中德业相继，往往载之传纪。士君子于此捧而读之，以为千秋所不易觏而啧啧焉。称其食报之独远，夫是以天赐难，老纯嘏交集斯，亦古今来原。有是相须之符，而知其致此者非偶也。兹于我易翁叶老先生，不益足征耶？

太先生系出南阳秀钟瀫水，以濂洛理学世其家，大约静以修身，俭以养德，淡泊以明志，宁静以致远。夫古今之学，不外于性命，尽性至命，乃道脉也。凡而家训，余以不获亲炙耿光而悉得其所以为憾。虽然，尝于我玉翁父台得其概矣。

曩者，余从西湖游连舫湖上，未尝不与二三友人品陟越中士，父台以髫年知名，金曰："泰山之石，伐之匪易。扶桑若木，折之良难。"彼雪案千卷，自经史以及秦汉唐宋诸家之文，罔不穿其阃奥而恣其渔猎者。强半皆太先生力也。迄辛未，捷南宫读其文，喈然金石直逼正始之音，挹其风度，宛若黄澄周霁，摇笔千言，立就其气之雄，足以睥睨一世，其力之厚，足以震撼千古，其识与养之优，足以方驾成弘而驰骤启祯。诸

公展卷数过，击节久之，始知当年友人之言不我欺而益信。

太先生非时下父道所堪仿佛其万一也。金以大冶锻者，其器必精；壁以兵刀装者，其色自润。问尝上稽往古，知一代伟人莫不以遵严训为兢兢，而文章事业照耀天壤。今者，父台筮仕得吾郡之蒲邑，太先生奉养于官，居无何而改担易涂。民无逋赋，案无留牍，为汉上循良第一。然则，父台以文士起家，而无不胜任愉快，谓非渊源有自而能若是乎？于山见雍豫以西挺巀嵲嵬，而非嶐嵝可与度势，于水见碣石以动浑灏瀇沇而非涧溪可以争流，顾乃探觇寻源，凡物莫不各有其本焉。则知父台之所以居官籍籍者，又何莫非太先生之力也。其积德累仁，宁必待一一缕数而后悉其为贤也哉。风高五岭，霞涌三台，辎轩上大，父台爵拜关内侯。诸世兄以彪龙风雨之才，奋跃天池，作我朝第一流人物。

太先生德合乾道，庆衍无疆，行见圣天子，貤封下逮较嵓者，三命之荣，更加宠眷，匪但受邑一，大父之赐而已也。

兹值律终彝则之月，为太先生嵩诞之辰，蒲人士遮道歌颂，愧无以为祝，走使丐序于余，余因悉太先生齿宿色容泽焉，食饮喜焉，精神强健，齿发完焉。时方手自校书，飘飘乎若仙，或登高远眺，上下如飞，鹿车鸠杖无庸；或诗酒之余，从事奕秋，决胜莫敌，英年屡更不倦，盖八十年如一日也。予曰：噫，此洵陆地之乔松，休时之芝鹤，而蒲人士之福也。敢拜手飏言，纪一时之胜，以佐万寿无疆之觞。

旹大清康熙三十八年岁次己卯孟秋吉旦

赐进士第，光禄大夫经筵讲官，吏部尚书，前刑部尚书，武英殿大学士加一级，年家弟熊赐履顿首拜撰

恭祝大荣封叶老年嫂赵孺人五旬荣寿序

粤稽家国之兴，非独骏发之圣彦有以开其先，亦由内德之茂焉。夏后氏之涂山、殷商之简狄、周之姜源，而思齐大任、思媚周姜，代嗣徽音，周祚更为绵远。以及桓孟之敬戒、钟郝之礼法，匪今斯今振，古如兹。盖男正位乎外，女正位乎内，刚健中正，柔顺利贞，相配以成，尊子孙逢吉，贺天之宠女，德之由昭昭也。

兰溪玉翁叶老年台与予壬子同举于乡，年甫弱冠，挟鞭霆掣电之才，挥惊风泣雨之笔，成镂云琢月之章，同谱莫不为之辟易。今玉翁成进士，需次天官，子月望后二十有六日为年嫂赵孺人锦帨之辰。姻娅郭又公、年台等，饷朋酒，介眉寿。以予与玉翁交最深，因玉翁而稔，其内德者最悉，征言于予，请约略数端，以券福履之绥，纯嘏之锡，可乎？年嫂为相国赵文懿公从孙女，王父伯仲栾生，并蜚声庠序，而李广数奇。年嫂以尹姞望族归崔庐名门，幽闲贞静，赋于懿秉，娩婉德听从娴于姆训。所谓大邦有子，俔天之妹者，非与吾以知天之生是祚叶也。

玉翁至性肫挚，笃于爱，日予同公车晨昏之际，每心口自慰曰："定省之节，甘旨

之供，必躬必膹，代襄予职者，犹幸有吾内。"吾以知年嫂之孝而能敬也。玉翁渊静闲止，吐纳风流，义气干霄，薄云慷慨，义形于色，交天下贤豪长者以名节气，谊相砥砺，吾以知年嫂之贤而能解佩也。方昆吾在匣，霜翮未翔，莹雪继暑，啮莲经营以及攀月桂、赋长杨，进以琉璃之砚，俾生奎璧之光，谁实为之？吾以知年嫂之能相夫子、成令名也。举三雄，恂恂乎孺子，壮壮乎士，则教之诲之，义方有素矣。是以年本终贾赤帜，泮宫为文龙，为绣虎，雁行云路，蹀躞天衢，可企而俟，吾以知年嫂之慈而能教也。里号儒源，家敦儒素，自缟衣綦巾，以至纤青拖紫，子姓鲜纨绮之华臧，获安布帛之旧，吾以知年嫂葛覃无斁，敬姜一劳，礼而有节也。若此者，非玉翁不足以表年嫂之德，非年嫂不足以成玉翁至名。《诗·大明·明明》之二章曰："乃及王季，维德之行。"齐德同行，年嫂之谓矣。吾于是而益叹淑德之难也，而无足为年嫂难者，盖女德而有士行者也。

尝观天欲祚人家国，必先厘尔女，士从以孙子，夏后殷周尚矣。桓、孟、钟、郝之风徽至今，彪炳彤史。年嫂洵后先辉映哉！玉翁出而仕矣，泰山之云，肤寸不崇，朝而霖雨，天下亦将受介福于王母。三雄联翩雀起，蔼蔼吉人，媚于天子。年嫂五花浩诰，橳子偕老，眉寿繁祉，戬谷罄宜。年嫂回念鸿案鸡鸣之时，得无莞尔而进一觞也乎？诸姻娅咸曰："无剿说，无诿词，可谓善颂善祷也。"遂书之为春酒之献。

赐进士出身，户部侍郎，前国子监祭酒兼翰林院侍讲学士年眷弟汪霦拜撰

荣春先生六旬寿序

明媚春光，桃花似锦，白云深处飞一函来，审知荣春仁兄先生纪周花甲。其宗人称述先生善行，请文为寿，其言曰：

先生宅心惇厚，有长者风，而遇事果敢，见义勇为，又若柳子厚所谓"轻出财力如水火者"。举要言之，修玉泉寺，建文昌阁，造白云庵，里中人得以岁时祈禳、报赛，此先生之有功于地方胜迹者也。修辑宗谱，重建宗祠，惨淡经营，力任艰巨，兹又拟建阖族公厅。燹后六十年来，以工程浩大，屡议屡辍而不敢为者，先生不惮艰难，毅然任之，俾得妥先灵而隆孝享，此先生之谊笃宗支也。水毁木，饥年谷不登，拥资者多必奇以邀厚值，先生独平其价，曰："幸灾射利，仁者不为也。"主持家政，纤悉必亲，蚤起晏息，以身作则。延师兴学，栽植后贤，学制初更即遣子叔藩偕三侄子材游学东瀛，卒业归，显扬令闻。叔藩一涉仕途，旋归里养亲，今七侄又崭崭露头角矣，此诒谋之有道也。至若通晓儒书，旁及岐黄堪舆之学，尤有心得，然未尝问世，此皆荦荦可书者。

余曰："是皆然矣。"

虽然，曾亦知先生，以此自多否乎？先生不自多，而我犹侈之，是推指蠡测也，殆非所以寿先生无已。且为之谈君子之清风，叙契阔之情愫，盖十年以往，余曾一访先生之里居，视其家，则孝友而温恭；游其里，则风淳而俗美。村居之胜于峰回路转之中，

豁然开朗，旷衍幽夐，殆隐君子之所栖迟也。俯仰留连，闲相道古，先生为言其先世东谷公与金仁山先生、柳道传、许白云诸先贤，讲学儒源。数百年来，此风益陵夷衰微矣。并指余序所在处，盖玉华山麓。先生倡首，修复之玉泉寺，即东谷公与诸儒先讲学之精舍也，相与感慨者久之。

岁月不居，江河日下，今耳目之所闻所见，事物之所接触，均非昔比。而先生风敦古处，不与流俗同俯仰，间岁一入城市，必过余。过余未尝一作絮絮谈、落落数，言皆肝鬲语。居恒常以远者、大者勖其子孙，谓世路多险巇，仕宦非职业。明珠弹于飞肉，其得不复，何如？退而反求诸身，揖前贤之高轨，诵先世之清芬，虽佩玉琼琚，不利走趋。然以视夫躁竞冒进，陷入烂泥坑而不自觉者，则既多矣。语有之人生不得行胸怀，虽百岁犹为夭。若先生之志，事固无时无地不得行其胸怀者，乐已无艺矣。

矧夫地居清胜，时届芳菲，酌春酒，以春尚谱霓裳，而介雅先生紫石有棱、鬓毛未改，将来之志事，且日新月盛而未有已焉，其乐更复何如也。

世愚弟郑文灿顿首拜撰

世愚弟郑寿华顿首拜书

时在中华民国十有四年岁次旃蒙赤奋若病月谷旦

五、玉华叶氏祖先行状、祭文

待赠文林郎先府君易庵公暨先妣李太孺人行述

元锡

府君讳溥，字普侯，号易庵。先世自石林公绍明理学、黼黻庙堂，又如瀫东文康安抚龙溪，与我东谷诸公渊源家学，仕宦蝉联，其显著于中州者，近若副使茂二公、中山靖王府仪宾公，盖吾叶氏之有造于河南，自先世而已然。

曾大父望华公，可昌可炽，益能闳大其家。大父遇齐公，标识文坛，尤粹于《易》，著有《易经明解》行世。府君少岐嶷如成人，望华公甚所钟爱，适新厦告成，谓能兴吾堂者，必是孙也。及冠而孤，即奋自树立，事先王母以孝闻，体志承欢，寿跻百岁，生奉没葬之费，不以累诸昆季。或时破产，分给族指甚繁，旧祠不足以展孝享，毅然纠族贤兴建。任怨任劳，事半功倍，非徒壮观而已精。堪舆家言："寻山问水，有览胜具。"前后葬及五代，立祀产，恤少孤，敦本源，而隆枝干，其天性然也。性耿直，貌严内和，胸无城府，见义必为。

当甲寅之乱，奋纠乡义，捍御里、闻四乡，恃以无恐。人有过勉斥其非，扶善抑暴，咸为心折。至贫民负债无还，或至卖妻鬻女，即慨出橐中赢资，令去珠复还，骨肉重聚者甚众。尤能知人，解瞬间逆，料其得失成败若烛照，数计无勿脗合。居家甚勤俭，事靡巨细必亲，饮食衣服，自奉菲薄。及待宾事神，罔不致美；遇小鬻，辄微善其值。毕生一斗一秤，未尝少低昂。尊师重学，独延名儒于家，致敬尽礼。师有数丧未举，力为厝而安之。年高鲜嗣，凡廪给没齿无缺乏，师没，择己茔地至近者安焉，立碑以示后，曰："庶吾子孙，永便于祭也。"较麦舟脱骖之赠，殆有过焉者，是以与严父而后有严师，教不孝甚严，趾不下楼者十载。

壬子登贤书，戒以，年少登科，当勉图远大。及七上公车未售，数勉以天老汝材亦冀大就，可自挫其志为。辛未，捷南宫，出莅蒲阳，再任博浪，谆谆教诫，谓："亲民，官莫如令清、慎、勤三字，汝龟鉴也。"莅任即遣舆迎养，由临安历吴会，自江而淮而河，舟车所至如家，无几微倦色。不孝候迎河干，跪问起居，道旁观者咸曰："矍铄哉！若翁其父我慈父者欤，是吾民之福也。"抵署后，饮食逾昔，步履胜前。凡遇审谳、厅敲朴声，时或流涕，恐稍有未协，必曲加训诲，期情法两平而后已。故不孝在阳邑二周，诸凡可以告无罪于上下者，皆府君教也。以教子者教孙，复以教孙者教孙之子，辰起督课呫唔若少年；迄酉未休，灯下犹能阅蝇头细字。暇则综理庶务，纤悉不遗，立谈终日，无倦手谭更，数人勿能敌也。其厚得于天而无假于人者如此。窃谓得邀升斗之糈，正拟定省晨昏，永侍膝下。

忽一旦，命小大俱前，曰："予昨梦有异，今头目岑岑然，其止于是耶？易箦时，惟以无忘忠孝，为言而戒诸孙曾，以勤学和厚。"呜呼！岂古有乘箕骑尾仙解如蜕者，是耶非耶？

府君生于万历庚申年七月十六日，卒于康熙丙戌年三月初七日，享年八十有七。配李太孺人。继李太孺人，男二：长元锡，辛未进士，任湖广德安府应城县、河南开封府阳武县知县，娶赵氏大学士赵文懿公曾孙讳世焕公女。次元眷，娶陈氏建邑庠生讳维翰公女。孙男八：长士筹，邑庠生，娶唐氏；次士策，岁贡生候选，娶胡氏，岁贡生讳观光女。次士筠，邑庠生，娶金氏；次士篯，岁贡生，娶诸葛氏，继娶蒋氏，辰州知府讳征猷公女。次士等，娶方氏。次士筤，娶赵氏，邑庠生讳洋澄公女。次士箓，娶邓氏，邑庠生，讳□□公女。次士策，太学生，娶张氏，贡生儒学教谕讳隽公女。策、箴、箓，元锡出；筹、筠、筤，元眷出。孙女三，长适上戴岁贡生戴允；次适社山吴岁贡生吴彩；次适上唐庠生，唐人璞曾孙。男维发、维联、维汴，士策出；维乔，士筹出；銮光，十筠出；维豫，士篯出；维镰、维鏊，士筤出。余未艾，不孝苫块，余生语无伦次，付冀大人先生赐之琬琰，用光幽壤而扬先烈，则深荷鸿施不朽矣。谨述。

文林郎先府君玉峰公行状

府君讳元锡，字子祚，世家兰溪西乡，以居址自玉华山来，别号玉峰。先叔氏号华峰，云自三代以来，源深流远，凡名宦巨卿、文章理学、忠臣孝子、节夫义士，垂诸史册，载在家乘，班班可纪。

始迁祖千五一府君之家于斯也。嗣如东谷公，云庵公，或效力朝廷，有功民社；或殚精学道，翼赞圣贤，乃作宾王家，天然遇合，计猗妙术，骧首天衢山川。时钟其灵人，物代呈其瑞。阅我曾王祖望华公，规模盖逾阔大矣。曾王父迁斋公，以正谊明道自任，名躁艺林，义坛竖帜，天早之年，其或有所待也乎。举丈夫子三先王父居次，行生平孝义，正直大节，鸿施先府君，谨志之行述。中配李太孺人，屡举伯子类，早殇，先君乃以长称，性孝友端恪。童时识度如成人，自入小学，先王督课甚严。寒暑丙夜无间，遍读诸经子史百家言，于《易》为最邃。十数龄，丁先王母，艰哀毁中，礼事继母李太孺人尤曲尽，诚孝服阕。应郡邑试，立成五艺，咸以童子冠。军复为学，宪金公首扳许以必成大器。

壬子，举于乡，吾婺同举凡六人，皆陟三先生首选士也。时府君年仅逾冠，乃七上公车，矢志弥奋。辛未，成进士，时有以凤凰池为人力可致者，弗之应，其安于义命而进必以正，如此筮仕。蒲阳至，即杜馈遗革，坊里诸胃监杂供民，不为官司妄费一钱，楚潞等租课额倍他粮，久为民累。详灭均摊，民困乃苏。邑有石羔税，吏以簿进，谓此中可染指，斥却之，软抬公役，诸弊咸勒石永禁。

己卯分校文武两闱，允明允慎，得士为多其俗类，以投旗挟诈平民，有犯必惩。虽触忤上弁，勿恤人，人称为叶青天。云总台郭公，目为湖广第一清官，拟特疏荐上。适以继王母艰，归舟惟载石，几不辨行囊。玉山侯华亭，君叔父行也，赠之行，始克抵家，云逾旬而先母孺人卒，再铨中州博浪，治如蒲阳，更尚简静，盖中土民醇易话，驾轻就熟，大小毕张，迎刃有余，动合膝理。爰是修学宫，延义塾师以督民之无教者，堂育婴，戒溺女，以广皇仁，以鞠民之无养者。修东西司而轺车有讬，固南北长堤，开通惠发陂而河不能灾，成腴田亩数千顷，役大工，伙民不知费，傍邑有疑难未决，必过而问焉。宪批丛委，案无留滞，钱粮随征随解，词犯随到随审，民爱之如父母，吏畏之焉若神明。

府君两任皆迎先王父至署，侍养靡间。先王父外严内宽，府君通方而据法，问视暇时，宽猛相济之训，是以政通民和。各宪将交章特举，忽膺先王父之变，蹒踊哀毁，几不欲生。万民巷哭，行悲若丧考妣，果何以得此于民耶？犹将勉留此身，以报君者报亲，乃竟以哀毁过情，归未期而以身殉我先王父矣。不孝策等，将何地以自容也耶？

先府君才大心细，读书若不求甚解，大旨了然毫无障碍，下笔洒洒数千言，倚马立就，命意必居题巅，如立高冈，无远不彻。其应事接物亦然。天性孝友，以道义悦亲，丝镪铢积勿敢自私，昆弟怡怡，此恭彼友。尝曰："兄弟，手足也。人莫不爱其身，自戕身之手足，可乎？"闺壶之内，相敬如宾，始逾艾年，先孺人即弃世，豪门贵族有愿冉绋丝罗者，勿忍也。且有所鉴云，训策等甚严，子侄一视有曰："做好人，行好事，读好书，虽恒言，实格言也。厚以分，自己受用一分。"又曰："惟和，则天地万物为之动，况人乎？人肯吃亏，何事不可为？"盖府君为人忠厚和平，至大节毅然不可犯，立志甚大，不屑为儿女身家计。气谊干云，好忧人之忧而急人之急，以故尽交海内知名士。

其居乡也，排难解纷数十年，至无只字入公庭。接人靡小大必以礼，无厉容，无惰色，志欲广义田，如范文正公。时续修谱乘，未就而卒，乡国之人，盖思之不能忘云。其大概有如此者，不孝策等，痛心瞀乱之余，自知挂一漏万，且不敢为溢美之词，尤惧令先人茂德湮没不彰，矧奚以希光于当世。名公大人至先孺人，贞风懿行，先府君悉之，像记中不敢赘述。

时大清康熙四十九年岁次庚寅仲冬之吉

男士策顿首拜撰

蓉溪公叶君行状

余秉铎金华二十余年，龙钟致仕，归有日矣。有亡友蓉溪公子万桐，自百里来饯余，且请余为其先君作行状。余曰："令先君之懿行，余已稔知。他日修邑史者，必当传入儒林文学之内，不斐之言，奚足表扬哉？"固请不已，乃为之志。曰：

君姓叶氏，讳逢新，字作铭，蓉溪其号也。世居兰溪瑞山乡之玉华，其先祖东谷居士，克诚先生，当宋季时筑室于其乡之儒源，延仁山金先生讲学，而白云许先生、道传柳先生皆与焉。学者称儒源四先生，事详郡邑志中。

曾祖讳楹，庠生，祖讳其，一岁陪贡生，父讳得甲，庠生，俱知名于世。君承家学源流久远。少机敏颖悟，好读书。年甫弱冠，游庠序，有能文声。时钱塘鹭堰黄夫子讳九叙者，尝游学至兰，得君甚器重焉。既而，黄夫子归杭掌教，君负笈相从，苦志力学，鞭心呕血，不辍寒暑，一时同学之士，莫不爱敬之。而某之获与君交也，实此始。

年三十一，登戊子科副榜。君不以为意，复砥砺琢磨，研经炼史。黄夫子与某等咸叹息焉，方将冀其蜚声翰苑也。无如数奇不偶，屡荐不第，岂大材之难售欤？抑天命之有常也？尝有某邑同年友某驰书约君，夤缘为官，君慨仕途之混淆也，作书以谢之，遂绝意讲取，以讲学为事。

君天性孝友，老先生在堂，日其甘旨，虽囊橐屡空，必百计营谋以悦其志。幼弟逢霖受书于君，君以兄道兼师道寓爱于严，即游庠食饩，后犹孜孜勤勉。君既笃于孝友，故教人以敦本行，崇实学时务，而文艺次之。且又秉性谦和，持身宁静，从君游者，如饮醇醪而不觉其醉，如坐春风而不觉其寒。甚至恃才傲物之徒，见君无不矜平而躁释。

讲学三十余年，弟子不下数百，虽散处四邻别邑，而闻知遵行迄今不衰，居乡则恂恂如也。不妄与他人事，或有赴愬于门者以理喻之，勿激勿随，横逆相干，深自引咎，勿校也。至若族中有事，或犯名义且伤风化者，必恳切指陈，使之自止。偶有义举，必奖成之，亦不惜齿牙余论。

善饮酒，有节与人，无谑言。持家以严，为主闺门之内，肃若朝廷。教训子孙，各安其业，勿事浮华。某尝闻君之言矣："吾家世传清白，仆叨先人余荫，墨守诗书，虽生平无大过人者要，未尝一念不志于为善。庶上可对我祖宗，下亦可昭示我子孙耳。"由是观之，则君之仁质，谦光不隐然如见哉。所著有《易经解》，《菉溪遗稿》未付梓，藏于家。

嘉庆八年八月十二日终于正寝，享年六十有六，配潘氏，子四。万根、万椿、万桐、（庠生）、万枢（早卒）。女一，适寿邑庠生李照。孙六，曾孙一，方兴而未艾也。

呜呼！余载金华有年矣，金华古文献，郡号称小邹鲁，道德、政事、文学代不乏人。然余自居以来，阅人甚众，读书之士，不急于功名即趋于势利，求其克荷先贤之任者，盖不数见。独吾菉溪，秉志卓卓不伍凡俦，今纵不得显于时以竟其用，而隐居讲学传道吾徒，令四方称颂，没而不朽其人。其品果何如也？文学乎？儒林乎？故待后之修邑史者。谨状。

旹大清嘉庆壬申年正月中浣之吉

赐进士出身，由即用知县改授金华府学教授同学弟陈凤举百拜撰

祭十一伯母文

自八年六月终以至九年十二月初，纪一周且半矣。十一伯母叶氏，弃人间许时，而平生最蒙恩族子傅，乃始遣奠薄自千里外，至负慢之罪，是人能言之更文盖耶？呜呼悲夫！

念惟厥初，早丧慈母，依伯母以居，不慧而愚，马牛襟裾。我祖我父，遣读古人诗书，终窭且贫，每食无余，或腹空虚，或胫黔瘇，有衫无襦。惟我伯母，暨我伯父，闵兹瘁劬，召置膝前，抚摩嘻呀。饭以稻粱，侑之膏腴，囊以温絮，蕴之重袽，伴二弟以遨以游于彼西庐。

既冠而婚，妇谒伯姑，赐之簪笄，赉之头颅。既仕而荣，锦归乡间，宾朋过从，有繁车从。大开囷仓，肆陈庖厨，搥牛烹羊，燔雁炮鱼，焚膏继晷，鼓钟吹竽。寝不酣嘘，坐不安舒，立不停宁，走不宽徐，盖奔趋勤苦八九阅月，曾不得从容言笑以斯须。

既宦既贵，方报是图。忽以讣闻，骇愕号呼，呜呼悲夫，其谁之故？人有善愿，天必从欤，乖违舛迕，乃至于斯，此怨此恨，其可消除。人祸纠缠，王事驱驰，淹历数月，始遣奠一盂。忘负罪逆，其可胜诛。

呜呼悲夫，惟我伯母，华阅名姝，克俭克勤，相厥大子，肯囊肯箱，若虚若无。天不假年，弃捐诸孤，玉陨珠沉，月缺花枯。惟兹辰良，陇梅苞薂，式陈籩俎，薄登肴蔬。伏惟赫灵，风驭云车，歆此下诚，慰我愚疏。

尚飨

右白露黄先生之作所祭伯母，乃予高祖兴二十一府君之女也。观其待族子，有恩如此，则所以待亲堂者可知。岂非叶门之令女耶？敬附登此文，冀吾门后来之为女者，

有所观法而兴起云。

四世孙一清百拜书

祭五四孺人文

羡贤妇之归配吾弟也。桃夭之欢，仅洽于三载；柏舟之节，竟坚于终身。岂寻常为人妻者之所可班者乎？

羡贤妇之事吾父母也。不以夫存而勤，不以夫亡而怠。吾父手书孝行，遍告宗族，冀得传不朽。岂寻常为人媳者之所可班者乎？

羡贤妇之保我孤侄也。生甫三日而吾弟卒，不特爱护之周，而且教训之至，冀其成立，以绵门祚。顿忘劳瘁，殒及厥躬。岂寻常为人母者之所可班者乎？

即此三德，宜享永年，天道不明，短折其身，哀陈一奠，希赐格歆。

上所谓贤妇者，乃吾族兄湘之女也，适建德清溪邓滩，早孀，年五十三而逝。为文以祭之者，乃亲伯瀗也。噫，弟亡而逼其嫁，其妇世俗之恒情也，兹忘其分，叱其名。以祭虽伯氏之从厚，亦死者有以致之也。叔白崖故为附录于此。

维康熙四十五年岁次丙戌秋八月朔越祭日

祭皇清敕封文林郎易翁叶老先生文

呜呼！天不憗遗，哲人其徂。道峰云暗，兰水香枯。与公令子，结契天衢。缅惟典型，能不悲欤？维工挺生，才华盖世。赋就三都，文漱六艺。学圃纵横，黉宫踔厉。叹息刘贲，终艰一第。公子行谊，卓矣先民。敬宗睦族，纾难扶贫。彦方化俗，公瑾投醇。为乡祭酒，为国嘉宾。

岁在甲寅，孔道羽檄。伏莽频兴，星流电激。公也仗义，片言驱敌。四邻安堵，乐土是适。有子象贤，云霄昂耸。杏苑名高，花封望重。五柳门开，三槐庭种。煌煌凤诰，自天赐宠。初除涢邑，继宰汴疆。鲁恭驯雉，召伯甘棠。扳舆迎养，鹤发苍苍。两地讴歌，惟公义方。余在长安，讬契明府。璞玉浑金，雕龙绣虎。探厥渊源，奉公仪矩。廿载神交，空怀杕杜。先君出身，鳞亦随行。停州兰渚，采问舆情。佥曰公贤，履信怀贞。门名通德，无愧乡评。维时我公，中州禄养。见公诸孙，亭亭隽上。王谢交辉，荀陈相望。方期难老，延年赐仗。奄然而逝，蝶化蒙庄。士民攀送，宗党悲伤。箕畴具备，厥后克昌。公无憾矣，乘云帝乡。麟独何为，痛肠如结。陟岵同悲，感今伤昔。越水吴山，音徽永隔。敬撰芜词，用申束帛。

尚飨。

康熙四十五年岁次丙戌秋八月朔（越祭日）

日讲官起居注，詹事府左春坊、左中允，兼翰林院编修，制五年家眷，弟黄梦麟谨以清酌庶馐瓣香束楮之仪，致祭于皇清敕封文林郎易翁叶老先生之灵。

六、其他文章

子复字说

白崖

白崖同堂有侄，曰一阳，字子复。时值家乘重缉，凡族之有行义能自好者，例得传。侄茂春为一阳请于渠，亦族中能自好人也。既诺之，及稽典故，叔未尝有传。其侄者乃因其字而为之说。曰：

复者，何以天道言之。自小雪后，阳气已萌，积之三十日有奇，是为冬至。而一阳来复矣，故谓之微阳。此则人所共知，无俟于予之说也。惟养之为不易耳。孔子传复之大，《象》曰："先王以至日闭关，商旅不行。"后不省方此养之之术，亦人所共知者，亦无俟于予之说也。但吾人之身，日有冬至，有微阳，日所当养，此则人所未知而予所独知者。人定之亥是也。于是而闭其关焉，则一日之微阳养矣。吾人之心，日有冬至，日有微阳，日所当养，此亦人所未知而予所独知者。一念天理之发动处是也。于是而闭其关者，则一心之微阳养矣，是岂可轻以语诸人乎？必得人之知所先务者而后可以语之也。

一阳少丧父，事寡母以孝，不特宗族乡党称之，已闻于有司而旌之。是盖知所先务者，一念之微阳，固已复矣。然则欲从而养志，如之何？其为功耶？亦未求此心之关而闭之耳，凡气有所未平，已有所未克者，皆关外之暴客也，当悉其力以御之。凡理有所当为，义有所当尚者，皆关内之主人也，宜悉其力以奉持之。如是则吾心之微阳日以充长，所以资而籍之者也，将无有乎尽藏矣。斯可以语子复，要之契紧处，在能养也，当号曰养吾。是为说。

答庶子不得为长子三年问

白崖

茂春侄问："庶子不得为长子三年者，何也？"

曰："虽长也，非嫡也。非嫡子，则不得继祢，又不得继祖，所以不为服斩衰三年然。"

"则庶子之于嫡子，又有三年之服者，何也？"

"古人重宗子故也，是以庶虽贵不得立庙以祭祢者，以主祭者哉。宗子庙在宗子之家，故曰明其宗也。"

答税服问

白崖

希征侄孙问"何为税服"？

《礼》曰："税者，日月已过，始闻其死，追而为之服也。惟父母则追而服之，余则不服此。自生于他国而祖父母，诸父昆弟皆在本国者而言也。"

答从服问

白崖

见道孙问"何为从服"？

曰："从者，随也。据《礼》，从服有六。有属，从属者，亲属也。子从母而服母党，妻从夫而服夫党，夫从妻而服妻党，是属从也。

有徒从徒者，空也。如臣从君而服君之党，妻从夫而服夫之君，妾从女君之党。庶子服君母之父母，子服母之君，母本非亲属，从空而服之也。

有从有服而无服。如公子之妻，为父母期而子为君所厌，不得服外舅姑，是妻有服而公子无服。如兄弟有服而嫂无服，是从有服而无服也。

有从无服而有服。如公子为君所厌，不得为外，兄弟服而公子之妻则服之，妻为夫之昆弟无服而服，姐妹是从无服而有服也。

有从服重而轻者，妻为其父母，本该三年而袒服期，夫从妻而为其父母袒服三月，此从重而轻也。

有从轻而重者，公子为其君所厌，自为其母练冠，而公子之妻服期，此从轻而重也。"

赵孺人像记

元锡

皇清待赠孺人赵氏，前相国漱阳先生之孙阁生，公之长女也。幼闲内教，极聪慧，知大体。十六岁丁归适余。丁生母太夫人李氏艰，哭踊祭奠，时时如礼，宗兄早已啧啧称贤矣。事继母太夫人，孝谨弥笃。尝得其欢心，曰："少妇贤且能，克任家政，余惟含饴弄孙，足矣。"以故躬任劳瘁，凡井臼出入之计，皆孺人是问，非但日勤纺织缝衣觅酒浆而已也。时予正就外傅，曰："待师之礼，多文不如致敬饮食、供馈，少有疏略即为不敬之渐，是故必精必洁，历十余年尝如一日焉。"

丁未，予游庠。壬子，举于乡。在他人莫不以富贵相期，而孺人安之若素，且曰："一生事业，将来正未有艾。夫子幸勿以一得自矜也。"予矍然者久之，乃不幸久困公车，屡战屡北，苐勉以从容待命之说。及赴辛未会试，方戒程。时始而饮泣，继则放声大号，予不禁骇然曰："孺人素贤，今忽作此儿女态，何也。"曰："夫子七上公车矣，若此科再不第，一生书债未偿，又何以慰公姑惓惓悬望之意乎？"予闻言，惶愧无地，然其心愈苦而志从此愈坚矣。乃皇天有眼，果博一第而归。窃料妇人常态欢欣必逾平日，而孺人犹安之若素也，曰："为功名计，则得矣。为国为民计，且奈何？"人笑其迂而不知其所见有大焉者。

呜呼，贤矣哉！教子甚严，或师傅他出，一切课程俱亲自督则。凡拜坐起立，语嘿动静，丝毫不肯假借。处姒娣则甚和，始终无疾言忤色。儿女婚嫁之事，俱推有余以补不足，并无子侄彼此之别。待婢仆严而有恩，家中食指盈伯而规条井井，莫不引分帖服，固吾父若母之处置得宜，亦孺人赞襄之力居多云。

惟是积劳成病，病犹服勤不辙。癸酉冬，余由县归已漏三鼓矣，仍篝灯为余整履。予笑曰："进士公岂怕没鞋穿，何自苦乃尔？"对曰："予岂不知，但子媳俱系富家儿，聊以此示勤，令彼不致怠惰耳。"女工毕，复执灯照看各房门户，且一一嘱咐小心谨慎。正欲就寝，忽昏晕仆地，百计救获，调治始得苏。

丁丑年，谒选出宰湖广之蒲阳，奉母侍家大人同到任所，犹不肯稍自暇逸，仍命仆妾勤纺织，或锄园种菜以佐饔餐。尝曰："尔辈须思今日之衣食从何处得来，若优游坐享，虚靡岁月，恐福薄难消受也。"

又恭顺有礼，凡夫妇燕处时，或有坐立不拘而左右不辨者，孺人一相见即肃容起立，命坐向左袵而坐。朔望早起，洗沐即率子妇拜谒祖先公姑，自少至老，自家居以及宦成，与予相敬尝如一日。且食无兼味，所衣惟布素，不嫌洗浣补缀，予笑曰："补服公服也，岂可常穿乎？"孺人曰："唯唯但此帖身，故不忍弃耳。"或制新衣，即锁之竹笥，至有终身未经沾体者，此其素性朴俭使然也。尝谓予曰："治民之道，妾固未谙，大约制一邑如治一家，宁厚毋薄，宁宽毋刻，使人毋宁使人感，然乎否乎？"余曰："此圣贤不朽之格言也。"而孺人能言之，雇予不能力行之哉？是以三载蒲阳，几于蒲鞭不试，而四境欢然，颂声洋溢，内助之功，雇不伟哉？

及予丁继母忧，归家未旬日，而孺人之病转笃，分手永诀则手额相谢曰："妾受福多矣，惟老翁与父母在堂，不获奉事终身，未免长恨九泉耳。"言不及乱而逝。

呜呼，可不谓贤哉？予故略记其大概，以见母德之可法有如此者。

唐先生传
叶元锡

自士习颓坏，士行不敦，以巧合为通方，以趋时为洒脱，稍有循循自守者，即以迂疏钝拙目之，此《诗》《书》内所以无真品而圣贤持身之道邈乎远也。惟我先生则不然。

先生家本素丰，黄雀白鏹不屑于胸臆，凡出入会计，惟童仆是问。耗浮于外，蠹啮于内，浸淫既久，遂至食贫，先生淡如也。历代相传，一经自守，先生赋姿颖异于书，无所不读。文章深刻奇崛，大类子书。时为学使者所推重，宜取金紫如拾芥，乃数奇不偶终老，子矜先生亦淡如也。四方学士慕其声光，多负笈从之游，曰："举子业易学，只要自己心地明白耳。心地明白，积而充之，自有水到渠成之候。记诵贴括，足以窒梏性灵，甚觉无益。"

律身最严，爱静好洁，交必择人，非其人，人虽词色不少假借。终日衣冠伟然，拂席危坐，目无左右，瞬有执经问业者，必言之娓娓，必令其首尾通辙而后已。尝曰："学者，先德行而后文艺，文艺如春华，德行如秋实，有春华而无秋实，则收成结果终属子虚。"又曰："须要变化气质，气质不变化，则轻躁粗浮。虽能过目成诵，究竟毫无实德，此皆大儒有本之言。孟子所云'深造以道俱'，不外此也。"余从先生十余年，耳提面命，受益最深。

自壬子举于乡，辛未成进士，得选湖广之应城，复邮清、慎、勤三箴以相勗，且曰："做官固当做有用之官，尤当做不朽之官。盖有用之官不过办事于目前，而不朽之官有能尸祝于百世。夫做官惟地方，尸祝又能历世久远者，则其入人之深，感人之切，必非无道以处。"此余可不惕然思、梦然省，副其属望，则成之意乎？

儿孙辈归，特寄土绅数事，薄奉一二金为先生寿，先生甚勿喜，曰："此物从何处得来？岁时食尔家谷数担，以养余年，足矣。任上之物，必不受。恐开馈遗之门，为尔父清德累也。"呜呼！先生之清风高节如此，彼世所云通方洒脱者，乌能仿佛其万一哉？

先生讳靖，字去佞，唐其姓也。出三泉望族，配何氏，享年八十有八，生于万历甲寅年十一月十八日，卒于康熙辛巳年六月十八日，移葬于廿二都童大坞之原。余特次其行略，以俟名公巨卿采辑而勒诸贞珉，彼后世子孙得时有祭，以垂诸不朽云。

自　警
华麓

天道最好谦，祸福自兹出。人宜思抑损，成就乃谦德。唾面待自干，何须遽拂逆。叩胫当自戒，岂容任径率。沧海变桑田，宁必争寸尺。台榭空山丘，何事竟得失。责己无责人，横逆小为屈。攻人宁自攻，发隐非为直。自卑尊日外，外损内日益。贤智不先人，意气岂容激。喜怒必有常，忿欲必惩窒。逊己恕以情，胜己让其力，以至御下人，亦当加抚恤，过忍宁过慈，何使彼日戚。盛德容若愚，高明用柔克。度量扩沧海，心事炯白日。糁米入太仓，何须较黑白。泾渭久自分，何事论曲直。君子好谦谨，小人恃刚愎。文王安敬止，周公著乾惕。尝观《周易》书，谦卦六爻吉。若能退一步，众善自骈集。

四要铭
华麓

发奋读书，勤俭治生，义方训子，善念举行。四者之道最切于人，勿忘勿助，有物有恒，不惑于临事，不眩于当身，不伤于过激，不失于因循，知时命之不可以强致。维四者之铭，带而书绅。苟日复一日而忧愁于岁月，其何以无负于清夜之揆度与触发之良心。

克己吟
华麓

但得心中乐，何须身上安？我心似平衡，轻重俱能权。存心少自欺，克己乃云难。富贵岂必却，义理须自闲。贫贱何足乐，道德可自甘。生财有大道，服古乃入官。恒足非为贿，九百不为贪。苟非所当得，毫忽不可干。颜子居陋巷，夷齐在西山。非以沽美誉，大君始泰然。若能严取舍，八德第一关。

蒲阳叶氏重修谱序（宰蒲阳时作）
玉峰

余初膺，简命出宰蒲阳。簿书之暇，未尝不博览楚中文献，以为政教之助。己卯季夏，吾宗行翁以谱牒一卷问序于余，余嘉其能不忘本也，曷以不文辞？尝闻之先贤之言曰："求木之长者，必固其根；欲流之远者，必浚其源；思后之昌者，必积其德。源不深而望流之远，根不固而求木之长，德不厚而思后之昌，是犹适冀而南其辙也。必不得之数矣。"

吾祖自子高公发祥以来，丰功伟烈，炳赫三楚。观左氏所载，谏用王孙胜之语，见微知著，不啻几先之哲也。及其平白公，定王室，成功不居，退老于叶。不啻盛德之良也。宜其子姓繁衍，名贤巨儒接踵而出即知。如吾家石林先生，其理学渊源，昭著两浙，瑶枝琼树，已窥见一斑矣。但在楚言楚，实为叶氏肇基之乡。览其家乘，原原本本，令人有起敬起孝之怀焉。

昔郯子能言其祖，君子贤之。今行翁以耄耋之年，存心族谊，慨然褒集其家牒，支分派别以垂示后昆。揆之仁人孝子之用心，何以加兹。嗟乎！世风不古，俗鲜长厚；谱牒不修，则代远年湮一体也。浸假而化为行路骨肉也；浸假而化为秦越。斯亦伐根以求木茂，塞源而欲流长也。抚今追昔，感慨系之矣。《诗》有之："昭兹来许，绳其祖武。"吾宗其勉之哉。是为序。

旹康熙三十八年七月上浣之吉

612

参考文献

古籍类（按编撰者先后为序）

[1] 西汉·司马迁：《史记》，中华书局，1959年版。

[2] 西汉·刘向编，黎翔凤校注：《管子》，中华书局，2004年版。

[3] 东汉·班固：《汉书》，中华书局，1960年版。

[4] 东汉·许慎：《说文解字》，中华书局，1963年12月第1版。

[5] 东汉·荀悦撰，张烈点校：《汉纪》，中华书局，2002年版。

[6] 东汉·王充著，黄晖校释：《论衡》，中华书局，1990年版。

[7] 南朝·范晔：《后汉书》，中华书局，1960年版。

[8] 唐·刘知几撰，程千帆笺注：《史通》，中华书局，1980年版。

[9] 宋·郑樵：《通志·二十略》，中华书局，1995年11月第1版。

[10] 宋·李心传：《建炎以来系年要录》，上海古籍出版社，1992年7月版。

[11] 宋·朱熹编撰：《四书章句集注》，上海古籍出版社，2001年12月版。

[12] 宋·洪迈：《容斋随笔》，中华书局，2005年版。

[13] 清·黄宗羲原著，全祖望补修，今人陈金生、梁运华点校：《宋元学案》，中华书
     局，1986年版。

[14] 清·雍正年间刊刻：《金文案公集》。

[15] 清·阮元校刻：《十三经注疏》，中华书局，1979年版。

[16] 清·程树德编撰，今人程俊英、蒋见元点校：《论语集释》，中华书局，1990年版。

[17] 陈鼓应：《老子注释及评价》，中华书局，1990年版。

方志类（以出版时间先后为序）

[1] 成文编著：《兰溪县志》（八卷本），清光绪时期刻印本。

[2] 徐柏园编著：《浙江兰溪县志》，民国时期刻印本。

[3] 《浙江省航政概要》，民国十九年刊刻本。

[4] 兰溪县志编纂委员会编：《兰溪县志》，浙江人民出版社，1990年6月版。

[5] 沈翼机、傅王露等纂，秘曾筠、李卫等修：《浙江通志》，上海古籍出版社，1991
     年版。

[6] 金华县志编纂委员会编:《金华县志》,浙江人民出版社,1992 年 8 月版。

[7] 建德县志编纂委员会编:《建德县志》,浙江人民出版社,1993 年 7 月版。

[8] 浙江省地方志编纂委员会编:《浙江省名村志》,浙江人民出版社,1996 年 6 月版。

[9] 浙江省地方志编纂委员会编:《浙江建德方言志》,浙江人民出版社,1996 年 7 月版。

[10] 新叶村民自编:《玉华叶氏宗谱》,2002 年刻印。

[11] 兰溪市建设与土地管理局编:《兰溪市土地志》,中国大地出版社,2010 年 4 月版。

其他著作类（以出版时间先后为序）

[1] 刘敦桢:《中国古代建筑史》,中国建筑工业出版社,1980 年版。

[2] 费孝通:《乡土中国》,上海三联书店,1985 年版。

[3] 罗哲文、余鸣谦、祁英涛著:《中国古代建筑史》,上海古籍出版社,1990 年版。

[4] 日本观光旅游保护财团编著,路秉杰译:《历史文化城镇保护》,中国建筑工业出版社,1991 年版。

[5] 王其亨著:《风水理论研究》,天津大学出版社,1992 年版。

[6] 王沪宁著:《当代中国村落家族文化》,上海人民出版社,1992 年版。

[7] 詹鄞鑫著:《神灵与祭祀》,江苏古籍出版社,1992 年版。

[8] 孔令纪等编:《中国历代官制》,齐鲁书社,1993 年 5 月版。

[9] 汪之力著:《中国传统民居建筑》,山东人民出版社,1994 年版。

[10] 彭一刚著:《传统村镇聚落景观分析》,中国建筑工业出版社,1994 年版。

[11] 中国民间文学集成浙江卷编辑委员会编:《中国歌谣集成》（浙江卷）,中国 ISBN 中心出版,1995 年 12 月第 1 版。

[12] 白新良著:《中国古代书院发展史》,天津大学出版社,1995 年版。

[13] 罗哲文著:《中国古塔概览》,外文出版社,1996 年版。

[14] 吴良镛著:《吴良镛城市研究论文集》,中国建筑工业出版社,1996 年版。

[15] 吴同瑞等编:《中国俗文学概论》,北京大学出版社,1997 年版。

[16] 楼庆西著:《中国古代建筑》,商务印书馆,1997 年 4 月版。

[17] 刘沛林著:《古村落:和谐的人聚空间》,上海三联书店,1997 年 12 月版。

[18] 来新夏、徐建华著:《中国的年谱与家谱》,商务印书馆,1997 年 12 月版。

[19] 周晓虹著:《传统与变迁——江浙农民的社会心理及其近代以来的嬗变》,生活·读书·新知三联书店,1998 年 12 月版。

[20] 陈宁著:《中国古代命运观的现代诠释》,辽宁教育出版社,1999 年 1 月版。

[21] 叶县人民政府编:《叶姓溯源——叶公与叶县研究论丛》,中州古籍出版社,2000 年 10 月版。

[22] 陈万雄著:《历史与文化的穿梭》,中国社会科学出版社,2000 年 9 月版。

[23]　夏晓虹：《晚清社会与文化》，湖北教育出版社，2001 年 3 月版。

[24]　吴新雷编著：《中国昆剧大辞典》，南京大学出版社，2002 年 5 月版。

[25]　拉普普著：《住屋形式与文化》，台北镜与象出版社，2002 年版。

[26]　陈志华、楼庆西、李秋香编著：《中国古村落：新叶村》，河北教育出版社，2003
　　　年 1 月版。

[27]　（美）黄宗智主编：《中国乡村研究》，商务印书馆，2003 年版。

[28]　李银河著：《生育与村落文化·一爷之孙》，文化艺术出版社，2003 年 7 月版。

[29]　完颜绍元著：《婚嫁趣谈》，上海古籍出版社，2003 年 8 月版。

[30]　江堤著：《书院中国》，湖南人民出版社，2003 年 11 月版。

[31]　王铭铭著：《走在乡土上——历史人类学札记》，中国人民大学出版社，2003 年
　　　12 月版。

[32]　陈平著：《雕梁画栋——古代居住文化》，江苏古籍出版社，2004 年 4 月版。

[33]　建德市政协编：《严州古城——梅城》，中华书局，2004 年 8 月版。

[34]　王建科著：《元明家族家庭叙事文学研究》，中国社会科学出版社，2004 年 11 月版。

[35]　王会昌等著：《长江流域人才地理》，湖北教育出版社，2005 年 1 月版。

[36]　吴建华、王晓洋、殷伟仁著：《叶姓史话》，江西人民出版社，2005 年 8 月第 1
　　　版。

[37]　常建华著：《明代宗族研究》，上海人民出版社，2005 年 12 月版。

[38]　徐清祥著：《吴越古村落——走在乡间的小路上》，广东旅游出版社，2006 年版。

[39]　朱连法：《江南古村落·风水郭洞》，上海人民出版社，2006 年 4 月版。

[40]　（美）明恩溥著，陈午晴、唐军译：《中国乡村生活》，中华书局，2006 年 7 月版。

[41]　梁漱溟著：《乡村建设理论》，上海人民出版社，2006 年 7 月版。

[42]　朱连法：《江南古村落·太极俞源》，上海人民出版社，2006 年 9 月版。

[43]　郭得河著：《中国军事百科全书——中国古代战争史》，中国大百科全书出版社，
　　　2007 年版。

[44]　工恬主编：《古村落的沉思》，上海辞书出版社，2007 年版。

[45]　吾淳著：《中国社会的伦理生活》，中华书局，2007 年 12 月版。

[46]　傅衣凌著：《明清时代商人及商业资本明代江南市民经济试探》，中华书局，2007
　　　年 12 月版。

[47]　陆元鼎、王新平著：《乡土建筑遗产的研究与保护》，同济大学出版社，2008 年 6
　　　月版。

[48]　薛毅著：《乡土中国与文化研究》，上海书店出版社，2008 年 6 月版。

[49]　龙建春著：《人类精神与艺术之源》，浙江大学出版社，2008 年 8 月版

[50]　黄仁宇：《万历十五年》，生活·新知·读书三联书店，2008 年 11 月版。

[51]　任宜敏著：《中国佛教史》，人民出版社，2009 年 4 月版。

[52] 顾希佳主编:《古村落的活化石:前童》,浙江大学出版社,2009 年 10 月版。

[53] 陈进国著:《信仰、仪式与乡土社会——风水的历史人类学探索》,中国社会科学出版社,2009 年 12 月版。

[54] 李秋香、陈志华著:《中华遗产·乡土建筑:新叶村》,清华大学出版社,2011 年 7 月版。

[55] 赵冈著:《鱼鳞图册研究》,黄山书社,2011 年 11 月版。

[56] 色音主编:《民俗文化与宗教信仰》,知识产权出版社,2012 年 1 月版。

[57] 何忠礼:《南宋全史》,上海古籍出版社,2012 年 2 月版。

[58] 安旭著:《宗族政治的理想标本:新叶村》,浙江大学出版社,2012 年 4 月版。

[59] 王国平主编:《钱塘江研究报告》,杭州出版社,2013 年版。

[60] 林家骊著:《钱塘江游记》,杭州出版社,2014 年版。

后　记

作为从新叶古村走出来的玉华叶氏后裔，平时也正好在高校专门从事中国古代文学与文化教学与研究工作的本人，本以为新叶人写新叶事，做好《新叶古村落研究》这个课题应该是不难的事情。岂知事实完全不是那么回事。本来，作为玉华叶氏后裔的我，从小耳濡目染着有关新叶村的历史掌故、名人轶事、民歌谣谚；浸润在新叶村特有的乡风民俗里；奔跑在新叶村迷宫似的街道小巷中，看着那些斑驳陆离的马头型封火墙，以及脚下条条光可鉴人的石板小路，徜徉在新叶村众多威严的厅堂古建中；感叹着祖先的伟绩，陶醉于眼前的欢娱。不必去思考事情的真假对错和意蕴典出，不用去想为什么。是那样开心，那样自然。

可是，要做课题了，要写成给别人看的书，就要对别人负责，对新叶负责，对祖宗负责。那就不能只知其之然，不问其之所以然。不仅需要看和听，更需要思和省。不能只做留声机和传声筒，更要成为过滤器和组装厂。因此，原来从小看来和听到的那些不够了，原来村民口头有些荒诞不经的传说需要论证了。一切的一切都需要从头做起。于是，多次回村，多方采访，反复比对，考察论证，材料力求真实，论证力求合理。从本村波及到村外，延伸到全县、全省、全国、全世界。查文献看资料，求教村老、专家、国际友人；视野力求开阔；论述力求有现代感，有说服力。可是，这样一来，要做的工作实在是太多了。稿子一次次地结，内容又一次次地改和加。2009 年就有初稿了，可是到今天的稿子还是觉得离自己理想中的样子很遥远。投入的时间越多，研究得越深入，越是发现新叶古村简直是一个深不可测的民俗海洋，新叶就是一座开发不尽的文化矿藏！加上本人有日常工作，参与者有日常工作，还有其他很多说不出名头却实实在在地会插队、占位、抢先的临时性事情要做，唉！

结果，一拖再拖，一改再改，课题从 2006 年 12 月立项，至 2013 年结题，持续八年。最后，省社科规划办来催了，不结题不行了，丑媳妇必须见公婆了。只好将稿子拿出来了。谢谢，我的那些挑剔的父老乡亲和同学老友，是你们的意见让我的成果日趋完善！特别要感谢为我提供资料和接受我采访的叶瑞荣、叶桂昌、叶运昌、叶昭镳、叶鸿富、叶向阳、叶昭德、叶果仙等宗属亲人！谢谢，省社科办和省市非遗办的专家们，是你们不停止地过问、提醒、关心和指导，让我一直心系项目，屡遇难题仍能坚持到今天！谢谢，我的课题组成员，老的，新的，是你们陪伴我一起感受其中的酸甜苦辣！

谢谢我的研究生,你们帮我承担了大量的文字输入工作!当然,还要谢谢我的夫人陶芸,能理解我的奔波忙碌,默默地做着后勤!也谢谢我的儿子叶彧,书中很多照片是他拍的,很多电脑上的问题是他帮我解决的。

结题并不是结束。新叶古村还有许多富有文化内涵的内容值得学人们继续挖掘,还有许多问题有待进一步研究。由于时间和个人水平限制,笔者感觉到还有许多应该做而没有做的事情,比如:新叶古村居住理念的现代意义、新叶古村落布局的哲学意蕴及全国性透视意义、新叶村文学艺术、民俗风情资料的进一步收集、注释及内涵阐释,甚至还有新叶的山水风光、新叶的方言、新叶的风味小吃等具有浓郁地方风情的特色文化都值得有志于传统文化研究的学人逐个剖析,深入研究,并将成果结集出版。还有一些更深层次的问题,比如:怎样对待具有全国普遍性的"乡绅回村"问题(如何处理走出古村的本土文化人回村定居问题),如何解决保护遗产和村民生活现代化问题,如何调节开发旅游与保护原生态问题等等,都需要有更多的人参与研究。若能如此,则必将有益于全国乃至全世界的古村落文化研究。当然,为了新叶古村,为了关心新叶古村的人,笔者本人也会继续挖掘,继续冶炼,继续奉献有关新叶的产品。

2013 年结题后,笔者继续修改和拓展内容。至 2015 年 10 月将定稿交出时,比原稿内容增加了 20 多万字。其后,笔者又针对性地采访了家叔叶汝昭老人(87 岁)、叶鸿富老人(86 岁)以及原新叶村老书记叶荣桂老人(79 岁),咨询了叶正列、叶文康、叶建良、叶向滨等新叶村的历届领导,对于新叶村历史上的某些史实进行了再求证。并特别请已经 89 岁高龄的叶昭镶老师审阅、核对了全部书稿,请建德市文广新局副局长李友彬审核了部分书稿,文广新局摄影师郑致明先生提供了许多高质量的插页图片。在此,再次表次感谢!从本课题 2006 年获得立项,到此书真正出版,正好用了十年时间,古人说:"十年磨一剑",也不知这把剑锋利度如何。但愿本书的出版能为关心和喜欢新叶村的人们提供一些帮助。也衷心希望各位宗人及方家不吝赐教。以助本书更趋完善。

叶志衡

2016 年 8 月记于杭州师范大学